U0163949

東亞民俗學稀見文獻彙編
第二輯

第一卷第一～六號

民俗學

第一冊

出版弁言

近代東亞從一九二〇年代開始，是中、日民俗學研究蓬勃，也是成果綻放的時代。中國胡適、沈兼士、周作人開風氣之先，組織「歌謠研究會」。後來顧頡剛在一九二七年，以廣州中山大學為首，發起組織中大民俗學會。一九三〇年，由江紹原、鐘敬文、婁子匡、錢南揚等人在杭州成立中國民俗學會。日本在一九二九年時，在東京都成立民俗學會，以民俗學相關知識的普及，並提供研究學者討論園地為目的。這三個民俗學研究的團體，都發行過刊物，中山大學是以《民俗專刊》，中國民俗學會主編的是《民俗學集鐫》，日本民俗學會是發行《民俗學》，這些刊物，足以作為當時民俗學研究成果的一個紀錄。

民俗學專家婁子匡先生，成立中國民俗學會後，一方面廣泛的蒐集各地的民俗學資料。另一方面，也廣泛的將中國民俗學會的研究成果，盡可能的推廣到世界各地的民俗學研究組織。在他的努力下，中國的民俗學研究，受到各國學者的肯定。同時婁先生也和世界各地的民俗學家，結為好友。在友朋間相互贈書下，婁先生也蒐集了眾多珍貴的民俗學資料。《民俗學》雜志，編行到五卷十二期，由於世亂停刊，爾後中日便爆發戰亂。婁先生有感於這些資料的彌足珍貴，在小山榮三先生的同意下，景印刊行。後來隨著婁先生的辭世，這批資料，也逐漸為人所遺忘，而求購無門。

本公司在因緣際會下，承接了過去婁先生出版的這批文獻資料。除了再度打開銷售的管道外，有感於民俗史料蒐集不易，乃成立編委會，出版《東亞民俗學稀見文獻彙編》，一方面將承接到的民俗學文獻重新整理景印刊行，另方面，也計畫針對未出版過的民俗學文獻資料，陸續董理後，分輯出版。現在出版的《韓國漢籍民俗叢書》與《民俗學》雜志，是我們將舊資料以新版本的方式呈現出來。希望後續這套書出版作業，能夠順利，並且對學界有所助益。

萬卷樓圖書公司叢書編輯委員會

二〇一四年四月

誌謝

本刊景印承岡書院・岡正雄教授暨主編小山榮三教授之承諾。

東方文化書局謹誌

民俗學　總目錄

第一卷總目錄

論文

中篇

寄合咄

資料・報告

餘白錄

第二卷總目錄

論文

中篇

寄合咄

資料・報告

餘白錄

第三卷總目錄

論文

中篇

寄合咄

資料・報告

餘白錄

—第三卷總目錄—

第四卷總目錄

論文

寄合咄

資料・報告

呼寄せ塚

飜譯・其の他

餘錄

第五卷總目錄

論　文

寄合咄

資料・報告

呼寄せ塚

飜譯・其の他

書評

餘錄

第四卷總目錄

民俗學

民俗學

第壹卷　第壹號

昭和四年七月

民俗學會發行

民俗學會會則

第一條　本會を民俗學會と名づく

第二條　本會は民俗學に關する知識の普及竝に研究者の交詢を目的とす

第三條　本會の目的を達成する爲めに左の事業を行ふ

イ　毎月一回雜誌「民俗學」を發行す

ロ　毎月一回例會として民俗學談話會を開催す

但春秋二回を大會とす

ハ　隨時講演會を開催することあるべし

第四條　本會の會員は本會の趣旨目的を贊成し會費（半年分參圓　壹年分六圓）を前納するものとす

第五條　本會會員は雜誌「民俗學」の配布を受け例會竝に大會に出席することを得るものとす　講演會に就いても亦同じ

第六條　本會の會務を遂行する爲めに會員中より委員若干名を互選す

第七條　委員中より常務委員三名を互選し編輯庶務會計の事務を負擔せしむ

第八條　本會の事務所を東京市神田區北甲賀町四番地に置く

附　則

第一條　大會の決議によりて本會則を變更することを得

第二條　當分の間發起人に於て委員代理す

私達が集つて此度上記のやうな趣意で民俗學會を起すことになりました。

考へて見ますと學問が大學とか研究室とかに閉ぢこめられてゐた時代は何時までも何時までもつゞくものではないといふことが云はれますが、然し大學とか研究室とかいふものを必要としなければならない學問のあることも確かに事實です。然し民俗學といふやうな民間傳承を研究の對象とする學問こそは眞に大學も研究室も之を獨占することの出來ない學問であります。然しさればといつてそれは又一人一人の篤志家や學究が個々別々にやつてゐたのでは決してものになる學問ではありません。出來るだけ多くの、出來るだけ廣い範圍の協力に待つしかないものと思ひます。日本に於て決して民間傳承の資料の蒐集なり研究なりが閑却されてゐたとはいへません。然しそれがまだ眞にまとまるところにまとまつてゐるとはいはれないのが事實であります。かう云ふ事情の下にある民俗學の現狀をもつと開拓發展せしめたいがために、民俗學會といふものを發起することになつた次第です。そして同樣の趣旨のもとに民間傳承の研究解說及び資料の蒐集を目的として、會員を募集し、會員諸君の御助力を待つてこれらを發表する機關として「民俗學」と題する雜誌を發行することになりました。

どうかこの一般國民生活の中に深く生きてゐる事實の意義及び傳承を生かす爲めに、そして民間の學問としての學的性質を達成せしむる爲に、本會の趣旨を御諒解の上御入會御援助を賜りたく御願ひ申します。

委員

會津八一　秋葉隆　有賀喜左衛門
伊波普猷　石田幹之助　移川子之藏
宇野圓空　岡正雄　折口信夫
金田一京助　小泉鐵　今和次郎
中山太郎　西田直二郎　早川孝太郎
松村武雄　松本信廣　宮本勢助

昭和四年七月發行

民俗學

第壹卷　第壹號

目次

たなばた及び盆祭り

折口信夫

一

この二つの接近した年中行事については、書かねばならぬ事の多すぎる慮がある。又すでに、先年柳田先生が「民族」の上で述べてゐられるから、私しきが今更、此に對して事新しく、附け加へるほどのことはあるまいと思ふが、顏が違へば、心も此に應じる。又變つた思案も出ようと言ふものである。

たなばたは、七月七日の夜と考へられてゐるが、此は、七月六日の夜から、翌朝へかけての行事であるのが、本式であつた。此點、今井武志さんの報告にある、信州上水內の八月六日の夜を以てするのが、古形を存するものの樣である。沖繩に保存してゐるたなばた祭りも、やはり七月六日の夜からで、翌朝になるとすんでゐた。「水の女」の續稿には、すでに計畫も出來てゐるのであるが、たなばたといふ言葉は、宛て字どほり棚機であつた。棚は、天湯河板擧（アメユカハタナ）・棚橋・閼伽棚（簀子からかけ出したもの）の棚で、物からかけ出した作りである。その一種なる地上・床上にかけ出した一種の「たな」ばかりが榮えたので、此原義は、訣りにくゝなつて了うた。「たな」と言へば、上から吊りさげる所謂「間木」と稱するものとばかり考へられる樣になつた。同行の學者の中にも、或はこの點やはり隈ない理會のとゞかぬらしく、「たな」を吊り棚とばかり考へてほかくれぬ人もある。壁に片方づけになつてゐない吊り棚に、年神棚（トシダナ）がある。此は、天井から吊りさげるのが、本式であつた。神又は神に近い生活をする者を、直人（ナホビト）から隔離するのが「たな」の原義で、天井からなりと、床上になりと、自由に、「たな」なるものは作る事が出來た訣である。棚の一つの型をなす「盆棚（ボンダナ）」と稱せられるものは、決して普通の吊り棚でも雁木（ガンギ）でもない。此は地上に立てた柱の上に、座を設けたものが、移して、座敷のうへにも、作られる樣になつたのであつた。

だが、かうした「たな」の中にも、自然なる分化があつて、地上から隔離する方法によつて、名を異にする樣になつた。一つは、盆棚形式のもので、柱を主部とするものである。珠玉の神を御藏板擧（ミクラタナ）といふ（記）などは、藏の棚に此神を祀つたものと見てゐるが、これは、くらだなに對する理會が、屆かないからである。くらだなが即藏で、藏の神が玉であり、同時に、天照皇大神の魂のしんぼるであり、また米のしんぼるとして、藏棚に据ゑられたのである。この藏は、地上に柱を立て、その脚の上に板を擧げて、それに、五穀及びその守護靈を据ゑて、假り屋根をしておく、といふ程度のものであつたらしく、「眞座（クラ）なる棚」の略語、くらの義である。時には、その屋根さへもないものがあつて、それを古くからさずきと言うた。後に、この言葉が分化した爲に、而も、さずきその物の脚が高くなつた爲に、別名やぐらと稱する稱へを生んだ。眞靈を齋ひ込める場合には、屋根は要るが、それでなくて、一時的に神を迎へる爲ならば、屋根のないのを原則としてゐた。後には棚にも、屋根を設ける樣になつたが、古くは、さうではなかつた。

だから、やまたをろちの條に、八つのさずきを作つて迎へた、といふことも訣るのである。これが、特殊な意義に用ゐられた棚の場合には、一方崖により、柱を水中などに立てた所謂、かけづくりのものであつた。偶然にも、さずきの轉音に宛てた字が棧敷と、棧の字を用ゐてゐるを見ても、さじき或は棚が、かけづくりを基としたことを示してゐる。後には、此かけづくりをはしどのなど、さへ稱する樣になつた。だから考へると、市廛の元の作りが訣つて來る樣におもふ。恐らく、異鄕人と交易行爲を行ふ場處は、かうした棚を用ゐたので、その更に起原をなすものは、棚に神を迎へ、神に、布帛その外を獻じた處から、出てゐるのである。さうした意味から考へると、日本紀天孫降臨章にある、「天孫又問曰、其於二秀起浪穗之上一、起二八尋殿一而、手玉玲瓏織紝之少女者、是誰之女子耶。答曰、大山祇神之女等。大號二磐長姬一少號二木華開耶姬一とある八尋殿は、構への上からは殿であるが、樣式からいへば、階上に造り出したかけづくりであつた、と見て異論はない筈である。此棚にゐて、はた織る少女が卽、棚機つ女である。さすれば從來、機の一種に、たなばたといふものがあつた、と考へてゐたのは、單に空想になつて了ひさうだ。我々の古代には、かうした少女が一人或は、それを中心とした數人の少女が、夏秋交叉の時期を、邑落離れた棚の上に隔離せられて、新に、海或は海に通ずる川から、來り臨む若神の爲に、機を織つてゐたのであつた。かうして來ると、從來、天なるやおとたなばたのうながせる玉のみすまるみすまるにあな玉はや三谷二渡らすあぢすきたかひこねの神ぞやといふ歌のたなばたも、織女星信仰の影のまださゝない姿にかへして見ることが出來るのである。音といひ、玉のみすまるといひ、すべて、天孫降臨の章の說明になるではないか。而もその織つた機を着る神のからだの長大なことをば形容して、三谷二渡らすとさへ云うてゐるではないか。これは美しさを輝く方面から述べたのではなく、水から來る神なるが故に、蛇體と考へてゐたのである。かうした土臺があつた爲に、夏秋の交叉祭りは存外早く、固有・外來種が融合を遂げたのであつた。その將に外來種を主とする樣に傾いた時期が奈良の盛期で、如何に固有の棚機つ女に織女星信仰を飜譯しようとゐるかゞ目につく。この樣に訪ねて來た神の歸る日が、その翌日である爲に、棚機祭りにくつつけて禊ぎを行ふ處すらある。畢竟、祓ひ、棚機の關係は離すべからざるもので、曆日の上にあるいろんな算用の爲方は、自然に起つた變化と見てよい。第一に禊ぎ自身が、神の來る以前に行はれる——吉事を期待する所謂吉事祓ひ——行事であつた筈である。それが我々の計り知れぬ古代に既に、送り神に托して、穢れを持ち去つて貰はうといふ考へを生じて來た。今日殘つてゐる棚機祭りに、漢種の乞巧奠は、單なる說明としてしか面影を止めてゐない。事實において、笹につけた人形を流す祓へであり、棚機つ女の織り上げの布帛の足らないことを悲んで、それを補足しよう——たなばたにわが貸すきぬ、などいふ歌が此である——といふ可憐な、固有の民俗さへ見られるのではないか。だから、この日が、水上の祭りであることの疑念もとける訣である。中尾逸次さんの鄕里で行はれた、「なのか日」の行事が、又一面、たなばた祭りの面影を見せてゐる。他から來る神を迎へる神婚式卽、棚機祭り式で同時に、夏秋の交叉を意味するゆきあひを、男神・女神のゆきあふ祭りと誤解し勝ちの一例を見せてゐる。すべての點から見て、たなばた祭りは靈祭りと、本義において非常に、近い姿を持つてゐる。

二

七夕から盆へ續く間には、わが國の民俗の上に、意味のある行事が多くあつた。其中、最も注意せられるのは、「生き盆」卽「いきみたま」の祭りである。この頃、甚聞く事稀になつたが、以前は盛んであり、此に關する文獻も、可なり古く溯れる樣に思ふ。室町の頃から見える「おめでたごと」と、一つ行事である。

我々の過去には、正月の「おめでたう」の上に、今一度「おめでたう」を盆に唱へて、長上の健康を祝福したのであつた。これを、死者にする聖靈會と分つ爲、十三日以前に行ふ事にしてゐた。盆禮の古い姿である。親・親方・主人の爲にしたのが、殊には族人の長上に向つて行ふ風が、目だつて見えた。

正式な形は、恐らく一人々々ばら／＼に出かけて、祝うて歸る、といつた風ではなく、定つた日に、長上の家に集つて、家主に向つて、一同から所謂、おめでた詞を述べたのであらう。正月ならば、てんでに、鏡餅を持つて据ゑに行く處を、多く、鹽鯖を携へて行くやうに、手みやげの分化が、行はれてゐた。此鯖を捧げるきまりは、いまだに行はれてゐるやうであるが、元はかうした品物を、一般にさばと稱へてゐたのが、さばならば一層、さかなの鯖にした方が　言葉の上の祝福の效果も多からう、といふ考へから、いつか、さかなになつて行つたものとおもふ。實の處、年暦の改まる時に奉つたものは、魂であつたので、さば――産飯と書きなれてゐる所の――といふ語で表す樣になつたのには、聯想の、他から加つて來たものと考へる。だからこれをも、たまといふべきのであらうが、長い年月の間に、盆正二期の同じ行事を、特殊な言葉で言ひ分ける必要を感じて來たのであらう。魂を獻上する式については、年末或は年始の際に、くり返す必要が、今から見えてゐるから、その時まで、説明の省略を許して頂くが、今言うてよいことは、なぜその魂を、生者にも、死者にも奉らうとするのであるか、といふ點である。死者の魂祭りに關しては、まつりの語の内容が、變化した近代において、前代からうけついだままの語形、たままつりを俗間語原説から、亡き魂を奉祀すると考へてゐる。だが、語自身疑ひもなく、魂を獻上する行事の意味である。まつるなる言葉は、長上に獻ずる義から、神のための捧げものを中心にした祭儀、といふのが古意なのである。死者に奉る魂の事は、年末の荷前使が、宮廷尊族の近親の陵墓へたてられたことから見ても、明らかである。この荷前は、東人が捧げた、生蕃の國々の威靈であつたのを、天子から更に、まづ陵墓に進められたことゝ解する外はない。さうすると、亡魂が返るのを、迎へてまつるといふのではなく、亡者に孝養を示す爲に、生前同樣、目上としての待遇を、改めなかつたのであると思ふ。これが、次第に變化して來た處へ、佛家或は、佛教味を多く含んだ前期陰陽道の習合觀の加へられたもの、といふ見地の上に、研究を進めて行つてさし支へはなからう。盂蘭盆と、年頭禮とを全く別々に、一つを死者のため、一つを生者の爲、と漠然たる區別をつける樣になつても、やはり以前のおもかげは、隱れきつてゐないのである。この意味においてわれ〳〵は、生き盆の材料・方式を今のうちに、共同努力の下に、蒐集しておきたいとおもふ。

今一つ、この盆の期間に、大事の行事があつて、今や完全に、その轉義をすらも忘れ去らうとしてゐる。それは、たなばた前後から、この時期に渡つて行はれる、ぼんがまの行事である。歲暮に行うたと稱する「庭竈」の都風は、歌枕以後、俳諧の季題にまで保存せられてゐる。今も、莊內邊では、刈り上げ後に、にはなひ行といふことをする。家の內にゐないで、庭にゐて所在なさに、繩を綯ふ物忌みだからといふので、勿論、新嘗と關聯する所はあるのであるが、これらの事實を見ても、一家族或は或種の人々が、家の建て物のうちにはゐないで、別に莠焚きの火床を構へて、謹愼する日があつたのである。これが、一年後半期の年頭とも稱すべき、盆の時において行はれるのが、專、村の少女の間にくり返されてゐる、右のぼんがまなのであつた。恐らく、童遊びのまゝごと・おつかさんごとなどいふ形を生み出した元の姿として見るべきであらう。年頭に男の子たちが、鳥小屋・かまくら・道祖神小屋などに籠るのと、一つ意味のものであるが、かうして分居した團員が、その謹愼によつて新な社會的資格を得るやうになつた、と見ることが出來る。卽、同じ物忌みの澤山ある中でも、このぼんがまは、女に對する成年戒――謂はゞ、成女戒とも名づくべき――の授けられる前提と見るべきである。この行事は、道祖神祭りに與る團員たちよりも、今少し年齡が自由で、かなり年たけた娘たちも、仲間入りしてゐることを思へば、成年戒に對して行はれた準成年戒――幼童から村の少年・少女となる――よりは、廣く、成女戒に屬したものではないかと思ふ。だが、尙考へて見ると、これに先だつて行はれる早處女定めとしての卯月の山籠りがあるから思へば、もと〳〵その範圍は、成女・成年となるべき人々をつくる、準成年戒授與の時期と見る方が穩當らしく考へられるのである。

さう謂へば、おなじく「盆」を以て稱せられる地藏盆――又、地藏祭りとも――の如きも、時期は稍遲れて行はれるが、七夕・于蘭盆とに關係の淺くない事を見せてゐる。正式には、七月二十四日、處によつては、月見の頃に及ぶ事さへある。此が祭り主は、女の子である地方も、男の子である處もある樣だ。何れにしても、正月の道祖祭りとの間に、一脈の通じる處はある樣である。

我々は、七月を以て踊り月と稱してゐる。文月に行はれる種々の踊りの中、少女中心のものゝ多いのは、事實である。七夕の「小町踊り」盆の「をんごく」「ぼんならさん」など、皆「ぼんがま」の結集を思はせる一續きの、行事である。男の子の道祖神勸進と、根柢においてかはる所はないのである。

三

から述べて來ると、正月と盆とで、男女の子どもの受け持ちが違うてゐる樣に見える。現にさうした傾きも、確かにある。だが、更に藪入りの閻魔詣での風と照し合せて考へると、もつと自由な處が窺はれる。此上元・中元に接した十六日を以て、子どもの閻魔に詣る日と考へはじめたのは、訣のない事とは思はれぬ。正月の分は恐らく中元の行事から類推して行ふ事になつたのであらうが、此と藪入りとの關聯してゐる點が問題であると思ふ。閻魔或は地藏の齋日に、一處に集ふといふ風は、大體其期日の頃に行はれた古代の遺習の習合せられてゐるものと考へる事が出來る。第一に、此が藪入りの一條件となつてゐるかの如く見える點において、注意すべきものがある。

年頭或は中元に、長上の「いきみたま」を祝福する爲に散居した子・子方等の集り來るのが、近世の藪入りの起りらしい。處が此行事にも、尙重りあうた姿が認められる。卽、少年少女のみ特に屬する所の神を祭る爲に、來集するといふ習俗である。

「やぶいり」なる語の、方言的の發生を持つてゐる事は、略見當をつける事が出來る。一地方から出て廣く行はれる樣になり、內容も延長せられる樣になつたらしい。祭員としての少年少女を要する祭りが、村を出でぬ幼い住民の間に課せられた時代の行事は、いつまでもおなじ姿では居られなかつた。村を離れて遠く住む者の多くなるに從うて、其祭りの時だけは、故鄕に還るといふ風を生じて來た。だから、閻魔に詣で或は、地藏に賽して後、生家を訪ふといふ事は、實は忘れて後の重複であつた。

かう言ふ風に、一つの年中行事も、決して單一な起原から出てゐないのである。又更に我々は、藪入りと奉公人出替りとにも、一續きの聯絡を見る事が出來る。藪入りを一つの解放と考へてゐる側から見れば、日は違ふだけで、出替りも亦同樣の基礎を持つてゐると思はれる。此方面にも、又別の舊信仰の參加を見るのである。一陽の來復する時を以て從來の契約・關係を、全部忘却して了ふと言ふ古風があつた。此爲に一年を二部分に分けて考へる樣になつて、盆からも新しい社會生活がはじまるものとする考へ方を生じた。此信仰を遠い昔からわりあひに後までも繫いだのは、大祓の儀式の存してゐた爲であつた。これによつて、新な狀態の社會、舊關係を全然脫却した世間が現れると信じる樣な、不思議が正面から肯定せられてゐた。出替りは、此意義において、半面の起原は明らかになる。私は別の時に、大祓を說いて、以上の年中行事の元の俤を今少しなりとも明らかにしたいと考へてゐる。

祝詞考

折口信夫

延喜式の祝詞を、世間では、非常に古いものだと考へて居る。或は、高天原から持ち來されたもの丶やうにも云うてゐるが、さうでは無く、自分は悉、平安朝の息がかゝつてゐると思ふ。かく言ふのは、祝詞の性質として爲方の無いことで、第一、祝詞が我々に訣るといふのは、それが新しいからである。併し全部が、平安朝時代の新作といふのでは無く、大體平安朝の初め、百年ばかりの間に、今、我々が見るやうな風のものに固定したのである。祝詞は、その時代々々の改作を受けてゐるので、新古入り交つてゐる。昔の人が、その時の氣分次第で、文章を變へて行つたのであるから、その文章は繼ぎはぎである。今でも、學問の無い人は、かしこまるといふ言葉を、あらたまつて云ふ時には、かしこまゐるだと思うて、さう云うて、平氣でゐる事があるが、祝詞にも、かうした間違ひがある。何故かういふ風になつたか。それには原因がある。これを頭に入れておかねば、祝詞はわからぬ。この間違ひの筋道を辿つて行かなければ、ほんとうの事は得られない。先輩達が、講義をしてゐる所を見ると、祝詞は訣るものだと思はれる。併し、我々には、出來るだけ訣らうとしてゐるが、とても訣らない。が、簡單に解いて行けば、何でも無く、解けるのである。此延喜式祝詞にも、かういふ改作やそれに伴ふ間違ひがあつて、或は國家組織以前からの言葉が、其中に織り込まれてゐるとも思はれる。その中に、段々時代が移つて行くに連れて、その時代々々の特徴を示すものも見えるが、それが、平安朝のはじめに、大きな變化を蒙つたと考へねばならぬ。

此延喜式祝詞は、祝詞の固定したものであるが、此中には、祝詞とは云へないものも交つてゐる。延喜式の祝詞の巻を略して、祝詞式とも云ふが、之を普通には、中臣祝詞と、齋部ノ祝詞との二つに分けてゐる。勿論、宮廷に於ける、公のものばかりである。さうすると、平安朝の宮中に仕へてゐた、昔からの傳統ある官吏、或は其部下である中臣・齋部の二家で、此宮中の祝詞を持つてゐたといふことになる。一方地方の國々・村々の祝詞は、何處で持つてゐ、どうなつたかといふと、惜しいことに今は、全部滅びてしまうて訣らない。時々、昔の祝詞だといふものが出て來るが、大抵は、僞物である。而もその祝詞が、完全なものなので、祝詞の間違ひ方を知つてゐるものが、檢査した時、その完全な點が、却つて不完全を示してゐる。で此地方の國々・村々の祝詞が、何故滅びたか。それは、口傳せられて、祕密であつたが爲である。祝詞を傳へてゐる者が、祕密にしておいて、傳へない中に死になどして、全部滅びたものと思はれる。又昔の祝詞は、今の樣に、書き物に書いて讀むのでは無く、口傳へであつた故、保存せられないで、云ふ人の氣持ちで變つたり、毀れたりしても滅びたのである。宮中の祝詞でも、中臣・齋部のもの以外に、まだあつた筈である。中臣・齋部のものは、表向きの、他人が聞いても差し支へないものであつて、內らの、祕密に屬するものは、隱してあつた。事實、祝詞を見ると、天つ祝詞と書いてあるものも、その祕密な天つ祝詞の文章は、拔いてあつた。今の人は、今書かれて殘つてゐる樣なものが、其儘讀まれた、と考へてゐる樣であるが、昔は、その中に、書いて無くて、讀まれるものがあつたのである。こんなわけで、中臣・齋部が、公に扱ふ祝詞以外に、各役所で扱うたものが、どれだけ消失してゐるかわからない。宮中の政は皆、神樣の爲事で、所謂まつりごとであつて、それは皆、一々、祝詞や呪詞を伴うてゐたのである。消失したもの丶中でも、殊に、一番神に近い、宮廷の巫女達（平安朝では内侍）のものは、殆、無くなつてしまうた。次に、此祝詞の不完全なのは、返り祝詞、返り申しの缺けてゐる事である。祝詞は、唱へただけではいけないので、唱へられた神の返事が、必要なのである。これが、今の祝詞には殘つてゐない。鎭火祭（ホシヅメノマツリ）、この祝詞には、うつかりして、天つ祝詞を書き出してあるが、他は皆、天つ祝詞を以て申すとありながら、天つ祝詞は除いてある。除いてありながら、文章はわかつてゐる。實に變なものである。日本の文章は、皆こんなものである。江戸の歌謠類もさうで、殊に、長唄に於て甚しい。これには、その文の一方をなす、役者の言葉が除いてあつて、地の文章ばかりである。日本には、かうした藝術が行はれてゐるのである。

以上說いた所によつて、大體延喜式祝詞に關する、値打ちの定め方がきまつたわけである。卽、延喜式祝詞は、元の姿とは非常に、意味が變つてゐて、祝詞以外のものをも含んでゐるのである。

祝詞には、三種類の内容がある。此祝詞といふ語については、昔からいろ〳〵の說があるが、私は、かう考へてゐる。卽のるといふことは、天皇、或は、國々の君が、神樣の資格で、高い處に上つて命令することである。このりを發する場所を宣處（ノリト）と云うた。卽信仰的に設けた、一段高い座なのである。此處で唱へる言葉が、のりとごとであつた。それを、次第に略して、のりとといふやうになつた。のりとといふだけで、既に其中に、ごとの意が含まれてゐるので、のりとごとのごと、のりとの意味を、忘れて後の附加である、といふのは間違ひである。此祝詞は、最初は天皇がなさるものであつた。處が、日本には、代役の思想があつた爲に、後、中臣が專唱へるやうになつた。天皇御自身が、既に代役であつて、神漏岐神漏美の御言持ちとして、此國に降つてゐられるのである。御言持ちとは、その神漏岐神漏美の命令を、傳達するものなのである。何々の命といふみことは此御言持ちの略せられたもので、後、尊い人を意味する言葉だ、と思ふやうになり、更に、日本紀に命・尊など﹅區別する様になつてから、元の意味は、全く忘れられてしまうた。さてかうした、代役の思想が行き亙つてゐた爲に、段々、上から下に及んで行つて、遂に中臣が、專屬に、天皇の仰つしやる事を代つて云ふやうになつた。かうして、中臣祝詞とが出來たのである。是と、齋部祝詞と云はれてゐるものとは、全く別であつて、齋部のものは祝詞では無い。壽詞（ヨゴト）である。天皇の仰つしやるのりとごとに對する御返事、卽返り祝詞・返り申しを古い言葉で、壽詞といふ。每年、初春に奏する壽詞は、約束をきりかへるものであつた。

服從を誓ふことは、實は、一度でよかつたのであるが、それを確實にするために、いつとなく每年繰り返すやうになつて、後の朝賀の式にまで發達した。此式ではまづ天皇よりの詔詞があり、之に對して、群臣中の、二三の大きな家の氏ノ上が、全體を代表して出て（元は、家々で出たものである）、今年も俺に服從しろ、といふ意味の御言葉に對して、叛かぬといふことを申し上げる。此が壽詞である。壽詞のよは、時代によつて變遷もあつたが、いのち壽命などの意で、又魂を意味する。これを唱へると、唱へかけられた人に、唱へた方の魂が移るのである。此唱へ言の、最小限度のものが諺である。とにかく唱へ言をすると、その言葉の中についてゐる魂が、先方にくつ附く。家々には、大切な魂があるが、此が壽詞を唱へると、天皇の御體にうつ﹅て行く。それ故天皇は、國々村々の魂を澤山持つてゐて、その勢力は、非常に强くなる。かうした所から、天皇が不要の魂を、臣下に與へるといふやうな事も出て來た。かう考へて來ると、返り申しであり、魂を、先方の身體にくつ附ける言葉である壽詞は、祝詞と同一のものでない事がわかる。

延喜式祝詞は、祝詞・壽詞、其他のものが混つてゐるために、訣らぬ處が多い。祝詞は、上から下に對して云ふものである。壽詞は、下から上に對して云ひ、それと共に、服從を誓ふ。天皇に壽詞が無く、氏々に之があるのは、此故である。又壽詞は、氏々の家が、天皇の御祖先と交渉を始めた來歷を、云ひかへれば、自分々々の家の爲事の始め、本縁を説明するものである。此意味で室ノ壽詞は、眞の意味の壽詞ではない。ともかく何時でも、誓ひ、服從する時に唱へるのが、壽詞である。處が、學者達は、壽詞は祝詞の古いものだ、と説明してゐるが、私は、さうは思はない。

次に、まう一種の祝詞がある。それは鎭詞・護詞・鎭護詞などゝ書かれるいはひごとである。これが、ごちや〳〵になつて、祝詞の中に混つてゐる。齋部の祝詞は皆、此鎭詞である。いはふといふ言葉は、今、神をいはひこめる等いふのと、略同じ意味である。これはいむから出てゐる。いむは、單に愼むといふ意で、いまはるとなると、その上に、身の周りを淸める意味が出て來る。いはふは周圍を淸めて、中に物を容れる、くつ附けるといふ意味である。卽魂をくつ附けて、離さぬやうにするのである。それで鎭詞は、魂をくつ附けて、離さぬやうにする言葉である。それ故、鎭詞・鎭護詞などゝ書かれてゐるのである。

此鎭詞は、不思議なもので、この發達によつて、祝詞や、壽詞の古格が亂れた。祝詞と、鎭詞との區別は、大體左の如きものである。

祝詞

a → a′ → イ・ロ・ハ

鎭詞

a → b → イ・ロ・ハ

（aは天皇、a′は中臣、bは齋部、イロハは中臣・齋部夫々の命令をきくもの）

祝詞は、天皇の資格で、その御言葉の通りに、中臣が云ふのであるが、鎭詞は、少し趣きが違ふ。氏族の代表者が、ほんとうに服從を誓つた後、其下に屬してゐる者に、俺もかうだから、お前達も、かうしてもらはなければならぬ、といふやうな命令の爲方である。ちようど、掏兒や博徒の親方が、其手下に、警察の意嚮を傳へるといつたやうな具合のものである。それ故、此は御言持ちでは無く、自分の感情に、飜譯して云ふのである。だから鎭詞は、祝詞の言葉の命令的なるに對し、妥協的である。それで鎭詞は、大抵の場合は、土地の精靈が、自由に動かぬやうに、居るべき處に落ち着ける言葉になつてゐる。卽いはひ込めてしまふ詞である。之は、祝詞の意志を、中間に立つ者が、飜譯して云ふのであつて、多くの場合は、被征服者の中の、代表者が云ふ言葉である。これを司つたのが、山の神で、山の神は、土地の精靈の代表者であつた。

祝詞には、以上說明したやうな、三種類の區別があるのであるが、此を延喜式の祝詞に當て篏めて見ると、どれも此も、嚴重に、此區別には合はない。殊に、出雲國造神賀詞（カムヨゴト）と、中臣壽詞とは、壽詞と云ひながら、頻りに、自分から鎭詞を云つてゐる。此頃旣に、壽詞と鎭詞とが、ごちや〳〵に考へられてゐたことが、わかる。

國々の神が、位を貰ふといふ不思議を、佛敎では、王は十善・神は九善など丶說明してゐるが、是は、當然なことであつた。天皇は天津神の子孫であつて、同時に、祝詞を唱へる時だけは、その天津神であつた。故に、天皇は神であると共に、人間であつた。此天皇のおつしやる御言葉が、精靈或は、精靈から成り上りの神に對して、高いものから、低い者に云ひ下す言葉になるのは、當然であつた。それで神の位が、段々昇進するのは、かうした、信仰から來た自然であつて、次第に、天津神に近づかされるのである。處が、延喜式などを見ると、已に變なところが見える。天皇が、神に對して、非常に丁寧である。天皇が、祝詞を下されるといふ考へが、變化して來てゐるのである。即ほんとうの祝詞では無くなつて來てゐる。それで延喜式祝詞が、古い祝詞で無いことは、これによつても明らかである。

天つ祝詞は、高天原から傳つてゐるものだ、といふ信仰を以て、唱へ傳へられて來てゐる。唯今、天つ祝詞といふ言葉の這入つてゐるものは、主として、齋部祝詞であるが、此は鎮詞に屬するものである。齋部は、天皇に對する雜役に與つてゐた。又中臣大祓詞、これは、齋部祝詞に似てゐるが、此中に、天つ祝詞といふ言葉がある。此天つ祝詞といふ言葉は、常に、あまつのりどの太のりとごとと續く。此中の太は、單に、天つ祝詞の美稱と考へられて來てゐるが、私は、天つのりと、それは、壯重なのりとに於て、唱へられる言葉、即天つ宣り處に於ける、壯重なのりとごとゝ解する方がよいとおもふ。天つ祝詞を唱へる個處は、動作を伴ふところであるらしい。其動作をするのが、齋部の役人達であつた。これを唱へると、不思議なことがあらはれて來る。天つ祝詞は、大體に短く、諺に近いものである。即、神の云つたことのえつせんすのやうなものである。が私は、天つ祝詞が、祝詞の初めだとは思はない。ずつと昔からの、祝詞の諸部分が脱落して、一番大事なものだけが、唱へられてゐたのが、天つ祝詞であるとおもふ。一寸考へると、單純から複雜に進むのが、當然のやうに思はれるが、複雜なものを單純化するのが、我々の努力であつた。それで、極めて端的な命令の、或は呪の言葉が、天つ祝詞であつたが、それが段々、世の中に行はれて來ると、諺になる。故に私は、これと諺との起源は、同一なものだと考へてゐる。だから諺は、命令的である。元はその句は、二句位であつて、三句に成ると、諺では無く、歌になつた。古事記・日本紀などを見ても、諺は、二句を本體としてゐる。それで、今の諺の發達の途には、天つ祝詞があるわけである。

祝詞考（折口）

口頭の文章には、歌と、唱詞と、語詞と、三通りあつた。唱詞は、所謂祝詞で、長い語詞の中のものが脱落して、後に殘つた、有力な部分が、歌である。唱ふには、したがふといふ意味があつて、相手に命令して、自分と同じ動作をさせることが、その力であつた。徇は、したがふと訓むが、となふとも、よみ傳へられて來てゐる。以上の三種類のものは皆、聲樂的に異つてゐる。唱詞は、歌や語詞とも聲樂的に別な要素を持ち、又別の効果を持つてゐた。我々は、延喜式に、祝詞としてある三種類のものを、唱詞といふ言葉で總括して行きたい。

信州松本市に於ける講演を、袖山富吉氏の筆記したものにかゝる。（編者）

卑南社の祭の記錄

小泉　鐵

卑南社 Piyuma とは普通卑南蕃と稱せられ、臺灣東部の南万、卑南平野の各所に部落をなすカテモル(知本)、シヤバカン(射馬干)、リカボン(呂家)、タパラカウ、アリパイ(阿里擺)、バシカウ(北糸鬮)、ピナシキ(檳榔樹格)と共に甞て卑南八社と呼ばれたものの一であつて、その代表的なるものである。

現在の卑南社の位置は今の臺東街の西北方約一里、卑南大溪石岸の平地にあり、戸數約百、人口約七百よりなる集團部落をなす。

卑南社の祭の記錄を作る前に簡單に其の蕃社組織を述ぶることが必要であるが、それは祭の記事に關する説明として役立つ程度にとどめる。

現在卑南社はタテモル(南)、トトオル(北)、ボボオル(西)の三部に別れてゐるが、それは同社が約五十年前に舊蕃社(現役の蕃社より西方山寄りの地點)より移動せる時からのことであるといはれる。

而して元は世襲的元首(アヤワン)なるパサラアル家の支配するところであつたのであるが、中途ララ家なるものが奮起し、其の勢力前者を凌ぐに至り、二人のアヤワンをいたゞくこととなり、パサラアル家はトトオルの、ララ家はタテモルのアヤワンとなり、社の所領地を南北に分ち、北はパサラアル家の支配に、南はララ家の支配にぞくすることとなつたのである。ボボオルはララ家にぞくす。なほ卑南社全體としてのアヤワン(頭目)の地位も今はララ家の占むるところである。

而して土地はアヤワンのものであるといふ考を有し、收穫物の一部をアヤワンに貢納し、又アヤワン直有の土地に對しては義務勞働(ミパラン)として配下のものはその草取り刈入れ等に助力しなければならないのであつた。

アヤワンは祭事並に社事に於けるその統卒者であつたのである。

次に年齡別階級制であるが、之はアミ族のそれとは異つて制限的である。それは青年の階級までであつてそれ以上の階級は唯マイランと稱して一括せられ、アミ族の如くに階級團體を総

- 總 0053 頁 -

始維持するものではない。

階級の最初は男の子が十三歳位になると彼等はタコバンと稱せられる集會所に收容せられるのであるが、それから彼等はタコバコバンと稱せられるやうになるのである。其の期間は五ケ年であつて、それを更に四の階級に分つてゐる。タコバンは社の南北に一宛ある。其のタコバンにての修業を終つたものは更にパラコワンと稱せられる集會所に入るのであるが、其の最初の三年間をミヤブタンと稱し、次いでバンサランとなるのである。バンサランとなつて彼等は一人前の男として認められ、始めて女と交はり、結婚することもゆるされるに至るのである。かくてバンサランとなり、結婚せるものがマイランである。結婚してマイランとなれば最早一家を有し、パラコワンを出づるのであるが、それまでは彼等はタコバコバンの間はタコバンに、ミヤブタン、バンサランの間はパラコワンにて寢食をなすのである。マイランとなつても妻を失ひ、又は離婚せるものは再びパラコワンに歸るのである。

パラコワンの數は六あつて其の各々にカルマアンなる靈屋があるのである。パラコワンには各々名稱があり、支配者があるのである。そのうちラ〃家の支配するものをカルノンといひ、パサラアル家の支配するものをパタバンといつて南北の社の入口にあり、最も重要なるものである。なほ各パラコワンにはルナルナダンと稱する教練所があつて、其處でミヤプタン達は社の慣習、其他技藝を學ぶのである。

尚彼等の家族制度は女系制である。

プビニカナダワ（粟播き）

先づ配下の社衆はカルマアンにゆき、その周圍の草取りをして奇麗に掃除をする。

次ぎにアヤワンは種子を播くに當つて夢見をして其が吉夢であつた時に、其の翌日グモスグォスをして種子を播くのであるが、其の夢見を邪魔されないやうにマラルギをする爲めにカルマアンから少し離れた場所にゆき、檳榔實（ボラン）の蔕をすて割目を作り、其の中にイナシ（南京玉）を一粒入れ、その割目の方を前方に向けて地上に置き、その後方にイナシを麻にさしたもの七つを置き、其のまた後方にイナシを入れない檳榔實三個を列べ、其の各々に三粒宛のイナシを添へて置く。

これはアヤワンが睡つてゐる間に其の一年の間に死んだ人の靈（テナバワン）が來て邪魔することなく、又他人が嚏（マグシ）をすることないやうに豫め吉夢をさまたげるものを拂ひのける爲めのマラルギであつて、プリヌンといはれる行事である。

かくしてアヤワンはカルマアンに歸るのであるが、其の途中にて彼はイナシをさした麻九つを横にして、それをとび越すのである。そしてカルマアンに來たら、サガサアン（神樣の入口であつて、普通の入口の左側の上、恰度額の高さ位の處にある窓）に檳榔實五つを各々イナシ三粒を入れて供へ、神樣を慰める。

それからアヤワンは其の夜の夢を見て、若しそれが吉夢であつたならば、翌朝カルマアンに備ひつけてあるパルカン（竹籠であるが、普通用ひらるゝプノンとは異なり高さ一尺位直徑五寸位のもの）と昔耕作に用ひた木製の小鍬と粟の穂三つをグモスグサン（この儀式を行ふ爲めの特定の畑）に携ひゆき、その小鍬にて土を堀り、足にて粟の穂をもみ、種子を落し、其の種子を畑に播き、粟のからは先きを少し地上に出して土中に埋め、其の上に檳榔實の割目にイナシ五粒を入れて供へる。

かくしてアヤワンは家に歸るのであるが、配下の家の人達はアヤワンの處に來て、グモスグォス（この日の行事をかくいふ）がすんだかどうか、又この日アヤワンの家では種子を播くかどうかを尋ねるのである。若しもアヤワンの家で種子を播かないならば配下の家では播くことは出來ないのである。アヤワンの家で種子を播いたことを知ると配下の家は皆一勢に種子を播くのである。

それでこのプビニカナダワは社全體が共々にするのではなく南北夫れ／＼に其のアヤワンの欲する時吉夢を得て別々に行はれ、配下も亦南北に土地を有する關係によつて夫れ／＼自分の方のアヤワンの家が種子播きをすました翌日から各々自分の畑に種子を播くのである。

プビニは粟についてばかりでなく陸稻についても行はれ、其の時はプビニカナルマイといはれるが、行事は同樣である。

マラルギとは祈願、呪咀等のマジコレリヂヤスの行事をいふのである。

マルアニカナルマイ（陸稻の收穫祭）

プビニの時と同樣に夢見の邪魔をされないやうにアヤワンが、カルマアンから少し離れたところにゆき、プリヌンのマラルギをすることは同じである。

かくして其の夜の夢が吉夢であつたならば、この夢見はアヤワン自身と限らず、アヤワンの家族のものなれば誰れでもよいのであるが、其の吉夢を見たものが祭事を行ふのである。それで其の翌朝自分の所屬のパラコワンの若者達にその由を知らせ、バンサランにカルマアンに備ひてあるパルカンを渡す。女達はカルマアンにて餅（アバイ）をつく。

バンサランがパルカンを持つて畑にゆき、陸稻の穂を摘んで歸ると、其の日の司祭者即ち前夜の夢見のよかつたアヤワン家のものが其の穂をカルマアンのサガサアンに置き、其の傍に餅を列べ、酒（ピニカック）を供へて神樣に捧げろ。

それが終ると、配下の家のものは皆集つて其の歳の收穫の澤山あるやうに、年々種子の絶ゆることのないやうにといふ歌を唄ふのである。

かくて第一日が終はるのであるが、この日のことをグモテといふ。

第二日はギノトグタンといつてバンサラン達は都巒山（卑南大溪の對岸）に鹿狩りにゆき、獲物をカルマアンに持ち歸つて神樣に捧げ、此日も配下のものが皆集つて前日のやうな歌を唄ふ。

かくしてマルアニカナルマイは終はる。

マルアニカナダワ（粟の收穫祭）

初めの行事はルマイ（陸稻）の時と同樣である。

次いでアヤワンの家では前夜夢見のよかつたものが翌朝早々に畑にゆく。其の途中他人と話をしてはならない。畑に行つたならば、檳榔實一個を割つてイナシ三粒を其の中に入れ、それを地上に置き、摘みとつた一束の粟をその上にかぶせ、そして眞直に家に歸つてくる。

それがすむと配下のものは皆カルマアンに集つて來る。

マルアニカナダワの時には山狩りにはゆかない。

トモデアバク

粟刈がすむとカルマアンにて新しい餅をついてそれを團子位の大きさにまるめ、穀倉（アリリ）に供へてラコマイ、ラコアスの二神に捧げる。この二神は初めて土地を開墾し、穀物を作つた神樣で、カルマアン及びアリリの守護神である。

これがすんで始めて刈取つた粟をアリリに入れるのである。

それは先づ二軒のアヤワンの家なるララ家とパサラアル家とがなし、次に他のカルマアンを有つてゐる家がなし、それがすんで社中の各家が家々でするのである。

モアリヤバン

これはララ家が主となつてするのである。

先づ粟酒を造り、それから海岸に出て夢見をする。夢が吉夢であつたならば、ララ家に近い他のカルマアンが粟を少しづゝ集めてララ家のカルマアンに有つてくる。

ララ家のカルマアンでは粟酒をサガサアンに供へて神樣に捧げ、又竹筒の中に少量の粟酒を入れ、それを携へて南の道を通つて海岸に行くのであるが、その途中粟酒をドモルホス（神に酒食を捧ぐる）して土地の守護神クモアユ（男）、ドモソドゥル（女）に捧げる。

海岸についたら粟飯をたき、小舍をたてる。小舍は太陽に向つてたてる。それは檳榔實をならべて神樣の形を作り、其の周圍に石を置いて小舍かけをして入口は西に向けてつくるのである。その小舍の前に棚を作り、飯を供へる。最初にララの家長がその飯を神樣にドモルボスする。其後で皆のものが順々に神樣にドモルボスする、その神樣はサドルマウ(男)、サドルサウ(女)の二神であつて、初めて粟穗を有つて來た神樣である。

彼等は昔粟を有たなかつた。粟は東方にあつた。それを欲しいと思つたが、唯ではくれなかつた。それで二神はそれを盜みださうとしてサドルマウは包莖の中に、サドルカウは隱處にかくして持ち歸つた。そしてそれを入口の前に播いて置いたら粟が生えた。その後澤山になつたので他の蕃社にも分けてやり又アミス（アミ族）にもやつたといはれてゐる。

モアリアバンがすむと適當の日にバンサランが全部山狩りにゆく。其の時には新しい米を有つて行き、其處でそれをたいて其處の土地を守る神樣に供へる。それから茅を一株燒いて、これから新しい土地を燒いて開墾しても構ひませんか、又新しい米を何處へ有つて行つても構ひませんかといふことを神に許を乞ひ、其から山燒きをして獵をするのである。

そして其の獲物はマイラン達を集めて先づ肉を神樣に捧げ、それからマイラン達に御馳走する。

マガヤガヤウ（猿祭）

元ルマルワイとコマルコイとの二人の兄弟があつたが、この二人が以前に稻の種子を貰つたルプルプとムドゥプトプの二人の神樣に返す爲めに餅をつくらねばならないと相談して餅をついて神樣に捧げた。この二神は都巒山にゐるといはれてゐる。

最初は餅をつくつて捧げたが、何時も何時も餅では面白くないといふので夜守を捕へて、それを殺して祝はうと相談して始めたのがマガヤガヤウの起原だといはれる。

然しその後弟のコマルコイは夜守では面白くないからとて次には蜥蜴を捕へてマガヤガヤウをやつた。

この時には兄のルマルワイはバンサランになつた。今迄はパラコアシに兄弟一緒にゐたのであつたが、この時に小さい棚を作つて弟のコマルコイの方は其處に入ることになつた。それが今のタコバンの起原である。

其後になつてトバアボロといふ人が蜥蜴でも面白くないからといつて猿でも捕へてマガヤガヤウをしようと考へたが、今迄の小さい棚では狹いからとて二階建の現在のタコバンのやうなものを建てたのである。

祭の仕第は先づ

第一日　**トモリヤバク**

先づ夢見をして吉夢であれば、アヤワンの家ではトモリアバクをすることを通知する。さうすると皆の家々では餅をつき、酒をつくり、刈りとつた稻をすべてアリリに入れる。

第二日　**ムラリパッドゥ**

皆の男が出かけて各〻道路の草取り掃除をするし、タコバコバンたちはパガヤガヤワン(此の祭をする場所)に行つて棚を作り、竹をたてゝ紙を飾りつける。

第三日　グォマモル

カルマアンを守つてゐる家のものが米を集め、配下の男達は皆一握みづゝの米を握つてカルマアンに持つてゆき、それを投げて稻を初めて作つた神樣(ルブルグとムドゥプトグ)に捧げる。この日は各家にて餅をつくる。

第三日の夜　**トマバカイ**

其の夜タコバコバンたちは各家に煙草を貰ひにゆく。そしてタコバンに歸るとアヤワンがタコバコバンの數だけ檳榔實を割つてその中に石灰と蒟葉とをつめたのをタコバコバンの頭の中に挿し込む。そして順々にそれを落しあつて明日の競爭に勝つやうにいのる。煙草は祭の當日の接待の爲めである。

それがすんで四年以上の上級のものは皆ねてしまうが、三年以下のものは一晩ねずに火をもやして汁をこしらへる。それは翌朝上級のものに饗するのである。

第三日の夜半　**パルアロ**

夜半になつてからアイワン(タコバンの頭)が三年以下のものの腰卷をとらして火の周圍を踊らせるのであるが、それによつて陽根を見、其の品行を檢査するのである。そしてその中からララガン(祭の當日第一番に猿を刺す役をする者)になるものを一人選定する。そしてそのララガンだけをやすませる。

第四日、マガヤガヤウ

朝早く各〻家にては皆支度をして女は餅をパラコワン及びタコバンに運ぶ。それから愈〻パガヤガヤワンにゆく。其處につくと竹で以て四角の檻を造つて其の中に猿を入れ、タコバンの。アイワンと五人のタコバコバンが餅を三ケ宛有つて檻の周圍をめぐる。それがすむと次には茅を有つて又廻る。次にララガンに槍をもたせて眞先きに猿を突きさゝせる。そして直ぐタコバコバン全部はタコバンまで競走する。それから又パガヤガヤワンに歸つて來る。さうするとアイワンが弓と三本の矢をもつて廻り、都巒山に向つて矢を放つ。

これがすんでから猿を殺して祝の歌を唄ふ。この歌のことをコモラウといふ。

そしてタコバンに歸つてくる。

歸つたら猿をタコバンの入口に階段の右側に吊す。

年寄り達は皆竹の矢をとつて自分の病氣のあるところを撫でおろす。そしてその矢を猿に投げて自分の病氣を有つてゆけといふ。

次ぎにタコバコバンがタコバンの上にあがつて鹿の皮に入れた石灰、竹の紙をタルベックで叩きおとす、その下に小供達が集つて拾ひ、お祝をする。

それがすむと最上級のものが一人づつ下級生の尻を順々に一度づゝ打擲する、それで過去の惡事がつぐなはれる。

それから猿を殺した歌を唄ひながら、踊る。

マイラガン

三日後にバンサラン以上のものが鹿狩りにゆく。

かくして猿祭は全く終る。

之にて卑南社の祭の記事は終つたのであるが、この記事は卑南社のラワの口述によつて記したものである。

私はこの記事を終る爲めに幾度か卑南社を訪ねたのであつたけれども、どうしても話をきくことが出來なかつた。他の事柄について割合に樂に話することが出來たのであるけれども祭の話となるといひ澁つてどうも話さない。遂に私は或る日を約束して歸り、其の約束の日に又尋ねたのであつたが、今度は何彼と口實を設けて初めから來てくれないので非常に弱つたのであつたが、それでも二三度迎へに行つて漸くに來てもらつた。そこはパラコワンの一つなるパタバンであつた。然し彼等は中々に口をひらかない。可怪しいと思つてゐると彼等の一人が古い昔の話をするには唯では出來ない、神樣にお願ひをしてからでなければ出來ないといふ。それならばどうすればよいのかときいたら、酒をかつて捧げればよいといふので、そんなことなら早くいつてくれゝばよかつたといつて酒を買はせると、話者ラワは酒を竹の杯についで、指先きに酒をつけて彈き（ドモルホス）ながら彼等の祖先の神々に自分がこれから昔語をするといふことを告げ、自分の話すことがすぐ〳〵に頭に浮び出るやうにどうか神樣が邪魔をしてはくださらないやうにいのるのであつた。

そして彼は心好く此の長い話を一氣に語りつゞけてくれたのであつた。なほ祭以外の記事はクラウ（頭目）、ホワヌオン（卑南公學校訓導）ラワ等より得たものである。

天氣祭（パカチタル）――アミ族ハラワン社

蕃社の最年長者達が五六人集つて藁を束にし、それに火をつけ、雨の中を天氣になつてくれ〳〵と大聲をあげながら社をかけめぐる。

パカは他を動かす、せしむる等を意味する前綴飼である。チダルは太陽である。（小泉）

あられといふ語に就て

伊波普猷

『おもろさうし』十二の巻の八十章「あがをなりがみがふし」（我が姉妹の生御魂の歌の義）に、かういふ神歌がある。

（一）あられ、なの、鳥の
　　くちながの、とりの
　　（ゑけ、こいの）
（二）のう、見ちべが、追い來る
　　いきや、みちへが、追い來る
（三）君、見ちへす、追い來れ
　　主、みちへす、追い來れ

第一分節の終りの句の「ゑけ、こいの」が、囃子であつて、第二第三分節の終りで繰返されたことは、オモロの姉妹詩コワイ・ニヤ（或はクヱーナ）の「大城ごわいにや」を謡ふ時、各句の初めに、エーといふ囃子を附け、各句の終りに、エー、コーイーナーといふ囃子を附けることから、たやすく類推することが出來る。エー、コーイーナーが、「ゑけ、こいの」の轉訛した形で、「あはれ、五位鷺よ」といふ意味を有し、コワイニヤの稱も、それから出たことは、拙著『琉球古今記』祭式舞踊の章で、くはしく述べて置いた。

其頃まで、初めの句「あられ、なの、鳥の」のあられの意味は、判然しなかつたが、其後、八重山の民謡を調べてゐると、圖らずも同じ語のあることに氣がついた。「いやり節」の中に、かういふ文句がある。

いかる（琉球赤シ）てる（ト云フ）鳥だみ（サヘ）、
口大す鳥（嘴ノフトイ鳥ノ義デクカルノ同義語）だみ、
おるづん（二三月ノ交）ば（ヲバ）若夏ば定めうる（確實ニ知ツテ居ル）
鳥姿も見られて、
あられ聲（啼）も聞かれて、
其よだみ鳥よだみ（ソノ様ナ鳥デサヘ）賢さ。

これで、「あられ、なの、鳥の」のあられに啼くの義のあることがわかつて來た。だが、句全體を正しく飜譯する爲には、この語に附いたなのを説明する必要がある。のが所持をあらはす形式語のであることは、いふまでもないが、なは一寸解しにくい語である。琉球語には、いろ〳〵の意味を有つてゐるながある。「果報な者」のなは、國語のなる若くはの(之)に相當する形式語であるが、「あられなの鳥の」の場合には、なの次にのがあるから、このなでは、解けない。「グビな按司添」(斯んな偉い殿業)「ウヒなの事」(そんな重大な事)のなは、稍近いやうな氣もするが、それでも解けない。別に、ウサキーナー又はウサキーナーナー(そんなに澤山)、ウサキーナーヌ(そんなに澤山の)、ウダキーナー(そんなに高い所又はそんなに高價な物)、アガトーナー(あんな遠い所)、グマチー・ヒッター(がらくたの義で、一寸した不用品がざらにあること)、一ツナー(一ツ宛)、ウヒナー・ウヒナー(少し宛)などのナー即ちながあるが、それは、並べる・長い・流れる・斜・ながめる等のなと同語根のもので、並ぶとかつらなるとか重なるとかいふ氣持を有し、「立な立ちゆん」(直譯すると、立ちに立つで、之か督促などして往復して、殆ど尻の落付く暇がないこと)、ウンジュナー(第三人稱複數の代名詞で、このナーには等の義がある)とも緣を引いてゐるやうに思はれる。『あられなの鳥の」のなにも、瀕る・續ける・繰返すといつた言語情調が伴ふやうな氣がする。

「あがをなりがみがふし」は、沖の方から、五位鷺が一羽、啼きに啼いて飛んで來るのを歌つたのだから、「あられ、なの、鳥の」を「啼きしきる鳥は」と譯し、以下「嘴長の鳥は、あはれ五位鷺よ、何を見てか追ひ來る、誰を見てか追ひ來る、君を見てこそ追ひ來れ、主を見てこそ追ひ來れ」と逐字譯をすると、漸く原詩の氣分を傳へることが出來よ 。こゝでは、五位鷺は姉妹の生御魂の象徵で、君・主はその愛ゝる兄弟を指してゐると見て差支ない。五位鷺は、いつも黄に、悲しい聲を立てながら、沖の方からやつて來るので、戸地では、いやな鳥とされてゐるが、このオモロの內容と題名とから判斷して見ると、オモロ人は、これを兄弟の守護神「をなり神」のシンボルとして、親しんだことが知れる。(「民族」二卷二號所載拙稿「をなり神」參照)

これで、「をなり神」及び「祭式舞踊」に引用した同オモロの解釋を略訂正することが出來たが、序でに、あられといふ語に就いて數言を費さなければならない。小中村博士の『歌舞音樂略史』を讀んでいく中に、私は踏歌をあられはしりと訓んだといふことがあるのを見て、あられといふ語の書紀に現れてゐることを知つた。松岡靜雄氏の近著『日本古語大辭典』には、あられはしりの解釋がかう見えてゐる。

持統七年漢人奏㆓踏歌㆒とあり、踏歌はアラレハシリと訓せられて居る〔紀〕。釋記には今俗アラレハシリといふとし、師說此歌曲の終必重稱㆓萬年阿良禮㆒今改曰㆓萬歲樂㆒是古語之遺也とあり、八年の記事には踏歌の二字をアラレと訓してあるが、アラレの語義については說明がない。本初は漢人唐人のみが奉仕したやうであるから、唐の制度の踏歌を模倣したもので、或はアラレも亦外來語ではなかつたらうか。ハシリを走の意とするも心ゆかぬことである。倘可考。

あられといふ語に就て（伊波）

これで見ると、アラレは、古代日本語では、歌の意であり、古代琉球語では啼の義であることがわかる。かうして意味は異なつてゐるが、歌と啼とは緣故のあるものだから、歌の意を有するあられは、啼の義を有するあられから派出したと考へることも出來る。琉球語では、鶯などのやうな小鳥が囀ることをフキユンといひ、海鳥や烏などの啼くことをナチュンといひ、鶏の鳴くことを特にウタユンといつてゐる。國語でも、ホトギスの異名をうたひどりといふから、アラレが古く啼と歌との兩義を有してゐたことは、類推するに難くない。アラレは恐らく海鳥などの啼き聲から來た擬聲語であらう。

松岡氏は、踏歌は唐の制度を模倣したものだから、アラレも亦外來語ではなかつたらうか、と疑はれたが、さうすると、南島人は、推古朝の前後、大和の朝廷に朝貢した頃に、この語を輸入したことになる。だが、琉球語が分立した年代は、語法その他の比較研究（拙著『琉球戯曲辭典』わぬの條「第一人稱の代名詞の古形あに就て」參照）で、日本人が支那の文化を公式的に輸入した時代よりもずつと古く、ことによると、日本の建國以前に溯るかも知れないから、この語は、分立當時、双方が有つてゐたもので、唐の制度の輸入された時、日本人は既に使ひ古したこの語で、踏歌を訓したに違ひない。よし、この語が固有の語でないとしても、其の頃に輸入されたものではなく、遼遠の昔、輸入されたと見なければなるまい。（五月十一日稿）

雨乞ひ（パカウラッドゥ）――アミ族馬蘭社

ウラッドゥは天である。パカは働かす、せしむる等を意味する前綴詞である。

先づ猿と蝙蝠とを求めて踊り場の中央に檻を作り、其の中に入れ、社の男女は其の周圍にてパカウラダイといふ雨乞ひの踊りをするのであるが、數日に及ぶ間に蝙蝠は死んで腐るが、猿はまだ生きてゐる。踊りを終つて次に猿を海岸につれゆき、其の首に石を結びつけて、それを海上一町位の沖合に放り込むと、猿はキャッキェッと叫び聲をあげて沈んでゆく。其の叫び聲がすると雨がふるといはれてゐる。（小泉）

旗振通信の初まり

南方熊楠

民族二卷二號一五〇頁に、樋畑君は、本邦旗振通信の初まつたは正德以前だろうと言れ、そして大阪を中心とした米相場の旗振飛報が安永中既に十分實行され居た確證を擧られた。

此大阪米相場の始まりに就ては、浪花百事談三に「昔時土佐堀の南畔に卜居せし淀屋己庵と云ふ豪商あり、こは天正年間豐臣氏繁昌の時、其旗下へ兵糧米を運送なすの役を勤め、代々相續せり、元和元年豐臣氏亡て後、尋で德川氏に勤め諸侯廻米を引受け、賣買なす事舊の如く、年をふるに隨ひ殷富せり、其後明暦の頃與左衞門の代に至り、自宅の濱さきに於て諸國廻米を日々衆人に賣與へん事を希望し、其由を請願せしかば德川幕府之を許して、朱印の捺したる免許狀を淀屋與左衞門に賜ふ(是は德川三代家光治世の時にて、大阪米相場の根元也)是より年々米商ひ盛んになり、家も益す富貴せり」と有て、與左衞門より三代後辰五郎に至り、改易の際、米商ひの免狀も沒收された由を記しある。德富氏の元祿時代下卷にも堂島舊記から「其頃淀屋與右衞門と云ふ有福の者有て、寛永正保の頃より、西國諸侯方積登せし米穀を引請け、賣捌き代銀を取立て、國へ送り、江戸屋敷への仕向け等の世話を以て業とす、則ち町人の藏元也、寛文年に至ては、此藏元を勤むる者數軒に及ぶ、尤も淀屋を第一とす、是に於て市中米商ひする者、多分淀屋に集まり買得せしより、自然と米價高下を爭ひ、是より相場の事起れり」と引れた。攝陽落穗集一には「辰五郎先々代三右衞門御公儀樣御取立遊はされ、諸家大名方御廻米引受候商賣を始めければ、諸方より數多の人數集まりて、北濱淀屋橋の濱先にて賣買を致しけり、是れ正米相場の始め也」と出づ。與左衞門與右衞門三右衞門、どれが正しい名か知ねど、蓋し同人たる事疑ひを容ず。

圜水の日本新永代藏三に「昔は八幡の人にて、伏見繁昌の御時代淀堤を御普請を受負ひ、其身の才覺萬人に勝れて大分の金銀を儲けぬ、偖も一代に立身して子孫に分限の名を殘す人は格別なる者かな、四十八町の長土手をつく、是を奉行するに何程駈步きても隅々隈々に目の屆く者に非ず、然るに此男切殘したる並木の松の枝を打せ、登りて腰掛らるゝ樣に拵らへ、是に揚りて一日に東西を見渡すに、幾帳場も手にとる様にて下知をなしぬ、去に因て六千五百人の日雇一人も油斷なく働らきければ、世間より損金有べしと推量せし受取り普請にお陰を蒙むり、大阪に出で、北濱大川町にて屋敷を求め、淀屋三郎右衛門迹隱れなし」と述べ、辰五郎を此人より六代目としある。開祖三郎右衛門は秀吉全盛の時大阪に出たので、其より四代目の與左衛門（又與右衛門、又三右衛門に作る）が米相場を創め、與左衛門の孫辰五郎に至り滅びたのだ。そは寶永二年の事で、その三年前（元祿十五年）出た五箇津餘情男三に、新吉原通ひの「早舟に心玉を飛して戀からの無分別、彼長崎の六月の末に阿蘭陀船の入津の節の遠目見、廿里沖より帆影がみゆれば注進船も是程には、と思ふ內に日本橋は跡にして云々」といひ、九年前（元祿九年）出た小柴垣三の二に、京の靈山の參詣人が懷中より遠眼鏡を出して種々の世相を觀る話、廿三年前（天和二年）板、好色一代男一の三に、世之助九歲で屋上より遠眼鏡もて浴中の女を覗ふ條あり。孰れも五代將軍の時の著作だが、道齋記には、四代將軍が城樓に登つた折り、左右が遠眼鏡を進めたれど用ひず、吾れそんな物を使ふと聞ば、民衆が出步きを愼しむ餘り迷惑すべしと言たと見ゆ。去ば以前は知ず、此二將軍の代には、遠眼鏡は本邦で極めて希珍な品で無つた。而して淀屋の開祖自ら樹の上より遠望して、工夫の勤惰を察し、幾帳場も手にとる樣に下知をしたと云ば、其故智に倣ひ遠眼鏡を使ふたなら、早く既に五代將軍の初年に、遠眼鏡入りの旗振飛報で、淀屋お手の物の米相場を知す事が成た筈だ。（但し高い樹の上より觀望して「幾帳場も手にとる樣に下知」したと云から、旗をふつて相圖位いはした事と想はるゝが、其明かな記述がないから何ともいへぬ）。

然るに元祿十六年刊、唯樂軒の立身大福帳五に、越後浪人只右衛門伏見に住で正直に酒を賣て繁昌する內、一朝門を掃くとて一通の封狀を拾ひ、みれば大阪の商人より京の商人へ宛た急用の物で、表に五大力と書して時刻を記し付あり。人を傭ふて送附する事も成ねば披きみると、「明日は役人衆御出被成候筈にて、爰元濱の相場立ち不申候間、上風體の物は御うり、中風體の物は御買可被成候、只今去方より告來り、取敢ず飛脚を仕立て申進じ候、此書狀辰の剋迄に上著致し候はゞ、其許にて駄賃銀一枚御渡し可被成候、大坂出し、子の下刻と書きける、是は其頃京大宮穀物問屋に、爪返しといふ商ひ有て、昨日の大阪濱の相場をけふの商ひに結び、けふの大阪の相場を以て明日賣買の勝負を附る、上れば買手へ相銀をとり、下れば賣手へ相銀をとる、賣買共に一つと云は、金子一步或は五百或は千二千してとるも有り、取るゝも有り、宿への口錢は一つに就て七分五厘宛初寄り付きには宿より算盤をして、昨日の大阪の相場、肥後が六十三匁五分なれば、四分五厘、五分五厘と算盤をたて、賣人は四分五厘にうり、買ふ人は五分五厘に買ひ、十には金二兩二分、百には廿五兩の相金を、其場にて宿へ受取置き、翌日又大阪の相場、肥後が三匁六分に成ば、其相銀を買手へ渡し、下れば賣手へ渡して、宿へはきまりの口錢をとる、然れ共景氣惡き時は、あすの下りを考へて、昨日の大阪の相場は、三匁五分の肥後を二匁七八分の賣買する事も有り、又は上りを考へて、四匁二三分にする事もあり、之を賣買する人は大阪問屋と云合せ、ぬけ狀を取り景氣をきゝ、安けれどもうり高けれどもかふ、賣手が多ければうる内に下り、買手が多ければ買ふ內から上り、初寄付きに三匁五分の相場が、賣手がちなれば三匁にもなり、買手がちなれば四匁にもなる、若し今日よりあすの相場をしる時は、金銀を摑み取りにする事なれども、神ならざれば或は取れ、又はまんよふとる事もあり、儲けも損も一定し難し、此思ひ入れを書たる樣也。」天の與へと悅んで京の問屋へ三百兩持てゆき、米相場に掛つて大儲けしたそうだ。之を讀むと元祿十四五年迄は、京阪間にまだ相場の旗振飛報は知れ渡り居なんだと判る。

處ろが此立身大福帳より三年後れ、寶永三年六月七日、京都で二人の同胞女が其姉の讐を討た新聞を、錦文流が書綴つて其七月廿五日に出した熊谷女編笠一の二「商ひは千里を一目に見透した遠目鏡」に、其時討れた仇持ち宮城傳右衛門を本と奈良の町人角屋與三次と稱す。廿三歲の時父與三左衛門より六百兩の金を得て、「千里一跳の儲けを志ざし「郡山の問屋へつくや否、大阪のやりくり問屋を一人語らひ、毎日の相場飛脚の外に一人の早使ひを拵らへ、大阪の相場立つと等しく、角おらぬ赤頭巾に同じく赤布の小手を差たる男、飛鳥の如く闇がり峠迄走りつき、目標の松に立そひ暫らくの息をつぎ、左の手を一度上るを一分宛の揚りと定め、右の手を一度上るを一分の下りと定め、一分二分の上り下りを知す事也、與三次は問屋の二階より、方十里目の下に見る遠眼鏡を以て之を見、上り下り考へ賣買をす、其跡へ大阪の通り飛脚相場を知らす、與三次は峠迄の內に先達て相場を知ば、郡山での商ひは目ざすが如く之を知る、故を以て每日の相場商ひに利をえぬと云ふ事一日も無りき、諸商人遠眼鏡の事を夢にも知ず、見通し與三次と異名を呼て、與三次が賣買の景氣をみて、郡山の相場を立る樣になれり」。所ろが此妙計も永くは續かず、一日かの信號手が例の如く走りくる途上知人に逢て酒を馳走され、每もより二刻斗り後れて件の松に寄添た時、精神亂れて無茶苦茶に手を揚たので、與三次取返しの付ぬ大損を招き、燒糞に成て遊里に入れ浸つたとある。實際與三次が遠眼鏡と擧手信號を用ひて相場を飛報した最初の日本人だつたか否は分らねど、寶永の前及び初め頃既に其考へもあり、實行した者も多少有た證據に十分此話が用立つと惟ふ。

（昭和二年九月廿九日午後三時稿成）

爐邊見聞

有賀喜左衛門

生活自體は元來個人主義的なものでないことは、非常な努力を拂つて探し歩かなくとも村の生活には相當に多く眼につく。都會人は個人主義だと云ふ慨歎は誰れに始つたものか解らぬが、都會の生活とて全く個人主義であるとも云はれぬ。マルクス主義者は資本主義的文明の特徴を個人主義に置いてゐるが、この見方は必ずしも此の制度の下にある凡ての人を指すのではなく、此の制度の有力な支持者につきまつはる特徴を云つたものであるから、都會人を個人主義だとしてゐるやうな見方とは全然性質の違ふものである。都會人を個人主義だとする見方は極めて曖昧な咏歎とも見る可きものであるやうにさへ思はれる。唯これを都會人自身がさう感じてゐるかどうか、若しさう感じてゐるとしても、それが彼等の自尊心を高めるものであるか、或は反對に低めるものであるかどうかは不幸にして私にはわからない。それでまだ都會人にはなり切れぬ田舍者の立場からこれを見れば、この見方は村から出て來た者が始めて都會に接して抱いた共通の感じではなかつたかと思はれる。

村から都會に出て來て住まなければならない者の眼に都會がどんな風に映るかと云ふことは個人の問題のやうにも思はれるが、若しその感じに共通なものがあるとすれば、これは全體の問題になることは明かであらう。都會に住み込んだ村人は蝸牛のやうに夫々自分の傳統を背負つてゐる。その殼には村に續く絲が結ぼれてゐて、町風になづんでしまつたやうに見える場合にすら、村の呼吸がこの絲を傳うて絕えず入つて來るのである。その生活が村に依存しない場合でも、それを生命の一部分と思はれる程に大切にしようとする心持が働いてゐる。最早忘れたと思ふ頃に呼び醒まされて、都會生活に疲れた心の安らかな依り所ともなるのである。都會に落着いてしまつてさへからであるから、さうならぬ多くの者にとつては、田舍の殼が厚ければ厚いだけ、都會生活の實相を見極めることも出來ず、又都會と田舍の違ひを誇張して感じもするのである。隣近處が都會では全く無關心に存在してゐるやうにも見られて、頼りなく置き捨てにされたかのやうな自分を見出すこともざらにある。都會に受け容れられなかつた者にはこれが一層酷く感じられるのであつて、かう云ふ感じが絶えず村に續く絲に依つて村に傳えられた。だから若しこの感じがその極點に高まるものとしたら、村と都會とはとうに絶緣す可きであつたらうが、村人はこんな感じを抱きながらも止まることなく都會に向つて流れ込んだ。村から出ると云ふことがどうしてこの感情に阻止されなかつたであらうか。都會に對するかうした感じがありながら、どうして都會へのあこがれが若い者を煽動したのであらうか。村を出ると云ふことは都會へのあこがれのみで說明することは出來ない。村の生活は何よりも農業に依存するものであり、又農業に關係深い副業が伴ふものであるから、土地が絶對に必要であつた。これは將來とも變りのない事である。村にとつて土地の廣狹は村の人口との關係に於て云ひ得られることであるが、少くも德川の末期には土地と人口との關係は飽和狀態に置かれてゐた。これ以上人口が增加すればどうして良いか困ると云ふ狀態であつた。だから新に生れる生命は一家の嗣子以外はおろそかにされて、時にはその生命を拒否せられたことも珍らしくなかつた位であるから、明治初年以來新しい資本主義組織が先づ都會に勃興して過剩になつた村人が都會に向つて流れ込んだのは、堰きとめられた水がそのはけ口に向つて行つたのと變りはなかつた。村にゐて下積みの生活をするより新しいもつと良さうな生活をした方が良いから、さうしたものにあこがれるのは當り前であらうが、實際は良いとか惡いとか撰擇する餘裕があつたのではなく、出なければならぬと云ふ餘儀ない事情が何よりも强く彼等を驅り立てたのであつた。村人の本心から云へば出來るなら村に居たいのであつた。彼等は長い間さう慣らされて來た。町から來たのでなくてさへ、他所の人なら先づこれを疑ひ畏れるのが彼等の習慣であつたから、村に居て都會を考へる人人がその子弟を手離さなければならない場合に深い懸念を抱いたことは勿論であらう。どんな懸念があつた所で村から出て行かなければならないのであり、又都會の資本家がかう云ふ人々を要求するのであるから、村と都會とは絶緣することが出來なかつたわけである。これに伴つた現象としては次のやうなこともあつたのである。それは村から先に出たものが後から來るものを出來るだけ引寄せようとし、後から行くものが成功した先輩に賴らうとしたことであつた。成功した田舍者にとつては田舍の傳統は既に必要ではなくなつたやうに見えたに拘らず、彼等が出て來た當初に抱いた感じが、或は自分も消え失せたと思つてゐたかも知れぬが、未だ消えずに絶えず自分の周圍に素朴な支持者を得ようとしてゐたのであり、後から行くものは、かう云ふ成功者を見て都會へのあこがれを高めたであらうし、且つこの人々の許にのみ都會の個人主義から彼等を守る安全地帶があるかの如く思はれたのである。無意識にではあるが、これが彼等の心の底を通じて流れ、これに依つてその心を故鄕に結びながら、彼等の假想する都會の個人主義から自分達を守る砦を作つてゐたのである。都會に於ける鄕黨が驚く程多いのはかう說明しても良いと思ふ。

どんな理由から村人は都會をよそ〳〵しく感じたであらうか。では村の生活には個人主義がないのかと云ふに、古い時代の村では個人主義が甚だ歡迎せられなかつたが、それは今日に較べてのことで、絕對にそれがなかつたとは云はれぬ。今日の村が都會に比して個人主義が少いやうに見えるとしたら、或は古い記憶がその型だけを殘してゐるのに依るかも知れない。古い村では地持ちが自ら百姓をしてゐたのに、今日では必ずしもさうでなく、土地によつて利殖を計る職業を生んだことや、又村の共有財產や共同作業の減少したことなどは、これを以前の村の生活に較べれば本質上の變化であつて、マルクス主義者の所謂個人主義にあてはめられるには充分である。村の生活が變質したのは明かであるのに、それでも猶ほ協力的であつた古い時代の衣がきせられてゐると云ふのは、これを一面から見れば生活が純粹に個人主義になると云ふことは不可能であることを證明するに外ならない。資本が勞働を要すると云ふ事實がこれを表はしてゐるが、二つのものが今日のやうに離れ離れになつてしまつては、資本の方から見れば自分の勝手から勞働を借りるに過ぎないと云ふ意識が働くだけで、生活自體では兩者が不可分離であると云ふことは餘りに明かである。古い村では資本（土地）と勞働とが一緒に百姓の手にあつた。この二つが別々に考へられることの方が不思議であつた。それが崩れて來始めた時代にもどんな地主でも自ら百姓をしてゐた。地主が百姓だと云ふ意識を失ひ始めたのは私の地方ではせい〴〵この十年のことである。

今日の村は統一がつき易く考へられ乍ら實際はさうでない。近頃の村會議員の選擧などでは分裂の狀態は全く酷いものである。尤もかうした分裂は極く最近のことである。昔は村の團結はかなり强いものであつたらしいが、それには中心になる家があつた。これは道祖神を境として外との交涉を嚴重にした村の自足的生活から來るものであつたが、その中心になつた家に對する服從の關係が原因であつた。この家が地親で、それに對する尊敬は今日何故とも理由がわからなくなつてもまだ全く消えてもしまはなかつた。或る村ではかう云ふ强力な地親が一つだけでない事もあつて、同じ位の權威者を數人も持つてゐることがあつた。この場合に最早嚴密にはこの人々を凡て地親とは云へないであらうが、然しこれ等の長百姓は矢張り地親に對すると同じ感情を以て見られた。そして村の分裂は後のやうな村の場合に早く來てしまつたことだけは確かである。喧しい村はきまつてこれであつた。然し同じやうな長百姓が幾人もあることは必ずしもそれのみが爭の原因とはならなかつた。それよりももつと有力な原因は今迄の村人とは目先きの變つた種類の人物が生じたことであつた。即ち土地を持つ人を今日の意味の地主に變質せしめた制度が一方では村に商工業で生計を立てる人を生ぜしめたのであつた。以前の村の商工業は農業の補助にしか過ぎなかつたが、それが農業とは別に獨立して來た。村内で百姓をやめて新しい仕事に走る者もあつたが、この商賣の爲めに外から入つて來たものもあつた。これ等の新しい職業の人は地持ちと對立する傾向が比較的鮮かであつた。所が以前の地親であつて土地を澤山持ちそれを小作させてゐる人は、酒だの醬油だのを造つて商賣をすることもあつたりしたから、その性質は以前の地親と全く違つてゐるにも拘らず、自分も村人もまだ百姓のやうな氣がしてゐた。他に何の商賣もせず土地だけを持つてゐる人は勿論のことであつた。これは小前の百姓から見れば地親としての特別な感情が古くから浸み込んでゐたので、自分達と同じ種類の者に見てゐたかつた。だから新しい商賣で金を溜めた者が自分達と同じに元小前であつたものならば餘計にひがみもあつて、地親であつて昔から服從するに慣らされた人とこれを區別して、その間に非常な違ひがあるやうに思つたのである。從て以前地親や長百姓が村の内で對立してゐた以上に明白な對立があるやうに感じられて、村の分裂を複雑にしたことは爭はれぬ。最近に至つてこの分裂が著しくなつたのは昔のやうに村の利害の一致することがなくなつたからで、これは村の生活が村内のみに依存せず、その支持を村の外に求めるやうになつたからである。だから地親の保護に依存した小前百姓も最早さうでなくなり、その精神的連繫も次第にうすくなつて、今日の小作人と同じになつてしまつた。然し今日形だけでも殘つてゐるものが兩者の古い關係を偲ばせるには充分である。

今日では親分と子分との關係は婚禮の場合に一番よく殘されてゐる。始め婚約が纏まると新に夫婦となる可き人の親分を賴む。今でも大體は昔からの地親に行く。これは代々のことであつたから、親分子分は世襲的に關係を續けてゐたと云つても良かつた。これが昔の鐵漿親で、婚禮の後新婦に鐵漿料を與へ、その白い齒を黑くさせたのであるが、これは地親が新婦に先づ女たる可き資格を與へた遺俗であらう。今では鐵漿料の代りに御祝儀が與へられるだけである。又婚禮の場合に嫁と盃をするに、第一に婿、次に兩親、配偶あつて一家をなす兄弟姉妹、近親の順序であるが、最後にその家の子分たる夫婦は凡て新婦と盃をする。この場合配偶なき肉身の兄弟姉妹のみがその資格を持たないが、これは子分が新郎新婦と一種の兄弟分と見做されたからで、その點で配偶なき兄弟はそれ以下のものと考へられてゐたのである。これに依つて家族と云ふもの丶古い觀念を窺ふことが出來るやうに思はれる。卽ち今日では家とその私有財產とが全く同じ觀念として解せられ、家族と呼ぶ時私有財產が關聯して考へられる。寧ろ家族の基礎はその私有財產にあるのである。だから嚴密に云へば、個々の人が個人主義を嫌惡すると否とに拘らず凡て私有財產に束縛されてゐるのは事實である。所が以前の村ではこれ程明確に私有財產を意識してゐなかつた。勿論前代に土地の私有がなかつたと云ふのではない。唯私有の觀念が今日程明かでないと云ふのである。と云ふのは地親の土地所有の觀念は實に漠然としてゐたもので、澤山土地があつても自作し切れぬから、小前の百姓を次々に作つて、餘つた土地を與へたのである。地親が小前百姓にその紋を與へたことや、實子があつて必要もないと思はれるのに形許りの養子養女をして、別家したり嫁にやつたりして、餘分になつた田畑を與へた事などもそんなに古い時代のことではなかつた。又小前百姓の困つたものが田畑の處分をするに當つても、今日から見ればふざけたとしか思はれぬ程の價格で地親などに引取つて貰つたのも、元々地親でも貰つては持て餘すから安かつたのである。中には博奕で家財をすり減らし、もう金にするものがなく、酒が飲みたい許りに最後の田畑を酒と引換へたと云ふ者もある。それが今日では面倒な登記手續で引渡されるが、昔はさうでなく一枚の證文か時には口頭ですまされた。これは遣る方も受ける方もさうはつきり遣つたのでもなく、受けたのでもないからであつた。これは地親と小前の深い關係から當然生ずることであつて、紋を與へられ、土地を與へられることで、子分は親分の魂に連繫すると云ふ古い考へ方がそれに表はれてゐるのであつて、實際の近親でなくても、段々消えてはしまつたが家族と云ふ感じが無意識に殘されてゐたに違ひないのである。だから親分の權威は子分の家庭の奧にまで及んでゐて、子分は家族同樣に絕對の服從を餘儀なくせられ、子分の家に起つた事なら何でも親分の一存に委かせられた。つまりこの絕對的服從の半面には地親は子分に對して保護の義務を感じたのである。で子分は自分達に持て餘したことは必ず親分の所に持ち込んで滿足の出來るような解決を求めるのが常であつた。だからかうした保護が兩者の親密な關係からのみ生じたやうに誤認して、その「美德」を今日にまで適用せしめようとする人があるかも知れぬが、かうした關係は親分に對する魂の完全な服從によつて始めて可能であつた。親分の家に事ある時は子分は必ず無報酬で協力した。婚禮の場合なら子分は前日或は更に前から來て種種用意をしたり、當日は勿論、跡かたづけに至るまで皆取運ぶのである。又家を建てる場合には山から木を伐り出すとか、茅を刈りに行くとか、其他大工の雜用を助けたりする。これ等の場合勞力を値ぶみするようなことはなく、唯親分の家でする饗應で充分滿足してゐた。その代り自分の家を建てるとすれば親分はそれに必要な材木を分けてくれもしたのである。又茅などは村中の人が刈りに出て、所要なだけ得ることも出來たのである。つまりお互の事だと云ふ氣持に支配されてゐた。その頃は山でも原でも誰れでも勝手に入つて伐つたり刈つたりする所が澤山あつた。かう云ふ場所が後に段々なくなつて個人の物にも相當なつたが、それでも個人の山に入つて小枝や籔を伐ることは大目に見られてゐた。又山や畑などでも二三人又は四五人、或は講中で共有すると云ふ所も中々あつた。私有財產の觀念が確立した今日でもさうであるから、村において地親を中心とする或る團結が一種の家族として感じられてゐたと云ふのも非常に古いことだとは考へられぬ。そして氏神を中心としてゐた村と云ふものがこれとかけ離れた觀念ではないと云ふことも考へられるのである。

　かう云ふ關係を保ち、かう云ふ感情に育くまれて來た村人であつた。その人々が都會に出て來て見ると、そこでは生活が全く別なやうに思はれたのである。村に居れば親分の保護があるとは云へ、それは絕對的服從の不自由な關係であるが、新しい還境へ來てはそのうるさい程の束縛が、都會の冷淡な周圍に比較されるから、實際あるより以上にそれがなつかしいものに回想された。都會が個人主義だと云ふ感じはこんな場合に生れ易かつたのであるが、それが都會の實相とは云はれなかつた。田舍者はかうして鄉黨を作つたが、この鄉黨は彼等の町風になづむのを妨碍する原因ともなつて、都會生活に積極的な力を添へようとする心持までも阻み、彼等を二重生活に置かうとする傾向を半面に於ては生むことにもなつたのである。（信州上伊那郡平出附近の話による）

——四・四・二一——

雨乞ひ（パカウラル）——アミ族ハラワン社

　年寄りの女、夫を失つた女達が山かげの水の涸れることのない水溜りに行つて其の底の石をとり、その石數個を水の眞中に据え、其の脇に月籐、芭蕉を立てゝ女達はその周圍を取りまき、雨よふれ〱さかんふれよといふ意味の歌を唄ひながら相互に水をかけあつてづぶぬれになる。

　ウラルは天であり、ウラドと同一意である（小泉）

婚姻に依る親族關係の稱呼　（小　泉）

舅(夫及び妻の父)——ユッタス（普通名稱に於ては祖父及祖父母と同列の男系親族に用ひらる）

姑(夫及び妻の母)——ヤッケ（普通名稱に於ては祖母及祖父母と同列の女系親族に用ひらる）

（緣付き先きの兩親及び實家の兩親の間に於ても男を相互にユッタス、女をヤッケと呼ぶ。）

婿(息女の夫)——アマ(地方によりてはヤマ）

嫁(息子の妻)——イナ

男は自分の弟の妻、自分の妻の弟の妻、自分の妻の妹を——ソゲ(又はソアゲ)

女は自分の妹の夫、自分の夫の妹の夫、自分の夫の弟を——ソゲ(又はソアゲ)

男は自分の兄の妻、自分の妻の兄の妻、自分の妻の姉を——イラッハ(又はイラ、イサ)

女は自分の兄の妻、自分の夫の兄の妻、自分の夫の姉を——イラッハ(又はイラ、イサ)

女は自分の姉の夫、自分の夫の兄、自分の夫の姉の夫を——ナナ

女は自分の夫の妹、自分の夫の弟の妻、自分の弟の妻を——アゴ(又はヤゴ、ヤンゴ)

男は自分の姉及び妹の夫、自分の妻の兄及び弟を——ヤナイ

（男は妻の兄弟若くは姉妹の夫とは相互にヤナイの關係にたつのである）

男は自分の妻の姉及び妹の夫を——マワン

（姉妹の夫同志は相互にマワンの關係にたつのである）

以上はタイヤール族中純タイヤール族に屬するものの間に行はるゝものである。

舅(夫及び妻の父)——バケ（普通名稱に於ては祖父及祖父母の同列の男系親族に用ひらる）

姑(夫及び妻の母)——パイ（普通名稱に於ては祖母及祖父母と同列の女系親族に用ひらる）

（緣付き先きの兩親及び實家の兩親の間に於ても相互に男をバケ、女をパイと呼ぶ）

婿(息女の夫)——アマ

嫁(息子の妻)——イナ

男は自分の弟の妻を——アゴ

女は自分の弟の妻、自分の夫の弟の妻を——アゴ

男は自分の兄の妻、自分の妻の兄の妻を——アタ

女は自分の兄の妻、自分の夫の兄の妻、自分の夫の姉を——アタ

男は自分の妻の姉及び妹、自分の妻の弟の妻を本名を以て呼ぶ。

女は自分の夫の兄及び弟、自分の夫の妹及び其の夫、自分の姉及び妹の夫を本名を以て呼ぶ。

男は自分の姉及び妹の夫、自分の妻の兄及び弟を——アンナイ

（男は妻の兄弟若しくは姉妹の夫とは相互にアンナイの關係に立つのである）

男は自分の妻の姉及び妹の夫を——マワン

（姉妹の夫同志は相互にマワンの關係にたつのである）

以上はセーデッカ族に屬するものの間に行はるるものである。

資料・報告

諸國七夕・盆の習俗

津輕地方の村々の七夕行事　内田　邦彦

七月七日、井水を汲みかふ、（末廣）（大川）　七日びに雨降れば、栗子に蟲がつく、猿が啼くちでやといふ（小和巻）なぬか日は七回水に浴びて七かり飯食ふ日といはる（野内）（小和巻）（嘉瀬）　今日、たなばた祭あり、竹骨の大なる武者人形を造り十餘年前までは大人たち之を曳て町をねり往きたり、各町毎に一臺づゝあり「今年や豊年、たなばた祭り、いやよ」と囃して後には此人形を川に流せり、所謂ねぶた流しなり、此際よく死傷者ありけり（五所）

文中の括孤内にある細字は各部落の名稱である。

信濃上伊那郡富縣村櫻井　中尾　逸二

私の郷里では、七月七日のことを「なのかび」と云つてゐますが、その日に天白樣（のぼりには天白社と書いてあつたと記憶してゐます）のお祭りがあります。それは村境を流れてゐる三峰川（土地の者は普通にぶ川と呼びならはしてゐます）の對岸の、美篶村の川手にある天白樣から、御輿が川を渡つて、私のむらの天白樣へ逢ひに來るのださうで、午後二時か三時になると、はたを立てゝ御輿をかついで出かけて來ます。しかしその川を越すのに決して橋はわたりません。（尤もその通り道には常に橋はありませんが、少し上流か下流へ廻れば、丸太木を二本渡した橋があるのです）それでその日の近くに雨でも降つて增水してゐることがあれば、御輿のまゝでは川をこすことが出來ませんので、御輿は川端の堤防の上に留め、御神體だけ錦の樣な物に包み、達者な男がそれを捧げて、鉢卷をして褌一つになつて、おみきの樽を持つた人と、川を泳いでこして來ます。

私の幼時には、川上の濫伐で、隨分な洪水のこともあり、人家にも影響し、人も防ぎに出てゐて、流れ死にしたこともある程でしたが、この日に神樣を奉じて來る人は、決して流れ死にはしないと云はれてゐました。それから私共のむらへ上つて來ると、昔からあつた道を通つて、こちらの天白樣へ行くので、新らしく出來た道をば通らなかつたものだときゝました。その道を通る間、村の少年（今四五十歳になつてゐる人たちの子供の時分）が、その御輿に對して、遠くから小石を抛げたりなどして妨害したときゝましたが、それは昔からやつて來て、私のおぼえてゐる樣になつて止んでしまつたのか、或は夏、水あびの時の兩岸の子供の石合戰のうらみを、そこへ出したのか、仰

信濃上伊那郡富縣村　（櫻井）

りません。

それから御輿(又は御神體、おみき)が、こちらの天白樣へつくと、相對して向ひ合せて据ゑ（來た御輿は臺をして同じ位な高さに)、それから兩方の神主合同で、お祭りがはじまります。この頃、父にきいたら、その時に向ふから來た御神體の幣束を、こちらのほこらの中へ合體にして納めるのだと云つてゐました。

その時に又、その御輿と一緒に向ふのむらから、若い衆がついて來ますが、それは厄年の男だとかいひましたが(或は私の記憶の誤りかも知れません) 笠をかぶつて、鼓を平たくしたやうな太鼓を持つてついて來ます。(昔は箕をも着て來たのかも知れません) そして神主樣のおまつりがすむと、その一段下の窪の平地で、さんよりといふことをします。それはむらの子供(若い衆にまだ入らない者) が、その祭に行く時に、あらかじめ篠のついた所を用意して行つてあります。それを持つてその向ふから來た數人の人を取り圍んで輪をつくります。それから竹を持つてそのまわりを廻りながら「さんよりこより」とくりかへし唱へて三回まはります。そして丁度三廻り目が終ると同時に、中に太鼓をたゝいてゐた、笠をかぶつた男たちが、その子供の輪をくゞつてそこへ逃げ出します。子供はそのとび出す時、又尚ほ後を追ひかけて、持つた篠でぴしや〳〵とうちたゝくといふわけ。ところが私共の子供の頃は、大がい三廻りしない中に、中の男の方が隙をうかゞつて逃げ出してしまひました。すると又やり直しで、さんよりこよりからはじめます。そして追つかけてぴしや〳〵なぐると、それでやめます。(幾度やるのかおぼえてゐません) 何でもそれは向ふのむらでもやるのださうで、あんまりひどくなぐられる故、大人の方が先廻りして、三廻りしないうちに、逃げ出すのだとも聞きました。それがすむと、又、御輿と一緒に歸つて行きます。

この日、家々では桝をありつたけ洗つて、緣側などへ重ねて、それへ瓜・茄子等を、供へたことも記憶してゐます。

尚ほ私の村と同じ側の川下に(次の村)、矢張り天白樣の森がありますが、それには私の村と相手方の川手との間のやうな祭をすることをきゝませんし、見たこともありません。

尚ほこれは天白樣と直接關係の無いことかも知れませんが、私の村の天白樣の社の森の下に、ひら岩といふ傾斜した隨分大きなみかげ石の岩があります、それに馬の爪の跡だといつて一二、さう云はれて見ると、さうも思へるといふ位の跡があります。これは昔、守屋の大臣が追はれて逃げて來た時に、この岩をかけ上つたのだと聞かされました。そして、その川の上流(高遠の奥) に一ケ處、それと私の村に一ケ所、片倉といふ地名があつて、それは逃げる中に、馬の陸が上流の片倉で半分落ち、殘つた半分が、私の村の片倉まで來て落ちてしまつて、それで到頭負けてしまつたんだ、といふことなど子供心に聞いたのをおぼえてゐます。

七月六日の晩の六道のまつりといふのは、もとは隨分遠くからも見物に來たにぎやかな祭だつたと聞いてゐますが、一度も行つて見ず、きいたこともおぼろ故、書きませんでした。

信濃上水内郡柵村上祖山　　今井　武志

私の鄕里は、上水内郡柵村上祖山といふ處で、その上祖山が上と下とに分れてゐる、その下の部落である。そこに、南方神社といふ氏神樣がある。

每年八月六日の夜には、その氏神樣でおこもりをするのである。それは、七八歲位から十五六歲位までの子供がやるのである。おこもりに行く子供は、夕方早飯をたべて、うすやき(そばせんべい)と、らふそくとをもつて、氏神樣の神殿におこもりをする。

その夜は夜通し、ねむることが出來ない。ねむつた人はねむつてゐるところを、かくし處などをしばられて、いぢめられるのである。そして、その夜は、その下の部落のなりずもく(きうり・もゝ・なし等)をぬすんで步くのである。その夜に限つては、何處の家でも、それを默認せねばならぬのである。

次の朝は、未明に各々の家の七夕樣(眞竹に字を書いた五色の紙を結びつけたもので、八月の三四日頃より家々の庭先に立てゝおく)をかついで、村はづれの川へ流しに行くのである。それには、一番先に流しに行つた人がよいとされてゐる。その時、その七夕樣の小枝(色紙のついた)を折つて來て自分の家の畠に立てゝおくと、菜に蟲がたからないといはれてゐる。

七日の朝は、赤飯を焚いて祝ふのである。

三河西加茂郡擧母町地方　　矢頭　和一

此頃では、學校の生徒が習字に因んだ祭の意味になつてゐて、從つて子供の無い家では七夕には關係をいたしませぬ。色紙を短冊形に小さく切つて、それへ歌などを書いたものを七夕と云ひ、書くことを七夕を書くと云ふ。短冊に書く歌は、學校で先生が手本の樣に書いて與へたものを、各自が習つた後に、短冊に書くのである。

短冊は大抵二本の靑竹の小枝につるして立て、竹と竹との間、一間ばかりに新しい繩を連ねて、共繩にさゝげ・きび・茄子・粟・稻の穗などを吊るす。小瓜、南瓜の如き大きいものは、別に上り框に机の上に並べて飾る。七夕に吊るす稻の穗は、他人の田の物を盜むことに成つてゐた、勿論、一穗か二穗で、作物を荒すと云ふ程ではなかつた。七夕は小さい枝を一本川に流す。無事に生長する様にとの意味だと云うてゐた。

七夕の朝、日の出前に籔の中で笹の露を頭に受けると、頭痛をせぬと云ひ、又青草の露を洗足で踏むと、脚氣を病まぬとも云うた。一年の中で、今夜の天が一番高いとも云ひ、此日の朝露は一年の中で一番美しいとも云うた。

七夕の神様は一年中にたゞ一度、今夜だけさゝげ畑の中で會はれる、それで此日はさゝげ畑の中にはいるものでないと云うてゐた。

七夕を飾る子供たちは、籔の中に落ちてゐる竹の皮を拾ひ集めて、買出しに來る人に賣り、其錢で短冊を作る色紙を買ふことにしてゐたので、村の人々も快く持ち籔の中で、竹の皮を拾はせることにしてゐた。竹の皮は大皮と枝皮とあつて、枝皮の方が高値であつたが、餘程根氣よく拾はぬと二十錢位にはならなかつた。

沖繩の七夕と盆の行事

牛島　軍平

七月七日　たなばた。墓に行つて掃除をする。

十三日―十五日まで盆。たなばたに墓を掃除してあるゆゑ、盆には掃除をしない。佛壇には、甘蔗を二十八本又は、三十六本を三角に束ね、二つ拵へ、それを死者の骨とする。西瓜を頭とし、阿旦の實又は、ぱいなっぷるを齒とし、ばなゝを手とし又甘蔗を四尺位に切り、佛壇の兩側に立てゝこれを杖とする。その他、梨・なすび・きうりなど、總じてその時期に出來るいろ〳〵のものを供へる。これがすむと、大體午後になる。すると、家の中の一人又は二人が、お迎へと稱して、墓參りをする。六時頃になると、念佛樣がお出でになるといふので、たいまつを門の兩側に焚いて、門に出で、家內一同お迎へする。これをンケエといふ。そして御飯と、豆腐・里芋を小さく刻んで汁にしたものとを供へる。

十四日　餅米のお粥に、冬瓜の漬ものを供へる。又、大豆・牛蒡・きのこ・豆腐を實とした白味噌のお汁もあげる。

十五日　十四日同樣のものを供へる。その三日の間に、親戚緣故のもの、淸明茶と線香を持つて、お參りに來る。線香は、一人三本を手向ける。

夜の一時二時過ぎに、ウークイ（お送り）といつて、ンチャビをして、拜む。これが濟んで、線香もお供へものも取り拂ひ、祭器を門の片側において拜む。さうして佛をお送りするのである。

十六日　ウークイスナーチャ（お送りの翌日）と稱して、一般に休む。

首里・那覇を中心とした行事、月日はすべて舊暦。牛島氏の親しく經驗したものに、泊（トマリ）（首里と那覇との間にあつて、只今では那覇市に編入せられてゐる）の浦崎氏と、首里山川の糸洲氏とから聞いて書いたといふ同氏の舊稿「沖繩の年中行事」から抄出した（編者）

陸奥津輕地方の各村々

内田　邦彥

七月十四日、地獄の釜の蓋のあく日なり（妙堂崎）かばの皮と芋殼とを焚く（弘山）今日より二十日まで卽七日間芋殼をたく、乙を「七日火(ナヌカビ)を焚く」といふなり、人によりては此上に倘二三日を「おし盆」と稱へて火を焚くものもあり（五所）十四日の晩に、あかつき卽赤飯をたく（弘山）夕飯後、大人、小兒たち垣を搖らしつゝ歌ふ、「おんぢ、おばな、足もとのあかりに、お茶飲みたに、ごじやれ、ごじやれ」（弘山）と、かく火を焚くは佛さまの來るを邪魔する物を追拂ふ爲なり、兒童はしきりに家の周圍を馳せて物を逐ふ樣をするなり（靑森）今宵より二十日まで每晩街道にて踊り歌ふ、晩の九時頃より東天の白む迄、凡百人程の大圓をつくりて（忘失）

七月十五日　佛前の供物を川流しす、又十六日に行ふものあり、佛さまを永く止めて置けば疎略になるといふ、此日餠つく。

三河西加茂郡擧母町附近

矢頭　和一

七月十二日の朝は、お墓掃除と云つて、村人が全部、同時にめい〳〵の家の墓場を淸め、花筒を取り替へて、新しい花を供へる。これは精靈祭をすると否とにかゝはらぬ。今は墓場は向ひ山に移つたが、もとは光明寺の境內にあつた。

夕方になると、でい（佛壇のある座敷）に、盆提灯と云つて、比較的大きいものに火を入れる。其外に四尺位の竹に丸提灯を吊るしたものと、線香類を持つて、墓參りに出かける。かうした事は十三日から十五日の夜まで續ける。そして墓場から光明寺の御堂へ集つて世間話に夜を更かす。

精靈樣をまつる家では、素麵を主とした御馳走を供へる。十三日の夕方、お迎ひ水と言うて、美しい水を盥に汲んで門口に出して置くと、お精靈樣が足を洗はれる。それで水に濁りが來るなどと言うてゐた。

お精靈樣のお膳はうす板、箸は麻の木を白く晒したのを用ゐた。お精靈樣の歸られる時は、茄子に竹の串を四本さしたものを馬として、蓮の莖につゝんだ團子を土産に、線香の煙に包まれた道を、蠟燭の火で照して行かれると言うてゐた。お精靈樣のことをオシロイさんと言ひました。

伊勢河藝郡栗間村字小川

澤田四郎作

六月三十日　しようろ迎へをする。天台宗の家では、先祖を迎へるとて、線香（昔は麥藁で、竹で心を作つて、松火を作りしと言ふ）を點じて、墓手前の二本の松の木のあるもと迄行き、其處に火を捨てゝ歸るといふ。それから每日佛壇にまつり、盆の十三日夜は、團子、素麵などを作り、赤飯、芋、蓮、牛蒡、さゝげ、瓜、茄子などを里芋の葉の上に載せて供へる。十五日夕頃、赤飯をたいて供へ、それを持つて墓の手前の松の木のもとに捨てゝ歸る。

飯山藩盆踊薩摩歌 一

ごされ正月門に門松ほんだわら姉さ羽根つく羽子板それより目元のしほらしや

二月初午稻荷祭のみやげには笛やひよう〱おき上り小法師に風車

君のね姿花にたとへて見よならば春は彌生の櫻か夏なら澤邊のかきつばた

手まりつく〱一二三四五つ六つ七つ八つや九つ十からそもじの心にほだされた

五月さみだれよもぎ菖蒲を軒にさし庭にのぼりを立てたり山里子供は凧さわぎ

三味にさまざま紫檀こくたん檳榔樹棹は赤樫白かし縞桑くわりんにたがやさん

飯山名所は有尾八幡大菩薩まだも神明天神奈良澤お諏訪にあたごやま

安田横吹馬にのる人おいとしや下は白川白浪上には助けの地藏菩薩

六十六部は笈も錫杖もなげすてゝ姉を一夜の情に託鉢報捨をたのみます

おらが若い時やふみや玉章つけられた今は年よりますればお寺の過去帳につけられる

きみは三夜の新造三ケ月さまかいなよひにちら〱ちらりと俤ちらりと見たばかり

君は高砂尾上年ふるみどり松わしは唐崎相生かたみ殘せしひと葉松

扇見せ〱開く扇の浪小風濱で鹽風誘へば日元でちらつくあげ羽の蝶

今朝の嵐にばつとまひ立つあげ羽の蝶花の色香にたわむれ又きて止るのやさしさや

思ふ方より紅一枝文そへてよしやれ讀むに及ばぬふみしたわたしを秋心

菊にさま〱都旭におぼろ菊前を流れて白菊筆とり揚貴妃なゝ小町

關にせわしや通ひなれたる姥ケ坂あれは關川大橋越後と信濃の境橋

わしは戀しは緣の下なるふる元結誰か情の有る人取り上げ結うてはくれるかし

野尻名所は島に金山もみが崎つねにうちますさゝ波くわえんの音する琵琶が崎

今度見て來た野尻貞光寺共池にかもは三三が九つからすが三羽にうはじつ

お盆のかま飯

小林謹一

信濃國東筑摩郡筑摩ノ里字征矢野、小島及び、鎌田の三部落では、今より三十年程前までは、「お盆の釜飯」といつて、部落内の少女の十二三歳を頭として、七八歳位迄の者全部、舊七月六日の宵七夕の日からして、「お盆を組む」といつて、横列に一文字の樣に、肩へ手をかけて仲よしすがたになつて村をねりあるく。子供が大勢だと、この横隊が幾つも出來る。横隊の中央は、一番年上の女の子で、左右へだん／＼と小さな子供を並べる。

さて、このお盆を組んで歩くのは、舊七月六日の夕方から、お盆の十六日の夕方まで續けてやる。十六日の夕方になると、女の子達は、各、お米を一合か二合づゝ持寄つて、村里を少し隔れた山の神を祀つてある、おたが樣といふ祉の庭へ集まつて、常とは異つた、五目飯、或は小豆飯を炊いて食べる。そして、いろ／＼のおかずをこしらへてたべる。いよ／＼用意が出來ると、男の子を招待する。男の子達も、年頃は皆女の子と同年輩の十二三歳を上とし、七八歳ごろまでの子供である。男の子達は、正月二十日の道祖神の祭の時に、女の子達を招待する。

お盆を組んで村中をねり歩く時の女の子の姿は、必ず襷をかける、このたすきは、大巾物を裂いたものであつて、決して大人の樣に針で縫つたものは用ゐない。赤い縮緬のたすきを揃へてかける。はきものは、必ず下駄で、その下駄も必ず「ぽつくり」といふて、下駄の裏の、地べたへつく所は、わんぐりとうつろにほつてあるもので、云はばお椀をふせた樣な風で、これをはいて歩行くと、ぱくぱくと音がする。それが大勢で、足拍子を揃へてあるくので、少し遠くに居ても、ぱく／＼と音がきこえる。

偖、此のお盆の釜飯仲間の子供は、七夕樣の日に「今日は女の水あびだ」といつて、皆揃つて、薄川で水をあびる。此の水あびをすませてから、お盆を組んであるく、釜飯もたいて食ふ。ついでに私は、お盆を組んであるく時に、子供等のうたふ唄を書いて見る。

ぼん／＼とても、今日明日ばかり、
あさつては、あやめのしほれ草、
しほれた草を、車につんで、（或はやぐらにのせて、ともいふ）
下から見れば、ぼたんの花。コラコラ。

天神樣や天神樣や。
この手をあげてくださるならば、

お盆のかま飯（小林）

しろちりめんに梅干つけて、
裙へは鯉のたきのぼり。コラコラ。

ここらの村が海ならよから。
千石船に團十郎のせて、
すみからすみを乗せまはす。

他の部落の組に行合ふと、次の悪口を歌でいふ。

誰々誰は、いちむさだ、何所何處何處で柿の皮ひろつて、
誰々おいで、誰々もおいで、ままごとしようぞ。

今年のお盆は十六日で、おゑんま様の疊の上で、小袖の小づま縫七つ、縫ひならはせて嫁入させて、コラコラ。

一丁目越して二丁目越して、三丁目橋のいくさかや、いくさか様へ、あふがれ申す。あほいでたもれ。しようなしような。しようなというてかくれも無いが、編笠よこす。かたびらよこす。三尺手拭色かはす。コラコラ。

あの山かげで光るは何だ、ほをしか(星)か蟲かほたるの蟲か。ほしでもないが蟲でもないが、しうとの叔母の目が光る。コラコラ。

次に尤も長い、はやし言葉は、

おらどか大勢だ、三升ばかこねこめ、三升じや足りない五升ばかこねこめ。粉鉢割れても生粉にやするなよ。スットコトンヤレ、シチリトツンツン。ハイセ。

このはやしをするころは、夜も更けたころで、お盆を組む少女等のつかれきつたころで、多くは、村の若い男達が出て來て以上のはやしをしてくれて、へとへとになつた少女達に元氣づけてくれるのだといふ。このはやし言葉は、出來るだけ早口にとなへるのだといふ。（昭和四年六月十二日夜）

お夏飯

石田憲吾

伊豫東宇和郡宇和町地方に、盆のお夏飯と云ふ行事がある。多く盆の第一日目に、友達同志が二三十軒集つて、各家から米・南瓜・茄子・さゝぎ豆(この地方で三尺豆と云ふ)等を貰ひ集めて來て、その中の一軒が宿となつてこれを調理して皆でこれを食べ、尚その材料を提供した家へは、一部分づゝこれを分けて食べて貰ふ。これを食べると夏痩をしないと云はれてゐる。家によつては三日間もつゞけて行ふ。(此地の友より聞く)

七夕の笹と盆棚

早川孝太郎

一

昭和二年の夏、濱名湖畔の庄内を訪うたのは盛暑の八月八日であつた。未明に舞坂で汽車を捨てゝ、長い雄踏への橋を渡切ると、小さな家並のごちや／＼した様子が、湖畔の漁師村の感じをよく出して居る。恰度月おくれの七夕の翌朝で、何處の家にも五色の短冊を下げた七夕祭りの笹が立つて居る。久しく斯うした狀景に接する機會が無かつたが、ゆくりなく其日に行遇うた事が、旅の樂しさを一層明るいものにした。土地柄の所爲もあるだらうが、東三河の山村に育つた自分などが見馴れたものに比べると、笹が如何にも小さく、申譯ばかりの感じであるが、それだけに子供の營みらしい

第一圖　七夕祭りの笹（三河北設樂郡）

第二圖　七夕祭りの笹（三河南設樂郡）

懷かしさもあつた。もう一夜夜露に晒したせいか短冊の色が褪せて居る。やがて朝になれば、めい／＼何處かへ舁ぎ出して往くだらうが、先を急ぐ體で、それ迄待つても居られない。でも行く先々で、之を舁いだ子供に遇うた、中には午過ぎになつても、未だ軒先に置かれた家も見た。もう二十年も前の思出になるが、濱名湖から四五里を隔てた豐橋の町などでは、日の暮方を期して、町毎に之を舁いで、供物と一緒に豐川の大橋へ舁いで行く、それを途中で奪ひ取らうとして、途々長い竿や鍵を用意して、絡みかけて來る、さうさせまいとして、二三人宛護衛

して、爭ひ／＼進んで、やつと目的の橋の上に辿り着いた時はもう紙片などは大方無くなつて居たものだ、德川時代に書かれた記錄にもその事は詳しく載つて居たが、明治三十六七年頃にもその光景は、まざ／＼と殘つて居たものである。

二

昨昭和三年には、三河の奧へは入る途中で、郷里へ立寄つたのが恰も舊曆の七月七日であつた。七夕祭りの笹は今も昔と殆ど變りは無いやうであるが、期を隔てゝ見ると、背て氣づかなかつた點が目につくのである。昔ながらにどの家も新竹の幹は大きかつた、一軒一軒見てゆくと、殆ど申合せたやうに、軒の端の石垣の上などに立つて居るのが、過ぎ去つた日を別の場所から眺めて居るやうに親しみ深いものがある。一本立てたものより、二本のものが案外多い、杭を立て、それに結びつけてあるのだ、今迄氣にも掛けなかつたが、此邊の正月の松飾りと同じである。中に二三の家には、笹と笹の間を、粗末ではあるが繩が引かれてある。さうして下に莚を敷いて、机などを置き、唐黍や瓜團子などが供へてある。或家では此注連繩にも比しいものに、供物の瓜を挾んで下げたのがある。近づいて寫生しながら笹に吊した短冊の文字を讀んで見た

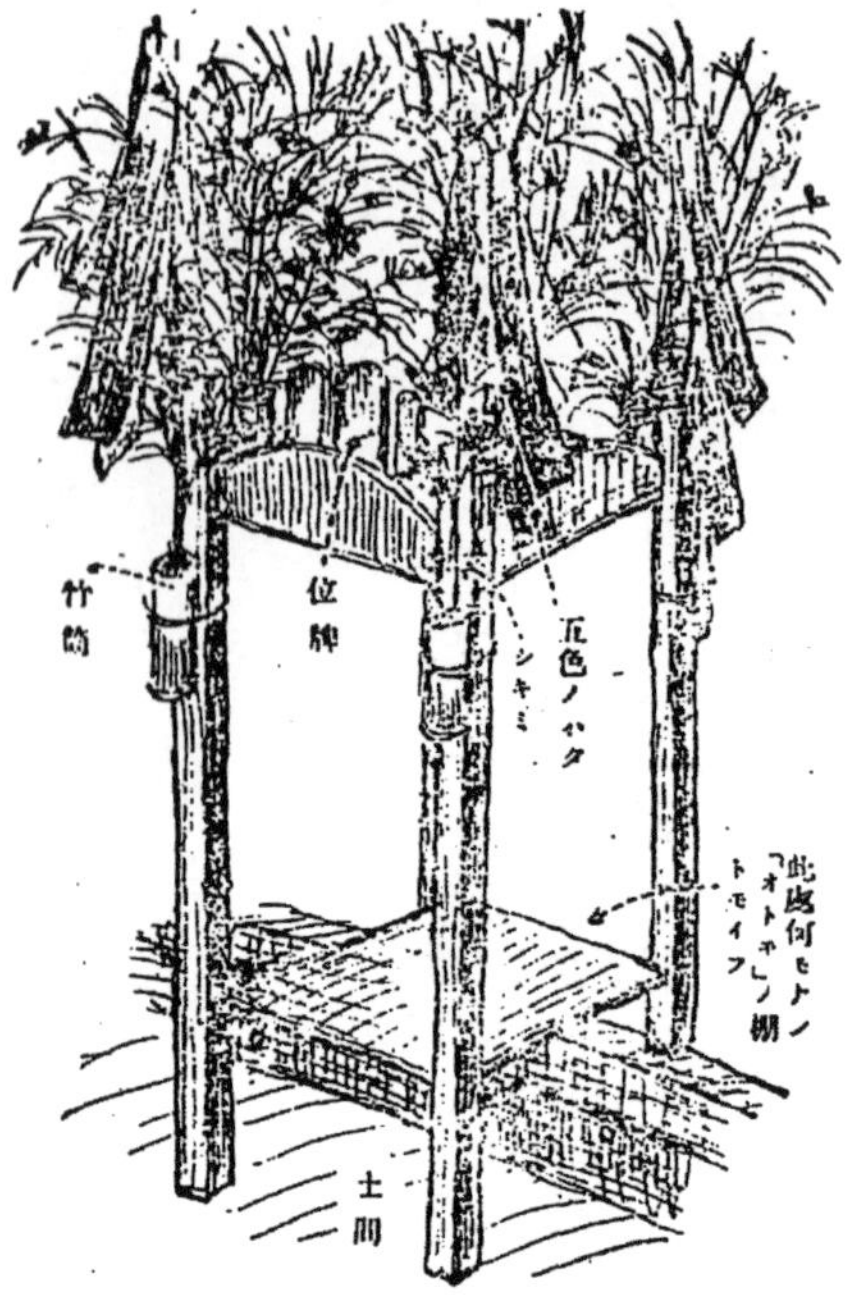

七夕やたなからころり團子もち

七夕やたなから落ちたまくわうり

九ツ位の女の子が、家の中から覗いて、恥らはしい顏を又かくした。

第三圖　精靈棚（河北設樂郡下津具）

第四圖　精靈棚形代（北設樂郡下津具）

自分等が子供の頃には、七夕の朝には、目を醒すと直ぐ畑へ飛で出て、里芋の葉に置かれた露の玉を、揺ぶり／＼大きくして、それを用意の茶碗に貯めて持返つて、墨を磨つたが、今でも皆やつて居るやうだ。

兄妹三人で、一本づゝ前の籔から新竹を取つて來て、それに短冊や網を切つて下げた、三本並んで表の端に立つてそれが風に飜つて居た記憶は、繪のやうに遺つて居る。谿を隔てた屋敷では、毎年一本だけ、恐ろしく大きな笹を垣根の端に立てた。七日の夜は一晩夜露に晒して、八日は未明の中に、それを舁いで三町もある大川べりへ流しに行つた。岩の上から淵を目がけて投げると、忽ち水に呑まれて美しかつた五色の紙が水に浸つて流れ去つた。たつた一夜限りといふ事が、如何にも名殘が多かつたものである。

第五圖　施餓鬼棚（南設樂郡長篠附近）

同じ三河でも信濃に近く、北設樂の奥へは入ると、大抵表の端に一本立てたやうだ、五色の紙は粗末でも村々にある店屋に置いてあつた。

第六圖　門の入口の萬燈（南設樂郡長篠附近）

三

北設樂郡地方では、七夕祭りの笹よりも、十四日の精靈棚の方に特色があるやうだ、中でも上下津具を中心とした土地の精靈棚は、殆ど一樣に軒下で、家並の續いた處など、美しいといふ感じがあつた。

棚に飾つた花の種類は、桔梗、女郎花、萩、樒などである。それに五色の段々の紙片を結び下げ、棚には佛壇の位牌を悉く出して並べたのである。花は十三日前に盆花迎へとして山から採つて來るのであるが、五色の紙は一に施餓鬼の幡ともいうて、十四日の朝早く、寺で施餓鬼會が行はれ、各戸からそれに參會して、終ると施餓鬼の幡を貰つて來る。これが精靈の依代の意味があつて、家に持返ると精靈棚に飾つて、初めて「おまつり」を爲たのである。精靈を墓地から迎へて來る事は無いやうだ。

之は下津具の或家で見たのだが、棚の上に、供物を並んで、唐黍の柄で人形を拵へて、それが瓜の牛に乘せてあつた。家の娘の話では、此土地の風ではなく、遠江の濱名郡あたりの學校へ行つて居た時、其處の寄宿舍で友達が爲たのを見て來て眞似たとの事であつた。同胞を失した者が、其數だけ作つて祀るのだというて、三ツの人形が飾つてあつた。

四

下津具から南へ、山を降るに從つて、精靈棚の形式は段々平地の風になつて、佛壇の前に茅の莚や蓮の葉を敷いて祭つて居る。此處二十年來斯く變つて來たが、以前は津具など丶同じ風であつたとて、棚だけは今でも持合せて居る家がある。

山をずつと降つて來ても、施餓鬼棚の方は未だ殘つて居る。七月の月に入つてから、十一日頃迄の間に、家々で日が定まつて居て、施餓鬼を營む、軒下に新竹を立てそれに棚を吊つて、位牌を並べて祭つたのである。

來目路濃橋（眞澄遊覽記）より

○南に神戸といふ村よりはひんがし、八箇嶽のあたりの原を、穗屋野といひて、七月廿七日、すはの御神、みかりしたまひたるかん世のふりをまねび、さゝやかの家を造りて、それを薄もてぞふきけるとなん。そのかりやつくる處を、御射山ともほや野とも云ふ。……

○かくて松本の里に出て、峨月坊が宿をとふらへば、藏六といふ額をかけたり。……くるれば、にゐみたま祭る家には、高燈籠をいと長き竹、あるは柱をたてゝ、家ごとにひきあげたるは、星のはやしと、見あざむくばかりなり。

○七日　おなし宿に、けふも暮なんとす。女童竹のさえだに絲引はへて、さゝやかなる男女の、かたしろをつくりて、いくらともなうかけならべたる、秋風さと吹なびかいてけり。

○廿六日……けふは齋日なり。ものたはせよ〳〵と、すきやう者、かたゐのゆきかひに、みちも去りあへず、大町といふ處につきたり。とみうど多く、にぎはしき里なり。伊藤なにがしが家にとまる。やのしりに、仁科なにがしのかみの城あとあり。いにしへ西行上人さすらへありき給ひしころ、二人の法師、秋の草に歌よみかいつけて、をはりをとげゝる處は、こゝよりみち六里ばかりをへて、山奧に佐野といふところあり、そこに二僧庵といふ、名のみ殘りぬ。又淺間がたけの麓にも、ふたりの僧の身まかれりしあととて、ありけるともいふと、あるじの語るを聞きつゝくれたり。門ごとにまつ火たいて、又市中をいと早うながるゝ小河あるに、わらを大束につかねて、火をかけて、これをながし火とて、ながすやあり。こは水におぼれて身まかる人の、むかしにても、いまにてもあれば、そのたままつるとて、年ごとにすといふ。ねよとのかねも、うちすぐる頃より、男は女にすがたをまねび、女は男のふりによそほひたち、する笠を着、あるは於古曾てふものに顔おしつゝみて、おどりせりける。そのさうかこそ、はしられ、聲うちどよみて夜はあけたり。

松本の里は松本市、大町は信濃北安曇郡にあり、來目路濃橋は、三河の人菅江眞澄が、天明四年の夏六月、信濃を通りて越後へ赴きたる時の紀行である。

六地藏の緣結び

高橋文太郎

毎年八月廿四日の盂蘭盆の日に、府下北多摩郡保谷村大字上保谷の又六（小字名）にある地藏樣には緣日がたつ。村の人が、六地藏と呼んで、また百地藏の中の一つだと云はれ、地藏詣りの人々が巡禮に來るさうだ。

この地藏は、村に未だ幾軒も家が無かつた頃旣に、府中町邊から持つて來たものだと言はれてゐる。それは昔の鎌倉街道と稱されてゐる道の辻に立つてあつて、緣日には隣村の片山、久留米邊からも大勢の人々が來る。その日には、地藏の近くの道路に水瓜、梨を賣る店、團子、いまさか餅などを賣る店が並ぶ。

この日、又六丁場の念佛講中の「念佛申し」がある。講中には眞言宗と曹洞宗の人々が居る。その中の一人が鐘を叩き、それを取卷いて圓座をつくり念佛する。麻繩に通した大きな珠數玉を、圓座の人々が「南無阿彌陀佛」と唱へながら廻すのである。この地藏は疫病には殊に御利益があつて、毎年又六ではこの念佛をずつと昔から缺かさず行つてゐるので、この丁場内では流行病者が出たことを未だ嘗て聞か無いと云はれてゐる。疫病の外、疣や「はやり眼」にも効驗あると云はれ、疣は一度願掛けすれば直ちに落として貰へると言つてゐる。又、「しやく」にも効目があつて、願の叶つた御禮に、底を拔いた柄杓を供へる。

この緣日は、云はば村の男女が私的に結婚の見合を偶然にもする場所である。親達も承知してゐて、娘には出來るだけの美裝を凝して出かけさせる。或る人の話しによると、此の場所で、男が氣に入つた娘を見付けると、その娘が未知の者でも遠慮なく話し掛け、男は娘をその家まで送つて行き何處の家かを見屆けて、早速知人を介して求婚に及ぶのが常であると言ふ。若い男も處女も、この緣日で結ばれたのは地藏の御利益に預かること甚大であると信仰的に思ひ込み、緣の纒まりが他の場合より迅速で且つ確實なものださうだ。この場合、若い男女の意志は絕對的な强みのあるものでも無いと云つてゐるが、雙方の親達と雖も、信仰の場所で結ばれた緣はこの上も無い賜ものであると、神佛信仰の强い村だけに、考へるのが普通の樣だ。

姙娠及出產に關する俗信

高木誠一

安產の御守護は、石城地方一般に御龍燈で名高い、閼伽嶽藥師（石城郡赤井村常福寺）よりうける。云ひ傳によれば龍宮の乙姫樣が、產のなやみあつた時、藥師樣に祈願して安產することを得た。

其故に報恩のため龍宮より毎夜龍燈をさゝげるのであると、御守護の數は〃三千三百三十三符あると云ふ。家内に姙婦ある時は必ず參詣してうけて來る。うけて來て、三年かへさずにおけば、ひとりで戾つてしまふ、又あまり早く返せばあとの子が早く出來ると云ふ。

山の神樣も御產の神樣である。產の重い時は山の神樣を御迎に行く。馬を引いて北へ向つて行き、馬の止つて步かなくなれば、山の神樣がお乘りになつたのであるからとて歸つて來る。又、屋根のグシに上つて一舛桝の底を叩いて產婦の名を大聲に呼んだ。こんなことは三十年前頃まであつた。

山の神樣は產場（ナシバ）を廻つて步き、生れ子の職業や緣組を一々帳面につけて步くのであるなどゝ祖母は云つた。

四倉濱志津にある山の神樣には、モロコシ箒が多く奉納されてあつて、姙婦がかりて來て腹をさすれば安產すると云ふ、安產後は箒を倍にして奉納し御禮參りをするのであると聞いた。

湯本町臺山にある子種山の神樣のオシタラシ（御神水）をくんで來て、お產の時に服すれば必ず安產する。產家で此の御神水をくみに行く途中男に逢へば必ず男、女に逢へば必ず女を產むと云つて居る。

余一昨年會津地方旅行の時、耶麻郡關脇の優婆夷堂に詣でた、ヲンバ様と云ひ安產の信仰のため多くの飯杓子が奉納せられて居る。產家この杓子を借りてくる。其時黑塗りの杓子なれば男、赤なれば女を產むと云ふ。

又十九夜講をして（鄕土研究四、二四八參照）安產の祈誓をする。產で死んだものは十九夜樣の像を刻んで石碑をたてる。

產婦人をオトメナシと云ひ、腹帶祝は五六ヶ月の頃戌の日をえらんでする。里方より豆絞りの布を送つて帶にする。

姙婦火事を見れば子供に赤痣が出來る。

死人を見れば黑痣が出來る、鏡を腹にかゝへて見れば出來ぬ。

黑痣は卵塔の土をとつてきて洗へばなほる。

柄杓水をのめば口の大きな子が生れる。

兎を食へばハヅ（三口）（間）の子を生む。

卵を食へば指のふのきれぬ子を生む。

南瓜を食へば子供にくさが出來る。

生姜を食へばショウガンボウ（馬鹿ナ）子を生む。

丸いものを（果物など）を懷中にすれば子供の頭に丸い瘤か出來る。

夫（ヲツト）が死馬をかづくと胎兒か十二月居る。

閏年に袋を縫ふと袋子をなす、二つ縫へばよろし。

二子を產んだ人の機（ハタシ）で織り又は草履、はきものをはき、座つたあとに座ると二子を生むと云ふ。

二子を產んだ父親と屋根のサスを組むと二子が出來る。

栗、蜜柑などの二ッ子を食へば二子を生む。

閏年に機道具をこしらへると年子をなす。

産婆はトリアゲバンサマと言つて村の器用な老婆であつたが今では若い産科婦になつた。

胞衣(ノチザン)は吉方位を見て梅の枝、ヨシ(葦)を添へて、女なれば針と十文錢を添へて緣の下に埋める。

胞衣を洗つて見れば生れ替りがわかる。

姙娠中家族が相馬妙見樣のノウゴ(野馬追祭り)に行けば不具の子を生む。

姙婦が閼伽井嶽(前記)詣りをすれば、親死ぬか、子死ぬかどちらか、かけると云ふ。下神谷花園神社にもこの事がある。

朝生れたものは壽命が長い。夕方は短い。

産前産後は水の話もかたるな。

胞衣の落ちぬ時は柄杓の柄を喉(ノド)に入れると落ちる。又御竈樣の神棚の鼠糞(ネズクソ)をのめば落ちる。

産婦産氣づいた時は納戸に巣をこしらへる。藁を三方左右後に七把づゝ二十一把冂の如くする。七夜中は、後によりかゝりになり寢てならなかつた。三七夜中は巣の中に居て足を伸ばすことも出來なかつた。今はこんなこともせず大に樂になつた。

赤子はユマキ(腰卷)に包み、男は股引、女は帶を枕にした。帶は壽命が長い樣、股引は兄弟のある樣とのこと。

枕もとには魔除けとして刀を置いた、外には馬草籠に錢を入れて倒に軒端に吊し家の内には稻荷樣の掛物をかけた。

産婦は棺箱に片足をつゝこんで居る樣なもので、障子の棧の見えるうちはなされぬものだ。生米をかませて大に力をつけさせる。

臍緒(ヘソナ)を短く切ると子供が小便近かい。

臍緒が首に珠數かけ、又は身體にケサカケになつて生れる子は勿體ないとて、御寺にあげて坊樣にし、又は有福の家では醫者などにし、百姓にはせぬものであつた。

赤子には胎毒下しとて蕗の根、ホウヅキの根など苦きものをなめさせる。

乳付(チツケ)は男には女の子ある人、女には男の子ある人を頼んでする。

七夜の内に小豆を煮ると鼻つまりの子となる。

七夜祝には厠、氏神樣にお參りをする。

生れるに早く名をつけておかぬと、地震があるとわるいと云ひ、假名(カリナ)でも早くつけておくべきものであると云ふ。

産婦には三ケ日うちは「いり鹽」に御粥飯、四日目より味噌汁とす、野菜では茄子はナスビが落ちるとて食ふを忌んだ。三月牛蒡、産婦人に食はすなと云ひ、三月に牛蒡をまくを忌んだ。

産見舞には白米一、二升、大豆少量を紙に包んで行く。之をヒダチ米と云ふ。産家では貰つて豆の包紙を爐の鈎(カギ)に一しばりに結んでおく。

七夜祝に炊ぐ强飯には黒豆を入れる。

正月元日、五節句に生れた子は紫鰭(ザモ)とて鮫にとられると云うて船に乘られぬと云ふ。

庚申日に生れた子は盜棒になるとて忌んだ。カネを片どつて男ならばカネ吉、女ならばオカネなど丶名をつければよろし。

丙午の年に生れた女は夫を食ふとて忌んだ。

命名は多く其の年の十二支や五行の相性、祖父母の名などつけるものが多いが、今は色々になつた。余の父、伊勢治などは祖父の幼名で伊勢參りに行つた後で生れた故に、かく名づけたのであると。

夜啼、余も赤子の時は啼かされて困つたものであつたと母より聞いた。或朝早く起きて家のせどを見たれば狐が居たことがあつたと、又古猫や、イタチも夜啼きさせる、夜中刀をぬいて家の周りをめぐり又は木槌(ツチボウ)（藁ヲウツ）を持つて屋敷内をめぐり家の背戸には馬踏を拾つて來て吊し、又曲尺を枕下におけば夜啼せぬとの呪(マジナヒ)もあつた。

襁褓（シメシ）を夜干にして置けば夜啼する、又胞衣の埋めた方位が悪いなど丶も云うた。

まだ齒の生へぬ百日以内の赤子を外出させる時などは、赤子

の額に鍋墨を塗り、又は産着には必ず伏見の稻荷樣の掛物をつるして、あるいたものである。

百日以内で死んだ子は墓所にやらずに、皆家の縁の下大黒柱のもとに埋めたものであると。

以上昭和三年秋彼岸の中日母より聞いた話を筆錄す。

美濃加茂郡太田地方俗信

林　魁　一

△朝東が「コガレル」と大風の前兆。

△夜「フクロ」（鳥の名）が鳴くと天氣。

△朝虹は雨夕虹は晴。

△雲が東又南に行けば晴。

△雲が西又北に行けば雨。

△「メミズ」（虫の名）が鳴くと天氣。

△蜂の巣を高き所に掛ければ大風吹かず、低き所に掛ける年に大風吹く。

△夜半木曾川の瀬の音近く聞ゆれば雨。

△神鳴樣は「ベソ」を取る。

△雪降の時には雪ばば（老婦の意）が來る。

△東に鳴る雷は來らぬ。

△狐がこん〳〵と鳴けば子が產れる。「ワイ〳〵」と鳴けば火事がある。

△日の照りて雨か降ると赤石の下て狐か嫁入をする。

△朝蜘蛛が下ると客が來る。夜蜘蛛が下ると盜人がくる。

△夜鷄が鳴くと惡事來る。

△山雀の來る少なき年は流行病多し。

△「スイ」(鳥の名)が鳴くと人が死す。

△「ウトンゲ」の花(カゲロウの一種の卵)が咲くと不吉である。

△蛇が出ると雨。

△蛇を指さすと指がくさる(腐敗)

△鼠が居らぬと火に崇る。

△雀が水あびると雨。

△足の親指より次の指の長き人は親より出世する。

△受け耳の人は金持となる。

△前齒のすく人は早く親に別れる。

△足袋はいて火燵に入ると親の死目に逢へぬ。

△「サカモギ」の立つは親不孝。

△切る爪が燃えると氣ちがひとなる。

△夜爪切ると狂人となる。

△葬式の時葬る穴へ雨が入ると長雨となる。

△葬式の時に雨が降れば「九」字を九十九白紙に書きて、戸口にさかしまにして張れば晴れる。

△友引の日に葬式をすると又葬式がある。

△死人を猫が越すとよみがへる(蘇生の事)

△魚(ウヲ)の眼が出來ると親族に死人ある。

△人魂が出ると人が死す、川を越へると三年永く生きる。

△嫁入の日に雨が降ると緣がある。

△枇杷はうなり聲を聞くと多く結實する。

△裏(ウラ)に山椒を植ゑると貧乏になる。

△四月三日に風多きときは桑葉高價なり。

△暗夜におから(豆腐粕のこと)を食うて落さゞれば長者になる。

△初物食ふと七十五日長生する。

△節分の夜に自身の年齡程炒豆を握れば幸福あり。

△新らしき石塔の石を少しく缺きて持つと勝敗事に勝つ。

△物貰の目に出來た時は人の知らざる中に小豆三粒を井戸に入れるか又は黃楊の櫛を少しく熱して觸るとなをる。

△月經中に出來た兒はらい病になる。

△九ケ月兒は生育せぬ。

△「げじ」(昆蟲)がねぶると毛が生へぬ。

△齒が拔けた夢見ると親族に死人ある。

△人の死んだ夢見ると兒が產れる。

△子が產れた夢見ると人が死す。

美濃加茂郡太田地方俗信　(林)

△物に追はれたる夢は吉。
△悪夢を見た時に朝早く南天に語れば吉となる。
△蟬は幼虫の時に芋を食ひたる爲に罪が當りて物を食ふ態はず七日七夜鳴いて死す。
△產婦が火事を見ると兒に痣（アザ）が出來る。

佐渡國小木港附近俗信

青柳秀夫

△臍（ヘソ）の垢を取ると風邪を引く。
△トロロで食べた茶椀でお茶をのむとチウキ（はんしんふずい）になる。
△子供が箴をかむと丈がのびなくなる。
△土瓶の水を口つけて飲むと三つ口（兎脣）の子を產む。
△子供が火あそびすると寢小便をする。
△初めて出たものを食べると七十五日生きのびる。
△ヨダレをたらす子に烏（カラス）の金丸をなめさせると良くなる。
△夜つめを切ると親の死に目に逢はれぬ。
△ドングリを食べると舌が割れる。
△雨の日に吃のまねをすると吃になる。
△御飯の時茶碗をはしでたたくと乞食になる。

△夜家の中で口笛を吹くと盜人がはいる。
△鏡（カガミ）に向つて物を食べると綺綾が悪くなる。
△かまどの上に刄物を置くと家の主人がおこりぽくなる。
△手の指にササクレの出來る人は親不幸者。
△イマレて居る人が神社の鳥居をくぐると鳥居が倒れる。
△他人の足の裏をかくと火事がおこる。
△イタチに出逢つたらまつげにつばをぬる。
△イタチに數へられれば其の人は死ぬ。
△夕方かくれんぼをすると、かくし神にさらはれる。
△柿の種を火にくべてはいけない
△つめを火にくべてはいけない　｝荒神様のおしかりをうける
△正月の松かざりを燒く火で清書を燒くと字が上手になる。
△寫眞を三人で寫す時は動物の形をしてゐるものと一所に寫すと良い。
△カナヘビ（とかげ）を海に投げると海が荒れる。
△鮭を海に入れると「はちめ」になる。

1

佐渡郡小木町大字小比村附近では嫁が死ぬと里方（サトカタ）からタンス等もつて來るそうして、これでやう〳〵家の人になりついたと云ふ。

2

佐渡郡小木港附近では子供が泣くと
親または子守達が
　泣く子にかすくれて
　　堂の釜へぼんやれ〱
　を幾度もくりかへす。

美濃加茂郡太田地方俚諺

林　魁　一

茄子の花に「もだ」花はない。

瓜の蔓に茄子はならぬ。

足の甲(コウ)よりも年の功。

「むくろじ」三年（ムクロハ黒キ實。三年磨クモ色黒キ人ハ美人ニナラヌ意。）

鰯の頭(カブ)も信心から。

馬の耳に風。

南瓜に肥すればなる程（南瓜ハ肥料ヲ施セバ多ク結實スルモノニシテ外ニ手入ノ巧拙ナキ事）

死人に口なし。

にくまれ兒世に憚る。

夜目遠目傘の内（女ハ此ノ時見レバ美シ嫁ハ夜目ニ逼ズルナリ）

鬼も十八（不美人ノ女モ十八歳頃尤モ美ナリ）

無言者(ダマリモノ)の「へ」はくさい。

人の噂は七十五日。

氏よりも育(ソダチ)。

胡麻ひでり（胡麻ハヒデリニ豊年ノコト）

ころばぬ先の杖。

親に似ぬ兒は鬼兒（小兒ハ親ニヨク似タル意）

飯山藩盆踊薩摩歌　二

山の名所は越中立山富士の山までも妙高山より弘法大師の高野山

信濃名所は八重に崩るゝ淺間山木曾の棧橋更級姨捨田毎の一重山

枕さま〲たゝみ枕や箱まくら女郎の三味線まくらやわたしの好くのは御手まくら

女郎のよいのは京で島原九軒まち江戸で吉原五丁目偕又信濃で輕井澤

嫁に行くなら越後今町いやでそろ晝は三味線ひくことひくよさりは御客の褄を引く

踊子供は彦二頭巾に染ゆかた肩にほの字の染めぬき裾にはれの字のかすり染

梨にさま〲青梨水梨御前なし又も婆様のうちなし隣のぢ様のとてつなし

飯山藩盆踊薩摩歌

豆にさま〴〵七里からばしざせん豆又もくらかけがん喰偖又小白にらか眞白

橋をかけたや輕井澤から上州まであひに峠や横川關所がなきやよかろ

笠にさま〴〵加賀笠伊勢三度百で一代かむろはじのねの高尾が破れ笠

染にさま〴〵うこん菊こん紅うこん君と淺黄に染めたは大きにとんすの染めちがひ

橋をかけたやわしのねまからおくのまへあひに隱居のおねまやから紙障子がなきやよかろ

お伊勢參りは偖てもよい子ぢやきりやうがよいわしは生れも育ちも六條の珠數屋町

戀の暗路はうらやみますぞや月夜さしねやの障子にまねくや尾花の影らふうす月夜

五智のお庭で沖をはるかにながむれば沖に大船小路やごむらでおまんが網をひく

床のぬれ紙かわくまもなく思出に常にそよ吹く尾花を夫かと氣がせく星月夜

わすれ草とは書院座敷のおくの間で君のお心すいたるきせるがいもせの橋となる

簾こひまより色よき殿さをちらとみてねてもさめてもうつゝに彿ちらりと忘らりよか

よんべ來たのは姉さ猫ぢやとおもやれども猫は下駄はき杖つき紋のゆかたで來るものか

晩にしのばば裏の窓からしのばんせもしも誰かといふたら隣の猫ぢやと云うてのけろ

君を思へば逢はぬ昔はましぞかし今は思に沈むや闇路に迷うた初旅路

越後今町沖をはるかに眺むれば船は港につきます出村の女郎衆は出て招く

思ひ切れとはわしに死ねとの事かいな死ねば思もこひしのあえなく野山の土となる

戀にさま〴〵逢戀待戀しのぶ戀君に思ひの增す戀別れ涙のつもる戀

これのう姉さん少しごいけん申したやかみを島田に結ぶより心を島田しやんともて

竹になりたや思ひそめたるしちく竹元は尺八横笛末はそもじの筆のぢく

子供あそびは手まりつく〴〵羽をつく庭で穴一こまどり手踊目かくしやさしや

手毬唄

信濃東筑摩郡嶺間部
小池元男

一

おんせうせう正月は
松飾り　竹飾り
飾の下から出た鳥は
羽が十六　眼が一つ
眼が一つで　飛んでつて
石燈籠の眞中で
誰ぁれとだれとが石ょ投げた
男のことどもが石ょ投げた
をとこのこどもは憎くいな
をんなの子供はかぁはいな
これでまづ／＼一かんおわたぁした。

おいも／＼／＼芋屋さん
おいもは一升いくらする
三百三十三匁

いもちいっとまけねか　ちやからこほい
あねさんのことならまけてやる
ざるだ(出)し　桝だ(出)し
まないた庖丁だしかけて
隣の小母さんちよいとおいで
向ふの小母さんちよいとおいで
お芋にっからかしてお茶あがれ
ひいや二(フ)　三いや四　五つや六　七(ナナ)や八　九や十
十からあしたの小母さん
先づ／＼二かんおわたぁした

おたやしめんの弟娘
年は十六　名はおたつ
七とこ八とこに貰らはれて
どつちへくれるか思案なし
源太郎さまから酒が來て
さあさ源太に吳れてやろ
さあさ仕度にかゝりませう
ちん／＼／＼縮緬緋縮緬
黑裏小袖も一重
赤裏小袖も一重

白裏小袖も一重
これ程持たしてやる中に
出してもよこす源太郎や
出てもおくるかおふみどの
一度のお文に返事なし
二度のお文に返事なし
三度のお文におどろいて
高天原へと飛んでつて
草刈子供に聞いたらば
昨晩(ユウベ)お母(カ)さん産をして
やれ〱もごいことだいな
さしたる刀を杖につき
雨がふるやら雪が降るやら
どんと三がんおわたした

歌詞は必ずしも此の順序に歌ふには限らざれども、多くこの順序に歌ふ。

二

一(ヒイ)いや、二(フ)うや、三(ミ)いや四(ヨ)おや
よひ〱よしのゝよしかは様の千本櫻に

小雀三匹とまつた
一羽の雀は嫁入りなさるし
一羽の雀は婿入りなさるし
一羽の雀はおたかに追はれて
あちらでぽん〱
こちらでぽん〱
ちよいとよたかにかゝくした
おやかゝくした

木挽唄其他

山本靖民

採集地　三河北設樂郡園村足込
神谷義仙。紅林久作述

（一）木挽唄

木挽様かよ　荒弟子(一)様かよ
お手が痛むら(二)　おいとしや
木挽乞食　コケラヤ(三)はイザリ
染めるお盆は　こしまがり

お前知らぬか　わしや越前の
　うるしかきサ　の妻だもの
船にや乘るとも　筏にやおやめ
　案しまするが　セバ（四）石を
本挽一代上らぬ　職だ
　上りや下れと　引き下げる
いとしよござるよ　袖萩親子
　お目も見えぬに　修業する
心あるかよ　空吹く風は
　きてはたもとで　そよ〱と
女郎に親切、玉子に四角
　あるか　みそかの月ごらうじ
天に星あり　地に草生える
　天と地でさに　苦が御座る

木挽唄其他（山本）

天の星樣　黑雲次第
　わしは入婿　女房次第
わしの心は郵便はがき
　つゝみ隱しが　更にない
わしとあなたはご門のとりて
　朝にわかれて　晩にそふ
木挽樣かよ　荒弟子樣かよ
　おはがあはぬかおいとしや
山が燒けても山鳥ゃたゝぬ
　子程かわいいものはない

（二）　お伊勢詣りの唄

伊勢ぢや古市（五）、吉田（六）ぢや札木（七）
　御油で桔梗屋がままならぬ
お伊勢詣りに乘らない船は
　伊勢ぢや川崎　吉田船

伊勢のやうだ（八）で今きる町は
　もとが尺八　うらが笛

お伊勢様程知行とる神が
　なぜに　宮川　橋かけぬ

（三）端　唄

わしとお前は　トウマル籠で
　のせて御江戸の鈴ケ森

人が言ひます　あなたやわしを
　梅や櫻　と　とり〴〵に

わしがあなたにさす杯を
　よそ（又はほか）へ散らすな　露程も

搗いて白いか　濱松米は
　しんが固いか　ひね米か（九）

（十）仕度なされよ　山でも野でも

　山でしたやつ　苦にゃならぬ

來いと七聲　來るなと八聲
　來るな八聲が　くどござる

いやと思へば見る目もいやだ
　おぼろ月夜の影もいや

いやで幸ひ　すかれちや困る
　お氣の毒だが　ほかにある

人目はづかし　にやはぬ殿さ
　思ひまするよ　そひながら

樣よ三度笠　そらしてかぶれ
　少しやお顏が見たう御座る

藝者させるよなひらけた親が
　何故に乞食をさせなんだ

お名は指さねど　御連中の中に

ち氣に（お召さす／かけさす）人がある

いやな嫁入りだ　村から貰へ
　行きも　戻りも　たすきがけ

お月樣のよな　まんまる顔な
　色の小白い　殿ほしや

（四）　床よい節（明治初年に流行した唄との事也）

お前アメリヤ　今更フランする
　どこへ　イギリス　オランダ
　　この子は　オロシヤせん
（折返）　トコドン世の中よござんす。

おさん　ねぶけて夜中にすりこぎ
　さがすのか　聞いておくれよ
すり鉢ゃ　大きな毛だらけだ

平井權八ふつと見染めし小紫
　女郎の誠と目黑に名のこす
　　比翼塚

木挽唄其他（山本）

わしをしのばば　簑きて笠きて
　しのばんせ　人がとがめたら
　　竹の子掘りだと　いはしやんせ

（五）　茅（カヤ）刈（カリ）節

草をかるかや　刈り置きょするかや
　鎌が切れぬか　おいとしや

鎌もきりよやれ　小草もたまれ
　（十一）じみち早かれ　（十二）かげの駒

すかぬ野郎めが草刈りうせた（十三）
　手切れ、足きれ、馬ころべ

わしとあなたと草刈りすれば
　あいに障子がたちたがる

三味の調子にのるなよ女子
　三味ちやシンショがサン下る

おかさ御覽じよ　あのむこ山で

木挽唄其他（山本）

猿が餅つく　木の股で

五月五日に草刈りそめて
日陰紅葉の（十四）ツハルまで

紅葉ふみわけ泣く鹿の毛は
（十五）ウラが主さの　筆の先

草を刈りたい主サの山で
畑ずすきをたら〳〵と

主と二人で茶をつむなれば
ビイツヒカレツ一枚を

お茶のにえたに　茶の子（十六）のないは
なしの男とねたやうな

泣いてうつむきや前かんざしが
おちて主さの　ひざもとへ

雀の寄合、チュウ〳〵バタ〳〵

向ふの籔から　こちらの小籔の
小竹の小籔に　小首をかたげて
小羽をそろへて　しなよくとまる
とめてとまらぬ　わたしがすきな
丁半チョボイチ　メクリにシュツピン
三千世界の色の道　イヨ　ナイショ〳〵

註（一）新しい弟子
（二）痛むだらう
（三）屋根のコケラ葺を職とする人、屋根屋の謂也。
（四）天龍川の難所。
（五）遊廓のある處。
（六）豐橋市吉田。
（七）札木は遊廓のゐる所。
（七）やうだは伊勢の地名文字は不明。
（九）ヒネ米は古い米。
（十）傷したくば。
（十一）歩むに早きこと。
（十二）赤い馬。
（十三）來た。
（十四）終る。
（十五）俺。
（十六）茶菓子。

佐渡小木港方言

青柳　秀夫

アッチェコッチェ　あつちこち（あべこべ）
アリンショ　蟻
アヨブ　歩く
アンノデョー　｝案の如く
アンノデウ
アンベー　物などの味かげん
イッペエ　澤山の意
イッセキ　一番
ウチンモン　自分の家の人
オゾイ　惡い
オツクベ　行儀よく座る意
オトツイ　先日
オヒマ　たんま
オボタイ　重い
オボエル　驚く
オメタチ　お前達
オモシイ　面白い
オラテ　俺達
カカサン　未亡人
カタモッコ　ひねくれ者
カッツク　打つかる
カマブク　かまぼこ
ガラ　小石
カンネンヤ　堪忍して下さい
キモン　着物
ギョウサン　澤山
クイサシ　食ひ殘り
ゲス　いやしい（食しん坊）
ゲロ　嘔吐
コウシヤ　利巧
ゴクツブシ　手仕事を持たで遊んでゐる人
コッタァ　今度は
ゴビショウ　きたない
ゴミシン　無心する
コロナル　轉げる
コンチクショー　この野郎（卑下して云ふ）
コノソラノモノ　こんなもの（つまらぬものの意）
サベル　しやべる
シッコ　小便（子供語）
ショウシネェ　はづかしい
ションベン　小便
シラバクレル　知らん顏する
シンショ　財産
スカンゲナ奴　いやな奴
セツネー　悲しい
センサン　船頭さん
ソーザン　まるきり
ソーダバッティニヤ　さうだけれども
ソーダネカ　さうぢやないか
ソーテーニ　總體に
タッテモ　つい先刻
タント　澤山
デギナシ　遠慮なし
ヂックリ　ゆつくり
チット　少し
チビテー　冷めたい
チャノ　父さん

佐渡小木港方言（青柳）

チョウズ　小便
チョウタ　いいあんばいだ
チョウニナラン　どうにもかうにもならない
デョウリ　草履
デルイ　やはらか
チンバ　びつこ
ツケギ　マッチのこと
ツバクラ　つばめ
ヅリバヤル　ふざけちらす
デーコン　大根
テーソイ　怠儀だ
デードコ　臺所
デーナシ　臺なし（目茶々々）
テーラ　平
デカシマシタ　結構でございました
テテナシゴ　私生兒
テニアウ　問に合ふ
テノゴイ　手拭
トト　雞（子供語）
トリガチ　集ひ合ひ
ドヤスケル　なぐりつける
ナキミソ　良く泣く子供
ネシューの子　女の子
ネンガラネンデウ　一年中
ハゼル　割れる
バチ　罰
ハテン　はかどらない
ハンコー　半分
ヒコズル　引きずる
ヒト　自分の意
ヒモヂー　空腹の意
ヒョッカシゲ　をかしげな（滑稽な）
ブスコキ　面（ツラ）はらし（腹を立てる）
ヘイランカ　はいらないか
ヘザル　下（サガ）る
ベト　泥
ベベ　着物（子供語）
マショヨートニアワン　問に合はない
マット　もつと
ミザ　地面
ムゴョケネー　可哀さう
ムサンコ　無暗と
メーカケ　前掛
メトチ　盲鬼（遊戯）
メメゾ　みみず（虫の名）
モゴイ　可哀さう
ヨーマ　夜
ヨナベ　夜仕事
ヨンベ　昨夜
ラッコイ　だるい
ワランヂ　草鞋

白秋氏の郷里の地方に「ゴンシヤン」と云ふ方言があつて盛んに紹介されてゐるが、多分良家のお孃さんを云ふのだらうと思ふ。それについて思ひ出すのは、私の地方（紀州那賀郡田中村）の「ゴッサン」と云ふ方言である。東京の御新造に當り、良家の若奥様を云ふ。奥様の二人ある家では年とつた方を「オクサン」若い方を「ゴッサン」と云うて敬語である。「ゴッサン」だつた人が息子に嫁をとると急に「オクサン」に變ることもある。最初は「御新造」の轉訛かと思つたが、これは九州地方の「ゴンシヤン」と同系統の語ではないかと思ふ（與田左門）

紙上問答

▲たとへ一行一句でも、お思ひよりの事は、直に、答をしたためて頂きたい。

▲一度出した問題は、永久に、答へを歡んでお受けする。

▲どの問題の組みにも、いゝ、もあひの番號をつけておくことにする。

○問(一)　日本にも成年戒、成女戒が嚴重に行はれて居つたと思ふ。それについて寄稿家諸君並に編輯同人諸君の報告なり解說なりを聞きたい（白水哲郎）

○問(二)　娘二人が栗(でも椎の實でも)拾ひにやられ、繼娘の方は底に孔のある、袋をもたされて行く昔話が各地にあるやうですが、若しや(『紫波郡昔話』の米福・糟福の噺の様に)、繼娘の方が後によい家の花嫁に成り、繼母とその實の娘とは、ひどい目に逢ふことになる所まで物語る地方がないものでせうか。(金田一)

○問(三)　忠臣藏の藏といふのは、どういふところに起因してゐるのでせうか。

○問(四)　人糞を肥料に用ひるといふことは日本以外にないやうに思はれますが、何處かにさういふ國があるでせうか。それが一つ。も一つ穢れといふことを、極端に忌んだ筈の吾々の祖先が、人糞を大事な穀物の肥料にするといふことに、私は疑問を有つものですが、それは何時頃の時代から用ひられたものなのでせうか。それが二つ。主基悠基の水田にも人糞が用ひられるのか、若しさうであつたらば、それに就いて何か祓ひをするといふことはないのでせうか。それが三つ。(小泉鐵)

○問(五)　私の村では(長崎縣北松浦郡鹿町村)、茶の實を植ゑたり、茶の木を移植したりすると、家がつぶれたり、家人が死んだりするといひ傳へてゐますが、他にもかういふことを言傳へてゐる所がありませうか。そのいはれを傳へてゐる處がありましたら、序でにお知らせ願ひます。(内山田久夫)

學界消息

△柳田國男氏　五月二十五日信州東筑摩郡教育會、二十六日同上伊那郡教育會にて講演、六月十六日、南佐久郡教育會の招聘に應じ、臼田町に於て地方誌資料としての方言に就て講演された。「人類學雜誌」紀念特輯號に「葬制の沿革について」を掲載した。

△會津八一氏　古義術文献叢書の一として太子傳私記を校刊され、續いて法顯傳及び法隆寺金堂日記を校刻される筈である。

△金田一京助氏　「詩歌」七月號へ「原始文學の面影」を、「人類學雜誌」紀念特輯號に「アイヌ語の所謂前置詞について」を寄稿した。尙六月十六日物理學校同窓會に於て「言語學上より見たる數詞について」と云ふ講演をされた。

△折口信夫氏　女子英學塾にて五月三十一日六月七日、十四日の三回にわたつて連續講演をされた。題目は「女の文學」。尙慶應義塾國文學科では「藝能史」の講義をしてゐる。

△松村武雄氏　「神話學論考」を同文館から近刊するさうで目下校正中。「民俗及民譚隨考」を執筆中であるが、脫稿の上は大岡山書店から出版するさうである。

△松本信廣氏　「史學」八卷一號に「歐洲人の極東研究(一)」一、梵語に對するオーストロアシア語の影響、二、プシルスキイ氏の近業、「成人」二月、三月、五月號に「支那文化の起原」を掲載した。

△松岡靜雄氏　「マーシャル語の研究」を脫稿近く郷土研究社より公刊の筈。

△マスペロ氏　五月下旬、京都帝國大學に於て「支那文明の起原に關して」といふ講演を試みられた。尙同氏の「古代支那」は松本信廣氏の譯によつて刀江書院から出版される筈である。原著は一卷であるが、譯書は上下二卷に分冊して、上卷は九月上旬に刊行の豫定。史學會で講演した「先秦時代の支那文化の影響」は「史學雜誌」七月號に掲載される。

△宇野圓空氏　宗敎民族學を脫稿、近く岡書院より公刊する由。

△アグノエル氏の出雲祝詞譯註の出版アグノエル氏の"L' Adresse du Dignitaire de la Province d'Izumo," は日佛會館の "Extrait du Bulletin de la Maison Franco-Japonaise," T. I. N°4 として出版された。

最初杉山直次郎博士の序文、次にビブリオグラフィあり、先づ出雲の地理を論じて、太政官曹司廳任出雲國造儀を紹介し、本文の飜譯を示して、其意義を論じ、附するに詳細な註釋を以てした。日本の古文學や、土俗學の造詣の深い著者のことだからかならず學界を益するものだらう。

△ニューブリテン島に在住して居る小嶺磯吉氏から慶應大學に、同島土人の製作した非常に大きな木彫の人形二個、石製のもの二個、アドミラル島土人のつくつた大きな木製食器を寄贈して來た。修復の上同校圖書館に陳列するさうである。

△エドワァド・ハーン氏逝く、伯林大學敎授兼伯林農業專門學校敎授エドワァド・ハーン氏は昨年（1928年）二月廿四日七十二歲を以て逝去せられたり、氏の土俗學に立脚せる經濟現象の研究は、斯界に定評のあるもので、牧畜時代に先だつて、既に農業時代の存在することを各方面の證據について立證し、從來の經濟階段說を打破せるは人のよくしるところである。(但しこれについてヒルデブラント氏の駁論もあつて大いに傾聽す可きところもあるけれども)その大著 Die Haustiere は最も力作である。其他 Das Alter d. Wirtschat-lichen Kultur d. Menscheit. 1905. Die Entstehung d. Wirtschaftlicher Arbeit. 1908. Die Entstehung d. Pflug Kultur. 1909. Von der Hache zum Pflug. 1914.（此項石田）

△佛國より特派されて日佛會館にある佛國青年學者によつて今學中に公開される講演（一回）講話（數回）の題目左の如し。佛語にて一般の聽講を歡迎する由、

考古學　前極東佛蘭西學院會員　ドミエヴィル氏

講話題目極東フランス學院の研究（印度支那の考古學、言語學及歷史）支那學、佛敎

講演題目佛敎音樂

講演時日未定　質問每週水曜日四時—六時

比較言語學　東洋言語學校卒業　アグノエル氏

講話題目　一、臺灣土民の言語　二、朝鮮の巫女　三、平安朝文學に於ける支那思想の影響

講演題目　臺灣

講演時日　六月二十九日（土曜午後五時）

質問每週火曜四時—六時

△六月八日早稻田スコットホールで早大史學會大會が催されて、西村眞次氏が「石敢當について」と云ふ講演を豐富な資料を呈示されて試みられた。

△六月一日大隈小講堂に於て文學部大會の節及六月十七日寶生會能演場地下室にて國民美術協會例會の折八王子車人形芝居が催された

△東洋太古の文化に關する一新著 "Dawn of European Civilization" 其他の好著を以て我國にも多數の讀者を有するエヂンバラ大學の先史考古學敎授ゴルドン・チャイルド氏は "The most ancient East." と云ふ本を出した。其中には、I. From Hist　Prehistory The Setting of the Stage,　Earliest Farmers, The Second Predynastic Culture, The Rise of the Dynasties, The First Prediluvian Culture, The Invention of Writing and the Harnessing of Animal Motive Power, The Sumerian Civilization at the End of the IV th Millennum, The Indus Civilization, Europe and the East を含み、東洋の文化を研究するには非常に良い入門書である。

△Waldemar Jochelson の Investigations at Kamchatka, 一九二九年カネギー研究所出版かういふ方面に於けるこの著者の名は既に定評があるが、この著はカムチャツカのみではなくシベリヤ、蒙古の舊新兩石器時代について最近の文獻、殊にロシアのものを大變によく紹介してあるから、我々には大變便利である。(以上二項、石田)

寄合咄

蝦夷とシラ神

蝦夷風俗彙纂に『蝦夷にはオホシラ神といふ物有云々』（松前記とあるより）、奥州のオシラ神が、アイヌにもあるものと思はれてゐるが、私の聞く限り、見る限り、アイヌにさういふものが無い。風俗彙纂は、便利な書であるが、杜撰なものなので、殊に、さういふ事を書いてゐる所の『松前記』を外に見たことが無い故、疑つてゐたが、彙纂を編輯する時に用ゐられた北海道廳のその本を見に行つたら、果して二重の錯誤がそこにあつたことを發見して驚いた。

『松前記』は、あるにはあつたが、さういふ記事は全然なかつた。たゞ、合綴になつて、東海參譚といふ寫本が一所になつてゐて、その部分に、オホシラ神云々の記事があつた。彙纂編輯に與つた抄出者が、合綴本の表紙だけを見て、それを松前記と誤り傳へたのである。

東海參譚は、文化二年の八月十三日江戸を立ち、十月四日松前着、翌年三月十六日松前發足、入蝦夷地日數百六十五日、八月十二日歸府した人（名字未詳）の見聞記であつて、初めは日記體、次は『蝦夷屬島』、次は『風土』と題した記事、その所に、

蝦夷の地たるや寒氣つよく臘末に梅花を見る事なし。客舍庭上の梅も……云々。毎月朔日十五日二十八日は客舍の近隣……稻荷の祠にて曉より夜の明るころまで神樂有、……土人云此地にて五穀を作らずと、其故如何にと問ふに……云々。

おほしら神といふ物有、何の神といふ其由來を知れる者なし。桑の木の尺餘なる木におぼろ氣に全體を彫る。男女の貳神、信心のもの所ろ事有と乞へば、其木偶神を携し來りて絹木綿の裁を頭上より出さしめて神體をつゝみ、左右に持て呪咀、其神、女巫にうつりて吉凶をいふ事也。もし傍に人有て何の戲なるか虛妄事ならんかとおもふ事あれば、我を斯いやしむな、などといふ故に神靈冥通すと恐れ、渇仰しけるよし。怪しき事なり。中國に在る所の犬神といふものにひとしきか。冬氣に至りては野鳥ほとんど稀也。領主の鷹の餌に狗を屠り毎年二月中旬より寺院の鐘をととめしむる事也。其頃鯡猟の季節也。鳴鐘のひゞき海底に徹してすさましとての義也。元旦といふ事なし。二日を元旦として祝ふ云云。

正月二日、寶船といふ事なし、人によりて金銀珠玉をゑがいて用ゆるもの有といへど十四日の夜にして是も家毎には成さず』

それから、紙を改めて

扨夷人の風俗は第一文字なきが故に曆數も辨へず……

と始めてアイヌの記事に入り、コロボックルの事「シュッ打ち」の事、さては、夷兒多くは赤裸にて育つる也』だの『夷人をさして蝦夷といへばかならず怒る。アヰノといふ。蝦夷とは甚だいやしめたる辭にとれる也』などいひ、それから、產物などの事を書いてゐる。

以上の文を讀んだら、誰でもすぐに、氣がつくであらう樣に、オホシラ神のことは、蝦夷松前城下の民間の生活に於ての事である。

風俗彙纂の編者が、剩へ『オホシラ神云々』の書き出しの上へ、勝手に『蝦夷には』の四字を加へたものだから、その拔萃を讀む人をして、オホシラ神の事をアイヌの中で、さうやつてゐるものと思はせたのは、全く編者の責任問題である。

松前城下の民間に於けるオシラサマ信仰の存在は、松前の博識、淡齋如水の『松前方言考』の内二箇所まで敍述がある。それは奧州の地方からはいつて行つたものであらうことは色々の事情から推測されるのである。

尤も、オシラサマのもとが、北海道アイヌの家の奧の隅に安置される家の神の木偶、ソーコニチフ（接骨木の女神）樺太アイヌの家の奧の隅に安置される木偶シエニシテ（守護神）と遠き源に於て聯絡あるか、どうか、其は大きな問題だ。今は、アイヌに『オシラサマ』が知られてゐない事實を述べるに止めて置く。（金田一京助）

社會的制裁及び制約

禮記檀弓下に次のやうな文章が載せられてゐる。「孔子の故人を原壤と曰ふ。其母死せり。夫子之を助けて椁を沐む。原壤木に登りて曰く、久しい哉子が音を託かざるや。歌ひて曰く、貍首の斑然たるあり、女手の卷然たるを執れりと。夫子聞かざる者の爲して之を過ぐ。從者の曰く、子未だ以て已む可からざるか。夫子の曰く、丘之を聞く、親しき者には其の親たることを失ふこと毋れ、故き者には其の故たることを失ふ毋れと」この意味を劉氏の註に依つて見るに、原壤の母が死んだので、孔子が之を助けて椁を用意してやつた時原壤は椁に登つて自分が久しく歌を歌はぬからとて歌ふ可き時でもないのに歌つた。(卽ちこれは喪の禮に反する)それを孔子は聞かぬ風をして行つてしまつた。そこで從者が孔子は原壤の非禮を憤つてその交を絶つた爲めではなからうかと思つて、これを孔子に訊ねた。孔子の答えに自分は絶交した譯ではない、親戚たる者はその人が非禮であつても急に親戚たるの情を失ふ可きものではない、又舊い知合ひならばその人が非禮であつても直ぐに故舊たるの誼みを失ふ可きものではないと云つた。聖人が憎しみを隱くして交を全ふすると云ふのはこれであると劉氏は附加えてゐる。

これから二つの形が考へられる。一つは非禮な行爲を犯した者から避けると云ふことである。私はこれを社會的制裁の一種と見ることが出來るやうに思ふ。孔子の從者の言葉から察するにこれは普通には絶交の表現を認められてゐたものであるらしい。これは消極的な場合であるが、斯くの如き非禮者を遠ざけると云ふ積極的な場合も非禮者に對する觀念に於ては全然同一である。禮が社會的制約であることは明かであるが、一口に禮と云つても個々の禮に就いては發生の年代に前後があるので、發生した根本觀念に於ては同じでも、文化のある斷面に於ては今日の所謂道德的効力しかないものもあり、又法律的効力を有するものもある。從つてその根本的觀念を除外しては同日に談ずることは出來ない。則ち前述孔子の場合は社會的には殆んど無力な道德的觀念でしかなかつたとしても、これを罪人を遠地に放逐するとか刑人を見ることを避けるとか云ふ他の習俗と比較して見ると、かくの如き非禮者の靈魂が惡精の影響に依るものであるからそれを隔離しようとする前代の信仰が浮び上つて來るやうに思はれる。孔子の行爲には孔子自身の説明があつたかも知れぬが、その表現は前代以來の規範に從つてゐるのである。

次には交を全ふするためには個人的憎惡を抑壓せねばならぬと云ふことである。こゝに交と云ふは勿論社會的關係であつて、親戚や部落の關係に於ては必ず一定の制約がある。個人的感情は常にこの社會的制約に制肘され規定されるから、感情の發現が必ずしも常に束縛されてゐると云ふ感じを伴ふものではなく、普通には無意識にその制約に合致するものである。然し前にも述べたやうに、この制約にはその効力の比較的緩慢で流動的な所謂道德的なものとその効力の比較的峻烈な法律的なものとが多くの場合に併存してをるから、感情の程度によつて抑壓せねばならぬ場合とさうでない場合とのあるのは勿論である。それで社會的關係に於て個人的憎惡を抑壓せねばならぬのはその社會的統制の攪亂されぬためであつて、親戚故舊が特に重大視されるのは支那社會の構成が全く大家族を基礎としてゐるからで、家族が社會生活に於てかくの如く緊密なる立場にないヨーロッパ人の社會では比較的早くより個性の自由或は階級的自由が叫ばれたのである。だから文化現象に於て、それがとる形は夫々の社會に於て特色があり、常にその社會の歷史を背景として表現される。從つてこの形はその社會が持つ生活感情をシムボライズしてゐるものである。

扨て我々は右に述べた二件に就いて日本に表はれてゐる形について知る必要がある。支那とは古い關係であるから、その影響も受けたであらうが、又特異なものも有る筈である。民俗學の會員によつてこれ等に關する豐富な資料蒐集と周到なる研究がなされんことを希望する。今一例を擧げると信州伊那では村の制裁としてはハチブと云ふことがあつた。これは共同生活の攪亂者に對して村の人が全部その人と絶交したのであつて、昔のやうに自給自足的で外部に對してに閉鎖的な村の生活ではかうされても外との交通が出來なかつたのでこれは非常な苦痛であつた。若しこのハチブしたものと密に交通したことが知れると甚だしい面罵や家屋破壞の後ハチブに處せられたと云ふことである。他の場合の一例としては次のやうな事がある。村の生活には陰口が非常に發達してゐる。村と云つても一部落を云ふのだからその範圍がせまいので甲の家で顏を合せた者が乙の家丙の家と廻つて歩いてゐる中に、その陰口、つまり誰れが自分のことを何と云つたとか云ふやうなことが自然にわかつて來る。その陰口をついた人と顏を合せることも頻繁で、こちらも先方の陰口は充分云つてもあるので、お互に氣まづい思をしてゐながら、(尤もこの點については厚顏ではあるが)さり氣なく振舞ふ。お互におてんたら(口巧者なこと)を云ひ合つて別れるのである。かうした感情の抑壓に慣らされてゐるのは村獨特の生活の仕方やその感情から來ることは明かであるが、これは我々の良く考へて見たい所である。(四・五・三〇、有賀喜左衞門)

神婚說話の原型

○オランウタンに浚はれて行つた女が、森の中でこの類人猿に押へられて子まで産んだ。同棲何年かの後隙をみてやつと逃げだした時、大きな叫聲にあとを振かへつて見ると、父なる猿が樹上でその子の兩足を手にもつて引裂いて見せたといふ話。これはボルネオだけでも三度ばかり土人からも在住者からも聞かされた。もちろんそれはさらにひろく東印度の各地に分布してゐるやうであるが、大ていは事實談あるひは實見談のやうにさへ傳へられてゐる。そこに神婚說話の一つの原型なるものがあるやうに思はれるが、果してどんなものか。

○スマトラのバタク人やニアス島人の祖像に、兩性ともその生殖器が可なり擴大してあるのは、惡靈はらひの意味をもつてゐると傳へられてゐるが、それは白人の推測でないかと疑はれる節がないでもない。生蕃のパイワン族で大よそ一般的に、家の入口の兩側や軒桁に刻んである男女の祖像については、幾度たづねて見てもそんなことは聞かなかつた。これは或は原意が失はれたものか、外形の似かよつた兩者が必ずしも同じ動機をもつとはかぎらないにしても、さらに深く探つて見たいものである。

○東南ボルネオの巫女 bilian には事實賣淫を職とするものが多いといはれる。そして男の巫者 basir は往々女裝して、セレベスの bissu といふ同樣な階級で生涯の獨身を誓つてゐるものの根源をなしてゐるやうである。ところが私がバラパイで見た女形アチルプラムプンといふのは服裝ばかりでなく話しぶりからすべての生活が女になりきつて、獨身であると同時に人々からは全く兩性と考へられてゐるのであつたが、タシルといつて婚禮の化粧その他の世話役を職業としてゐるのである。これが巫者の職業の轉換なのか、それとも別な根源を有するものか、こんな社會的背景をかへりみてすこぶる考へさゝれる。(うの)

一つの正誤

沖繩における私の最信頼する友人は、學問や人格や、いろ〳〵な點から別々であるが、第一は、伊波普猷さんであり、その餘にはまづ四人が浮ぶ。島袋源一郎さん・川平朝令さんそれから亡くなつた麥門冬末吉安恭さん・仲吉朝助翁である。今度長年書きためた短文を集めて出したについて、此等の方々の助力を思ひ出す種が多い。實はその中の「續琉球神道記」といふのは、以前「世界聖典全集」に書いた「沖繩の宗教」その儘にしておいた。此は二度の務めを、昔、國頭郡大宜味村喜如加の小學教員をして居て、私の國頭廻りに、引きまはしの勞をとつて下された、島袋教諭の心入れに酬ゆる爲、少し前に、ほんの數行手を入れたまゝで、校正も人任せで、郷土研究社の「山原の土俗」と言ふ、同教諭の採訪錄の解說として、加へておいた。其をそのまゝ、所謂げら刷りとやらを、せき立てられて、大岡山の書物の原稿に渡した爲、讀み返す間がなかつた。ところがやつぱり、大しくじりの豫感が具體化した。久高島で、川平さんと私との採訪して來た「ゐなぐめがなさば君のめで、ゐきがみがなさばしゆんちやなしめで」といふ琉歌形の民謠について「早く「琉球の宗敎」時分に、伊波さんその他から、心切な注意を受けてゐたのであつた。其を同書のぬき刷りに書き込んで安心してゐたが、全集本の方に書き入れずにゐた。解說のげら刷りの原本になつにのは、その本の方から、源七つあんの寫してくれたものであつた。

そのまゝ失念してゐたが、本になつてから、しまうたと思うた。

首里主愛で・君の愛で

となつてゐる點である。

早速、小石川の伊波さんから、二度目に、國頭名護の源一郎さんから、心切な敎示が來た。ところが伊波さんの以前の手紙は、今見つからない。新しい源一郎さんのお手紙を出して貰うて、横着ながら、よりあひ話の責めを塞して頂かうと思ふ。（折口信夫）

御新著拜見、右の八十四頁、久高島の結婚の時に合唱する諸の意義につき、鄙見申し述べ候。

女神殿は君のめでい

男神は首里殿めでい

新婚なる女神(この女)は、君郎、聞得大君の御奉公。新郎なる男神(男)は、首里天加那志郎、國王の御奉公、との意に御座候。古歌に、「首里がなし御奉公夜晝もしやべんあまん世のしのぐ御免めしよわれ」おもろさうしにも、第二十二、に、みおやだいりおもろ双紙とあり。公事おもろの事に候。めでいは近代語にて、古くは、みおやだいり。御奉公の意にて、現在も、公事又は、公務のことを沖縄にては、ゑえでえと申し居り、爨のみおやだいりのみは、敬語にて、おやだいりを約して、おやだいといひ、更に轉訛して、ゑえでえと發音致し候。

猶申す迄もなく、こゝに國王郎、首里加那志の御奉公を先にいひ、次に聞得大君の御奉公を謠ふべきが今日の順序なるに、君の御奉公を先に謠ひ、國王を次に謠へるは、注目すべき事にて、女人政治又は、聞得大君が、國王の上位にある感情を、表し居るものと察せられ候。

御承知の通り、沖縄にては、男女の語を連結する場合は、すべて、女性を先に稱へ居り候。例をあぐれば、左の如くに御座候。

女男(ヰナグヰキガ)　妹兄(ヰナイヰキイ)　姉弟(ヰナイヰキイ)

夫婦(トヂミイトウ)　祖父母(パアプチイ)(又は、ふあああふぢい。ふああ又は、ばあは、婆のこと。郎、祖母にて、ふぢい又は、ぶぢいは、うふぢい又は、うぶぢいの略にて、大父の義。郎、祖父のことなり)　夫婦(ミイトウ)

若い男女(ミヤラビワカムン)　等。　島袋源一郎拜

漂著石神論計畫

1 柳田先生の民俗學的研究上一大體系をなす石信仰。今新らたな回顧の時に逢した。

2 諸國海岸に、古代より神像石(カムカタイシ)の存在した事實。

3 神像石の種類。

a 定期或は臨時に出現するもの。

b 常在するもの

- イ、海岸。
- ロ、海から稍隔つた地。
- ハ、海中の島又は、岩礁。

4 神像石の樣態。

a 唯の石であるもの

b 神の姿を、想見せしめる程度のもの。

5 この論は、此を出發點として、漂著(ヨリ)神信仰の中、石神の件を考へる。

6 3のイ・ロ・ハは、海岸に出現する形が、最、普通であり、正確なものである。此が、濱を遠ざかる程、村の生活が、山手に移つた事を示す。ロ・ハは、遙拜信仰發達の一過程であるが、其多くは、神幸の儀式を行ふ前の、足だまりとなる地點であつた。

7 「遙かの沖にも、石はあるもの。夷御前(エビスノゴゼ)の腰掛けの石」の唄。

8 腰掛け石と、影向石と。

9 五郎投げ石・力持ち石。

10 村岡五郎——相州の巨人傳說

a 竹我。

b 鎌倉。

11 石つぶて。

12 おひし。

a 生石

b 大石

13 一夜忽然出現。

14 石を以てする神出現の證——地藏

15 石出現の夜の行事。
16 石と、成年戒と。
17 印地打ちと、成年戒と、石の洗禮と。
18 石の旅行性(自力ならぬ)・植物旅行性。
19 石の人による旅行。
20 石の分靈視。
21 人にとられると同時に、大きくなる。
育て主を待つ。之が極ると、急に大きくなる。
a 大きくなる者——育み人{翁／少女—後、夫婦}
b 小いまゝの者
22 育み人有勢な場合。
a 少彥名——つき物
b 天日矛の石及び珠——夫婦
23 より石と、巫女と。
24 玉の歌。
a 魂關係
b より來る玉
25 玉は石か、貝か。
26 裝身具以外の玉。
27 玉がしばを石とする說。
玉を盃に入れること。
28 海祇の玉獻上と、降服。
29 玉の大きくなる事。
30 世襲の玉とその增殖した物を傳ふる家系。
31 玉を貰ふ事が、魂を貰ふことになる。——みたまのふゆ
a 定期　歳暮
b 臨時　みたま賜ふ
32 玉その物から、魂を托する物。みかい、みまのからに變化。
33 玉よる磯。
34 やぼさ——みまのより處。
35 對馬正式。
36 壹岐のやぼさ。
37 やぼさから、鬼塚へ。
38 鬼塚と、より神と。
より神と稱する物。
a 建て物——海
b 民俗{イ、巫女の憑り神／ロ、盲僧の役神／ハ、陰陽師}
39 神功皇后の石。子負の原の鎭懷石。
壹岐の鎭懷石(石を栓として置く。)
40 石數增殖。
41 石成長。
42 鎭懷石の意義と、成女戒と。
43 鎭懷は、鎭魂の一方面であること。
44 鎭懷石の他處より來る事。
45 望夫石の問題。
46 親友中山太郎さんの考證。
47 人や動物の石になり、植物の石になること。
48 三寶繪詞・今昔物語では、動物の過去生を說いて、經を聽く爲の假身だと說く。未來生を說くよりも、此時代の佛的色彩が出てゐる。
49 此と共に、未來轉生を說いて、神逆(佛法一派として)に入る事を言うたに違ひない。
50 犬は固有種の少數の外は、猫と同じく、外來のもので、猫よりは遙かに、早かつたらしい。
51 異鄕の叡智を受けた、敏感な生物。
52 人に犬姓を與へた、播磨風土記の例(告(ノリ)げだらう)首)
53 常世長鳴鳥式の智慧。
54 沖繩の各由來記には、犬の神になつた話が多い。其は、石になつた事である。
55 いづれ、假死の狀態を考へるのだらう。
56 常世の所屬たらしめる爲の洗禮には、石の形を經過せしめる。
57 大國主の赤猪石。
58 出雲の國造の、猪形の石につけて、菱根ノ池に水葬せられたこと。
59 岡となる。大丘——石。
60 蠶の化成した、日女道(ヒメヂ)ノ丘(ヲカ)。
石と山との關係。
61 猪の石。
62 犬その他のとてむ。
63 印南郡谷(ヤケ)氣里斗形山あつて、石樁がある。
天との通路だ。天の八十人上下した。
此は、動物以外の第二義式化成。
64 よみの國へ行く巖窟。
65 彼岸國からの印象。
かし石の穴の雫の、柱石となつた事。

(折口信夫)

民俗學談話會記事

雜誌「民族」を失つてから、淋しさを感じてゐた人々の間に、誰云ふとなく談話會でも月月催して、お互の見聞を語り合はうと云ふ議が持ち上がつて出來たのが、民俗學談話會である。會則も何もなく極めてのんびりした會合である。心當りの處へは通知してゐるが、民俗學と云ふことに興味を御寄せ下さる方々の來會を希望する。會は毎月第二土曜日に、神田錦町の學士會館に於て催すことに、定めてゐる。

第一回（三月九日　學士會館に於て）

先づ第一回は中山太郎氏が「日本の巫女の話」と云ふ題で講演された。最近苦心して得られた豐富な材料を先づ紹介してから更に種種の例證をあげて日本の巫女に就いて語られた。講演後來會者の間に巫女についていろいろな質問や話なども出で、愉快なる第一回を終つた。來會二十數名。

第二回（四月十三日　學士會館にて）

永く臺灣にあつて蕃族の調査に當つてゐた小泉氏から左の話をうかゞつた。

臺灣蕃族土俗談　　小泉鐵氏

臺灣北部の蕃族タイヤール族の分布地域と彼等が北方殊に臺北州下への進出狀態とを說き、淡頭蕃南澳蕃合歡蕃の現住地への移動を現在五十歲乃至六十歲に達するものの略五世代又は六世代以前のことであるとし、屈尺蕃は實に約一世代おくれて合歡蕃より分出せるものなることを述べ、次いで淡頭蕃、殊にそのシキクン社にての蕃社の組織とガガア制度のことを述べ、ガガアと祭祀團體の關係に入り、其のシミアッド（粟祭り）に就いての話をされたのであるが、それは何れ氏の報告として本誌に記載せらるであらうから、詳細はそれにゆづることにする。尙氏は更にマホニ又はマホネと稱せらるゝ呪術及び呪術者のことを述べて講演を終つたのである。

次いで中山太郎氏及び折口信夫氏から此の講演と結びつけて日本內地の資料と對照しての討論が行はれた。來會者三十餘名。

第三回（五月十一日）

午後から驟雨などあつて、來會者極めて少なかるべしと思つてゐたのに、三十餘名の來會者があつた。圖書館協會の總會に列席の爲め上京されてゐた京都大學の新村博士などもお忙しい處を出て下さつた。

ハワイ土俗談　　伊波普猷氏

ハワイ土俗談と申しましても、特別に御話し申上る樣な見聞も無いのですが、昨年九月末頃から今年二月初めまで向ふに居る間に、目についたこと、又は本を讀んで知つたこと等を簡單にお話しして見たいと思ひます。ハワイへ行つた目的が雜誌社から招かれての講演でありましたので、ハワイについてよく研究する暇もなく、從つてハワイの言語、土俗については眞の知識の無いことを豫め御斷り申上げておきます。

私がホノルルに着いたのは十月の六日頃、海の色島の色などを見ると故郷（琉球）に歸つた樣な氣がいたしました。たゞ違ふ點は、私の國が一般に色の濃いのに反し、これは水の色でも山の色でも淺淡でありました。上陸してすぐ目についたことは、ハワイでは一番花の無い季節だといふのに、日本の春よりも花の多いことでした。丁度極樂淨土の樣な感じをうけました。此處に土人は住んで居ります。此の土人はカナカと言はれてゐますが、それは本來の名稱ではありません。丁度アイヌといふ語に人間といふ意味がある樣に、これも人間といふ意の土語であつたのを、洋人が彼等の名稱としたのであります。カナカは體が大きく、肥えて居り、丈は六尺位あります。此のカナカがハワイの八島に約二萬人住んでゐますが、年々人口は減少して行つて居ります。キャピテン、クックの行つた頃は三十萬位もあつたといふことでありますが。これは今の米、英其他の外國人と結婚した結果純粋のカナカが減つたのであります。其處のホノルヽに上陸して驚くのは、此處に世界中のあらゆる人種が居るといふことであります。是等の移民は本國から來るときは大抵獨身でありますので、殊に雜婚が行はれるのであります。で布哇大學には、特にこの雜婚の研究をしてゐる學者があり、東大の社會學科を出た所司文學士も同大學でこの研究をして居ます。

私は、オアフ、カワイ（キヤピテン、クツクがはじめて上陸せる島）、マウイ、火山島のハワイの四島を周りました。此の四島は殆ど米化してゐて、土語を話すのを聞いたことが無いのであります。二十年前には何處でもハワイ語を用ひ、移民も亦それを使つたのですが、今は反對に成つて居ります。然し癩病患者を收容してゐるモロカイ島と、それからニーハウとの二島に行けば、昔風のハワイを見得る望みがあるのであります。このニーハウではむしろハワイ語を奬勵してゐて、此處ではカナカ語の研究が出來るのであります。前申しました四島では、昔の萱葺の家は見られませんが、ニーハウでは昔のまゝの土人の生活を見る事が出來ます。又ホノルヽの町外れにあるビショップ、ミウゼアムにはハワイのみで無く、ポリネシヤ群島の考古學土俗學に關する材料や舊王朝時代の歷史的遺物等が揃つてゐて、此處では色々の研究が出來ます。此のミウゼアムにハワイの神社の模型がありまして、長方形の其の建物は、琉球に見る萱葺の樣なものであります。その神社の傍に石垣を圍んだ長方形の場所があり、髑髏の模型が所々に置いてありました。これはハワイ土人の墳墓でありまして、昔土人はかういふ處に屍をはふつて置いたもので御座ゐます。琉球にもかういふ風な所があつた樣であります。今も殘つてゐる處の御獄などの石垣は、かうした墓から發達したものかと考へて居ります。中山先生から、壹岐の國のヤホサが丁度かうしたものだと承つて居ります。此のハワイの風習は、琉球及日本の古代にあつた人をはふる風習に彷彿たるものがあるとおもひます。以上興味を唆つたところを簡單に御話し申しましたが、何ういふ風なものかと考へて居りましたハワイ人の神に對する觀念について知りましたところをもう少しお話しして見たいと思ひます。

キヤピテン、クツクの日記や他の書にもこのハワイ土人の神の觀念は記されてゐます。クツクは西暦一七七八、一月廿日にカワイ島のワイメアに上陸してゐます。普通には彼が歐羅巴人の最初の上陸者と云はれてゐますが、それ以前一五二八年にスペイン人が此の島に上陸した事實があります。この時の船長は土人の女を妻にし、船長の妹は酋長の妻と成りまして、歐羅巴風が、此島にはいる魁をなしたのであります。十八世紀の半ば少しすぎた頃に、カ、メハメハといふハワイ群島を統一した王樣がありましたがその像が冠つてゐる王冠はといふと、ローマの軍人が冠つてゐた樣なものであります。これはスペイン人の殘したものであります。カナカ語にはカ、メハメハのやうに重れるものが多くあります。ワイキキだのラツパホエホエ（これなどは日本語のやうな感じがします）だの云ふ樣に。

さて、クツクの頃の土人の樣子は何うでしたでせうか。クツクの軍艦がカワイ島に來たときには土人は大騷ぎを演じたのであります。これには土人の傳說を伴つてゐるのであります。昔カワイにロノといふ神樣がありまして、何かの事でその妻を殺してしまひました。そして後悔してカノーに乘つて島を逃げ出すときに、自分は遠きに行くが、ぢきに椰子の木と、豚と、犬とを持つて歸つて來ると言ひ置いて行つたといふのであります。それで、土人がキヤピテン、クツクの來たのを見たときに、軍艦を浮島、帆柱を椰子の木だと信じたのであります。カワイ島からはカノーを各島に派遣して、ロノが歸つて來た、その一緒の者は、頭に角があり（これは帽子）色が白く肌のきめは細やかで、口と鼻から火と煙（煙草）を吐いてゐる。そして肋骨のあたりから金屬の小さい片端など投げて解らないことを云つてゐるなど丶、兎に角非常に驚いた知らせでありました。キャピテンクックの軍艦は一旦其處を去つてアラスカに行き、其の年の十一月にカワイ島に歸つて見ると、土人はロノの祭壇を築き、豚、犬などを捧げて禮拜してゐたのであります。此事からも知られる通りハワイの神は、日本と同樣現人神でありまして、他から來る人を決して敵視する樣なことは無かつたのであります。それが一人であらうが大勢であらうが、又强くあらうが弱くあらうが、そんな事には不拘、歡迎したのであります。さてこの歡迎のために土人の經濟に大動搖が起りまして、(働かぬ多くの人を狹い島でもてなすのですから)しまひにはこの現人神をもてあます樣に成りました。丁度この時の一人の水兵が病死しましたので土人の疑ひをうけ、其他の事も手傳つて、二艘の軍艦がアラスカへ出發したときには、今度は惡神を送り出したと思つて土人は安心したのであります。も一度やつて來たときに、ハワイ三千の土人が蜂起して、コナに近い處で遂にクックを殺してしまひました。

それから日本と同樣にマレヒトに妻女を提供する風があつて、明治三十二三年の頃迄は行はれて居たさうです。ニウハウ、モロカイには今も多少此の風が殘つて居ると聞きました又ハワイ人は嫉妬心が少く、私は妻取換への風まであると聞きました。ハワイは今殆どアメリカ化して居りますが此點は昔通りで、又外來人も此點丈はハワイ化して、貞操觀念が無い相であります。ハワイといふ環境に於ては、人間でも他の生物でも植物でも同じに非常にのび〱してゐます。琉球人の子供でもハワイで生れた者はハワイ土人と同じ樣な顔附に成つて居ります。背丈についても同じ事が云へます。これは琉球人ばかりでなくアメリカ人でも他の人種でも同じ樣でありますこれを知つた時私は考へました。人間は遺傳が大事でもあるが、環境が體質などを變へることも輕視出來ないものだと。アメリカの或る生物學者は此の環境について、アメリカ人の顔附は三百年の間にアメリカインデイアンの顔附と同樣に成つて來たと云つて居ります。西洋の犬は西洋人のやうに目が碧い。我々は碧く無い。然かし犬の方が我々より西洋人に近い、血族關係にあるかといふとさうでは無い。これは環境の力であります。さて此のマレビト歡待の形跡は琉球にも色々とあります。折口先生の御話によると日本の古代にもさうしたことがあつたといはれます。琉球には本部村の伊野波のシノグ祭の時に、ムックザといふことがありますが、これは性に關したものであります。結婚後十年も經つといふのに子の無い女が社のまはりに集りまして、その中より二人を選び男女二人の旅人の裝ほひをさせます。この二人は神主の家に一夜の宿を乞ひ交接を眞似る儀式をいたしますその時、外の女達は一齊に點頭をいたしますが、此の晩から此の不産女達が姙娠すると信じられてゐるのであります。此の風は二三十年前迄ありまして、本當のことをやつてゐたかと思はれる節があります。又平安座島では、シノグ祭の後に祭式舞踊があり、この時は村中の男は皆何處かへ行き殘るは女ばかりであります。南島雜話には奄美大島ではナルコ神のお迎への時には男が座を外すといふ風習があつて、これは昔島の女をまれびとに捧げた遺風だと言ひ傳へてゐます。かういふ樣な風にハワイの神も、人間でありまして、此點は日本の神官によく似てゐるところがあります。

さて最後に、フラフラの話をして失禮いたします。このフラフラは尻フリの意では無く、踊の意味だと思ひます。このフラダンスを見ない前に、ハワイのコナの海岸に行きますと、十三四歳位の男女の子が遊んで居りまして、男の子は水泳ぎをして居りました。この男の子が泳ぎから上つて波打際で尻を振つて居りましたが仲々巧妙なものでありました。馬が體につく蠅を追ふやうに筋肉が微動するのであります。それから愈々フラダンスを見ましたが、此時は四人の女が參りまして、ポルトガルから輸入されたウクレレといふ樂器を彈いて踊りました。昔は眞裸で踊つたらしいのですが、此女達は薄いシャツを着、フヲスカーツを穿き、足結ひをし、頭にはレイを卷いて居りました。そして其の踊の感じは海岸で見たのと同樣でありまして、丁度蛇が動く樣な動き方でありました。歌は悲調を帶ひたもので、大きい體に似合はず細い小さい聲でありました。この踊は女の子の修養の一つとしてゐる相でありまして、頭を壁につけてゐて尻を動かすのが其方法だ相でございます。私はこの踊を性と關係ある踊だと考へました。外人がハワイ婦人と結婚したがるのは何か理由がなければなりません。兎に角此の踊りは挑發的魅力に富んでゐるのであります。今では此の踊が職業化して來てゐまして上品なもの下品なものと幾つも階級がある相で御座ゐます。此踊も昔は宗教に關係あつたもので、今は一般の者が踊りますが、昔は特別階級の者が、神社の前の舞臺などで踊つたのであります。ハラウ(神社の前の舞臺)の建築、増築、改築などの場合には、その仕事が行はれてゐる間中、踊手(昔は男も女も、今は女のみ)歌ひ手には嚴重なタブーが課されました。そして見物人にも何々を食べてはならぬといふ樣な禁忌があつたのであります。タブーといふのは第一に品行を愼まねばならない。次に言葉を。又禁欲しなければならない。更に一定の食物以外に食してはならない。又屍に觸れてはならぬといふ樣な事であります。若し屍にふれる樣な事があると神を穢した事になり、踊手の資格を失ふのであります。資格とりかへしの場合にはフイカラといふ禊の式が行はれます。此式はまづハワイの神人が祈禱をしまして後、鹽と鬱金香を以てその者を清めます。それがすむとその者は海に飛び込んであがつて來る、すると元のダンサーに成ることが出來るのであります。穢が强いと三年も五年も資格を恢復出來ないことがあります。それ故昔のハワイの男女は競うてダンサーに成りました。良家の青年男女もそれを名譽としました。そしてダンサーに成るには、學校の樣な所がありまして、そこで難行苦業して後、始めて舞臺に立つ事が出來たのであります。この卒業式の夜は一人で海に行つて禊をし、後を振返らずに歸つて參りますと、神社の處に神主が居りまして聖水をふりかけます。これは琉球のステ水の樣なものであります。このステ水のステは生れるといふことでありまして(但し卵から)スデュン(頂戴すること)スデゴト(幸福)スデウガフー(難有う)等いう風に使はれて居りまして、ステ水は、正月一日或は二日に、その家から或る方向に行つて、貰つて來て禊をする水の事であります。この聖水を振り撒かれて翌日迄神社の處に居て徹夜で歌ひ踊るのであります。翌日は大宴會がありまして、これで卒業といふことに成るのであります。今はフラダンスには音頭取がありませんが、ナザリエル、ビー、エマーソンの書いた布哇文學史には、音頭取、詩人、支配人の樣な者の三人が缺くべからざるものとしてあります。踊る階級には二つあります。オルプ(青年。動作が主、樂器は從)とホーパア(老練な年寄。樂器を主とし多くは坐つてゐて折膝で踊るのであつて、踊は從)であります。樂器の種類は十以上あつたらしく、樂器の種類によつて踊は違ひました。

以上で私の話は終りといたします。秩序も無い話を御話し申しまして失禮いたしました。

次に中山太郎氏は古語拾遺の天磐戶の段のアナオモシロ・アナタノシ・オケのオモシロが今迄とは違つた見方が出來るといふことから話をおこされて、石棺の穴の意味、死者の腦を吸ふ話、琉球では死者を樹に立て掛けておいて、其前に親戚知人集つて、死者を恰も生きてゐる者のやうに扱つて酒盛りすることなどに及び、結局オモシロは、我國の古代に石棺蓋をとつて、その死人の顏を覗く風習があり、死人が腐りなどしないでよい顏をしてゐるのを見て、オモシロと云つた事から出てゐるものであらうと斷ぜられた。又嫁取換と云ふ事實が近年迄行はれてゐて、例に乏しくない事を話された(編者曰く、中山氏の所論の大要を筆記してお送りしたが、「あの筆記は……書き直せばヨイのですが、それも出來ませんので、今度はヤメて下さい。」との申越しにより、掲載することの出來ないのは遺憾である)

中山さんの嫁取換への話でよく訣つたことがあります。歌人の齋藤茂吉さんがよく歌うた、山デナンメラシタ味噌代カヘセソレガ嫁ナラ娘ヨコセといふ此の歌は、茂吉さんが御弟子の門馬恭雄君から敎はつた相馬節だ相でこれを今迄は單に村人の誇張した表現の樣に思うてゐたのですが、今の御話で、この裏に實際の生活があることがわかりました。我々は斯樣な眞の生活にふれて學問して行き度いと考へて居ります。先程中山さんの仰つしやいました神樂歌云々のことは、熊谷直義の梁塵考證を御覽下さればわかることで御座ゐますからこゝでは説明の繁を避けます。

さて中山さんの先程話されたオモシロと云ふ言葉は、萬葉の東歌にもオモシロキ野ヲバナヤキソ舊草ニ新草交リ生ヘバ生フルカニとあり、又オモシル君が見エヌ此頃などとあります。此のオモシロも面白の文字通りに説明されて居りました。中山さんのオモシロの説明はよいと思ひます。日本の語源説は、いま建て直しの時に臨んでゐるのでは無いかと考へられます。一體從來の學者の態度がよくなく、それを明治頃からの學者が段々變へてよくなつて來たのでありますが、又昔の變な語源説に返らればならぬ樣に成つて來た樣であります。兎に角中山さんが顏を見に行くと云はれたのは達見だと思ひます。唯オモシロを形容詞として、それに捉はれてゐる處があります。オモシロは我々が今考へるよりも廣い意味を持つてゐた樣でありまして、顏馴染がある、何時を見馴れてゐるなどの意味がある樣であります。萬葉にオモシルと、オモシル君が見エヌ此頃などゝあるオモシルと、オモシロとは繋がりがあるのですが、この關係を完全につけた學者はありません。この二つの間には大きな溝があります。オモシロの元の意味は始終顏を見てゐるといふ意味らしいのであります。天岩戸の話は葬式と復活の話であつたのです。葬式と言ひましても今とは意味が違ひまして、死者に魂を附けやうと試みた時期であつたのであります。殯宮は死者の生死を試みる時期であつて、此間は、離れた靈魂を附けやう〳〵としたのであります。そして愈々死んだと判るとはじめて葬りました。寂迢法師がまだ俗人のとき、死んだ妻の體を抱いてゐたところが、段々顏色が變つて行つたので遂に發心したとか、死んだ小野小町の容が段々變つて行つたなどいふ話は、かうした事に關係してゐるのです。源氏物語に源氏は夕顏の死んだのを知つてゐながら、今に來るか〳〵と待つて居る所がよく書かれてゐますが、此時分迄かうした半分變な所が殘つてゐたのであります。

オモシル君が見エヌ此頃のオモシルは、シルの内容がもつと廣い時代に出來たのでありますから今訣らないのであります。オモシルは、顏馴染といふ事から、懷しいといふ位の意味が出てゐると思つて居たのですが、中山さんの御話をお聞きすると喪に居る人(死者、その親族、死者の魂をうくべき人)が、その顏を見せることがオモシルであつたのだと思はれます。それがオモシルといふ動詞に成るのであります。それが段々變つてオモシロと成り面白と解される樣に成つたものであります。結局中山さんの御話と喧嘩して仲直りした形に成つてしまひました。此の學問も柳田先生がこれ迄に用意してくだされたのであります。我々はこれを墜すことなく育て進めて行かねばならぬと思ひます。

第四回 (六月八日)

例によつて學士會館に開く、來聽者三十餘名。金田一京助氏の「熊祭の話」と云ふ講演があつた。いづれ次號の本誌に掲載される筈になつてゐるから詳細はこれについて見られたい。

理學博士

白井光太郎著

植物渡來考

（最新刊）

四六判而取天金
特製四六倍口繪一葉
定價參圓參拾錢
送　二十七錢

著者、曩に「植物妖異考」の著あり。今茲に「植物渡來考」一卷を成す。卽ち幾百の植物を捉へ來つて、その由來を尋ね、或は神農本經に、或は萬葉の歌集に、古今數百の和漢の文獻を捃採輯羅して、渡來植物を藥物學、植物學、醫學、文學等の諸見地より考證推理し、跋渉到らざるなし。惟ふに著者は本邦唯一の本草學者、植物病理學の最高權威にして、本書の刊行を見る、啻に今日の欣幸にあらず、讀者は明日の秘笈として必ず一本を具へらるべし。

目次

一、草　類
三、木　類
引用和書目
引用漢書目
參考洋書
記載の植物學名
附錄　洋舶盆種移植の記

白井光太郎著
植物妖異考
要目
祥瑞植物
靈異植物
變異植物
凶兆植物
寄生植物
四六判
價　三、三〇
送　、一八

南方熊楠著
南方隨筆
正編
續編
四六判
價各三、五〇
送各　、二七

東京市神田區北甲賀町四番地
岡書院
電話神田二七七五番
振替東京六七六一九番

バイイ著　京城帝國大學講師　小林英夫譯

生活表現の言語學

（最新刊）

四六判リネン裝
定價四圓六十錢
送料內地二十七錢　滿鮮臺樺五十五錢

生ける言語を生けるがまゝに捉る。此のヴィヴィセクションは傳來の史的言語學が垣間見ることの能きなかつた斷層を露出する。我々の喜怒哀樂の反映としての言語を觀察し觀察をコンデンスし、遂に文體論なる新學科を構成せるは實に本書の著者バイイ氏であつた。氏は言語學理論の天才ソッスュールの高足、本書はまさに先師の學の發展であり華であつた。慧敏なる直觀と堅實なる論理、是に加ふるに辭藻の富贍、行文の流麗、まさに科學の衣を著たる文學とも云ふべきか。

（著者は此日本譯の爲に特に數論文を增補された事を附記す）

譯者序の一節……本書の飜譯草稿が一先出來上つた頃、バイイ氏は更に「言語活動に於ける社會的拘束」及び「言語のリズムとその社會的意義」なる一文を譯者に賜はり、その他に、原書に對する訂正增補の原稿、タイプライター—二十八頁のものを送られた。訂正の大部分は必須的なものだつたので、譯稿を遂に三たび改めるの餘儀なきに至つた。……バイイ氏紹介の最大目的は、我が母語、我が日本語に對する反省、內觀を刺戟するにある。その正しき方法を移植するにある。……

目次

ソッスュール述　小林英夫譯
言語學原論
菊判地圖色刷二枚
定價五圓五十錢
送料二十七錢

東京市神田區北甲賀町四　岡書院　電話神田二七七五番　振替東京六七六一九一番

森本六爾編

日本青銅器時代地名表

（最新刊）

四六判クロース裝
コロタイプ七枚
地圖一枚
定價參圓
送料十八錢

青銅器の研究は我國考古學界に於ける近來の興味の中心である。本書はかゝる趨勢の一所産ではあるが、同時に又青銅器文化の闡明に資する所あらむとして纂輯せられたものである。內容は三部に分たれ第一部に國別地名表を配して同時代遺跡遺物の概觀に便ならしめ、更に個々の遺物の精細なる研究者のためには第二部件別地名表を設け、第三部に伴出青銅器、有銘銅鐸等の圖版、並びに分布圖を收めて居る。寔に同代文化照察の祕鑰をなすもの、敢て江湖に薦むる所以である。

要目

第一部　國別地名表
第二部　件別地名表
　銅鉾銅劍・銅鐸・銅鏃・多鈕細文鏡以下二十數件
第三部　附錄
　地圖　靑銅器分布圖一葉
　圖版七枚

日本石器時代遺物遺跡發見地名表　東京帝國大學人類學教室編　菊半截判　定價三、五〇　送一八

日本石器時代文献目錄　中谷治宇二郎著　菊判　七月刊行の豫定

南佐久郡の考古學的調査　信濃教育會報告　八幡一郎著　四六倍判　定價五、〇〇　送二七

川柳村將軍塚の研究　信濃教育會報告　森本六爾著　四六倍判　定價五、〇〇　送二七

東京市神田區北甲賀町四番地　岡書院　電話神田二七七五番　振替東京六七六一九番

東京人類學會編

人類學論叢

（人類學雜誌五百號紀念論文集）

最新刊

四六倍判 函入クロース装 コロタイプ四葉

定價參圓 送料二十七錢

（實品百部）

目次

序

わが南洋群島に於けるポリネージア人の聚落に就いて

沖繩縣那覇市外城嶽貝塚より發見せる人類大腿骨に就て

血液型の人類學的價値

四肢骨の研究に基づける日本石器時代人種論

臺灣蕃族に就て（豫報）

小金井良精
白井光太郎
長谷部言人
金關丈夫
桐原眞一
清野謙次
平井隆
關政則
松村瞭

アイヌ語の所謂前置詞の問題 金田一京助

民族と家畜 八木奘三郎

葬制の沿革に就て 柳田國男

旅順石塚發見土器の種類に就て 濱田耕作

日本古墳出土の板グラス片に就て 原田淑人

古代吉備に於ける古墳の一型式と其殘存 西村眞次

所謂人類學と史前學との關係 大山柏

上野國箕輪町上芝古墳 柴田常惠

The Sulcus Preauricularis as a Criterion of Sex in the Predynastic and Dynastic Egyptians — Nenozo Utsurikawa

著者	書名	定價	送料
中谷治宇二郎著	注口土器の分類と其地理的分布	六、五〇	送一八
長谷部言人著	自然人類學概論	二、〇〇	送二七
清野謙次・金關丈夫著	人類起源論	五、〇〇	送二七
足立文太郎著	日本人體質研究	一五、〇〇	送四五
清野謙次著	日本原人の研究	九、七〇	送二七
清野謙次著	日本石器時代人研究	四、六〇	送二七
八木奘三郎著	滿洲考古學	八、三〇	送三六
[illegible]六郎著	日本青銅器時代名表	三、〇〇	送一八
人類學教室編	日本石器時代地名表	三、五〇	送一八
白井光太郎著	植物渡來考	三、三〇	送一八
白井光太郎著	植物妖異考	三、三〇	送一八
柳田國男著	雪國の春	二、五〇	送六

東京市神田區北甲賀町四 岡書院

電話神田二七七五番

振替東京六七六一九番

郷土研究社新刊

東京小石川茗荷谷町五二
振替東京二三九一七番
御申込次第圖書目錄進呈

大庭耀著

切支丹史話

郷土研究社第二叢書(七)
四六判二八〇頁 寫眞版二十葉 裝幀背革洋装
價金貳圓 送料十二錢

嚮きに「長崎隨筆」一編を公けにして江湖の賞讃を受けた隱れたる篤學者大庭耀君の第二集を世上に送る。本書は其名の示す如く切支丹の興廢を說いて最も詳か也。天文十二年初めて歐人の渡來以來、南蠻紅毛船と共に入り來つた海外文明、中にも天主の福音を說く切支丹の宗門は、長崎を中心とする諸國に傳播して、事々に邦人の耳目を聳動せしめた事件を瀕出するに至つた。著者は此間の史實を捉へ來つて、流麗なる筆致を以て、宛然身其境地にあるが如く敍述し盡してゐる。切に大方の愛讀を待つ。

目次の一部 善童天草四郎・禁書に就て・伴天連シドーチの渡來・二十六聖人の殉教・切支丹の小唄と傳說・浦上の切支丹女部屋・大村の切支丹崩れ・大友宗麟雜記・異國剳記(女人面の等安・伴天連の妖術・唐人と丸山遊女)・其他數項

宮良當壯 宮良長包 共編

八重山古謠

五百部限定出版 殘部極めて僅少
四六判一三〇頁 音譜十一葉挿入
價九拾錢、送料八錢

郷土研究社 第二叢書 既刊

(1) 柳田國男著 山の人生 定價貳圓 送料十二錢

(2) 早川孝太郎著 猪鹿狸 價壹圓五十錢 送料十錢

(3) 岡田蒼溟著 動物界靈異誌 定價貳圓 送料十二錢

(4) 笠井新也著 阿波の狸の話 定價貳圓 送料十二錢

(5) 佐々木喜善著 老媼夜譚 價二圓二十錢 送料十二錢

(6) 大庭耀著 長崎隨筆 定價貳圓 送料十二錢

柳田國男著

鄉土研究社第二叢書
四六判三百二十頁
背布洋裝函入

定價金貳圓
送料十二錢

山の人生

再版出來

先生二十年の山人研究の要領である◎耳と近世記錄からの實例が引用してある◎山男山女は確かに日本の山には居た◎多分は先住異種人の退化した破片であらう◎古來の我々の信仰生活の中にはこの現實の經驗を基礎としたものが幾らも有るやうだ◎是が奇書山の人生のテーゼである◎全く新しい一派の社會學である◎附錄、山人考、問題及書名索引

（發賣以來好評嘖々、全國書店にあり品切の節は弊社へ）

第二叢書

（2）猪・鹿・狸　早川孝太郎著　定價壹圓五十錢　送料十錢

（3）動物界靈異誌　岡田建文著　定價金貳圓　送料十二錢

（4）阿波の狸の話　笠井新也著　定價金貳圓　送料十二錢

（5）老媼夜譚　佐々木喜善著　定價貳圓貳拾錢　送料十二錢

（6）長崎隨筆　大庭耀著　定價金貳圓　送料十二錢

吳秀三博士、古賀長崎市史編修委員推稱の書◎泯び行く古き長崎の異國情趣を回顧追憶して、對外文明史を隨筆風にものしたるもの、行文流麗一篇の異國的風物詩を讀む如し。挿入の繪畫亦何れも珍奇也。

爐邊叢書

本邦唯一の民俗學叢書（現在三十七冊刊行）

定價八拾錢の部　送料四錢

◎鄉土誌論　柳田國男著
◎古琉球の政治　伊波普猷著
◎アイヌ神謠集　知里幸惠著
◎相州內鄉村話　鈴木重光著
◎土佐風俗と傳說　寺石正路著
◎沖繩の人形芝居　宮良當壯著
◎熊野民謠集　松本芳夫著
◎越後三條南鄉談　外山曆郎著
◎與那國島圖誌　本山桂川著
◎東石見田唄集　三上永人著
◎遠野方言誌　伊能嘉矩著

定價九拾錢の部　送料四錢

◎飛驒の鳥　川口孫治郎著
◎續飛驒の鳥　同
◎筑紫野民譚集　及川儀右衞門著
◎口丹波口碑集　垣田・坪井著
◎紀州有田民俗誌　笠松彬雄著

定價金壹圓の部　送料四錢

◎八重山島民謠誌　喜舍場永珣著
◎羽後飛島圖誌　早川孝太郎著
◎小谷口碑集　小池直太郎著
◎甲斐の落葉　山中笑著
◎紫波郡昔話　佐々木喜善著
◎牟婁口碑集　雜賀貞次郎著

東京市小石川區茗荷谷町五十二　鄉土研究社　振替口座東京二三九一七番

慶應義塾大學教授・國學院大學講師
折口信夫著

古代研究

第一輯 民俗學篇
第二輯 國文學篇

東京麻布區本村町十八
振替東京六四九五二番
大岡山書店

新刊

折口先生は、本邦民俗學・國文學の權威、更に云へば、本邦古代學の權威であります。先生は今まで何人も手を附けなかつた方面、即ち民俗學的見地から、あらゆるものを、發生的に系統を立て、新らしくて鋭敏な、そして美しい體系を樹てられて居ります。從つて本書の刊行は、古代を對象とするあらゆる學科―古代史・古代文學史・風俗史・宗教史・人類學・考古學・言語學・古典學等に、大きな影響を與へると思ひます。否、近世を對象とする學科にさへ、更に云へばあらゆる日本學に、大きな影響を與へる事と信じます。

民俗學篇＝菊判上製六四〇頁・函入典雅 コロタイプ八面グラビヤ口繪付
定價六圓 書留送料卅六錢

國文學篇＝菊判上製七二〇頁函入典雅 コ・ロタイプ六面グラビヤ口繪付
定價六圓五拾錢 書留送料卅六錢

幸田成友著 日本經濟史研究
菊九三〇頁 圖表・索引付 定價拾圓 送料卅六錢

池邊眞榛著 古語拾遺新註
菊七三二頁 圖版二十枚 定價拾圓 送料卅六錢

民俗藝術叢書（最新刊）

◇四六判紙裝堅牢 定價各壹圓（送料六錢）◇

柳田國男著 民謠に就いて論じた人はこれまでにもあります。しかし先生ほどの深い理會と豊富な資料を持つてをられる方は他にさう多くはありません。我祖國の生むだ古文學に就いて考へて見ようとする人々、搖籃の昔を懷しむ人々の爲に是非一本をお薦めする次第であります。

小寺融吉著 著者は我國に於ける舞踊學の權威である。神事として發生し今日にまで保存せられて來た「神樂」を、著者得意の舞踊學の見地より觀察して我が民俗藝術發達の跡を論じ、此特殊な藝術より何を知るべきかを敎へたのが本書である。我が古藝術研究の最良參考書たることを敢て斷言します。

中山太郎著 **祭禮と風俗** 定價一圓 送料六錢 七月二十日出來

南江二郎著 **原始民俗假面考** 定價一圓五十錢 送料六錢 七月二十日出來

東京市神田區南神保町一四 **地平社書房** 電話九段二六〇二 振替東京六六一九四

會告

○民俗學第一號を發行することの出來たことをよろこびます

○民俗學は先きの民族とちがつたものではありませんが、然しも少しはつきりした學的限界の上に立たうといふことを主眼にして居ります。それ故民俗學固有のものに主力を置きたいといふのが、私達の目的でもあり、希望でもあります。

○元來民俗學なるものが、民間傳承を取扱ふものであることは申しあぐる迄もないことでありますが、吾々はこれを種々の文獻に辿る以外に、ひろく材料を民間に集めなければならないことも申しあぐるまでもないことです。それで此度民俗學が發刊されましたことも一つには民間にある資料、年と共にわすれられ消えゆく資料、それは言傳へであり、慣習であり、遊びであり、祭りであり、物であり、形であるすべてのものに於て、私達の祖先がのこした生活表現の資料を、今の間に出來るだけ集めて置きたいといふことが、最も大きな目的であります。それが爲には是非とも會員方の御助力によつて、各地方の種々なる傳承的材料を御提供を願ひたいのであります。追々といろ／＼御注文をこちらから申しあぐることと思ひますが、差當り何にてもよろしく會員諸君から御報告をいたゞければ幸です。

○資料報告の雜誌掲載に就いては資料の整理及び紙面の都合から全部を採擇するといふことは出來ないかも知れませんが、新しい資料はなるべく掲載して、自他共に研究の資料と致したいと思ひます。何卒報告の取捨撰擇は、委員にお任せ下さるよう、豫め申しあげて置きます。

（編輯係）

民俗學談話會第五回

日時　七月十三日　午後六時より

會場　神田區錦町　學士會館三階六號室に於て

談話　南洋の靈威に就て　宇野圓空氏

△原稿、寄贈及交換雜誌類の御送附、入會退會の御申込、會費の御拂込等は總て左記學會宛に御願ひしたし。

△會費の御拂込には振替口座を御利用せられたし。

△會員轉居の節は新舊住所を御通知相成たし。

△御照會は通信料御添付ありたし。

△領收證の御請求に對しても同樣の事。

昭和四年七月七日印刷
昭和四年七月十日發行

本號に限り　定價金壹圓

編輯兼發行者　岡村千秋
東京市神田區錦町三丁目十七番地

印刷者　白井赫太郎
東京市神田區錦町三丁目十七番地

印刷所　精興社

發行所　民俗學會
東京市神田區北甲賀町四番地
振替東京七二九九〇番
電話神田二七七五番

取扱所　岡書院
東京市神田區北甲賀町四番地
振替東京六七六一九番

MINZOKUGAKU

THE JAPANESE JOURNAL OF FOLKLORE

Published by the

MINZOKU-GAKKAI

Volume I July 1929 Number 1

Articles:

MINZOKU-GAKKAI

4, Kita-Kôga-chô, Kanda, Tokyo Japan.

民俗學

第壹卷　第貳號

昭和四年八月

民俗學會發行

民俗學會會則

第一條　本會を民俗學會と名づく

第二條　本會は民俗學に關する知識の普及並に研究者の交詢を目的とす

第三條　本會の目的を達成する爲めに左の事業を行ふ

イ　毎月一回雜誌「民俗學」を發行す

ロ　毎月一回例會として民俗學談話會を開催す

　但春秋二回を大會とす

ハ　隨時講演會を開催することあるべし

第四條　本會の會員は本會の趣旨目的を贊成し會費（半年分參圓　壹年分六圓）を前納するものとす

第五條　本會會員は雜誌「民俗學」の配布を受け例會並に大會に出席することを得るものとす　講演會に就いても亦同じ

第六條　本會の會務を遂行する爲めに會員中より委員若干名を互選す

第七條　委員中より常務委員三名を互選し編輯庶務會計の事務を負擔せしむ

第八條　本會の事務所を東京市神田區北甲賀町四番地に置く

附則

第一條　大會の決議によりて本會則を變更することを得

第二條　當分の間發起人に於て委員代理す

私達が集つて此度上記のやうな趣意で民俗學會を起すことになりました。

考へて見ますと學問が大學とか研究室とかに閉ぢこめられてゐた時代は何時まで何時までつゞくものではないといふことが云はれますが、然し大學とか研究室とかいふものを必要としなければならない學問のあることも確かに事實です。然し民俗學といふやうな民間傳承を研究の對象とする學問こそは眞に大學も研究室も之を獨占することの出來ない學問であります。然しされぱといつてそれは又一人一人の篤志家や學究が個々別々にやつてゐたのでは決してものになる學問ではありません。出來るだけ多くの、出來るだけ廣い範圍の協力に待つしかないものと思ひます。日本に於て決して民間傳承の資料の蒐集なり研究なりが閑却されてゐたとはいへません。然しそれがまだ眞にまとまるところにまとまつてゐるとはいはれないのが事實であります。

かう云ふ事情の下にある民俗學の現狀をもつと開拓發展せしめたいがために、民俗學會といふものを發起することになつた次第です。そして同樣の趣旨のもとに民間傳承の研究解說及び資料の蒐集を目的として、會員を募集し、會員諸君の御助力を待つてこれらを發表する機關として「民俗學」と題する雜誌を發行することになりました。

どうかこの一般國民生活の中に深く生きてゐる事實の意義及び價値を生かす爲めに、そして民間の學問としての學的性質を達成せしむる爲に、本會の趣旨を御諒解の上御入會御援助を賜りたく御願ひ申します。

委員

會津八一	秋葉隆	有賀喜左衛門
伊波普猷	石田幹之助	移川子之藏
宇野圓空	岡正雄	折口信夫
金田一京助	小泉鐵	今和次郎
中山太郎	西田直二郎	早川孝太郎
松村武雄	松本信廣	宮本勢助

昭和四年八月發行

民俗學

第壹卷 第貳號

目次

熊祭の話

金田一京助

アイヌ語で、熊はカムイである。カムイは卽ち「神」といふことである。熊のみならず、狼も鹿も狐も兎も、梟も鳥も啄木も、鯨も鯱も鮫も海豹も鮭も、鳥獸蟲魚、殆んど一切の生類(しゆうるゐ)が神(カムイ)で、熊は、詳しくいへば山の神(キムンカムイ)（鯱の沖の神(レプンカムイ)などに對して）であるが、これらの內で、一等の頭領神(サパネカムイ)であり、又最も心を懸ける神(チランマンテカムイ)で、單にカムイとだけ云つて日常熊の意に通じてゐるのである。

これら神々の本國は、此の人間の國土の外に、別に神國(カムイモシリ)があつて、そこでは、神々もこの世の人間の形態をして、やはり、家を建て、家には中央に爐を切り、爐の四邊についても、やはり、たとへば家長は右座に、客は左座に、人間と同じやうなきまりがあるもの丶如く考へられてゐるのである。それが時々人間の國土へ遊びに下る。その時に熊の神はあの假裝をして、卽ち黑い毛皮、尖つた爪、大きな風貌をして來るのであり、狼神(ホロケウカムイ)はあの眞白な假裝を、狐神(チロンヌプカムイ)はあの黃褐色の假裝を、その他鳥の假裝、蟲の假裝、魚の假裝、生類の夫々の姿は、皆夫々の神のこの世を訪ふ時の變裝(ハヨクペ)に外ならないのださうである。狩神(ハシナウカムイ)は神國では、何時も美しい若い女神に述べられてゐるのであるが、人界へ臨むと、カケス程の小鳥に顯ずるさうで、狩の神へ捧げてある削掛は、小枝のさした木で出來てゐる。止り木になるやうに、さう作るので、その名のハシナウ（Hashinau「條・削掛」）と云ふのもその意味である。また產土神・氏神・農業神を兼ねた幣の神(スサコロカムイ)が人の目に現ずる時は何時でも蛇の形にあらはれる。それも神の變裝(ハヨクペ)の姿だといはれる。水の神に至つては、更に變なもので、山川などにゐる髮すぢのやうに細い蚯蚓の形した長い蟲、あれが水の神だといふのである。併し神界に於ては美しい女神で、イヌサイヌサと謠ひ出る神謠（アイヌ國土の饑饉をオキクルミが救ふ話）などには、翻然と身を飜して舞踏をして人間の爲に魚神の怒をなだめてゐる。

生類のみならず、草木でも、例へば穀物や、姥百合などのやうな食用植物などは、やはり神であつて食物神(ハルカムイ)と呼ばれ、其昔、アイヌが、まだ百合が食べられるものと知らなかつた時、空しく野に朽ちて、靈魂卽ち姥百合の神がこの土をさまよひ、終に旅人に化けて、軒別にたづねて、頭を自分の手で、ゴソリと缺き取つて鍋に煮て自分で食べて見せた。恐ろしがるアイヌの中に、偶々ひとり勇敢に食べて見て、それからその美味なることを知つて、皆が喜んで食べるやうになつた爲めに、それから、この土に下りた姥百合の神も（空しく地上に迷つてゐることなく）神の國へ戻られるやうになつたといふ。

この樣に、下界へ降つた神々は、アイヌの手にそのハヨクペを解かれ（そして、喜んで食べられ、篤く敬され）て始めて神の國へ（晴やかに）戻られるものなので、從つて熊でも梟でも鮭でも、その肉、その皮は、――卽ち變裝は、神の苞として、捕られたアイヌに惠み、アイヌはそれを授かつて、篤く感謝してたべる。下界へ遊びに降つた神は、さうしてのみ、神國(カムイモシリ)へよく戻られるものだと。

アイヌでは、この土は穢土どころではなく、天の神の國に決して劣らない美しい國土で、神の搖籃(カムイシンタ)、殖え榮え(ウワリ)ゆく國(モシリ)であり、神樣も赤坊を生む時には、神國からこの土へ降りてお產をするものだとさへ考へられてゐる。

人間そのものも、神と伍して決して劣らず、往々すぐれた質は神さへ羨むものを所持するえらいものであると いふ。神々が人間をさういふ心で見て居、それで、人間と妥協し、人間と仲よくすべきものであることを相戒め 人間に好意を持することによつて、人間からよく思はれようとしてゐる。それは神々は、人間からよく思はれて 尊み敬まはれることによつて、神の國で鼻が高い。なぜなら、人間がよく思ふと、始終祭りを行つて御酒や供物 をさゝげる。と、それが神の國へは幾倍して屆いて來て、神が、それを以て近隣を招じて振舞ふことが出來るか らで、反對に、人間によく思はれず、この世の人に祭りをされることのない神々は、神の國でみじめであり、不 自由をし、貧乏をするものだといふのである。

カムイはカム(蔽ふ)イ(もの)だといふ說があつて、至上の存在の意味に說かれもするけれど、さういふえらい 偉大な意味ではなしに、云はば、この世は、人間と神々(生類)との相借屋のやうな、つまり、人と神とは、相依 つて立つ、對立的な、存在であるらしく、『神に祈禱する』といふ語も、アイヌでは、單に神樣に賴むといふ程度 の意味の語であつて、實際また、我等が、折にふれて、『醫者を賴む』、『植木屋を賴む』、『左官を賴む』、『按摩を 賴む』、『易者を賴む』ぐらゐな心持ちで、偉大な靈へすがるなどいふやうな氣持ちで居るのではないのである。 祈禱の詞そのものも、『云ひくるめ』、『おせじ』、『おだて』、甚しい時は『すかしだまし』でさへある。又『談判し たり』、『强要し』たり、『甘へ』てることもある。尤も天變地異その他恐るべき災害に對しては、戰きながら『たの ん』でること、祖先神などに對しては、心から敬虔に物を述べてゐるやうなことも、勿論ある。たゞ神と人とが さう大した懸隔あるものではないのみならず、屢々神々よりは人間の方が偉く考へられ、人間の祖として考へら れてゐるオキクルミに至つては、どんな神よりも偉かつた。數多の物語が其の心持を表はしてゐる。例へば、日

- 總 0131 頁 -

4

神を巨魔から回復する話、火神の背の神である『家神』を魔神から回復する話、鯇（あめます）の巨魔を屠つて國土を援ふ話、ピタカアイヌが大魔神といつしよになつて、有珠の焼山の大山焼けを起したのを鎮める話など。

『若オキクルミ』の威靈をたゝへた神謠（カムイユカラ）に、先代が銛を打つて逃がした角鮫（つのさめ）を、彼が海底の國へあとをたどして行つて銛を回復して來る物語と共に、やはり先代が、捕へて養つてゐた仔熊の、綱を切つて逃げ去つたのを、あとをたどして、山上の熊の神の家へ到つて、仔熊を回復して來る物語がある。

神の國は、普通には天上に考へられてゐるが、併しかうして、沙流川の水源、此海道の背骨になつてるあの山の頂きは、雲にはいつて、そこにもう神の國が始まつてるやうである。熊の神の頭領は嶽の主の神（ヌプリコロカムイ）と云つてそこに住居があるものゝやうに何時でも述べられる。熊の神の住居の上（かみ）の方に、狼神が住んで「嶽の上のひと（ヌプリパウンクル）」と云はれ、下に羆の神が居て、「嶽の下のひと（ヌプリケシユンクル）」と云はれ、この神は疳癪の強い神だと云はれてゐる。

尤も海中の神々（即ち海獸魚介）の國は、海底にあるらしい。海の上を遙か行つて、本土の人々の海と外國人の海との間に海井（アトイシンノイ）があり、そこをはいると、沙洲の路があり、尚行くと沖の神々の國が、家が、やはりこの土の部落のやうに、この土の人家のやうに立つてゐるといふ。

但し、これ等の外（？）に、年中世界を廻つて歩く神々があつて、歳神（パコロカムイ）といはれ、いつでも沖から上つて來る。歳がよいとか、わるいとかは、皆その年に來た歳神の種類に由るのださうである。歳神には、性の善いの、惡いの、色々あるから、よい歳、わるい歳があるのださうで、その沖から寄せて上つて來る時には、人間の目には見えないが、舟が海を蔽ふ程いつぱいにやつて來るといひ、赤い點々のついた着物を着て舟を漕いで來るといひ、熱病で死んだ人は、三年間は、やつぱりこの神々につれられて、國のはてからはてを廻つてあるいてゐるものだから、その間は祭らぬものだなどいはれてゐる。疫病神もパコロカムイである。

さて、これら他界の神々が、この土へ生類のハヨクペを着てあらはれて、人間の手に捕へられ殺されると、普通の出入口から取り込まずに、奥の窻から、すぐに横座、卽ち爐の上(一等の上座、珍客の席)へ入れる。でこの窻は、神の通る窓と呼ばれるのはその爲であつて、人間の方から云へば、その人間へのお授かりである。神々の方からは、これを、客人になるといふ語で表はしてゐる。その家の火神へ訪ねて來て、變裝(肉や毛皮の)はすべてその家の人間だちへのみやげなさうである。それで、それから酒宴があり、近隣の人々を呼んで一所に神のみやげを分けて食べ、酒宴をする。人間から之を云ふ時は、饗宴するで、神の方から之を饗應されると云つてる。供物をば、人間からは、與へる(幣を供へる、お團子を供へる、太刀を供へる)といふが、神の方では貰ふと云ふ幣を貰ふ、家苞を貰ふなど。供へたものは、靈が——卽ち、その神が貰つて神の國へ歸ると考へてゐるのである神の國へ屆くと、これが六倍(幾倍・幾十倍の意)して屆くものなので、一盞の酒も、一樽になつて屆き、一樽の酒も六樽になつて屆くから、神國へ歸ると、それを以て神が、近隣を招待して、「こんど人間國へ遊びに行つて、これ〳〵の家苞を貰つて來た」と云つて皆へ饗宴をすることが出來て得意であると。この事は、アイヌの口々に云ふことであるのみならず、數多の歌謠が皆さういふことを物語つてゐるのである。

アイヌでは、熊でも、鹿でも、獲物を捕つて歸る時は、神の訪づれなのであつて、全く客を遇する形、及び客を饗應し、そして客を送つてやる形なのである。この心持の、獲物を捕獲した時の我々の心持との開きの大きさには眞實おどろく。誰かゞ、鹿なり、熊なりを、捕つた、といふ時にいふ語は、シユマウ・アン(Shumau-an)といふ。アンは「在り」で、『シユマウがあつた』といふことであるが、神の方から、それを云ふのは、シユマウ・ネで、『シユマウになつた』といふことである。このシユマウは、バチラー老師の辭書には無くして、たゞ Shumau-ne がある。その譯は、死せる獸。dead animals と見えてゐるが、アイヌは、承服しない。その筈で、結局は獸が死ぬことにはちがひないが、それは、獸といふ心持ではなく、神が、變裝して人間界へ來て、祝福ある人間を選んで、その手へ假裝の身を委ねて、神に復歸する。卽ち殺されて、もとの靈になることだからである。Shumau だけでは何と譯すべきであるか、『神が人の手によつて、權化の身を還元する』、『神に還る』、『靈になる』とでもいふべきか、特殊の思想に色づけられた「死」そのものに外ならないのである。たゞ單なる「死」ではなく、實は神の意味に於ての新たな「生」なのである。

人間の手に殺された生類の、削花にかざられた頭骨を『歸りゆく神（リワクカムイ）』(riwak kamui) といひ、殺したあとで、供物をそなへて、『さあ家苞を持つて、父母の國へお歸りなさい』と厚く云つてやることを『送る』といふ。送るといふ語は、澤山あるが、皆『行かしめる』、『遣る』、『出發さす』といふ語で、iwak-te, hopuni-re, oman-te などいふのである。普通にいふ「熊祭」といふアイヌ語は i-omante で、『物送り』の意である。昔からよく熊祭をイヨマンテといふとあるは、精密には、このイオマンテといふべき語の訛である。イといふ接頭語は、オマンテといふ他動へ、目的格に副へられる、漠然と廣い意味の語で、たゞ『す』を『物す』、『欲しい』を『物欲しい』、『語る』を『物語る』などいふ『物』にあたるものであつて、從つて、熊を送るのみならず、何を送る場合でも云ひ得べき意味の語ではあるが、送りの行事の最大最緊要な、熊送りへ特に使用して、その特稱となつたまでのことである。たゞオマンテといふ語は、ホプニレなどと同樣、熊には勿論、狐でも梟でも鳥でも、何にでも使ふ語である。若し、粗末にすると崇があると考へられた物、人形（ひとかた）とか、太刀とか、鍬先（クハサキ）とか、疫病神（パコロカムイ）などの類には、イワクテを用ひるのである。

山で熊を捕り、鹿を捕り、家へ持ち歸つて、皆で食べてその靈を厚く送るのは、オマンテで、熊の子を生擒して、大きくなるまで飼つて置いて、大きくなつたところで、之を殺して、人々を招待し盛大な送りを行ふときに送りの儀式が盛大に又丁寧を極める。それを特に熊祭（アイヌ風に云へば、熊送又イオマンテ）といふのである。故に所謂熊祭の話は、この仔熊を飼養する所から始まるのである

仔熊を山で見つけた時、アイヌは必ず之を殺さずに手捕りにして來て、住家の側に、檻を丸太で造つて飼養するのである。尤もアイヌ風にいへば、養育をするのである。我々の樣に飼ふとはいはない。神なのであるから、やはり嶽の神からその人への『授かり子』であるから、人間と同じ物をたべさせ、彫刻した食器で、厚く飼ひ、稱してレシユ卽ち養育する或は『あつかふ』といふのである。全然、人間の孤兒でも扶養する氣持で見るのであつて大事にする心持は、或は人間の子以上であるといへよう。お客あしらひなのであるから。それ故、まだ齒の生へない程の幼い熊なら、自分の家をおとづれた神を、一人前になるまで、世話をすることなのであるから。乳呑子を有する婦人が自分の乳房を以て育て、邦人の小犬・小猫を愛育する形で、膝へのせて授乳するのである。稱してヘペレ（幼ないもの）と呼び、大抵年を越して二歲三歲に成長してから、冬の半ば（毛皮の毛の最も濃い、脂がかゝつて肉の最も美な）時分に、客をよび、幣と酒とを用意して神籬を飾り、檻から綱をつけて出し、家の神窓と神籬との間の廣場で、大勢の村人と一所に儀式の箭でまづ射、後に射手が本當の箭で仕止めて（地方により、大きな木材で壓搾して死に到らしめ）、神籬の前の祭壇に安置して、いつぱい供物をさゝげた前で舞踊をしたり、主人は灌酒して懇に送りの詞を云ひきかせ、三日三晩の燕樂が續くのである。第一日の晩、家の橫座に於て、頭の腦

味噌や舌や眼球を取り去りて削花を詰め、下顎の皮を剝ぎ、骸送（ケヲマンテ）といふ重い秘密の式を行ひ、此には女子を交へず、深夜に嚴かに行はれる。この時に熊の靈が昇天するものらしい。二日目は大饗（ポロオメカプ）と云つて皆と一所に肉を食し、三日目は小宴（ポンオメカプ）と云つて前日の繼續が行はれる。

從來この儀式を、誰でも、熊を殺して天神を祭るのだと解し、或はフレーザー博士のやうに、祭るのは、仔熊を殺すことを熊族にわびて慰める儀式だ、などと說いてゐるやうであるが、アイヌの神は、如上の神々である故、熊の神を、犧牲にさゝげるほど大きな祭神が別にあるのではなく、又殺すことは、神に還らす神聖な、寧ろ其神に感謝されべき行事であつて、殺したことをわびるといふ考はアイヌに更にない。慰めるのは、却つて殺されたその熊の靈であつて、まれびと（客）をもてなす心持なのである。要するに、熊祭の本當のアイヌの心持は、今まではちつとも觸れられずに、外からの觀察を自分の解釋で片づけてのみ說かれてゐたやうな觀がある。たゞアムールランド旅行記(Reisen und Forchungen im Amur-Lande)に見えたグルーベ博士のギリヤークの熊祭の研究の結論は、事實の忠實な觀察から得たものだけに、深く突込んで摑んでゐるやうに思はれる。博士の結論はかうだ、一口にいへば、熊祭のヴエーゼンは『おいしいから食べるが、こはいから祭るのだ』と。この恐いといふのは生きた熊そのものを、恐れる意味よりは、むしろ死靈に對する恐怖であらう。おいしいから食べる――其は何と云つても、熊は北地に於て第一の御馳走、最上の美味であることも事實、そして皆と一所に食ふといふことに就ては、我々が牛肉をたべる氣持とはちがつた、同族聖餐の氣持があることも事實である。丸太で壓殺するひどい慘酷な儀式は、恐らく極めて古い時代の大勢が、そんなもので實際殺した遺風であらうか。

綱を切つて逸走した熊を若オキクルミが取戾して來る物語は、雜誌宗教研究三卷六號、『アイヌの熊の神と熊の説話』といふ拙稿の中に大體を譯出して置いたが、勝手に人間から仔熊が逃げて山へ入つたことを、熊の父神が怒つてゐること、人間の結んだ繩は、神界へ來ては神の手で解くことが出來ないこと、且その爲めに、仔熊が成長するに從ひ、綱が肉へ食ひ込んで、苦惱してゐること、よく迎ひに來てくれたと云つて、も一度人間界へ降らしめ、人間の手で改めてそこで殺されて靈になつて篤く送られて始めて神の世界へ、喜んで戻られることが、すつかり具體的に表現されてゐるのみならず、神の國では、父熊も、子熊も、黑衣を纏つて、人間のやうに描寫されてゐて、繩つきのまゝ若オキクルミに連れられて人界へ來ると、もういつのまにか、熊になつて檻に入れられる。これが即ち前掲の特殊の思想であつて、説明も何もなしに、アイヌにはこれで了解されてゐることなのである。

ヒステリの牡熊の話も前揚拙稿の中に大體を譯出してゐるが、山で捕つた熊を、やはり家へ持ち歸つて送るまでの土俗がすつかり表現されてゐ、熊が人間に捕られ、送られて神の國へ戻ることを、『客に成る（マラット）』といふ語で二度も三度も述べてゐる。捕つた人間の家へ神窓から入り、その家の婆神(火神)が、神窓まで迎へ出て。よく來たと請じ入れ、それから、そこの火神と閑談（エネウサラ）を樂むことがある。この事は、知里幸惠譯著『アイヌ神謠集』卷頭の梟の歌で、梟が小供に捕られて、その家へ持ち込まれる條にもすつかり同じ思想が、そのまゝ物語られてゐるのを參看せらるべきである。同じ拙稿の中に譯出した、羆の番に、嶽の主の神からよこされてゐる牝熊の物語の中にも、熊だちが、人間界に行つて來ることを、『客になる』といふ語、人間から家苞を貰つて來て、裾分けをする話などが出て來る。以上の物語の末尾は一樣に、人間にさうされて、熊の方でそれを感謝して、それで、天にゐて、その人間の幸運を見守つてやつてゐることに終局するのである。

こゝに、六年熊を養つたといふ物語がある。全部を譯出すると餘り長いから、梗概だけを云ふと、アイヌの酋長が、仔熊を可愛がつて、今年こそもう送らう〳〵と思ひつゝ、今一年今一年と、六年に及んだ人の物語である。檻にゐる仔熊が、感謝して、恩返しに數多の寶を得させて、富裕にさしたばかりか、天へ歸つてからもその後について運を見守つてゐるといふ話が、熊に人情を持たせて面白い一つの昔噺を構成してゐる。但し、物惜みをして、長く熊を飼養することを嫌がつた妻女は、夫から怒られてその手で斬られてしまふといふ、恐しい咄になつてゐるが、誰も少しも不當としないで聞くのは、熊は神で、それを虐遇することの方が、死にも該當する大きな罪過と考へ得られるからなので、我々の普通の考では、殆んど考へられない程ちがつた考である。尤も愛犬の爲めに人命を犠牲とする暴君のことなら、あり得るけれど、アイヌでは天の祝福をうける、よい酋長の、それが却つて篤い、よい行として受け入れられるから、大きな開きがある。

熊祭のも一つの説話に、オキクルミが牝熊を送る話がある。異狀のある熊であつて、そんなのは、おばけで恐ろしい惡心あるもの故、世の常の送り方をしなかつた物語である。卽ち、常は、幣や太刀や弓箭などまでも（牝熊だつたら、武器の代りに首飾の玉などを以てする）供物に飾るものであるけれど、惡神が削花を持てば、その猛惡な威力が倍加するから、削花は、やれないものだとされて居、武具などは、尙更危險ゆゑ持たしてやれないと、深く思慮して、だまして粢（お團子）と神酒と、疫神を送る時の棒幣（削花のないもの）だけを以つて送つたといふ故事を物語り、今尙それが重要な知識となつてるものなので、色々のアイヌの口からそれを聞き、ノートに三人から三回筆記してゐる程である。今、その內紫雲古津のコポアヌ婆さんの傳承を左に掲げる。

わが父、六重の小袖を、前搔きあはせて帶をしめ、六重の小袖をすべらかして打ち羽織り、神冠を、そのかしらに、いたゞきて、中の神籬の、はざまを、打ちくつろげて、云ひけるやうは、斯くありき――

『いでや、わが幼き者よ、氣をつけて往けかし、汝は子供ゆゑに、太刀を持つとも、それもて木などを叩きて寶のうはべ(外貌)を、汝毀損すべし。箭を持たすとも、爾は子供ゆゑ、おもちやにして箭の外貌を毀損すべし幣を持たしてやるとも、おもちやにして、幣のかたちを、毀損すべし。粢のみ持ち、御酒のみ持ち、切り幣のみを、爾が手の中に、杖つきて、河添ひのぼりて、爾行かば、爾が前に、白雲、むら立ち、爾が後には、黑雲むら立ち、ゆめゆめ此方ゆめゆめ其方、わき目をせずに、往き往きて、この我が里河の、二叉になり、合の山の、神山、ある所に行かば、東より來る支河は、その名は、幣あがり川、神あがり川である。西より來る河は、その名は、日廻り川、神廻り河、である。合の山は、その名は、神出の岡、幣出の岡、である。その山のほりて、汝行き行かば、神山、あるべし。さらば、山についてのぼり、汝行かば、山の東に、汝の父神汝の母神、ゐますゆゑに、そこへ汝着かば、汝の粢を汝の御酒を、父母にあげて喜ばせ、神々をみな、請じて酒宴を催さば、酒宴なかばに、うたげ央ばに、すゝむ頃、『かやう〱、人間の父が、我に云ひてその爲、幣をもたずに、箭をもたずに、刀も持たずに、粢のみ、酒のみ、もらひ來れり』しか汝云ふが、よろしかるべし』と、わが父、我に云ひつゝ、切り幣の棒を、我に與へしかば、我うち喜びて、河に添ひて我のぼる。さとされし通りに、わが前に、白雲むら立ち、わが後に黑雲むら立ち、われ往き往けば、果して、川が二俣になり、川合の山の、神山を、我よぢ往き、往く程に、神嶽、ありたり、登りてゆく程に、嶽の上に、金屋の、大きなる家あり。そこに入れば、父神、母神、おはしたり。

横座に、われ坐れば、酒また酒、粢また粢、どし／＼家へ屆く。わが父、喜びめでつゝ、神々をみな／＼、請じ入れて、喜ばしき酒宴、ひらかれたり。

飲み飲む程に、酒宴央ばに、達せし折、何をか、人間の父が、云ひたる』と、思ひ出しければ、『斯く／＼、人間の父が、われは小兒ゆゑに、刀を持ちても、かへりすがら、それもて木などを叩いたり、幣をもたすとも、おもちやにして、かたちを損じたり、するとわるいから、箭をもたしても、おもちやにして、箭のかたちを、損じたり、するんだらうと、人間の父が、我に云ひて、酒のみ、粢のみ、我に與へたり、切り幣の棒のみ、我に與へられて、我來れる、ものなり』と、我云ひければ、神々みな、おのが口を掩ひ、おのが鼻を掩ひ、

『人間がそも、しか云ひたりや。

汝の父は、沖のわだつみに、筋を引くひと、それ故に、その名は、シララメキヨ、カムイメキヨ、である。汝の母は、天に、その筋を引く、かるが故に、その名は、日廻り姫、神廻り姫、にてあるなり、そこゆゑに、そのしるしに、汝の片側は巖にてあり、そこより水迸り、片側は、日輪の象あり。それが、おそろしくて、刀を與へず、幣ももたせず、箭もやらなかつた次第にて、あるべし』と、神々一同、云ひつゝ、おのが鼻を掩ひ、おのが口を掩ひたるに、我はげしく羞恥を、感じたりけり。

今でも、熊を送る時の祈詞は、汝は子供故、云々の『だまし』の條を除いた全部が、そのまゝ述べられ、この物語歌は、この祈詞の型のやうに傳誦されてるものなのである。

支那に於ける「邪視」の俗信に就いて

石田幹之助

□

南方熊楠先生は屢々「邪視」(Evil eye)の俗信に就いて有益な說を發表してをられるが、(一)最近「紀州田邊灣の生物」中に於いて同地に產する植物「わんじゆ」(彎珠)の果實に僻邪の力あることを述べられる際にも種々「邪視」に關する俗信の例證を提供してをられる。(二)そのうちに、

「閑窓自語に、裏辻公風少將姿艷に、男女老若悉く慕ひ、參內の日を計りて街に出で待ち見る人も有たが、四位にも陞らず二十歲で死だ。戀した人々の執念付るにやと人言へりと出るは、詞こそ異れ、視害に中つて早世したと謂ふのだ。」

といふ話が出てゐる。(三)ところがこれと同じやうな話が支那にもある。「晉書」卷三十六、列傳第六、衞瓘傳の附傳の中に衞恒の子玠の傳を載せてあるがそれにかういふことが出てゐる。

玠、字叔寶、年五歲、風神秀異、祖父瓘曰、此兒有異於衆、顧吾年老不見其長成耳、總角乘羊車入市、見者皆以爲玉人、觀之者傾都、驃騎將軍王濟玠之舅也、儁爽有風姿、每見玠輙嘆曰、珠玉在側、覺我形穢、又嘗語人曰、與玠同遊、冏若明珠之在側、朗然照人、及長好言玄理、其後多病體羸、……京師人士聞其姿容、觀者

如堵、玠勞疾遂甚、永嘉六年卒、時年二十七、時人謂玠被看殺、葬於南昌、

要するに、衞玠があまり容色がよかつた爲に多くの人に羨視せられ、その視害に依つて世を早めたといふにある。これは支那に於いて「邪視」の俗信の存した立派な證據になると思ふ。

こゝになぜかやうな零細な話を一つ持出したかといふと、支那に於けるこの俗信の存否を確める資料が至つて乏しいので、多くの同學の協力に依つて一つでもこの類の證徵を蒐集する要があるから氣付いたまゝに取敢へず之を紹介した次第である。尤もこの話は既によく知られた話であるかも知れないが、この意味に於いて報告をした人が前にあるかないか寡聞にして之を詳かにしない爲に敢て試に之を掲出して見た次第である。

□

さて支那に「邪視」の俗信が古來存したか否かに就いては今のところいかにも材料が不十分で眞に的確なことは遽に云ひかねる。然しこの俗信が世界的に擴布してゐることから推して、[四]又不十分な材料乍ら兎もかくその存在を示す例證のあることを通じ、之を多くの事實を辛うじて傳へたほんの僅かの憑證の片破れと考へ、今日に於けるその存否に就いてももつとよく調査をすれば更に多くの實例を求め得ると考へて、その廣く支那にも存してゐたことを想定して差支ないかと私は思ふ。この俗信に關する權威であるセーリグマン氏の如きも、世界各地に亙り、又古今を通じて隨分豐富な實例を供給してゐるに拘はらず、支那に就いてはその資料の乏しいのを歎いてゐるが、それでも數例より推して大體その實存を肯定してゐる。[五]セーリグマン氏の擧げる所だけに據つても、

一、フォン・デア・ゴルツ氏及びシトル氏は共に支那人は外國人の邪視を恐れると云つてゐるのみで要領を得ないが(Von der Goltz, *Zauberei und Hexenkünste etc. in China*, M tt. d. Deutsch. Gesellsch. f. Natur- u. Völkerkunde Ostasiens, Bd. VI, 1893—97, s. 33, O. Stoll, *Suggetion und Hypnotismus in der Völkerpsychologie*, Leipzig, 1904, s. 53)

二、デンニス氏は北支那に於いて屢々小兒を凝視せぬように請はれたと云ひ (N. B. Dennys, *The Folk-Lore of China*, London, 1879, p. 49)

三、ラムスデン氏は支那の或種の錢は「邪視」に依る呪ひを防ぐ效があると云ひ (H. A. Ramsden, *Chinese Openwork Amulet Coins*, Yokohama, 1911, p. 1)

四、クライウェヒ・デ・ズワアン氏は「支那に於いては」成るべく小兒を賞めぬやうにせよ、妖魔がそれと知りて害を加へるといけないからと云ふなど (Dr. J. P. Kleiweg de Zwaan, *Völkerkundliches und Geschichtliches über die Heilkunde der Chinesen und Japaner*, Haarlem, 1917, ss, 343, 346)

不十分乍らも「邪視」に關する俗信の存在を語るものとして之を見ることが出來る。まだこの外にも、セ氏は引き落してゐるかに見えるが、デンニス氏はなほ支那に於いて姙婦（又はその夫）は胎兒と共に四つの眼を持つものとして「邪視」の能力者と認められ一般から嫌忌せられてゐる旨を記してゐるし、[六] クライウェヒ・デ・ズワアン氏は上掲以外に支那では小兒に對する視害を避くる爲に床中に桃の花を置くこと、他人に小兒を凝視せらるゝことは親の嫌ふ所であり、紅髮朱髯の人（乃至外國人一般）に諦視せらるゝは殊にその忌む所であるといふこと、それは病氣其他諸種の災厄を惹起す原因となるを怖れるからであるといふこと、惡靈の一瞥はよく病を起すに足るといふこと、姙婦又はその夫は「邪視」を加ふるものとして恐れられること、富者の家には金屬鏡あり、敵意あるものに依り睨められて疾病に罹れるを醫やすに供すといふこと、蜥蜴の繪は「邪視」の害を防ぐに特效ありといふこと、土製の鷄仔又は陶製の猫や龍を屋上に置く時は同じく視害を祓ふことが出來ると信じてゐること、馬蹄は「邪視」の災を免れるに最も卓效ありといふこと、小鈴を小兒に附くればまたこの害を蒙らぬまじなひとなること、等を記述してゐる。(七) いづれもいつ、だれが、どこで調査したのかを明記せず、嚴正な立場からすれば隨分心もとない報告ではあるが、かゝる事實の存してゐることだけは認むるに難くないと思はれる。(尤もそのうちには必ず一二の誤解や誤傳もあり得ると考へられるが)。

□

セーリグマン氏は自分の擧げた上記の如き實例だけでは滿足せず、もう少し資料を集めたいと思つて在歐支那人士に就いて種々この事實の存否を確めたが得る所なく、又フランケ(O. Franke)、デ・ホロオト(De Groot) 等の支那學者に支那の文獻にこの俗信に關する記事の有無を質したが同じくその實例を知るに由なく、遂に上海徐家滙のドレ師(八)(P. Henri Doré) に書を致して敎を請ふ所があつたが、師も亦之に就いて知る所がないとの返事に大いに失望したらしいが、芝罘在住の獨逸人アンツ(Anz) 夫妻の努力に依つて少くとも芝罘にはこの俗信の存するのを知り、又宣敎師ナーゲル(A. Nagel) 師の報告に依り支那に「邪視」信仰のあることを認め、更に又敎會醫ファン・フローテン(Dr. V. van Vloten) 氏の書簡に依り南支に於ける客家方言(Hakka Dialect) に「惡眼」、「惡視」といふ語があり、これが所謂「邪視」を意味するものであることを知つて、之が存在を肯定してゐる。(九) アンツ夫妻の報告の一部分に少しどうかと思はれる事例もあるやうだがその點以外は實際この信仰の存する證徵を握つてゐるものと思はれる。ナーゲル師の報告はその內容を示してないのが殘念であるが、書きぶりから見ても、又ナ氏が Das Vorkommen des bösen Blickes in China を bestätigt してゐるとあるに見ても先づ信用していゝかと考へられる。客家方言に存するといふ「惡眼」、「惡視」等の語は私の見た二三の客家方言辭典には不幸にして見當らなかつたが(一〇)、この種の辭典には未だ語彙の豐富な完璧に近いものが出來てゐないから、現存の辭書の二三にこれらの語が見えないからと云つて必ずしもその語の存在を疑ふことは出來ぬ。なほよく實地調査を行つたら必ず的確な實例にぶつかることが出來さうに思はれてならない。

□

この問題に就いては實際の土俗調査も必要であるが一方文獻的研究と考古學的研究とも必要である。考古學的といふと少し厳めしすぎるかも知れないが、要するに Evil eye の俗信に關する遺物の檢討を意味する。文獻上の研究では南方先生が前記の記事中にも引用された「韓非子」にある平陽君の眼力の話(一一)なども有力な材料であるがまだ隨筆・小說の類をこの意味の立場から讀んでゆくならばきつと多くの例に出會ふことゝ考へる。同じく先生が示された「相貝經」の記事や「酉陽雜俎」の記事や、妬婦津の由來など(一二)みなこの類の證據となすに足りるものと思はれる。今私の擧げた衞玠の話などもその一端にすぎない。これは將來土俗の調査に興味を持たれる江湖の諸士に切に研究を請ひ度いところである。

次に考古學的な方面、卽ち器物の研究もまだ殆ど手が著いてゐないと云つてよからうが、試みに一つ二つを擧げてみることゝする。

一、所謂「明刀錢」の明の字が實は眼を表はした畫であつてこれが Evil eye に對するに Good eye を以てする厭勝の意を現はしたものではないかと思はれること。これはまだほんの假說の域を脫せぬものであるが、あの所謂「明」の字と解されて來たものは果して文字であらうかどうか、從來は之を「明」字と釋して秦の昭襄王がその二十五年に魏の王と會見した趙の舊城新明邑を意味するものだといふやうな説がある。これは淸の劉心源の説であ る[二三]が外にもまだ地名で解かうといふ説が一二ある。それらのうちでは劉氏の説が一番尤らしく聞えるが、それでも私はこれらはみな附會の説のやうに思はれてならない。貨幣に眼を圖して「邪視」に對する辟邪の意を現はしたものは西洋にも例がある。たゞ明刀錢の場合に於いては(1)貨幣が視害を蒙り易いものゝ一つとして之に（Good eye を圖して「邪視」克服のチャームとしたものか(2)それとも多くの類例が存する如く貨幣そのものが「邪視」に對する護符の用をなす所から、その意味に於て之に明澄なる眼形を圖して一層その效を强めんとしたものであるかこれが問題であるが今遽に之を決することは到底出來ない。

二、ラウファー氏の「玉器考」[二四]圖版第三十八圖に、全體の形が眼の形をなし、又その表面に眼の圖形を彫刻した薄い玉片を示してある。これは一端に小さい孔があるに徴して紐で帶に懸け腰に佩びたものと思はれるが、これなどはセーリグマン氏の書[二五]などを一瞥して類似の品物がみな「邪視」に對するチャームとして魔除けに使はれたものであることを知るならば、これもその一類のものであることを認めざるを得ない。果して然りとすればその背後には卽ち「邪視」の俗信の實在したことを看取せざるを得ないことになる。

三、船の舳部や艫部に大きな眼の形を繪いてあることは今も各地その例に乏しくないやうであるが古代にあつても西洋方面には隨分廣く行はれた習俗らしく之を徴すべき資料は尠くない[二六]。これが如何なる意味のものかに就いては西洋の學者の間にも色々異説のあつたことであるが、近來類例が豐富に知見に入り、比較研究が大いに進むに從つてこれらは殆ど疑なく「邪視」に對する魔除けの意味だと認められて來た。かの舳部の兩舷に當つて錨鎖の通つてゐる孔を利用して爛々たる眼形を表はしたものなどは最も適切にこの目的を達し、效力亦甚だ强いかの感じを與へる。支那にあつても古へは知らないが現今所謂ジャンクの類の艫部に方つて大きな眼の模樣を描いてあるが、(一七)これなどは船に對する「邪視」の害を除かんとする意の表現と見ることは出來ないであらうか。若し然りとすればこれも支那にこの俗信の存する證徵となり得るものである。

四、なほ商周の古銅器を始め、後世と雖も各種の器物の裝飾紋樣として支那で廣く用ゐられてゐる所謂饕餮紋の原義にも、前數者と同樣な視害を防ぐ爲の意味に於いて烱々たる雙眼（稀に隻眼）を表はした、といふことがないであらうか。私は前に「饕餮紋の原義に就いて」なる小論に於いて右の意を敷衍してみたことがある。(一八)然し、それには材料の取捨・排列等に自ら意に滿たぬものがあると同時に、その論中にも屢々明記しておいた通り或る立場を假りに是認して見た上での假設であつて決して固い自信の上に立つた定論的のものでない爲に今日も之を積極的に（殊にそのまゝの論旨に於いて）主張しようなどゝ云ふ考は少しもないが、それにしてもかの饕餮紋の或るものは、何となく上揭數者の例と同列に置かるべきやうな原意を持つものでありさうに思へてならない。これに就いては材料と論述の順序などを改訂して折があつたら大方の叱正を仰ぎ度いと思つてゐる。

參照

（一）「南方隨筆」三四—五三頁など。

（二）「東京日日新聞」昭和四年五月二十八日より六月五日迄朝刊に連載。「邪視」に關することはその第三回乃至第五回及び第六回に附載された補遺に見える。

（三）同上第四回（五月三十一日第九面）に見ゆ。又「南方隨筆」四九頁にも見ゆ。その話の原文は左の通り。

右少將公風褻辻美丈夫事。「褻築地少將公風はやごとなくうるはしく、男女老若によらずめでまどひけり。參内の日などをはかりて、ちまたにいでてまち見る人もありしとぞ。元文三年にはたちにて四位にものぼらずうせぬ。これは戀したる人々の執念つけるにやと、人いへりけるとなん。この人十五歳までは中御門院（于時在位）のちごにてめしつかはれけるに、いとめづらかなるわらはすがたにて、女房などに多く心をうごかし、なにとなく內もそうそうしくて、時義〔議カ〕にもかゝりけるとぞ。裔の彌子瑕〔瑕の誤〕、濆〔漢の誤〕の董賢にも劣るまじきよそほひにやありけん。（「百家說林」正編の下に收むる本に據る。その九三四―九三五頁）。因に「閑窓自語」は柳原紀光の著、寛政五年より同九年に至る間の隨筆である。詳しくは佐村氏の「國書解題」四一二頁最上段を見よ。

（四） Cf. Elworthy, F. J., *The Evil Eye*. London, 1895;—, *Evil Eye* (Hastings' *Encyclopaedia of Religion and Ethics*, Vol. V, 1912, pp. 608—615);—, *Horns of Honour*. London, 1900; Seligmann, Dr. S., *Der böse Blick und Verwandtes*. 2 Bde. Berlin, 1910;—, *Die Zauberkraft des Auges und Berufen. Ein Kapitel der Geschichte des Aberglaubens*. Hamburg 1922.（これは前者の增補改訂版の第一册、あと數册を以て完成の豫定の由）。Andree, R., *Ethnographische Parallelen und Vergleiche*. Stuttgart, 1878, ss. 35—45.

（五） Seligmann, *Die Zauberkraft d. Auges*, ss. 82—3.

（六） Dennys, *The Folk-Lore of China*, p. 49.

（七） K. de Zwaan, *Völkerkundliches etc.*, ss. 41. 58—59.

（八） 支那に永く住み支那人の俗信を研究すること年久しく、大著 *Recherches sur les superstitions en Chine* 十二册あり。（Changhai, 1911—18）、これは英譯もある。

（九） Seligmann, a. a. O., s. 83.

（一〇） Maciver, D., *An English-Chinese Dictionary in the Vernacular of the Hakka People*, Shanghai, 1905; De Stadt, P. A. van, *Hakka-Woordenboek* 'sCravenhaag, 1912; Rey, Ch., *Dictionnaire Chinois-Français, Dialecte Hac-ka*, Hongkong, 1901 など。

（一一） (三)に示せると同じ個所。

（一二） (三)に示せると同じ個所。又「南方隨筆」四七―八頁。

（一三） 劉心源「奇觚室吉金文述」卷十三、十三葉裏。他の諸說に就いては雜誌「貨幣」第四拾貳號（大正十一年九月一日）一二頁に見ゆる奥平氏の說を見よ。（但し劉氏の著は金文の釋讀に於いては類書に一頭地を拔いてゐる名著であつて私は常に頗る之を重んじてゐるものである）。

（一四） Laufer, B., *Jade*, Chicago, 1912.

（一五） Seligmann, *Der böse Blick*, I.

（一六） 同　上

（一七） I.A.Donnelly, *Chinese Junks and Other Native Crafts*, Shanghai, 1924 などを見よ。

（一八） 「考古學雜誌」第十八卷第四號（昭和三年四月）、一―二〇頁。

昭和四、七、二一

掛襟考

（日本衣服とアイヌ衣服との形態的關係）

宮本勢助

一

我々が日常着て居る綿入・袷・單などのキモノ（着物）と呼ぶ衣服が、日本民族祖先の衣服の俤を遺すものでないかと云ふことは從來屢學者によつて考へられたのであつた。又更に此着物と北方のアイヌ族の衣服、特にアツシ——適當ではないど思ふが便宜上斯う呼んで置く——とは、互に何等かの關係があるものであらうと云ふことも注意せられて居たのであつたが、最早く此問題に着眼したのは恐らくは我が藤原貞幹翁であつたらう。今から百五十年許り前の天明元年に翁が著はした「衝口發」によると、當時翁はアイヌのアツシの實物を測定觀察して是を河內國石河郡山中發見の小埴輪土偶の衣服と比較してゐる。我國に於ける衣服——特に裁縫された衣服——を朝鮮人から傳來したとする翁は、右の土偶に現はれた衣服を朝鮮の衣服であらうと推定した結果から、其土偶の衣服に似たアイヌのアツシを以て上代に於て我國に傳來した朝鮮衣服の系統に屬するものであらうと考へたのであつた。

其際翁は土俗學的事實としての日本民族の着物を全く引用參照せず又着物の系統問題にも表面上直接觸れなかつたが、着物を中間に置いてアツシを考察したことは略疑ふ可くもない。とにかく翁が、アイヌのアツシを以て上代日本衣服の俤を遺したものであると考へたことは略推測せられるかと思ふ。

日本民族の着物と、アイヌ族のアツシとの關係の一端について少しく考へて見度いと思ふ。

二

自分の顏を伏せて我が胸を見てもよし、或は人の胸を見てもよいが、我々日本民族の所謂着物のエリ（襟）の表には又別にハンエリ（半襟）と呼ばれるカケエリ（掛襟）が掛つて居ることに氣を注けて戴き度い。是は現在に於て極めて知れきつたことであるが、自分の曾ての經驗から殊更に先づ斯う事新らしく注意を促がして置くのである。

着物には普通我々が、單にエリ（襟）とばかり呼ぶ部分があるが、襟の語が狭くも廣くも其他樣々に使用せられて混亂し易いから、着物の重要な一部分となつてゐる襟と呼ばれてゐる部分を特にホンエリ（本襟）と呼ぶことうとする。又本襟に對してカケエリ（掛襟）と云ふ部分があつて着物に於ては本襟の表に掛つてゐる。（第一圖参照） 掛襟の種類にはハンエリ（半襟）とナガエリ（長襟）との二種があるが、本襟の全部或は其大部分に掛る程のものが長襟で、本襟の半ばに掛る程のものが半襟である。

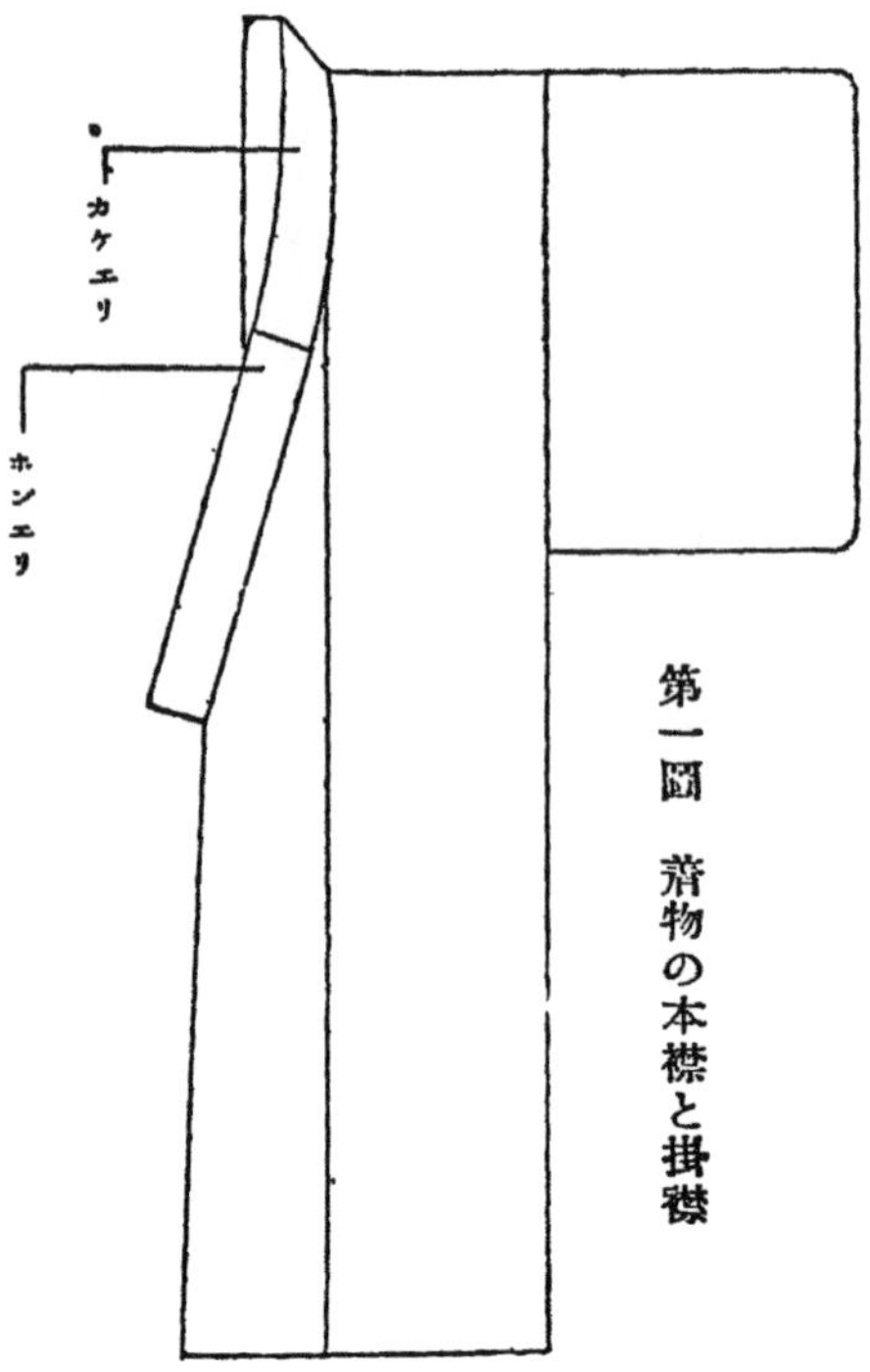

カケエリ
ホンエリ

第一圖　着物の本襟と掛襟

江戸時代末期の掛襟は半襟長襟共にすべて着物とは違つた地質、色目のもので、男は黒の八丈魚子・紗綾・木綿などの長襟、女は黒の繻子・天鵞絨・八丈などの半襟、少女は稀れに緋縮緬の半襟、であつた（守貞漫稿）が、此變り色の掛襟は現在では男の表着（ウハギ）には全く廢れ、僅に一部分の女子に黒の半襟が行はれてゐるに過ぎない。

右の變り色の掛襟に對するもので、現在普ねく行はれて居るのは所謂トモエリ（共襟）である。共襟は其名が示すように着物と同じ地質色目の半襟で、現在男女を通じて着物に共襟の掛つて居らぬものは先づ無いと云つてもよいであらう。然るに現在是程普く行はれて居る共襟を守貞漫稿の著者が全く記して置かなかつたのは何故であらう。あれ程掛襟の事を委しく書いたにじては共襟を一向聯想せぬのが不審である。或は幕末には共襟がまだ無かつた爲めかとも疑はれるが、當時共襟の存在したことは、前田侯爵家所藏間着（アイギ）及び打掛（ウチカケ）（東京帝室博物館陳列大名姫君人形所着）同館所藏黒地紋縮緬竹に雀流水に花繡入京都風模樣の打掛などに共襟が掛つて居るので明らかである。併し山口盛政夫人・伊達政宗夫人・三澤初子・桂昌院夫人などの小袖、淺野幸長の鎧下の小袖、或は信濃農家所傳寛永木綿嫁入小袖、能樂及び狂言の小袖、琉球尚典侯王世子時代の衣服などにはすべて共襟が掛つて居らぬのによると、小袖には本來は共襟を掛けぬものであつたかと思はれる。本襟の著しく發達した小袖（布子に對する）と呼ばれる程の完全な着物には既に形式化した共襟の必要がなかつた筈であつたのを考へると小袖に共襟を掛けるのは比較的全く近い世からの風習であつたと思はれる。併し小袖ならぬ布子・着物などには昔も共襟を掛けたのであつて、「日本永代藏」（貞享五年板）に次の記事が見えてゐる。

折ふしは春の二月、初午の日、泉州に立せ給ふ、水間寺の觀音に貴賤男女參詣てける、………爰に年のころ廿三四の男、產付ふとたくましく風俗律義にあたまつき跡あがりに、信長時代の仕立着物、袖下せはしく裾まくり短くうへした共に紬のふとりを無紋の花色染にして、同じ切の半襟をかけて、上田縞の羽織に木綿のうらをつけて、中脇指に柄袋をはめて、世間かまはず尻からげして、爰に參りし印に山椿の枝に野老入し髭籠取そへて下向と見えしが、〔卷一、初午は乘てくる仕合〕

此に共襟を掛けたことが特筆されたのは當時掛襟が普通變り色を如法としたことゝ、共襟が今樣の仕方では無かつたと解されたからのことゝ思はれる。小袖にこそ共襟に見られなかつたが布子などには昔も共襟であつたのであらう。變り色の掛襟には特殊の名がなく共切の掛襟が、殊更に共襟と呼ばれて居るのは、もとからあつた變り色の掛襟に對して呼び初められたからであらう。變り色の掛襟は江戸初期の風俗畫萬治寛文の假名草紙挿繪などに尠らず見えてゐる。肌帷子に織色の襟をしたとは奉公覺悟之事に見え、變り色の掛襟は土佐千代女筆大塔宮出陣圖に見えてゐる。更に遡れば萬葉集卷九の勝牡鹿乃眞間乃手兒奈我、麻衣爾青衿著の青衿も麻衣に施された變り色の掛襟であつて、青衿の文字の使用には支那傳來の青衿の成語の意識されてゐたことが看取せられると思ふ。

三

早く不明になつた掛襟の由來は室町時代に既に次の如く說明せられてゐた。

はれの時、はだにかたびらを着する事略義なり、然間かたびらにえりにおり色にぬひ付て用事、公方にても御やく等の懇仁躰如此、御はしり衆なども、あせこき衆などあはせ身にまとひ、又は用心のためこじつたる事也、たゞえりばかりなり、然者かたびら、はれにたゝざる事聞候歟、又袷の下に帷不苦候也、〔奉公覺悟之事〕

襦袢に掛襟することは、江戸時代以來現在に及ぶ風俗であるが右によると當時既に存在したのであつた。

掛襟特に共襟の職能についての、現在の婦人達の考へは略次の如きものである。

共襟は、本襟が直接、頸部の肌膩に觸れて汚れるのを防ぐ爲めに掛けるもので、襟垢に汚れゝば共襟だけ外づして洗濯が出來て便利である。

掛襟考（宮本）

現在に於ける共襟の職能乃至其存在の意義は確かに之れに相違ないと思はれるが、既に幕末に洗濯の必要の無い大名の姫君の振袖の間着打掛などにも共襟が掛けられてゐたのである。現在在婦人の着物に於ける黑掛襟、男女の襦袢の半襟等は、現在全く裝飾として掛けられてゐることが認められる。又江戸初期の風俗に描出された美しい半襟も略同樣の目的からであつたと解される。掛襟乃至本襟或は大頸を風流に裁ち替へる風俗の根原は又遙かの昔にまで溯るものである。

前に擧げた小袖の遺品の例によると共襟は小袖には普通掛けられなかつたのであつた。小袖に共襟が掛けられなかつた實際上の理由は、掛けずにも濟むものであつたからで、共襟の有り無しが裁縫上小袖の完成に切實な關係が無かつたことは前に擧げた小袖の數例が是を證據立てるかと思ふ。更に共襟卽ち掛襟が共等の小袖に見出されなくなつたのは、其等の小袖が既に立派な獨立した本襟が完成して掛襟が實際上に於ける共存在の意義を失つたからであつたと思ふ。

現在でも着物の或ものには掛襟は是非無ければならぬものなので、着物の種類によつては共襟卽ち掛襟が無ければ全く衣服として製作の完全されぬものがあるのである。

大正四年八月、自分は近江の葛川谷を通過したが、此滋賀郡葛川村字梅之木・貫井等の部落では女達が炭を背負うて山城國愛宕郡との境の、葛川村字途中（栃生）まで賣りに出る此炭賣の女達は一樣にオリカタビラと呼ぶ單の衣服を着るのであるが、當時觀察したところによると、オリカタビラの襟及び襟に接した部分の仕立方には略次の三種類のあることが認められたのであつた。

第二圖
近江のオリカタビラ

第三類　本襟及び衽（オクミ）のあるもの。

第二類　本襟及び衽が無く胴の表（ウヘ）に直接に長襟が掛けてあり、又更に共襟の表に半襟が掛つて居るもの。皆共襟で長襟も半襟も皆掛襟である。（第二圖參照）

第一類　本襟及び衽が無く長襟許りが胴の表に掛つてゐるもの、共襟のカケエリである。

第三類のものは普通の着物と變らぬものであるが、注意を要するのは第二類及び第一類の二つの型式で、共に本襟及び衽の無い掛襟だけのものである。第二類の半襟は二重の掛襟で普通の着物の半襟と同様に、本襟の様な長い掛襟の表に掛けてあるので、着たところは一見普通の着物に於ける半襟と本襟との關係と同様にしか思はれない。併しもと〳〵初めから第三類の半襟と本襟との關係に摸擬したもので殊更に掛襟を二重にしたものであるから、半襟が無く、長襟だけでも衣服としての製作の完全に差支へのないものである。然るに第一類の掛襟は長襟が唯だ一つだけであるから、若し其掛襟が無ければ衣服として製作上不完全のものたるを免れない。卽ち第一類のものにとつて掛襟は全く必要缺くべからざるものなのである。

現在我國には本襟及び衽の無い掛襟だけの衣服がまだ表着(ウハギ)として尠からず行はれて居る、次の諸例は卽ちそれである。

（イ）安房の「トヲロク」

安房國安房郡千倉町字平館(ヘダテ)には「トヲロク」と呼ぶ衣服がある。仕立賃の受取には東六と書いてあつた。トヲロクは普通單(ヒトヘ)で紺地の縞の胴に紺絣の肩入(カタイレ)、紺木綿の袖、袖は筒袖で八口の邊に「サス」と呼ぶ切(キレ)が入れてあつて、本襟及び衽が無く黑木綿の掛襟が胴の表に掛けてある。近江のオリカタビラの様に長襟の表に半襟が掛つて居る。通(トウ)しのトヲロクと呼ぶものは胴が縞で肩入が無く袖は紺であるが、自分の見たものは本襟であつた。同郡白子邊りでは必ず絣の肩入のトヲロクを着るとのことであつた。又胴も肩入も共に絣のものもあるとのことである。トヲロクの長は普通三尺であるが短かいものをハントヲロクと呼ぶ。トヲロクは衽も本襟も無いから胸が合はぬ、胸を合せる爲めに下前(シタマヘ)の半襟に白ボタンを附け、上前(ウハマヘ)の半襟に紺切の紐のワナを附けてボタンに掛け、或は左右の襟へ附けた白い紐や、白い糸で花結びに結んで置く、併し全然胸紐(ムナヒモ)を附けぬものもある。平館の女は日常ジバンを着たり、トヲロクを着たりして居るが、ヤマトヲロクは山へ薪採りに行くのに着る。野菜果實魚貝などを賣に來る女、北條町へ荷車で魚を運ぶ女などは皆トヲロクの姿である。トヲロクは仕事着ばかりでなく新しく美しいものもある。太田天洋氏の話によるとトヲロクは一名「ウデヌキ」とも「ナガジバン」とも呼ばれ、房州は勿論下総の千葉・行德邊まで行はれて居るとのことである。

（第三圖參照）

（ロ）羽後の「デタチ」

羽後國由利郡笹子(ヂネゴ)の「デタチ」と呼ぶ衣服は、胴は無地紺手織の布、袖は木綿の紺の染絣で、本襟と衽が無く、紺木綿の半襟が胴の表に掛つて居るもので、卽ち掛襟である。半襟には下前に白ボタン、上前に紺木綿のワナがあつて胸を合せるようになつて居る、又ヤツクチの邊にはトヲロクのサスと同じ部分がある。胴の部分の手織の布は精巧を極めたもので袖と襟とにする木綿だけ買求めるのだと云ふ、デタチは農家の女の着るものである。（第四圖參照）

（ハ）羽後の「ハンコソデ」

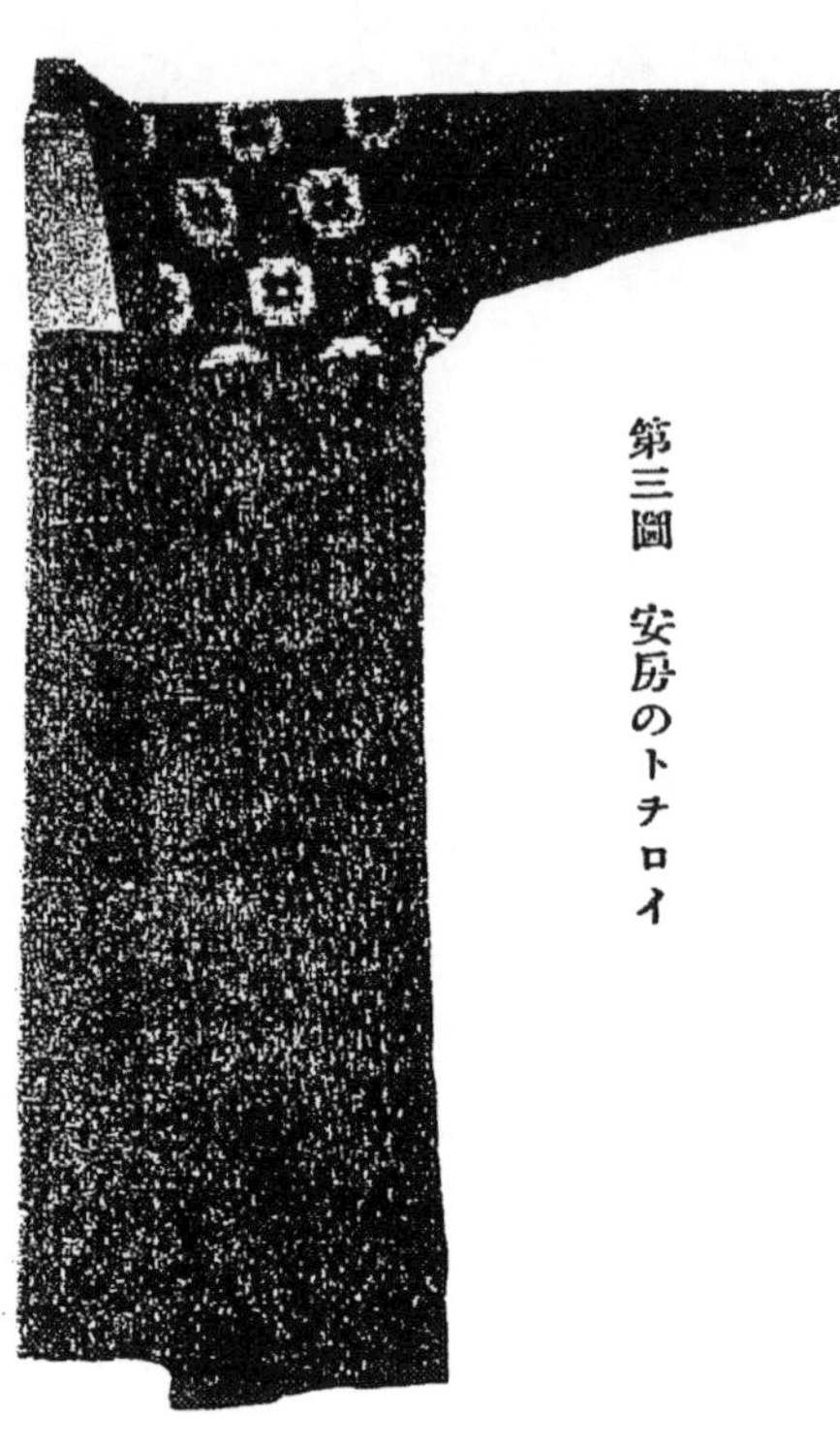
第三圖　安房のトチロイ

羽後國飽海郡吹浦邊で農家の男女の仕事着に着る「ハンコソデ」と呼ぶ衣服は、名の如く半袖の、着れば二の腕の現はれるもので、是も本襟と衽の無い掛襟のものであつた。吹浦から小砂川、女鹿などの途上で出會うた男女の多くは大抵此ハンコソデを着て居たが、帶の下に襟先（エリサキ）が出て居らぬので直ぐそれと氣が注くのであつた。

（ニ）以上の他次の諸地方で見たものも皆本襟と衽の無い掛襟の衣服であつた。

丹波の龜岡から出る保津川下りの船の舟子の衣服は胴に紺の半襟の掛つた腰切の筒袖で、本襟と衽の無いものであつた。

山城國愛宕郡八外で見た、鞍馬へ炭を背負うて行く土地の

第四圖　羽後のデタチ

女は黒地の衣服の胴へ紺地豆絞りの半襟を掛けた本襟と衽の無いものであつた。

若狹國遠敷郡熊川でも本襟と衽の無い衣服の男を二人程見かけた、一人は麻の素地に白の半襟で胸紐のあるもの、今一人は胴と共の半襟で胸紐の無いものであつた。

昭和二年七月陸奥國三本木邊で男や男の子供が本襟及び衽

の無い衣服をさかんに着てゐるのを見た。

雜誌民俗藝術第一卷第十一號所載「各地の農衣採集」によると越後三條の農夫の衣服は「二枚の身頃の布地を脊縫ひで合せて、ほんの頸周りだけに衿をつけ、半巾の袖のつけてある。」もので、其見取圖によると全く本襟及び衽の無いカケエリだけの衣服である。

現在東京市などでは略所謂厚司（アツシ）に本襟及び衽無しの掛襟が見られるだけである。

以上の衣服の着用者に道などで遇うて直に氣の注くことは我々の着物の樣に襟先が帶の下から見えぬことで、もとより本襟が無いのだから襟先の見へよう譯は無いのである。併し前垂や山袴などで襟先の邊が隱れて居る場合には本襟の有無は容易に判定し難く、且つ掛襟も一見本襟としか見えぬのである。

昭和二年六月北海道後志國古宇郡神惠內村で雇つた荷擔ぎの男の紺刺子の衣服は（本襟、衽の有る普通のもの）の、帶の下から現はれた其本襟の襟先は極めて短かいものであつたが、其男は帶の下へ襟先が出ぬように始終注意してゐたのは注意すべき習慣であらう。

近世の風俗畫などではまだ氣の注かぬことであるが、中世乃至近古の風俗畫には、帶の下から襟先の見えぬ衣服が往々描かれて居る。例へば天狗草子繪卷の東寺の樓門の下へ荷物を下ろして鼓打ちの謠物を聽いて居る一人の男の衣服は、半袖の腰切で、襟の形は明らかに描寫されて居乍ら帶から下に襟先が描かれて居らぬ。又異疾草子殘缺白子の繪の市女が着た胸紐のある半袖の衣服や、同草子の侏儒の繪、及び鳥、獸戲畫第三の男兒の衣服には共に襟及び襟先が描かれて居らぬ。天狗草子の襟と見えるものは多分長い掛襟であらう、又異疾草子の胸紐のあるのは衽が無かつたからなのであらう。傳土佐千代女光久筆「大塔宮出陣圖」（下條碩一郎氏藏）中に見えた大刀を持つた一人の步卒の着て居る衣服は次の如きものである。

筒袖の長は腰切の衣服で、胴と袖との二部分から構成され、胴は黑地へ白く根笹の文樣が描かれ、袖は白地に朱と黑とで三盛龜甲の文樣が描かれてゐる。胴へは袖と同じ切の半襟が掛つてゐて、本襟及び衽も無い衣服であることが分る。文樣の三盛龜甲は二つは黑一つは朱で描かれたのは多分所謂豹文の類であらう。

以上によつて本襟及び衽の無い掛襟の衣服が現在關東・奧羽中部近畿諸地方の一部に民間服飾として行はれてゐることゝ、過去に於ても中世乃至近古の京都の庶民に行はれてゐたことが考へられるかと思ふ。以上の事實から推測すると現在我々の着物の本襟の表に掛つてゐる半襟は、此掛襟が形式化しつゝ其形骸だけが偶遺存したものであつたことが考へられるかと思ふ。

さて是等の日本民族の本襟及び衽の無い掛襟の衣服に比較研究せられなければならぬのはアイヌ族のアツシである。

掛襟考（宮本）

追記、衽の無い衣服も本襟の有るものならば現在でも普通に行はれてゐる。故松岡調翁の女體左袵古木像考に「今も近きは紀伊國熊野邊り、遠きは沖繩縣などは専らオクビのなき製なりとぞ」（考古學會雜誌二ノ十一）と記されたのはやはり本襟の無いものを意味してゐるのであらう。人類學雜誌所載の伊豆大島（號數一一八）同新島（九八・一一三）越後三面村（一二六）阿波祖谷（一三三）薩摩中之島（五七）奄美天島（一九五）等の諸報告中衣服の項には本襟衽の有無が全く記されてない。寺石正路氏は早く埴輪土偶の衣服を觀察し襟が無かつたのだらうとして「上古日本人ノ衣服ハ上裳下褌ニヨツテ成立チ、大抵對襟ノ衣ニテ其前面ヲ合スルニハ紐或ハ他ノ物ヲ用ヒ、袵ヲ左右ニ引合セルナドノ必要ナカリシハ今日諸國ヨリ堀出ス埴輪土偶等ノ圖ニ由テ知ラルナリ、……尤モ上代ノ日本人民トテ一人モ有袵ノ衣ヲ有セシ者無シト云フニ非ズ云々」（人類學會雜誌三六號）と云はれてゐる。又松岡調翁は續日本紀和銅元年八月丙申條の衣領得ニ接作一の記事を同五年十二月辛丑條の袵之相過甚淺、行趨之時易開如レ此之服、大成ニ無禮一と比較し、それを、讃岐國田村、滕二神社の古神像によつて「今のオクビといふを添へさせ給ひしならむ」（考古學會雜誌二ノ十一）と云はれたのであつた。

又半襟がソギエリともリンとも呼ばれたことは、嬉遊笑覽に「又りんといひしものは〔下學集〕に輪日本俗謂ニ衣領裏一曰輪也、林逸が〔節用集〕に輪衣之とあり、後にはそぎえりといひ今は半領といふ、寛永以前の畫には小袖にもはをりにもこれをかけたるが多し、但しりんは襟のみに限るべからず」又「そきえりは〔一代女一〕踊子のことをいふ處に紅かへしの下着に箔形の白小袖を重ね黒きそぎえりをかけて云々〔同五〕髮は角ぐり早川織にそぎえりを掛て云々、自笑が〔野白內證鑑〕の序に親父も若い昔しは六條の遊女町に絹の半領かけてさめ鞘に金鍔にせ金の扇をかざし花やられし云々〔誰身の上四卷〕明暦二年今の世にも都がたにはひが〳〵敷法度はゆめにもなしされども遠國には其國の主の御ふれとて或はきる物に半えりさす事を法度にし云々」と見えてゐる。

松本平の道祖神

橋浦泰雄

信濃松本市近郊の村々、大町から青木湖への沿道の村々、川中島から明科に至る犀川流域の村々、上伊那の伊那富村等、以上の村々の道祖神を調査して、松本平の婚姻文化の變遷について若干の示唆を得た。

此の地方には概して道祖神の數が多く、以上の村々で私の見た數でも約六十個に及んでゐるが、これ等の道祖神は、各部落の入口、又は部落內外の辻をなしてゐる處には大抵一個又は二三個宛安置されてゐるのが通例である。

此の約六十個の立石(此の附近では石碑、石像等をすべて「たていし」と稱んでゐる)を大別すると、凡そ內四分の一が「道祖神」と書いた文字碑で、あと四分の三は男女一對の神像を刻んだ碑である。此の他に極く少數の陽根碑と、陽根を象つた自然石、或は神體の無い石祠のみをも道祖神として祭つて居り、松本市立病院裏の文字碑の裏面には、男女相方の陰部が刻んであり、里山邊の神像碑の下部には、更に裸形の男女の××してゐる圖が刻んであるが、これ等はいづれも特殊なもの丶部に入るので至つて尠ない樣式のものと見てよい樣である。

地方別的に分布の狀態を云ふと、伊那富附近では、文字碑、神像碑、自然男根碑、石祠等が略同數的に混合して居り、松本地方では文字碑四分の一、神像碑四分の三位の割合で混合して居り、大町地方でもや丶前同樣であり、犀川流域では道祖神の數が比較的に少なく、且つ日原村より川中島に至る流域の街道筋では殆ど文字碑のみで、神像碑は見受けなかつた。

私が示唆を得たのは、以上のうちでも特に神像碑によつてゞあつた。

前述の通りこれ等の碑には凡て男女一對の神を刻んであるがその樣式は種々雜多であつて、細部的には衣冠裝束起居の樣等各多少宛異つてゐるが、然し大別すると圖示の如く三樣式に分ける事が出來た。卽ち

(一) は相方共起立のま丶、片手宛で抱き合ひ、殘る片手では男神が女神の手を握つてゐる圖である。

(二) は片手宛で抱き合つた點までは前同樣であるが、今度

(一)南安曇郡借馬

(二)松本市外蟻ヶ崎

(三)東筑摩郡新村北新

は男神は女神の手を握る事をやめてその代りに盃を持ち、女神は銚子を持つてゐる圖である。

(三)　になると全然抱き合ふ事をやめて、單に男神は起立して盃を持ち、女神は片膝立ちなどして男神に銚子の酒を注いでゐる圖である。

斯樣に分類する事が出來るが、製作年代も多少の出入はあつても、略(一)(二)(三)の順序に從つて新らしくなつてゐる。具體的には、

(一) の型のものには製作年號の無刻のものが多く、かなり風化の激しいものもあつて、果して何時の時代より存在するものか不明確であるが、何れにせよ此の三樣式のうちでは一番古い樣式のものである事には相異ない。但し同樣式のものにて松本近郊里山邊の春畫を併刻したものには天明(明の字やゝ不明なるも天和、天保にては無き如し)六年とあり、松本埋橋、和田村には各一個宛寛政の年號を刻んだものがあるので、同年代頃まで此の(一)の樣式のものが製作された事は窺知し得る。

尙此の樣式のものは衣冠裝束、彫刻の技術等も勿論(二)(三)に比して頗る素撲であるが、特に此處に圖示したものはその中でも代表的なものである。他のものは袴の如きも末廣がりになつて居り、袖の如きも概ね長い。左方が女神であるが、頭部の烏帽子の如く橫に靡いてゐるのは頭髮である。同じく女神の袖の線が二重に刻んであるのも他には見ない裝飾線である。村名なども無刻のものが多い。

(二)には大抵製作年號、村名等が刻み込んであり、且つ裏面には往々「帶代金二十兩」とか「……十五兩」等の文字が彫り込んである。この地方では盜み取つて來た道祖神は靈驗があらたかであると信じられてゐるので、盜まれた場合の代償を彫り込むに至つたのだと云はれてゐる。此處に擧げた(二)圖は卽ちその盜みの好標本で、文政六年に白板村で作つたものを、天保十二年に蟻ケ崎邑で盜み來たり、念入りにその年號を刻み込んだものである。此の樣式のものには、文化、文政、天保、等の年號のものが多い、尙此處に擧げたものは文政六年のもので、柄のある銚子を携へてゐるが、その前代の文化年代のものに、柄の無い酒德利を持つてゐるものゝあるのは興味深い點である。

(三)の樣式のものは弘化から明治に及んで居り、殆ど全部的に、村名、年號、帶代金等が彫り込まれて居り、衣裝、技術等もそれ〴〵近代的に複雜な趣向をこらし、且つ概ねベニガラ、碧粉等であくどく彩色されてゐる。

以上を通じて用石は各種共地方〴〵によつて種々異なつてゐるが、概して新らしいもの程巨大な石材が多く、且つ自然石が選用されてゐる。

以上によつて私は大略次のやうな示唆を感じてゐる。

(イ) 現在信飛國境附近の部落に殘存してゐる嫁盜みの如き婚姻樣式は、松本平では天明、寛政年代には既に滅失しつゝあつたが、尙道祖神の信仰として殘存し、各村ではお互ひに道祖神を盜み合つてゐた事。

(ロ) 然し天明、寛政年代の一般民衆の婚姻樣式は、まだま

だ原始的なもので、現代の如き盃の交換による所謂小笠原流祝言の様式などは擧行されてゐなかつた事。結納金の遣り取りの如きもなされなかつた事。

（ハ）それが文化年代頃からぼつ〴〵盃による祝言様式が取り入れられ出した事。

（ニ）弘化年代頃以後は、帶代金何兩と云はねばならぬ程、婚姻樣式さへもが資本主義化して來た事。

（ホ）同時に「盜み」に對する信仰も漸次に薄らぐと共に、資本主義の固定確立の觀念と、それに伴ふ一種の事大主義的觀念が促進されて、村民に巨大な用石を選ばせ初めた事。

以上。

追記。信仰、祭事等については更に後日を期して整理報告したい。――一九二九・六――

「民俗學」一ノ一にて氣付きし事片々

▼（六二頁註七）「やうだ」の文字は陽田と書く。（度會郡）

▼（六四頁）「ごっさん」は岐阜縣南部（安八郡海津郡養老郡）でも云ひ、妻君の敬稱である。老年の人にも云つてゐる。海津郡今學校教員及び醫師に其の説明を求めたところ、御新造さんの略であると乇町同西江村で小断定的に話した。（井上頼壽）

雨風祭（陸中遠野地方）

盆の頃には雨風祭とて藁にて人よりも大なる人形を作り、道の岐（チマタ）に送り行きて立つ。紙にて顏を描き瓜にて陰陽の形を作り添へなどす。蟲祭の藁人形にはかゝることは無く其形も小さし。雨風祭の折は一部落の中にて頭屋（トウヤ）を擇び定め、里人集りて酒を飲みて後、一同笛太鼓にて之を道の辻まで送り行くなり。笛の中には桐の木にて作りたるホラなどあり。之を高く吹く。さて其折の歌は『二百十日の雨風まつるよ、どちの方を祭る。北の方を祭る』と云ふ。（『遠野物語』より）

相洲逗子町久木神社の祭禮

▼相州三浦郡逗子町久木の久木神社の祭禮は八月二十七、八日に行ばれるが、前日の晩に各家で洗米を上げると、それを集めてその晩の中に有力者の家で餠をつき、それをお宮に持つて行つて供へる。翌朝非常に早く各家で强飯を焚いてお宮に持つて行き、お宮に供へられた餠と取換へて家にかへり、家中でその餠を食べる。（有賀）

秋の收穫と新嫁

▼信州上伊那郡澤附近では秋の收穫の後に新嫁は婿家より米を持つて里に歸り、鍋を借りて煮焚きして食べ數日滯在し、その間に機を織つてそれを持つて婿家に歸る。（有賀）

寄合咄

後期王朝文學史目安

第一部　散文

第一章　後期王朝文學の特質

一、文學史と、階級と。
二、形式的文學史
三、内容的文學史

第二章　其一　宮廷文學の衰態

一、中心勢力としての女房
二、日記の分化
三、物語の分類、及び内容

第二章　其二

一、作品と、個性との問題。
イ、短篇　　——前期
ロ、中篇　　——中期
ハ、長篇　　——後期
二、個性文學の時代。
イ、紫式部　……物語作家として。
ロ、清少納言　……隨筆作家として。
ハ、和泉式部　……短歌作家として。
ニ、菅原孝標女……日記作家として。

第三章　作物の種別

一、文學待遇の根柢
イ、口頭文學。
ロ、漢文學。
ハ、抄物
ニ、短歌。
ホ、女房作品。
ヘ、說經文學。
ト、その後の概觀。

第二部　律文。

第一章　固有種子と、外來要素との混淆。

一、雅樂・雜樂
二、唱導音樂。
三、寺家の才伎。
四、奴隷の藝能。
五、讃歌と、神樂との關聯。
六、法樂藝と、短歌との交渉。

第二章　短歌の發生。

一、神遊びの意義。
二、唐樂と、國樂との融合。

第三章　短歌の展開。

一、短歌文學化の徑路。
二、古今集前後。
三、短篇・歌學興隆當時の短歌。
四、後期王朝短歌における三時期。
五、王朝末短歌壇の傾向。

【附論】
短歌の本質と、その鑑賞法。

（折口　信夫）

雜信

七月初旬北多摩保谷村に引越して如何にも何にも出來ないので責務の方は萬事申譯けばかりで困りものになつてをります。此夏は信州諏訪へ一寸旅するかも知れないが、まだそれも未定で田舍の踏査も休みです。

九月に小生の渡歐の事が新聞にかゝれたのであちこちからあいさつを受けますが、日取はまだ未定で、多分來年一二月に船に乘る事でせう。切角見聞をひろめて來い、と言ひ付かつてをりますから努めてみるつもりです。來年まではまだ間がある事だから編輯小泉さんからの中篇ものの稿は果せるつもりでをります。來月號にはお叱りを受ける拙稿が送られるでせう。

引越は隨分やつかいなのですが、これまで度度（十數度）それをやつてゐますが、今度は少し永く、卽ち定着しさうなので、それだけ物を片付ける事に愼重の態度になるせいか、書齋の仕事場はまだ荷箱のまゝの雜然なので、片隅に椅子を入れて客を招じたりしてゐる態です。保谷村は田無町の在ですが、去年から急に都市人の住宅がめきめきと建ちはじめたので、近所の百姓さん達は夕方、新らしくて立派（?）な都會風の家作を見物に來るやうな次第です。私の現在の

寄合咄

地所をこの頃までもつてゐた百姓さんは驛前に氷店を出して、私のところへ毎日氷をはこんでくれますが、商賣道練習の足どりは見てゐてはらくするやうです。武藏野民俗もかくて一歩づゝ失せてしまう事なのでせうが、出來るだけ屋敷に樹を植ゑて餘地を畠にして位の良心(?)でやつてみやうと思つてゐます。

今度の書齋は學校式にして、壁に本棚を作り付けて柳田先生の書齋の小規模な型にしました。が外觀は大工にまかせたので、和洋折衷の甘いものになりました。今回は申譯けありませんがこれ位で。(東京府北多摩郡保谷村上保谷・今和次郎)

三河の山村

早川(孝太郎)さんが遠慮をして居りますから私が代つて御話申上げます。早川さんは、御承知の新興大和繪畫會の會員でございまして、そのお書きに成つた繪が今度の展覽會で、何やら褒美を受けられた相であります。その繪の解説を申上げ度いと思ひます。

三河の山村の雪景色には他所には見られない特色がある様に思はれます。三河を歩いて居りまして一番心をひかれるのは雪景色、殊に春のハダレの様子には何とも云はれないものがありまして殊に心をひかれました。こんなことを話し出しますと何だかセンチメンタルな心がおこつて來ますが、一體今迄の民族學にはこのセンチメンタルが多分に這入つて居りました。我々はそれを卒業しやうと心掛けて來たのですが、今夜がその民族との別れでありますから、もう一遍だけそのセンチメンタルを使はしていたゞきます。

山一つ越して信州へはいるともう雪の様子が違つてしまひます。三河でも段々平野の方へ出ると雪景色も明るく成りますが、山の方に入ると憂鬱なものがあります。人の顔附も同様でございます。かういふ雪の山村を二人で寂しく歩いて居りまして、その殘雪の様子にひどく胸打たれた經驗がございます。

かうした殘雪を描かれたのがこの早川さんの繪です。家の横手にある澤の様子に非常に特色があると思ひます。信州、遠州、飛州などの小澤にはかうした感じは御座ゐません。早川さんの繪にも個性が、はつきり掴んだ土地の個性が出て來たのだと思ひます。私が、かうしたハダレの時に三河を歩いたのも、又三河の花祭を知つたのも、皆早川さんの手引で御座ゐました。その御蔭で漸く考へに一寸見當が立つやうに成りました。近いうちに三河の陰鬱な舞の本が早川さんによつて出ますが、さうしたものを味ふ豫備の知識を作るためにも此の繪は大切なものと成ると思ひます。三河を歩いたのは早川さんが第一で怪しまれる程歩き廻つて居られます。その次には私が歩いて居ります。歩いて來た氣持の中では殘雪の氣持が餘程あくれに成つてゐると思ひます。

民族の集りが、今度民俗學に甦ると共にかうしたセンチメントに屬する表現法を止めたいと思ひます。民族の最後としてこんな話をさせていたゞきました。(第三回談話會席上にて折口信夫)

資料・報告

壹岐の水

折口信夫

◇があたろ

「がぁたろ」は「かっぱ」の事である。「がぁらっぱ」「がわっぱ」とも言ふ。「かわ(井)」の神である。陸近い海にも居るが、沖には居ない。まだ妖怪になりきつて居ない部分が多い。「かっぱ」の様な姿にも考へて居るが、さうとも極らぬ樣である。

「がぁたろ」の嗜きなのは、「しりこ」と相撲と共に豆腐である。毎年舊八月の九日前後には、「かわ」に近い處で、川の神の爲に夜相撲をする。子どもがとるのである。此をしないと、夜相撲をとる樣な聲をあげて騷ぐのである。かう言ふ話を聞いて四五日の間、夜中よく、道を歩きながらも、宿に居ても、子どもらが叩く太鼓の音を聞いた。

日高林三郎氏の話には、武生水の三本松に居た安兵衛といふ年より、(日高氏の家の先々代頃の事)が、郷野浦の大山郎、今病院のある御館山の下で、居酒家への上り下りに、何時も〱、「相撲とらうちゃござらんか。安兵衛ぢい」と言ふ。「とらう」と言うて、畑に上つた處へ來いと言うて、そこに連上げて(或は、吊上げてか)最初に手に泥をつけてもんで、ぶりまいたら、片腕が拔けた。持つて返つて、「くど」の上の「あまだ(竹の煤受けの青松葉でふすべて乾びさせようとして居た處、藥をつけて接が天棚)」にあげて、ねばならぬ故、腕を返してくれ」と頼みに來た。證文をおこせと言ふと、立派に書いて來た。受け取りを渡す時、其藥を敎へいと言ふと、藥になる草ば敎へた。二度と、人にかゝらぬ約束をして歸つたが、其からは、ばつたり出なくなつた。其から、安兵衛は骨接ぎ藥をこしらへたが、妙によく利いた。

又、すまふ時に、廐がらの灰を手につけてとると、「がぁたろ」のからだが腐るとも言ふ。ぬらつくのは、から灰(木灰)をつけても、防ぐ事が出來るといふ。

亡くなつた筒城(?)の大澤氏のよく話したと言ふ話には、其村に名高い馬鹿があつて、其が、毎晩相撲とろ〱と言うて誘ひに來る、と言うては出かけた。其で居て、すまうて居るあひての姿などは、ちつとも訣らない、と自身言うて居た相である。酒に醉うて居ると、よく相撲とらう、と言うて出ると言うた人が多い。幾らとも數の知れぬ程かゝつて來るのである。からだ

壹岐の水（折口）

がぬる〳〵すべると言ふ。安兵衛が泥を手につけたのも、其爲なのだ。頭の皿の水の事も言ふ。

海・川で死んでも、尻こが拔けて居ないのは、「がぁたろ」のかゝつたのだとは言はぬ。

「川神の念じ」と言うて、「しりこ」をかけて、願立てする人も、段々ある樣である。「かわ」のそばに行つて、何年たつたら「しりこ」をあげるから、田に十分水をくれて、分限者になる樣にして下され」とか、「金儲けをさせて下され」とか約束する。處が、「がぁたろ」の方の一年は、人間の方の一月なのであるから、うつかりすると早く殺される事がある。誰も、願立てをした事は、祕し隱して居るのだけれど、俄かに金持ちになつて不審を立てられて居る人が、其內妙な死に方をすると、やつぱりあの手だつた、と言ふ事にきまるのである。併し當人は死んでも、身上は後の人に殘るので、一人だけ死ねばすむのである。だから、いまだに隨分、「がぁたろ」を祈る人はある樣である。

期限がきれると、何處にどうして居ても、「しりこ」をとられて了ふ。渡良のある男などは、ちようど其時分に、九州路へ行く船に乘りこんで出ようとして居ると、內からの使ひが喚びに來た。あがつて行つた儘戾らぬので、探すと「かわ」のそばで殺されて、しりこは拔けて居た。使ひといふのは勿論、「がぁたろ」の化けたのであつたのである。

けれども又、約束の期限を延して貰ふ事は出來る。其には一箱なり、二箱なりの豆腐を「かわ」に持つて行つて、「しりこ」の代りにあげて、更めて何時迄待つて貰ふ、と言ふ事にして來るのである。けれども、際限なく延して了ふ事は出來ぬ樣である。

近年の出來事では、、、村、、觸の、川（此は井と言ふよりも、小川の小さな澱で、郡道から見下される處にある）の眞上に、燒酎屋がある。其家の主人二十年程前地方から來て、荷ひ商ひをして步いて居たが、どん〳〵となり上つて、今では立派な家構へである。處が、六七年前急に氣がふれたと見えて、鋏で舌をきつた騷ぎがあつた。今では、物を言ふのに多少故障がある位に、なほつて了うたとかで、此表を通つた時、道連れの人が、「あれが其主人で」と敎へてくれた。舌と「しりこ」とは、緊つて居るから、、川の神に截つて上げたのだらう、と噂した相である。

其前を通つて少し行つて、郡道から反れると、「經供養塔」があつて、大きな松がある。其そばに、土俵形になつた處があつた。こゝで、猿川の神に角力をあげるのだと言ひ聞かせた。かわまでは、一町はある。「がぁたろ」が詫び證文を入れた話は、外にもある。武生水の本居では、子どもが「がぁたろ」にいたづらせられた事はない。其癖、阪一つ隔てただけの鄕野浦では、時々「がぁたろのかゝる事があるのである。本居の八幡樣の前に、四人でまわす程の石がある。此を證文（誓文？）に立てゝ、此石の腐る迄は、子どもをとらぬ、と誓うたからだと言ふ。昔、網の干してある處へ來て、「がぁたろ」が、網の目を勘定して居た。其を捕めて、網で伏せて、腕を引き拔いた。「がぁたろ」の腕は前にもあつた樣に拔けるものなのである。「がぁたろ」が賴むので、返してはやるが、子どもにかゝらぬ樣にせいと證文させたのである。ある人は、此石に變な爪がたの樣な物が、澤山ある。人にかゝりたくて每晚石を爬きこはしに來たのだと言うた。對州には殊に、澤山居ると壹州人等の噂である。肥前側の島々にも、此國にも隨分話し傳へられて居る。闇の夜、雨の晚などに、ひよう〳〵と言うて通るのは、川の神である。向うから大勢連れで、高帽子をかぶつて通る。あゝ、やつて來るなと思うて、よけてやり過すと、後の方に聞える。かう言ふ時に、袖口から覗くと、其姿は見えるものだと言ふ。人によつては、もつとはつきりと、川の神の姿を話す。霜月二十九日の夜は、川の神が道をあるく。ひゆう〳〵と音を立てる。つゝみ（池）のふちの川の神の邊で、聲が聞えなくなる。まるでうそふく（口笛ふく）樣な聲である。千鳥の樣な恰好をした、嘴の赤くて長い鳥であるといふ。

「かわ祭り」をする場處は、大抵「こおら（川）」の澱で、小さな淵になつて居る。殺ぎ竹で三四寸に編んだ竹棚を拵へて、そばの立ち木に吊つて置く。棚の四隅に、小さな竹の酒筒をかけて、其に酒と稱へて米の汁を入れる。此は一夜酒の形式化したものだらう。粢と小豆飯とを棚に載せ、竹箸を添へてあげる。此は年に一度だが、月每の晦日に、豆腐に、豆の飯を持つて行つて供へる事もする。命のべをして貰ふのである。此は、「川の神念じ」でない人でも、する事なのである。

牛の足あとにも、千疋のがぁたろの居るといふ事、此島でも言ふ。而も、其由來を含んだ話がある。がぁたろの腕の拔け易い理由も、其に解釋をしてゐる。此島の「あまんしゃぐめ」の話をやがて書いて見て頂かうと思ふ。

◇ ふなだま

どの船にも、ふなだまさまは居られる。いつもはかんばん（でつきでなく、船室である。船玉棚もあるきやびんである。）に居て、船が出ると、帆柱の下へ出て來られる。かう言ふ場合も、おりて來さっしゃると言ふ語で表す。そこに、人の樣に立つて居られる。目には見えぬ、と言ふまでゞある。帆柱の穴の兩脇から前にかけて、厚板をうちつけた程の高さになつて居る。こゝに、おりてこさっしゃるのだと言ふが、お供へをするのも、そこである。そこは跨げてもよいが、蹈んではいかぬ。船の飯時には、御飯をあげ、お神酒をあげる。そこへは、刄物は固より錢でも、金物と名のつく物は置かれぬ。

船だま樣は、よか事につけあしか事につけ、しげらっしゃる。其聲は、山で蟲の鳴く音の様だと言ふ。對馬から朝鮮近海へ、年半分は出る八幡蜑の漁船の乗り組みの、渡良出の若者は、ふなだみ（へま）様は、「ちつちん〳〵」そしらっしゃると言うた。

船によつて、船だま様が違ふ。だから、そしらっしゃる聲も皆違ふ、と筒城・瀬戸・郷野浦の船乘りたちが言うた。其せゐか、話す人によつて、其聲色を異にした。ある者は、「ちりん〳〵」とまなんで聞かせた。ある人は、「ちい〳〵」と聞えるとも言うた。又再應の調べは出來なかつたが、しげることを、いさむと言うた人もある。

しげるは、江戸の色町で使はれた語だ。吉原では、「おしげりなんし」と言ふ勸誘命令形を、屢繰り返されたものである。生殖と繁茂との二つの觀念を、手順を飛び越して結びつける語原説が、行はれて來た。『おしげり雜詞』を書かれた大槻如電翁の博識を以てしても、舊説以外に、名案を出す事は出來なかつた。けれども、此生きた用例に照して見ると、苦もなく釋ける様に思ふ。更に、そしるを參考にすると、愈其がはつきりするばかりでなく、昔あつた、神の告げ方が訣る様である。

壹岐國芦邊港を隔てゝ瀬戸を望む

しげるは、さゝやくである。或は、さゝめ言つ、耳うちすると飜してもよい。畢竟は、内證言を話し、私語するのである。此用語例を出て、睦言の意になる事は、説明するまでもない。此語、近世まで神の上にばかり使うて居たものか、其とも、古くから既に意義の分化があつて、人の私語にも言ひ、睦言を現す様になつて居たものかも知れぬ。恐らく、後者だらうと思ふが、前の考へを育てゝ見ると、客大神に幇間の末社をとり合せた爲方で、だいじんにさゝめ言を勸める心持ちの、通言式の洒落ではあるまいか、とも思はれる。どうも古くから、そしると言ふ語の用語例は、異風である。單に惡口を言ふのではなく、「耳うち」・「耳こすり」など言つた、當人に聞えよがしには言はぬ惡評をする事の樣である。「あてつけ」・「あてこすり」ではない。言ひそすなど言ふ語も關係はあり相だし、風などで動く微かなとよみをそゝと擬聲するのも、故がある樣に思ふ。つまりは、神のさゝやきを言ふ語だと言ふとは出來る。沖繩では古く、神の託宣をみすゞり・みせゝると言うて居る。敬語のみをのけると、そしると一つ形になる。此は必、一つ語原である。後に言ふ積りであるが、壹岐と沖繩とには、等しき島住ひに考へ出した暗合とは言はれぬ可なりの似よりがある。尤特に、此島と支島とだけが似て居るのではなく、九州の南から來て、西側を北へと散らばつて居る。島々の上にもあるべきことと思ふ。此語も、其一例なのである。

船だま樣のおしげりは、船乘りの耳には皆聞える。若いれふしなどでも、夜ふけて此音を聞いて、船だま樣がしげらっしゃるのだ、と知つたことが度々だと言うて居る。船のおもてやともど、聲が移つて聞える。聞えても聞きわけるとの出來るのは、お船頭一人である。お船頭のためしで、其がよか事かあしか事か、船を出しても不漁だとか、すぐに訣るのである。ためしと言ふ語は、經驗或は記憶と言つた風に使はれて居た。細かい事までも、知れる。船によつて、船だま樣が違ひ、しげらっしゃる聲の違ふばかりでなく、しげらっしゃる事柄が、それ〴〵變つて居る。ある船のは、れふのあり無し、ある船のは、日よりのよしあし、と言つた風に教へられる事が、まち〳〵である。此は、大抵の人の言ふ事だが、臨機應變に、外の事を告げられる事もあるらしい。船だま樣は、目には見えないが、生き神樣だ。此は、誰もだれも信じて居る。灘を撈（オ）す時などは、舳に出て來られる。小便なども、船だま樣の立ち廻つて居られる方でするとわるい。大抵は、身をかはして居られるが、舟の胴の邊からは、一切出來ぬ。そこで達しようとすると、「そこから小便したら、ようなか」と舟子がとめる。船玉樣が居られる處だからであらう。船新造の時も、別に神主がするのでなく、船大工の頭が、お齋（ユ）ひするのである。新しい船へ、舊い船からお迎へする事もある。板一枚でもよい、もとの船から持つて來ると、其にふな玉樣が乘つて來さつしやると言ふ。

寢るにも、船だま樣に、頭を近づけなと言ふ。又、船だま樣に十二躰いらつしやると言ふのは、熊野十二社の船魂を言ふのであらう。實はもつと自由に考へてゐる。

船神（フナガミ）と言ふのは又別である。此は神棚を作つてお祀りする。魚でも、神棚に乘せて奉上（マツラ）げると、今まで跳ねて居た奴が、ちつとして了ふ。

◇えびす　りょうえびす　竝びに、其に絡んだこと

壹岐の水（折口）

鄕の浦の今西音四郎さんは、去年が七十五であつた。壹州鯨組最後の人である。此人の話を心にして書いた方が好都合である。鯨組は、副業として鮪れふもした。組の人々の崇めた神様は、第一、えびす樣。第二に、稻荷樣であつた。

えびす樣に、二色ある。唯のえびす樣は、祠をこしらへて祀る。處がも一つ、りようえびす(又、じようえびす)と言ふのがある。れふの結果にえたえびす或は、れふの爲のえびすと言ふ事かと思ふ。せみ(―鯨)を獲つて、剖(キ)つて行つて、はらご(臟腑)の中から、ゆお(魚＝鯨の胎兒)の出た時には、ゆおきりと檀那とで、誰にも見せずに、直樣新筵に包んで、箱に入れて、鯨納屋の脇に埋めて了ふ。墓の樣な風にして、石を据ゑて祀るのである。今西さんの納屋のあつた瀨戸の北の惠美須(觸の名)には、かあ(井)の傍に、三つまであつたと言ふが、今行つて見ると、一つしか見えなかつた。此外に、惠美須では、村のとつさきの岩鼻の上に、瓦葺きの小さな祠があつて、大きな土燒きのえびす樣が祀つてあつた。

りようえびすには、今一つある。れふ方(カタ)は、水死人の死骸や骨を見つけると、大喜びをする。其を、おえべっさんにして祀つてやると、其禮に、れふを守つてくれるのである。

武生水の東觸、印通寺(インドウン)道に沿うた岡の根方に、小高くした石段の上に、石の祠がある。表に、横手には、

道福惠美須靈神

明治三十八年舊二月一日於筒城小
壷の濱拾靈骨乎福岡福次郎
祭靈魂于時三月廿八日

鄕野浦長谷川藤助の、瀨戸(觸名)から酒を積んで戻る船が、途中大風に遭うて難破して、藤助は助かつたが、船方(川本某の息子)が行くへ知れずになつた。其後、右の筒城の方にあがつた死骸が、日のたつてゐる爲、相好は訣らなくなつて居たが、僅かばかり死骸について居た着物のきれが、着て出たと同じ縞がらだつた。其家では、違ふと言うて引きとらなかつたので、福岡福次郎と言ふれふ方が請ひ受けて、葬つたのだといふ。

こんなに近年の事でも、既に話がまち〳〵に傳へられて居る。長谷川に雇はれて行つたのは三人で、其中二人と藤助とが溺れて死んで、たつた一人助かつた。死んだ中の一人も、助かつたのも、東觸の者であつた。生き殘つたのが、福岡福次郎だらう、と言ふ人もあつた。併し、此は他國(タビ)から來た人らしい考へ方である。現に、つひ此頃まで長谷川の姿は、鄕野浦で見かけた、と言ふから藤助は助かつたのであらう。

今一人の死骸は、松島か、松崎にあがつた樣に聞いて居る、と言うた女もある。誰の骨だか知れないと言うて、家でうけとら

なかつた爲、上の許しを受けて、縣道の傍に死んだ兩人分として祀つた。其で、道福えびす、と言ふのだと說明した人もある。又、齒が痛むと、お茶湯をあげて、なほして頂くのだと言うて、參る人たちもあるらしく、祠の前の櫻の若木にもたせた白い幟に、「奉獻・何某（女名）」と書いたのが、樹てゝあつた。紅木綿の同じ樣な幟が、捲いて其梢に挿んであつた。ある婆さんは、「をがみどころ」の一つになつて居るのだ、と話したことである。

よつぽど運氣がよくないと、水死人に出會ふものではない。れふの出かけだからとて、其儘戾りの事にして行くと、其は、魚が咋はない。若し、其死骸を外の人に拾はれると、其以後、めつたに行きあふ事がない。水死人のからだに、金をつけて居るものなどは、よく供養してやらぬと、一ときはよくとも、後がわるい。勝手に死骸の處分をする事はやかましいので、人に知られぬ樣に伏せて埋めて置いて、海の出入りに祀る。船には隨分穢れは厭ふのであるが、水死人を拾うた場合には、祓ひを賴むには及ばない。

鯨伏の湯の本での話では、明治七年、朝鮮邊へ鯛つりに行つた五島舟が、黑崎の邊で難船して、七人乘りくみの中、生き殘つた者は、二人であつた。二週間程たつて、其中の一人のからだが、網にかゝつたので、れふえびすに祀つて置いた其家から、からだを引きとりに來た。併し、祀つた場處に案内したら、かうして祀つて貰うて居る以上は、連れて還るに及ばない。今後よろしくと頼んで置いて歸つた事があつた。

武生水本居で聞いた話では、じよう（漁）につけてまつらげ（祭上げ）をするのは、戎樣と八幡とである。戎樣は、三月と十一月との三日で、卽、三日戎といふとのこと。又、本居の濱の木の下に石像が祀つてある。

今西さんの話では、戎の祭りは、十一月の十日で、稻荷は、春の午の日で、れふの神樣は、戎樣に稻荷であるとのこと。もつとも、本居では、此浦に入る口の鼻に八幡がある。八月十六（?）日に、神主に賴んで、祭上げ（マツラ）して、じようの祈りをするからでもあらう。三日戎には、二度ながら、豫めきめた頭家（トウヤ）に、字中の者が集る。神主が、濱のえべっさまから、持つて戾つた御神酒とお肴とを頂く。出商買に、對州あたりへ亭主の出て居る家では、女が行く。一字が、西と東とに分けてあつて、頭屋が二つ出來る。從つて、社掌も二人來るのである。軒別に、年に二度づゝ廻るのである。だから、皆、今度は自分の家の番、といふ事はよく知つて居る。死人などのあつた家では、頭家まいの廻るのを避けて、よその家でさきにして貰ふ事にして居る。此浦では、鯛れふを主（モト）にして居るので、とつて來た鯛のわく（脇）の鰭をまづ、家の中のお戎さまに、絲の兩端に括つて二掛けあげる事にしてある。冬分でなくては腐るから、夏頃にはせぬ。鰹なども同じ様に鰭をあげる。

一般に、舟にはふなだま様、網にはえびす様が御座るといふ。其爲か、網につけた魚をかきこむうけの中の一つには、烏帽子形の木をさし込んで、此がえびすさんだと言うて居る。此に寓つて居られると言ふしるしと見える。此網のえびすさんを戎として祀る。毎月十日、殊に舊十一月十日は盛んである。

能登島採訪録

中村浩

○能登國鹿島郡能登島に行はれて居るのでは、狐やむじなや其の他天狗の様なものでも、皆太鼓の音をきらふもので、人が神隠に會つたりすると、幾人もの人が其の神隠にあつた人の名を呼びたてゝ、幾つも高張をともし、太鼓をたゝいて、其處此處を回りあるくと、其の中に見つかると云ふ。

○むじなは歌が上手なもので、十五六歳程の子供の様な聲で、よく「まだら」などを歌ふが、文句には決してなつて居ないで、節回しと調子だけであるのが、特徴である。しかも雨の晩などに多い。又狐はよく火をともして、夜中に海の上を遠くまで遊びに渡ると云ふ。

○島の向田（コオダ）のおすゞみ。おすゞみ祭と云ふものは、能登では處處に行はれるのであつて、七尾にも亦是がある。神様が濱まで渡御になつてお祭があり、此の夜町内の各字の若者、子供等は各々奉燈と云ふものをかづいて、町中を走り廻るのである。奉燈とは次の圖の様なものである。是に火をともしてかずき回り殆ど明朝にまで及ぶ。

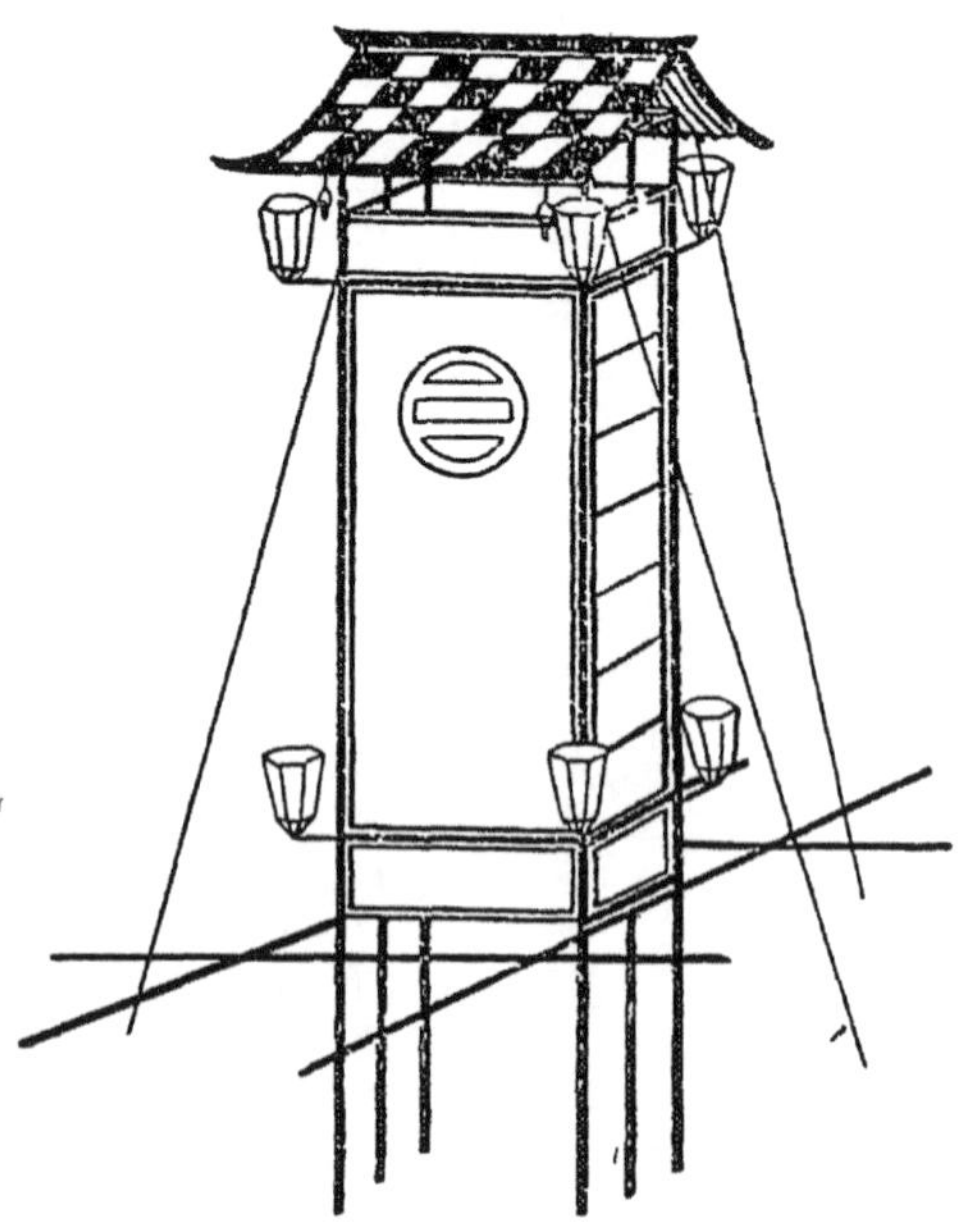

で向田の話になるが、向田の此祭は七月卅一日である。祭の前夜、卽卅日の日暮から村内の各家から一人づつの者が出て、（此の時人の出ない家では祭の後身分に應じて酒一升から二升程を出す。）村有の山へ木を切りに行く、そして高さ拾五間位の大木を一本と、其他は五間乃至三間位の木、それより以下のもの等を澤さん切り出し、夜明までに神社の下の濱に大きな炬火をこ

しらへる。此の頃子供たちも盛んに太鼓、鉦等をうちならして漸くお祭りらしい。炬火は一本の親木を綱で四方から吊り、根本に雜木を卷きつけたもので、其のいたゞきに御幣をつける。又一方では只今圖示した奉燈をくみたてる。是も一番大きなものは高さ五間以上ある。組立てられて濱から神社までの道に並べられる。卅一日の夕方になると村の神主がおまつりをして、神輿が炬火のある濱の方へ渡御になる。大抵、七時から八時頃でまだ薄明いのである。此の時奉燈は村の若者にかづかれて神輿の御供をする。奉燈の臺捧の上には若者頭が乘り、太鼓をたたき、皆々盛に木遣をあげてねり廻す。濱へ神輿がお着きになるのは九時を過ぎる。こゝで一時止り、又お祭があつてから、奉燈は大炬火の周圍を今度は極めて勢よく「はつしよ〳〵」とかけ聲して七回まわる。此の後へ付いて村の人等は手に手に手焚松と云うて、薬木竹などでこしらへた、手ごろな炬火に火をともして振りかざしつゝ、七回まわる。七回めには其の手焚松を大焚松に投掛る。此の時高く投げ得たもの程手が上ると云ふ（手が上るは學問上達の意）大焚松は見る〳〵内に非常な勢で燃へ上り、其の明さが火事の様になつて遠く七尾に迄見へる。燃へ燃へて一時間程たつと親木が倒れる。倒れた方が其の年中豐作であると云ふ。また如何に火の手が盛になつて親木が燃上つて來ても、決して御幣は燃へない、しかも親木が倒れると、何處の村の何者とも知れない者が走りよつて、其の御幣をもつて逃げ去るのである。勿論何の目的でさうするのか不明だが、村人の間には其の御幣をもつて行くと、漁があるのだと推測されて居る。大焚松が倒れてしまうと、神輿は靜に還御になつて此のおすゞみはすむ。奉燈も勿論歸る。神輿が御社殿にお入りになり、お祭がすむと、それから村では社の境內で踊が始まる。明朝の三時頃まで踊り、其內に追々に若い男女が一組づつ去て行く。勿論近年はめだつて此の風がなくなり、また一しよには去らずに打合せておいて、別々に踊場から逃る樣になつた。さうだ。是は警察がうるさいからと段々さう云ふことをしなくなつて來たと村人は云うて居た。若者は三年間は同じ奉燈をかづくことになつて居る。

○島には只今でも夜ばいがよく行れて、警察などて大分やかましく云ふが一向おとろへない。それで大抵十六七から嫁をもらふ頃まで出かける。もし旅の人が夜ばいしたのが知れると、村の若者は罰として其の人に糞便をかぶせ、又旅のものに許した女は、村から仲間はづれにされて、遂には村に居られなくなる程の虐待を受ける。赤ふんどしの中は、夜ばいが出來ぬとも云ふ。白褌になるのは十五である。

○人の死ぬ二三日前に、死人坊と云ふものが通る。是は誰でも見るのであるが、必ず同じ場所に居たからと云うて、皆が見ると決つたものでもない。是は檀那寺へお禮詣りをするので此の時は來世に落行く樣子になつて行くと云ふ。

○月經中に交接して、若しはらむと、其の兒はらい病になると云ふ。又男はけがれて必ずけがをすると云ふ。

○此の邊では女が田へ出る時には、必ずしはんと云ふものをかむるくせがある。四角の布の一角を折り込みそこを前にして顎で結ぶのである。

○天狗のことを此村では「大シト」又は「イマのシト」と云ふ。

○七尾から島に渡る初めの船着き場は、須曾と云ふ處である。此の地名は、「今日來ても明日來ても鮭もあがらぬ衣川スソほころびて鮭も上がらぬ「衣川」（此の衣川の字ありと云ふものとないと云ふものと二樣あり）と云ふ神樣（又あいぬとも云ふ）の歌から名付けたものだと云ふ。

○山ばやし　六月になつて田の仕事が一まづきまりがつくと、若者は冬の用意に山へ柴をかりに行く。山に行きだして拾日め位に、丁度六月中旬頃一日柴かりをやめて素麵などを山にもち行き、皆して酒を飲み山ばやしをする。すべて物を煮焚きするのも、皆山ですることにきまつて居る。

○拾月には神送りをする。粥餅など又赤飯をこしらへて神樣を送り歸す。明年二月には又其の樣にして神迎へをする。其の時の粥餅の大小が、其の年の苗代に關係すると云つて、大きなものをこしらへる。

○村では又、曲（地名、向田の隣村）の神樣より、二日先にたつと云つて、曲の神送りは向田より二日早いさうだ。

○旅行中水にあたつた場合は、其の水を湯に沸して飲むとなをること奇妙だと云ふ。

火の玉の話

信州上伊那郡朝日村平出　中村寅一

一　松島の男と小河内の女とが、松島に女が奉公中に馴染になつたが、結局二人は添へないと云ふので心中した。兩方の親は夫々子の死體を引取つて、松島と小河内とへ別々に葬つた。それから間もない頃、夜漁をする人達が天龍川へ夜中行つて居ると、眞夜中になつて松島の方から一箇の火の玉がフラ〱と浮び出て川の方へ向つて來た。と思ふと向ふ岸の小河内の方からも火の玉が浮び出して、川の方へやつて來ると、二つは會つてもつれたと思ふと消えた。これは毎夜現はれては消え、多くの人が見たと云ふ。然し後はどうなつたかはわからない。その火の玉の色は靑く、圓くて、大きさは月より少し小さい位であつたさうだ。

二、上辰野の二人の男女が惚れ合つて、結局は心中した。親は二人を夫々引き取つて葬つたら、其夜から男の墓から火の玉が上つて、女の墓の上あたりへフラ／＼行くと同時に女の墓からも青い火の玉が浮び上つて來て、二つの火の玉が合さるとバラバラ散るやうに飛んで消えてしまつた。これも隨分永く續いて、多くの人々が見たさうだが、終りはどうなつたかわからない。この火の玉は圓くて青い光がしてゐたさうだが、その大きさははつきり覺えてゐる人がないからわからない。然その時の様子は丁度花火を上げた時美しく破裂して後青い玉が落ちて來るあれと同じやうにはつきりしてゐたさうである。

魂を見た話としてまとまつたものはこの二つしか私の耳には入らぬが、火の玉を見たと云ふ話はよくある。大部分は何屋の誰れが死んだ時、丁度其の死んだ時刻頃に其の家の屋根から青い火の玉が出て、お墓の方へ行つたと、こんな風に話されてゐる。形は皆圓く、而もその輪廓ははつきりしてゐるやうに聞いてゐる。色は全く青く、動き方はハラ／＼として行くと云つてゐる。

火の玉とは全然關係なく魂の來る話はある。これは誰れか身内の人が死んだ時、其の家の佛壇を深夜ガタ／＼云はせる。恐ろしいと思つてゐるとその中に死んだ知らせが來ると云ふ。かうした話は澤山ある。

火の玉と狐火

信州上伊那郡澤の話

有賀　喜左衞門

一、その村の大槻文雄氏が子供の時、夕方天龍川の橋の上で大勢の仲間と遊んでゐると、西の方からボンヤリした青い玉が飛んで來て、頭の上をスウツと通り、川東の田圃の所へ落ちて消えてしまつた。その大きさはお月様位で、白つぼく青い色をして、薄い色の尾を四五本引いてゐたので、皆びつくりして見てゐたが、誰れ云ふとなく、ありや火の玉だと云つたので、急におつかなくなつて家に逃げ歸つた。翌日皆で火の玉の落ちた所へ行つて見たが何ともなかつたと云ふ事だ。

二、又大槻氏から狐火を見た話を聞いたが、それは澤の川東に當る小河内の大土堤のあたりに狐火がよく出たさうだ。始めにその土堤の上でポツンと火が見えると、續いていくつも下の方へたら／＼／＼と斜に火がついて行く。下までつくと消えて、今度は下の方から上の方へついて行く。右の方からも左の方からもたら／＼／＼とついて行く、そして又たら／＼／＼と消えて、とても綺麗だつたと云ふ事だ。

津輕樵夫の忌み詞

早川　昇

十和田湖西北の山間を貫いて、末遠く岩木川に合流する淺瀬石川の上流村落地方は、やまこ達の幾多の傳承を保存してゐる。その中でも山神に對する忌みの詞が、取り分け、傳承の根强さを持ち得たやうである。

南津輕郡山形村字板留の丹羽老人なども、曾ては嚴重なる山の戒律に從うた一人であつた「殆ど山では口を利かなかつたものだ」と言うてゐる。然し此の風は、近年頓に衰へたさうである。

山中で「鬼(オニ)」と言うてはならぬとは、丹羽の老人も、土場(ドバ)の高橋氏も言うてゐた。高橋氏は說明して、鬼(オニ)と言へば山の神の事だから、てゞ・おやぢと名を變へて言はねばならぬと語つた。丹羽老人は單に、てゝの方だけを話した。

山の神は角力が好きだから、うつかり山中で角力と云ふ事は言はれぬと語つた高橋氏は、小聲で「山喧嘩と言ふ」と附け加へた。かういふ例は未だ數多い。

蛇(ヂヤ)といふ言葉も極端に忌まれたらしい。丹羽老人は、「長(ナガ)もの」と言うてゐた。高橋氏の傳へでは大蛇(ダイヂヤ)は長(ナガ)と言うた。莫蓙など

もごぢやと響くから、山中では忌まれもした。だが、莫蓙は山小屋の敷き寢に缺く事の出來ぬものであるから、田中と言うて持參したのである。此の邊の莫蓙は總て、田中から來る行商から購うたが故に。

丹羽老人の言うた限りでは、此の外、面をおもて、舟をきち、鮫をごぞ、猫をまがり、鯨をしと、などゝ言うた例がある。きちは恐らくきつと一つで、はこ(水溜又は秣等を容るゝもの)を指す言葉である(東北方言集)。ごぞはごぞ〳〵するからだと言ふが、どんなものか。

高橋氏の其他の傳承では、坊主を毛無し、いたこ(女盲巫)をへろき、人形をかべひと、地藏を石ひと、つの(角)をもえ、獅子をもえから――等がある。へろきには化けるものの意味があると高橋氏は言つてゐる。へらつく・へらり・へる系統の、託宣を口走る者の意味にも考へられぬ事もない。かべひとは紙ひとらしい。人形はかべで作ると言うた。角(ツノ)といふ言葉が忌み詞なのは、山の神に角があるからだと高橋氏は言ふてゐる。

盆踊を山で唄つてはいかぬとは、是又氏から聞いたところであつた。「變な唄だから」と言うた意味は、「性慾的な唄だから」の意味であらう。

十和田近傍の山で赤いと言うてはいかぬ事は「名勝淺瀬石川」の中にも書かれてゐる。南祖坊・八郎喧嘩の際、血流れて石を

染めたからだと高橋氏は語る。色あんと言ふべきださうである。

澤目所傳の忌み語と比べて見ると（「名勝淺瀨石川」參照）僅かに猫をまがりといふのが共通であるだけだ。然も澤目所傳のものにはあいぬ系の言葉が多いらしい。（犬をへたといふ類）。久しい接觸と血族混淆との間に、和人たる新來のやまごが、深山所傳のあいぬ語を禁忌の詞のやうにも考へ、是れを受け入れて行つたものであらうか。

尙、二庄内の老爺は、山中ちんばなる言葉を忌み、安太郎（ヤスタロ）と是れを申した。他に類例の有無を知りたい。

（昭四・七・八採訪。十一日記。）

山神と子供

紅村京二郎

吉野川が大峰山を廻り廻つて、吉野山の裾になるあたりは大の男も恐れるほどの急流であるが、不思議に子供は飛沫を浴びつゝ奔湍に遊んでゐる。

險峻を以て聞ゆる大峰山は、大人すら登るに苦むと云ふのに、子供は易々と登ると謂ふ。

土地の人は、これは子供を守る行者の加護であると謂つてゐる。

或る年、江州の或る講中の人々が大峰登山をした。其一行中に七歳位の子供が居たが、大峰山中、險中の險と謂はれた「西の覗き」の絕壁から轉がり落ちた。講中の人々は、せめて骨だけでもと苦心の末、谷底に降りたが、影さへも無かつた。泣きの涙で宿に歸ると不思議や、其處には死んだ筈の子供が、にこにこと笑顏で迎へて居た。子供の語る處によると、眞白い長い髯を生やしたお爺さんと一緒に歸つたと云ふ事であつた。これが噂に高い子守行者であらうと、講中の人々は喜んだ。

又みよしの橋（往昔有名な六田の渡）の架換中にも二三名の子供が激流にさらはれたが、微微だに負はずに助つたと謂ふ。

行者の正體――何時の頃か、六田の渡の渡守を業として、親子水入らずの生活をしてゐた男があつた。不圖したことから愛する妻に背かれ、剩へ眼に入れても痛くない子供を吉野川の急流に呑まれてからは、彼は親子連れの旅人を見るにつけても、世を果敢なまずには居られなかつた。何時とはなく、彼の姿は渡から大峰山の奧深く消えた。人は二度と彼の姿を見なかつた。此の不幸な男こそ大峰山を廻り廻つて、子供を守る行者だと、此の地方の人々は信じてゐる。

手まり唄 其他

福岡縣筑前植木にて採集
高崎 英雄

○ひでぽんかん 十(トーオ)
ひでぽんかん 二十(ティージュ)
ひでぽんかん 三たいな
ひいとつ ふうたつ 十
ひいとつ ふうたつ 二十
ひいとつ ふうたつ 三たいな
水仙 十
水仙 二十
水仙 三たいな
おつめにたんぢやく 十
おつめにたんぢやく 二十
おつめにたんぢやく 三たいな
えべすこたいたい 十
えべすこたいたい 二十
えべすこたいたい 三たいな

○つかちやん もんちやん
かわちやん こんちやん
お手ついて
お膝ついて
お經あげた
ひいふうみつなゝやこ 十
ひいふうみつなゝやこ 二十
ひいふうみつなゝやこ 三たいな
つめのせほかけて 十
つめのせほかけて 二十
つめのせほかけて 三たいな
すゐせん ばこ 十
すゐせん ばこ 二十
すゐせん ばこ 三たいな
おつめにたんぢやく 十
おつめにたんぢやく 二十
おつめにたんぢやく 三たいな
いつたいこが 十
いつたいこが 二十
いつたいこが 三たいな

○一(イチモンメエ)匁の一助さん
一二四
おはかりごんべんな
一萬一千一百石
一斗一升一合まで
おはかりおさめて
二(ティモンメエ)匁にわぁたした
二匁の二助(ティスケ)さん
おはかりごうめんな
二萬二千二百石
二斗二升二合まで
おはかりおさめて
三匁にわぁたした
……………
十(チュウモンメエ)匁の十助(チュウスケ)さん
おはかりごうめんな
十萬十千十百石
十斗十升十合まで
おはかりおさめて
十匁にわぁたした

○いゝもちよ〱

にいじん〳〵芋人参ちよ
さぁかや〳〵芋人参酒屋（サケカヤ）ちよ
しいたけ〳〵芋人参酒屋椎茸ちよ
ごぉんぼ〳〵芋人参酒屋椎茸牛蒡（ゴオンボ）ちよ
らふそく〳〵芋人参酒屋椎茸牛蒡蠟燭
　ちよ
ひちりん〳〵芋人参酒屋椎茸牛蒡蠟燭
　七輪ちよ
はまぐり〳〵芋人参酒屋椎茸牛蒡蠟燭
　七輪蛤ちよ
くぅじら〳〵　芋人参酒屋椎茸牛蒡蠟燭
　七輪蛤鯨（クウジラ）ちよ
とうふや〳〵芋人参酒屋椎茸牛蒡蠟燭
　七輪蛤鯨豆腐屋ちよ

○どうせお寺の坊（ボン）さんが
三錢ぬすんで芋買うて
歸ればおっ母さんに叱られる
安珍淸姫橋本天満宮
今日はお正月で
はたたてゝ

しめはぁつて
喜ぶきものは子供衆
喜ぶきものはだるまさん
一二三
いつ來たか
六日（ムイカ）の日
なに言うか
やかましい
こゝの道や
通（トーオ）らぁせんぞ

○坊（ボン）さん〳〵
あなたのおやしき
お梅が三本　櫻が三本
合せて六本
唐竹　から梅
からすが一羽でわぁたしだ

○山のちよん〳〵ぎすぁ
なし泣くか
親がないのか　子がないか
親もあれども　子もあれど
たつたひとりのぼつちやんが
山からころげて今日七日
七日と思へば四十九日
四十九日が過げたなら
お墓そろへて參りましよぉ〳〵

○大黑さんといふ人は
この界の人でなし
一の俵ふんまへて（朝のまへに二千石）
二でにつこり笑うて（ひるのまへに二千石）
三で盃さしそめて（三千石とつとまつて）
四で世の中よういやさ
五でいつもの如くなり
六でむことりおさめ
七つで何ごとないように
八つでやぁしきひぃろめて
九っこゝに藏たてゝ
十ぉでとつくりおぉさめた

手まり唄其他　（高崎）

○子供來い來い
花折りいこや
花はどこ〳〵
地藏の前の櫻花
一枝折れば　ぱつと散る
二枝折れば　ぱつと散る
三枝のさかゝから日が暮れて
西の紺屋にとまらうか（西を向いても
宿がない）
東の紺屋にとまらうか（東を向いても
宿がない）
西の紺屋にとまつたら（こゝの紺屋に
宿かつて）
疊は短し夜は長し
あかつき起きて空見れば（曉見いて空
見たら）
十七八のあねさんが（十七八のべんけ
いが）
もうむき盃手にもつて
一ぱいこしめしぢやうごしめ（一ぱい
のますりやぢやうごさん）
二はいこしめしぢやうごしめ
三ばい目には肴がないとて（三ばい目
の盃で）
あきんどのざるを
ひきあげて見たら
白い毛が六つ〳〵
六つになる千代が
寺からおりて
紺屋の前を
かつちやら〳〵いはした
紺屋の娘が
ちよいと出ていふことにや
男なら櫛やろ
をなごなら針やろ
針も櫛もいや〳〵
いや〳〵のさきに
ひよどりのせて
ぴつぴといはした
ちようど一こつゝいたばい
（これと後の二つは今わすれられてゐる）

○よんべごけた坊主の子
つつぱり買うて杖ついて
あかい障子をあけてみりや
とゝしやんかゝしやん泣きよつた
わたしが三つになつたなら
ものと屋敷に藏たてゝ
藏の前に松うゑて
松の木かげに鈴さげて
鈴がぢやん〳〵鳴る時は
とゝしやんかゝしやん
うれしかろぉ〳〵

○こつけらこうの竹に
節きりこめて
また來る盆の
水まつり
正月來りやうれし
盆來りやうれし
うれしの花はどこに咲く
山にも咲かぬ
川にも咲かぬ

石山寺の門に咲く〳〵

牛ひき男
つなひき男
それこそわしが殿子さま〳〵

妙見さまの御門の上に
めでたい鷹が巣をかけた
一巣もかけた
二巣もかけた
三巣四巣七巣八巣かけた〳〵

はかたやまちの
米屋のむすめ
白壁ぬりて
たすきをかけて
黄金のますで
よねはかる〳〵

○こよんべん〳〵わぉたした
どの子にわぉたした
だれさんにわぉたした
もうわしや知らんばい
（輪を作つて次の者に渡す時に唄ふ）

▽歩けるばかりになつた幼兒をつれて、二三人で手をひつぱつて歩きながら唄ひ、乳のましよ、で皆かゞむ

とーもとーも
ともだちよ
蘆屋の濱まで
待つちよけよ
やぉれ　かぉ〳〵が
乳のましよ

▽腕白兒が集るとよく合唱するもの

ちよー〳〵　朝鮮征伐太閤記
きー〳〵　木下藤吉秀吉は
わー〳〵　草鞋のもとから出世して
てー〳〵　天神都（天下中）をとりおさめ
めー〳〵　めゝこの中からさねいつちよ（冥途の土産はこれいつちよ）
ちよー〳〵　朝鮮征伐……

（くりかへす）

▼人をなぶる言葉

なぶるはあざける、いぢめるの間を行く位の方言

○花子をなぶる場合

花ちやんな　はがつく　はんざぶろうの　はんぶくろ　はりかあけて　はつちよけ〳〵

○久男をなぶる場合

久ちやんな　ひがつく　ひんざぶろうの　ひんぶくろ　ひりかあけて　ひつちよけ〳〵

筑前植木でのことであるが岡山では次のやうに言ふと聞いた。

○數子

かあちやん　かつたか　からゝんがかつさい　かあけて　かつさら　もつさら　かつとうじんが　かつきりまあめ　じゆうさんだん　きりまあめ　はんだんはん

手まり唄其他（高崎）

盛岡の方言（一）

橘　正一

雜誌民族や民俗學が度々方言の報告や研究を掲げるのは、我々方言研究家にとつて有難いことである。顧みれば、明治廿一二年頃の東京人類學會雜誌が各地の方言を掲げたのがまづ初まりで、次いで風俗畫報は明治廿九年頃から、方言の募集を開始し、大分長く續いたやうだ。明治卅五年には國語調査會が設立され翌年各府縣に向つて、音韻や語法に關する調査を依頼した。その結果として、東西の二大方言區域の對立といふことが具體的に證明された。これは我が國語學史上特筆大書すべき事實である。これらの運動に刺戟されて方言研究熱は全國的に高また。その結果は方言書の刊行となつて現はれた。事實、我等が今日有する方言書の大部分は明治卅五年から、四十年にかけてのものである。大正年間は方言學の暗黑時代であつた。然るに昭和に入ると同時に、方言研究は再び勃然として盛んなつた。それは時勢の然らしむる所とは言へ又、人としては東條氏や柳田氏、雜誌としては民族や旅と傳説の刺戟によるものである。かかる時勢に際して、土俗學が方言にまで、その研究範圍を擴張するといふ事は極めて必要でもあり、又正當でもある。否、そればかりではなく、土俗の報告に於ても、それに昔からの方言的名稱があるならば、東京辯に譯したり、無理な漢字をあてはめたりせずに、そのまま假名で書いて貰ひたいと思ふ。例へば獅子舞はどの報告を見ても、獅子舞とあるのは物足りない。何か地方的名稱がありさうに思はれるが、どんな物だらうか。

議論は實例にしかず、下手な研究は報告にしかず、といふのが今の私の心持ちである。しかし盛岡辯を報告するについて、第一に困ることは發音の表記法である。有體に言へば活字の不足である。盛岡では、頭字以外のカキクケコ・タチツテトは訛濁音となる。この訛濁音は決して鼻にかからない。そこで之を片假名で現はし、本來の濁音は、頭音と中間音とを問はず、すべて平假名で現はすことにする。

第二に困ることは、私はよく東京辯を知らぬといふことである。東京語辭典も手にはいらないから（お持ちの方はお讓りを乞ふ、盛岡市新馬町）方言と思つても、案外東京辯かもしれぬ。

家族部・稱呼部

あェな　（一）青年男子（二）自分の兄（三）舅姑から婿を

あかびっき　乳兒を賤めて云ふ。近村にては『びっき』

あっぱ（近村）　自他の母を云ふ。『隣の――』『おらほの――』

あんこ（近村）　他人の男兒を云ふ。女兒や我が子は云はず

あトとり　長男。あトとりむすことも

あねこ（近村）　（一）青年女子（二）嫁

うば又うばこ　長女以外の娘

うばさん　叔母さん

おカタ　妻

おごれんさん（廢語）　お孃さん、侍の娘を

いふ

おづ・おづこ・おんづ・おんちゃ・おんちゃこ

おんちゃま　長男以外の男子、次男坊

おぢょめ　弟嫁

おんつァん　叔父さん

おトまェ　汝（賤しめて）

おまェはん　あなた

おやカタ　兄

おれ・おら　貴賤男女とも一人稱

かまど　分家。分家するをカマドタテルいふ

ごテ　亭主、夫

しェなカあテ　連れ子

ぢャぢャさん　四五十歳位の女をいふ

てーしュかカ　主婦

てツケ　妾。テカケとも

ンな　お前。目上の者が目下に向つて。

なカつェ（廢語）　長男及末子以外の男子、仲

びった　女兒を賤しめて云ふ。オナゴビッタ、とも

ぼっこ・ぼんづ　兒、男女ともに

よテこ（廢語）　末子

わコ（稀）　老人が青年をいふ。若旦那といふが如し

わらす　子供（男女ともに）複數ワラシャド

天部

あぶらこてんき　黒雲と共に雨がパラパラとやつて來て、又直ぐ晴れるもの、夕立とはちがふ。しぐれか。

あめゆキ　春など降る雨と雪と交つたもの

あらね　霰

おなるカみさん　雷、落雷するを、おなるかみさんおトケァる、といふ

かんだち　夕立

きばな　嚴寒の候に、水蒸氣が木の肌にふれて凍結して白くなることをキバナサクといふ

ごろごろさん　雷、小兒語

ざえ　春に川を流れて來る氷の塊

すが　氷

たるひ　氷柱

なで（近村）　雪崩、なだれが落ちることを、なでァつくといふ

のず（廢語）　虹

わかゆキ（近村）　春遲くふる雪

わし（近村）　初冬、雪が降つて凍つた上に新たに雪が降り、暖氣のために上層の部分だけが走る事。ナデの方は春に全部が落ちること。

地部・家屋部

えタば　板敷

かクち　裏口

がっけ　崖、じゃんがけとも云ふ

かっち　水源地

かぼ（近村）　茅屋の屋根の側面にある三角形の煙出し

かど（近村）　せきの流をせき止めて飲料に供する所家の入口にあり

くけあな（廢語）　城中より某所に通ずる非常時の間道

盛岡の方言（橘）

くね(近村)　生け垣
ぐれ　芝生
ぐす(近村)　茅屋の棟
だぇどコ　臺所
せキ　家の前を流れる小川
たのクろ　田の畔
たや　別莊
つツみ　灌漑用貯水池
つぼまェ（近村）　庭
なすろ　苗代
でろ　泥
にわ　入口の土間
はェりクチ　入口
はどきェ（近村）　入口の緣側の所
ふィら（近村）　坂。盛岡では勾配をサカッピラといふ
まさ　こけら、屋根板
まさや　こけら葺きの家
やちた(近村)　濕氣の多い田、カタタに對す。
よな(近村)　砂
ろず　ひあひ、家と家との間の細道
さん　又ハさんこ　さろ。戸に作りつけて、閉ぢる時柱の穴にさし込んでしまりとする具『さんこ・おろす』
のろキ　鑛石の一種、柔し。子供等が地に物を書く時、チョークの代りに使ふ。
まげ(近村)　茅葺屋の天井をはらぬ部分に桁から桁へ、まげご(枝を拂った細長い木稻などを架ける類の木）を渡した上の部分をいふ。板を渡したのもある。ちよつと二階と言つた樣な所である。藁などをのせておく。曲りやだてであれば、おもやの方をオーマゲ、庭の方をマゲ、げやの方をコマゲといふ。
げや(近村)　母屋につけたした部屋、その屋根は母屋の屋根よりも一段低く、その床は張ることもあれば、土間のままなのもある。漬物桶などを置く。げやを建てることを、げや・おろす、と言ふ。
おさ(近村)　一枚一枚の田をいふ。
まるおさ　丸い田
かくおさ　四角な田
ながおさ　長い田
このおさ　此の田
あのおさ　あの田
おさなみがよい　田が整然と並んでおろこの頃、雫石村の田中喜多美氏の御來信による。

民俗學談話會記事

第五回（七月十三日　學士會館にて）

南洋の靈威について　宇野圓空氏

氏はインドネシア諸島に於ける諸種の靈的觀念に就いて夫れ〲の例證をあげられ、例令、マレイ人のスマンガ、バダク人のトンデ又はツンデ等をあげて、アニミズム、アニマテイズム、ダイナミズム、プレアニミズムの比較に入り、メラネシアに於けるマナの觀念と關連して呪力をとかれ、而してこれらの呪力的觀念の對象となる靈的存在を靈威といふ觀念を以て取扱ふべきことを提唱せられたのである。此の講演は十月號の民俗學に掲載せられる筈である。

紙上問答

△たとへ一行一句でもお思ひよりの事は、直に答をしたためて頂きたい。

△一度出した問題は、永久に、答へを歡んでお受けする。

△どの問題の組にも、もあひの番號をつけて置くことにする。

○問(六) 伊豆七島の風習及び方言には、南島のに似通つたのがかなりある。二三ヶ月前東京朝日に出てゐた八丈島の女人風俗寫眞の說明に「頭の上に水桶や荷物を輕々とのせて元氣に運ぶ若いめならべ」とあるのを見て、面白いと思つた。このめならべが琉球語のめやらべと同じ語で、乙女の義であることは言ふまでもない。かうして女が物を頭にいたゞいて步く風習は、南島にもあるが、そこではそれが日常生活になつてゐる關係上、「物を頭にいたゞく」といふ概念をカミユン(國語風に直すとカメル)といふ簡潔な一語で言表すやうになつてゐる。八丈島にもかうした語がありさうに思はれるが、どんなものだらうか。知りたいものである。この風習は、九州地方では櫻島に、近畿地方では八瀨大原に、遺つてゐるが、これらの部落でも、やはり簡潔な言表し方をしてゐるのではなからうか。柳田先生の「島の話」の中に、豐後の海岸でシャアと謂はれる水上生活者などは、今でも女が物を頭にいたゞいて步き、又瀨戶內海に入つて、カネリともカベリとも呼ばれて居る部落も同じものらしく、カネル若くはカベルといふ動詞は、物を頭に載せることを意味するといふことが見えてゐるが、このカネル若くはカベルは、琉球語のカメルと緣故のある語で、古くはかうして運搬することをかうした語で言表したに相違なく、この風習の遺つてゐる部落には、こんな語がまだ生きて活いてゐるやうな氣がしてならない。沖繩島の北部山原地方及び奄美大島へ行くと、山國である關係上、かみる代りに、女が額を以て紐を釣つて荷物を背に負ふやうになつてゐる。そこでもきつとこれだけの概念を簡潔な一語で言表してゐると思ふが、私の方言採集手帖は之を逸してゐる。この地方の方々か南島方言採集家の宮良當壯君にお聞きしたいものである。同一の風習は、アイヌのメノコの間にも遺つてゐるから、之を二三音節で言表す動詞が、アイヌ語にもなければならない。金田一君の御示教を仰ぎたい。(伊波普猷)

○問(七) 出產は七夜と稱して夜を用ひ、死亡は初七日(十日祭等)と云つて日を用ふるのは、何に因むのですか。產子が男なれば三十三日、女なれば三十二日目に宮參りをするが、男と女とで日數の異なること、又死亡者の忌日の前日は逮夜と稱して此の時は夜を用ひる事も不審です。產子の宮參りの日數は名古屋地方の風習ですが、これと異なつた風習もありますか。此の地方宮參りの土產は豆の交つた飴ですが各地方では如何。嫁が里方で初產をする事になつてゐる地方では、若し婚家と里方との間に河川が有る時は、何か異なつた形式はありませぬか。之等は何に基因してゐるか御敎示を乞ふ(矢頭和一)

○問(八) 私は近頃、地方の新聞へ、蝶の原語はカヒであらう。テフといふ詞もカヒ系統の純粹の日本語であらうといふ說を發表した。それに就いて蝶の方言を敎へていたゞきたい。その外、私の知りたいと思ふ方言は、親類・本家。分家・次男坊・獨身者・末子・私生子・酌婦・月經・中間の食事・二合五勺・シーソー・ゲンマン(子供の契のしるし)・神官・市子・露店・短身・肥滿・出額・禿頭・眉下り・鼻高・多毛・片目・手足の不具等(橘 正一)

○答(三)　今では一號倉庫二號倉庫其の外の名稱を用ひてゐるが、昔、富家では數ある土藏の印をいろは付にせし所から、いろは藏の名が起り、義士の數が四十七人で丁度いろはの文字數と合つた爲に、いろは藏の緣を借りて竹田出雲が此の名稱で書き下したのでせう。又藏を文庫藏とも云つて居た所から爲永春水はこれを引き戻して、いろは文庫として書き下したものと思ひます　(矢頭和一)

○答(四)　伊勢神宮の神饌の作物を栽培する田畑には一切人糞を用ひない。神田の肥料は主として乾草を使用する。

京都府相樂郡棚倉村に於ては人糞肥料のことを「むだでやし」と稱する。同村字平尾に鎭座する和岐座天乃夫岐賣神社に正月三日間(維新前迄二の午の日から三日)居籠の神事を行ふ。三日目の夜丑刻に太鼓を南西東北方と打ち廻るを居籠のあきと稱する。此の時迄田畑の肥料並に耕作の事一切行はず、人糞等扱ふ事確く禁ずる。神事濟んで以後は「むだでやし」を用ひてもよいけれども田植を行つて以後は確く確く之を忌む。因に苗代田に種を蒔く時、水口に神事の時祉から受けて來た榊に花を添へて立て、又籾、あられ等を紙にのせて供へる　(大正十三年一月調抄出)　(井上頼壽)

○答(四)　沖繩の久高島(クダカジマ)(「國(クニ)の創(ハジ)まり久高島」といはれて同島は最初の沖繩人が出現した處、そして五穀が人間の食料として神から與へられた處との傳説ある島)では、肥料(人糞肥料)を畑に運んで後は、海に全身を浸して清めてからでなければ、家には入れぬ事になつてゐます。(從つて冬季になると百姓が施肥を怠る)。これは農業の發達を阻害する風習だから廢止の必要があると言うてゐました　(大正五(六?)年に私が久高島に行つた時に其の土地で聞いた話)。久高島には日本古代の風習の殘つてゐるのがありますから、或は右肥料に關するのも其の一つではないかと思はれます　(比嘉春潮)

○答(四)　主基悠基の齋田には一切不淨な肥料は使はせられぬと伺つて居ます　(後藤圭司)

○答(五)　靜岡縣駿河國駿東郡楊原(ヤナギハラ)村(今沼津市に合併)我入道(ガニウドウ)でも同樣な事を云うてゐますが何う云ふ處から云ひ出してゐるのか不明であります　(後藤圭司)

厄年の人と餅

▲信州南安曇郡一日市場では厄年の人は正月十四日(卽ち前年の大晦日に當る)の歳とりの晩に東筑摩郡片丘村の牛伏寺へ餅を借りに行く「おかしなさつておくれなさんし。厄を輕くして下されば餅を大きくして返へします」と云つて一番小さい餅を持つて歸つて來る。翌年の十四日に又餅を返へしに行く。その大きさは借りた餅の倍の大きさである。

風呂の垢

▼神奈川縣三浦郡逗子では風呂の垢によごれた水を飲むとどんな病氣でも癒ると信ぜられてゐる。これは垢のある水には人の脂が澤山入つてゐるから、それが體にある病毒を下すのだと云ふ。

井戸の神樣

▼神奈川縣三浦郡逗子では井戸の神樣は千人の顏を見たがるものだから井戸の蓋をしてはならぬと云はれてゐる。若し蓋をすればその家には不仕合せがあると。

苗代しめ

▼信州南安曇郡一日市場附近では春苗代をこしらへることを苗代しめと云ひ、この日には餅をついて方々の家に配つた。

(以上有賀)

學界消息

○國學院大學鄕土研究會　夏の大會　同校鄕土研究會の夏の大會は六月二九日午後一時より大講堂に於て開催された。當日は折口信夫氏の「田あそび祭の概念及その解說」と云ふ講演があつた後、東京府豐島郡赤塚村下赤塚諏訪神社の田遊び祭の實演が同社氏子によつて行はれた。

○奄美大島の民謠と舞踊の大會　七月七日青山會館にて同島產業紹介の意味を兼ねて要商會と奄美大島民謠研究會主催の下に開かれた。

○民俗藝術の會　六月例會は同月二十九日午後六時半より朝日新聞社五階紙型室に於て開かれた。當日の醫學博士福士政一氏の「いれずみの話」と云ふ講演は同氏が多年苦心して蒐集された文身の寫眞や文身せられた皮膚の剝製など數多き資料を呈示されたものであつて、甚だ興味深かつた。尙七月例會は二十六日午後六時半より同じく朝日新聞社に於て開かれ、櫻間道雄氏の「能の型について」の講演があつた。

○柳田國男氏　岡山市から出てゐる「岡山文化資料」第五號方言號に「唾を」と云ふツバキの方言に關する論文を寄せられた。

又同氏は七月二十日朝日新聞社の民衆講座夏期特別講演會「不思議な話の夕」にて「熊谷彌惣左衞門の話」と題する彌惣左衞門きつれ其他諸國の狐に關する傳說を講演された。

○伊波普猷氏　折口氏よりも一便早く七月下旬に東京をたちて、四年振りで墓參旁琉球に歸る。折口氏渡島の後は同氏を案內して、尙家の祭、行事、盆の行事傳說、盆の後の田舍の村芝居綱引の行事、琉球の古典劇等を共々見學する筈である。琉球の文身の傳承、其儀式器具や尙王家內の方言（Court dialect）の研究も計畫して居る。歸京の途、喜界島に立寄つて同島敎育會のホネテツク講習會をすまして、同地の言語土俗の調査をする豫定である。

尙同氏は「南島私考」を岡書院から出版する爲目下起草中である。

科學畫報八月號に「布哇の自然と人」寄稿「校註琉球戲曲集」春陽堂から近刊、これには折口信夫氏の「組踊以前」と題する二十頁の序文が載る。これは伊波氏の「組踊の發生」に對して書いたもので、琉球の古劇組踊の發生以前の狀態を琉球の各地方に殘れる土俗的舞踊や日本古來の舞踊を比較研究したものであるさうである。（民俗藝術八月號に轉載）本文は、戲曲の臺詞を皆ローマナイズして正確な發音を示すべく留意して居る。歌譜も、型に關する研究もあつて、劇中の舞踊の寫眞挿繪共に豐富である。

○折口信夫氏　國學院大學に於ける萬葉夏期講座で講義を擔當した。

中央公論へ「河童の話」を寄稿される筈。

大岡山書店から「古代研究」の民俗學篇の第二が近々出版、目下其の跋文を起草中の由。

八月五日より三日間長野縣北佐久郡敎育會の招聘によつて、同郡岩村田にて「後期王朝の文學」の講演をなし、歸京後琉球那覇に住き、伊波氏の案內にて、尙家內の祭、盆の行事、琉球の古典劇等主として琉球の都會のものを研究し、八月下旬に歸京の豫定。

○金田一京助氏　八月五日より北海道及樺太のアイヌの調査に赴く。先づ小樽から樺太東海岸に直行し、主として樺太アイヌ語に於ける複數について調べ、それより北海道宗谷に戾りて、差當り北海道と樺太との橋渡しをする其地のアイヌを調査した上、北見、天鹽、膽振、室蘭を經て約三週間の豫定にて旅程を終らる筈である。

岡書院より近刊の「ユウカラの研究」は漸く文法篇だけ校了、本文も初校を濟み、目下これに附する「ユウカラ概說」を起草中。

○會津八一氏　奈良美術研究會の古美術文獻叢書を續刊されて、洛陽伽藍記、南海寄歸傳、歷代名畫記の校定を略終つた。

八月上旬西下の上、東寺、醍醐寺、法隆寺の文獻を調査する筈である。

○今和次郞氏　國民新聞社主催の夏期講座にて「建築の樣式について」といふ講話をする。又九月頃三越にて「考現學展覽會」を開催する豫定である。

今秋春陽堂より研究の結果をまとめて「考現學」を出版する。

學界消息

七月四日の早稻田大學新聞に「輕い事柄の趣移」と云ふ隨筆的のものを寄稿した。

○宇野圓空氏　七月十八日より京都、鹿兒島、福岡方面に講演旅行に出かけ、八月十日前後に歸京する。

○石田幹之助氏　「思想」七月號支那特別號に「最近に於ける支那學の展望」を寄稿。

○小泉鐵氏　文化學院に於て九月の新學期より科外講義として「未開種族の社會」を十回に亙り講演。

科學畫報九月號に「臺灣蕃族の風俗二三」小供之科學九月號に「臺灣の山と蕃人」を寄稿。

「世界地理風俗大系」「臺灣」の卷の爲めに「東部臺灣」及び「蕃地と蕃人」を執筆中。

宗敎研究九月號に「アミ族の祭祀に就いて」を寄稿。

東亞七月號及び九月號に「蕃族雜話」を寄稿。

○松村武雄氏　某辭典の神話學の部分を擔當。

○中山太郎氏　「日本巫女史」大岡山書店より近刊、地平社書房より「祭禮と風俗」を出版した。

「旅と傳說」八月號へ「錢瓶塚由來記」を寄稿、日本中の錢瓶塚、錢瓶橋の諸例を集めて比較した上、其の由來を說き七福神以前の財神の研究をした。

「民俗藝術」八月號へ「いれずみの遺傳する話」を寄稿。

○小寺融吉氏　早稻田大學演劇博物館の「演劇館報」第三號へ「獅の話」を寄稿。

○西村眞次氏　法律春秋へ「占有權表示のタブの起原」寄稿。

○マルセル・モース氏 M. Mauce 同氏はフランスに於ける社會學殊に未開人の宗敎研究の泰斗として有名であるが、近く Collège de France へ入る噂がある。

○マスペロ氏　今秋十月頃東京帝國大學に於て「左傳」に關する講演をする由、右講演後十一月正倉院を見學して歸朝する筈である。

○板橋倫行氏　さきに「日本靈異記」の和解本を春陽堂から刊行した同氏は續群書類從完成會發行の「溫古隨筆」七月號へ「日本靈異記」覺え書、といふ一篇を寄稿。氏は先づ「靈異記」の異本をあげて、次で從來最もひろく行はれた類從本の披齊校訂本を底本として其和解本を作るに當つて取つた種々なる補訂上の見解について述べ、併て披齊本が未嘗つて知らなかつた校訂上の新資料を列擧して居る。

○繪入淨瑠璃史　水谷不倒氏の同著は當初限定出版であつた爲殆ど市場に其姿を見せなかつたが、今回大洋社主人の好意によつて原本の再版を企て、一般研究者學生諸氏の便宜を計つて三百部限り特價及月賦販賣の制をもうけてゐる。同著者の「假名草子」もこの際百部に限つて特價にて分つ由。

（繪入淨瑠璃史和裝大形全三冊定價七・五圓特價五圓月賦三度拂一・二圓二圓二圓　假名草子和裝大形全二冊定價十二圓特價八・五圓月賦三度拂一・五圓三・五圓三・八圓　申込所東京西巢鴨町宮仲二五七〇太洋社　直接申込れたし）

○Carl Köhler――A History of Costume 獨乙の原本から昨年反譯されて出版、西洋各時代の一般服裝の構造を一と通り學ぶ本として有力なもの。

○Paul H. Nystrom――Economics of Fashion 著者はコロンビア大學商學部敎授、一九二六年より同大學で流行學を講じ、流行に關して綜合的講述をなす。新民俗を概括的に考察する爲めの好參考書。（以上二項今）

○ニユー・カレドニヤ人とローヤルティ諸島の土俗誌（Ethnologie der Neu-Caledonier und Loyalty Insulaner）著者は瑞西バーセルのフリッツ・サラセン博士（Dr. Fritz Sarrsin）本書は著者が一九二二年に出版せる人類學篇に對する姉妹篇にして獨り著書自らの見聞のみならず既に發表せられたる文獻に見えたる記事をも網羅せるものにして、單にこれら諸島の住民の土俗を明らかにせるのみならず、他の未開種族の民俗研究に好資料を提供するものである。其の内容は一緒言二、先史時代三、島の發見史、布敎史、殖民史四、人口五、生理的事項六、疾病七、醫事八、精神的特徵九、言語傳說十、交通及貿易十一、食料嗜好品十二、農耕十三、家畜十四、狩臘十五、漁撈十六、航海、十七、料理用の諸器具其他家庭用諸道具及工作用器具十九、發火法照明の材料二〇、器具二一、木綿織物二二、石矢及其他の石器二三、村落及住家二四、住家の彫刻裝飾二五、服裝二六、貨幣二七、武器二八、戰鬪二九、食人族三〇、お祭、踊、祭儀及舞踊と其道具三一、音樂及歌謠三二、遊戲三三、假面三四、社會組織三五、葬禮及屍體埋葬の習俗三六、宗敎及マジック三七、結論附錄、參考書目、而して著書の解說せる材料もまた彼自身の蒐集せるものにとゞまらず、歐洲各地の博物館に保存せられるものを出來得る限り利用せるものなるが故に、この問題につきては殆ど完全に近い解說が與へられて居るといつてもよからう。(ミユンヘン、クライデル (C. W. Kreidel 出版序文八頁本文三二〇頁地圖一枚寫眞版七三枚一九二九年三月發行)

○近着のZeitschrift für Ethnologie (一九二八年の一乃至三)にHans Findeisen 氏の「古シベリヤ種族の生活に於ける漁業 (Die Fisherei in Leben der "Altsibirischen" Völkerstämme.)と題する長篇の論文が載つて居る。著者は蒙古及シベリヤの土俗研究者として夙に名の聞えた人である。第一篇、緒言第二篇、古シベリヤ種族に於ける漁業第三篇結語第四篇、引用書目錄に分たれ、第一篇緒言に於ては古シベリヤ種族の生活に對する漁業の意義を說き、これ等種族の外觀を述べ第二篇に入りて、章を分つこと六、第一章に於ては魚類の種類及養殖、保存の方法、醫療用に供する魚類、其他の用途等を論じ第二章に於て種々なる魚業の方法及其分布を說明し第三章に於ては漁業に必要なる道具類を解說し第四章に於ては一々の漁業の方法を特に解說し第五章に於て、古シベリア種族の社會生活に對する漁業と云ふことが如何なる意味を持つて居たかを論じ第六章に於て彼等の精神生活に漁業と云ふことが如何なる影響をして居るかを述べてある。所謂古シベリヤ種族とは二カギール・チユワンツ・チヤチエツト・チエクチ・ーコリヤツク・カムチヤダトル・エスキモー等をさすものである。

○カール・ベート氏 (Karl Beth) の「宗敎と呪術」の再版出づ。ライプチツヒ、伯林一九二七、本書の述ぶるところは、其根本の諸說は初版と別に變りはないけれども幾多の部分に於て多くの增訂が試みられてゐる。氏の說は宗敎と呪術は恐らく大古時代より別々に並行して進化して來たもので、この兩者の對流といふものを橋渡しするものはないと言ふにあつて、これは確に傾聽すべき一說であると思ふけれども、プロイス氏の如き有力なる反對說とも相對して讀むべきものであると思ふ。

○マスペロ氏の「支那文明の起原に關して」は雜誌「支那學」第五卷、第一號に發表されてゐて、且て四月二十一日に京都帝國大學に於て講演された時の原稿であるが、これはマスペロ氏が、"Annales de la geographie" といふ雜誌へ掲載された "Les Origines de la civilisation chinoise." と併せて讀むべきものである。

○Kühn, Herbert; Die Malerein der Volltort Schlucht (Provinz Castellon) IPEK Jahrbuch f. Prähist. u. Ethnog. Kunst. I, Halbband. S. 33—45; m. Taf. XI bis XVII. 第1卷

○Kühn, Herbert; Ursprung und Entwicklung der Paläolithischen Kunst, Mannus 誌 1926.

○G. B. Brown; The Art of the Cave Dweller. A Study of the Earliest Artistic Activities of Man 1928.

　これは、古代繪畫、彫刻等をマジツクから說明しようとすることが近頃勝過ぎて居るのに對して清涼劑ともなるものであつて、美術としての繪畫、彫刻として理解し說明してゐる。

(以上五項　石田)

○奥平武彥氏 は伯林圖書館に於てベツテルハイム自筆の琉球語譯の路可傳の原稿を發見した由、近信に見えた。ベツテルハイムの琉球語譯の聖書と云ふは、四福音書と使徒行傳とであつて、上海で木版に起したものである。

「民族」殘本整理

一　『民族』を希望者に頒賣します
一　第二卷第一號を除く外全部揃ひます
一　定價　各號金壹圓
一　送料　壹冊六錢
一　代金引換小包の御注文には應じ兼ねます
一　總目錄　金十五錢（送料共）
一　合本
　第一卷合本（索引付）　定價七圓五十錢　送料　東京市內　十二錢　內地　四十五錢　滿鮮樺臺　七十五錢
　　裝幀　背革角革特製
　第二卷合本　第二卷第一號缺本の爲め合本出來ません
　第三卷合本（索引付）　定價其他第一卷合本と同じ
一　索引　第三卷迄在庫（第四卷索引は作製中）
　　定價各十五錢（送料含）
一　合本用表紙　壹圓（送料共）

『民族』執筆者（順序不同）

濱田　耕作　伊波　普猷　新城　新藏　柳田　國男　鳥居　龍藏
金田一京助　井上　賴壽　折口　信夫　喜田　貞吉　赤松　智城
ネフスキー　白鳥　庫吉　原田　淑人　ラムステット　中山　太郎
佐喜眞興英　有賀喜左衞門　山崎　直方　津田左右吉　宇野　圓空
南方　熊楠　幣原　坦　坪井九馬三　孫　晉泰　岡下　大蘗
小寺　融古　堀　維孝　高橋　健自　井上　芳郎　倉野　憲司
知里眞志保　川村　悅磨　津田　敬武　松村　瞭　清野　謙次
村岡　典嗣　加藤　玄智　新村　出　栗田　峻　稻葉　君山
レ　イ　中谷治宇二郎　山本　信哉　橋本　進吉　小泉　鐵
別所梅之助　宮良　當壯　山田　孝雄　レ　ギ　馬　衡
秋　葉　隆　中川善之助　牧野　巽　原田　敏明　岡　正雄
八木奘三郎　小倉　進平　石田幹之助　金關　丈夫　平井　隆
安田喜代門　出石　誠彥　橋本　增吉　田端　丈夫　饗庭　斜丘
奧平　武彥　田邊　壽利　小牧　實繁　內藤吉之助　東條　操
石濱純太郎　石黑　魯平　中道　等　樋畑　雪湖　金城　朝永
島田　貞彥　八幡　一郎　今　和次郎　長谷部言人　小林　英夫
島村孝三郎　トルマチヨフ　西脇順三郎　板澤　武雄　松岡　靜雄
外數十氏

東京市神田區北甲賀町四番地
取扱所　岡書院
電話神田二七七五番
振替東京六七六一九番

柳田國男著

四六判三八〇頁
四色刷挿畫二葉
二色刷地圖二葉
表紙木版刷雅裝
定價二圓五十錢
送料東京市内十二錢 其他二十六錢

雪國の春の明るい柔かな綠の諧調、是がちやうど日本の平民文化の、顯れて大に伸びて行かうとする悦びを象徴する。久しい間白の單調に閉されて、冬籠りをして居た農夫たちが、野に出でゝ鳥の聲、水の響を聽くやうな感動が、新時代の國學の中に蘇つたのである。

「雪國の春」は希望の書である。假に小さな結論ですらないとしても、少なくとも今後各一人の經驗に由つて、實證せられ得る前代の社會相が、尙豐富に且つ鮮明に殘つて居たといふことを、特に記錄に緣の遠い雪國に就いて證明したのである。

過去の文藝と風景論、此方面にも目に見えぬ拘束が多かつた。所謂與へられたる文化の不調和から脫出しなければ、人はまだ生活の政治を考へる資格が無い。しかも或一人の旅人が、雪國の靜かな村をあるきつゝ斯う考へるやうになつたのも時勢である。

南方熊楠著　南方隨筆　正篇 續篇　四六判 洋裝　價各三、五〇　送各二七

高木敏雄著　日本神話傳說の研究　菊判 洋裝　價五、〇〇　送二七

今和次郎著　日本の民家　四六判 洋裝　價三、五〇　送二七

バーン著 岡正雄譯　民俗學概論　菊判 洋裝　價三、八〇　送二七

佐喜眞興英著　女人政治考　菊判 洋裝　價二、五〇　送二七

井上芳郎著　古代女性史論　四六判 洋裝　價二、〇〇　送一八

東京神田駿河臺北甲賀町四番地

岡書院

電話神田二七七五番
振替東京六七六一九番

中山太郎著　民俗藝術叢書（最新刊）

祭禮と風俗

北はアイヌの信仰より、南は沖繩の祭事に至る、各地の祭禮・土俗を零細に集めて其の據つて來たるところを糺し、變遷の過程を語り、而して此信仰行事より生じた諸種の風俗を述べて、我國の祭禮の機構が如何なるものであるかを闡明した、極めて興味深い研究である。蓋、從來何人も著手せさりし我祭禮の側面史として江湖に薦めたい一書である。

四六判紙裝　定價壹圓　送料六錢

南江二郎著　民俗・藝術叢書（最新刊）

原始民俗假面考

著者は從來多くの人の殆ど顧みなかつた人形芝居といふ特殊な題目を捉へて、研究に餘念なき篤學の士である。本書は、即、此人形芝居の源流であり、且は演劇・舞踊の源泉でもある原始的民俗假面を、世界の各民族に就いて精査せられたもので、それに伴ふ舞踊・儀式の意義・様相等に就いても說明が加へられてゐる。

四六判紙裝　價壹圓五拾錢　送料六錢

民俗藝術叢書

柳田國男著　民謠の今と昔　價壹圓　送六錢

小寺融吉著　藝術としての神樂の研究　價壹圓　送六錢

東京市神田區南神保町一四　地平社書房　電話九段二六〇二　振替東京六一六九四

◇前號目次

◇民俗學談話會

第六回民俗學談話會は八月は休會とし、九月十四日(第二土曜)例月通り東京學士會館に於て開きます。講演者は石田幹之助氏の豫定です。詳細は九月號誌上にて御知らせします。

△原稿、寄贈及交換雜誌類の御送附、入會退會の御申込、會費の御拂込等は總て左記學會宛に御願ひしたし。
△會費の御拂込には振替口座を御利用せられたし。
△會員御轉居の節は新舊御住所を御通知相成たし。
△御照會は通信料御添付ありたし。
△領收證の御請求に對しても同樣の事。

昭和四年八月七日印刷
昭和四年八月十日發行

定價金八拾錢

編輯兼發行者　東京市神田區錦町三丁目十七番地　岡村千秋
印刷者　東京市神田區錦町三丁目十七番地　白井赫太郎
印刷所　東京市神田區錦町三丁目十七番地　精興社

發行所　東京市神田區北甲賀町四番地　民俗學會　振替東京七二九九〇番　電話神田二七七五番

取扱所　東京市神田區北甲賀町四番地　岡書院　振替東京六七六一九番

MINZOKUGAKU

THE JAPANESE JOURNAL OF FOLKLORE

Published by the

MINZOKU-GAKKAI

Volume I　　August 1929　　Number 2

Articles:　　Page

Short Notes:

Folkloristic Notices:

MINZOKU-GAKKAI

4. Kita-Kôga-chô, Kanda, Tokyo, Japan.

民俗學

第壹卷　第參號

昭和四年九月

民俗學會發行

民俗學會會則

第一條　本會を民俗學會と名づく

第二條　本會は民俗學に關する知識の普及並に研究者の交詢を目的とす

第三條　本會の目的を達成する爲めに左の事業を行ふ

イ　毎月一回雜誌「民俗學」を發行す

ロ　毎月一回例會として民俗學談話會を開催す

　但春秋二回を大會とす

ハ　隨時講演會を開催することあるべし

第四條　本會の會員は本會の趣旨目的を賛成し會費（半年分參圓　壹年分六圓）を前納するものとす

第五條　本會會員は雜誌「民俗學」の配布を受け例會並に大會に出席することを得るものとす　講演會に就いても亦同じ

第六條　本會の會務を遂行する爲めに會員中より委員若干名を互選す

第七條　委員中より常務委員三名を互選し編輯庶務會計の事務を負擔せしむ

第八條　本會の事務所を東京市神田區北甲賀町四番地に置く

附　則

第一條　大會の決議によりて本會則を變更することを得

第二條　當分の間發起人に於て委員代理す

私達が集つて此度上記のやうな趣意で民俗學會を起すことになりました。

考へて見ますと學問が大學とか研究室とかに閉ぢこめられてゐた時代は何時まで何時までつゞくものではないといふことが云はれますが、然し大學とか研究室とかいふものを必要としなければならない學問のあることも確かに事實です。然し民俗學といふやうな民間傳承を研究の對象とする學問こそは眞に大學も研究室も之を獨占することの出來ない學問であります。然しさればといつてそれは又一人一人の篤志家や學究が個々別々にやつてゐたのでは決してものになる學問ではありません。出來るだけ多くの、出來るだけ廣い範圍の協力に待つしかないものと思ひます。日本に於て決して民間傳承の資料の蒐集なり研究なりが閑却されてゐたとはいへません。然しそれがまだ眞にまとまるところにまとまつてゐるとはいはれないのが事實であります。かう云ふ事情の下にある民俗學の現狀をもつと開拓發展せしめたいがために、民俗學會といふものを發起することになつた次第です。そして同樣の趣旨のもとに民間傳承の研究解說及び資料の蒐集を目的として、會員を募集し、會員諸君の御助力を待つてこれらを發表する機關として「民俗學」と題する雜誌を發行することになりました。どうかこの一般國民生活の中に深く生きてゐる事實の意義及び傳承を生かす爲めに、そして民間の學問としての學的性質を達成せしむる爲に、本會の趣旨を御諒解の上御入會御援助を賜りたく御願ひ申します。

委員

會津八一	秋葉隆	有賀喜左衛門
伊波普猷	石田幹之助	移川子之藏
宇野圓空	岡正雄	折口信夫
金田一京助	小泉鐵	今和次郎
中山太郎	西田直二郎	早川孝太郎
松村武雄	松本信廣	宮本勢助

昭和四年九月發行

民俗學

第壹卷　第參號

目次

私達のこの雑誌は民俗學的な方法の上に立つ研究又は解説を發表する機關であることも一つの任務であり、それが民俗學の發展の上に大きな役割を演ずべきものなることはいふまでもないことである。そしてなほ私達はすゝんで民俗學とは何ぞやといふやうな點についても更めて論議することともならうし、又民俗學の方法論的討議の舞臺となることをも希待するものである。

然し私達が常に用意しなければならないものは、それが如何に取扱はれようと、それがよつて立つ資料、正確なる資料の蒐集でなければならないことはなほ一層明かである。

私達現在の委員が學會の創立を發起した當初に於て無論民俗學の今後の過程に新しき開拓の地を描いたことも事實であつたが、より一層私達は資料の蒐集といふことに一層多くの慾望を抱いてゐたのであつた。そして資料を中心としたものを作りたいといふのが希望であつた。そして現に私達の手許に集つてゐる資料は決して少なくはない。然しそれは或る現定せられた範圍を出でゝゐない。それは地方的にも又事項の上に於てもいはれることである。

そこで私達はもつと廣い範圍からの、そしてもつと澤山な項目に關しての諸君の資料報告に接したいといふことをお願ひしたいのである。

民俗學が要求するところの資料は、いやしくも人間の生活が唯一個の人間ではなしに集團の生活に反映投射せられたものである限りに於てすべてが要求せられる筈である。然し何處までもその慣習なり行事なりが集團的生活に織り込まれて社會的意義をもつものでなければならないことは又明かである。

私達は何等かの項目をあげて資料の提供をお願ひすることもあるだらうけれど、又何によらず民間傳承としての資料をたへず提供を願ひたいとのぞんでゐる。

但し資料の報告はありのまゝの事實でありたい、不完全なものは不完全のまゝでありたい、説明でなくつて單なる記載でありたい。主觀をぬきにした客觀的なものでありたい。矛盾も撞着もそのまゝにして置きたい。

この雑誌は決して少數者のものではない、會員の方々のものであると同時に又その手を通じてすべての人のものである。どうかこの雑誌刊行の意義を生かす爲に皆樣の御助力をお願ひする。（編輯委員）

祭儀の二面性

松村武雄

一

祭儀といふものは、一體に兩面的なものである。表べから見ると、一面的な形相を呈してゐるものでも、仔細にその潛在的な内容に探りを入れるか、若くはその本原的な姿に遡つて行くと、多くの場合他の一面に逢着するものである。そして祭儀が兩面的であるといふ事象は、生きることに對する人間の心持が、兩面的であることの具現の一つに他ならぬ。しかし祭儀が、二面的であるといふことは、その二面が、各々異つた心の働きに支配せられてゐることを意味しない。二つの形相は、その奥に潛む或るものによつて、一つに歸してゐる。

兎角えらさうなことを言つてはゐるが、畢竟するに、人間も一個の生物であり、そして生物である以上、生物界を支配する自然法則に、その考方と動向とを左右せられざるを得ない。自己保存と種の保存との衝動がこれである。かくて人間の究竟目的は、ただ一つ——生命の保存と安全化とでなくてはならぬ。ところでこの目的は、二つの方法によつて達せられるほかはない。一は、消極的な方法であり、他は、積極的な方法である。生命の保存と安全化とを脅かすものから遁れようとするのは、前者であり、これを確保してくれるものを獲ようとするのは、後者である。

2

かくて祭儀もまた、それが呪術的であらうと、呪術宗教的であらうと、はた宗教的なものであらうと、本原的には、ただ二つの種類しかない。『驅除』の祭儀と『招迎』の祭儀とが、これである。ヂェーン・エレン・ハリスン女史の言葉を用ふるなら、expulsion の祭儀と impulsion の祭儀といふことになる。そして人間の究竟目的が何であるかといふことからの當然の歸趨として、驅除の希求の對象となるものが、生活や生命を危うくするすべての惡しきものであり、招迎の欲求の對象となるものが、それ等を安固にするすべてのものであることは、云ふまでもない。

しかし人間の究竟目的は、ただ一つである。いかにさまざまの形を採つて、外部に現れるとしても、生きんとする衝動の一つに歸する。だから祭儀に正負の二面があつても、その根は、一つにつながつてゐる。二面は、相互ひに補充的であつて、常に一は他を豫想してゐる。鬼は外といふことは、福は内といふことを豫定して、始めて充分な意義を持つて來る。多くの民族の年中行事の重要なる一成素をなしてゐる唱言が、多く相對的になつてゐるのは、かうした心持の致すところである。

ただ人間の心持は、常恒的に規則正しく動くものではない。おのれをめぐる季節、おのれが對する事物現象、その他いろんな條件に支配せられて、ある時には、惡しきものを避けんとする欲求が、心的動向を決定し、或る時には、善きものを迎へんとする欲求が、優越的な地位を占める。或る祭儀が、特に驅除的調子を帶び、他の祭儀が、專ら招迎的色彩を呈するのは、さうした心の振子の搖れ方によるのであつて、決して一が他を排拒するのではない。祭儀に見出される二色を、本原的に質の區別となす考方は、自分には、どうしても正しいとは思はれぬ。驅除の祭儀の底に、招迎の心がほのめき、招迎の祭儀の奥に、驅除の願ひが潛んでゐる。民族の究明に從ふものは、さうしたほのかな民衆の心持の閃めきを見のがさないやうにしなくてはなるまい。機械的な區別を立てることは、かうしたことには、殊に禁物である。

自分は、かうした心持で、いろんな祭儀を玩味して見たい。

二

『焚火祭』(bonfire festivals)——十二日節又は夏至、若くはその前夜に、人々が相集つて、盛んに火を焚いて、その上を跳り越えたり、そのまはりを踊り巡つたりする『焚火祭』が、古くから歐羅巴諸國に行はれて、今日でも多くの地方に、農民たちの保守的な心によつて持ち續けられてゐる年中行事であることは、誰でも知つてゐるだらう。

この行事は、年作の豊饒と人畜の幸運繁榮とをもたらすものであると、廣く信ぜられてゐる。獨逸と佛蘭西との國境をなしてゐる Vosges 連山の住民が、夏至の前夜に、丘の頂に篝火を焚いて、穀物や果實の多産を確保しようとする如き、(L. F. Sauvé, Le Folklore des Hautes Vosges, P. 186.) フランシュ・コムテの人々が、十二日節の前夜(一月五日の夜)に、若者たちが荷車を引き出して、家々から貰ひ集めた藁や薪に火をつけて、その周りを踊り騷ぎながら、

豊年よ、やつて來い。
パンよ酒よ、やつて來い。

3 と叫ぶ如き、(Ch. Beauquier, Les Mois en Franche-Comté, P. 12.) 英國のグロセスターやヒャフォードシャーな

どで、十二日節に十二の小さい焚火のほかに、一個の大きな焚火をこしらへて、それを巡り歩きながら、大聲に叫んで、穀物の實入りをよくしようとする如き、(J. Brand, Popular Antiquities of Great Britain, I. 33.) その二三の例に過ぎない。

かうした『焚火祭』は、疑もなく impulsion——卽ち『善きもの』『希求すべきもの』の誘導を主眼とする祭儀である。しかしそれはこの行事の一面に過ぎない。他の一面には、expulsion——卽ち『惡しきもの』『嫌惡すべきもの』を驅除したいといふ欲念が潛んでゐる。

マセドニアの農民たちは、十二日節の前夜に盛んに火を焚く。それはカルカンツァリ(Karkantzari)と呼ばれる惡靈が、家々の戸を叩いて災をなすのを追ひ放ふためである。(G. F. Abbott, Macedonian Folk-lore, 73—75.)佛蘭西のペルシュの百姓達は、古くは『焚火祭』を行うて、立ち上る焰と煙との間を、ありとある家畜に通らせて、疾病と妖術とに罹らぬやうにした。またペルシュに隣りしたボースでも、昔は夏至に草や薪を山と積んで、それに火をつけ、濛々と渦卷き返る煙の中に各々頭をさし込んでは、惡病除けにした。そして火が燃え盡くすと、灰を家に持ち歸つて、雷除け、火事除けとして大切に保存した。(F. Chapiseau, Le Folk-lore de Beauce et du Perche, I. 318—320.)

註これ等の『焚火祭』の多くの實例については、J. G. Frazer, Golden Bough, IX. The Scapegoat; X. Balder the Beautiful, vol. I. を參照ありたし。

ここで、一つの疑問が、自分たちの胸に浮んで來る。自分は、なべての祭儀が『招福』と『除災』との二面を併せ含んでゐるといふことの一例證として、『焚火祭』を引つぱつて來たが、『招福』を主眼とする焚火祭の行はれてゐる地方と、『除災』を主旨とするそれの催される地方とは、上に擧げた實例では、それぞれ異つてゐる。これでは二面を兼ね具へてゐるとは言へぬではないかといふ小言が出さうである。自分はさうした小言を折伏する責務を持つてゐるわけである。

折伏はさしてむつかしくなささうである。

先づ第一に、同一地方に行はれる焚火祭が、招福のためであり、そして同時に除災のためでもあるといふ實例が、決して乏しくない。先にヒャフォードシャーの焚火祭の如きは、穀物の實入りをよくするために行はれると云つたが、それは同時にまた妖巫の禍を驅除することを狙つたものであつた。(E. M. Leather, The Folk-lore of Herefordshire, 93 sq.) グロセターに境するポーントレイの焚火祭も、收獲の豐多と人々の健康とを確保するためであると共に、一面では麥の黒穗病を防ぐためであつた。(J. Brand, Op. Cit., I. 33.)

第二に、bonfire といふ語辭そのものが、自分の考へに味方してくれる。ある學徒は、これを小亞細亞の宗教と結びつけて、Baalfire――バール神にささげる火であると解した。これは明かに牽强附會の説で、問題とするには及ばぬ。また boon-harow (harrowing by gift) からの類推によつて、boon-fire となし、各人が焚火の材料の一部を寄與することから成り立つ一種の Contribution fire と解して、Bone-daags の名によつて知られてゐるノーザンバランドの "Contributed Ploughing Days" に比擬する學徒もゐるが、この見方も、今日では、もう廢れてゐる。それから bonfire は、卽ち bon-feu (善き火) であり、feu deljoie (歡喜の火) であるとなす説明もある。この見方は、可なり多くの人によつて支持せられてゐる。焚火祭は、一面に於て招福の行事であり、從つてその意味で確かに一種の『善き火』であり、『歡喜の火』である故、かうした解釋もまんざら不當ではないのであると云へる。然し正しくは、英語の bone-fire 蘇格蘭語の bone-fire からの變化である。(J. F. Harrison, Epilegomena to the Study of Greek Religion, P. 2; Encyclopaedia Britannica, bonfire) 十六世紀頃には、それが今日と同じやうに bonfire といふ綴方となつたが、それでもまだ bone-fire の方が普通であつた。古く遡れば、猶更さうであつた。Catholicon Anglicum (1483 A. D.) にも、正しく、

banefyre ignis ossium

と見えてゐる由、『大英百科辭典』が云つてゐる。即ち焚火祭は、一面から見れば、骨を燒くことを中心とする惡氣驅除の行事であつたのである。

かうしたことを言ふと、フレーザー氏のいはゆる armchair philosopher――暖爐の側に踏んぞり返つてゐる大膽な常識家は、

『そんなことは、わかりきつたことではないか。一つの祭儀に、二つの方面が含まれてゐるなど、誰でも知つてゐる。新説でも何でもない。』

と申されるであらう。いかにもさうである。しかし自分は、何もこれを新説だと主張してゐるのではない。二つの方面があるから、それを見落さないやうにお互ひに努めようと云つてゐるのである。そしてそれを見落さないためには、二面のうちの一面しか表面に現れてゐない祭儀を、特に親切に眺め直す必要があると云つてゐるのである。實際民間の祭儀には、一面だけを目立たせて、他の一面は、そつとしまひ込んでゐるやうな、民族研究者の立場からすると、太だ意地の惡いのが、決して少くないのである。今その一つを偉大なる常識家のお目にか

けることにしよう。

プルタルコスの記するところによると、その生地であるボエオティアのカエロネアの町に、年毎に奇妙な行事が催された。それは『饑饉追拂ひ』(Kaleitai de boulimou eksolasis)と呼ばれた。一人の奴隷が、『饑饉』の標徴として、アグニュス・カスチュス(agnus castus)と呼ばれた柳に似た樹の枝で拵へた棒で、戶口から叩き出される。この行事は、家々で普く催されるばかりでなく、町の執政官も、公會堂と考へられた公共爐の側で、之を執り行ふのであつた。(Plutarchos, Quaestiones Conviviales, VI. 8. 1.)

勇敢な常識家に、この祭儀の本領を尋ねたら、言下に、それは明かに『驅除の祭儀』に屬するものであると答へるであらう。なるほど『饑饉』の具象化としての奴隷が、家々から叩き出されるのであるから、一見したところでは、單なる『惡しきもの』の驅除と思はれるに違ひない。しかし一皮めくつて、その下を覗き込むと、他の意味が顏を出して來る。

かうした祭儀にあつては、自分たちは、『打ち叩く』といふことに、輕々しく欺かれてはならぬ。大きな手品師である祭儀は、自分たちの氣がつかぬところに、巧妙なトリックを行ふものである。『打ち叩く』動作に心を奪はれることをしないで、何で打ち叩くかに注意することが肝要である。手品師の持つ杖の性質に目を留めなくては、馬鹿を見る。

自分たちが、當面の問題としてゐるカエロネアの『饑饉追拂ひ』に於て、奴隷が叩きのめされる杖は、先に云つたやうに、アグニュス・カスチュスといふ樹の枝でこしらへたものである。そしてこの植物は、古く希臘に於て、豐饒をもたらす Charm として、廣く用ひられたものである。

さうすると、『儺儺追拂ひ』は、驅除の祭儀であると同時に、一面から見ると、招福の願ひも意圖せられたと云はねばならぬ。プルタルコスの記述によると、人々は、『儺儺』を叩き出して、その後から、

儺儺よ、出てうせろ。

健康と富よ、入つて來い。

といふ叫びを浴びかけるさうである。かうなると、全く豆うちの『鬼外福內』式で、どうしても二面を兼ね具へてゐたと見るほかはあるまい。かう考へて來ると、我が國の『果樹責め』の民俗も、中山太郎氏や北野博美氏などの解釋以外の解釋を許容することになるが、それは他日稿を改めて、述べることにしよう。

三

假面は、邪靈を驅除する力を持つものとして、自然民族や文化民族の間に行はれるさまざまの祭事に、太だ重要な役をつとめる。他日問題にするつもりの古代希臘のゴルゴネイオン（Gorgoneion）の如き、その代表的なものである。イロクォワ族の如きも、新年に行ふ惡魔拂ひの祭禮には、人々は、體に野獸の皮を纏ひ、手に海龜の甲を抱へ、物凄い假面をつけて、騷々しく叫び立てながら、家から家へと駈け廻つては、家毎に灰と燃えさしとをまき散らす。セレベスのミナハッサの土民も、村に惡疫が起ると、邪靈の仕業だといふので、人々は、假面をつけ、箒や劍を手にして、家々の壁、戶、窓などを物狂ほしく叩いて廻る。

祭事が、多くの場合二面的であるとしたら、祭事に用ひられる假面も、邪靈の驅除を狙ふものばかりである筈はない。一方には、幸福を招來することを目的とするものがなくてはならぬ。

それは、實際に夥しく存してゐる。そしてさうした意味の假面は、大抵の場合舞踊と結びついてゐる。人々は假面をかぶつて踊ることによつて、穀物の實入りをよくし、人畜の增殖をもたらし得ると信じたのであつた。ボルネオ、印度、南亞米利加の土人などの爲すところは、みなさうである。假面は、ただの假面として受け取られたのではない。それは『豐饒化の力』を具へたものとしての族靈であり、精靈であり、若くは神の表現であつた。舞踊も始めは、ただの舞踊ではなかつた。

それなら、邪靈を驅除するものとしての假面と、豐饒繁榮を齎すものとしての假面とは、全く無關係な別個の存在であるだらうか。對立的に、おのおの異なる路をとつて生れ出たものであらうか。或る場合には、さうであらう。しかし祭事の二面が、その奥で有機的につながり合つてゐるとするなら、これ等二種の假面も亦、屢々さうした關係の下に結びついてゐるのではあるまいか。切言すれば、除災の假面が同時に招福の假面であつた一の根原境が存して、二種の假面は、その根原境からの二つの途への展開であるといふ場合を、時には豫想し得ないであらうか。少くとも、ザルツブルグとチロルとの祭事は、この疑問に對して、然りと答へてくれる。

北部チロルのハル地方に行はれる一個の祭事は、この點で深く讀みとらなくてはならぬ或るものを潛ませてゐる。一人の農夫が、雜色の衣を身に纒うて、假面をつけて、長い鞭を手にして、だしぬけに居酒屋の戸口から待ち構へてゐる群集の中に飛び出して來る。彼は、鞭から垂れた一本の紐を、人群の中に投げ出す。紐には、澤山の菓子が結びつけてある。人々がそれを手に入れようとして、犇めき騒ぎ始めると、彼は、鞭をあげて、靜かに彼等を撫でてくれる。菓子を手に入れた人々は、街路に列をなして立ち並ぶ。と、彼は、しづしづとその間を通

- 總 0207 頁 -

りぬけながら、群集の中から、一人の男を選び出す。選ばれた男が、定めの掟に從つて、一散に駈け出すと、假面を着けた者は、烈しく鞭をふり鳴して、これを追つかける。そして追ひつく度に對手をひつぱたく。それがすむと、彼は假面を脱いて、居酒屋で催される舞踏をリードするのであつた。(W. Mannhardt, Baumkultus, pp. 268 ff.)

追ひかけられ、ひつぱたかれる男は、云ふまでもなく一の邪靈である。しかしこの祭事の全體としての面目には、フレーザー氏が指摘したやうに、

『行爲者の目的は、單に惡魔を追拂ふことであり、そして、彼が着けた恐ろしい假面は、さうした不吉な者を嚇しつけるより他の意圖を含んでゐないといふ學説では、説明し難い、若干の形相が存してゐる。』(Frazer, Scapegoat, p. 249.)

ことを拒み得ない。假面を着けた男は、一方に於て、一人の男を追ひかけ且つ擲打すると同時に、一方では、人人を撫でてやり、また菓子を惠むのである。かくして彼は、一面に、邪惡なものの祓除者といふ消極的な性格を持つてゐると共に、他面には、善きものの賦與者分配者といふ積極的な性格を具へてゐることが、分明である。

ザルツブルグのペルヒテ祭事も亦、かうした兩刃を見せてゐる。假面をつけた行事者は、ただに邪靈を驅り祓ふ所作をするばかりでなく、猶また友情と愛顧とのしるしとして、腸詰めのやうな形をしてゐる器具で、女人たちを輕打するか、若くは赤坊の人形を投げ與へるのであつた。これは、アンドレー・アイズン女史が云つたやうに、女人たちに多產力を惠む意圖に出たと解するよりほかはない。(Marie Andree-Eysn, Volkskundliches aus dem bayrisch-österreichischen Alpengebiet, p. 268 ff.)

かくしてこれ等の祭事の本原的な意圖と、それの後期的な變容とが、可なり鮮明に、自分たちの眼の前に浮び出して來る。かうした假面祭の主人公は、本來は、植物——ことに食用植物の生成を掌る vegetation-daimon であり、彼の所作は、凋萎や不作をもたらす邪靈を驅除すると共に、まどろめる穀靈を目覺まし、また女人に多産を惠むことを目的とした。それが時のたつにつれて、その原義が忘れられ、若くは引き歪められて、單なる邪靈祓除の祭事と解せられるやうになつたのである。そこに用ひられた假面は、生成豐饒の力の具現者としての靈物の詮表であり、そして生成豐饒の力たるが故に、正的に人間の生活に對する幸福を招來する。これがその一面である。が、生成豐饒の力は、その反對勢力としての凋落不作の大敵でなくてはならぬ。この意味で、それはまた負的にさうした邪靈を遁避させる。之が他の一面である。かくして招福の假面は、同時に亦除災の假面である。いな、兩者の關係は、更に緊密になつてゐる。

メキシコのアズテック族が催した一個の祭事舞踊では、イラマテクトリ女神（Ilamatecutli）の像が、二つの顏を持つた一個の假面をつけてゐる。そしてこの女神を暫定的に代表して舞踊をなす一人の女性は、おのが顏面を、二色に塗りわけてゐる。卽ち上半部は、黄色で、下半部は眞黑である。（B. de Sahagun, Histoire Générale des Choses de la Nouvello Espagne; Brasseur de Bourbourg, Histoire des Nations Civilisées du Mexique et de l'Amérique-Centrale, III. 等參照）

女神の像に、二つの顏を持つた假面をかぶせた人たちの心持は、決していたづら事ではあるまい。二つの顏は、共に大きな口をして、突出た目をしてゐたといふ以上には、知る由もない。しかし恐らく女神の持つ力の二面を詮表してゐるのであらう。この推定は、女神を代表する女人の顏の塗方によつて確められると思ふ。黄色が赤色と同じ意味を持つことは、人の知るところ、契丹人の如きも、赤く塗るかはりに黃に塗つた。言語學的に考へても、赤(ake)は、明(ake)と同じで、その語根はkaであり、黃をkiといふのも、kaが語根である故、赤、黃いづれも同似した意味のものである。(『史學雜誌』第四十編第七號白鳥博士の言參照)從つて黃色は、赤色と同じやうに、光明、生成、吉事等を象徵すると考へられた。黑色が暗黑、破壞、凶事を象徵することは、言ふまでもない。さうしたならば、アズテック族の祭事舞踊に於ける女神の代表者が、その顏を黃と黑とに塗り分けた意味も、從つてまた女神の像そのものが、二つの顏を持つ一つの假面をつけた意味も、自ら明かであらう。招福の假面と除災の假面とが、人間の心持の本來の相にひかれて、堅く握手したものとして、かうした假面の發生がある。

四

祭事が、その呪術的若くは宗敎的な意義を稀薄にするにつれて、次第に所作劇として、藝術的な色調を濃厚にして來る。

ところで、さうした史的過程を背後に持つた一種の祭事劇には、その主要な人物として、daimon若くはtheosの役を勤めるものと、これに反抗し若くはこれを嘲弄する役を演ずるものとが現れる。これ等二種の登場人物――嚴肅な所作をする人物と滑稽な所作をする人物とは、どうしたところから生れて來たのであらうか。

これは、必ずしも簡單に片のつく問題ではあるまい。『祭りの中心行事は、常世神が、土地の精靈に服從を誓はす形にある』となし、また『容易に服從をしない形として、もどきの滑稽所作がある』となした折口信夫氏の見解は、複雜な姿を系統化しようとする、氏一流の天才の閃めきを見する卓見である。しかしさうした見方ばかりが、許さるべきものではあるまい。どんなささやかな文化事象でも、下へ下へと掘りひろげて行くと、思ひの外にその根が擴がつてゐて、こんがらがつてゐて、そしてまた表面に浮び出たところでは、同似した形相をしてゐても、それ等を產み出した心理や風習や社會機構は、それぞれ異つてゐるのに氣がつく。さうした微妙な異同を一々つきとめた上で、それ等に整然たる系體を與へるなどいふことは、到底現在の自分の柄ではない。『雜然』を『雜然』として、その中で片がつきさうなと思はれるところだけを始末して行くほかはない。そこで當面の問題である祭事劇の二役についても、その發生には、さまざまの過程が抱合してゐるだらうと思はれるが、少くともその一部には、祭儀の二面性といふことが、若干の役割を演じたであらうと考へたい。

祭事劇は、その本原的な民衆的意圖から云へば、演者それ自身の藝術的衝動を滿足させるものでもなく、また觀衆に愉悅と敎訓とを與へるものでもなかつた筈である。『自然』の活動行程の上に、所作に基く呪術宗敎的な或る作用を與へて、人間生活をより善くしようとするのが、本原的な民衆的意圖であつた筈である。

さうした意圖を果すには、民衆はどうしても或る超自然的靈格を引つぱり出さなくてはならぬ。なぜなら『自然』の活動行程を左右するものは、這般の靈格であつたからである。(漠然たる非人格的な神祕的勢能は、この場合問題にならぬ。なぜなら所作劇は、非人格的なものでは成り立たぬから)そこで問題は、どんな靈格が引つぱり出されるかといふことになる。と、一面には招福の力を持つものを誘導し、他面には災禍の本となるものを拉し來つて、前者の後者に對する克服行爲並びに後者の前者に對する反抗若くは揶揄の行爲を所作に上したくなる。さうした行爲が感應的に『自然』の活動行程に作用すると心得たからである。祭事劇に於ける二種の人物の萌芽の一面は、少くともここに存すると思ふ。

ただし始めは、さうした二種の存在を裝ふ人間たちは、神及び邪靈の行爲の摸倣ではなくて、心持の上では、神及び邪靈そのものになりきつてゐたらしい。フレーザー氏などは、摸倣の原則が、人間の性情に深く根ざして居り、從つて宗敎及び藝術の發達に太だ遠大な影響を與へてゐるとして、自然民族の社會生活に重要な役を演じた假面舞踊、祭事劇を『宗敎的若くは呪術的な劇によつておのれ等の欲求を滿足させることに、摸倣を適用した』ものであるとなしてゐるが、自分はこれに贊同することが出來ない。『摸倣』の以前に『そのものの行爲』を認めたい。レヴィ・ブリュール氏やコーンフォード氏が云つてゐるやうに、類似呪術の背後にも、類似以上の或るものが潛んでゐる。單なる類同摸倣と見るのは、文化人の心を以て自然人の心を律する錯誤の一つに過ぎぬ。雨乞ひの如きも、雨の降るけはひを摸倣するのではなくて、雨そのものになりきつて、その行爲を行爲するのである。祭事劇に於ても、對立的な二種の超自然的靈格となる人間は、その始めは、少くとも心持の上では、それ等の靈格として行爲したのである。ただ靈格と人間との關係が弛緩したとき、一の行爲が他の者の摸倣に過ぎなくなる。そして藝術的な、若くは遊び心につき動かされる――靈格の假象以上の何ものでもない所作人となる。かうして祭事劇に於ける二役――背後に招禍の力を持つ靈格と、それによつて克服さるべき邪靈との古き姿をほのかに搖曳させてはゐるが、おのれ等自身は、遊び心に支配せられ、觀衆の悅樂を覘ふやうな所作劇の人物になつてしまふ。――かういふ過程もあり得るとしたい。

五

アリストテレスは、その『詩學』の中で、『より嚴肅な詩人は、高貴な行爲及び高貴な人々の行爲を描き、これるに反してより輕卑な詩人は、惡しき人々の行爲を描いた。前者は頌詩（ヒユムノス）や讚詞（エンコーミオン）を生んだが、後者は初め誚譏詩（プソゴス）を生んだ。』

(Arist., Poet., IV. 7.)

と云つてゐる。この大哲人は、詩に二つの形相を觀じたのであつた。一は、神々を讚美する頌詩 (humnos) と、優れた人々を讚嘆する讚詞 (egkōmion) とを生み出した『褒め讚へ』であり、他は、抑揚格の誚譏詩 (Psogous) を生み出した『責め譴め』である。これはまことに驚嘆すべき靈感的な洞察の持主の見方でなくてはならぬ。しかしその時代の文化程度は、この大哲人の洞察力にも、ある限界を與へた。ハリソン女史が道破したやうに、流石の大哲人も、

『これ等の二つの樣態が、二個の祭儀的な形式から起つたことを知ることが出來なかつた。』

のであつた。(J. E. Harrison, Epilegomena to the Study of Greek Religion, p. 3.) なるほどアリストテレスも、『詩學』に於て、

『悲劇は、酒神頌歌の作家から始まり、喜劇は、今もなほ、われ等の多くの都市に、慣習として殘つてゐる陽物崇拜歌の作家から始まつた。』

と云つてゐる。だから『詩學』の著者といへども、宗教祭儀が、文學の源流であることを確かに認めてゐたのであつた。しかしこの哲人の宗教對文學の關係の凝視は、今一歩奥へと透徹する餘地を殘してゐた。アリストテレスが觀じた宗教と文學との交渉は、むしろ二元的な姿を採つてゐた。二元のかなたに、一元的な形相の潛むことを看破し得なかつた。『驅除』、『遁避』、『呪詛』、そしてまた『淨潔』を旨とする祭儀から、『責め譴め』の文學が胎生し、

祭儀の二面性　（松村）

『招迎』、『誘導』、『祝福』を心とする祭儀から、『褒め讃へ』の文學が醸成せられる。表面的に、ただこれだけの姿を視るならば、文學の二元的胎生を叫ぶことも許されるであらう。しかし眼をその奥に注ぐものは、そこに二元を結びつけて一元となしてゐる或るものを看て取るに違ひない。

祭儀の多くは、（すべてといふことは、今のところ差控へる）それが宗教的なものであらうと、呪術的なものであらうと、はた呪術宗教的なものであらうと、いづれもおのれに二つの面を兼ね具へてゐる。それは兩刄であるところの一個の文化的事象である。『責め讃め』の文學と、『褒め讃へ』の文學とは、その一個の或ものの兩刄のおのおのからの藝術的放射體であるに過ぎない以上、それ等は、究竟するに一元的な源流に歸せらるべきものでなくてはならぬ。（昭和四、八、十）

靈魂の話

折口信夫

たまとたましひと

たまとたましひとは、近世的には、此二つが混亂して使はれ、大ざつぱに、同じものだと思はれて居る。尤も、中には、此二つには區別があるのだらうと考へた人もあるが、明らかな答はない樣である。私にもまだ、はつきりとした說明は出來ないが、多少の明りがついた。其を中心に話を進めて見たいと思ふ。

古く日本人が考へた靈魂の信仰は、後に段々變つて行つて居る。民間的に――知識の低い階級によつて――追々に組織立てられ、統一づけられた靈魂の解釋が加はつて行つた爲だと思ふ。だから、其中から、似寄つたものをとり出して行つて一つの見當をつけると言ふ事は却々困難であるが、先大體、たまとたましひとは、違ふものだと言ふ見當だけをつけて、此話は進めたい。いづれ、最初にたまの考へがあつて、後にたましひの觀念が出て來たのだらうと言ふところに落つくだらうと思ふ。

たまの分化――神とものと

日本人のたまに對する考へ方には、歷史的の變化がある。日本の「神」は、昔の言葉で表はせば、たまと稱すべきものであつた。其が、いつか「神」といふ言葉で飜訳せられて來た。だから、たまで殘つて居るものもあり、神となつたものもあり、書物の上では、そこに矛盾が感じられるので、或時はたまとして扱はれ、或ところでは、神として扱はれて居るのである。

たまは抽象的なもので、時あつて姿を現はすものと考へたのが、古い信仰の樣である。其が神となり、更に其下に、ものと稱するものが考へられる樣にもなつた。卽、たまに善惡の二方面があると考へる樣になつて、人間から見ての、善い部分が「神」になり、邪惡な方面が「もの」として考へられる樣になつたのであるが、猶、習慣としては、たまといふ語も殘つたのである。

先最初に、たまの作用から考へて見る。

我々の祖先は、ものの、生れ出るのに、いろ〳〵な方法・順序があると考へた。今風の言葉で表はすと、其の代表的なものとして、卵生と胎生との、二つの方法があると考へた。古代を考へるのに、今日の考へを以てするのは、勿論いけない事だが、此は大體、さう考へて見るより仕方がないので、便宜上かうした言葉を使ふ。此二つの別け方で、略よい樣である。

胎生の方には大して問題がないと思ふから、茲では、卵生に就いて話をする。さうすると、たまの性質が訣つて來ると思ふ。

なる・うまる・ある

古いもので見ると、なると言ふ語で、「うまれる」事を意味したのがある。なる・うまる・あるは、往々同義語と考へられて居るが、「ある」は、「あらはれる」の原形で、「うまれる」と言ふ意はない。たゞ「うまれる」の敬語に、轉義した場合はある。萬葉などにも、此語に、貴人の誕生を考へたらしい用語例がある。けれども、嚴格には、神聖なるものの「出現」を意味する言葉であつて、貴人に就いて「みあれ」と言うたのも、あらはれる、出現に近い意を表はしたと見られるのである。卽、永劫不滅の神格を有する貴人には、誕生と言ふことがない。休みからの復活であると信じたのである。あるが「うまれる」の敬語に轉義した訣が、そこにある。

うまるの語根は、うむである。うむは「はじまる」と關係のある語らしい。うぶから出て居る形と見られる。此に對して、なると言ふ語がある。あるは、形を具へて出て來る、卽、あれいづであるが、なるは、初めから形を具へないで、ものの中に宿る事に使はれて居る。くはしくは、なりいづと言ふべきである。

此、なるの用語例が多くなつて來ると、なと言ふ語だけに意味が固定して、なを語根とした、なすと言ふ語なども出來て來た。なると言ふ語には、別に、ものの內容が出來てくる――充實して來る――と言ふ同音異義の語があるが、元は一つであるに相違ない。同音異義でなく、意義の分化と見るべきであるだらう。

發生に於ける三段の順序

たまごの古い言葉は、かひ(穎)である。「うぐひすの、かひこの中のほとゝぎす」などの用語例が示してゐる樣に、たまごの事をかひこと言うた。蠶にも此意味があるのかも知れぬが、此は姑く、昔からの飼ひことして預けて置かう。

ものを包んで居るのが、かひである。米のことをかひと言うたのは、籾に包まれて居るから言うたので、卽、籾がかひなのだが、引いてお米の事にもなつたのである。ちかひ・もゝかひ・しるにもかひにもなどの用語例で見ると、昔は籾のまゝ食べたのかとも思はれる。籾は吐き出したのであらう。さうでないと、かひの使ひ方が不自然である。

とに角、かひは、もなかの皮の樣に、ものを包んで居るものを言うたので、此から、蛤貝、蜆貝などの貝も考へられる樣になつたのであるが、此かひは、密閉して居て、穴のあいて居ないのがよかつた。其穴のあいて居ない容物の中に、どこからか這入つて來るものがあると、昔の人は考へた。其這入つて來るものが、たまである。さうして、此中で或期間を過ごすと、其かひを破つて出現する。卽、あるの狀態を示すので、かひの中に入つて來るのが、なるである。此がなるの本義である。なるを果物にのみ考へる樣になつたのは、意義の限定である。しかし果物がなると言うたのも、其中にものが這入つて來るのだと考へたからで、原の形を變へないで成長するのが、熟するである。熟するといふ語には、大きく成長すると言ふ意も含むで居るのである。

かやうに日本人は、もの、發生する姿には、原則として三段の順序があると考へた。外からやつて來るものがあつて、其が或期間ものの中に入つて居り、やがて出現して此世の形をとる、此三段の順序を考へたのである。

なるの信仰から生れた民譚

竹とり物語のかぐや姬は、此なるの、適切な例と見られる。此物語には、なると言ふ語は使つてないが、ないだけに却つて信用が出來る樣に思はれる。

なよ竹のかぐや姬は、山の中の竹の、よ——節と節との間の空間——の中にやどつて育つた。其を竹とりの翁が見つけてつれて來る。此物語は、純粹の民間說話でなく、其をとつて平安朝に出來た物語であるから、自然作意がある。姬がどうして竹のよの中に這入つたかなどと言ふことも言はれてはない。天で失敗があつて下界に降り、或期間を地上に居てまた天へ歸つたといふ風に、きれいに作られてゐる。

類型の話は、猶幾つかある。桃太郎の話が、やはり其一つである。我々の考へから言へば、桃の中にどうして人か這入つたらうと疑はないでゐられないが、昔は、そこまで考へる必要はなかつたのだ。此話では、桃の實が充實して來ると言ふ考へと、桃太郎が大きくなつて出て來る時期を待つて居ると言ふ考へとが、一つになつて居る。朝鮮には、卵から生れた英雄の話がたくさんある。日本と朝鮮とは、一部分共通して居る點がある。あめのひぼこは朝鮮からやつて來た神だが、やはり卵の話に關聯して居る。卵の話は、日本にも全然ないことはないが、日本には、卵でなく、もつと外のいれものがあつた。瓜に代表させていゝと思ふが、瓜といふと、平安朝頃まではまくわのことで、たべられるものの事を言うた。古くは、主としてひさごを考へた。其ひさごの實が、だん〳〵膨れて來て、やがてぽんとはじける時がくる。其は其中に、或ものが育つて居ると考へたのである。

更に斯うした話はもつと異つた形でも殘つて居る。聖徳太子に仕へ、中世以後の日本の民俗藝術の祖と謂はれて居る、秦ノ河勝には、壺の中に入つて三輪川を流れて、來たとの傳説が附隨して居る。此壺には蓋があつた。桃太郎の話よりは多少進化した形と見られる。

たまのいれもの

日本の神々の話には、中には大きな神の出現する話もないではないが、其よりも小さい神の出現に就いて說かれたものの方が多い。此らの神々は、大抵ものの中に入つて來る。其容物がうつぼ舟である。ひさごのやうに、人工的につめをしたものでなく、中がうつろになつたものである。此に蓋があると考へたのは、後世の事である。書物で見られるもので、此代表的な神は、すくなひこなである。此神は、適切にたまと言ふものを思はす。即、大國主の外來魂の名が、此すくなひこなの形で示されたのだとも見られる。

此神は、かゞみの舟に乘つて來た。さゝぎの皮衣を着て來たともあり、ひとり蟲の衣を着て來たともあり、鵝或は蛾の字があてられて居る。かゞみはぱんやの實だともいはれ、とにかく、中のうつろなものに乘つて來たのであらう。嘗つて柳田國男先生は、彼の荒い海中を乘り切つて來た神であるから、恐らく潛航艇のやうなものを想像したのだらうといはれた。

斯樣に昔の人は、他界から來て此世の姿になるまでの間は、何ものかの中に這入つてゐなければならぬと考へた。さうして其容物に、うつぼ舟・たまご・ひさごなどを考へたのである。

ものいみの意味

何故かうしてものの中に這入らねばならぬのであつたか。其理由は、我々には訣らぬ。或は、姿をなさない他界のものであるから、姿をなすまでの期間が必要だと考へたのであつたかも知れない。しかし、もう一つ、ものがなるためには凝つとして居なければならぬ時期があるとの考へもあつた樣だ。えび・かにが固い殼に包まれて凝つとしてゐるのも、蛇が冬眠をするのも、昔の人には、餘程不思議なことに思はれたに相違ない。光線もあたらない、暗黑の中に、凝つとして居たものが、やがて、時がくれば、其皮を脱いで立派な形となつてあらはれる。古代人は、そこに內容の充實を考へたのであらう。

此話は、日本の神道で最大切な事に考へて居た、ものいみと關聯がある。ものいみは、此自然界の現象から思ひついた事であるかとも考へられるが、或は、さうした生活があつた爲に、此話が出來たのかも知れない。此は今のところ、どちらとも言へないが、とにかく、古く日本には、神事に與る資格を得る爲には、或期間を凝つと家の中、或は山の中に籠らねばならなかつたのである。

もに籠ると言ふことは、蒲團の樣なものを被つて凝つとして居る事であつた。大嘗會の眞床覆衾（神代紀）が其てある。さうして居ると、魂が這入つて來て、次の形を完成すると考へた。其時は、蒲團がものを包んでゐるので、即かひである。さうして外氣にあたらなければ、中味が變化を起すと考へた。完成したときがみあれである。此は昔の人が生物の樣態を見て居て考へたことであつたかも知れない。

うつ・すつ・すだつ・そだつ

話が多少複雜になつて來たので、こゝらで單純に戻したいと思ふ。

古い言葉に、此はうつぼにも關係があると思ふが、うつと言ふ語がある。空・虛、或は全の字をあてる。熟語としては、うつはた（全衣）・うつむろ（空室）などがある。うつは全で、完全にものに包まれて居る事らしい。このはなさくや姬のうつむろは、戶なき八尋殿を、更に土もて塗り塞いだとあるから、すつかりものに包まれた、窓のない室の意で、空の室を言つたのではないと思ふ。たゞ其が、空であつた場合もあるのである。

うつに對してすつと云ふ語がある。うつには二通りの活用がある。うて・うてん・うつ・うつる・うつれと活く場合と、うつて・うつゝ・うつゝる・うつゝれと働く場合と、此二樣がある。なげうつは、ものを投げたときの音の聯想から、うちつけるに感じが固定した樣であるが、古くはさうでなかつた。現在の語感から古語を解剖すると、往々誤りを生じる。此なげうつも、たまの信仰に照して見ると、どうして此語が出來たか、元の形が訣ると思ふ。

琉球の古語すぢゆんは、ものの中から生れ出ることを意味した語らしい。蘇生する・復活するなどに近い氣分を持つた語である。日本のうつにも其がある。此すぢゆんの語根すぢは、他界から來る神を表はした語らしく、日本のたまと略同義語の樣である。柳田先生は、此すぢを、我國の古語稜威と一つものに見られた。

いつは「みいつを祈りて」とか「いつのちわきにちわきて」などの用語例に入つて來ると、多少内容が變つて來るが、ほんたうは、い列とう列とが近くて區別のなかつたとき、いつともうつとも言ふたらしく、ちはやふるはいつはやふるで、またうつはやふるとも言うて、魂の荒ぶる方面を言うたのだが、其がいつか、神の枕言葉になつてしまうた。恐らく、さうした暴威を振ふ神のあつたことを考へた事から出來た語であると思はれる。とに角、琉球のすぢと日本のうつとは同じ意味の言葉である。すだつは、巣に聯想が向いた爲に、巣立つと說いて、主として鳥を聯想する樣になつたが、語根 stu である事を考へれば、すだつ・そだつは同じものであると見ていゝ。すつは、一方すてると言ふ意を持つ樣になつた。うつも、うつぼ舟・うつせみなど、からつぼの意にも、目のないもの意のにも考へられる樣になつた。

うつ・すつ・すだつ・そだつは、何れもたまの出入に就いて言うた語である。たまがものの中で、なりいづ――あるに至る――までの期間に用ゐた言葉であつたのだが、其がいつか、かひの中に出入することを表はす動詞ともなつた。ものの中に這入つて來る事を考へたと同時に、外へ出る事を考へた。さうして出る方ばかりに使はれる樣になつて、這入る方の考へが段々薄らいで行つた。すだつ・そだつは其の代表的な言葉だと見られやう。

石成長の話し

日本には、古くから石成長の話がある。また漂著神(ヨリガミ)の信仰がある。此もたま成長の信仰と關係があつて出來たものだと思ふ。たまが成長をするのに、何物かの中に這入つて、或期間を過ごすと考へた事から、其容物として、うつぼ舟・ひさごを考へ、また衣類・蒲團のやうなものにくるまる事を考へたのであるが、更に此たまは、石の中にも這入ると考へた。どうして石の樣なものの中に這入ると考へたか、とに角、日本の古代にはさうした信仰があつた。これが後に、たまが神に飜訳せられて考へられる樣になると、神が石になると信じられる樣になつた。今度アルスの兒童文庫の中の一册として書かれた柳田先生の「日本傳説集」にも、石の成長する話が出て居るが、先生はこれまでにも、さうした石の成長する話をたくさん書かれて居るので、「君が代は千代に八千代に」の歌なども、單に詩人の空想から、あゝした言葉を連らねただけではない、既に古くさうした信仰があつて、あの歌は出來たのだと論じられた事もある。

どうして石の樣なものが成長すると考へたのであらうか。拾うて來た石が、家に歸りつくまでに大きくなつたとか、祠に祀つたのが、一晩の中に大きくなつて祠を突き破つたとかいふ話が、數限りなく諸國にある。とに角、古代人はさうした信仰をもつた。小さい間は、大きくなると思つて居るのだらうが、其から後は信仰である。目に見えない事を信ずるのだから、信仰といふより外に説明のしようがない。どうしてそんな信仰を持つ樣になつたか、先生にも既に説明があつたが、玆で少しばかり、私の考へを述べて見たい。

神の容物としての石

前に、此石成長の話も、たま成長の信仰と關係がある、木や竹の中に這入つて成長すると考へたたまが、石の中にも這入ると考へたと述べたが、後世の考へからすると、木や竹ならば、這入つても成長するだけの空間があると考へられるが、石のやうなものでは、第一這入る事も出來ず、其が大きくなるなどといふ事は、到底考へられない事だと思ふが、昔はさう信じたので、卽、たまが其中で成長すると信じたので成長してある時期が來ると、前の、うつぼ・たまご・ひさごの場合の樣に、やはり石が割れて神が出て來ると考へたのであるが、其石から神が出て來ると言ふ話の中間の一部分――石が大きくなると言ふ一部分だけ――が發達して來たので、遂に我々には、訣のわからぬ話になつてしまうたのである。

人や動物が化石したと言ふ話も、實は此信仰の中間に出來たものだと思はれる。石の中にたまが這入つたとだけを考へると、人が石になつた、犬が石になつたと考へる樣になる。沖繩には、殊にさうした話が多い。此を逆に考へると、死んで石になつたとの考へも出て來る。佐用姬の化石譚の樣なものが出來て來るのだが、此考へは、反對だと思ふ。

此石が、神の乘りもの・容物と考へられた例が段々ある。石が凝つとして居ないで、よそからやつて來る場合がある。石にたまが這入ると言ふ信仰には、たまがよそからやつて來て這入るのと、既に這入つたものが、他界からやつて來ると考へたのと、此二つがあつた樣だ。後者は、海岸に殊に多い。古くからあつた像石（カタイン）信仰が其である。大洗の磯崎神社の像石は、此有名な一つで、一夜の中に海中から出現した神だといはれて居る。

大國主と大物主と

おほなむちとすくなひこなとが一つものに考へられたには理由がある。すくなひこなが他界から來た神である事は前に述べたが、大國主ノ命が、此すくなひこなを失つて、海岸に立つて愁ひて居ると、海原を光（テラ）して依り來る神があつた。「何者だ」と問ふと、「俺はお前だ、お前の荒魂（アラミタマ）・和魂（ニギミタマ）・奇魂（クシミタマ）だ」と答へたとある。大和の三輪山に祀つた大物主ノ命であるが、此三つの魂が、おほなむちについて居たのである。たまには、形はないが、少くとも此語では、光りをもつて居た事が考へられる。

日本の神々に、いろ／＼な名があるのは、一の體にいろ／＼な魂が這入ると考へたからで、其魂に其々の名があるからだと思ふ。元は、體はたまの容物だと考へた。三輪山の大物主ノ命は、此神自身は、人格を具へて居ない、卽、眼に見えない精靈で、大物主のもの其ものが示して居る樣に、純化した神ではないのである。其で大國主自身ではないが、又、大國主でもある事になるのである。

漂著石――石移動の信仰

かやうに、たまだけがやつて來る事もあり、其が體にくつゝく場合もあり、更に此たまが、石に這入る事もあり、石に這入つてやつて來る事もあると考へたので、一夜の中に、常世の波にうち寄せられて、忽然と石が現はれ、見る〳〵中に大きくなつたといふ信仰譚が、其所から發生した。石が流れ寄るなどゝは考へられない事だが、たまが依り來る一つの手段として、こんな方法を考へたのだと見ればよい。其所に石移動の信仰も生れた。柳田先生の越石の話が其である。

石が大きくなつたと言ふ話に、石と旅行をした話が附隨して居るものがある。後世では、熊野へ行つたとき、或は伊勢へ參つたとき、淡路へ行つたときに拾うて來た石といふ事になつて居るが、此は、巫女の類が、從來あつた石成長の話を諸國に持つて歩いた印象が殘つたのだと見られる。私は、恐らく其前に、石其ものがあちこち移動をし、歩くものだといふ話が、必ず出來て居たのだと思ふ。其が、さうした話に不審を抱く時代になつて、次の、携帶して歩く人の話が出來たのでなかつたらうか。

石こづみの風習

此は、石の中にたまが這入ると考へた事から生じた一つの風習と考へられるが、石の中に人をつみ込む風習が、古く日本にあつた樣だ。男子が若者になる爲には、成年戒を受けねばならなかつた。彼等は先達に伴はれて山に登り、或期間山籠りをして來るのであるが、其間に此風習が行はれた樣だ。修驗道の行者仲間には、かなり後後まで此風習が殘つて居た樣で、謠曲の谷行（タニカウ）は、あゝした讀方をするのにも、何か訣があるのだと思はれる。彼等の仲間では、死んだものがあると、谷に落して石をふりかける。惡い事をした者は、石こづみにする。こづむとは、積み上る事である。此が、後に石こづめと言はれる樣になつて、奈良の猿澤の池の石こづめ塚の樣な傳說も出來たのであるが、元は、山伏仲間の風習だつたのである。其が、後には、山伏以外のものにも、刑法として行はれる樣になつた。

しかし、山伏仲間では、此が刑罰としてではなく、復活の儀式として行はれた時代があつたに相違ない。前に述べた、衣類や蒲團にくるまつて、魂が完全に體にくつつく時期を待つたと同じ信仰のもので、石の中には、入る事が出來ない爲に、石を積んだのである。さうすると、生れ變ると信じたのである。

山伏生活の起り

一體、山伏の爲事は、何から始まつたかと言ふと、あれは、元來佛敎から出て居るのではない。日本の古い神々の敎へが、さうした形をもつてゐたので、村の若者を山籠りをさせて、男にする事が其一つであつた。此時期が、後の山伏の精進・行と言はれるものであつたので、山伏の籠りに行くのは、卽、若者になりに行つた風習の名殘りである。此風習は、山伏を專門にしないものの間にも殘つた。近年まで、羽後の三山などへ出かけたのが、其である。此は、從來の神道や佛敎では說明の出來ない事なので、たゞ山ごもりの事を考へて見ると、山伏の生活の始まつた、元の姿が訣ると思ふ。さうして、此が宗敎化し、每年、時期を定めて行はれて居る中に、一種の宗敎的な形をもつ樣にもなつたのだが、更に此が、奈良朝以前から既にあつた、山林佛敎の影響を受けて、遂に其一派の樣に說明せられて來たのである。其山伏に石を積むで人を入れる法式が殘つて居るのは面白い。

二三年前三河の山奥へ入つて、花祭りといふ行事を見た。もとは霜月に行はれ、今は初春の行事となつて居るが、古い神樂の一部分で、神樂は三日三晩續いた、其一部分だと說明されて居るが、要するに、村の若者に成年戒を授ける儀式の名殘りと見られるもので、白山と言ふものを作つて、若者に行をさせる。人にならせるといふ信仰があつたのだと思はれる。

かやうに、若者になる爲には、石につめたり、山の中に塗りこめたりする事が行はれたので、普通、山ごもりは、單なる禁欲生活だと思はれて居るが、實は其間に、かうして、一度自然界のものの中に入つて來なければならなかつた。其をしなければ人にもなれなかつたのである。此は、神の魂が育つのと同じことになるので、他界から來るたまをうける形なのであつて、さうすることによつて、村の聖なる爲事に與る資格が得られると考へたのである。

かういふ風に考へて見ると、他界からやつて來るたまは、單に石や木や竹の樣なものの中に宿るのではなく、人自身がものの中に這入つて魂をうけて來るのであつた。おかしな考への樣であるが、日本人が、最初から、現實に魂を持つて來て居ると考へたら、こんな話しは出來なかつたと思はれる。卽、容物があつて、たまがよつて來る。さうして、人が出來、神が出來ると考へたのであつた。

たまとたましひとの區別

たまからたましひに入つて見ると、用語例がさまぐに混亂してゐて、自分にも贊成の出來ない樣な矛盾した氣持で話をしなければならぬが、たまとたましひとは、並んで居るのだから、此は、どうしても別のものと考へねばならぬ。たましひはたまのひで、卽、火光を意味すると說明した學者があつたけれども、其は信じられない說である。少くとも第二義に墮ちた說明だと思はれる。やはり、實際に使つてゐる例から考へねばならぬと思ふが、大和だましひとか、其外、平安朝に書かれた用語例などで見ると、此は知識でなく、力量・才能などの意味に使はれて居るので活用する力・生きる力の意を持つた、極端にいへば、常識といふことにもなるので、或學者は、大和魂を常識として說明したが、其までには考へなくとも、少くとも働いてゐる力といふ事にはなるのである。沖繩へ行つて見ると、此二者の使ひ方が明らかに逆ふ。たまは、我々の謂ふたましひの事で、たましひは才能・技倆を意味する。ぶたましぬむうん（不魂之者（ブタマシナモノ））と言ふのは、器量のないもの・働きのないものと言ふことになるので、

平安朝時代の用語例と非常によく似た近さを持つて居るのである。

さうすると、たまとたましひとの區別は、どこにあるかと言ふことになつて來るのだが、其說明は、簡單には出來ない。とに角、少くとも、たましひと言ふものは、目に見える光をもつたもの、尾を引いたものではない。抽象的なもので、體に、這入つたり出たりするものがたまだつたのであるが、いつか其が、此を具體的に示した、卽、たまのしんぼるだつたところの、礦石や動物の骨などだけが、たまと呼ばれ、抽象的なものの方は、たましひと言ふ言葉で現はされる樣になつた。大變な變化が起つた訣である。

此、たまとたましひとの區別に就いては、いづれもう一度話をして見たいと思ふ。

（本稿は、國學院大學鄉土硏究會に於ける講話の筆錄です。筆錄には精々注意を拂つた積りですが、未だ完全とは言ひ得ません。創刊號に間に合ふ樣お送りする約束をしながら、今日に延びたには、筆者病氣の故もありましたが、幾分でも完全に近いものにしたいとの苦心もあつたのです。更に言ひ添へて置きたい事は、先生の近著「古代硏究」に收められた諸篇の中には、此問題に觸れられた幾つかゞあります。殊に、たまとたましひとの區別に就いては、「民俗學篇」に收錄の、小栗外傳、琉球の宗敎などを參照になる事をお薦め致します。筆錄者博美記）

ゴッサン

南方熊楠

予の知る處ろ、五六十年前も今日も、和歌山市や田邊町其他紀州諸處で、人の妻をゴツサンと敬稱する。但し此外にも種々と妻の敬稱あれば、毎人毎度此語を使ふと限らぬ。

享和二年瀧澤解筆、羇旅漫錄上、名古屋訛りの條に、ヒナタ(汝)はどこのゴツサマと云々、注に人の家婦をいふとあり。中卷の祇園方言の條には「茶屋の婦をゴツサンといふ、江戸吉原にては、茶屋の亭主をゴツサンと云ば、男女の違ひあり」。嘉永元年成つた守貞漫稿三に、著者當時人妻の稱呼を說き、東國はオカミサマ、京師はオクサマ、オイエサマ、尾州はゴツサマ、御新造の略也と述た。やゝ後れて安政中大坂町奉行在職中の見聞錄、久津見蕨村の浪華の風亦大坂の人妻の稱呼を擧たが、ゴツサマの語を出しおらぬ。

只今多忙で右以上取調べ得ないが、これ丈けで考へると、ゴツサンは以前尾州邊の語で、安政以後諸方へ蔓衍した者だ。扨足利氏の世に成たらしい狂言記拾遺五の「米市」。大晦日に合力を望んで富人え伺候する貧者が、先づ合力米は貰ふたが、「いつもおごう樣から女共方へ古着の御小袖を下さるゝ」に、今度は忘れた樣だから暗示して貰ふて參らうとて立歸ると主人も氣がつき、「いつもおごうが方から、其方の女房へ古著を遣はすが、夫はいたか」といふ。足利氏の世、身代持ちが自分の妻をオゴウ、他人はオゴウサマと敬稱した事、丁度英佛でマダムと呼ぶ如くだつたのだ。ゴツサマを御新造樣の略とみるよりは、昔し行はれたオゴウサマの約とみる方が正しく又手近い。

瓦礫雜考上に云く、今俗に母御よめ御といひ、又少女をゴモジ抔いふは、古へ閑院の御、伊勢の御抔の名殘也、本朝文粹菅家の詩の註に、俗謂貴女爲御、蓋取夫人女御之義也といひ云々抔いへり、さるを后宮名目抄に、少納言入道信西が女辨の局、上西門院の命婦の方におくりける「人にいつ立つのもじの跡消て面影さへもかきくもりぬる」といふ歌を引て、女子を五文字と云はこれ其證也とて、貞淸美等の五文字を註したるはうけ難し云々と。熊楠謂く、明和元年筆、林良通の仙臺問話三に南流別志に、田舍に古言の遺りし事を記して、奥州には娘子を

ゴッサン（南方）

オゴラと云と書り、仙臺に來りてきくに今もオゴタチ、オゴラと云ふ也と記す。この林氏は「源氏物語抔ゴタチと云にて、御の字なるを、音を借て五もじと書く事と思へば、后宮名目抄に、五もじの別ちの事、深窓に養はるゝ娘たつをなん、五もじと使ひ來る事、左のみ久しくは申し侍らず、保元平治の頃より大方は申し侍るか信西法師の女、辨の局の云々とよみ侍る歌、信西の日記にあり云々」と述て、娘を五もじと云ふに限つて、その五德を備へたるを賀しての稱と信じたらしい。是はどうか知れねど、多分は瓦礫雜考の如く、初め婦女の稱呼に御の字を添たに隨つて、五德說も起つたで無らうか。もと婦女の稱呼に御の字を添たのが奥州に流れて、娘子をオゴタチ、オゴラといひ、尾州に殘つて人妻をゴツサマといふに及んだと想はる。（八月十四日）

火の玉の話（本誌一ノ二號參照）

○私が十數年前鹿兒島市淸水町に住んで居た時の事です。淸水小學校の西隅に廣い草地が有つて、其附近によくひだま（火玉）が出たさうです。其邊に住んで居た一知人の話に、夜中に用立しに起きて、手水を使はうとすると、手水鉢の邊をフワ／＼浮いて居て、水などかけると、他所の方へ浮いて行つたと云ひます。附近に墓はなかつた樣です。

○同じ淸水町の私の家の數軒隣りに、所謂幽靈屋敷と云つて、長らく住み人のない荒れ果てた家が有りました。以前或る人が居て、其處で大病を患つて瀕死の床に居る時、使ひに出た下女が歸つて來ると、その家から火玉がフワ／＼出て來たので、驚愕の餘り傍にあつた棒で叩き落した所、其瞬間からころつと主人の病氣が治つたのださうです。之とどう關係があつたか知りませんが、それ以來住む人が無いのだと云はれて居ました。此病氣が治つたと云ふ所が、若し一般にも考へられて居るとすれば、何物かを暗示して居はしないでせうか

○其後、日向宮崎郡田野村に住んだ頃、丁度裏に桑畑があり、其向ふに墓地が有つて、よく火玉が出たさうで、若し人がそれに會つて走つて逃げたりすると、何處迄も後に蹤いて來たが、動かずに居るとフワ／＼他方へ飛んで行つたものださうです。幾度となく聞いた事ですが、私自身は一度も見た事はありませんでした。

○以上三ツの場合、ひだまは皆圓く大體月位の大さで、靑白い色をして居て、六寸から一尺位の尾を一本引いて居たと云ふ事に一致して居ます。

○私自身は中學五年の頃、日向兒湯郡都濃村で火玉を見たことがあります。尾鈴山に登つての歸りで、雨に降られてづぶ濡れで、都濃の町に入らうとする時、四五丁離れた丘が有つた筈の所の中腹に眞赤な、輪廓の判然した、徑一尺餘の圓い玉がポカンと浮んで居るのです。附近に人家など有る筈なく、何だらうと不思議に思ひ乍ら、それでも一分近くも見乍ら小さな町に入りました。直ぐ後から來た多數の友人がその玉がコロ／＼轉ぶやうに可成り速く走り出して丘の向ふに消えたさうですが、其時は五寸餘りの白い尾を引いて仲々美しかつたと云ひました。

（石田憲吾）

キヤハンとハヾキ

（ツヽギヤハン—筒脚絆—のこと）

宮本勢助

□

現在東京で専ら行はれてゐるのはキャハンの語だけで、ハヾキの語の如きは日常の語彙の中から全く忘れられて了つてゐる。是が江戸時代以來のことであつたことは、享保の單騎要略に専らきやはんと記し、明和の學語篇に脚絆・裹脚・行縢・邪副・偪縛などの諸語をすべてキャハンと譯してゐるのや「はゞき今これを俗に脚絆といふ」〔類聚名物考、裝飾四〕、「はゞき今の脚絆(キャハン)も同じ」〔倭訓栞前編二十四〕、又嘉永の守貞漫稿に「脚半古ははゞきと云ふ、今も尾張人ははばきと云」とあるので明らかである。安政二年下總國に生れた我が母の話に越後生れの其祖父が日常キャハンを故郷の方言でハヾキと呼んでゐたと云ふことであつた。

京阪地方では如何であつたか確かとは分らぬが、或は江戸と同様な傾向ではなかつたか。山城の大原女の村などは大正初年まではハヾキと呼んでゐたのであるが、大原女のハヾキについて記したものでそれを其儘ハヾキと書いてゐるのは、萬治の東海道名所記、正德の鹽尻、(四八正德)凡兆(元祿四年生棠)の柴賣說などのみで右の中鹽尻の天野信景は尾張、凡兆は加賀の人であつた。然るに京都の人倫訓蒙圖彙(元祿三)世間娘氣質(享保二)都名所圖會(安永九)都風俗(寛政十二、寫本)及び江戸の見た京物語(天明元)近代世事談、羇旅漫錄には皆キャハンと書かれてゐる。

近世既にハヾキの語が尾張越後などの方言として一部の關東人に傳へられたが、現在では羽前國村山四郡最上地方のハヾキの語が同様キャハンの方言として報告せられてゐる〔風俗畫報二六一號〕。又現在上野國邑樂郡館林町邊では東京でキャハンと呼ぶものをハヾキと呼んでゐる。

以上の如き専らキャハンの語のみを使用する地方に對して、別に専らハヾキの語のみを使用する地方がある。大正四年八月經廻した山城國愛宕郡の白川・修學院・八瀨・大原・靜市野・鞍馬

34

諸村及び葛野郡中川村などでは皆ハヾキと呼んでゐた。殊に靜市野村字野中の女子にはキャハンの語を知らぬものなどがあつた。又ハヾキの語に對してキャハンの語の勢力の微弱な地方もある。例へば三河國南設樂郡長篠村横山邊では專らハヾキと呼び、女の旅行などに穿くものをキャハンと呼んだかと思ふ〔早川孝太郎氏話〕と云はれ、越後國中頸城郡柿崎ではガマハヾキの他きれのをもハヾキと云ひ、カイキノハヾキなど云ふ。別にキャハンとも云ふが、ハヾキとキャハンとは同じ物である〔阿部蘇湊氏話〕と云はれてゐる。

ハヾキ及びキャハンの語の地理的分布は如何なるものであらうか、キャハンをコウカケと呼ぶ地方がある。備後國世羅郡三川村字川尻ではキャハンをコウカケと云ふ、ハヾキと云ふ語を聞きたることなく、ハヾキと云ふものをも知らず〔大正十三、四伊藤赳氏話〕とのことである。又羽後國北秋田郡阿仁では、コハゼ掛けの東京式のキャハンを「コウカケ」と呼ぶ〔安成氏話〕キャハンがコウカケと呼ばれてゐるのは注意すべき事實であらう。

ハヾキ及びキャハンの語が異名同物として並存してゐる三河越後などの他に、別々の事物を表はす語として並存してゐるのは次の諸地方である。羽後國仙北郡長信田村ではきれで作つたものをキャハン、植物製のものをハヾキと呼んでゐる。〔鈴木久治氏話〕又陸中國盛岡邊でも同樣であると云ふ〔金田一京助氏話〕。越後國刈羽郡でもきれのものをキャハン、藺草製のものをハヾキと呼ぶとのことである。又近江國滋賀郡葛川村ではハバキとキャハンとは別物で、キャハンは女子だけの穿くものである。上野國邑樂郡館林町、赤羽村字赤生田邊では、東京に所謂キャハンをハヾキと呼び、別に一種のキャハンと呼ぶものがあつて二者並び行はれてゐる。後者は同國佐波郡境町邊でもキャハンと呼んで穿いてゐる。又羽後國北秋田郡阿仁では、ハヾキは植物製のものゝ稱、コウカケはコハゼ掛けの東京式のキャハンの稱、キャハンは女の穿く筒形のものゝ稱である。〔昭和四、六、四安成三郎氏話〕

一

書紀及び續紀に現はれた脛裳は、ハヾキモ或はハギモ亦或はハヾキなどゝ訓まれ其屬性もハヾキとして解されてゐるが、ハヾキを現はした漢字面で永く後世にまで繼承されたものは養老衣服令の脛巾の字面であつた。脛裳は單に其字面だけから考へても脛巾とは其屬性の異なるものであつたらしいが、其詳細について現在極めて不分明である。脛巾と同時に衣服令に現はれたのは行纏であつたが、脛巾も行纏も平安朝以後には等しくハヾキと訓まれて近世に至つたのであつた〔延喜式倭名抄、伊呂葉字類抄〕。云ふ迄もなく行纏は支那傳來の字面であつた。

然るに近古に至つて脚巾の字面がハヾキの傍訓を有ち乍ら太

平記に現はれた。脚巾も支那服飾の名稱であるから語其ものは支那傳來のものであつたのであらう。脚絆の字面は康富記（應永三十九、四、廿二）に現はれ、文安の下學集には脚半の字面をキャハンと訓ませてゐる。キャハンは倭訓栞に「脚絆の音也といへり」と云はれ、幸田露伴氏の國譯忠義永滸傳の（上四六二頁）の註に支那語の脚絆の音だらうと云はれてゐる。支那の脚絆は早く祖庭事苑第八に見え、水戸常福寺義海の佛像幖幟義圖說坤（元祿七年序）には脚絆について「按和俗所謂脚半、行纏類、蓋近ニ此衣一矣」と云つてゐるが、キャハンが脚絆の音であるか否かについて全く言及して居らぬ。又同書の脚絆の圖は我國のものか支那のものかは明らかでないが多分我國のものであらう。現代支那民族の脚（キァウ）と呼ぶものも寒時又は旅行に川るもので、略我がキハンに該當するものである。又支那服飾には同様のもので「脚校」（カーキヤウ）とも呼んでゐるもの、或は「脚巾」（カアクヌ）と呼ぶものなどもある。

義經記などの昔物語にはハヾキの語が現はれてゐるが、室町時代にはモヽハヾキ（股脛巾）と共にキャハンの語が頻りに使用せられてゐたのであつた（走衆故實・宗五大草紙）。斯くて天文の運歩色葉集には古來のハヾキ（行纏・脛巾）と比較的新しいキャハン（脚絆）とが相對峙して現れるようになつた。

梁書新羅傳の新羅方言の條に「袴曰ニ柯半一」と見えてゐる柯半については既に宮崎道三郎博士の高說があるが、キャハンの語原を考へるには參考すべき事實かと思ふ。又キャフ（脚布）の語は支那服飾のキァウ（脚）や、キャハンなどの話に關聯を有するものではあるまいか。

□

キャハンとハヾキとの關係は現在一般には異名同物と考へられてゐるが、東京などではキャハンの異名としてハヾキの語が考へられ、三河越後などではハヾキの一名としてキャハンの語が考へられてゐる。然るに他面陸中羽後越後上野近江などではキャハンとハヾキとは全く別個の事物で彼此混同せらるべくもない。併し陸中羽後などで植物製のものをハヾキ・きれい製のものをキャハンとする傳誦によつてキャハンとハヾキとの差別を單に材料の差違にのみ歸するのはどんなものであらう。植物製のものがハヾキと呼ばれたのは全く古今通規の事實であるから植物製のものがハヾキと呼ばれるに不思議はない。亦一方のキャハン（特に陸中などのもの）と呼ばれるものが其屬性に於て上野、近江などのキャハンと共通であるのによると當然キャハンと呼ばれべきものであることによつて考へると、其傳誦の本來は單に材料の差違に基づいて區別したものではなかつたらしく思はれる。ハヾキが植物製のものに限らぬことは上野三河山城其他に於ける現在の事實によつても考へられるが、殊に山城國愛宕葛野二郡諸村や上野國邑樂郡のハヾキが皆木綿で作られたものであること、上野ではキャハンもハヾキも全くきれで作られてゐること、更に古文献によると茵・蒲などの他に絁・布〔延喜式〕錦〔吾妻鏡〕綾〔義經記〕などのものまで皆ハヾキと呼ばれてゐたことなどによつて考へられる。

植物製のものをキャハンと呼んだ例はまだ知らぬが、丹波國北桑田郡知井村芦生の事を記した風俗畫報四八號の記事中「脚半は草を乾し編みて之を作れり」とあるが、果して土地でキャハンと云つてゐたかどうかは疑はしい。

□

以下キャハンと呼ぶものに關する諸例を擧げる。

(イ)上野國邑樂郡館林町及び赤羽村字赤生田邊では東京でキャハンと云ふものをハヾキと云ひ、別にャキハンと云ふものがある。それは上部にのみ紐ありて是を結び、下端には紐が無く、フランネル、木綿などで作る。專ら女子及女兒の所用で男子の使用者を見ない。〔大正四、六、同地人話〕館林の人に羽後矢島のキャハシを見せて訊いたらば、其製作は全く館林のものと同樣で眞後ろの上端にきりこみがあるのも同じだと答へた。

(ロ)上野國佐波郡境町のキャハンも(イ)と同樣のもので、同地の一女子は東京市中で現在冬時それを穿いてゐる。普通なが

すそでそれを穿いてゐるので瞥見しただけでは股引を穿いてゐるとしか見えぬものである。此キャハンは縞の絹物で筒なり作られたもので、上部に結ぶ紐はキャハンには縫ひつけてなかつた。それを膝節の下に結びキャハンの下端は其儘放垂されてゐる。

右と同樣のものは武藏國大里郡三尻村にもあるようである。又同樣のものを幼時下總國東葛飾郡馬橋村字主水で見た記憶があるが、同村字幸谷生れの我が母などは全く知らぬとの話であつた。亦自分も曾て同地で見たことが無かつた。

(ハ)陸奧國三戸郡湊町邊でキャハンと呼ぶものは、形がズンドウに作られた、下部の幅の少し開いた卽ち太いもので、上に紐が有つて下に紐の無いものである。地質は木綿・茜木綿は若い女、淺黄・紺は老女、紐は共ぎれ又は別きれで、專く女の穿くものである。〔大正十二、四、掬越紫郷氏話〕

(ニ)東津輕(青森灣寄り)で、子供達が單物一つに緋ガナキンのハヾキを穿き跣足で歩るいてゐるのを何人となく見かけたが、其ハヾキは上に紐があつて下に紐の無いものであつた。是は大正七年頃旅行の際に目擊したことである。〔大正十三年柳田國男氏話〕

(ホ)盛岡市で穿くキャハンも(ニ)と同樣のものである。(同年、金田一京助氏話)

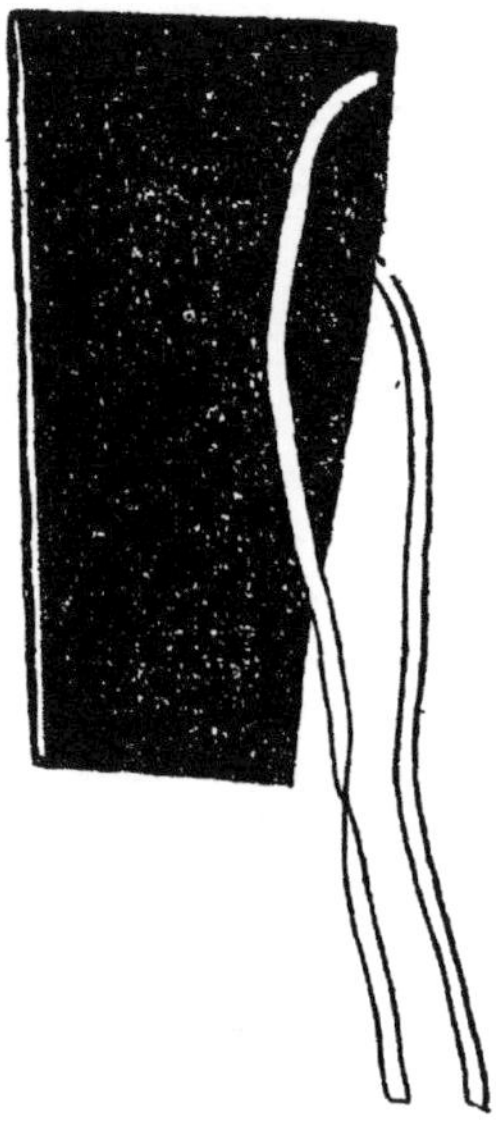

(イ)近江國滋賀郡葛川村・女子用キャハン

(ヘ)大正四年八月十九日、近江國滋賀郡葛川村字中村で聞いた話にハヾキとキャハンとは別のもので、キャハンは女だけが穿くとのことであつた。當時同村字梅ノ木で採集した、女子所用のものは筒形に作つた下部の稍つぼんだもので、紺木綿にトキ色メリンスの紐を上部にのみつけたものであつた。オリカタビラを膝位までの長さに着た其裾の下にキャハンを穿くのである。(イ圖參照)

(ト)羽後國由利郡矢島町でキャハンと呼ぶものは略(ヘ)と同様のもので、後ろの上部に縫ひ外した所謂きりこみのあるものである。縞メンネルに花色木綿の紐を上部に着けたもので女子用のものである。當時同郡象潟町から矢島町へ越す途中の山村で子供が赤地黑模様メリンスのキャハンを穿いてゐるのを見た。

(チ)キャハンは現在北海道にも分布してゐる。昭和二年六月廿一日後志國美國郡美國町で赤毛布製のキャハン壹雙を採集し得た。同地での話によつて是をキャハンと呼ぶこと、及びツメガケの有るものをもキャハンと呼ぶことを知つた。キャハンは內地のと同様筒形の上部にだけ紐のあるもので衣服の裏に穿かれるものであつた。此赤キャハン同月廿日狩太、比羅夫間で少女の穿いてゐるのを見かけたのを始めとして翌日小樽市で勞働婦人のを美國では大勢の若い女達のを見かけたのであつた。後志國積丹郡余別では一隊の女が丹及び茜色のキャハン、老婆は紺のを穿いて行くのを見た。石狩平野通過以後赤キハンを見かけぬ様になつたが釧路厚岸間で僅にヒワ色キャハンを見たのであつた。泊村字堀株村でヒワ色其他のメリンスのキャハンを穿いた行商らしい女達を見た。紺キャハンは老爺姿に穿かれ、稀には白キャハンも穿かれてゐる。

□

現在民間服飾以外にキャハンが保存せられてゐるのは能の狂言の衣裳と、修驗道の裝束とである。狂言のものはやはり「キャハン」と呼び、普通黑繻子などで筒形に作つた上部にのみ紐のあるもので穿いて下部は放垂されるものである。山伏の脚袢には金胎兩部の二種があつて「胎藏黑色の脚半とは筒脚半これなり……金剛黑色の脚半は鈒先の脚半これなり」(風俗畫報第八號)と見え其圖によると、前者はキャハン、後者はハヾキに當るのである。ツ、ギャハンの名は修驗道以外にはあつて若狹國にもあるとのことである。ハヾキに對してツボハヾキ(壺脛巾)の名ができた樣に、近古以後漸くキャハンの語が廣義に使用されるようになつて、亦ハヾキの實體がキャハンの名で呼ばれるようになつてからキャハンが殊更にツヽギャハンと呼ばれるようなつたかと思はれる。

混亂を免れる爲めに上述した狹義のキャハンを以下には殊更にツヽギャハンと呼ぶこととする。

ツヽキャハンは現在、舊劇の舞臺衣裳として遺存してゐるらしい。國貞の錦繪「今樣源氏花揃」の田舍娘が桃色のキャハンらしいものを穿いてゐるので、傍に居合せた上州生れの二人の婦人にそれを見せてたづねたら、多分キャハンだらうと答へた。(上野のキャハン參照) 其一人は、近日昭和座で丸橋忠彌を見た時、忠彌の母が白いキャハンを穿いてゐるのを見た、チラツと足首の邊が見えたゞけだが、下部に紐の無いものであつた、と云ひたした。通例舊劇の女形は肌にフンゴミと云ふものを穿くとのことである。キャハンと認めたものも或は此フンゴミであつたかも知れない。併しキャハンを穿くことも有り得ることである。後の爲めに此に記しつけて置く。

□

近世に於けるツヽギャハンの消息については、嬉遊笑覽、守貞漫稿二書には全く書き遺されなかつたが、繪本、挿繪等を點

檢するとそれが尠からず描き出されてゐることに心づく。

ツヽギャハンの全體が明瞭に描寫されてゐるのものを先づ擧げると次の如くである。

文正草子(明暦四)の挿繪鹽賣文太は白紐の黑身のそれを穿いてゐる。和國百女(元祿八)の花見の供の老人は、上部の紐が千鳥にかゞつてあるそれ(白)を穿いてゐる。繪本御伽品鏡(享保十五)には、横筋文樣のそれが描かれてゐる。西川祐尹筆逸名繪本には高尾紅葉狩の町家の男子が二人までそれ(白)を穿いてゐる。

(ロ)西川祐尹筆逸名繪本所載高尾紅葉狩男子キヤハン

(ロ圖)北尾雪坑齋風の逸名繪本には靑物賣「りん／＼盡し」繪本には魚賣の男がそれ(白)を穿いてゐる。以上は主として京阪出版のものであるが、江戸出版のものにも次の如くそれが見える。勝川春章章逸名繪本には男子が、繪本物見岡(天明五)には本所羅漢寺で農夫らしい老人が共にそれ(白)を穿いてゐる。四季交加(寛政十二)にも七月の地獄繪解の願人、ずいきを荷つた農夫などがそれ(白)を穿いてゐる。以上はすべて上部にのみ紐のある下端は放垂されたもので、紐は前で結ばれてゐる。色は白と記したが彩色の無い板畫のことであるから、果して白であるやら何色であるやら確かには分らぬ。黑く描かれたのは紺などでもあらうか。

以上によつて次の諸書つ繪に現はれたものがツ、キャハンであることが類推せられるのである。

人倫訓蒙圖彙(元祿三)の相撲行司は括り袴の下に黑いそれを穿き、鐘鑄勸進は衣服の下にそれを穿いてゐる。石川流宣の大和耕作繪抄には田植の早乙女が五人一樣に横筋文樣のそれを穿き、奥村政信の繪本小倉錦には旅姿の女が黑地に鹿子文樣のそれを穿いてゐる。繪本江戸紫(明和二)にも旅姿の女がそれ(白)を穿き、春章逸名繪本には女が二人それを穿いてゐる。鏡山誉仇討(文化五)及び風俗淺間獄(嘉永七)には娘巡禮のそれ(白)を穿き、淺間嶽には花賣女がそれを穿いてゐる。歌川國貞の今樣源氏花揃の田舍娘も桃色のそれを穿き、神事行燈(文政十二)には京都女及び旅姿の女が白色のそれを穿いてゐる。女の紅の脚半は世間娘氣質(享保二)にも見え當時實際に行はれたものであつた。又白色のツ、キャハンが穿かれたことも神事行燈によつて確められる。

ツ、ギャハンの存在は古畫によると更に近古以前にも溯る。土蜘草紙には武者が白紐藍色のそれを穿き、天狗草紙東寺之卷には、荷擔ぎ男、僧兵などもそれを穿く、但し是には上部にも紐の見えぬものである。大塔宮出陣圖中の步卒は、赤地に黑く三本篠を描いた脛當擬ひのそれを穿いてゐる。此他春木氏年中行事畫帖、木村氏屛風等にも見え、殊に祭禮草紙(前田家藏)に鎧武者が袴の下にそれを穿いてゐるのによつて、現在能狂言に於ける同樣の着法が當時の遺俗であつたことに想到せられる。

中世の古畫傳百濟河成筆四天王像の眷屬中には、上部に紐のある毛皮製のツ、ギャハンを穿いたものがある。

男體埴輪土偶には袴の膝から下の部分の外側が宛ら魚の鰭の樣に外方へ著しく突き出て作られたものが尠からずある。此部分は普通「外側に鰭の如く挺出せるは、褌を外側に引きて脚結(アユヒ)を施したる結果なり」(埴輪圖集解說)と解釋せられてゐるものであるが、曾て和田千吉氏から傳聞したところによると、是を谷井濟一氏は次の如く解釋せられてゐるとの話であつた。

朝鮮の脚絆は筒に製作された、其上端の一部の縱に二寸許り縫ひ外づされものである。それを穿いて紐を締め合せると、縫ひ外づし以下の部分は自然外方に突出する是によつて男體埴輪土偶の膝以下外側突出した鰭の如きものは說明せられはしまいか、

□

若し右の說の如くであるとすれば右の男體埴輪土偶はツ、ギャハンに關する最も古い徵證であると云へるが、なほ充分に檢討せられなければなるまい。

ツ、ギャハンは現在普通には着用の際其下部は其儘に放垂せられる。上述したものも專ら放垂されたものに限つてゐた。併

「天狗の内裡」(萬治二)の鞍馬詣の主従の男子、「判官都話」(寛文十)の武士主従などの足首に白紐を結んだ黒い主體のもの、「繪本名紋盡」(寛保四)の旅俯、「繪本あづまの花」(明和五)の稗蒔賣、駕籠舁、(以上主體、紐白)蜆採り、(主體黒、紐白)「繪本藻汐草」(同年)の鷹匠、近習武士、旅人、船頭(主體、紐黒)「繪本滿都鑑」(安永八)(主體描筋文様)「繪本物見岡」の團扇賣若衆(主體、紐白)以上皆足首に紐を結んでゐる。女子のツヽギャハンは專ら下部を放垂したものであるが、「風俗淺間嶽」の娘巡禮のには足首を結んだものもある。(昭和四、八、十六)

キャハンとハゞキ　(宮本)

し山伏裝束の筒脚半は上下に紐の有るものである。ことによると、其以外にも下部に紐を有つたものがあつたことは推測に難くない。從つて中世乃至近世の古畫にもそれらしいものが往々散見してゐることにこゝろづく。以下に引用する古畫所見の脛衣は、すべて後ろに合せ目が無いことによつて是をツヽギャハンであらうと推定したものである。

四天王寺扇面寫經下繪の三人の旅姿の女子に、描かれたものは、太く緩やかなもので、赤色の主體に足首に白紐を結んである。上部は衣に隱くれて不明である。

信貴山緣起繪には老尼及其從者の旅姿に描かれてゐるが、足首にはコウカケ或はアクトアテの類が卷かれてゐる。

平治物語繪六波羅行幸卷の步武者に描かれ、足首にコウカケの類が卷かれてゐる。

歡喜光寺一遍聖繪の旅姿の女子に、(白色)描かれてゐる。

牧馬屛風(博物館)の牧子のは主體は黒・淺黄・茶などの諸色のもので、白紐、上部の紐は作りつけらしく前に結び、下部の紐は二重に纒うて前で結んである。

酒飯論繪の下人のは上下に紐のある、主體黒、紐白で紐前に結ぶ。

七十一番職人歌合繪のものも主體黒上下に紐がある。

近世のものには次の如く見えてゐる。

民俗學の本願

有賀喜左衞門

民俗學が非常に困難な學問であると云ふ理由の重大なる要素はその資料の蒐集と取扱ひに於て困難なことにある。それが困難であるのは、その資料が必ずしも常に明白には存在せずに、他の種々の現象にまぎれてゐるので、その中から資料として選ぶ適當な目安がなければ不可能だからである。それならその目安があれば何でも良いかと云ふに、それも目安のつけ方次第でそれが我々の論旨に好都合であつたとしても必ずしも正しいとは云はれぬ。實際に於て我々が物を見る場合に何等の成心なくしてそれに對すると云ふことは非常に稀れである。學問に於て功名でも立てやうと云ふ有爲の士にあつても自己の論旨を完成せしむるに急なるの餘り、事實を自分に迎合させやうと云ふ誘惑に捉へられることも中々あるやうである。まして我々一般の者にあつては常にかゝる危險に曝らされて居り且つそれを意識することは甚だ稀れであると云はざるを得ない。從て物を有りの儘に見ることは非常に難しい事になるのであつて、唯自分の論旨に好都合な物だけを見るとか、自分に好都合に解釋しやうとか、又は眞實を見ても見ぬふりをしてゐるのが自己の立場に好都合であるとか云ふのでは、凡そ民俗學とは緣遠いものであらうと私には考へられる。

私は資料蒐集の實際に於ける技術(?)の難しいものであることに異論はないが、蒐集や取扱ひに當つて何よりも保ち難いものは眞に公正な態度であると思ふ。民俗學は畢竟我々が事實を正視することを學ぶに役立つに過ぎないものであるから、物を見る目安を持つと云ふことは民俗學のために存在する事ではなく、民俗學こそこの目安を完成するために必要とされる事柄なのである。で、物を見る正しい目安が最初からあれば結構であるが、非常な自惚がない限り先づ有り得ぬことであるから、我々はこれを得る爲めに努力しなければならぬ。そこで兎に角持つてゐる自分の目安を絶えず批判すると云ふことは大切なことである。然しこのことは口で云ふ程容易なことではなく、我我は大抵の場合いゝ加減な所でこの目安を固定させてしまう。それはその方が物を考へるのに簡單でらくだからである。例へば一二の事實から文化現象の或る形を空想して、それを存在せしもの〻如く考へやうとしたり、形が似てゐてもその形にシムボライズされた生活上の意味が全然異るやうな異民族間の現象を直接に比較し關係せしめたりする。これ位の所で民俗學が成立するとしたら、學問も甘いものである。だが一體斯くの如きことが何を意味するだらうか。學界に特異な見解を誇示するために努力してゐるものだとすれば我々の問題とする限りではないが、若し物を正視しやうとする念願ありとすれば、斯くの如き仕方によつてその視野が益々狹められる危險を恐れなければならぬ。民俗學は珍奇な見解を競演する舞臺ではない。物の有りの儘を見、そしてそれを良く了解せんがために必要な手段である。だから文化現象の新種を發見したり、ある珍種が外國渡來であると云ふことなどを發見したりするのが能ではなく、民族の長い生活に於て日常ありふれた現象の意味とその變遷を知ることであるに過ぎぬ。

初期に於て民俗學は餘りに概念的であり、超民族的であり過ぎたこの爲めに我々は物の見方をどれ程歪められたことであつたらう。學者をして珍種發見に競爭せしめたのも恐らく初期民俗學の悪い影響ではなかつたであらうか。全世界の文化現象に通用すると云ふ民俗學の原理が完成すればする程それは實際の文化現象とは遠いものにならうとして來た。だから文化の原始的狀態に於ては何處にでもトーテム制があるとかマナの觀念があるなどと云ふやうな事が考へられて、時には貧弱な資料から時には見當外れの而も單なる空想としか思はれないやうな材料を以て新發見が呈供された。形が似てゐると云ふことは早速にその親近な關係を證明するものであらうか。例へば支那の服喪制と日本のそれとを比較するとする。外面的に見れば兩者は甚だ似てゐる。似てゐる筈だ、日本は支那のそれに非常に多く影響されてゐるから。かくの如き歷史的關係が明かである場合に於てさへ、死者の觀念、服喪の觀念には根本的の相違のあることが認められるのである。だから歷史的關係が明白でない場合には唯形が似てゐると云ふだけではその親近性は最初には疑はれねばならない。斯樣な場合には形と內容との間に存する表象關係を見ることが大切であつて、形のみの類似を辿ると云ふことは結局事實から遠ざかるものである。何故かと云へば、文化現象の形はそれに民族意識が集中してゐるから、その生活の表象として見て始めて意味があるのであつて、これを離れた形は存在しないからである。これは例へて見れば、心臟や肺や眼や耳があるから、黑人も白人も全く同じ人間だと云ふのと口吻を等ふするものであつて、斯くの如き考へ方では人種の差別性を認知出來ぬと同樣に、文化の多樣性を知ることは出來ない。然しか〻る議論が爲されるのにはもつともらしい理由はあるのである。卽ち人種一元であるから文化の本質も亦多では有り得ないと云ふような趣旨である。これには進化論乃至は心理學主義又は或る文化傳播說等が根底になつてゐることは明かであつて、種々の人に依つて種々の形で說かれて來たのである。私はかくの如き事實を否定するものではない。かく論斷さる可きものかどうかゞ唯解らぬだけである。何故と云へば今日までこれを證明する丈けの充分な證據がないからである。唯斯樣な空想を持つ學徒が現象の類似から類似へと求め步いて居るだけで、その以て、類似とする根據も彼等の合理觀に在るだけらしいのである。然し我々にとつて明白なことには文化現象には類似よりも一層多くの差別が存することである。若しこの差別を無視して原理から原理へと溯源して行くとすれば、我々は結局アメーバにまで到達しなければならないだらう。斯樣な原理からすれば差別的現象は偶然に何の根據もなく發生したものと見る外はない。こんな偶然の方が多いとすれば、原理に不備な點があると認むるより外はない。だから我々は文化の多樣性を先づ有りの儘に見て、若し似てゐるものがありとせば、似てゐるものを夫夫の民族の生活に卽してその意味を探り、これを比較せねばならぬ。而もその比較は最も明白なる歷史的關係から出發すると云ふことは事柄の確實を期する上から當然のことである。

　非常に親密な關係にあるとしても他の民族の生活を理解すると云ふことは困難である。人はそれ〳〵その民族の傳統を持つ限り、その傳統を通して他の民族を見ざるを得ない。それ故に如何なる場合にも自分の民族程に他の民族を理解することは到底出來ないのである。非常に注意深い觀察者であつてもさうであるから、それに就いて何等の同情も見識も有せぬ探檢者の見る所が信ずるに足らぬことは勿論であらう。今日の民俗學は斯樣な資料は勿論既に前者の如き觀察者の報告にさへも不滿足である程に精密を要求してゐる。實際或る民族の文化を最も良く理解し得るものはその民族に屬する人々以外にはないからである。異邦人の良き觀察さへその人々の不用意な觀察に必ずしも優るとは云へないのであつて、若しこれ等の人々にして觀察の用意さへ整へることが出來れば異邦人のそれに優ることは明白なのである。かく見る時今日に於て全世界に通用するやうな民俗學の原理を立てるには、民俗學はまだ餘りに粗雜であることを考へずにはおられない。この粗雜さを征服するには各民族が夫々の民俗學を自ら精密に打立てること以外には何等の手段もあり得ない。今日に於て一般的な問題に向ふと云ふことは原理好きの學者の理論からは可能に考へられるが、實際にはその事實から離れる恐れが多い。この點では民俗學に於ける進化論が既に苦い汁をすゝつてゐる。今日に於てはこんな古拙な議論は勿論ないであらうが、もつと進步した程度に於て前車の轍を踏みつゝあるのではないだらうか。なまじい進歩したと云ふ意識があるものだから却つて自己陶醉に陷つて自縄自縛を意識せぬのである。

かくして個別的な、即ち各民族それ〴〵の民俗學が、その民族に屬する人々に依つて創設されると云ふことは、個人が自己を内省すると同樣に、その民族固有の生活を自覺する點でその民族にとつては大切な事柄である。自己の姿を正視せぬ限り何等の進歩も有り得ない。それは自覺は常に必ず要求を高めるからである。例へば鐵器を持たぬ民族が偶然に鐵器を得たとする。彼等がそれに就て何も考へず、自己の能力の値踏みをすることにも無關心であつたとすれば、何かの時にその鐵器を失へば彼等は元のやうに石器か骨器にたよる外はない。さうでなくて、彼等が鐵器のことや彼等の能力を反省したりして、鐵を作り出すことを知らうとする場合には彼等の文化は本質的に變る。即ち新しい要求に依て高められる。文化が發達すると云ふ事柄の根底には常にかうした心の働きが存してゐるのであつて、今日文化の比較的低級だと見られてゐるやうな民族がさうである理由は種々の情況に依つて外部文化の刺戟をその程度に差こそあれ絕つに至り自らを顧みることが少いからである。このことが已に民俗學を求むる心とは背馳した現象であるから、我々が今日如何に彼等に對して民俗學の必要を力說した所で急速に効果のある筈はないのである。それだから文明人が彼等に成り代つて研究を擔當してやるのだと云ふ心持には一半には親切はあらうが、研究の精密を期する點では異邦人は必ずその一歩手前で行詰るのである。若しこの民俗學者が自分の研究を無上のものと信ずるとした所で、異邦人として爲し得る限りでと云ふハンデキャップをなくすことは出來ぬ。一體それが無上で最後的なものであると云ふ裏書を何に求む可きであらうか。この點で今迄の民俗學者の多くが重大な錯覺に陷つてゐると云へる。從つて親切が動機だとしても、それが彼等から見て親切だと云ふ丈けで、未開人の方から見てはどうだかわからないのである。民俗學の黎明が未開人に接したキリスト敎の傳導師等の手に開かれたと云ふことは周知の事實であるが、その初めには彼等傳導師はキリストを知る人々のみが眞の幸福を知る優等人種であると云ふ意識から、自分達の見解を强ひることが幸福を與へることだと考へる場合が多かつた。これ程露骨でなくとも斯樣な意識は文明人だと云ふ自惚を持つ人々の間からは消えない。だがかうした親切は未開人の生活にとつて迷惑に過ぎなかつた。今日の民俗學者がこんな親切を押賣りするつもりで居るのだとは私は信じないが、よく〳〵考へて見れば必ずしもこれと遠く懸け離れてゐるのだとも認め難い場合もある。それは今迄民俗學者の多くは自分自身の興味に餘り多く支配されて、その見解を立てることに夢中となつた許りで、研究の對象とした民族の中にそれ自らの民俗學を創設せしむ可き機運を醸成することには殆んど心を用ひなかつたからである。これが眞の親切でないと云ふ理由は斯樣な態度は未開人の生活に本質的には何の係りもないからである。彼等は第一にその現象の説明など要求してはゐない。だから民俗學者がそれを説明する遠眼鏡を與へた所で奇異な感じがする許りで、それに見向きもしないであらう。よしその眼鏡を借りた所で、借りた眼鏡は所詮役に立つものではない。自分の眼で見ることを學ばなくては何時まで經つても同じことである。だから親切からすることであつても結果は反對であつて、取り殘されるものはいつも彼等である。これではミリタリズムが揭げる殖民地政策の大看板と大差なき廻り合せに落着くだけである。一體に人は自分の所信が正しいと思ひたがるものである。これはさう考へなければ生活のたよりがないからであるが、それが狹い視野の上に立てられてゐる場合には甚だ滑稽ともなり得る。これを民族的に見る場合に文明人と自稱する民族も――未開人もさうであるが――他の立場について考へる訓練が少かつたので未だにかくの如き考へ方から拔け切れずに居る。そして優秀な民俗學者に於てさへこの傾向から全然自由になると云ふことは少いのである。だからこれ迄は、未開人には文明人と同じやうに自分を考へて自分達の立場を自覺することなど到底出來るものではないと勝手に考へて來たのであるが、それ相應の刺戟があれば彼等と雖も亦斯くの如く考へることが出來さうだと云ふ豫想は今日迄の民俗學の成果に依つても立てられる。今迄民俗學者も低級な文化の民族に限つてかようなことを考へて見やうともせず、漠然としてそれが出來ぬやうに思つてゐたのである。然しそれには理由のあることであつて、白人がしきりに探檢し侵略した結果、長い間比較的孤立してゐた民族が、急に程度の甚だ異る文化に面接したので、最初には急にそれを攝取することが出來なかつたのを見てゐるからである。然し事態は既に變りつゝあり、今日以後に於ては益益さうであらう。そして彼等未開人も生活の必要からその態度を改めなくてはならないやうになつて來た。この事は彼等の征服者たる文明人の持つ民俗學とは何の關係もないことであつた。唯我々に希望を持たしめるのは、變つて來た彼等の態度はその中に民俗學の萠芽を含むことである。この萠芽は後から後からと續く新しい刺戟に依つてやがては彼等をしてその生活を批判し進歩せしむる民俗學に成長するであらう。

かく述べては來たが、これが直ちに從來の民俗學のあらゆる業績を否定することにはならない。一口に述べるならば從來の民俗學は文明人の民俗學でしかなかつた。だから文明人は未開人に就いて非常に多くの智識を得たと考へながら、實はその表面をのみ經廻つて來て、却て自分自身を認知したに過ぎなかつた。だからその民俗學が未開人に何等かの影響を與へたとしても、それは未開人に對する文明人の態度に多少の變化をもたらしたと云ふ丈けで、而もその變化は極く狹い範圍に限られる許りであるから、未開人の實生活に於ては全く間接に微弱な影響しかたかつた。多くの場合にそれが影響として表はれたかどうかさへ疑問である。民俗學が步いて來た斯樣な行程を今にして振り返つて見るならば、行程そのものが我々にとつては大いなる暗示として迫つて來る。つまり是迄民俗學者が外に各種民族の調査に獻身した事が自分の民族を最も良く知ると云ふ結果に到達したのであるから、今日以後は先づ最初からこれを意識してかゝることが大切ではないだらうか。最も良く理解し得る自分の民族に左程の注意を拂はずして、歷史的關係もなく或は今日の民俗學から見ても空想的にしか思はれぬやうな關係の民族を知らうとしてもその理解が不完全を免れぬのは自明である。然らば民俗學は自分の民族以外に出でゝはならぬかと云ふに、さうではない。それは已に明かな如く多少の不完全はあらうとも他の民族から得た智識が如何に自分の民族を知るに役に立つたかと云ふ從來の事實でも知られる。又我々が今日新しい立場から出發しやうとするのも、過去の民俗學の業績の總和の結果に過ぎない。我々は從來の民俗學を正當な價値に於て認めなければならない。唯我々は一層の精密を期す可き將來の民俗學が目標とさるゝ限り今日に於てその本末を是非とも自得する必要があると考へるのである。だから他の民族に就て研究する場合でも自分の民族との關係に於て考へられねばならぬ。換言すれば我々は自分の民族の民俗學を確立することが第一に差迫つた問題であるが、民族はそれのみで存在せるものでないから、半面に於てはそれに關係する他の民族を考へずにその民俗學は成立ち難いのである。然しその關係が今迄の民俗學の如く廣汎に成立するものとすれば、我々は又空想の領域に夢遊病者とならねばならないだらう。我々にとつて實際に可能なことはその明白な歷史的關係を辿ることである。民俗學は無を創り出すことを目的とするものではなく、有るが儘を確實に認知することを目的とするものであり、我々にわかり得る限度を確認せんとするものである。民俗學は無限に知り得るものではなく、その能力にも大凡限度がある。民俗學はそれ以上の不可能を試みやうとするものでもなく、又その必要もないのである。その限度以上を試みると云ふことは徒らに我々の視野を混亂させる許りで、我々の所期に反する結果を招くであらう。かくしてあらゆる民族はその民俗學を自ら精密に打立てることを最初に企てなければならぬ。それがためにはその明白な關係ある民族の民俗學を絕えず投影せしめ、自らの姿を顧みなければならぬ。今日に於て斯様なことを世界全體に望むことは不可能であるから、これを可能な部分から行ふより仕方がない。これが不可能である民族に於ては是迄のやうな方法が行はれるのを過渡期として認めなければならぬが、これに從事する人々はその業績が過渡期的價値しか持たぬと云ふことを自覺せねばならぬと同時に斯様な地方にその土人自らの民俗學が起る可き刺戟を與へる義務があることをも自覺せねばならぬ。何故ならば民俗學は文明人の知的遊戲として存在するものではなく、あらゆる民族をして――個人の場合にも云はれるが――物を正視せしむることを目的とするからである。その結果は自己の立場と同時に他の民族の立場をも理解することが可能であるから、今日の如く世界が一方のためにのみ存すると云ふが如き偏見は次第に少くなるであらう。この意味に於て今日の未開人自らの民俗學が成立するとすればそれが彼等の位置を向上せしむる結果となるであらう。民俗學の大本願は區々たる學界の上にあるのではない。これが完成の前途は猶ほ遠いものではあるが、世界の明るい光がこれに期待される。その道は困難なものであつても最早我々は是迄のやうに足場を踏み外すことはないであらう。目標さへ立てば、解決さる可き事は自ら解決されて行く。强ひて解決を急ぐ可きものではない。

上に述べたことは又移して我が民族の民俗學の場合にも云ひ得る。アイヌ人とか朝鮮人とか我が領土内に住む他の民族の場合は勿論であるが、所謂内地人即ち我々自身の場合に於てさうである。我々の國土はその面積に於ては狹いものであるが、その南北に伸びた細長い地形やそれに蟠る多くの山々がその民俗や言語をかなり雜多なものにしてゐる。異つた地域で民俗學者がその能力を等しく充分に發揮出來ると云ふことは考へられぬことである。それ／＼の地方でその民俗學が起らねばならぬと云ふのはこの必要からであるが、斯くの如き民俗學が各地方で起らねばならぬと云ふ重大な理由はその地方自身がその生活を自覺するにあることは云ふまでもないことである。今日教育界では文部省あたりの劃一的方法を非難して地方の個性を云々し地方的な理科の教科書を作るとか、補助讀本を作るとか云ふやうな事に努力してゐる所もあるが、斯様な方面にのみ劃一的傾向があるのではない。例へば新聞はどうであるか。今日地方新聞が微力になつたと云ふ事實がそれであるが、地方新聞には存立の意味がなくなつたのである。これは以前には新聞の主要な部分は論說であつたから地方的に存立する意義は充分あつたのか、今日では報道が主となり、而もそれが早いと云ふことが必要になつたので一二大都市の大新聞はその大なる組織を利用するから自然優勢となつて來た。そして夫々地方版を設けるやうになつたので、交通機關の整備と相俟つて、その新聞があれば地方新聞は全く必要がなくなつて來た。その上に都市の新聞は讀者の好奇心を引くやうな新奇な企や附錄をつけると云ふことまでする。地方新聞はこれに對してどうであるか、何等か地方的意義を持つ事業でもするかと云ふに、野球大會だの競技會だのこれも都市新聞の眞似でしかない事をする位のもので何もしない。これでは立つ瀨もない。都市新聞の勢力が斯樣に擴つた結果はどうであるか。昔は通信は早くても飛脚であるからその早さは知れたものであつた。まして普通の報道に至つては地方から地方へと緩慢に傳はり、或る種の事柄はある地方に長く停滯した後動き出すこともあつたので、その動くにつれて各地方の意見が加へられ、最初とはかなり變つたものとも成り易かつた。然るに今日では東京なり大阪なりの出來事は二三日の中には新聞に依つて山の中にまで知れ亙る。これには途中の意見と云ふものが加はらない。あらゆる地方に直接に東京なり大阪なりが反映する。然しその報道が素材のまゝであるかと云ふに、決してさうではない。事件はそれを見た人から聞く場合に必ず話す人の心眼に濾過される。今日の新聞は營利事業であるからいくら立場の自由を標榜しても營利から離れることはなく、且つ編輯者の意見を超えるものではない。だから一記者の眼を過ぎて來た事件は編輯者の訂正を經ずには活字とならない。新聞社の存立と何の關係もない出來事に於ては比較的素材に近いこともあらうが、一般にはかう考へられる。だから我々が心なしに讀む記事には新聞記者の意見が入つてゐるのである。今日田舍の人を何が最も感化するかと云ふと、新聞に外ならぬ。讀書はまだ一般的でない。新聞は大抵の人が讀む。新聞は田舍の人に知識を供給する最も重なる機關である丈けにその感化力も意外に大きい。彼等の大部分は新聞の報道を頭から信用する。それを批判する場合は極めて少い。彼等に批判する能力がないのであらうか。私の考へではその能力がないのではなく、忘れられてゐる許りである。然し今日ではこの能力があちらこちらでぽつ〳〵頭をもたげ始めたとも見られる。これは文化が受身の場合にはどこにでも見られる現象であるが、新聞が無意識にこれを助長したことは疑ひない。何故と云へば新聞の營利政策が大新聞の競爭を惹き起し、記事には出來るだけ人心を驚かせるやうな努力が拂はれるやうになつたので、これを見る人々をして驚く可き出來事を毎日期待する心持を知らず知らず用意させたからである。斯樣な心持は或る事件を落着いて思索する心持とは正反對であつて、人を無批判に陷らしめる傾向を持つてゐる。實際これ迄平凡で出來事の少い村に毎日新しい報道を持込むことは村人をして一々考へる暇を持たせなかつた。以前の生活では村への人の出入が少かつたから偶の新しい報道は長い間繰り返へされて、それに對する村人の定見が段々出來上つて行つたのであるが、新しい事が毎日來るやうになつては見聞の狹い人々ではそれを扱ひ兼ねて、唯事柄の面白さや新しさを追ふ許りとなつた。つまり考へると云ふ習慣を忘れて來たのである。考へることが億劫になつて來たから、新聞記者の意見をそのまゝ受容れることになつたのである。さてその記者と云ふのが少數の優秀な人々をのぞけば、田舍に對して眞に理解があるかは疑はれる。多くの記者は都市に居ても都市の表面る見るだけで都市をさへ眞に知らない。第六感だか第七感だか知らないが、勘で物を感ずるのが得意な人々には、知る努力は無用のやうに見える。事件はこれを面白く人の注意を引くやうに創作するのが營業政策に適ふものだから自分をさう習性づけやうとする。斯樣な環境からしつかりした思想は生れるだらうか。彼等は右を向けば自分を進步的思想家に見立て、左を向けば都合次第でこれに迎合もしこれに反對もする。新聞は個人でないから鵺となるには好都合であらうが、その不自然な形に心づかぬものは或は鵺自身のみであるかも知れぬ。私はこれを假りに新聞の半面だとしておかう。或は四分の三面とでも云つた方が近いかも知れぬが。兎に角かう云ふ記者の意見を事々に鵜呑みにすると云ふことは、田舍の人が自ら見、自ら考へ、自ら喋べる能力を殺したばかりに、新聞人をして彼等が如何にも輿論を代辯するかの如き自負心を抱かせる結果になり終つた。だから田舍の人は借りた眼鏡で自分の姿を歪めて見、それが自分の姿だと信じて、益々新聞が、從つて都市人的な見方が權威あるものだと考へるのが習性になつて來たのである。斯樣な傾向はあらゆる方面について云はれる。民謠などもそれが都市へ輸入されて、都市の技巧に感化されて逆戾りし來てたのを珍重して見たり、地方色は全然無視されて「枯すゝき」だの「波浮の港」だのが大流行するかと思へば、中央の藝術家に依囑した都市風の新民謠が一種の廣告的意義を以て現はれたりする。更に又小學校の唱歌は藝術家的作爲が含まれてゐて、大部分は都會的であつたりする。それ等凡てを惡いと云ふのではない。私の注意したいのはその受容が田舍人に意識的に行はれたものではないと云ふことである。玩具や菓子など、卽ちセルロイドの玩具だのキャラメルなどは流行唄と同じやうにその普及の範圍は廣く前代のそれ等はために影を潛めてしまつた。これとて田舍人がそれを要求したから現はれて來た現象だとは云はれない。それ等が資本主義勃興に伴つた現象であることは明かである。資本主義は生產費を低下させるために生產品を劃一的にした。目新しさと廉價とのために地方的な生產品を驅逐した。この仕方は地方的な趣味を無視し、それを征服して、一色に染め出さうと云ふのである。田舍人は無理してこれに反抗することを敢てするものではない。彼等は生活の目前の必要に忠實に從ふのみである。新しく起つて來た壓倒的な形勢に順應しなければ存立することが出來なくなつて來たから、それは彼等から見てはむしろ見當違ひで親しみ難く思はれるものであつたに拘らず、これに從はざるを得なかつた。斯樣な現象が生活のあらゆる方面に次々に現はれて來たからものだから、それに順應させやうとする努力にいそがしく、それ故斯樣な心の用ひ方のみが彼等の本然の姿であると我も人（都市人）も思ひ易かつたのである。勿論田舍人にとつてはそれが無意識であつたので、猶ほ更彼等を深みに驅り立てたのである。かくして彼等は自分の趣味を忘れた許りでなく、生活までも忘れ、都市の大きな力に引きずられて盲目的に蠢動する許りとなつた。これが都市人をして一層田舍を憐れましめたのではなかつたらうか。

自分を忘れた田舍人は又自分を取戾さなければならない。都市の文化が百パーセントの能率を發輝した所で、田舍の生活が全部都市に依據するものでない限り田舍人獨得の生活は嚴存する。その獨得なものに氣がつかぬ限り常に都市の摸倣から自由とはならないであらう。國內で都市と田舍の別は實は必ずしも明かではないが、兩者の力に均衡がとれなければ我々の生活はいつまでも不安定を免れない。爲政者もこの力に就ての見極めがつかぬから、常に無定見であつて、この不安定を益々深くするだけに過ぎない。この點から見ても、田舍自身が自分の姿を知ることは、それは單に田舍にのみ關係したことでなく、直に都市に反映する。今迄都市人の遠眼鏡のみが採用されてゐたのに、今度はさうでなくなる。それが田舍自身を向上させる許りでなく、都市との關係を新にさせる。民俗學がこゝに用ひられると云ふのは古い事に興味があるからではない。民俗學が懷古趣味に基礎を置いてゐるかの如き誤解を持つ人もある。そして民俗學者の中には多少その傾向を抱く人もあらうが、民俗學は古俗保存を目的とするものではない。生活は時代の必要に應じて變化するものであつて、新しい時代に順應することは自己を見失ひ易いから一方には弊害を伴ふが、全體から見ればそれは必然的勢である。勿論から云ふ場合に懷古趣味者――これは種々の形で現はれる――の慨歎が頻繁になるのは事實であるが、これ等の人々の良しとする民俗でも新しい生活に不適當だから顧みられなくなるのである。中には後になつてそれまで捨てなくてもよかつたと思はれるやうなものもあるが、さう云ふものも大抵は生活の主流に直接關係する力ではなかつたから捨てゝも差支へがなかつたのである。懷古趣味的民俗學者は僅かに殘つた古俗が消えてしまへば民俗學が成立せぬやうに考へる。消ゆ可き運命ならばそれを人爲的に殘した所で殘し完ふせるかは疑問であるし、內心の要求は別の所にあり乍ら無理强ひされてそれを殘さなければならない人々こそいゝ迷惑と云ふものである。無生物なら博物館に收められても不平はないだらうが。人間の場合には不可能だからいゝやうなもの丶斯樣な考へ方には多くの無理がある。如何樣な意味に於ても變化なき生活は存在しない。從て民俗學やその他の趣味のために唯古俗を保存しやうとしても不可能である。若し生活が變化するので古俗が絕えてしまふから民俗學が不可能だとすれば、民俗學などは成立しなくても良い。我々にとつて民俗學を失ふより生活を失ふ方が更に苦痛である。生活は斯樣な趣味のために存在するものではない。だが我々にとつては生活が變化すると云ふことが民俗學を成立せしむる根據である。何故かと云ふに民俗學は生活を正視することが目的だからである。何故變化するか。如何に變化したか。これ等のことを知るのが我々の目的であつて、これを了解せずに今日の生活を考へることは出來ないのである。懷古趣味は結構である。だが民俗學とは關係なき存在であるに過ぎない。そこでこの變化する相を見るに、或る時代に於ての生活の核をなす現象は如何なる外部の打擊を以てしても、これを絕滅し難いものである。然し斯樣な現象と雖も生活の主潮が變化すればその力を減ずる。だから次の時代には一種の痕跡となつてしまふ。痕跡となつたものに強い生活力のないことは明かであつて、それを長くは保存し難いものであるが、前代に於て生活の主潮であつたやうな現象は後代まで何等かの形で殘り得ると云ふことは比較的多いのである。民俗學が問題とするのは斯樣な現象であつて、かくして民俗學が生活の始源に出來る丈け溯ると云ふのは、旣に痕跡となつた古俗の背景をなす時代の生活を知り、且つそれが變化した由來を了解し、我々の今日の生活が由つて來たる所を知らんとするにある。一般には古代を知るの見識が不足してゐるから、この七八十年間に於ける生活の變化——この期間は資本主義勃興と社會主義勃興の二期が西洋文明輸入と云ふ横糸に織られてゐる——が、これまであつた如何なる變革期よりも我が民族生活を攪亂してしまつたなど丶思ひ過ごしてゐるが、變革期に生活が不統一に見えるのは今に始まつたことではない。だがその變革を起す原動力に不統一があるのではなく、その力を理解し攝取出來ない部分に不統一が起るのである。だからこの不統一はその力を理解し或る形に於てそれを攝取してしまふまでは續く。だからこの原動力に確實な根據がないとすれば恐らく變革期を現出せしめなかつたであらう。從つて變革期が現はれたことはそれがしつかりした根據を有するものだからであつて、新奇に走り、デカダンスに陷る一部的な不健全な現象があつても結局全體として見ればそれは民族生活を健實にするものである。だが我々は生活の實際として變革期の混亂を長びかせることを欲せぬのである。これが長びくや否やは勿論民族性に依つて決定されるものであるが、我々

民俗學の本願（有賀）

が民族の生活相を知つて變革期に關する理解を深くすることが出來るとすれば、斯様な混亂も出來る丈け短縮することは可能であらう。民俗學の役割が、これに對して如何に重大であるかは明かである。だが斯様な長い時代と廣い範圍に亘つた現象の研究が個人の力で成就し難いことは明かであるし、如何なる人もこの事業に參加することが必要であるから共同の目的のためには私心を去らねばならぬ。かくの如き學問は競技會ではなく、個々の力を積み重ねた大なる組織である。この部分々々が何の關係もなく奇術を演じてゐたのでは完成は覺束ない。民俗學者が萬能の神であると思つた時代は過ぎ去つた。我々の微々たる能力はこの大組織の一部として合流した時始めて生きて來ることを我々は見返へらうではないか。――四・七・四――

パカントカワス――アミ族奇密社

アミ族では死者の靈をカワスと呼ぶのであるが、そのカワスを招くことをパカントカワスといふのである。彼等は何か事があると必ずパカントカワスをしてそのオトアスノカワス（祖先の靈）に御馳走を捧げるのである。

然し變死者、戰死者、幼死、愛の爲めに死んだ者等のカワスは決してパカントすることがない。

バヤル――アミ族奇密社

幼年の時に死んだ小供の靈は東方バヤルの樹の澤山に繁つてゐる處に行く。其處では年中果物がみのつてゐて、小供はそれを食べて飢ゆることなく、生活をする。

カリヤ――アミ族奇密社

昔ある日社の人々が狩獵に行つて、たまたま大きな岩の穴の中で休んでゐると、入口が俄に閉つて仕舞ひ、僅に手が出し入れされるにすぎない程の隙間をのこすのみとなつた。岩穴の中に封ぢ込められた人達は幾度も其の岩戸を除かうとしたが、遂に無駄であつた。

それを知つた家人始め社人は毎日食料を持ち運んで其の穴からそれを入れてやつてゐたが、それが餘りに永くなつたので、穴の中の人達は協議した結果、食料の持ち運びを辭退すること になつた。そして其の人達は相互に自分達の肉を食ふことに議決した。さうして彼等は到當仲間同志の肉を喰ひつくして死んでしまつた。

其等の人達は皆カリヤになつたのだ、それからは川や谷や山等で變死するものは皆そのカリヤに肉を喰はれてしまつて、天國にはゆけない。（以上三項小泉）

寄合咄

『がごせ』に就いて

先頃折口さんの放送された河童のお話の中に手々甲(ぜせがかふ)のことが出たことから、ふと『がごせ』のことを考へて見たくなりました。『民族と歴史』第六卷第三號に、和歌山の森本樵作といふ方が、『がごせに嚙ますぞ』といふ題の下に、この子供嚇しの方法を考察してゐられるが、その結論は、

(1)がごぜとは元興寺の鬼から出たもので、その鬼が鐘撞男を殺すといふ噂が世間に弘まり、終に後世まで傳統的に語り續け、子供嚇しの一方法となつたらう。

(2)道場法師が鬼と爭鬪して、その皮髮を引きむいたといふ話が消えて、いつしか『南畝莠言』に出てゐるやうな元興寺保存の鬼の面が生れて來たものに相違ない。

といふのですが、私にはそれではどうも腑に落ちかねる。皆さん御承知の希臘古典の蛇髮の女魔ゴルゴン(Gorgon)の頭即ちゴルゴネイオン(Gorgoneion)――あれには、いろんな解釋があつて、或者は純然たる作話とし、或者は荒れ狂ふ海の恐怖の人格化とし、更に近來大流行の精神分析學は、人間の心に潛む性的錯綜の一つである陰莖羨望(Penisneid)の說話的表現であるなど申してゐますが、みんな籔睨みで、本當のところは、ゴルゴネイオンは、元來恐ろしい形相で邪靈を拂ふための祭儀用の假面であつたのです。そしてその用途の意味が不明になつたとき、女魔ゴルゴンが生れ、英雄ペルセウスにその頭を斬り落されたのが、即ちゴルゴネイオンであるといふやうな、『文學への展開』をなしたのであります。私は『がごせ』も、さうした流轉過程で說明がつきはしないかと思ふのです。手つとり早く申せば、

(1)古く元興寺若くはそのあたりで、邪靈を驅除するために、恐ろしい形相をした假面を祭儀的に使つた。

(2)その假面は恐ろしい形相をしてゐたので、いつしか惡鬼と考へられるやうになつた。

(3)そこでやがて惡鬼退治の說話として、道場法師の物語が生れた。

(4)一方古くから顏を恐ろしげにして、それによつて子供にまつはる邪靈を拂ふ風習があつた。(あかめ、あかんべと呼ばれるものの如き)そしてそれがいつしか單なる子供嚇しの一方法と考へられるやうになつた。

(5)是等のあかんべ式の子供嚇しの一方法として、いはゆる元興寺の鬼の顏を持ち出したのが、いはゆる『がごせ』である。

と考へたいのであります。どうでせう、これも滑稽な籔睨み的解釋でせうか。どうも日本古俗に通じない私には、『がごせ』がよく訣らないのです。是非皆さんの御示敎によつて、この問題を解決していただきたいと思つて、私の思ひつきを持ち出した次第です。(松村武雄)

「草紙洗小町」のプロットに就いて

◇

「草紙洗小町」のプロットが、黑主の後から書入れをした萬葉の草紙を、帝の御前で洗つて見てその詭計を發くといふ一段にあることは云ふ迄もあるまい。このプロットは全く作者の創案であるか、それとも何か之に先行する物語か說話かがあつてそれからこの脚色を思ひついたのであるか、僕はその邊全くの門外漢とて何も知る所がない。管見の及ぶ限り、手近の參考書を漁り、殊に謠曲の註釋類は古來權威ありと稱せられるものを一と通り調べて見たがこの事に言及してあるものを一つも見ない。と同時に今昔以下の物語類にもこの話の類話と考ふべきものがさつぱり見當らないやうに思ふ。(但しこれは

寄合噺

僕の寡聞と檢索の不十分とに基くことかも知れないので何か似た話を御承知の方に是非垂教を吝まれざらんことを懇請する）。然し最後に謠曲文學萬般に就いて非常に深い造詣を持つてなられる和田先生に教を乞うたが、先生もあの一段の典據となつたやうな話は氣付かぬ、恐らくは作者の創意に出でたものであらうといふことであつた。僕もこれでひたすら自分の淺識からのみ右のやうな考へを持つたのではないかといふことに對し稍々安心を得たやうな氣がした。

◇

そこで何の爲にこんなことを云ふのかといへば支那に唐代の說話として正にこのプロットに似通つたものが一つある。それでその話が早くから日本にも傳へられ、輾々して足利末期の我が文學にも取り入れられたのではなからうかと想像して、王朝以來の說話集を回顧して見たやうなわけである。然しその中間型がないとなればそれでもよろしい。たゞかういふ似た筋の話があるといふことを擧げておくだけでも何等かの參考になるかも知れないと思つてこの小稿を寄せる次第である。その話といふのは「朝野僉載」に出づと稱して「太平廣記」の第百七十一卷、精察類のうちに見える。「朝野僉載」は唐の張鷟（字は文成、「游仙窟」で御承知の詩人、則天武后頃から玄宗の開元頃迄の人である）の撰と稱するが後世の事實の織入もあり、武后前後のことを記した條々がかなり信ずべき事柄であり、それを果して張氏が書いたとしても、全部がさうでないことは申す迄もない。そんな面倒なことに就いては「四庫總目提要」の卷百四十でも見られたいが、いづれにせよ今傳はる本は宋人の摘錄を經たもので原書の完形を傳へたものではない。依つて「唐人說薈」本の如きは問題にならぬが、今傳はる一番詳しいものである「寶顏堂祕笈」本にも果してこの「廣記」所引の一文が存するかどうか分らない。（これは僕の不精の致す所で相濟まぬが、座右にある「祕笈」を見るよりは「廣記」に據る方がより學問的であるといふことを楯に僕の怠慢の辯解とする）。——さてその話はかうである。

◇

唐の睿宗の垂拱年間に、——この時はもう則天武后が勢を振つてゐる折でその監國時代であるが、——湖州の役人の江琛なるものが、〔その上役なる〕刺史の裴光の判書を取つてその文字を加筆變造し、詐つて徐敬業が謀反を企てた云云の報告書となして朝に告げた。〔徐敬業は實際は武后に弓を引いた男ではあるがこの話にはかうある〕。朝廷では使を遣はして裴光の手蹟署名等を檢めさしたが文字は裴光の書に相違ないがその記する所が裴光の言葉とは思はれぬといふので不審を抱き、三度迄使を出して調べさしたがどうも判定が出來なかつた。そこでかゝる事案に對して最も適任の士は誰がよからうと云ふことになつた所、みな張楚金こそ然るべけれといふことになり、彼が選ばれて湖州へ下ることとなつた。〔楚金のことに就いては後に云ふ〕。楚金は本件に直面しその難問であるのに當惑し、問題の文書を抱へて大いに憂悶の情に堪へなかつた。所が一日西窓に仰臥して〔文書をひねくつて〕ゐると日がさし込んで來た。「日到り向つて之を看れば字は補作せるに似たり。平看すれば覺らざるも日に向へば〔卽ち透して見れば〕則ち之を見る。州官を喚び集めしめ、一甕の水を索めて琛をして書を水中に投ぜしむるに、字一一俳散す。琛叩頭して罪に伏す。勅して〔杖〕一百に決せしめ、然る後之を斬る。楚金には金絹百匹を賞せしむ」とある。

◇

この話が形を崩して、或は全く姿を變へて早く我國に傳はつてゐなかつたとしても、謠曲の作者たる能樂家が自家の創案で「草紙洗」のやうなものを作ることも出來よう。又その交友たる五山の僧侶などから直接こんな話をきいてヒン

寄合咄

トを得たこともありえよう。然しそんなことを論ずるのは僕の目的でもなし、又そんな早急な議論をすることなどは大禁物であるからこの小篇に左樣な意圖は少しもない。たゞ專門家に見て頂いてその一考を煩はしたいのに過ぎない。

◇

張楚金といふ人に就いてはこの雜誌では何も云ふ必要はないのであるが、僕のまあ本職――支那學の方ではその名は我々の仲間うちにかなり喧しい重要な人物である。その編に成る「翰苑」は久しく內外に佚して見るを得なかつた本であるが太宰府の高辻家にその最終卷(第卅)の斷簡を存することが知られてから急に學界を騷がすやうになつた。その異常の價値を發揮されたのは專ら內藤湖南先生及び和田英松博士であつてその影印本は內藤先生の盡力で京大から出版されてゐる。之に書かれた先生の跋(近刊の「研幾小錄」にも之を收む)に據つてその書及び楚金の傳を知ることが出來るが、先生の舉げられた楚金の著書のうちにもう一つ「永徽留本司格後」十一卷を附しておき度い。尤もこれは他の御歷々十數人と共撰のものであるから先生は故に省かれたのかも知れない。(この時彼は刑部侍郎であつたことが「新唐書」の藝文志で知られるが、右の說話などもかやうな職にあつた人に附會されたのに多少の理由があるやうにも思はれる)。(昭和四、八、二六、石田幹之助)

メモの中から

英領北ボルネオの東岸部での話。キナバタンガン河の奧にゐるドスン族は、西岸部地方にゐる同族とちがつて、外部との交通や異民族との接觸をひどく怖れる風がある。それで鹽や魚またな綿布米などを求めるにも、今に暗換への法によるので、河邊など一定の場所にいつか籐や獸皮の類を持ちだしておいて、その代の品を誰かゞおいてゆくのを、また人しれず持つて行き、かつてその姿を見せずに交易をする。これを利用するためいつも二三の支那人が入りこんでゐるらしく、かつて日本人でこれを試みた若い人があつたが、間もなく急死したとて送りかへされて來たのは、どうやらかれらに暗殺されたものらしい。(谷下田氏)

タイヤク人(これはサラワク領のものかも知れないが)はいろんな場合に、米の形をかいて稻または米のしるしだといふ。水夫などがよくこれを黥にしてゐるのはこの地方から出たものと思はれる。(バトプテ烟草農場メーター氏)この話はどこまで實際に行はれてゐるか確かめ得なかつたし、白人の間にあるのかどうかも知らないが、もし事實にしても我國の米屋さんが使つてる米の字源とはもちろん關係がなさそうである。單に暗合といはないで歸一とか何とか說明する手がかりはないものだらうか。

この邊のドスン族も首狩をするが、それは不作の時に畑に血をまいて、豐作をもとめるためである。(增田氏)こんなのは首狩の原型とも思はれるもので、この地方では珍しい話である。しかし西岸部のジェセルトン付近でも、一九二四年十一月に或る農場で、ドスン人が支那人の首を取つて行つたことがある。(熊田氏)これは何のためか分らずにしまつたやうだが、相當開けたところでも近年までこの風習が時々あらはれるのは、それが民族生活のいろんな方面に織りこまれてゐるからであらう。(宇野)

アミ族歸化社(サコル)の粟播き祭(ミテワイ)

(これは歸化社の祭の記事として他の年中行事と一とまとめにして發表するつもりであつたのであるが、餘白が一頁出來たので、急に埋草として出すことになつたので、祭の記事を作る爲めに必要な蕃社組織のことは後に記すことにして唯粟播き祭のことのみを記すことにした。)

寄合咄

第一日　パリリ

この日は社中全部仕事にゆかず、野菜魚類を喰はず、飯と鹽とのみにて食事す。水はのむ。

シリシナイ（祭主）は其の家にて豚一頭を殺し、社内のマパラワイ（厭勝人、他社のシカワサイのこと）を全部集めてパサイリと稱する祭事をする。この時祭る神は天の神（マラタウ）であつて、マラタウにデワスを供へ、酒、豚肉、餅、檳榔實、蒟葉を三回づつミプテック（指頭につけて彈く行事）をして捧げ、自分達が祭をするからこの馳走をたべて下さい。ついては蕃社並に社衆の幸福をお守り下さいといのる。

この日シリシナイは體を洗はない。

第二日　ミテワイ

これから種子播きをするが、それが立派に育ち、澤山實がなるやうにいのるのである。

この日はマパラワイを招いて各家は順々に前記の御馳走を以て祖先の靈（オディットノママトイナ）（オディットは他社のカワスのこと、ママは父イナは母であるが、此處では祖先を意味し、他社のオトアスノカワスに當る）にミプテックする。

それは若しこのまいた種子がよく出來なければ自分達のたべるものもなくなり、あなた方にあげるものもなくなるから、どうか二倍にも三倍にもよく出來るやうにといのつてミプテックするのである。

第三日　モリクットハパエ

この日は前記の野菜、魚類、鷄肉をくはず。豚、鹿等の獸肉は食する。

この日はマパラワイもよばず、ミプテックもせず、家中のものは籾がらを足でもんで種子を落し、種子播きの準備をする。

第四、五日　ミサラシクットハパエ

この日から種子を播く。男女は皆正裝をし、水はのみはするが、決して體を洗はない。飯をくふ時にも決して手を洗ふことなく汚れたまゝで食する。それはその汚れた土を洗ひ落すと播いた種子がよく生えないと信ずる爲めである。

この二日間で播き終るやうに播くのである。

第六日　パルグス

この日までの食物の禁忌其他行爲の上の禁忌を解く爲めに、河漁にゆく。

それには社の男子は全部一緒にゆいて河漁をなし、其の食事は共にするが、歸つての晩の食事はマルスルスルと稱し、親族ばかりが夫れ夫れに集つてする。

歸化社では婿を迎へても母の家にあり、妹が婿をとつて仕事に不自由がなくなつてから分戸をする。是等の親類が皆集つてくるのである。

この期間は男女は共にいれず、この夜から同衾する。

一旦退社したものが此時にやつて來れば、それは親族の者でも自家のものがすんでから後に食事をさせる。それは結婚の爲め、若しくは或る事情の爲めに他社に行けるものが手傳ひに來るのである。其等の人には相當の物をおくる。

第七日　ミズック

鹿狩りにゆく。（他社のミヤドップである）これはシリシナイに對するお禮の意味にて鹿がとれたならば、その肉を捧げ、米を集めてシリシナイ全部におくる。又マトアサイ（年寄）達を集會所に招いて御馳走をする。狩りにゆくものはカパハ（若者）ばかりである。

シリシナイの家々には畑はあるが少ない。そして彼等は自ら耕作をしない。マカトロツノスラル及び其の上の二階級のスラル（年齡別階級制の階級）のカパハ達が耕作する。彼等が耕作小舍、畑の垣を作り、すつかり開墾する。唯種子播きと除草とをするだけである。

マカトロツノスラルとは最下級のスラルである。

かくてミテワイについての行事をおはる。

耕作小舍をたてる行事をミサプルム（他社のミサタロアン）といふが、それはパリリの前に作つて置くのである。（小泉）

資料・報告

長門見島の民俗

多田義男

見島の事について報告したいと思ふ。其前に、この島の輪廓を知つて置いて頂く爲に、新山政辰氏の乾島略誌を御紹介する。序は省いた。

乾島略誌

地理附風土

見島郡。一曰箕島。海程十有八里。在萩府之乾方。其地狹隘。南北一里。東西二十五町。分爲二村。曰本村。曰宇津村。本村人家二百七十戸。分三社。曰東組。曰西組。曰浦組。並宇津爲四社。里正一人總之。畔長二人副之。皆專業農。浦組七十戸。獨以漁釣爲業。別置一正一長。本村港在南岸。堰石避風濤。商漁皆繫船焉。島人運船七八艘。率積穀百石若五六十石。時載萩麥及海產。以互市於浪華及諸方。港之西有古城址。稱福戸山。山下有奇巖如龜。祭爲龜頭明神。其南六十步有孤島。曰金島。聞昔金礦崩裂。沒海中爲山。因名焉。荒神山在前岸。安置神祠。東與高見山對。其間三町。小石如奕棋。曰石原。爲棄牛骸之所。潮退則螺螄可揭而採。高見山特起無樹木。北與垢畑茶臼背高諸山對峙。距山三町餘。海上有暗礁。從東連西。山背右濱二十町、其東臨者爲眞方鼻。北接日崎。日崎在見島正東。其名蓋取之日出。懸崕百餘丈。峭立如孤劍削空。樹木一掬立絕頂。如人結髮。山腰徑僅通。一步趺。則直下千尋。支體粉虀。望之足澁心酸。北至宇津村十餘町。地形總險。板敷船子浦神樂諸岸。皆丹崖削立。如列屛。鷗鷺棲乎巖。鷹鶻巢乎窟。獵手放銃獲之。鷹師縋而捕雛。險劬可懼矣。宇津村人家五十餘戸。兩岬相臨。南曰辨天崎。北曰觀音崎。皆安置祠堂。海水迂曲爲灣。北越東奥諸舶。帆檣如林。阻風泊灣中。觀音崎最爲靈地。石磴九十餘級。山而下。佛堂在兩崖之間。深潭遶其三面。藍碧如鑑。魚龍潛躍。鬐尾與日光相映射。嵓下皆空洞。右側有靈洞。濶七八間。高稱之。通于南北。石骨凝化。宛然現佛像。若鬼工。潮水往來可回船。人許徹崖其聲如鐘。石液淋漓。空翠襲肌不堪冷。北至黑瀨。又有一洞。洞中不容日光。窈冥不知其深。人皆執炬而入。窄塞竟不通。此境也嵓嶂百尺。石皆黑質。龍蟠虎踞。姿態千變。不可形狀。其秀靈蓋非人寰之趣。使人生登天羽化之想。若使蘇子泝風月於此。則亦東海之一赤壁也、而窮島僻地。不爲韻士騷客之所知者可惜矣。西則原野荒茫。北風恆烈。松樹皆偃地。其北臨者爲箕口。與西立石岬對。石角如亂槍。其南曠野七八町。曰數軒戶。荒廢爲汙萊。又西沿海而行十餘町。有奇巖曰烏帽子。在島地西北之隅。怒濤嚙岸。近年津輕運船過此洋遇颶。昏夜不辨咫尺。船觸礁而碎。舟人皆泅而逃。生死相半。殊爲絕險矣。其南二十町有二洞。如竈門。曰前竈。曰後竈。洞中路皆通。汐退則可步而涉也。其底如行亘橋下。此地處處有淸泉。涓涓從石罅出。雖炎暑不涸。海上有巖。曰平瀨。距岸一町餘。岸上有郁蘭花山。在島地正西。全島在直下。遙望內地。西自大津岬。東北至奧阿武數十里。山勢蜿蜒。若龍蛇然。德佐嶺鵲山巍然聳群峰之表。指月山在其中央。若覆盆。雲石諸岳重層北連。淡翠如黛。藍逢檀羽諸嶼浮沈於海上。西北望大洋。天水茫茫不知津涯。對馬及朝鮮皆在百里之外。入地不見。筑前不言島爲較近。而非秋晴則不見。土人或認爲之對馬非矣。南至福戶山凡二十町餘。其間鯉下湯噏鯨浦天女諸岸。皆石崖櫛比。隨潮出沒。其他地名不可盡記焉。一周至本村港凡三里餘。是四方海岸之大略也。其餘皆田圃高山斷壟牽犂闢。不遺尺土。其最廣坦者八町八反。世之所知也。而窮陬荒野。稍有未墾者。如數軒戶是也。蓋人力之所不及也可惜矣。然地沃而穀饒用力少而見功多。租稅千二百餘石。其八十石。以海產給之。島人千餘口。食而有餘。唯四方無深山茂林。泉瓜僅通。而溝澮不瀦。水利甚不便。夏日皆待雨潦而從播種。若連旬不雨。則全島成赤土。一鄉之患。殊在旱。今鑿陂

池於水泉之地數所。便灌漑。是其急務也。

島地寒暄。多與內地不異。惟冬月北風凜冽。雨雪不積。波濤洶湧。渡海殊難矣。三春之際。珍禽奇鳥。自外國來。其他異草奇葩。不可盡辨其名也。海濱時出樹皮草根。皆外國之產。大洋波濤之所摩抄。而天然成奇形。其最奇者爲椰子。椰子木實。大如毬。外面有茫若栗殼。皮甲堅緻。內含仁膏油。可以治金瘡。蓋暹羅及暖國之所生。其來漂流千萬里。多不見全形。其甲可琢爲飲器。酒中若有毒則銷之云。島地不生獸。其所產牛而已。年蕃殖。性能馴人。三尺童子執鼻繩牽數頭。徐疾如意。牛生則皆牧之曠野。群鴉來集其背啄虱。牛從容安之。其柔順如此。世之畜牛者。不論價而來買之。稱曰見島牛。而其死者皆瘞之海濱。皮角朽滅於土中。遺利可愛矣。

海岸有獸。絶顏被髮。身如松皮。形類童子。曰瀧童。善爲人語。昏暮或出惑行人。乍見乍失。相傳爲怪。予未信其實。然海中多生妖獸。所謂猩々能言者。亦此類也。山中又有山猫者。似猫而大。夜點火。宛如狐火。其他狐狸猪鹿。皆不棲於此地。

七八月之際。海天俄生黑氣。蜿蜒自空中降。至海則潮水激上。勢如怒雷。及其散。天起雲降雨。風濤撼地。往來之船。觸之則危矣。稱曰鱝尾。鱝魚名。以其形容名焉。顧海上颶風凝滯爲形者也。聞南海有皷洋。洋中或吐祲氣。形若鼓。此氣之起也。果有風濤之難。舟人皆相戒云。蓋亦由其地而異其名而已。其他氣

候品物。率與內地同。不足記。

風俗附故事

土人大抵樸質固陋。不通事情。俗最畏疫。一家有病者。則四隣避之。或不通省問。島酋屢諭之。土人陽從之而心未安。偶往問疾。不幸而相染。於是益懼之。酋長亦不强之。惟晨昏為病者招醫。百方治之。而使親戚同社助湯藥及病中之費用。是以雖貧者亦得用心於醫藥。其免死者十而七八。蓋亦恤窮之道也。雖然先王之制。鄉田同井。疾病相扶。守望相救。其交如一家。況於親戚哉。而懼疫癘遺其親者。輕薄不足言也。然島人平生之交。未必如此疎。且古來以誣告爭鬬罹法網犯刑章者。所希聞也。孰厚之俗。可以知矣。唯海隅僻地。風教未遍。其陋因循不移而已。昔者隋辛公義為岷州刺史。俗畏疫。一人病。闔家避之。病者多死。公義命皆輿置之廳事。暑月病人數百。廳廊皆滿。公義設榻處其間。以秩祿具醫藥。身自省問。病者既愈。乃召親戚諭之曰。死生有命。豈能相染。若相染者。吾死久矣。皆慚謝而去。其後病人爭就使君。其家親戚固留養之。始相慈愛。風俗遂變。今島人之畏疫。未如岷州甚也。若諭之以孝悌忠信之道。日夜導之。則風俗亦可以移矣。公義之術未盡而已。

里俗厚葬。人死則葬以白日。喪者新製棺。裝以五彩紙。載以木架。數人舁之。其制擬棄輿。男女衣服。皆用白。婦人左右挾柩。繫白布曳之。蓋上世之遺風也。頗有可感者矣。然而後世人情。忘本趨末。淳厚變為虛文。富人踰分過厚。其弊為驕奢。貧民不能隨俗。昏夜或竊瘞死者於野外。其類有泚者。皆非愼終之道也近世島酋發令。一切禁用過分之葬器。令匠人作二輛。平時托之僧寺。鄉里有喪者出三百錢借之。以給葬事。終則還之。於是一鄉皆守其限。貧富均得盡心於大故。僭侈之風始變。孔子曰喪與其易寧戚。百世不可易矣。

島人不淫佛。佛寺惟一宇。為全島葬地。其費金銀投僧傾家產供佛之類。殊所不聞也。然其祭鬼神。敬祖先。比內地小民則厚。七月中元講念佛舞。舞者十餘人。皆著袴。佩竹輪。戴絹笠。叩鉦。環行為圓狀。同聲唱佛。弔新喪之家。舞蹈中庭。稱曰腰輪念佛。其他村人擧家叩鉦。終夜念佛於墓所。是亦厚葬之一端也。

島人新娶婦。不與其父母同居。夜出宿他人之家。喚其主曰宿親。其敬加義子。若有過失。則宿親戒之。後年父母築別室移焉。然後歸其家。此俗世之所希。而今時猶存。

每年五月農事始終。本村東西兩社。各使童子二人到祠領之田。塗泥其身。挐新秧獻神祠。後遍入村戶。祝農功。遂濯其泥。置酒歡樂。稱祝苗。此日又行禳蝗之儀。其俗粗同內地。不敢記。」

島地開闢既久矣。本村八幡祠。貞觀元年之所造。祠官多田氏世護之。中古其家罹災。「舊記悉灰。」事實遂不詳。「祠前喚鐘僅存。至德中島酋山田氏之所獻。其年號干支猶可辨矣。祭事。每年自八月望至既望。此月也。婦人有不潔者。出居別室。祭事終而後歸。凡婦人有孕。既免則亦皆別居。經三十三夜而後歸家。平日亦然。蓋準祭事。土俗好神道。可以知矣。八幡祠後有松樹數株。小螺粘其幹。予甞遊長府。詣二宮祠。又有此事。與今所見同。世俗稱。女子懷之則得早嫁。古來島人無知之。近年始認。相傳爲靈。客滿祠祭神功皇后。與住吉祠在一境。不詳何代之所建也。祭事與八幡祠同日。住吉神祭。自六月念七日至八日。與濱崎住吉祠同。此日神輿幸海上。有漁人競渡之戲。日所祠在日所山。以神鏡爲主。每夏祝人奉神輿。巡幸島中。以驅蝗蝻。里正畔長皆警衞焉。旱年則奉之登高山祈雨。果有驗。宇津村觀音祠。安置木像。詭僧空海之所刻云。昔時村人得之於海上。宇津一村最信之。至今不衰。天保中雷震佛龕。梁柱皆碎。佛像獨完。丙辰冬。島中大疫。本村男女多死。而宇津一村皆免其厄。於是村人益信之以爲靈炁。本村有古刹。初曰月松院。爲禪寺。後深艸帝寶治中建焉。寬永中。僧休玄者住此寺。始改宗淨土。曰吉祥寺。爲見島一鄉之葬地。

島酋山田氏。其先出於平家貞。家貞稱筑後左衞門尉。文治中。平氏舉族敗死於壇浦。家貞與能登守教經潛逃匿此島。生子武貞。子孫世居山田。因氏焉。遂并有一島。據福戶山。稱地頭。土民皆臣從之。族黨頗多。後屬周防大內氏。賜其偏諱及徽號。及大內氏亡。屬石見益田氏。後防長爲藩之封。山田氏亦服事焉。官

乃割其地分賜之。命每年獻其海產爲貢賦。稱見島一老。已而自請列士班。官許之。以爲島監。建官舍於福戶山下。世居之。島人運船及他邦運漕之船遇颶漂逹海岸者。皆檢之。喚曰御番所。至今三十餘世。益得土人之心。近世又爲軍用方屬吏。專用心海防。兼督鄉兵炮技及刀筆會計諸務。廉潔奉職一鄉感服焉。官賞其功勞。命進階一級。雖家業比昔年則稍微。血食連綿六百四十餘年。門閥之舊。世之所少也。予考國史。教經等皆死於壇浦。與今之所聞不同也。顧平氏之餘類托跡戰死在他鄉者。往々存于口碑。藤原經房擁安德帝匿攝津事。詳於經房遺書。又聞肥後有五家村。平氏余裔存於今矣。而當時其說隱微。事涉嫌疑。故史冊皆不載焉。然其子孫歷然永存其祀。則斷然非可疑也。傳言往年見島霖雨山崩。山田氏官舍陷地中丈餘。奴婢壓死。主人僅以身免。傳家遺物悉埋沒。家譜僅存。以故舊事亦不詳。頗爲遺憾矣。家貞墳墓在福戶山。祭爲神。教經無子。嗣絕。初不知墳墓之所在。近世村人嘗夢一髏將來立枕上。告曰。我能登守也。我遺骨瘞在福戶山。年月悠邃。荊榛塞徑。人無知之。汝願爲葬之。覺而奇之。乃從其言。果得一石函。發視之。枯骸七尺餘。面貌四體皆完。折戟數寸亦存。抱而舉之。皆崩。乃收其骨。改葬之吉祥寺。立其石蓋爲表。山田氏合祀之於祖廟。嗚呼教經一世之豪傑。勁弓長箭。所向無前。英名冠諸平。家貞亦平民之貴戚。屢有勳勞。而平族敗亡。皆晦跡於海島。隱然不爲人所知者。豈

不慘邪。然山田氏其苗裔。而遺靈永不餒。則於二將亦可無憾矣。且夫數百年之後。士兵二百人。勇敢向義。以當大藩要衝者。豈非二將之遺風余烈浸染於士俗之久哉。

長富氏。箕島地頭。不知其所由出矣。永祿中。有隱岐守某。據高見山。與山田氏相抗。會細川氏亡臣三善因幡。與其二子及從卒數人。來投長富氏。合兵大與山田氏戰敗績。隱岐守走大多武山。削髮爲僧。其餘裔或存於民間。不可詳矣。聞大多武山有澗水。長富氏洗刀之處。其黨汲之。則水變成血云。里諺不足信也。三善黨亦敗亡。已而島中大蝗。稻粱不登。土人相傳曰。三善黨爲祟。山田氏爲立祠祀之。今八幡祠內又創神舞及綀供養祭事。禳其災。神舞以每年六月修之。綀供養以八月修之。並卜吉日。其儀皆古雅樸素。舊事可想矣。近世罷每年祭事。惟以閏年行之。正月八日有武者的之儀。本村兩社行射於海濱。射者分爲二隊。曰山田黨。曰長富黨。懸赤白二鵠於巖上。亂射破之。蓋亦當時之故事也。

海防附捕鯨

箕島之爲地。四面環海。其務莫先於海防。中古以來。器械未完。武備未嚴。土人弄鳥銃者僅十餘人。固不足以充不虞也。嘉永中。官命銃卒長內藤某。往督土人講武之事。司憲一員監之。某素達火技。教之以漸。土人稍善之。於是撰鄉勇百七十人爲農兵。築砲臺於本村高見山觀音崎三處。以備海寇焉。既而新置軍用主事及檢使各二員。小吏屬之。司刀筆之役。胥隷三人屬軍用主事。曰手子。曰手附。屬檢使者一人。曰後付。因罷銃長及司憲戍役。乃卜地於本村。置廳曰軍用方會所。戍役更番以年。大砲兵七十人。分爲五隊。屬軍用主事者一隊。屬檢使者一隊。其餘三隊分守礮臺。小銃兵百人。分爲二隊。曰一手。曰二手。大小銃。每隊以五人若六人爲一伍。每伍各有伍長。曰頭取。每隊各有什長。曰肝煎。總長二人監之。曰大肝煎。以鄉中長者充之。每月兩次。士兵會於軍用廳。講銃炮虛準。春秋兩次。試實發大砲於高見山。若石原。小銃於番原。軍用主事及檢使率屬吏及胥隷就觀之。錄其殿最。以達國相府。又選島中平衍之地。時閱隊伍。習坐作進退。其試皆以農隙。不敢妨耕稼。其他雨日夜陰。諸隊各偷暇。集於什長宅。習準銃。其用心於防禦如此。今殆十年。士兵百七十人。精勤練熟。雖垂髫童亦粗善火技。一島數百人。皆同心一致。無事則耕。有事則戰。誓以必死。略類漢土農兵屯田之制。可謂國家一盛事矣。然而予特有所按。夫恩與威也者。用兵之要也。恩威相待。而後軍令行。紀律立矣。二者不並行。則權不在上。而人心不服。人心不服。則民無臨危授命。是武備之所以不振也。今箕島雖褊少。長門六郡之一也。其版圖則屬阿武縣宰。而所謂軍用主事者。徒督士兵講武之事。賞罰號令。一非其所司。恩威何由行也哉。若特置總督於此地。刑賞與奪及一郡政令。悉委任其人。民從之如草偃風。則全島數百人。治則負耒耟。用力於農稼。亂則執銃砲盡心於防禦。進退驅馳。皆欲蹈水火而不辭矣。夫如此。孤島雖狹。亦可與內地五郡並立。而何必遙待阿武縣宰之指揮而後決勤止乎。亦特置軍用主事之爲哉。設一官。而兩官之任備矣。海防之務莫大焉。

天保中。置遠望舍於郁蘭花山。土人更番守之。常懸百里鏡。窺洋夷之往來。每月六次。報安於會所。若夷船過洋中。則委細辨之。以告軍用主事。乃具遠近緩急。飛舸奏之國相。直吹螺徵諸隊士兵。士兵聞號。悉集於會所。隊伍整齊。族令長上。旗幟殊色。以分別諸隊。夜則焚燎於山上。以爲內地報應。邏者終夜巡村里警非常。又使老弱婦女緩急避難於山谷僻遠之地。飲食餽遺。皆有所治之。夷船既去。亦報安於相府。萬一遇逆風難涉。則動靜皆姑就風順。報大津若阿武海岸諸縣。置郵傳達之萩府。至風濤最甚。則待晴而報之。凡島地豫備之規律。定之如此。然而夷舶之來。朝不可測夕。而海上之變候亦難察。彼不避颶風狂瀾。而我非順風則不能涉。若彼陸梁劫掠孤島。奪牛犢。奸婦女。極其暴戾矣。我猶將待順風而告急於內地乎。抑戍士數員恂々諭之。不聽則舉全島之衆而制之乎。蓋大洋孤島。固不可恃內地之救而曠日。夷船或過遠洋。不近島地。則不報亦可。彼若入港。其所求不過薪水之用則許之。其他守幕府號令。姑爲平穩之處置亦可也。而至其萬難處。而後盡臂力而死之。固其分也。雖然全島生靈爲夷人所漁肉。而內地恬然不知之。迂闊莫大焉。或知而不能出援。其辱愈甚矣。所以然者無他。我船不若彼堅大也。今製巨艦便往來。萬里風濤可凌。況於二十里險乎。製艦之議。最爲急務矣。予聞之村老。前年有大紙鳶墮郁蘭花山。其製與我所弄不同。土人進之萩府。始知其爲韓國之物。蓋韓之至箕島。不降百里。而紙鳶絕墮我地。其迅速可知矣。今試製大紙鳶。繫書札。乘西北風放之。則內地雖遙。可不轉瞬而達也。紙鳶輕。則其勢可高冲而難遠飛。若要之以小槽數口。則首尾相持。追風裁波。如掛輕帆。其飛莫駛於此。是芻蕘之言。雖不足取。非無其理。亦可以爲飛檄之一助矣。凡此數條。海防豫備之大略也。若夫機變百出。緩急應敵。則在豫備既成之後。非淺慮薄識之所能盡也。」

西海捕鯨之事。蓋權輿於箕島。昔時肥前大村漁人松島與五郎者。來寓此島。知捕鯨。其術惟投鏢獲之。其功未央。與五郎有妹曰阿千。才器過人。一日望空中。見蜘蛛捕蜻蜓。初吐尺寸之絲。漸綴網而至數丈。蜻蜓群飛。皆陷其中。阿千仰歎曰。大哉蜘蛛之巧。捕鯨之術。亦如此而已。遂勸其兄。大募漁丁。分隊伍。張巨網於大洋。隨驅之。獲鯨不知其數。後與五郎歸本國。國人學而得其傳。捕鯨之利。大行於西肥。五島平戶最爲盛。天下莫若焉。而我藩其傳稍微。獨大津二郡僅善其技。然率捕之於內灣。所獲亦少矣。丁巳春。官令大津漁人試捕鯨於箕島。予以三月廿一日渡海。船將入港。海上忽有噴沫者。舟師喚曰鯨也。已而候者立海岸傳號令。漁舸東西群然應之。每舟樹赤幟。舟長執朱旄。分隊圍之。進退周旋。如行陸地。驅誘鯨於網中。投鏢射之。鏢人。群血如湧。海水爲之赤。遂獲雙鯨。壯丁沒海。割魚腹貫索。夾之兩大舟之間。曳而揭之陸。則數十人執索絡。纒之以轆轤。百廻捲之。邪許聲與鯨號相應。震動天地。已而鯨到岸。大如山岳。漁丁皆凱歌鼓舞。勢如擒勁虜。而天暮矣。明日屠之。膏肉鬣尾。一無遺利。値數百金。今春復大募西肥漁丁。再捕鯨於此。漁舸大小三十隻。壯丁凡五百人。皆長其技。諸舸各置長總之。進退徐疾。皆從其指麾。又築屋宇於海濱。長官數員司其號令。有司檢之。斥候分在東西丘陵。終日遠望爲報應。其他規律節制。畫然不可亂矣。較之昨年之擧。規模過大矣。然鯨之過洋中者。比昨年則十之一。故精兵亦無所用其力。三春之際。僅獲一長鯨而已。漁丁皆切齒扼腕。期以他日必奏功。四月上旬。終罷事而去。越一日。長鯨一隻跳入近洋。士人空手而視之。皆以爲遺憾矣。予以三月念日再渡海。捕鯨者猶在焉。其徒五百人。皆勇敢粗暴。日入酒肆。豪飲大醉。互相爭鬭。流血被面。而長官一制之。言下肅然服其令。尊卑之分。儼然如君臣。頗有俠客之風。是其所以能入死地制猛魚也。夫捕鯨之役。其費用不可勝算。然而獲一鯨。其大者値銀數百兩。若一歲獲數魚。其利幾千金。富國之術莫大焉。而其有獲。猶歲之有豐凶。必期成功於十年而可矣。且夫海國邊防。不可須臾怠弛。其使沿海蜑戸水勇縱横驅逐。踐狂瀾習水戰不避者。孰若捕鯨之徒耶。此一擧兩得之策。官之所以不愛千金而行之也。雖然不幸數年少獲。漁丁之俸金其他費用年夥。國力難支。則或至半途而癈。其効遂不可見矣。若敎島人以其技練熟成達。不求援於他邦。而其有獲。猶西肥諸國。而後捕鯨之利始可驗矣。故附之海防之後。

土用の丑の日に

後藤圭司

之れは新潟市での風習、附近部落は何うか判ぬらかと、同市出身の某氏談、

土用の丑の日には市民の多數――殆ど全部かも知れぬ――が朝から濱へ出て海の水を浴びる、あの大きな信濃川もあるがこの日は川で水をあびない。土用の丑の日に潮水を浴びれば一年中風を引かないといふ。

同市海岸の日和山下をかけて一里半もの汀には、老若男女、浴びたり泳ひだりする人が朝から夜まで絕へない。夜は一層賑やかで、辨當を携へて行つて濱で喰べる。

之れは一種の「みそぎ」でせうか、此風習の起源と意義とを知りたい。

彌榮祭

——信州、須坂町——

小林謹一

毎年七月二十一日から二十五日まで、五日間行はれる。お宮は、須坂町字墨坂と云ふ所にある。須坂町一帶が、南から北へかけて坂になつて居る町であるが、この墨坂の邊は、一層急勾配の坂になつて居る。其坂の下りついた所に此のお宮がある。お宮の名前は、芝宮ともいひ、墨坂神社ともいふ。そしてこの二十一日から二十五日まで行はれる祭の事をば彌榮祭ともいふし、祇園様の祭ともいふ。

二十一日の朝は、各町内の組頭の家では、傘鉾を作る。傘鉾は、寫眞にある通りなもので、一番上位の飾物が各町異つて居る。

傘鉾

二十一日の朝、此の傘鉾を擔いで、若物連中が芝宮へ集まる。各町の傘鉾が集合して揃ふと、お宮の側傍の、御輿を納めてある建物の戸を明けて御輿を出し、各町の傘鉾の中に加へ、行列を作る。そして、町内をねり廻つて歩行く。

尚、此の時、御輿をかつぐ者は、須坂町の西北の一小部落の若者に限られて居る。此の部落を出村といふ。出村の者でないと、御輿は動かぬ、と昔から云はれて居る。

傘鉾のねりあるく順序は、行列の一番先頭には、猿の傘鉾を出す。次はどれでもよろしい、そして行列の中央に位するほとりへ御輿を置く、御輿の前には旗が二本、後にも旗が二本で守つて行く。

神輿渡御

傘鉾の此の行列とは別に、屋臺をも曳いてあるく、屋臺には、飾屋臺、踊屋臺、狂言屋臺などの種類があつて、

傘鉾　　同　　同

祭中は毎日町の辻々で踊りつゝねりあるく。

子供は又、子供なりの御輿をかついで「コチヤンギリ」といふものを打ちながら「天王サンノ、ヤーハーデイロ〳〵（デイロは蝸牛）角出せ。デイロ」ととなへつゝあるく。

かうして、町内をねりあるき、町の一巡がすむと、町の四辻の側傍に前以て用意して作つて置いた假宮へ御輿を納め容れ、傘鉾や屋臺は各々自分の町へ引揚げて、組頭の家の前に五日間飾つておく。

假宮の御輿は、二十五日の夕方まで其のまゝ置いて、町内の人々は、いつまでも隨時參拜する。

偖、かうして、いよ〳〵五日目の、お祭の最終日の夕方になると、（二十五日の夕方）各戸より一個づゝの聯額燈籠を持つて、假宮へ集參する。町内の者皆集まる、すると、假宮から御輿を出して、此の聯額燈籠の行列の中へ御輿を入れて、鹽坂へかついで行く。此の最終の夜の行列には傘鉾は加へない。

聯額燈籠

お宮から御輿を出して町の四辻へ安置する時の事を「天王下げ」といふし、(二十一日の行事)。假宮の四辻から出してお宮へかつぎ込む二十五日の行事のことを「天王上げ」と申して居る。天王上げがすむと、お祭がすんだのである。

氏子たる町民は、祭の第一日目の二十一日の朝は赤飯を炊いてたべるし、五日目の二十五日の最終日の夜は、小麥の粉の燒餅をこしらへてたへてお祝ひをする。

猶ほ、神社のお神主さんに行合つてきいて見ると、こちらで敎へてもらひ度い事は何も話して吳れずに、次の樣な事を云うた。

日本紀崇神天皇の卷に、或年各地に惡病が流行した、それで天皇は墨坂ノ神を祭られた、すると病はなほつた。といふ記事がある。そして、墨坂神社といふ名前は、今は、信州の此の須坂町にあるのみた。

（以上の話は、折口先生のお話をきいて、堀内弘平がやつた仕事である。昭和四年八月十日）

地藏祭りの夜

中川公

甲州の富士川に沿うた大河内村の地藏尊の祭の夜、每年八月十五日の夜行はれるのであるが、その夜、地藏尊の境内に男女があつまる。その時片手にござをかかへて、ほゝかむりをした女と言ふ女は、娘は勿論人妻でも、袖を引くことが出來ると言ふ。そして女が承知したなら、一夜は契ることが行はれる。人妻でもその夜袖をひかれない樣な女は、女として價値のないものとして、夫にすら輕蔑されるのださうである。

かはうそに聽いた藥の話

天野義郎

山形縣鶴岡市に江口某といふ武士があつた。ある日はゞかりに行つたら、ふいにきんをつかむ者があるので、驚いて捕へて見れば、かはうそである。そこで持つて居た刀で切らうとしたら、かはうそが、しきりに詫びて、自分は非常によい藥を知つてゐる。その製法を教へるから、命ばかりはお助け下さい、と言ふので、ゆるしてやつた。家に歸つて、かはうそに教へられた様に、藥を調合して、試みに傷口に塗つて見たら、かはうその言つた言葉に違はず、その効果は顯著なものであつた。今日でも江口の膏藥と言はれて殘つてゐる。

諸國河童談

早川孝太郎

◇河童の足跡

秋田縣由利郡矢島町から冬師の原へ行く道に、初坂（ハツサカ）といふ延長一里の急坂があるが、此處の坂を三分ノ一程登つた邊を萬壽坂（マンジユウ）といふて、此處へは昔から河童が出ると、專ら言ひ傳へがあつた。矢島町の原田峯七氏の談に、四十幾年前、或雨上りの朝早く通りかゝると、路傍の土の上に、三四歳位の小兒の足跡と見える物が、坂上に向つて何處迄も續いて居たさうである。同行のものから、河童の足跡だと説明されたさうである。萬壽坂は自分も嘗て通つた事があつたが、路傍に線彫の巨大な石地藏が建つてゐて、矢島の町を眼下に見る景勝の地であつた。因に原田氏は大正十三年、自分が會つた時は七十歳位の老人であつたが、二三年前亡くなつたさうである。

◇戸錠前の柱に鱒

同郡笹子（ジネコ）村字下谷津に大友元覺といふ舊家があつて、同家の戸錠前の柱へは、昔は長畑橋の下の淵の河童が、毎朝鱒一本宛屆けて掛けて置いたといふ。それを或時同家の下女が、其處に鎌を掛けたまゝ忘れて寢てしまつたので、以來其事がなくなつたといふ。或時長畑橋の下の淵に繫いで置いた大友家の馬の手綱に、河童が絡まつて來て、厩の隅に隱れて居たのを發見されて、既に打殺される處であつたのを、毎朝鱒一本宛屆ける約束をして許され、その約を果す爲めであつたさうである。

◇ガメといふもの

石川縣能美郡遊泉寺附近には河童といふものなく、ガメと稱する一種體に縞のある龜があつて、其はよく小童に化けて人を水中に引込み殺すといふ。それで夕方など水邊を歩いて居て怪しい物を認めた時、誰だと聲をかけて、ウワヤを返事すれば、それはガメであるとも謂ふ。又淵の傍などに小童に化けて洗濯などして居る事もあるといふ。遊泉寺の某といふ老人、或時田圃の堰淵の傍に立つて居ると、其處へ綺麗な小童が來て老人を呼かけ、伯父さんこゝの中へ一寸は入つて御覽、いゝ氣持だというたが、老人は兼ねて小童を怪しいと睨んで居たので、いや年をとると、こんな中は厭ぢやといふて、何と云うても應じなかつたら、ガメも諦めて淵の中へ飛込んでしまつたといふ。

又ガメが小童に化けた時は、夜など人の後から蹤いて來るがその足音がクシャ〳〵と音を立てるので、注意すれば看破されるともいふ。（遊泉寺出身立山イト女談）

伊勢河藝郡栗眞村の話

澤田四郎作

これは栗眞村小川の話で同村出身の小背老人から聞いた話。

石神　この村に石神とて畑一畝位の松と藪との生へた叢林があつて、俗に石神といはれてゐて、その松の木の下に、石のカラトがあつて、其中に「かくらじし」が納まつてゐて、三年に一回かくらじしがやつて來ると、其松の木が動くと言ひ傳へられてゐた。明治七八年になつて、此村の女が病氣になり、はつけ見に伺つて貰つたところ、其女が此叢林の枯枝を燃した罰だといふ事であつた。爾來村民は此神様をおそれ、竹の枝が周圍へはつて行き、周圍の畑まで侵入して行つたが、人々は神様をおそれて此根を伐る人もなく、かくてとう〳〵一反歩位にまでひろがつて行つた。ところが加賀國の人で清藏と呼ぶ外來者（今では大西の姓を名乘つてゐる、現在大西宇八さんの先祖）の頃に其人が正月やいろ〳〵の祝ひ日に、鏡餅と燈明とをあげる樣になり、そして此家の人々だけは、此叢林の枯枝を燃しても何のとがめもなかつた。大正の時代になつて、三重縣へ伺つて發掘して見られたが何もなく、納つてゐるといはれた石のカラトさへなかつたといふ。勿論「しし」もなかつた。そして發掘した人々も何の障りもなかつた。人々は陛下の御威光には大惡神でさへもしたがふものだと感じ合つたといふ。

虫送り　舊曆六月十四（五？）日、行はれたといふ。今はなし。太皷をたゝき、貝をふき、大きな麥藁のたいまつを燃し、村境にほりに行き、其處で集めて燒くといふ。これを三晩つゞけて村境三ケ所（卽一晚に一ケ所づゝ）で行ふ。

ヲバナ祭りとカリカケ

青木茂若

信州北安曇郡大町附近には、七月二十七日（舊曆）に、ヲバナ祭りといふのが行はれてゐる。それは芒の穗の出たのを採つて來て、赤い紙を、改良紙の半切位なのを結びつけ、河岸に何本も立てる。これに依つて流行病を除くと云ふのである。此日は又カリカケと云つて、稻穗を二三本刈つて來て、それを惠比須様に供へる。又氏神にも供へるのである。然し其間には何等關係なきものと云はれてゐる。

壹岐民間傳承採訪記 その一

折口信夫

◇生き島

壹岐の國は、生き島である。其で、いきと言ふのである。はじめ、神樣が此島を生まれた時、海の中故、八本の柱を立てゝ、其に繫いで、流れて了はぬ樣にせられたのである。其柱が折れ殘つて、今も岩となつてゐる。折れ柱と言ふのが、其である。渡良の大島・渡良の神瀨(コオゼ)・湯ノ元沖(登比川神社の裏)・勝本の長島・渚津・瀨戶・八幡の鼻・久喜、と八つある訣である。此中、神瀨のが一番大きく、久喜のは、柱本岩とも言うてゐる。併し、其綱が切れて、島は少しづゝ動いて、さらけて(さすらふ意)ゐるのである。時々出る年よりたちの話には、一層の事、筑前の國に接(ツ)けといたら、よかつたらう、と言ふ樣な事が、よく繰返される。

此話は、採集した後、三人ばかりの物識りにたゞして見たが、そんな事も聞いた樣に思ふといつた答へぶりであつた。殊に、氣になるのは、神樣が此島を生れた時と、話をとつたとである。私の頭が、大八洲國生みの條に囚はれてゐて、さう聞いたので、當人は、島を作られた時と言うたかも知れぬ、と思はれる點である。

◇あまんしゃぐ

じょしき(人にさからふ事)する者の事を、あまぐしやぐめ、あまんしゃぐめの樣だとも、あまんしゃぐめだとも言ふ。

この世一生じょ月夜。米の飯にこなの汁と言ふ語がある位、昔は世の中がよかつた。日と月とが毎日交替して上つた。田畑は、言ふまでもなく上出來である。稻は刈らずとも、田の端で手招きさへすれば、あつちからよつて來て、自然にとり入れが出來た。あまんしゃぐめが、其を面にくがつて、稻・麥・黍・もろこしを根からすごき上げたので、實は皆、うれにばかり殘つたのである。其節、もろこし高黍で手をきつたあまんしゃぐめの血が、今でも赤い筋になつて、其には殘つてゐる。大豆だけは、手が痛いのですごけなかつた。其故穀類の中、大豆は上にも下にも枝が出て、實がなるのである。

又、草の種を袋に入れて、百姓の困るやうに、田畑へ蒔いてあるいた。ところが、新城の邊で、袋の口をとり飛して、種をうちかへしたので、あの邊は殊に、田畑に草が多いと言うてゐる。

ある時、あまんしゃぐめが、たつたのばんじょと口論して、あまんしゃぐめが敗けた。そこで、相手を陥れようと考へて、こんな事を言ひ出した。渡良と沼津との間に、橋を渡しあひをしよう。一番鷄の鳴くまでに、すつかりしあげようと言ふのである。たつたのばんじょぉは、三千の藁人形をこしらへ、其に心を入れておこねぇ(行法＝呪術)をかけた。藁人形がはたらき出して、橋をどん〳〵こしらへて行つた。九つ過ぎになつて、此樣子を覗ひ知つたあまんしゃぐめは、鷄のまねをしてときをつくつた。其で、橋は中止になつたので、深江(沼津)・田曾(渡良)の間は、續かずにしまうた。其でたつたのばんじょぉは、三千の藁人形に山・川・海に行て棲せ。喰ふ物がなければ、しりこでも喰うてゐよと言ひわたしたので、皆わかれ〳〵に、山に千人、川に千人、海に千人がわかれて行つた。其時、川に行つたのが、がぁたろになつた。其で、がぁたろは人のしりこをねらふのである。其から、「牛の足あとにも、千疋のがぁたろがゐる」と言ふ事を言ふのである。だから、海や川に入つてはならぬと言ふのである。がぁたろの手の拔けるのも、藁人形がなつたのだからと言ふ。

又、たつたのばんじょぉが、けぇまぎうっちょけと言うて、築きばなしにした後が、岬になつた。それで、そこをけぇまぎ(海曲)崎と言ふ様になつた。壹州の語で、けぇまぎうっちょけと言ふのは、放擲する際に言ふ「どうでもかうでも苦か位にしておけ」と言つた風の語である。

ところが一説には、あまんしゃぐめが、けぇまぎ崎を築いて、朝までに出來たら、此世の人間を皆喰ふと言ふ約束をしたので、たつたのばんじょぉが、鷄のまねをしたのだと言ふ。だから、がぁたろも、あまんしゃぐめの手下と言ふ事になるのである。併し、誰にも合理的に聞える此方をいけないと言ふ人があるから、考へなければならぬと思ふ。

蟷螂の蛹の、後手に縛られた恰好してゐるものを、あまんしゃぐめと言ふ。あまんしゃぐめが、罰で、金縛りになつてゐるのだと言ふ。

あまんしゃぐめ、又、あまんしゃぐまとも言ふ様である。たつたのばんじょぉは、壹岐名勝圖誌の湯岳村山田の石塔山の處に、竹田ノ番匠とあるのと一つであらう。今でも、壹州の中には、たけたのばんじょぉと言うてゐる人もあるかも知れぬが、竟しか出くはさなかつた。

北九州にも、竹田の番匠の事を言ふかして、由須原八幡宮には、此人を實在の人物として説く傳説がある様である。思ふに、飛騨の匠か、竹田の番匠と併稱せられた職人團體の出身地を、其儘唯一人の名して、全體の名譽の象徴せられた傳説上の人物であらう。

海曲崎の話、右の名勝圖誌には、本宮村の條に、本宮八幡が、鬼類に誓はれて、一夜の中に、曲江・柄杓江を築き合せたら、此國は貴様の物にしよう、と仰せられた。其後で様子を見られると、どうやら出來さうに見えるので、鷄鳴きのまねをせられたので、鬼は逃げた。其跡が、今、勝手の口として切れたまゝに殘つてゐる、とある。海曲・勝手の口、どちらの話が元だともきめられぬ。

名工と鬼類との競技も、類型が澤山あるし、又近代的な名前の番匠を持つて來たとて、話の古さを疑ふ種にはならぬ。此勝手の口の話を、海曲の話にかて合せると、筋が如何にもよくとほり、ときを作つたのを、あまんしやぐめとしたのは、其鬼の性質から出た、話の曲りであることが訣る。

一體、此國では、村々嶋々で、全然同じ事を、少しづゝ拗ぢらして言うてゐる。此は、どこにもかしこにも言うた訣でなく、ある處で言ひはじめた事が、同じ様な條件の備つた地方で、自分の方の事實と思ひ〳〵にきめて了うた事と察せられる。

◇鎮懐石

壹岐の人は大抵、胎中天皇の御誕生を、此島での事、と信じてゐる。其で神功皇后に因んだ民譚の澤山あるうち、勝本浦には、やはり、これに絡んだ話の石がある。時々、海岸に落ちてゐる三寸程で、細長い白石の先の方に、血の様な赤色のついたものである。皇子の御誕生を遲らす爲、つめとしてさし込んであつた石で、赤いのは、皇后の汚血であるといふ。

筑前海上の子負ノ原にあつた、といふ萬葉集の鎮懐石は、極めて大きな物であつたらしい。すぐれた女性のものとして、隱し處までも大きく考へてゐたのであつた。壹岐のは、いくらも散らばつて居る。むやみな空想風の物ではないが、胎の重りとせられたと見る從來の考へは、ひよつとすれば、かうした傳への誤解かも知れない。

◇百合若大臣

ゆりわか大臣は、桃から生れた人で、幼名は桃太郎と言うた。年頃になつて、嫁をとらねばならぬ様になつて、親たちが色々と薦めても、『顔の長いは馬面づら」髮の長いは邪心髮(蛇身?)鼻の低いは杓子づら』と言うて斷り〳〵した。ところが、王様のお姫様の美しいと言ふ噂を聞いて、御殿の風呂焚きになつて住みこんだ。お姫様は、桃太郎の嫁にならうと言はれたが、王様は、鬼ケ島對治をしをふせたら、姫をやらうと言はれた。

其で、名も百合若大臣と改めて、七十艘の船を引き連れて、此壹岐の島に着いた。船の碇をおろしたのが、今の黒崎の唐人

壹岐民間傳承採訪記（折口）

祠の下の處になる。

其時分、此國は鬼の住みかで、芥滿國と言ふのであつた。鬼の太郎・鬼の次郎など言ふ大將が居た。百合若が來たのを見ると、盛んに礫を打つた。其石が、今も鬼の礫と言うて、殘つて居る。

百合若が、日の丸の扇をあげて風を拂ふと、礫が來ぬ。とうとう鬼は皆對治られた。日本への土産に一疋の小鬼を殘して置いたが、氣がつくと、鬼の起した風で、家來の人々の乘つた船は、皆吹き散らされて、歸る事が出來なくなつた。それで、小鬼を使うて、海の物をあさらして、其を喰うては、命をつないだ。食ひ物は、皆小鬼の臍で沸らせて喰うたのである。

ある時、地方から風で吹きよせられて、鰯ひきの船が流れついた。連れて地方へ渡してくれと頼むが、鬼と見違へていやだと言ふ。其でも、いよ／＼連れて戻つて貰ふ事になる。小鬼に言ひ聞かせるには、炒り豆に芽の出るまで戻るなと言うて、日の丸の扇で、天竺へあふぎ上げた。船ばりにからだを縛らせて、やつと地方に還ることが出來た。

王様の御殿に來ても、誰も百合若を見知らぬ。

ところが、御殿の鹿毛は前から、百合若より外に乘りこなせるものがなかつた。ある時この馬に乘つて見せた。百合若が乘ると、さしもの荒馬が、見事に乘りこなされた。碁盤の上に、後脚で立つた。それで、百合若と言ふことが知れて、お姫様を頂いて、王様の跡目を相續した。

◇殿川屋敷

武生水から渡良へかゝるところに、殿川屋敷がある。こゝには、葛の葉其儘の話がある。唯、夫が武士で、女房が蛇身であつた事が違ふ。龍宮の女であつたので、見つかつて、蛇身を露して、此井に飛び込んで、自分の國へ還つて了うた。今も井の底には、椀が沈んで見えると言ふ。右の女とどう言ふ關係があるのか、其は知つた人がない。

ゴッサンと云ふ事

ゴッサンと云ふは、名古屋地方でも常用語です、振賣の八百屋は町の一角に荷物を擔へて大聲で「サア／＼瓜が安い／＼ダラ安ダラ安、ゴッサンまけとくん買つとくりやあ」と呼ぶかと思ふと、見知らぬ中の人でも「ゴッサン／＼、紐がほどけとるぜ」と注意する事もある、商家では下男や下女が、親ゴッサン、（又は大ゴッサン）若ゴッサンと呼び、風呂屋で人の評話にも何處其處のゴッサンがとか、何屋のゴッサンがと云ふ、一部の有產知識階級の人の妻君を奥さんと呼ぶのと對立して居る、併し何方かと云へば奥さんと呼ぶ者は少なく、△△長のゴッサンと云つて除ける風で、有夫の婦は老若共に平等にゴッサンであると云ひたい程です、而して男でも女でも口にする言葉です。（矢頭和一）

盛岡の方言（二）

――動詞と名詞とのつり合ひ――

橘　正一

着物・お・きる
袴・お・はく
帶・お・しめる
鉢卷・お・まく
笠・お・かぶる
傘・お・さす
杖・お・つく

ここに示す樣に、ある意味を示すのに、某名詞には必ず某動詞が添ひ、他の同意味の動詞を以て置きかへることができないといふ場合が多い。これを名詞と動詞とのつりあひと云ふ。『着物おはいて、袴おきて、杖おさして、傘おついた』――これではブロークンだ。だが同じカサでありながら、なぜ一方ではサスといひ、他方ではカブルといふのか。柄のあるものをサスといふかと思へば、將棋や盃には柄がないにも拘らず、サスといふ。しかも碁にはサスと云はないで、ウツといふ。これは一體どういふわけなのか。たとへ現在では、名詞と動詞とが不釣合ひに見えても、その詞のできた初にさかのぼれば、きつと釣りあつてゐたに違ひない。不釣合ひの原因は實にここにある。物は變化し、詞は不變に止る。だから、詞、特に動詞を分析することによつて、名詞の表す物の原の形と意味とを發見するといふ見込は確かにある。事實、私はこの方法を使つて、詞の原形と原義との發見に著著として成功してゐるものである。

例へば、盛岡では、數學をやることを、ソロバンオケ、算術オクなどといふ。數學に『置く』といふ詞はいかにも不釣合ひに聞えるけれども、そろばんの無かつた時代に、算木をオイテ、計算したことを知るならば、なるほどと、うなづかれるだらう。

又、盛岡では、手紙を出すことをテガミタテルといふ。これも、飛脚時代のことと、人を旅にやるのに、ヒト・オ・タテルといふ事とを考へ合せるならば、何の不思議もないはずだ。

又、盛岡では、人の告げ口をすることをメヤスタナクといふ。タナグとは持つの方言だ。さてメヤスといふ詞は今日の盛岡べんでは言はないが、維新前、メヤスバコといふ箱が紙町にあつて、訴狀を此の中に入れたといふ。言海メヤスの所を見ると、

（一）文書ヲ箇條書キナドニ見易ク書クコト
コレヲ「目安書キ」ト云
（二）目安書キノ公事訴訟ノ文書。告狀。

とある。そこでメヤスタナクは告訴狀を持つの意であることがわかる。

私は近頃、御法事の饅頭ヒクといふ詞を聞いた。これは確かにヒキデモノヒクといふ詞と關係がある。

センズリを手淫の事と考へてゐたのは一ケ月前の私であつた。しかし實は、センズリは方言のスンズと同じく、陰莖であることを近頃發見したのである。さてこそ、カクといふ動詞も生きて來るわけだ。

そこで前に疑問を提出しておいた、碁と將棋との事に歸るが、ウツと言はれる碁の原形は、何か石の樣な物を以て、的をウツテ、勝負を爭ふ遊戯ではなかつたか。サスと言はれ

盛岡の方言（橘）

る將棋の原形は、矢か槍の樣な物を以て的をサシテ、勝負を爭ふ遊戯ではなかつたか。その的は笊ではなかつたか。笊碁といふ詞は何かの手がかりとなりはシないか。ショーギといふ似而非漢語は、笊の方言のショーギ、ソーキ、ソーケなどと關係はないだらうか。それにつけても知りたいのは、碁や將棋をやる時に、取つた駒を置くためと稱する高杯に似たものの名である。又、いつかの『民族』のオシラ樣の祭文に、馬の足を形容して、『ごばんちようこの如く』とあつたが、そのチョウコは何であらうか。

さて以上述べた所で、名詞と動詞とのつりあひの大切なことはわかつたことと思ふ。この大切な釣合でも、名詞とか動詞とかに分類してしまへば、逃がしてしまふおそれがある。そこで特に、つりあひの項を設ける必要がある。この釣合を、その結合の强さによつて、更に三種に分ける。

（一）第一種は、名詞と動詞との結合が最も强く、個々に獨立させては、その意味を失ふといふ種類である。例へば、ゴセヤク（怒る）はその一例である。ゴセにもヤクにも怒るといふ意味は少しもない。いや、それどころか、ゴセといふ詞は單獨で使はれることは全然なく、從つて無意味の音である。それがゴセヤクと熟する時は初めて、怒るといふ意味が生ずる。しかも、ゴセタク、ゴセモヤス、ゴセクベルなどとヤクの同義語を以て置きかへることの出きないものである。卽ち、この場合は、ただつりあふのみならず、又うごかない。ウゴク、ウゴカナイといふのは俳句上の詞であるが、これを言語學上に借り用ひる。この關係はちょーど、酸素と水素とが結合して、水を生ずる樣なものである。

（二）第三種は、名詞と動詞との結合最も弱く、同意の他の動詞を以て置きかへても意味は通ずるものをいふ。例へば、テガミタテルは、テガミダスとも、テガミヤルとも言ひ得る。これは一例である。

（三）第二種は、第一種と第三種との中間に位するもので、名詞は、名詞として單獨に、又は連語として他の名詞と共に、用ひられるけれども、動詞を伴うて、ある意味を表さうといふ場合には、必ず特定の動詞を伴ひ、他の同意の動詞を以ておきかへることのできないものである。例へば、シチは單獨で使はれ、又シチヤ、シチグサなどと連語としても使はれるけれども、シチグサをシチヤに預ける行爲は必ずシチ・オ・オクであり、期限がすぎて、その所有權を失ふことは必ず、シチ・オ・ナガスである。そして、オクといひ、ナガスといふ事から考へて、シチの原義は、身の祓をなす所のヌサの一種であつたらうと私は想像してゐる。それはさておき、この第二種に屬するものは最も多く、しかも比較にならぬ程多い。最初にあげた、キモノ・オ・キル、ハカマ・オ・ハクなどもこれである。

本來、あらゆる動詞はこの第二種に屬すべきものであつたと思ふ。卽ち動詞は過去にさかのぼれば、さかのぼるほど、外延が狹かつたのである。例へば、オコナフといふ詞は今日の文語では、あらゆる動作に適用されてゐるけれども、平安朝時代は佛事に限つてをつた。昔のオコナヒは今のオツトメに相當する。

ツトムといふ動詞も、今日では一般に事務をいふけれども、昔は巫女の行爲に限られてゐたらしいことは、オツトメとかツトメボーコーとかいふ詞から伺はれる。

熟語として用ゐられることが度々で、名詞單獨として用ゐられることが稀であれば、遂には名詞の意味が忘れられてしまふ。それが第一種である。例へば、ゴセヤクのゴセには昔は何か意味があつたので、今はただ忘れられたといふだけである。

名詞と動詞との開きがあまり大きくて、どうも釣合はないと感ぜられるやうになれば、他の適當な動詞でおきかへられる。それが第三種である。例へばテガミタテルがテガミダスとなる類である。しかし、造語の不得手な日本人もこの點ではかなり巧であることは近年の造語を見てもわかる。例へばカケルといふ例を取つてみると、

電話　おかける
蓄音器　おかける
ラヂオ　おかける
電氣　おかける

電燈の方はツケルである。電話や蓄音機の譯者なら、今の内に探したら見つかるかもしれない。しかし、カケルといふ動詞を最初に使用した人は誰であるか、探した所で決してわかるはずのものではない。しかし、私は後者に對しては、前者の百倍だけの讃辭を呈する。

前おきがあまり長くなつたが、右の次第で、三種の區別はあまり必要なものでないから省く事にした。

又、盛岡では目的格を示すのにオといふ助詞を使はないから、名詞と動詞との間に點をうつて別ける。動詞の活用を示すためには、括弧内に打消しをかく。又、訛音は普通の發音に直して書く。

うつの例

おさんご・うつ(うたない)　岩谷稻荷や十和田湖にオサンゴバといふ池がある。ヨリカエシ(紙より)を之に投げて、早く沈めばよし、沈まなければ惡しと占ふ。之をオサンゴ・ウツといふ

さかなのこけ・うつ(うたない)　肴の鱗を取る

だいこん・せんに・うつ(うたない)　大根を線にきざむ

だいこん・さいのめに・うつ(うたない)　大根を賽のめに切る

さかなさ・くし・うつ(うたない)　肴に串をさす

おえ・うつ(うたない)　例へば、會費三圓のつもりで行つた所が實は四圓であつた。その場合、『一圓おえ・うつ』といふ

おくの例

はっけおく(おかない)　八卦をみる

そろばん・おく(おかない)　そろばんをはぢく

さんじゅつ・おく(おかない)　算術をする

だいすー・おく(おかない)　代數をする

たてるの例

おきゅー・たてる(たてない)　灸をすゑる

せんこー・たてる(たてない)　線香をとぼす

てがみ・たてる(たてない)　手紙を出す

盛岡の方言（橘）

なきつめ・たてる（たてない）　べそをかく

かまど・たてる（たてない）　新に所帯を持つ

はやし・たてる（たてない）　昔、春秋の彼岸に盛岡中のイタコ（巾子）がお寺に集つて、口寄せの依頼を引きうけた。

めぬき・たてる（たてられる）　打消形は殆ど使はず。甚だしく嫌ふ。專ら他人のなす事に對していふ。『おらほにゃ　もとポプラのきゃあつたども、がいだかたかつて　となりきんじょ　から　めぬき　たてられる　だす、きゅなぐつてしまい　あんした』（私の家には元ポプラの木があッたけれども、毛蟲がたけつて隣近所からいやがられるので、切つてしまひました）

自動詞は、めぬきァ・たつ

めくじら・たてる　目に角をたてる

惡意を以て人を見ろ。めくじら・めッたてるとも

みぬき・たてる　めぬき・たてるに同じ

「とる」の例

かちきり・とる（とらない）　無理に勝たうとする。

だまこ・とる　とらない）　お手玉をする

つぱさみ・とる（とらない）　尻ばしョりする

「ほる」の例

ざんぞ・ほる（ほらない）　惡事短所を摘發する「姑ァ嫁の――」

ごんぼ・ほる（ほらない）　子供や醉人がくだをまく

「やく」「やける」の例

きま・やける（自、下一段）　腹がたつ

ごせァ・やける（自、下一段）　腹がたつ

ごせ・やく（他、四段）　腹をたてる

ごせッぱら・やける（自、下一段）　腹がたつ

ごせッぱら・やく（他、四段）　腹を立てる

以下順序不同

おはち・まく（まかない）　お賽錢をあげろ

おひねり・まく（まかない）　おひねり（米を錢と共に紙に包んだもの）を神前にあげる

おさんご・まェる（まェらなェ）　右に同じ、紫波郡飯岡にて

まんじュー・ひく（ひかない）　饅頭に限らず、砂糖一斤・反物・手拭・口取り・折詰・鰹節等何でも、おみやげとして家に持ち歸るものを出席者一同にくばることをヒクといふ。

ここまで書い來たときに、ふとクチトリの語原について曙光を發見した。元來、ヒクといふ詞は、馬を曳くのが本義で、昔は馬を引出物としたことから來てゐることは疑がない。で、クチトリといふ詞も馬と何か關係があるのではなからうか。とりあへず、言海のクチトリの條を見ると、（一）馬ノ口ヲ取リテ牽ク者。クチツキ、馬丁、馬奴（二）クチトリザカナとあるだけだが、クチトリといふ詞に轡といふ古義があつたのではあるまいか。もしさうであつたとすれば、問題は至極、簡單になる。引出物として馬をひいた時

代には、鞭と轡とだけを席上に持ち出して客に渡して、しるしとしたのである。これが形式化して、後には馬はひかなくても、鞭と轡とだけは必ず席上に持ち出すしきたりとなつた。宴會の席上に轡は不釣合ひであると考へたある物好きが、かまぼこで轡の形を作つてひいた。これが時好に投じて一世を風靡した。その後、色色な形が作られる様になつても、やはりクチトリといふ名を以て呼ばれて今日に至つた。この假說が成り立つかどうかは、各地のクチトリに關するしきたりが澤山集まつた後でなければ何とも云へない。讀者よ、どうか御報告を怠らぬやうにお願ひします。

せッちョ・はく(はかない)　雜儀する

ゆみ・ゆう(ゆわない)　弓を射る

おなるかみさん・おとけァる（おとけァない)

雷がおちる、實はラ行四段であるけれども、打消形のラが落ちたのである。

おやま・かける(かけない)　おやまに岩手山)に登る

はごいた・つく(つかない)　羽根をつく

はたこァかェふる(かェふらない)　凧が面くらふ

てッか・くう(くわない)　凧の頭がヒヨコリ・ヒヨコリと前にこごんで安定しない

むねァこびる(こびない)　胸がやける、胃酸過多

つげァ・はしる(はしらない)　溜飲が出る、胃酸過多

まなく・ひくる(ひくらない)　目をつぶる

かわ・こぐ(こがない)　河をかち渡りする

めやす・たなく(たなかない)　人の惡事を告げ口する

だんだ・ふむ(ふまない)　子供がムヅケテ足をばたばたさせる。ぢだんだふむ

たすこ・かく(かかない)　たすきを掛ける

うそ・まける(まけない)　うそをつく

あくたい・つく(つかない)　惡口をする

あくと・たける(たけない)　惡業をなす、ばくち・虛符等

へら・かつぐ(かつがない)　飯が不足する

のずァ・のらない　うちがあかない、はかどらない

「えッつから　たのんでら　ども――」

（とうから賴んでたけれども、埒があかない)

あぐ・つらえない　足を運ばれない、步かれない

すんずァ・たける(たけない)　陰莖が勃起する。揚音ヶにあり

こび・たける(たけない)　垢がつく(他動)平聲

こびァ・たかる(たからない)　垢がつく(自動)

きもの・ひッたくる(ひッたくらない)　裾をまくる

ちョッペ・こく(こかない)　告げ口する、

盛岡の方言（橘）

めやすたなくに同じ

てっこ・ひかぇる(ひかぇなぇ)　手を引く

どてら・ひッたてる(ひッたてない)　ひッたてるとは寛やかな衣服を上からバフリと掛けて、紐などで結ぶこと。はおり・よぎ(袖のあるの)ふとん(袖のないの)ばふ(お祭のとき着るもの)ひッたてこ(子供をおぶッたとき、上から掛けて、前の方で紐をむすんで止めるもの)などにいふ。

おねばこ・ひッたれる(ひッたれない)　鍋に蓋をして、その隙間からおねば(重湯)をしたたらす

べッちょ・つくる(つくらない)　べそをかく

でんぼ・こかす　「でんぼ　こかして　あすんで　ばり　いる」などと使ふ。惡口の詞である。

でんぶりこ・こかす　右に同じ、紫波(しわ)郡飯岡(よーか)にて

よこごと・きく　「横つぎせば　よこごときく」といふ諺があり。妻のある男が他の女に手をだす事であるといふ。紫波郡飯岡にて、横つぎは横布片

にめこ・つかう(つかわない)　内斜視(ためこ)で物を見る

ふぃら・はしる　火事の時、藁屋根が分離して、斜に落ちることであるといふ。又なだれが落ちることも飯岡では、ふぃらはしるといふ。ふぃらは坂。

なでァ・つく　雪崩が落ちる

わしァ・つく　雪崩の一種であるが、初冬、積雪の固まった上に、又雪が降り、暖氣のために上層の部分だけが、平滑な雪面の上を非常な勢で走って來る危險なものをワシといふ。

こま・つける　賭博にて、現金をその場に出せといふことを「こまつけろ」と云ふと。飯岡生れの女中にきく。

げたェ・おこす　これも女中から今日きいた。まだ要領を得ない。「魚を食へば、山の神樣の罰があたつて山に登ることができない」と、私が言ふと、女中が「まおとこのこ　わ　げたェおこす」と云つた。歩けない事であると。

つづ・かける　これも女中から今日聞いた。今日は土用次郎だ。稻はこれから段段大きくなつて、「つづかける」と。又、稻の花に、イトコ(雄蕊)が七筋カカレバ、ジョーヨナカ(豐年滿作)といふ諺も聞いた。ツヅの發音の工合ひは槌の發音と全く同一だ。ツツ・カケルは卽ち槌掛けるで、なしべの丁字形を槌に見立てたたとへではあるまいか。とすれば、私はそのたとへの巧妙に驚く。

附記、北安曇郡方言取調、東筑摩郡方言上田市附近方言調査(上田中學)を求む。

盛岡市新馬町　橘

くどきぶし

——能登一の宮現行——

藤井　春洋

くどき節三種の中、中山心中は、瀧谷妙成寺に關したもの。きやうだい心中とお吉清三とは、早川孝太郎さんの能美郡民謠集にもあるが、大分文句が替つてゐるので報告する。唯、こちらの方が多少不完全になつてゐる氣がする。

中山心中

能登の瀧谷金榮山に
今年初めて參詣すれば
國に聞える名所ォ勝（マサ）る
山の開基は日藏菩薩
大工統領尋ねて聞けば
飛驒の工は分別盛り
思案ざかりが自慢の盛り
たくみたくんだ七堂伽藍
門は總門にうどの御門
本堂祖師堂客氣さんこう
五十番神釋迦堂に經堂
下に建ちたは三十七坊
四百五間の廻廊ォかけて
いつが照るやら雨ふる日やら
法華經讀誦は法界（ホオカイ）の供養
ことに六月二十六日は
きごと名づけて名所ォ勝る
ちごや音樂淨土のまねや
貴賤老若數（ス）萬の群集（クンジユ）
いかに獸類鳥類つばさ
有情非情の木草もなびく
なにが不足で鳴く蟬の聲
聞くに鹿島路千路（チヂ）柳田（ヤナダ）の
詣りがてらのしゞよう（）うはさ
聞くにこのごろ四五日以前
山の麓のつゆ（或はちよ）中山の
近所珍らししんじやう話
しだい男は名は半六よ
年ははたちで早色ざかり
きりよう自慢で業平勝り
百姓ながらも町人育ち
いかな女も袖ひく男
こしに庄屋の與平の娘（或はかげ）
年は二八でおぎんと言ふ
顏のゑくぼや目もとで殺す
心自慢で人あひすぐる
生れすぐさま待宵（マツヨ）が姫か
小野の小町か玉依姫か
または當麻か中將が姫か
今世（コンセ）まれなるなさけの姿
きりよう自慢で兩親樣は
月よ花よと眺めて暮らす
月にむら雲花には嵐
いつの頃から半六樣と
親もゆるさぬ翼のちぎり
數を重ねていとしさ勝さる
與平夫婦はかくとも知らぬ
濱のそはまのこほぢ屋殿へ
こその秋より約束いたす
（こぞは麥秋だといふ）
やがて嫁入り早水無月の

くどきぶし (藤井)

百の日數もたつ日がいそぐ
今日は九日あけれぱ十日
駕籠のこしらへ衣裳のしたて
夜具やふとんやすゞしの蚊張や
十二てんぞく紅白粉で
親の氣づくしいづくのならひ
人にかくれて心をつくす
おぎんつく／＼心の中に
さても悲しさあらきのどくや
父の御恩は須彌山よりも
母の御恩は蒼海(ソオカイ)よりも
まして譬へし故人の言葉
親に不幸は佛に不幸
この世ばかりかまた來世(キィ)も
しづむばかりは浮世の恥か
ほんに浮世とたがひにそめる
二世とかはせし半六樣の
道をそむけば畜生かいの
死のか逃げよか走ろか遠く
ふこう思ひのわけたることなし

忍び忍んで半六樣は
部屋へたちよりこれ／＼おぎん
聞けばそもじは咲く花の緣
桔梗めでたくつゆ女郎花
わしはこれより身はかるかやの
髮をこぼいて高野の山へ
見すてられたはあやめの花と
人が笑ォがよを笑ひ草
慈悲もなく／＼思ひし言葉
言ひし言葉の身はあだ花と
しばしわかれてりいりける
おぎんさわがす氣はまげもなし
なにを言はんす半六さまよ
親の言葉をふしょうのものと
あいと答へて言葉の下に
心せきつく身はかけつばた
二世とかはせしあなたをすてゝ
ほかに花咲く氣はなしの花
あなた狂氣か桔梗の花か
はつとすいきで色あらはして

二一六

なんとそなたは待宵が姫か
われを思ひしその心ざし
思ひ合うたる幾瀨のちぢり
またぞ未來は一れんたくしよ
さらば本もうこの夜の中(ウチ)に
しばし涙でくれにける
ころは寶曆第十年の
しかも六月十六日は
月もさやけく草ばの上に
露にかゞやく姿をうつす
さらばうつらふそもじのかげも
下に白もくあひにはちくさ
上にりんすのからくさもよど
帶は黑繻子當世結ぶ。
こしの力はこのひえたぐる
しやんとかりしてかりごじらひで
重きぼだいをいちみにかけて
こゝに最期の淨清寺まいり
門のそとにと觀念すれば
女人願ふはこちらへたらず

二人一所に導き給へ
時におぎんの申するやうは
も早夜も更けやごゑの鳥も
聲も亂るゝ時刻ものびる
人の見る目もあやしうござる
わしを早々殺せいたぶと
行儀ずまひをすますほどに
無量壽佛(ムリヨウジユウブツ)と伏しおがみつゝ
賴み少いはなさけの緣と
手をばたがひに合掌いたす
西に向うてしようみよう唱へ
そこで半六刄をとりて
おのが腹をばすらりと切つて
ぢきに女房の介錯いたす
無情の嵐にふるひきる
やんれ

兄妹しんじゆ

くどきぶし（藤井）

廣い京都のかた寺町に
兄と妹のじんじゆがござる
兄のもんてん妹にまよて
それがつもりて病氣となりて
戀の病みとは親だちゃ知らず
醫者をよびかやかいほォつけょか
醫者もいらないかいほもいらぬ
妹おきよを見舞にたのむ
そこへ妹が見舞に來て
もォし兄さんご病氣はいかゞ
醫者を呼ぼかやかいほをつけょか
醫者もいらないかいほもいらぬ
ひとにいはれぬたのみがござる
一夜たのむぞ妹のおきよ
これさ兄さん何言はしやんす
ひとが聞いたら畜生と言ォし
親達や聞いたら殺そといォに
わたしにはあひの夫がござる
勢多の唐橋笛吹いて渡る
あの人ひとり殺いたならば
一夜(イチヤ)二夜(ニヤ)でも三(サン)ぱち夜(ヤ)でも
妻となるわねこれ兄さんよ
いうておきよは一間へこもり
髪もゆうたり白粉したり
下にきるのはちりめんじばん
上にば羽二重もみうらづきの
當世はやりの丸くけ帶を
ふかい編笠橫ちよにかぶり
紫竹尺八おとしにさいて
印籠巾着(インロウキンチャク)橫ちよにつけて
勢多の唐橋笛ふいて渡る
きやつといふ聲女の聲で
編笠手にとり顏うち見れば
さてもかわいや妹のおきよ
こゝに死んだら兄妹しんじゆ
廣い京都に名を流す

おきち清三

こゝは京都や三條が町の
糸屋與右衞門のょいとのさかり
一人娘をおきちというて
おきちや十六苗の花や
咲こか開こか思案の場所や
店の番頭は七十五人
あるが中にも清三というて

くどきぶし（藤非）

年は二十一男のさかり
歌や俳諧琵琶三味線も
何に一つものげみはないに
のげみないのにおきちがまよて
かよふ／＼が度かさなれば
親の耳へもそろ／＼はいり
これを聞いてはすてゝはおけぬ
そこでお吉を一間へよんで
店の清三とわけあるさうな
思ひきる氣かきらぬ氣か
これさかゝさん何言はしやんす
人が山ほどいふ相にあれど
店の清三は夢つゆしらぬ
清三／＼と一間へよぼる
清三驚きこりや何ごとぢや
腰を撤ひ檀那の前に
ご用はいかにと兩手をついて
おまへよんだはほかではないが
うちの娘とわけやあるさうな
わしも京都や名のある糸や
清三ぐらゐにやゆうきよにやさせん
わけがあつたらひまやるがよい
ひまもやられにや今日かぎり
わしの方からひまやるほどに
そこで清三も言ふ事あれど
きりうもよければ根性もよい
何を言うてもたゞはい／＼と
ひまが出たれば行かねばならぬ
そこで清三が仕度をいたす
あさぎ縮緬ごぶ長襦袢
下に着たるはしんま縮緬
上に着たるはういだの小袖
帶は博多で三重まはいてかいのくちに結び
紺の股引おほつの脚絆
白い甲掛かみつけ鞋
檀那まへにと兩手をいつて
永いお世話にあひなりました
御緣あるならまた末たのむ
どれもどなたも皆さんさらば
御緣あるならまた末たのむ
今のはやりの大三度笠
言うて出て行く二階からよぼる
わしをよぼるはどなたでござる
清三よぼるはおきちでござる
わしに會ひたか大阪へござれ
大阪天滿橋二軒目の茶屋で
紺の暖簾に菊屋と書いて
それがわたしのやかたでござる
言うておきちと別れる時にや
生木さいだのさけるが如し
小松小々路をたどしよぼ／＼と
やあれ嬉れしや大阪へ來たと
ごめんなされおゆるしなされ
やあれ清三今戻つたか
永く奉公もあひつとめたか
旅の疲れか二三日たつと
いつ家親類じんぎものべず
清三病氣に相もとづいて
醫者や藥に看護もすれど
根から病ひのせいよがないと
そこでおきちが夢見がわるい
夢か現か清三がござつた

こして居られぬ行かねばならぬ
そこでおきちが支度をいたす
あさぎ縮緬ごぶ長繻絆
あひに着たるはしんま縮緬
上に着たるはうゐだの小袖
帶は黑繻子三重まはつてけゝこみに結び
今のはやりの褄折笠で
小松こ小路をたどしよぼ〳〵と
やあれ嬉しや伏見へ來たと
船にのろかや陸(ヲカ)どり行こか
もしか船にのつてけがあるならば
もとの清三に會はれはせぬと
さあさこれから陸(ヲカ)道つとて
向(ムカ)へそろ〳〵子供衆が二人
もをし子供衆もの問ひたひが
清三やかたを敎へておくれ
橋のつゝから二軒目の茶屋で
紺の暖簾に菊屋の紋に
それが清三のやかたでござる
ごめんなされおゆるしなされ
若い女中やがどちらからおいで
くどきぶし（藤井）

お名をなのれば恥しござる
わたしや京都の三條ヶ町の
糸屋與右衛門(ヨヨモ)の娘でござる
糸屋與右衛門のいとさんかいな
草鞋とくやら洗足(センソク)かはし
まづはこちらと手に手をひいて
清三今日(コンテチ)やどこへおいで
清三戻つて二三日たつと
清三病氣に相もとづいて
醫者も藥もかいほもすれど
わから病のせいよかないで
清三死ぬつて今日明日七日
嘘をつかずに會はせておくれ
それが嘘なら墓所へまゐれ
寺の卵塔(ラント)の小松の下で
白い塔婆にしくゝわ立ておいて
それが清三の墓所でござる
みぎりお手には水をばもちて
道の草をばお花とたぐり
墓の前にとちよつこらちよいと坐り
神や佛に實あるならば

死んだ清三に會はせてたもと
をなごの念とやおそろじいものぢや
墓の頭が二つに割れて
石の地藏と相現れて
これぢや清三にあはれぬわいの
もとの清三にあはせてたもれ
そこで清三は幽靈となつた
清三その身に相なつたかや
清三一人はその身におかぬ
わしもその身に相なるほどに
道の小石を袂に入れて
天滿橋へと我が身をなげる
やんれ

紙上問答

○たとへ一行一句でもお思ひよりの事は、直に答をしたためて頂きたい。

○一度出した問題は、永久に、答へを歡んでお受けする。

○どの問題の組にも、もあひの番號をつけて置くことにする。

○問(九)　瘤には何か神秘的な勢能とか、福運とかが潜んでゐるといふやうな觀念信仰はないでせうが。字治拾遺物語に出てゐる例の瘤取譚に、鬼が「瘤は福のもの」と云つてゐますれ。こんな考方が、實際の民間信仰として存してゐるなら、どうか御知らせを願ひます。(松村武雄)

○問(一〇)　本誌一ノ五四頁、佐渡國小木港附近俗信中に「ヨダレをたらす子に烏の金丸をなめらせると良くなる」とあるが、實際の烏の金丸か外のものか、筆者に伺ひたい。私の地方(下野國逆川村)ではカマカツキリ(昆蟲)の卵をカラスのキンタマだと信じてゐるが、佐渡の俗信のもカマカツキリの卵ではないでせうか。若しさうとすると、カマカツキリの卵を烏の金丸だと見てゐる俗信は相當廣いことになりますが、他の地方ではどうですか。(栃木縣、高橋勝利)

○答(一)　女人禁制の山に初めて女が登山したと新聞などに騷がれた大和の大峰山(サンジョー)へは、私の地方(紀州那賀郡田中村)では「山上參り」と稱して盛んに登山し、「山上參りをしなければ一人前の男になれない」など丶云つたものでした。尤も最近には聞きませんが、私の登つた今から十年程前、中學一年の十四の夏頃は、私自身も聞かされた言葉である。山伏姿をした先達(センダツ)に連れられて、白い着物に檜笠、錫杖を突いて、登つたものである。之れなどは成年戒、山ごもりの一つの殘りではなからうと最近ふと思つて見ました。(與田左門)

○答(三)　忠臣藏の藏といふかうした字の使ひ方が他に例なく、且つクラといふ明瞭な言葉がさう遠くない後に於て不明を感ぜしめるものはそのクラといふ言葉の特殊な使用法によるゆえだと考へられる。卽ち作者の洒落た意企によるものである。當時の人の頭にすぐ、ピンとひゞく四十七士の首領大石藏之助の藏も、クラといふ言葉のもつ物を包藏するといふ聯想から四十七人の忠臣を聯想させる藏とがこの一字の上に考へられてゐるのである。從つてそこには無理がある、この無理がこの字の使用を他に見せず且つ意味を曖昧にしてゐる所以であらう。(赤坂榎町、海山千年)

○答(四)　朝鮮と申しましてもこの地方―咸鏡南道文川郡地方では人糞も尿も畑に肥料として用ひます。それは大人が便所で用を達しました後は多く灰をかけて置きます。それを蓄へて置きまして春にとり出します。その人糞と灰と土との混合されたものをよく乾燥させ手で粉末にします。それを畑に運び畝に種子と共に播きます。乾燥せぬものは絶對に用ひないと聞きました。尿の方はそのまゝ用ひるそうですが未だ私は實見いたしません。尿は北鮮地方では用ひないさうです。

倚序で乍ら尾籠で恐縮ですが子供四五歲迄の人糞は犬に喰はせゐます。(朝鮮、佐藤太郎)

○答(八)　和歌山縣那賀郡田中村地方
親類――イツケ(一家か)　本家――オモヤ、ホンケ、分家――シンタク(新宅)、末子――オトシボ、月經――アカンマ、中間の食事――コヒル・ゴピリ(小晝、晝食と夕食の間)夜食――ヤセコ、神官――カンノン(神主の訛)　片目――カンチ、手のない不具―テンネ(片手のないもののみか、兩手のないのも云ふか知らぬ)　以上氣付いたまゝを。(與田左門)

○答(八)　西三地方の方言の中適合するものを述べます。テオフテフ(テフ)、シンセキ(親類)、ホンヤ(本家)、シンヤ(分家)、弟ムスコ(二男坊)男ヤゴメ、女ヤゴメ(獨身者)、オトゴ(末子)、ホツタゴ(私生子、マツワリゴ、テヽナシゴ、シクジリゴ等とも呼ぶ地方もあり)、モカ(附婿、ヤシヤコラ、カンツ等とも聞く)、ブンヤ(月經)、茶のコ、コゼハン、ヤショク(中間の食事、朝飯前晝飯後、夜飯後)、ネギドン(神官)、口ヨセ(市子)、コヤカケ(露店)、カンチ(片目)カタワ(手足の不具者、テンボ、チンバ等とも呼ぶ)(矢頭和一)

京都民俗談話會

近時民俗學的研究擡頭の機運にかられ、當地に於ても、一昨年冬以來、京都帝國大學文學部史學科の學生及び卒業生が中心になつて、民俗談話會が生れました。

設立以來文學部西田直二郎教授、醫學部金關丈夫助教授等の熱心な指導、後援によつて、漸く健全な歩みを續け、今では各學部及在京同好者も增加し、每月研究發表、見學、採訪等を續ける一方、土俗品の蒐集にも努力して居ます。

民俗談話會設立に就ては、「民族」第三卷第五號に水野清一君により報告されましたので、それ以後に於ける例會、見學、採訪を簡單に紹介して報告にかへます。

尙各例會等に於ける研究事項につき、御質問ある場合は、記錄により又直接本人より詳細お知らせ致します。

◇第一回例會（昭和二年十二月二日）

一、人身御供に就いて　文學士水野清一君

一、民族學の傾向　小川五郎君

◇第一回見學（昭和三年五月十日）

京都、壬生狂言

◇第二回例會（昭和三年五月十四日）

一、上代精神生活に表れたる牧馬　文學士　佐藤虎雄君

一、ハワイ島の土俗　文學博士　西田直二郎君

◇第三回例會（昭和三年六月四日）

一、周防國大道村の笑講について　小川五郎君

周防國吉敷郡大道村上津令小俣の八幡宮を中心にした講で、古くから行はれて居る。舊月十二月朔日に廿一軒の氏子（近時減少）が、朝から當家に集り、前日來用意した神棚に初穗等を供へ、種々の儀式を行つた後、藁苞中の初穗を開き農作の吉凶を占ひ、それが終ると「さあ、笑ひませう。あはは……」と、一人一人笑ひ續け、全部が笑ひ終る迄、神主は太鼓をたゝく。

一、山の神の祭に就て　文學士　藤田元春君

山の神とは大山祇神であり、疫病その他の災難を祈る。近畿地方では一般に十二月三日（或は一月三日—五日）に山へ行き、部落から山への登り口に、椎、栗、松等の三叉の枝で作つた人形（ヒトカタ）の木を立て、餅、米、豆等を供へる。參詣するのは、男子殊に五歲以上に限られ、女子は禁ぜられて居る。山の神の祭が進むと、野神を祭り、一方男根崇拜ともなつた。

◇第二回見學（昭和三年六月廿日）

洛北、鞍馬竹伐會式

鞍馬寺中興の峰延上人が、本尊毘沙門天王の神咒に依り大蛇を退治したと云ふ故實により行はれる。六月十六日閼伽井護法善神々社參の事から始まり、十八日は竹吊り、本堂の東西に青竹を四本づゝ吊り、東西とも太い竹を雄蛇、細い方を雌蛇になぞらへ、愈々二十日、鞍馬法師が十數名、「竹たらし式」をあげ東西に分れ、東の方を近江方、西の方を丹波方と呼び、合圖と共に、大刀にて大竹を三段に伐り、本坊めがけて走り込む。

◇第四回例會（昭和三年七月五日）

一、祇園會の話　田中俊次君

京の祇園會は貞觀十一年（或は十八年）に始つた。昔は祇園御靈會と云ひ、應仁の亂、天明八年、元治三年の大火に遇ふ迄は、最大、八十四本の鉾が建つたが、現在では二十八本の山鉾に減じた。祭は六月廿三日始まり、七月廿八日に終る。其間、各鉾切符入式、車掛式、神輿洗、稚子位貰ひ、曳初め、山鉾籤取、宵山、下の祭（山鉾巡行及神輿渡御）御旅所の無言詣、上の祭（山鉾巡行及神輿還御）神輿洗等の諸儀が行はれる。鉾には一際釘を用ひず、又絕體に女人禁制である。

◇第三回見學（昭和三年七月七日）

京都民俗談話會

華族會館京都分館にて、古雅な七夕蹴鞠を見學、撮影し、同館の岩佐氏より蹴鞠に關する說明を聞く。

◇第四回見學（昭和三年七月十五日）

第四回例會にて講演された田中俊次氏の案內で、祇園會山鉾を見學、函谷鉾（カンコボコ）、月鉾、放下鉾、船鉾等に登り、囃子、構造等を實地に說明を聞く。

◇第五回例會（昭和三年八月七日）

井川定慶氏の隠岐の土產話を中心に座談。同島の玉若酢神社々司たる億岐氏の長男は代代いづれか一方の目が悪い、島後中條村の顎無し地藏は木像で歯痛を治す靈驗あり又同島の婦人の容貌はどことなく朝鮮婦人に似通つて居る。

◇第五回見學（昭和三年八月廿七日）

洛北、修學院村大日踊

踊は酒を振舞ふ儀式に始り、にわか踊、題目踊、紅葉音頭に終る。當日は同地の西村老人より大目踊の古俗に就いて詳しく聞く。

◇第六回例會（昭和三年九月十七日）

一、八丈島の話　吉田三郎君

島民の起源傳說としては昔、大洪水ありし時、丹那婆一人が助かり、姙める子を産み、その子との間に出來た子孫が大賀村の民となつたと云ひ、風俗は細帶、洗足、頭に物を載せ、常食は芋で米は餘り用ひられない。船はカヌーに似、その他埋葬に、方言に、結婚等特殊の風習が見られる。滞島中米盜人あり、くがたち類似の事が行はれた。

一、おはぐろの話　三宅宗悅君

おはぐろには、鐵漿を用ふる法と、植物果實を咀嚼して歯を黒くする法とがある。本邦のは前者で、一般に結婚と同時に染め始める，歯を染めるには忌日や忌物がある。おはぐろの起源に就ては、貞操の不變を表し、又人妻、貴人のタブーを示すと云ひ、口絲部の文身の變形とも云はれて居るが、石器時代に盛に行はれた拔歯風習が、古墳期には全く見られなくなり、その間何等か關係があるのではなからうか。

一、民俗學の取扱について　池田源太君

歷史的事象をそのまゝの形に於て批判するに一は純粹なる理性からおこる分析的のもので、藝術史、文學史等此である。第二には解釋する事である。卽ち自身の經驗內容から此を解釋せんとし、その經驗內容を以て世界を把捉せんとする。民俗學はこの解釋といふ點で歷史と結合すべきである。

◇第六回見學（昭和三年九月廿四日）

觀世能樂〃狂言

出し物、一、九世戶（能）　二、重喜（狂）　三、班女（能）　四、棒縛（狂）　五、殺生石（能）

◇第七回例會（昭和三年十二月十七日）

一、滿鮮旅行談　文學士　水野清一君

東亞考古學會第二回發掘（牧羊城）に參加し、廿五日餘を支那民家に生活した體驗を述べる。民家の構造、殊に入口の扉の上には赤布を張り、それに猿兒の紙形、「福」の字等が張つてある。赤色は廣く好まれて用ひられて居るが、これは赤色の持つ交感性を象徵するものと考へられる。南滿奉天では盜人市場を觀、朝鮮では家屋殊にその千木に興味を感じた。

一、常陸國の年中行事に就て　文學士　肥後和男君

常陸國生瀬村の民俗、殊に年中行事に就て述べる。正月の嘉例その他の風俗、田の神に對する行事、田植の作法、秋の「たてなはたき」、山の神の祭等興味深いものがある。殊に田植歌は非常に古調を帶び、足利時代の歌詞を存し、第二句より始め、第一句を最後に唱ふる點に特色がある。

◇第八回例會（昭和四年一月廿七日）

一、酒に就いての斷想　森　鹿三君

蒙古の Kumis（馬乳）馬嬭子に依り、酒戶の神が胎鹿であると云ふ事に暗示を與へるとなし、古記の牛酒は胞酒で、之も亦 Kumis に關係あ

る事項と考へる。古代の酒が女性によつて造られたと考ふべきは、延喜式三座の中に刀自の名が見へ、之が酒を造つたと云はれる。かく女性が生産に關與するのは女性の生産能力を信じ、一種の儀式に迄發達したのであらう。

一、御蔭參り　文學士　佐藤虎雄君

御蔭參りは親・兄弟・或は主人に告げず、ひそかに參宮する事にして拔參りとも云はれた。寶永二年以後の記錄が殘つて居る。京都、大和、丹波、阿波、東國等各國よりの參宮者あり、多くは平常のまゝで、道中では諸侯、富豪の布施があつた。參る人は菅笠をかぶり、杓を持ち、或は「ほどこし」と書いた旗をひるがへし「拔けたとさ、お蔭だとさ」等歌ひつゝ多勢で行く。宮川の上下の渡しで調べた記錄によると一日で十五萬近くの參詣があつた事がある。奇瑞としては祓が降り、病氣が治ると云ふ。お蔭參りは大體六十一年目に行はれ、明年がその年に當つて居る。

一、門飾りに就いて　井上賴壽君

伊勢國では門飾りは年中かけ、今は笑ふ門と書くが、明治以前には蘇民將來と書いた。殊に南伊勢では珍らしい門飾りが行はれて居る。門飾りには地方的差異が見られ、その分布を考へると興味ある事實がある。

京都民俗談話會

一、リーヴアース先生の事ども　文學博士　西田直二郎君

一九二一年ケンブリッヂ大學に於て研究中、リーヴアース博士に師事した事を思ひ、博士の民俗學的研究法に就いて述べ、其指導の學會の事等より博士の講義、著書に及び、社會組織の研究より、民族學方法としての野外採訪、其論據たる exact Method について論じ、Todas 種族の研究方法や "History of Melanesian Society" 第二卷についての所感を述べて、文化傳播說の民俗學的な解釋を云ひ、日本の民俗研究の希望に言及した。

◇第九回例會（昭和四年二月十五日）

一、博多にわかに就いて　有光敎一君

博多にわかは約三百年前より行はれたと云はれ、盆踊とも關係がある。博多は商業地で、那珂川によつて城下である福岡と對立して居た。博多にわかは武士階級に對する町人の鬱憤をはらす爲に利用され、純商人が暇に行つたものである。舞臺裝置は簡單で、大抵は三場、長くて五場、囃子には大太鼓、小太鼓、摺鐘、篠笛、三味線が用ひられ、面、ボテカツラを着ける樣になつた。近來は衰へて、時々南座と云ふ小屋で上演されるに過ぎない。

一、支那古代の舞踊及傳說　文學士　小川茂樹君

Granet の著 Danses et legendes dans la Chine ancienne の舞踊についての所論を紹介し、古代支那の神祭と舞踊の關係を述べた。

一、沖繩見聞談　醫學士　金關丈夫君

沖繩諸島の人類學的研究に赴いた時の土產話である。奄美大島人のアイヌ的體質を注意し、那覇等の本島人との差異が容貌だけでも見られる。風俗としては人力車が多く殊に車夫に老人が多い。物を搬ぶのはこゝも頭に載せ、三十歲以上の女子では手背の文身が見られる。我國の古い歌舞伎を偲ばせる組踊があり、その他沖繩の傳說等を脚色した民衆劇も行はれて居る。埋葬法としては、本島では五・六十年前迄風葬が行はれ、いづれも洗骨して石棺又は甕棺に入れて葬つた。人骨を採集した運天の百按司墓では、山の中腹に洞穴があり、石屋形、甕棺、石棺に納骨されて居た。

第一回　野外採訪（昭和四年三月十日）

山城國愛宕郡八瀨村民俗調查

西田敎授以下十名、洛北八瀨村の民俗調查に赴き、村役場で同村谷北兼三郎氏より古俗、習慣、民謠等を聞く。

殊に後醍醐天皇の綸旨及その附屬品を容れた白木の「お寶箱」を中心にした社會組織、長老

制度等興味深い。お寶箱は「ひのけ」(忌)のない村人の有志が「こうどの」となり、一年間保管し、村の神事、年中行事に關與する。無事に一年を終ると「せんれぎ」となり更に一年間、次の「こうどの」を指導して、「もちすぎ」となる。「もちすぎ」の中最年長者を「いちわぢやう」と云ひ、「いちわぢやう」以下三十五人を、「おとな」と云ひ、「いちわぢやう」より國名(十三ヶ國)を貰ふ。毎年十二月卅一日に「お寶箱」の引つぎの儀式あり、「御蔭わたし」と云ふ。十月十一日には、秋元但馬守の靈を慰める赦免踊(一名燈籠踊)が行はれる。

更に第二回探訪を行ふ豫定。

◇第十回例會 (昭和四年五月廿八日)

一、Wajang に就いて　朝井小太郎君

Wajang はジャバに古くから行はれた影繪人形芝居で、人形は水牛の皮で作り、手足に竹をつけて操る。表情の變化には人形を變へる。Wajang には、彼等の祖先の惡魔、英雄等に關する神話を取扱つた Purwa と、最近の事件を題材とする Gedog の二種がある。

人形の代りに人間が演出する Wajang Wong は Wajang から變遷したものである。

一、裸體と羞恥心に就いて　岡原大郎君

裸體と羞恥心が結びつくか否かゞ問題である。衣服が出來てから羞恥心が起つたとする從來の學者の考へに對しては疑問を持つて居る。身體の部分により羞恥心を起す度に強弱のあるのは、心理的にある心的の機能と關係がある。羞恥心は異性に對する恐怖心、科學的知識、社會的統制等に密接な聯關があるが、裸體は或る程度の關係を持つ以外、本質的な必然的な關係はあるまい。

一、日本民俗學に就いて　文學博士　西田直二郎君

吾國近時の流行の一なる鄉土史は其內容の無味、方法の非科學的の故に新なる研究法を必要と考へる。それには正しい民俗學的方法を鄉土史研究に加味する事によつて補ひ得、同時に非科學的な吾國の民俗學にも新なる生命を與へ得ると思ふ。從來の大陸に於ける文化傳播說に對する米國 Radin 氏の批評は心理的要素を輕視して居る。原始民族の習慣と、文化民族の間に殘れる習慣とを同樣に取扱ふ事は危險であり、大いに注意を要する。日本の民俗學は Evolutious Theory のみに、又は exact Method のみによる事も出來ない。その研究方法に新なる考察を必要とする。

◇第十一回例會 (昭和四年六月十八日)

一、神樂に就いて　文學士　佐藤虎雄君

神樂には宮中賢所の恆例のものと、各神社のものとに大別出來る。伊勢神宮の神樂は御師によつて行はれる民間の神樂であつて、文献によれば垂仁天皇以來明治維新まで存續し以來今日の如き形式を取るに至つた。その儀式の內我々の注目を引くものは湯立の神事で、釜にたぎつた湯を笹につけて跋する儀式である。舞は月經のない女子(十歲迄か或は五十歲以上)が笛、鼓、簗、和琴に合して舞ふ。神樂歌の現存するものは三十七曲ある。明治以後の儀式は、湯立神事なき事、樂人の少き事、樂器の種類の增加せる事等從前と異る。

一、日本石器時代人の變形頭蓋に就いて　醫學士　金關丈夫君

人工的頭蓋變形には意企的なものと、意企的ならざるものとの二種あり、紀元前よりヨーロッパ、北米、南米、南洋等各地に行はれた。意企的のものゝ中には、宗教的意味を持つものがある。自分の種族のトーテム獸に似せん爲に行はれる。本邦に於ても、大正十一―十二年愛知縣渥美郡田原町吉胡字矢崎貝塚發掘の三百餘例の石器時代人骨中に數例の人工的頭蓋變形が發見された。又昨年末アイノ人の生體計測中、偶々一老女の頭蓋變化に注意し正した所頭に紐をかけて物を搬ぶ習慣に由來する意企的ならざるものと判明した。吾國周圍民族中頭蓋變形の風習を持つのは、馬來、フイリッピン土人に存するのみである。本邦石器時代人頭蓋變形の由來に關しては將來の研究に待つ。(三宅宗悅氏報)

學界消息

○奄美大島の盆踊の會　八月十四日午後七時から奄美大島笠利村字赤木名の男女十数名が同島の盆踊を民俗藝術の會のために、東京朝日新聞社の屋上で實演して見せたが、折からの驟雨で席を講堂に移して十時頃まで踊りつゞけた。

○柳田國男氏　三宅博士古稀祝賀紀念論文集に「智入考」(史學對民俗學の一課題)を寄せた。倘故山中笑翁紀念論文集に「チギリコツコ考」、を寄せた。二書は何れも十月頃出版される。

又東朝民衆講座で講演した「熊谷彌惣左衞門の話」は東京朝日新聞社新刊の「變つた話」の中に收められてゐる。

○松村武雄氏　「史學雜誌」に「マンチェスター派の文化傳播説の批判」を執筆

○松村信廣氏　「史學」八卷三號に「ドゥ・モルガンの「東方の史前、第三篇、西亞篇」の解題を寄稿した。これはルイ・ジェルマン(Louis German)が校訂出版したジャック・ド・モルガン (Jaques de Morgan)の大著 "La préhistoire" の概容を紹介したものである。倘「成人」八月號に「支那文化の起源」を寄稿した。

○會津八一氏　十月頃發行の雜誌「東洋美術」正倉院特輯號」に「正倉院に保存せらるゝ公驗唐櫃について」を寄稿した。

○中山太郎氏　博文館から「日本靑年制度史」を出版する豫定　實驗眼科醫報に「眼に關する傳説」を連載してゐたが、今回それに代へるに「日本盲人史」を以てする。

○折口信夫氏　病氣のため琉球行を中止し、八月上旬に開催の信州北佐久郡教育會主催の講習會も二二、二三、二四日に延期して、平安朝文學史の講義があつた。更に三〇、三一の兩日、長野市信濃教育會館講堂に於て開催の國學院大學信濃人會主催の古代研究講座で萬葉集に現れたる古代民族論理を講演した

○金田一京助氏　アイヌ語調査のため樺太北海道に赴いたが、九月上旬頃歸京。

○宇野圓空氏　鹿兒島に於ける講演を終へて八月中旬歸京した。

○何思敬氏　東京帝大、社會學科を卒業して歸國、國立中山大學の教授となつた何思敬氏は、今回同大學圖書購入の用務を帶びて八月上旬來京、約一ケ月滯在して歸國した。同氏は今後支那に於ける民俗學界の狀況を時々通信せらるゝ筈である。

○ネフスキイ氏　大阪外國語學校講師の同氏は今回レニングラード大學教授に任命されて、八月末歸國することになつたので、下旬に在京の知人に挨拶のために上京した。同氏は大正四年宗教研究のため露都大學留學生として我國へ來たが、其後母國の政變のために續いて我國に滯在研究を續けてゐた。其間小樽高商講師から大阪外國語學校講師に轉じ、傍ら京都大學文學部に教鞭を執つてゐた。語學は天禀の才があつて最近には西夏語の研究が東洋文庫論叢で發表さるゝさうである。

○アグノエル氏　八月シベリヤ方面に赴く。

○マスペロ氏　八月北海道に渡りアイヌ部落を訪問し、それより朝鮮、滿洲に趣き、大連及び京城にある大谷氏西亞將來品を檢査の上、樂浪の古墳、平壤高句麗の古墳を探訪する由。

○「來目路の橋」覆刻　眞澄遊覽記刊行會から其の第一冊「來目路の橋」の覆刻本と校訂本とが刊行された。覆刻本は扉とも四十五枚オフセット印刷、挿畫八箇着色版。校訂本は柳田國男氏の執筆したもので菊版百頁、「百年を隔てゝ」(長篇序説) 白井秀雄の旅(眞澄遊覽記目錄)來目路の橋(校訂本文)同評註(解説)等の外、菅江眞澄翁の肖像と地圖とが載る。

○「岡山文化資料」第四號は風俗資料號として、同地方の諸種の蒐集を登載して居る。其著しい項目を舉げれば島村知章氏の門守、車、古看板、民間療法、民家、上道郡宇野村其他の年中行事等である。

會員名簿（其一）

青池竹次
アグノーエル
赤松秀景
藍谷重常
秋葉隆
赤松智城
足立文太郎
會津八一
青木大輔
青山督太郎
有田德太郎
芦原慧明
銅直勇
安藤祐允
有賀進
淺田勇
鵜烏敏
安藤正次
有賀喜左衛門
秋山直太郎
相田二郎
岩橋小彌太
石井常次
今井檢三

市川書店
伊波普猷
今井富士雄
伊藤安生
石原時雄
稻岡國吉
石田憲吾
石黑佐六
石田幹之助
生田耕一
井花伊右衛門
今井武志
今田助四郎
飯尾哲爾
伊勢田實
伊藤靖
井上頼壽
岩瀬文庫
石橋五郎
池田昌造
池上鎌三
市川信次
今村學郎
板橋源

磯川準一
伊藤良吉
梅村包雄
上野啓吉
上田信夫
打海秀夫
宇野圓空
宇佐美忠三
内田邦彦
移川子之藏
遠藤元男
江畑新之助
戎谷書店
小倉海裕
大岩正仲
太川篤三
大島雅太郎
大池登雄
大社教本院
太田孝太郎
尾崎秀眞
大塚瓢平
小川尚義
岡本堅次

小倉助三郎
小倉進平
大矢眞一
小寺融吉
小野楠雄
小井川潤次郎
奥田順藏
蒲原隼雄
及川古志郎
折口信夫
大島昭義
岡正雄
沖縄圖書館
岡村千秋
岡村千馬太
大澤喜一郎
勝美榮明
川出清彦
河本正義
何思敬
貝森格正
加藤康吉
河崎なつ
鹿島道雄

河野省三
笠井新也
川崎直一
垣内武二
河原宏
金關丈夫
神田喜一郎
葛城俊太郎
嘉治隆一
岸加四郎
菊池山哉
喜多義次
金田一京助
清澤勝千代
木村政吉
鬼頭滿彦
北原白秋
喜田貞吉
木南正一
菊竹實藏
清野謙次
倉敷圖書館
久保田正孝
工藤喬三
栗原武一郎
黑田源次
栗田峻
久保田稻村

胡桃澤勘內
藏內數太
忽那將愛
古賀米吉
國學院大學國史研究室
小池元男
近藤孝
小寺廉吉
後藤幸平
小林謹一
小杉德
小松三郎
小林文吉
小山榮三
後藤登丸
今和次郎
駒澤大學圖書館
小林胖生
小堀榮三
小島公一郎
小池安右衛門
後藤去貞
紺野義重
小泉鐵
小林英夫
佐山融吉
澤田四郎作

阪丈夫
佐々木文一
櫻田勝德
佐藤勉
齋藤文太郎
坂本市郎
齋藤要八
佐藤太郎
坂野健
佐藤昌彦
佐藤信平
佐竹盛富
澤田廣茂
笹谷良造
坂本義徹
佐々木彥一郎
坂口保治
島村知章
清水義衞
白井一二
柴田伊右衛門
宍戸隆典
社會科學研究所
新村出
鈴木八郎
鈴木重光
杉浦廉平
菅沼四生

杉本健夫
鈴木光人
末松綠
諏訪藤馬
杉岡憲一
關口隆克
瀨沼寬二
關口健一郎
千家尊統
關場不二彥
孫晉泰
相馬御風
袖山富吉
高崎英雄
田中市郎衛門
高橋健自
高木乙彥
高崎佐太郎
高野義太郎
高橋文太郎
高橋博
玉利孝之輔
武上辰男
武川守藏
武田鋭二
高松勸農雄
高木誠一

（以下次號）

中山太郎著　民俗藝術叢書（最新刊）

祭禮と風俗

四六判紙装　價壹圓　送料六錢

北はアイヌの信仰より、南は沖縄の祭事に至る、各地の祭禮・土俗を零細に集めて其の據つて來たるところを糺し、變遷の過程を語り、而して此信仰行事より生じた諸種の風俗を述べて、我國の祭禮の機構が如何なるものであるかを闡明した、極めて興味深い研究である。蓋、從來何人も著手せざりし我祭禮の側面史として江湖に薦めたい一書である。

南江二郎著　民俗藝術叢書（最新刊）

原始民俗假面考

四六判紙装　價壹圓五拾錢　送料六錢

世界の各民族に亙つて、魔術・祭禮・葬禮・戰爭・其他狩獵・トーテム等各種の儀式に用ゐられる原始的民俗假面に就き、**假面の寫眞・舞踊圖凸版等二十數面を挿入**して、それの始源・用途を詳述し、且つそれらの儀式の意義・様相等にも觸れた、曾つて本邦にては何人も着手せざりし新研究の發表である。

民俗藝術叢書

民謠の今と昔　柳田國男著　價壹圓　送六錢

藝術としての神樂の研究　小寺融吉著　價壹圓　送六錢

東京市神田區南神保町一四

地平社書房

電話九段二六〇二　振替東京六六一九四

『民族』殘本整理

一 『民族』を希望者に頒賣します

一 第二卷第一號を除く外全部揃ひます

一 定價 各號金壹圓

一 送料 壹冊六錢

一 代金引換小包の御注文には應じ兼ねます

一 總目錄 金十五錢(送料共)

一 合本

第一卷合本 定價七圓五十錢 (索引付)

送料 東京市內 十二錢 內地 四十五錢 滿鮮樺臺 七十五錢

裝幀 背革角革特製

第二卷合本 第二卷第一號缺本の爲め合本出來ません

第三卷合本 定價其他第一卷合本と同じ (索引付)

一 索引 第三卷迄在庫(第四卷索引は作製中) 定價各十五錢(送料含)

一 合本用表紙 壹圓(送料共)

『民族』執筆者(順序不同)

濱田耕作 伊波普猷 新城新藏 柳田國男 鳥居龍藏
金田一京助 井上頼壽 折口信夫 喜田貞吉 赤松智城
ネフスキー 白鳥庫吉 原田淑人 ラムステット 中山太郎
佐喜眞興英 有賀喜左衛門 山崎直方 津田左右吉 宇野圓空
南方熊楠 常原坦 坪井九馬三 孫晉泰 岡下大慧
小寺融古 堀維孝 高橋健自 井上芳郎 倉野憲司
知里眞志保 川村悅麿 津田敬武 松村瞭 淸野謙次
村岡典嗣 加藤玄智 新村出 栗田峻 稻葉君山
レイ 中谷治宇二郎 山本信哉 橋本進吉 小泉鐵
別所梅之助 宮良當壯 山田孝雄 レギ 馬衞
秋葉隆 中川善之助 牧野巽 原田敏明 岡正雄
八木奘三郎 小倉進平 石田幹之助 金關丈夫 平井隆
安田喜代門 出石誠彥 橋本增吉 田端丈夫 鄕庭斜丘
奧平武彥 田邊壽利 小牧實繁 內藤吉之助 東條操
石濱純太郎 石黑魯平 中道等 樋畑雪湖 金城朝永
島田貞彥 八幡一郎 今和次郎 長谷部言人 小林英夫
島村孝三郎 トルマチョフ 西脇順三郎 板澤武雄 松岡靜雄
外數十氏

東京市神田區北甲賀町四番地

取扱所 岡書院

電話神田二七七五番
振替東京六七六一九番

◇前號目次

◇第六回民俗學談話會

九月十四日午後六時より神田區一ツ橋東京學士會館に於て左記の講演があります。

海外に於ける民俗學界の近況　石田幹之助氏

△原稿　寄贈及交換雜誌類の御送附、入會退會の御申込、會費の御拂込等は總て左記學會宛に御願ひしたし。
△會費の御拂込には振替口座を御利用せられたし。
△會員御轉居の節は新舊御住所を御通知相成たし。
△御照會は通信料御添付ありたし。
△領收證の御請求に對しても同樣の事。

定價金壹圓

昭和四年九月七日印刷
昭和四年九月十日發行

編輯兼發行者　岡村千秋
東京市神田區錦町三丁目十七番地

印刷者　白井赫太郎
東京市神田區錦町二丁目十七番地

印刷所　精興社
東京市神田區北甲賀町四番地

發行所　民俗學會
振替東京七二九九〇番
電話神田二七七五番

東京市神田區北甲賀町四番地
取扱所　岡書院
振替東京六七六一九番

MINZOKUGAKU

THE JAPANESE JOURNAL OF FOLKLORE

Published by the

MINZOKU-GAKKAI

Volume I September 1929 Number 3

Page

MINZOKU-GAKKAI

4, Kita-Kôga-chô, Kanda, Tokyo, Japan.

民俗學

第壹卷　第四號

昭和四年十月

民俗學會發行

第一回　民俗學會大會

左記の通り第一回大會を開催いたします。會員諸君の御來會を希望いたします。右御通知申上げます。
（會員外諸君の御來聽も歡迎いたします。）

時　日　十月十二日（土曜日）午後六時
場　所　東京神田區一橋（電車、商科大學前下車）
東京學士會館大集會室

講　演
◇古代に於ける言語傳承の推移　折口信夫氏
◇自然民族の款待について　松村武雄氏
◇鳥占について　新村出氏

會費無料

民俗學會

民俗學會會則

第一條　本會を民俗學會と名づく
第二條　本會は民俗學に關する知識の普及並に研究者の交詢を目的とす
第三條　本會の目的を達成する爲めに左の事業を行ふ
イ　毎月一回雜誌「民俗學」を發行す
ロ　毎月一回例會として民俗學談話會を開催す
但春秋二回を大會とす
ハ　隨時講演會を開催することあるべし
第四條　本會の會員は本會の趣旨目的を贊成し會費（半年分參圓　壹年分六圓）を前納するものとす
第五條　本會會員は雜誌「民俗學」の配布を受け例會並に大會に出席することを得るものとす　講演會に就いても亦同じ
第六條　本會の會務を遂行する爲めに會員中より委員若干名を互選す
第七條　委員中より常務委員三名を互選し編輯庶務會計の事務を負擔せしむ
第八條　本會の事務所を東京市神田區北甲賀町四番地に置く

附　則

第一條　大會の決議によりて本會則を變更することを得
第二條　當分の間發起人に於て委員を代理す

昭和四年十月發行

民俗學

第壹卷 第四號

目次

資料・報告

靈質と靈威

宇野圓空

靈魂觀念としては死靈よりも生靈が一さう根本的であり、特にそれを生命原理または生命力として見ようとする傾向は、リッパート以來往々學者の間にあらはれ、未開民族に於ける種々なる呪力觀念も、屢々普遍的生命であるとか、非人格的な靈魂であるとかいはれ、ソーセイはこれを靈質 soul-substance といつて、普通の人格的な靈魂と區別したが、靈質觀念の特徴をインドネシアの諸民族に於ける事實について明かに論斷したのはクロイトである。クロイトによると普通にいふ靈魂は肉體の死後に殘存してゐるかまたは殘存すべき人格的存在の觀念であり、この觀念とそれに伴ふ儀禮が spiritisme であるのに對して――人間の靈魂のほか種々なる事物の靈魂、特にその自由靈となつたものが、精靈 geest もしくは靈鬼 daemon であつて、その信仰と儀禮は靈鬼崇拜 daemonologie である――嚴密なアニミズムの内容となるのは、身體と共存する非人格的な生靈としての靈質 zielestof であるといふ。もつともマライ人の semangat をはじめ、インドネシア諸民族に於けるこの種の觀念は、半ば人格的なものと考へられてゐることもあり、それが死後にそのまゝ存續したり、或は死とゝもに死靈に變化するといはれてゐるものも少くはないが、全體としてはむしろ非人格的な靈質の方が一般的でもあり、その性質も一そ
1 う原始的である。すなはち靈質の本來の形は生命力または生命液 levensfluide としての非人格的な存在であり、

それが社會生活の樣式の變化によつて個人意識が明かになるとゝもに、人格的な靈魂の觀念になるといふのである。

その後靈質といふ言葉も少しづゝ使はれるやうになり、またこれを生命原理とか生命力と呼んで多少靈魂と區別し、一方ではこれを普遍的な生命として、非人格的な呪力觀念と同一視する人もあつたが、他方ではこれを靈魂觀念の一種にすぎないと見た人もあつた。しかし多くはクロイトのいつたやうに靈質觀念をば、靈魂のそれよりも一そう原始的なものとみとめ、少くとも發生的に別の系統に屬するものと考へるやうになつた。リヴーズはさらにニューギニア及びメラネシアに於ける多くの靈質觀念を指摘して、これをペリーが說くやうに西方からの民族移動によつてもたらされた特殊の系統の觀念と見なし、アンカーマンはアフリカ諸民族に於ける同樣な多數の事例をあげて、それはヴントのいはゆる身體靈よりも、むしろその氣息靈の系統に屬する生命靈 Lebenseele であつて、死後に殘存する人格的な靈魂である陰影靈の觀念と對立するものと考へた。グレブナーは靈質觀念はタイラーの說いたやうなアニミズム、すなはち靈魂觀念の一種の擴張であつて、その點では母權的な『舊耕作文化』に屬するが、しかし本來それは類比呪術の說明のために生じたもので、その機能は呪力觀念と同じであるから、むしろ『原始文化』の系統の呪術信念の一變化と見るべきだといふ。

こんな靈質觀念か特殊の文化層に屬するものとして、太平洋諸島へはある時代に西部からの移住者が、在來の靈魂觀念の上に加重したものであらうといふことは、必ずしも無稽の臆說ではないが、この傳播を歷史的にあとづけるには、まだ事實との間に相當の距離がある。ペリーにとつてはそれはエヂプトの古代文化を代表する民族のものであり、少くともインドネシアでは巨石文化とゝもにもたらされたものであるが、この地方だけでも靈質觀念は巨石文化らしいもの丶分布範圍よりもはるかに一般的であり、太平洋諸島のほかアフリカの諸民族にも續々指摘されてゐるばかりでなく、アメリカやアジアの未開民族についても、これまで單なる靈魂または呪力觀念として傳へられてゐるもの丶中に、精細に點檢したら實は靈質に近いものが、可なり多く見いだされるであらう。これらをすべて單一な根源からの傳播として說明することは無理である。かつこれらは一往は靈質として概括することが可能であり、またそれは學的な取扱の上に必要でもあるが、その內容は民族によつて實に區々であつて、氣息であつたり血であつたり、風であつたり心であつたり、そのほか全く形容しがたい超感覺的な存在とも考へられてゐて、それが同時に二樣三樣にみとられてゐることすらある。そして未開民族自身には靈魂といふ統一的な言葉も觀念もないやうに、靈質といふうちのどれかに相當する具體的な觀念はあつても、これらを總括する概念や言葉があるのではないから、それら樣々の觀念には大體上獨自の發生を假定して見るよりほかはない。

それで學的な概括の必要から、かりに人格的な靈魂すなはち陰影靈または形像靈といはれるものに對して、非人格的な生命靈もしくは氣息靈であるものを、大體に於て靈質と呼ぶにしても、その個々の場合に於ける具體的な觀念は種々雜多であつて、クロイトがその大半は人格的な靈質だといつたやうに、そのうちの可なり多くのものは人格的な形像靈と區別できないことすらあり、これを人や物の陰影または雛形のやうな存在と見たり、或は影や映像と呼ぶものに生命靈としてのはたらきをみとめてゐることも少くない。しかし一般に靈質は形像靈や陰影靈とは、概念上からも發生上からも區別さるべきであつて、これらが生きた人間または死者の第二存在として根本的に人格的な存在であるのに對して、靈質は本來個性や人格をもたず、生きた動植物の多數に共通な普遍的な生命であり、そのまゝ死後に存續して死者の人格を代表するものとはちがつて、原則としてはむしろ死と丶もに亡びるかもしくはその普遍的な源泉に歸入する生命原理である。そして生命現象の意識的精神的作用と生理的肉體的機能とをいくらか區分して考へる時に、前者を人格としての靈魂に歸し、後者を主として靈質のはたらきと見る場合と、兩者ともに生命としての靈質に屬せしめる場合、及び大體この二つの機能を分擔する二種の靈質をみとめる場合とがあつて、これらの關係から氣息といふ心といひ、腦髓にあるといひ腎臟にあるといふ樣々の靈質觀念があらはれるが、要するにこれらの一つ或は二つ以上のものが、生活現象の根源を說明する原理として生命の力を代表するものであることは一致してゐる。

多くの未開民族に於て同時に二つ以上の靈魂をみとめることは、複靈觀 polypsychism として屢々指摘されてゐるが、その中の少くとも一つは大ていい靈質觀念に屬するものであり、さらにいくつかの靈質の種類をふくんでゐることもある。人格的な形像靈が陰影や映像はじめ、動物その他の物に多くの顯現を示すやうに、相ならんでみとめられる靈質の種類のうちには、單にその一時的な顯現や、またその存在の中心もしくは急所を示すものであることが少くない。動植物その他の物が靈質をもつてゐるとみとめる場合は、靈質が多く個性のない普遍的な存在であるだけに、それは人の靈質と共通ではあつても、その顯現ではなく、むしろ獨立な靈質の分與と見られるが、人の衣服食物器具などに現はれるものは、その人の靈質の轉移である。これに對して髮爪、糞尿または唾液などに靈質があるといふのは、分量的な靈質がそれらに部分的にもしくは代表的に存在するといふ思想であつて、血液靈とか機官靈とかいはれるものは、實は特にこれらの身體の部分や分泌物などに代表的にみとめられた靈質を意味するのである。それ故こんな種類のいはゆる複靈觀は、多くのちがつた靈魂の存在をみとめるのではなくて、むしろ本來個性のない靈質の種々なる中心點やまたはその顯現に名づけたものであり未開人でもこれらは或る程度まで統一して考へてゐるやうである。

しかしその複靈といふのが、人格を代表する靈魂と靈質との對立であつたり、また精神作用と肉體的生命の支持者としての靈質であつたりする場合には、それらはむしろ別々の存在と考へられてゐることが多い。これを靈魂といふ概念に統一し、たゞ一つの靈魂の種々なはたらきと見るのは、文化民族に於て思索がすゝんでからのことであつて、未開の社會には靈魂といふ統一的な概念や言葉のあることは少い。かれらがこれを云ひあらはす言葉が、形像であつたり氣息であつたり、影のやうなものとか血液とか、あるひは腎臟の脂、腹の蟲などである時には、これらはみな夫々れ獨立な存在として、文明人が靈魂といふものゝ何れかに相當するはたらきを示してゐるにすぎない。それを報告者が自分の言葉に譯して靈魂とか靈質として傳へたがために、未開人自身が統一的に靈魂といふものをみとめてゐるかのやうに考へてはならないので、この意味では複靈觀といふことそれ自體が、多くは研究者の側から批判的に見てのことである。また複靈として數へられてゐるものゝうちには、文化の傳播によつて異民族から取入れた靈魂といふやうな言葉や觀念も少くないやうであるが、こんなものも未開民族の間では、固有のものもしくは在來のものと相ならんで、不統一に別々の存在のやうに考へられてゐることが多い。マライ人やジャワ人のやうに多少の思想的體系をもつてゐるものでも、その njawa, sukma, roh, malekat などインドやアラビアから來たものを、さらに古い生靈や死靈の觀念とならべて、多少の特徴はみとめながら組織もなく信じてゐるやうである。

それでこんな傳播や假借によるものは別として、民族的に發生した種々の靈魂や靈質の觀念は、屢々或る一つの基本的な觀念から漸次に分化發達したものとして説明される。ヴントは靈魂觀念に三つのちがつた根源をみとめたけれども、しかもすべてを身體靈から發生するやうに説いたのでクロイトも靈魂に對する靈質の特異性を力說しながら、非人格的な靈質は人格的な靈質觀念となり、さらにそれが靈魂となると見た。それで近年は靈質觀念を靈魂よりも原始的なものとし、普遍的な生命原理の個體化から靈魂觀念の發生を說く人が少くないので、私もかつてインドネシアに關して、靈質觀念を根本として種々なる靈魂の類型の分化をみとめやうとした。しかし靈質は肉體的もしくは精神的の生命現象を說明するための原理として想定されたものであつて、思考反省の能力のきわめて幼稚な時期に發生したとは考へられないのみならず、本來人格的な靈魂とは全く別種の觀念であることは、さきに述べた通り現存の未開民族に於ける事實から見てもあきらかである。そしてもし發生の先後を一般的に考へたら、憶想や夢幻に於ける直接の經驗から與へられる靈魂、ことに形像靈のごときものが、人間の强い欲求にもとづく自然なものであり、一さう單純な心理にも可能である點から、多くの民族に於ては靈質よりも早くあらはれた觀念と見なすことができやう。

しかしまたこれがために靈質は靈魂觀念から發生したとか、或はその一つの延長にすぎないとかいふのも、あまりに論理的な考へかたであつて、むしろ兩者は各々獨立な根源から發生して、思考が相當にすゝんだ民族に於てよほど後になつてから漸次に相結合する傾向を示すことは、複靈觀として指摘された未開人に於けるこの種の觀念と言葉の多くにあらはれてゐる。もつともこの場合に兩者の結合は生靈と死靈との接續を意味するとか、人格としての靈魂が中心になつて、他の種々の靈魂や靈質をこれに統一するとか、斷言することはできないので、人格的な生靈が靈質と結びつけられて一つの靈魂となることもあり、また靈質がそれ自身に個體化され人格化されて、靈魂の主體となることもある。それはインドネシアに於ける事實に、いくらかクロイトの說明を支持するものがあるばかりでなく、文化民族の靈魂といふ言葉が語源的に屢々氣息、風、または心などいふ意味をもつてゐることからも推測される。しかし一方で靈魂の語義が影、像、本人、自我などである場合はさらに多く、かつ統一的な靈魂の主なる性質が第二存在であり、死後に存續する人格的なものとなつてゐる點をかへり見ると、多くの民族では形像靈の系統に屬する生靈や死靈の觀念が主となつて、靈質を吸收統合する傾向があるといふことは、あながち不當な想定ではないやうに思はれる。けだし靈質はそれがいくらか實體的に考へられるまでは、單に屬性的な力やはたらきであつたやうに、その性質上獨立の存在となるよりも、一そう實體的でもあり現實的でもある人格としての靈魂に從屬して、それの種々なる機能を代表するのが自然なのであらう。ことに靈魂を本人と同じに考へやうとする未開人が、生きた人間に對すると同樣に、これに靈質をみとめるのは極めて當然な過程であつて、生命原理である靈質が死者その人にはみとられないでも、生きのこつたその死靈にはいくらかあると考へるのも、かれらに取つては決して無理ではない。

こんなにして靈魂と靈質、すなはち形像靈と生命靈とが互に融合して、普通にいふ靈魂觀念となることは、未開民族に於けるこの種の觀念を細かに吟味してみると、その過程の區々であることがあらはれてゐるが、その靈魂または靈質に屬する力や機能をあらはす特殊の觀念として、靈威といふべきものがあることは注意に値する。

7 マダガスカルのホヴ人の hasina は、特に國王や貴族に傳統的にそなはつた威力であると同時に、一般に呪力をも意味し、マライ人の dowlet, daulat は國王の身分に屬する威福であり、badi は死靈または死者のもつ呪崇である。西ボルネオのダイヤク人の pama は反對に死靈にともなふ福德であり。バタク人の sahala やニアス島人の geleha は、酋長呪師富者などの靈質に屬する威光であり冥助であつて、バタク人の呪崇 sapata も多く靈質や靈魂の力として考へられてゐる。そしてきわめて一般的な呪力だと傳へられてゐるメラネシア人のマナですら實際は多く死靈と關聯してみとめられるのであるが、アメリカのシウ諸族の wakan, wakonda に於ては、普遍的な呪力といふよりも物に固有な生命の力または意力と考へられる點が多いので、いはゆる非人格的な呪力觀念のうちには、このほかにも特に靈質または人格のはたらきや威力として、正當には靈威といふべき類が少くないやうに思はれる。この靈威も本來は靈質と同じく人間の屬性的なはたらきや性能そのものであつたのが、靈魂や靈質の觀念が發展するにしたがつて特にこれに屬するものとみとめられ、さらにまたそれ自身多少實體的に考へられるやうになつたので、これに對する種々の儀禮的な態度と、これをあらはす。すなはち言語が、その觀念を固定せしめる有力な原因であることは、靈質の場合に於けると同樣であつたであらう。そして生きた人間または死者と靈魂及び靈質の上にさらにこの靈威が加はつて、順次に機能的屬性的なものから實體的なものになり、人間の存在を二重三重に見て來る時、これらに對する宗教的態度は現在または過去の人に對するのとはいくらかちがつたものもあり、屢々對人的よりはむしろ機械的な儀禮があらはれる。かつ一方でこんな力や存在は同時にひろく人間以外の事物にもみとめられるのであるから、それは一般の呪力觀念と事實上ほとんど區分しがたいやうになる。しかし靈質にしても靈威にしても、本來それは人間の機能を多少實體化したものであり、ある程度まで人間に類する存在の精神や生命のはたらきとしてみとめられたのであるから、すべての物の特異性や超自然性を示す呪力もしくは呪性の觀念とは、少くとも概念的には區別して見なければならない。

無遠慮公認の緣戚 (parentés à plaisanteries)

マーセル・モース

解説

マーセル・モース氏（Marcel Mauss）は、現代フランスに於て未開人宗教研究の第一人者であり、デュルケイム死後フランス社會學派を双肩に擔ふ人である。氏はデュルケイムの協力者として宗教の原始形態の研究に貢獻する所多く、「社會學年報」（Année sociologique）の中に多くの名篇を出だしてゐる。その中主要なるものを擧ぐれば第二卷にユベル氏と共著になる「犠牲の性質と作用」あり、第六卷に、デュルケイムと共著の「分類（classification）の原始的形態について」あり、第七卷に、ユベル氏と共著「呪術總説」あり、九卷にブーシヤ氏と共著「エスキモーの社會の季節的變化」が發表され、その他無數の社會學文獻の批評的紹介が掲載されてゐる。一九〇九年ユベル氏と共に著した「宗教史雜纂」（Mélanges d'Histoire des Religions）中には「犠牲の性質と作用」の外に「呪術と宗教に於ける時間表象の概略的研究」及び高等研究院（オートゼチュード）の年報に收めし「オーストラリアの社會に於ける呪力の起源」を一括して發表してゐる。世界大戰とデュルケイムの死と共に「社會學年報」は一時發行中絶したが、新たにモース氏が主宰したその新集が一九廿五年より出版され初めた。その復活第一卷を飾る論文は、モース氏の「贈與」である。此論文中に、氏は、ポリネシア・メラネシア・アメリカ印度人の間に行はれ、他の文明民族の間にもその痕跡をとゞむる「物を贈呈分配し、相手方が必ず之を受取り、返戻する義務」について詳述してゐる。アメリカ印度人の間には此慣習が、殊に極端になり、部落と部落とが、互ひにその贈物の量を競爭する。彼等が使用する「ポトラッチ」（potlatch）といふ名稱は、今日弘く同種の制度の他民族に存するものを指稱する普通名詞となつてゐる。

モース氏は、更に高等研究院の一九二七―一九二八年度年報に「嘲弄緣戚」（parentés à plaisanteries）といふ小論文を出し、ポトラッチの制度が、それよりもつと單純な尊敬し又は嘲弄しあふ緣戚關係より脱離せるものなることを指示し、將來の研究、新觀察を期待した。自分は、此論文を此處に譯出し、歐洲一流學者の研究の興味が那邊に存するかと云ふことを知る一助としたいと欲したのである。

松本信廣譯

〔著者小記・此研究は、フランス人類學協會（Institut Français d' Anthropologie）に（一九二六年）なした報告の主題であり、アメリカ「原始文化」(Primitire Culture)に本年(一九二八)交附なしたものである。」

此問題は、年來吾人の呈出せる問題總體、即ち氏族と家族との成員相互間、及び姻戚關係の家族、氏族の者との間に行はれる「交換」と「等級制度」(hiérarchies)の問題に結びつくものである。此現象は全く人間的な社會現象である。その研究は、一方に於て吾人の民俗(フォークロア)になほいちじるしい道德事實の起原の一つ、及びそれより範圍は狹いが一層發達せる現象、緣戚(parents)と姻戚(alliés)との間に於ける競爭、特にポトラッチ(potlatch)の起原の一つを示すことが出來よう(註一)。

一

先づ之に關してアフリカの若干の部族(バントゥ)を考究してみよう。

ホンブルジエ(Homburger)孃は、此黑人國、バントゥ、或ひはニグリティアンに非常に多い敬語を擧げ(註二)、ヅールーの「フロニパ」(hlonipa)「恥じる」といふ語の意味に注意を喚起した。實際此語の正確な譯は、フランス語で不可能である(註三)。然しギリシヤ語アイドース αιδως 動詞アイディスタイ αιδεισθαι は、立派に同意味を持つて居る。同時に羞恥(honte)、尊敬、廉恥(pudeur)、恐怖、殊にイギリス語で awe に該當する宗教的恐怖を意味するのである。かういふ感情を惹起するものの中にヅールーに於て兩性關係として義母と婿との間、義父と嫁との間、それから兄に對するもの、酋長に對するもの(註四)、バートンガ(Ba-Thonga)に於ては同樣の關係に加へて母系の伯父に對するものが數へられる(註五)。

かういふ尊敬の理由は、本源的であり、これが確かに家族又は姻戚集團の內部に於ける關係、殊に宗敎的、經濟的、法律的の關係の幾分を、說明する。吾人は過ぐる一九一四年ヌーシャテルの土俗誌會議(Congrès d'Ethnographie de Neufchâtel)に於て此事實より出發し、特にヅールーとトンガの資料より出發して義母に對するタブー(禁忌)の一解釋を提議した。この最後の資料は、ジュノド氏に負ふものであるが義母のタブーがロボラ(lobola)即ち夫の負債が償却せられるに應じて次第に消滅することを示す。此場合に於ては少くとも義母は、一種の神聖な債權者である(註六)。

然し此關係は、その性質、その機能は同樣なため、同種類に屬し、定立(テーズ)に對する反定立(アンチテーズ)の如く、此類全體を解釋するに役立ち得る對偶を持つてをる。アイドス αιδως に對してユブリス υβρις がある。尊敬に對し、侮辱と無作法(incorrection)とがあり、新參者苛め(brimade)と無遠慮(sans-gêne)が存在する。無制限、無對偶の義務に對し、或場合無極限でかつ相互的ならぬ權利が存し得るのである。不當に未開人と呼ばれてをる、所謂素朴な人間、案外吾人の社會に於て今日もなほ非常に多數の階級と人士は此種の範疇に屬するが、かういふ人々は、その禮儀、その不躾を加減することが出來ぬ。吾々自身、かういふ心的狀態、或者に對し過度な大膽と暴慢とを經驗し、他者に對し過度な小膽、全くの遠慮、氣兼をなす。實際少くとも或程度の進化の度合に達した人類の中に割合多數の制度を總括する、道德的、宗敎的、經濟的事象のかゝる記述にかなふ一形式が存するやうに思はれる（註七）。ロウイ（Lowie）氏、それについでレーディン氏（Radin）は、之に「嘲弄緣戚」（joking relationships, parentés à plaisanteries）といふ名を與へんと提議した。適當な名稱である。此種の事實について吾人は、その範圍と興味とを此處に示さんとするのである。之によりなほ可能なる間に新觀察を奬勵しようと期待するのみである（註八）。

「尊敬親緣關係」（parentés à respect）と同樣、「嘲弄親緣關係」もバ・トンガに於て割合によくジュノド氏の注意を惹いた（註九）。不幸にして此著者は「馴々しさ」（privautés）の研究をあまり深く進めなかつた。その呈出した「姻戚」の定義は、母系の甥と伯父との關係（註十）、夫と、その妻の妹（妻たりうるもの）との關係に關する場合を除き、明確を缺いてをる（註十一）。ブラウン氏はバントゥ及びホッテントトの地方に於ける母系の甥のかういふ位置とその母系の伯父に對する權利について特に一研究をなした。無遠慮權（droit abusib）の緣がバントゥー地方に多數の親戚に對し非常に普及し、また一般化してをることは疑ひをいれぬ（註十二）。此地方では、割合明瞭に、これに對し責務あるもの（特に女の父）及びその責務を果すものと二つに區別してをる。然し此土俗誌の分野に於て吾人の調査は充分行屆かず、觀察は、恐らく多數の事實を看過したかも知れぬのである。

***

かういふ習慣が、最も明白であり、或ひはまた最もよく研究された、二つの社會群は、アメリカ草原とメラネジア島嶼のそれである。

ロウイが、最初に「嘲弄緣戚」なるものを識別し、之に名稱を與へ、明確にした功績を有するのはクロウ（Crow）印度人の間に於てである。彼は、最初「諸父の息子」の間（語をかへて云へば氏族の兄弟の間）に之を認めた（註十三）。ついで、クロウとブラックフイート（Blackfeet）に於て、義理の兄弟の團體と義理の姉妹の團體の間に（語をかへて云へば夫妻たりうるものの間に）之を認めた。此等の者の間にたとひ公けの場合に於ても、親戚の前に於ても（註十四）言葉は極端に放縱であつた。彼は、ついで同じ習

慣をヒダトッサ (Hidtsa) 人の間に諸父の兄弟の息子(同氏族の兄弟ではない。シウ (Sion) の地方において普通なるごとく氏族は、此處では母系である)の間にまた見出だした(註十五)。クロウに於ける如くヒダトッサにおいては嘲弄緣戚は、單に無禁の權利を持つのみならず監督の權力を有してをる。彼等は、その嘲弄により、相互の間に眞個の道德的警戒を及ぼしてをる。クロウにおける制度の「起源をとく神話」は、純然たる倫理的なかういふ主題(テーム)に限られてしまつてさへをる(註十六)。爾後ロウイは、かういふ親緣關係をコマンシェ(Comanches)の間に認めたが(註十七)、その同胞種族たるショショヌ (Shoshone) の間に發見しなかつた。またクリーク(Creek)にもアッシニボイヌ(Assiniboine)にも見出だした。かういふ所謂「文明」の「特徵」が此地域の大特色なることは疑ひをいれない。

またシウの一部族ウィヌバゴ (Winnebago) に於て、レーデイン氏はその最も發達せるものに遭遇し、之を最もよく研究した(註十八)。原則として一人間は、己れの親戚、姻戚の全てに對し極端に愼しく、禮儀正しい。反對に、彼は、次の親戚及び姻戚、——諸父の姉妹の子供、諸母の兄弟の子供 (語をかへて云へば互違ひの從兄弟姉妹、夫妻たりうるもの)、諸母の兄弟、義理の姉妹、兄弟に對して絕えず嘲弄する(註十九)。「彼は嘲弄を、機會さへあれば履行する、之に對し一方は、怒ることが出來ぬ」。概し

て、實際上かういふ戲弄は、實際の會話に入る間しか行はれない。そして相互的である。レーデイン氏は、その存在理由の一つは、「全ての近い緣戚との氣輕るな遠慮ない關係を妨ぐる、絕えざる禮儀に寬ぎを與ふるから」だらうとたくみに說明した。宗教的の尊敬は、實際半ば婚姻關係によつて結合された同じ世代の者の間の世俗的無禮によつてつぐなはれる。最後に、母方の伯父に對する關係があるが、その特異な位置はメラネジア地方でよく注目されてゐる。

*
**

アメリカの觀察者は、此習慣の異常なるに驚いた。彼等は、開拓すべき廣大な地域を有し、それより出づることが出來ぬ。彼等は、少しくその特異性を誇張し、かういふ事實の說明をなすのを殆ど斷念した。レーディン氏は、全てのかゝる親緣は、ウイヌバゴでは母系であるか、或ひはまた互ひに婚姻する權を持つ人の間に存することを注意するに止めた。然しロウイ氏は、少くとも、その比較研究をなした(註廿)。「特權的親密」(familiarité privilégiée) といふ同樣適切な名稱の本に、彼は、之をメラネジアの事象と比較した。然し彼は、之をそれほど典型的のものでないと信じてゐる。然しこれは、予の考へによると、同じく明白で、その上解釋へ導くものである。

リヴァース(Rivers)は、かういふ緣戚關係の非常に重要なること、特にバンクス(Banks)島においてしかるを認めた。彼は、此處に非常に明瞭な「ポロポロ」(poroporo)の制度を永く研究した。同所に於て親戚は、「ポロポロ」する人と「ポロポロ」せぬ人とに區別される（註廿一）。惡巫山戲、新參者苛め、罰金徵收、言葉及び行爲の放縱が、他の親戚に對する几帳面さと對比してをる（註廿三）。父の姉妹の夫は、此種のよい標的の一つである。彼に對し、全く特別な言葉を使用する。「ポロポロ」關係にある緣戚は、ウイヌバゴのそれと殆ど同樣である。結婚の相手の氏族の同じ世代の人士、それに加へて弟と母方の伯父、否むしろ母方の諸伯父からなつてをる（此處ではシウ(Sioux)に於ける如く、團體的等級的緣戚組織が（譯者附記一參照）が行はれてをる）。唯一の相違は、彼が兄弟の妻に對してごく少しくしかポロポロしないことだけである（此場合、これは事實の緣戚で權利上の緣戚ではない）（註廿三）。リヴァースは同じ制度を、トーレス諸島に認めた（註廿四）。

リヴァースに敎示され、之に事實を報告したフォクス氏(Fox)は、ソロモン群島東部サン・クリストヴル(San Cristoval)に存するかういふ相反する制度總體を記述した（註廿五）。此處では非常に重い禁令が全ての姉妹及び兄の上に――これはメラネジアにて普通な現象である――それからまた互違ひの從兄弟姉妹に對して――これは異例――課せられてをる（註廿六）。かゝるタブーに相反して存在するのは母系の甥と伯父とが相互に極度に無作法、自由なることである。甥は異常であるが、然し正當な權利、年齡若きにも拘らず義務上その伯父の結婚交涉の媒介者たる權利をもつてをる。といふのは、彼と話し得るし、同氏族なるため娘の親に近附き得るからである。父の姉妹も同樣その甥に對して注目すべき位置を有してをる。彼女は、之に對し極めて放縱なのである（註廿七）。

かういふ制度は、久しい間ヌーベル・カレドニア(Nouvelle-Calédonie)において知られてゐた。ランベル師父(Le P. Lambert)は、全ての初期の作家と同樣姉妹の禁忌(タブー)の良記述をなした（註廿八）。この習慣は極めて明白・重要で、之が他の觀察者アトキンソン氏(Atkinson)に一學說をつくる出發點となつた程である（註廿九）。兄と義父は、尊敬の程度が輕い。然し他所より比較にならぬ程つよい（註卅）。之に對してランベル師父(Le P. Lambert)は、突拍子もない掠奪權、無法な新參者苛めが、互違の從兄弟姉妹、ベンガム bengam 又はペベンガム pe bengam 相互の間にいかに公許されてをるかといふことをよく示した（註卅一）。一種の永久的契約が、之を相互に結びつけ競爭が生起し、增大し、はてしつかぬ嘲弄によつて相互に對するその放縱、親密、無制限の爭ひを表示する相互的の絕對的特權を生んだ。

母系の甥と伯父も同樣に振舞ふ（註卅二）。然しバンクス島、及びメラネジアの殘餘、フイジイ島もこめた地方とことなつて母系の甥は、同系の伯父より權利が少い。

註一、此親戚間の競爭に就ては、高等研究院（オート・ゼチュード）の報告、一九〇七、一九〇八、一九〇九、一九一〇、一九一三等、一九一九、一九二〇、一九二一を見よ。ダヴイ氏(Davy)(「誓約」(Foi Jurée)各所)及び予は、親戚及び姻戚の間に於けるかゝる讓渡、等級制、競爭の問題を說明した。しかし北西アメリカ印度人又はメラネジーに於けるポトラッチと契約の組織に就てのみである。併しこういふ事實は、それ自體いかに重要であつてもけして唯一のものでなく、或ひはまだ唯一つの代表的なものでもない。吾人が、此處に論ぜんとするのも亦同樣である。

そして全て皆、吾人が屢、總體給付(prestations totales)の組織と呼ばんと提議した一種のもつと廣い制度の一部を構成する（社會學年報(Année Sociologique)新集(Nouvelle Serie)一、一九二六、「贈與」(Le Don)參照）。これにおいて等級制又は非等級制の一團の人間が親戚又は姻戚で（上位或ひは同等、或ひは下位或ひは性により相違する）均齊的（シンメトリツク）な位置を占めてゐる他の一定數の人間に向つてあらゆる種類の道德的、物質的給付（プレスターション）(prestation)（奉仕、女、男、軍事的援助、祭事供御、名譽その他）及び凡そ人が他人になしうるあらゆる種類の義務まで履行しなければならぬのである。一般にこの總體給付(prestations totales)は、氏族から氏族へ、年級から年級へ、世代から世代へ、姻戚團體から姻戚團體へ履行されるのである。ホウイット(Howitt)は、南東オーストラリアのかなり多數の部族中の食物交換について優れた敍述をなした。（「南東オーストラリアの土着部族」Native Tribes of South-Eastern Australia, P. 756 & 759)。一般にこういふ給付（プレスターション）は、かゝる團體の內部、及び團體相互間に、個人の品等に從ひなされる。その品等といふのは、身體上、法律上、道德上のものであり、たとへば、生誕の日附といふ風に極めて明確に一定し、また、屯營中に於ける位置とか、食物の借などといふ風に極めてよく明示せられてゐる。

おそらく此最後の陳述は、讀者を驚かしめ、吾人がモルガン(L. H. Morgan)の學說（血族及び姻族の組織(Systems of Consanguinity and Affinity)、「古代社會」(Ancient Society)その他）及び、世人デュルケイムに歸する原始共產主義（コンミユニズム）、個人の共同中（コンミユノーテ）に混淆することに就ての學說を全然排棄したと信ずるに至らしめやう。だがけして矛盾する所はないのである。個人の權利義務の考へ缺如せりと想像せられる社會に於てすら、屯營にて左とか右とか、儀式、食事などに於て第一番目とか第二番目といふ風に全く明確な位置を個人にあてがふのである。これは個人がみとめられてゐる證據である。然し全然社會的に決定せられてゐるかぎりみとめられてゐることを證據だてる。併しモルガンとデュルケイムは、ついで氏族の無定形の傾向(amorphisme)をあまり誇張した。そしてマリノウスキイ氏の自分に注意してくれた如く、相互主義（レシプロシテ）の觀念を充分に認めてゐない。

註二、フランス人類學協會(Institut Français d'Anthropologie)の一九二六年度議事錄(Procès-verbaux)、一九二六年雜誌「人類學」(Anthropologie)に見えたるもの。

註三、コレンゾ(Colenso)の辭書の此語の條參照。

註四、カラウェイ、アマヅルの宗教組織(Callaway, Religious System of the Amazulu, P. 143, P. 314, P. 44[illegible])。

註五、此母系の伯父と甥即ち婿との關係に就てはブラウン「南アフリカの母の兄弟」(Brown, The mother's brother in South Africa, Report of the South African Association for the advancement of

Science, 1924, South African Journ.l of Science, 1925, P. 542 a 545.) ブラウン氏は、この制度のトンガ島及びアフリカバントウに行はれをるを認めた。彼は、吾人がなほ後の方で試みたる比較の一つさへなした。然しブラウン氏の目的は、一に此社會に於て伯父と母系の甥との關係を說明するにある。彼の之についてなした解釋、五五〇頁ロボラ(Lobola)(許嫁、妻に對する支拂ひ)に結びつくることを吾人は、全然容認する。が之が、母系の伯父の位置を說明するに充分であるといふ假設を容認しない。社會學年報、新集、卷二に於て此硏究に就てなせる紹介參照。

註六、主要材料は、ジュノド、後引書、二三〇、二三一、二三二及び二三九頁。義母のタブーの漸進的撤廢は同樣バ・イラ(Ba-Ila)において認められる。デェールとスミス、「イラ語使用部族」(Dale et Smith, Ila speaking Tribes, P. 60) 義母のタブーは、むしろ約婚のタブーで、結婚の際鍬を贈與する際一部分消滅する。

此タブーが本來性的契約又は契約の約束が出來るや否やたゞちに効力をもつた婿と女の母との間の一種の契約であつたといふことは、ニロティ集團の一部族、ランゴ(Lango)の習慣中に明瞭である。タブーは、秘密な性的關係の場合に於てさへ守られる。これは、屢、娘の母により、たゞ愛人が彼女を避けるといふ事實によつて認識されることがある。その上狩で大獵のあつたとき、獵物の一部は、彼により、この一種の義母の納屋に納入されねばならぬ。ドリベルク、「ニロティ部族ランゴ」(Driberg, The Lango, A Niloti Tribe, etc., P. 160.)

註七、實際「嘲弄緣戚」の組織が一部を構成する總體給付(prestations totales)の組織は、オーストラリイに於て吾人の求むる方向に發達して居る樣に見えぬ。此處で定規となつてをるのは寧ろ尊敬である。自分の見つけた一定の親戚に關聯せる唯一の嘲弄の事實はさまで重要でなく、一部族ワケルブラ(Wakelbura)において見出されるだけである。それも一小兒、獨り子に關するのみである。之に「小指」といふ名を與へる。(小指は第五指である。ワケルブラ族は、子供をその生誕の順序により指の名で呼ぶ。) ムイアヘッド(Muirhead)は「この戲弄は、男の子供に對し、その小い間だけしか、そして僅かに母の兄弟、姉妹の子に對してしか許容されぬ。兩親は、此揶揄に加はらぬ。」と特に斷つてをる。ホウイト「南東オーストラリアの土着部族」(Howitt Native Tribes of S.-E. Aust. P.748.) 一般にオーストラリアに於ては、大抵の場合親緣關係に從ひ、姉又は弟に對し、及び義母、義父に對する、絕對的又は殆ど絕對的な禁止(interdictions)の組織、敬語ではなくとも間接語を使用する組織だけしか發達してゐないやうに見ゆる。タブーは、此處では嘲弄より以前に發達してをる。何れにしてもこの最後の二者は、强く强調された總體給付の組織にきはめて明瞭に、關聯してをる。例としてアルンタの毛髮の贈與に關聯した禮式、スペンサー・ギレン、「中央オーストラリアの土着部族」(Spencer et Gillen, Native Tribes of Central Australia, P. 610.) ウラブンナの義父に對する食物の進獻に關聯した禮式、スペンサー・ギレン「中央オーストラリアの北方部族」(Northern Tribes of Central Australia, P. 46o.) ウンマトジエラ・カイティシ・アルンタに於て義父により見られた食物はタブーされる。(その上に彼の香が射出された) といふ。ワラムンガに於ては食物の贈與はあるが、タブーはない。ビンビンガ・アヌラ・マラにおいてスペンサー・ギレンは、言葉にあらずして義父の顏のタブーを認め、賢明に「義父に對する食物進獻の全く恆久的特徵は、その當初に於て、恐らく女に對する一種の支拂ひの觀念に關聯してゐたらしい。」と注意した。吾人は、オッセンブルッゲン(Ossenbruggen)氏に從ひ、此種の事實の他の解釋をなした。(社會學年報、新集卷一、所載、贈與、五七頁)。

禮式の一部を說明するため如何なる方向に向ひ、調査しなければならぬかゞ了解される。然し完全な論證は、自分の主題とする所ではない。そして此指示は、嘲弄の事實をもつと廣い範圍の中に置換へるだけにしか用立たぬ。

註八、次節參照。

註九、此關係に就てジュノドを見よ、「一南アフリカ部族バ・トンガの生活」Junod, The life of a South African Tribe, Ba-Thonga, I re éd, P. 122 sq, 酋長のタブーに就ては、P. 341 sq. P. 355, 358 etc,

註十、前引書、I. P. 237.

註十一、前引書、I、二二七頁、殊に二五五頁、「母系の甥は、主長である。彼はその母方の伯父に對し、思ふ存分自由に振舞ひうる」二百六頁參照。妻の妹、同書、二三四頁、二二八頁、母方の伯父の妻との戯弄、これはやもめになると甥の妻となる等。結婚の際親戚のことなつた團體間の嘲弄交換に就ては二卷一七八、及び一七九頁參照。

註十二、バ・イラにおける尊敬の關係に就ては、特にスミスとデール「イラ語使用民族」Ila speaking peoples, I, 341; P. 361. を見よ。著者は、よく下の如く云ふ。「バ・イラ間の關係は、次の二事實、一方粗暴な我儘 indépendance) 他方禮儀の法則に對する愼しい尊敬」によつて標示されてゐる。いろ／＼の意味にて「取る權利」については、一、三三九頁、三八六頁。年による緣戚の場合には——共に成年式をなした若者は、一種の兄弟と考へられてゐる——「取得する」自由の權利と言葉の自由は、殆ど一生にわたつてゐる。同書一、三〇九頁。

註十三、「クロウ社會生活」(Crow Social Life (Anthropological Papers of the American Museum of Natural History) New-York. T. XIX, (1912) P. 204, 205, P. 187 et 189. Cf, Primitive. Society, P. 95 et 96, cf. P, 110.)

註十四、「クロウ・ヒダトウサ・マンダン印度人の社會」(Societies of the Crow, Hidatsa and Mandan Indians, ib. XI, 1912 P. 206 à 218.)

註十五、「マンダン・ヒダトウサ・クロウ社會組織」(Mandan, Hidatsa and Crow social Organization, ib. XXI, 1917, P. 42, P. 45.)「ヒダトウサ印度人の土俗學と言語學」(Ethnology and Philology of the Hidatsa Indians, Miscell, Publications. No 7 du geological Survey, U. S. A. 1877.)中、ヒダトウサ字書、(Mathews, Hidatsa Dictionnary) の「ue, uaksa, uatikse」「理由なく又は常住に嘲弄する」の語 P. 208. 參照。

註十六、「クロウの神話と傳說」Myths and Teaditions of the Crow (Anthro. Pap. Amer. Mus. Nat. Hist. XXV), P. 25 et 30. 習慣は、最後の句によつて成立してゐる。「否、おれは、之を殺さない私の嘲弄緣戚がおれを嘲笑するだらうから。」

註十七、「ショショニアン土俗學」Shoshonean Ethnology. ib. XX, 1916, P. 286.

註十八、「ウイヌバゴ部族」Winnebago Tribe. (37 th Ann, Rep. Bur of Amer. Ethno.) P. 133, 134, 習慣の名すらウイヌバゴ語に借用してゐる。「もし人が、前に擧げた範疇の一つに屬しない者に對し自由に振舞つたなら、その者はこう問ふ。「一體私と貴方とは、どういふ嘲弄緣戚なのでせう。」

註十九、レーディン氏は母の氏族にたいする彼の考へのため少しく當惑した。然し、緣戚の集團で數へられた場合、等級的なる場合は、母系であつても、父系であつても、互違ひの從兄弟姉妹間の結婚は常に、ある說明可能なる例外を除いては公許される。

註廿、「未開社會」(Primitive Society, P. 95, 96).

註廿一、リヴァース「メラネシア社會史」(Rivers, History of the

Melanesian Society. P. 35, 40, Sq. II. P. 133).

註廿二、リヴァース「メラネシア老人政治」(Rivers, Melanesian Gerontocracy, Man, 1915, No 35. Mel. Soc. 1. P. 40.) Hist. V. 規定を破る場合罰金を支拂ふ場合參照。

註廿三、同書四五頁。

註廿四、同書一、一八四頁。

註廿五、「太平洋の入口」(The Threshold of the Pacific, 1925, P. 62)

註廿六、比較的稀れなこの禁忌の理由は、恐らく次の理由からだらう。サン・クリストヴルの人間、殊にバウロ地方のものは、恐らく、そして大分近頃にその緣戚組織、ついでその命名法を變更したのだらう。(その躊躇については六一頁を見よ)。はじめは、互違の從兄弟姉妹の間で(母の兄弟の息子が父の姉妹の娘と)結婚しなければならなかつた。それからいろ〳〵の理由で、この結婚等級は廢止せられるに至つた。サン・クリストヴァルの結婚は、全然異例で法則を外れてをり、(五七頁、統計を見よ)或人間は、フォクス氏に、「吾人はモウ(man (父の姉妹の娘の娘)と結婚する。ハホ(haho (その母)〔六一頁〕と結婚出來ないから。」といつた。この錯亂の原因はこの小島に於て極めて特色ある老人政治のためである。これが、その父の姉妹の娘、その世代の人間と結婚しないやうにして己れよりもつと下の世代の人間と結婚せしめた。この結婚が原則となつて互違ひの從兄弟姉妹は、全く兄弟姉妹間同樣禁止されてしまつた。習慣はペリギナ Parigina とアロシ Arosi の地方に同樣であるしカフア Kahua にてもそうである。同書六四、六五頁。

註廿七、同書六一頁。

註廿八、デウ・ロシア(De Rochas)ヌーヴエル・カレドニー(La Nouvelle-Calédonie, P. 289.)特に姉妹のタブーに就て。

註廿九、アンドリユー・ラング及びアトキンソン「社會的起原と始原法」中 Andrew Lang et Atkinson, Social Origins and Primal Law, P. 214.

註卅、「ネオ・カレドニア蠻族風俗」Mœurs des Sauvages néo-calédoniens, P. 94, 113. ランベル師父は、字義通り、「兄弟と姉妹は、互ひにいつまでも神聖犯すべからざるものである」と云つてをる。

註卅一、同書、一一五、一一六頁。

註卅二、レーンハルト(Leenhardt)氏は、彼がヌーベル・カレドニイに觀察した此種の事實をこまかく報告するだらう。吾人は、かゝる詳細の事實が重要なものたるべきことを知悉してをる。

二

かういふ慣例に解釋を與ふるのは少し尚早である。かゝる事實は、比較的に知られずまた數が乏しい。然し如何なる方面にその理由と思はれるものを探るべきかといふことを示すことは可能である。

まづ、かういふ制度は、レーディン氏の、之をよく認めたやうに非常に明白な作用を有してとる。これは心理學的に一定した感情狀態、——弛緩の必要を表現してをる。あまりの堅苦しさのため行儀を休める一種の投遣である。一種のリズムが生成されて、危險なく反對の精神狀態が繼起する。日常生活に於ては、謹愼は、埋合せを求め、之を我儘、無作法の中に見出だす。吾々にもなほ此種の氣分の突發する場合がある。兵卒が、武裝位置を離れ、學生が、學校の庭に戲れ、紳士が、喫煙室中にくつろいで、あんまり永く婦人に慇懃たりし疲れを休める。しかし此處に永々とりたてて說かぬ。この心理、この道德は、事象の可能なるを說明するのみである。いろ〳〵の社會的機構、慣習、集合意識(représentations collectives)を考察して眞實の原因を始めて看破し得るのである。

いはゞ社會團體の內部にその各員が履行し得る尊敬、不敬の一種の一定量が、不平等にその團體の各員の間に配分されてをるわけである。然し、それならその聯合せる部分が吾人の上述せる部族を形成した政治的家族的集團に於て何故に特に、或種の緣戚が神聖ともいふべきものであり、或種の他のものは、野卑と下品が、相互の態度を支配するほど俗的であるかを理解しなければならぬ。こういふ事實に唯一つの原因を求めてならぬことは明かである。各家族的關係の性質、その作用の中にかゝる不一致、かくも雜多な機能を生ずる原因を發見しなければならぬ。たとへば兵卒が伍長の新參者苛めを新兵に報復するといふことが自然だと單に云ひさるのは不充分である。これが可能となるには軍隊と軍事的階級制度が存在しなければならぬ。同樣ある家族が禮式で保護され、ある他の家族が、無遠慮、嘲弄の當然の的となり、或ひは少くとも下品公許の犧牲となることは家族的集團そのものの構成理由による。最後にもしかういふ慣習、こういふ雜多な感情、家族的機構のかゝる作用が、等級

制度を表現するならばこれらがかゝる家族的團體を形成し、各人がその分を滿たす集合意識 représentations collectives)にかなふからである。宗教的及び道德的價値の一種の段階上に家族、氏族、姻族の人物が分類されてをり、之に應じて時と人によりいろ〳〵の纖起的態度が分配されるのである。

調査と觀察を下の如き方面に向けえやう。

或親戚を保護する禮式と禁止は、たとひ充分理解されぬとしても、充分に硏究され始めた。大多數は、多樣の動機を有してをる。たとへば義母は、明かに、(結婚の)許されしフラトリイ(譯者附記二參照)又は姻戚にして結婚のゆるされし氏族中の禁止された世代にぞくする女である。彼女はまた多少認められた男系の場合には貴方の父の姉妹で、その妻によつてその血と直接交涉を有する。彼女は「老いたる」人間でその娘によつて之と不當に相通ずる。そして彼女を見ることは「婿を老け」しむる。彼女は、男性が耕やす「性的畑」の執念深い債權者であり、結婚より生れる子供の血の持主たり、女性的元素の危險、彼女が創造者なる妻の異血の危險を具象化(シンボライズ)する。それで結婚、月經、戰爭、大贖罪期間の際しか自分の妻にたいしてとらぬ警戒を彼女の上に移すのである。彼女は數多の輻輳感情のたえざる對象であり、全ては上述の如く婿にたいする彼女の有する一定の位置に起因する(註一)。

同じやうに吾人は、嘲弄緣戚を分類することが出來る。然しその各々を各社會の中に於て分類なしうるのである。これが、よく類をもつて集まり得、制度の類似が、相似た機構によつて支配され、距離を隔てて存するに驚く程である。こういふ緣戚の大部分は、世俗的表現をもつて云へば姻戚のそれである。なんとなればたゞこの場合單純に姻戚と簡單にいつて親戚といはぬ方が好ましい。アメリカ草原の部族においては、メラネジアに於ける如く何より先に同じ年齢の者、義兄弟姉妹の集團即ち結婚可能の者の間で、性的關係の可能に應ずる無遠慮さを交換するのである。こういふ放縱は、同氏族の女、母系的にその者の母、姉妹、娘を保護するタブーが重要なればなるほど、ますます自然なのである。特別に義理の兄弟の場合は、責務は軍事的給付及び姉妹の交換、義理の兄弟がその姉妹を保護する權利（青鬚（バルブ・ブルー）の說話の主題（テーム））（譯者附記三參照）から生ずる責務によつて相錯綜する。なほ吾人の間に依然存在するヴランタン・ヴランチヌの間の慣習（譯者附記四參照）結婚式の間、婿につきそふ青年と嫁につきそふ娘との間になほおこる慣習は、割合よく將來可能なる義理の兄弟の集團間に行はれる集團的契約關係を規定する此種の習俗のいかなるものなりしかを了解せしむる。等級的親緣の存在する地方にことに普通であるが反對（コントレイル）と連帶（ソリダリテ）が混融し交錯してをる。ホカルト氏は、旣にバ・トンガにおいてこういふ制度と義理の兄弟の相互に「神」と呼ぶ此性質とをみとめた（註二）。この「神」（註三）といふ表現は、また單に宗教的性質を示すのみならず、同時に神に屬する道德的性質をあらはすのである。たとへばヌーベル・カレドニアにおける從兄弟、ベンガムの財物、又はフイジー、ニュー・カレドニアに於ける母系の甥の財物に對する權利、バ・トンガに於けるその伯父の財物に對する權の樣な權利の優越性もあらはすのである。

リヴァースとホカアト氏は（註四）、ボロボロ緣戚ときはめてよく知られ、殆ど古典的（クラシック）になつてをるフイジイの「ヴァス」（Vasu）、甥が母系の伯父を正規に掠奪する制度を生ずる無遠慮組織と比較した。この習慣はとくに貴族及び王族において著しく「ヴァス」は租税の徵收者を意味して用ひられてをる。かういふ制度と「タウヴュ」（Tauvu）（註五）親緣とに關し、ホカアト氏は、一解釋を提議したが、これは、その相當する成功を收め得なかつた。彼は「主長」（chiep）とよばれし母系の甥についてのジュノド氏の觀察より出發してをる。彼は、母系の甥はフイジイでは、その伯父に對し神ヴュ（vu）であることを示しただけである。

この稱呼法について一の假說を加ふることを許してもらひたい。各個人が、氏族の中に有する法的位置のみならず、神話的位置までも考へねばならぬ。甥が、かやうに伯父に立優れるために此種の理由が存在する。全てのこういふ社會には北西アメリカ印度人に於ける如く祖先が一定の順序に生れ變ることを信じてゐる(註六)。この組織に於て母系の甥は（相續が父系であるか母系であるかは、あまり重要でない）(註七)その化身する靈によつてその伯父の父の世代に屬し、その權力をそのまゝそつくり持つてゐる。彼は、伯父に對し、バ・トンガ(Ba-Thonga)の云ふ如く「主長」(chef)である(註八)。ある組織において(バ・イラでは大變明瞭であるが)(註九)第三世代の個人は初代及び五代目のものと同樣な位置を有し、他の組織（アシャンチ(註十)、支那王朝）(註十一)にては二相續系の交錯の結果、五代目のものが、それより四代まへのもの(祖父の祖父)を化現する。從つてこの社會に於ても子供が、自分より丁度一つ先、しかし、彼の化現する祖先の世代より後の親戚に對し權力を持つ。世代及び化現の勘定が、ちがつた點に立脚すると反對に母系の伯父は、その甥より優越した權利を持つことで出來るのでその證明がつく。これがネオ・カレドニアの場合である(註十二)。或場合にはブラウン氏が多くのバントウ族、ホツテントト族、及びトンガ島において注目したやうに母方の伯父はその妻をくれた者、義父であることを附加しよう(註十三)。なほブラウン氏の今一つの解釋を容認すれば、母系の伯父は、女の原素、母の血の男性的代表者であり、バ・トンガが思ひ切つて云ふやうに「男性的母」(Mère mâle)である。「母性的男」(mâle mère)は、また譯語として同樣正確でなにゆゑ彼が、普通甥の上でなく下に位させられてゐるかが說明されるだらう。こういふ風に多くの理由があり、いづれもおの〳〵別個に解釋するに足りるが、殆ど至る所多少同時に作用し、たとへば母の禁忌(タブー)が、その兄弟に對する一種の組織的褻瀆により相殺されたことを理解なし得る。

いづれにしろ嘲弄緣戚が、相互的權利と相應じ、一般にこういふ權利が不平等なるは、それが應ずる宗教的不平等に起因することは明瞭である。

*
**

その上吾人は、此處にポトラッチといふ名稱の本に知られた事象と相境してゐる。ポトラッチがその競技的性質によつて、力競べ、大いさ競べ、侮辱に際しての嘲罵競べ等の際戰鬪の雅量の角遂により、同時にまた歡待によつてあらはれてゐることは人の知る所である。然しこういふ最も原始的な制度なる儀禮上の緣戚と嘲弄緣戚の制度中、バンクス島のボロボロによく見受けられるやうな責務の交換、嘲弄の交換の中に、かゝる義務的競爭の根原も認めうる。またメラネジアにてはポトラッチのわきに、ボロボロは、新生兒が、なほ離れられぬ母胎の如く存在してゐる。その上ポトラッチは、少くともメラネジアと北西アメリカにては、種々な親等、樣々な姻戚と名附親關係に結びついてをる。それゆゑ、少くともポトラッチは此場合氏族と姻族との同じ世代の者の間、從つて祖先の他の世代を代表する互違ひの世代の者の間に於ける儀禮と新參者いじめの習慣の一般的範疇の中にいれねばならぬ。此處に無限に發達したポトラッチの制度ともつとも摩滅し、もつとも單純な、タブーと禮式が侮辱と不敬に相對してをる制度とを結びつける過渡的の橋梁を認める。以上がこの議論の第二の歸結である。

同樣此處に多くの新參者苛めの典型的事實を發見する。特に北西アメリカ及び草原にも屢々存する「迫害」組合（confréries à "persécutions"）と作用が幾分類似せることを注意しなければならぬ。この習慣は此處で一種の職業を形成するに至つてゐる。

これらの制度はそれゆゑ道德的事象のきはめて大なる組織に結合してをる（註十四）。そはもつとも普遍的な習俗の或物を研究する方法を豫知さへせしむる。これをその反對とひきあはせて考察するとき、禮儀を無遠慮と、尊敬を嘲弄と、權威を輕侮と比較するとき、そしていかにことなつた人間、ちがつた社會團體の間に、これが分配されてをるかを理解した時、吾人はその存在理由を一層よく了解なしうる。

かういふ研究は、明白な言語學的興味を持つてをる。言語の品位と無作法はかういふ習慣の重要なる要素である。禁制的主體を相手にするのみならず、平常使用せぬ禁制語をつかふのである。敬語と階級（年及び生れとにより區別されし階級）語は何故に、そしてたれにたいして、組織的に之を使はぬかを、研究したとき一層よく理解される。

最後に、この研究はもし一層すゝめると、至る所に見受けるごとく、社會生活の道德的要素に當然相混じた、重要な美的要素の性質と機能とを一層闡明なし得やう。卑猥、諷刺的歌謠、對人侮辱、ある種の聖物の嘲弄的表現は、また喜劇の當初に存する。此關係は、人間、神、英雄に對する尊敬が叙情詩、史詩、悲劇を養成したのと全く同樣である。

註一、吾人は、此處にオーストラリアとアフリカ・バントゥにおける義母のタブーの研究を略述しやう。此研究は、吾人は、後日もつと詳述するつもりである。

註二、母系の甥、Man, 1922, No 4.

註三、Junod, Life of a south-African Tribe, 1, P, 162.

註四、Hocart, Man, 1914, No 96.

註五、Journal of the Royal Anthropological Institute, 1913, P. 101.

註六、吾人は、前に引用した研究中にこの轉生の問題に頻繁にふれた。資格ある人間の間に給付が行はれるのである。此者は、歷祖先の生ける代表者の資格をもつて行ふ。祖先は舞踊中に演出され、神がかりにより表現され、姓、稱號、名によつて示されてをる。

註七、その理由を説明するとあまり長くなるゆゑ省くが、第二の相續系統が一部分干渉し、その勘定に、少くとも一世代とばせてしまふ。

註八、上揭、廿一頁ノート三を見よ。

註九、スミスとデール、Smith et Dale, Ila speaking Tribes, I P. 321. 及びすぐれたる表。

註十、自分の知つてゐるこの型の最も優れた事實は、ラトレイ(Rattray)が、アシャンティ（Ashanti, P. 38 et 39.）に認めたものである。彼がもし孫の又孫娘に結婚し得るやと問ひしに、「問はれし人は恐怖の絕叫を發して答へ、「そは吾人にとつて全くのタブーである」といつた。」これはその上孫のまた孫と、その世代の全てのものの名により證明されてゐる。その名は、nana n'ka" so「孫、私の耳をさはるな」である。曾孫又は曾姪が曾祖父の耳に一寸でも觸るとたゞちに之を殺すといはれてゐる。」曾孫は一種の危險な生ける「副體」(double)である。

註十一、これは、グラネ氏が、支那の王朝の神話の計算、系圖について多くの場所に永々詳述した主題(テーム)である。「古代支那の舞踊と傳說」(諸所)(Granet, Danses et Légendes de la Chine ancienne)

註十二、後の世代の個人の位置がその父(父、母の兄弟と父の兄弟)の世代の個人よりも彼が階級的「祖父」であるといふ事實により優れたものとなることは、テウルンワルト(Thurnwald)氏によりヌーベル・ギネー Nouvelle-Guinée)のバナロ(Banare)によつてみとめられた。その硏究の英語版に彼は、此種の親戚を「妖怪孫」(goblin grandchild)と呼んでゐる。彼はこういふ緣戚をフィジイの緣戚タウブユ（tauvu）と比較した。自分は、今手本にドイツ版 Die Gemeide der Bunaro, Stuttgart F. Enke. 1922. を持つてゐない。

註十三、R. Brown, loc. cit., P. 554 et 553.

註十四、自分が、この硏究の最初の草稿を示したブラウン氏は、この問題について彼が發表することを留保する極めて重要な若干の

意見と事實を自分に指示してくれた。

譯者附記

一、等級的親族制(parenté classificatoire)、親族が個別的ならず團體的に分類されてゐる。父の世代にあるものは皆父、兄弟の世代にあるものは皆兄弟の稱呼で呼ばれてゐる。

二、フラトリイ（phratrie）、氏族の上にあり、之を總括する區分。

三、「青鬚」（Barbe-Bleue）の說話、青鬚の男、幾度も妻をめとり、之を密かに殺す。そして新たに迎へたる女に或一間だけは開いてはならぬと命ず。好奇心にかられ女之を開き女の死骸幾つも吊してあるを發見する。男之を知つて怒り、女を殺さんとす。危機一髪に女の兄弟來着し、青鬚を殺すといふ話。

四、Valentins et Valentines. 結婚式の時、新郎新婦に附添の男女あり。夫は男の、妻は女の附添を自分の兄弟、姉妹、從兄弟、親友達の間より選む。之をこの名稱で呼ぶ。選ばれし者の間比較的馴々しき態度を交換す、後結婚に至ることあり。

邪視に就て

南方熊楠

一卷二號九二頁に石田君がセーリグマン氏の書た物より引れた一條を讀で、近時の南支那にも、昔しの東晉時代と同じく邪視を惡眼と呼ぶ事を知り得た。過る大正六年二月の「太陽」二三卷二號一五四――一五五頁に、予は左の如く書き置た。

邪視英語イヴル・アイ、伊語でマロキオ、梵語でクドルシュチス。明治四十二年五月の東京人類學會雜誌へ、予其事を長く書き邪視と譯した。其後一切經を調べると、四分律藏に邪眼、玉耶經に邪盻、增一阿含に惡眼、僧護經と菩薩處胎經に見毒、蘇婆呼童子經に眼毒とあるが、邪視といふ字も普賢行願品二八に出おり、又一番よい樣でもあり、柳田氏其他も用ひられおるから、手前味噌乍ら邪視と定めおく。尤も本統の邪視の外に、印度でナザールといふのが有て、惡念を以てせず、何の氣もなく、若くは賞讚して人や物を眺めても、眺められた者が害を受るので、予之を視害と譯し置たが、是は經文に據て見毒と極めるが良からう。

爰に謂る、邪視の字が出おる普賢行願品は、唐の德宗の貞元中、醴泉寺の僧般若が譯し、惡眼の字が出おる增一阿含は、東晉時代に苻堅に禮接された曇摩難提が譯した。故に兩乍ら昨今始まつた語でなく、惡眼は今より凡そ千五百四十年前、邪視は今より凡そ千百三十年前既に支那に在たと知らる。(高僧傳卷一。宋高僧傳卷三。)而して石田君が晉書から引れた衛玠の死に樣は、南方隨筆に載た裏辻公風と同じく所謂見毒(ナザール)に中つたらしい。小兒を打ち續けて發病せしむると、撫で過て疳を起させると差ふ程邪視と差ふ。

又石田君はデンニス氏の書から、支那で姙婦や其夫は、胎兒と共に、四眼をもつ者として、邪視の能力者として、一般から嫌忌さるゝ由を引れた。琅邪代醉編卷二に、後漢の時、季冬に臘に先たつ一日大に儺す、之を逐疫といふ、云々、方相氏は黃金の四目あり、熊皮を蒙り、玄裳朱衣して戈を執り盾を揚ぐ、十二獸は毛角を衣る有り、中黃門之を行なふ、冗從僕射之を將ひて以て惡鬼を禁中に逐ふ、云々。其時中黃門が、惡鬼輩速かに迯去らずば、甲作より騰根に至る十二神が食てしまふぞと唱へ、方相と十二獸との舞をなして、三度呼はり廻り、炬火を持て疫を逐ひ端門より出す云々とある。日本百科大辭典卷七、追儺の條にも明示された通り、當夜方相は戈で居をたゝき隅々より疫鬼を駈り出し、扨十二獸を從へて鬼輩を逐ひ出すのだ。一九〇二年頃のネーチュルに、印度に在る英人ジー・イー・ピール氏が寄書して、犬の兩眼の上に黄赤い眼の樣な兩點ある者は、眠つて居ても眼を睜り居る樣見えるから、野獸甚だ之を恐れて近附ぬと述べた。そんな事よりでも有うか、パーシー人は、人死すれば右樣の犬（本邦の俗四つ眼と呼ぶ）を延て其屍を視せ、もはや惡鬼が近附ずとて安心すといふ。米國で出たハムボルト文庫所收の何かの書に出有たが、今此宅にないから書名を擧げ得ぬ。然しパーシー人からも親しく聽た事だ。方相の四目もそんな理由で、いはゞ二つでさえ怖ろしい金の眼を二倍持つから、鬼が極めて方相におちるのだ。方相が十二神を隨へて疫を逐ふ狀は、日本百科大辭典の挿畫で見るべし。然るに後世方相の形ちが至つてにくさげなるより、方相を疫鬼と間違へたとみえ、安政又は其前に出た三世相大雜書抔に、官人が弓矢もて方相を逐ふ體を圖したのを數しばみた。只今拙宅の長屋にすむ人もそんな本を一部もちおるが、題號失せたれば書名を知り難い。惟ふにデンニス氏が記せる所ろも、最初方相四眼もて惡鬼を睨みおどした事が、件の大雜書の誤圖と等しく、いつの間にか謬傳されて、方相四眼もて人に邪視を加ふると信ぜられ、姙婦や其夫や胎兒も、他の理由から人に忌るゝに乘じて、加樣の夫婦や胎兒迄も四眼有て、邪視を人に及ぼすと言るゝに及んだ者か。

（八月廿五日早朝）

人玉と金玉

私の母（本年六十六歳）が鄕里駿州沼津市我入道で見た人玉は色は青くて尾を引いてフワフワ飛んで行く、高さは丁度平家の屋根―棟一位、よく狩野川べりの松の近くで見た。

人玉が飛び出すのは死ぬ二、三日前だと云ふ私の祖父が死んだ時は家の棟の上にフワフワして居たと近所の人は私の母に話した相だ、飛び行く先は菩提寺の方角といふ、村には禪宗の寺が一軒ある丈、墓地は法華も何も一緒くたであるけれども、念佛（法華宗以外を一般にさういふて居る）の人のは島上寺(アウシャウジ)（村の寺）の方へ、法華の人のは狩野川を越へて元の沼津の町の妙覺寺の方へ、遙々ゆくのがある相です、（妙覺寺は單稱日蓮宗）

尙我入道では死んでから四十九日迄は佛さんが家の棟に居ると云うて居る、

金玉(カネダマ)―人玉は人が死んだ時に出るが金玉は家に入れば其の家は金持になるといふ―は母の見たのは、色は赤くて普通子供がツイて遊ぶゴム鞠程の大きさ、人玉は空を飛べど金玉は地上を猛烈な勢でころげて行く相だ、母が幼少の頃見たのは家の前の道を濱の方から町の方へころがつて行つた相だ、（黄昏時）

その頃沼津の町の或る一寸した金持がだんだんよくなつて行つた、人はあすこの家では金玉を拾つて祭つてあるなど云うた、然しこの玉もエビス樣ならよからうなんて、彫つたりすれば又元の阿杢彌になると云ひます。（後藤圭司）

爐邊見聞

有賀喜左衞門

誰れもさうであらうが、田舍から出て來た者には、都會での人との交際に使ふ言葉に一番不便を感ずる。方言で話が通ずる同じ鄕里の者の間ではどうしてもそれ丈け氣安さがあると云ふのは仕方のない事である。私は前に都會に於ける鄕黨の存在に就て書いたのであるが、それのはつきりした存在はもう一つにはかうした言葉の方面からも云はれる。今日では都會との交渉が激しいから、田舍に住んでゐても都會の言葉の全然わからぬやうなこともないので、聞き分ける方では何とかなるが、いざ喋べるとなればさうはゆかない。普通の生活では他鄕の言葉を使ふ必要はないが、他鄕に出るとお國言葉では役に立たなくなるから少しでも旅の苦勞を知るものなら自然にお國言葉を封じやうと心懸けもする。他鄕に出てもそんな心配は抱く必要のない學生の間などでは案外遠慮もなくお國言葉が取り交されてゐる。鄕里の寄宿へなぞ行つて見ると、一番早く東京馴れた言葉を使ふものが輕蔑される。輕蔑する者だつて遲かれ早かれさうなるのだが、彼等の境遇が生活上何の顧慮もする必要がないからさうなり勝ちなのである。かうした仲間はお國言葉に對する大いなる自尊心を持つてゐて、その押賣りさへもし兼ねまじい。これはお國言葉を使ふことが「都會の輕薄」に染まぬと云ふ唯一の印だとの考からも來てゐる。

村に住む者は必ずしもこんな風に考へるものではない。何となれば學生などの場合は都會の言葉を全く知らないと云ふのでないが、村から出ない人々は多くは他所の言葉を知らないからである。學生のこんな氣風を一種の氣慨からだと思ふ人もあるかは知らぬが、私から見ればこんな氣慨なども矢張り村以外を知らぬ人々の心持と五十步百步の差違でしかないやうに思はれる。つまりは學生共も他所の言葉は眞に了解出來ず、又使用することも從つて出來ぬのである。自分等の立場のみを考へて、他の立場に對して心持を働かせることの少いのは、そこにどうしても障壁となる言葉が存するからである。學生の場合などは周圍が自分達と異つてゐて、その中におかれており且つ引け目を感ずる理由もないから積極的な心持となるかも知れぬが、村人の場合にはさうした意識はなく、嫌惡や畏怖のこんがらかつた感情でそれを遠ざけ、これから身を避けやうともするのである。言葉にもたましいがあると云ふ古い時代の信仰は他所の言葉に對する村人の態度の中にも無意識的に遺傳せられてゐるやうに思はれる。

　都會に出たものは必要があれば努めて都會の言葉を使ふであらうが、成育の期間を村に過ごしてから出て來た者では、その村風を全然なくすことは出來ない。たまに國の者と話す事や、でなければその配偶者が國の者であれば私生活に於て一種の村風に浸ることが彼等の大なる慰安であることは爭はれぬ。郷里の方言はその人の生活に於ては血に似た程濃いものである。新しい環境で新しい言葉に依つて次第にうすめられながらも根强くこびりついて離れない。都會風と云ふものは勿論あるだらうが、斯樣な人々が次から次と絶ゆることなく流れ込んで來るのを考へると、東京の場合を云ふなら、東京風と云ふものが固定してゐるものだとは考へられない。百年も前からの江戸ッ子と云ふ言葉が何か意味あるが如く東京生れの人々をして自負せしめたのも幻影でしかない。幻影そのものゝ色彩はあるにしても實體は絶えず動いて來た。これは東京人の場合許りでなしに、田舍者がこんな言葉によつて東京を認めやうとすることも誤りである。だから東京から來るいろいろの外來者によつて傳へら

れる言葉を東京の言葉だと認定しても、かうした認定と實際との間には非常な距離があることは勿論である。つまり東京には文部省の云ふやうな標準語と云ふものは存在せず、個々の人々の相互の交渉に於ては我々の想像も出來ぬ程雜多な言葉が用ひられてゐるに違ひないのである。あらゆる方面の村から入つた言葉が生活し、それが同じ國の出身者の間に通用する許りでない場合があり、或る言葉は環境によつて多少なり變更させられるが、それでも中々なくなつてもしまはぬのである。かうした狀況が東京の到る所で見られるのであるからどの言葉が果して眞に東京風だか認めることは難かしい。東京で用ひられてゐる或る言葉の出所と認む可き場所があるとして、その地方の言葉と比較し得ても、內在する意味に大きな懸隔があつたりすればその地方の方言と認むることも出來ない。例へば或る言葉と或る言葉とが同じ言葉だと云ふ標準はどこにあるか。同じ形や音韻などを持つ點にあるかと云ふに、それ丈けではなく同じ意味、同じ觀念までも含まれてゐなければならない。こゝに意味とか觀念とか云ふことは、その言葉を用ふる人々の生活意識を云ふのであつて、言葉は直ちに生活の表象と見るのは正しい。生活のない言葉はない。實例を擧げるなら、いちやつくと云ふ言葉がある。これは東京でも信州でも行はれてゐる言葉であるが、東京で普通に用ふる意味は男女間の態を嬌云ひ表はすとか、或

は男女の關係を云ふのであるが、信州の筑摩安曇邊ではあはてると云ふ意味に用ひてゐる。尤も安筑人でも東京邊の意味を知つて使つてゐる人もあるか知らぬが、大體に於て兩地方に於けるこの言葉の意味には甚だしい懸隔があると云ふこと丈けは明かである。

普通話をするに人は言葉そのものゝみに賴るものではない。言葉と云ふものは思想傳達の最も重なる手段かも知れぬが、言葉のみで我々の思想感情を完全に傳達出來るものではない。事實我々は話をする際いろ〳〵の身振り手振り、表情までも用ひて、心持を表はすことに努める。それは言葉に一定の文法があるやうに、言葉以外のものにも統制があつて微妙な仕方に表出の約束が定められてゐる。かうしたものは語感と深い關係があるから、若し我々が言葉のことを云ふ場合に必ず關聯して一體として考へられねばならないのである。だから語感と云ふものは個人的であるよりも一層社會的なもので、言葉の意味を構成する重要な部分であることは明白である。だから東京と安筑のいちやつくが形に於て同じだとしても意味や音韻、從つて語感に於て差違があるとすれば同じ言葉だと斷言することは出來ない。若し斯樣な言葉を同じ言葉とし、一方から一方へ傳へられたものであると云ふ說明をした所で、それ丈けの系統を調査するのが言語學だと云ふのでは我々は承服し兼ねる。近頃移動した言葉の來往を調べるのならば割合にわかり易いから、何處から何處への問題は比較的容易に解決出來るが、古い言葉になると甲から乙へ行つたのか、乙から甲へ行つたのか決め兼ねるのが普通である。手近かな他の例をとるなら、信州の安筑地方で相手を呼ぶ言葉に、「おめ」「てめ」と云ふ言葉がある。又これに隣接する伊那地方にも同樣の語がある。所が兩地方でこの言葉に含ませてゐる意味は全く反對である。即ち安筑で「おめ」と云ふのは相手に對する卑稱で自分より位置の低い者を呼ぶ場合に用ひ、「てめ」は同等の場合であるが伊那では「てめ」がむしろ卑稱であり、「おめ」は大體に於て同等の場合に用ひられる。音韻からすれば殆んど差違はないのであるが、語感に於ては大いなる相違がある。

こんな言葉はどう說明す可きであらうか。若し系統を論ずるとしたら、同じ系統とす可きであらうか。それなら小さな山一つを隔てた丈けの兩地方がどうしてこんな反對の語感を持つに至つたのであらうか。或は手前お前と云ふ言葉がその原形だとせられて、それの訛りに過ぎないとも考へられるかも知れない。然しその手前お前と雖も常に固定した意味を持つてゐたものではなく、時代と場所に依る差違を追究せねばならない。だから漠然としてその訛りだと云ふ丈けでは說明を混亂させる丈けである。又假りに手前が一人稱でお前が二人稱だと云ふのが元の形であるとしても、「てめ」「おめ」に至つて人稱の混同がどうして生じたかと云ふ問題も起るであらう。それ所ではなく「てめ」を一人稱に用ひることとの方が後に分化した現象であると云ふこともないとも限らぬのである。だが我々にとつてはどうして斯様な差違が生じたかと云ふことの方が大問題である。だから問題は啻に「てめ」「おめ」に止まらない。その點で我々にいろ〳〵考へさせる人稱代名詞を私の知り得た範圍に於て次に掲げておきたい。

南安曇郡一日市場附近

一人稱

わたし、わし、おれ、

うち……昔の長百姓階級の主人が用ふ

二人稱

おめさま……尊稱、妻が主人に對してなぞ用ふ

おまえ……四角張つて目下の者に云ふ時、又は女兒などが遊び相手を呼ぶ時に用ふ・

てめ……對等の稱

おめ……卑稱

われ……卑稱

わんら……われより一層の卑稱、複數形なれど單數にも用ふ。一人の相手に「わんらとこぢや」など云ふ。階級的卑稱。

わんらとー……「わんら」より更に卑しめて云ふ。複數形なれど單數の相手に對しても用ふること上に同じ。これは長百姓のものが小前の者や又は××部落の者に對し云ふ場合などに用ふ。お前達の階級の者と云ふ意で複數にするところに侮辱の意を込めておる。

うぬ……罵る時の下等な言葉

うんづら……「うぬ」の複數なれど單數にも用ふる事あり

そちら、こちら……長百姓階級の主人が同階級の相手を呼ぶ時に用ふ。座に三人以上居る場合。然し「そちら」は二人のみ對座の場合にも用ふ。時にはさまをつける。

三人稱

あの人……尊稱及び對等。又は輕蔑する場合にも用ふ。語感により差別する。「あの人ときちや、しかたがねー。」

あいつ……對等及び卑稱

あの野郎、あの尼……卑稱、

あんら、あんらとー……下賤な階級の者を指して云ふ自身と云ふ稱呼

てめ、……めにアクセントあり、短く且つ強く云ふ。例へば「てめでやれ」（自分でやれ）

われ……これは自分のと云ふ所有格にも用ふ。例へば「わ

れとこ」はお前の家と云ふ意味であるが、自分の家、お前自身の家と云ふ意味に用ふ。又「われのもの」もお前の物であり、自分の物、お前自身のものでもある。更に「わりや兒」は用例を擧げるに、(一)「わりや兒はいくつになつたいなー」と尋ねる時はお前の兒で(二)「わりや兒は可愛いでなー」と云ふ時は自分の兒である。これは自らに云ふ時もあり第三者に用ひる時もある。

上伊那郡平出附近

一人稱

わたし、わし、おれ、おら

二人稱

おめさま

おめ……對等の稱であるが、相當四角張つた時にも、目下の者を呼ぶのにも用ふ。伊那に於ては「おめ」の範圍は非常に廣い。だから程度の輕い尊稱から卑稱までを含む

てめ……輕蔑を含める稱、喧嘩の場合に多い。

われ……卑稱、階級的と云ふより寧ろ親が子を呼ぶ時に多く用ふ

わんらー

わんらーとー……上二者は安曇程に階級的意味に用ひず。全く用ひぬわけではないが、子供等に對して用ふる場合多し。

うぬ

うんら、野郎、野郎共……いたずら子供を叱りつける時など

三人稱

あの人、

あいつ、きやつ、あの野郎、あの尼、あのこんびー、あれ……これ等は對等或は卑稱又は喧嘩の場合に用ふ。用ふる人の語感に依て區別される。こんびいは女兒のこと。

自身と云ふ稱呼

てめ……「てめー」とめを强く長める場合もある。兩者が如何なる差違ありや明かでない。然し長くするのは喧嘩氣分の時に多いかも知れない。安曇の「われ」の如き用法がある。即ち「てめみたやうなやつァてめーんとこいせーけーつてせーねりァまちげーねーわ」(意味はお前見た樣な奴は自分の家へさへ歸つて居れば間違ひない)又「てめの子」(この場合はてめーの子に非ず)もお前の子或は自分の子の意味がある。「こいつァてめーえ(家)の餓鬼か」などの用法は喧嘩の場合にも用ひられるだらうし、目下の者に云ふ場合でもある。「てめ」の方はめにアクセントなし。

右に擧げた人稱代名詞表は勿論完全なものでなく、用例も不

充分で更に詳しい報告が必要であるが、それは後日に期することゝして右の中伊那のに說明せぬものの多いのは大體安曇と同じで特に說明する必要がないと思ふからである。又表中目下と云ふ言葉を用ひておるが、その意味は階級的な場合と年齡的な場合と二種あつて、それ等の場合に用ふる言葉を文字に表はす場合には大抵同じやうにしか書き表はせぬので不便であるが、話の實際に於ては、話者の感情や從つてその語感からすれば格段の差のある事は特に注意せねばならぬ。こゝに目下とのみ書いた場合は兩者を混同せるもので、特に區別を要する場合のみ注意しておいた。

兩地方の表に於て最も注意す可きことは平出に於ては一日市場に比して長百姓階級の言葉が特に小前と甚だしく違ひのないことである。卽ち第一表に於て長百姓の用語が他の言葉に對稱せらるゝのに第二表ではさう云ふ言葉を擧げ得ない。これは字面の差異はなくとも語感のみに特長が存するからである。然しさう思ふのは或は私の見聞の狹いのに依るかも知れぬが、若しさうであるとすれば更にたしかめなければならぬ。それにしても村の生活の仕方から見ればこの二つの表に於ける差違が案外當然と思はれるふしもないことはない。一日市場では長百姓階級をなすものは數が非常に少く、武士の落人となり來り土着して鄕士となれる者に起源するらしく、最初より征服的に土民に對してゐたから、名主も世襲的であり、家の建築から家族生活の狀態に至るまで封建的色彩が濃厚であるが、平出に於ては最初より宿場として成立したもので、關東より京都に通ずる古道に當るから他所者との接觸が多く純粹な百姓村ではない。長百姓の數が多く、名主、本陣、問屋の如きも或る特定の家の世襲でなくそれ等の間で交替に勤めて居た。それ丈け前者よりデモクラチックと云へる。長百姓の數が多いと云ふことは自然に長百姓の階級的位置を低くめる結果になる。勿論それが單に數の多いと云ふこと丈けに原因はせなくとも、何れかの長百姓がその品位を下げることがそのきつかけとなることは出來る。然し少數の場合には階級的障壁が嚴重であるから滅多にそんな事にはならない。又純粹の百姓と云ふものは守舊的であるが、宿場村はそれ程に頑固とは云はれない。甚しく階級的であることは生活の防碍となるからである。と云ふのは宿場の村ではその生活の支持が外來者に存することが他の村の場合より多いのが常であるから、新しい刺戟に依つて階級的統制が亂れ易い狀態におかれてゐたのである。かう云ふ傾向は今日でも殘つてゐるから我々の注意を引くのであるが、かうした二種の村を比較して見ると實に興味が深い。眞に言葉を考へることは我々を言葉の背景たる生活の中に導かずにはおかぬ。單に言葉のみを見るとしても二つの人稱代名詞表は餘りに暗示に富んでゐる。この差別を輕視して、何の役にも立たぬ言葉の原形や類同のみを探し求めて、分作布圖成などに熱中した所で何がわかるのであらうか。差別があると云ふことは儼然たる事實であつて、この事實を最も尊重することが我々を一番正しく導くやうに思ふ。

訛りと云ふ觀念はそれ自身が誤つてゐるわけではないだらうが、普通には言葉の元の形に對してその轉化した形と見られてゐて、而もそれには元の形を正しいものとするやうな意味が含められてゐる。これは他所者を輕蔑する郷土的自負心に原因がありさうに思はれる。どの言葉が元の形であるかと云こふとは唯の感じでわかるわけがないのに、漠然と唯自分達の言葉が良いのだと考へてゐる。少くも言葉に關する限りに於てはかうした自負心は都會に於て最も甚だしい。村人に於ては自分の言葉を良しとしても、他の村に比較する場合のことで、都會の言葉に比べる場合には都會の言葉を親しみ難く感ずる半面に於て一種の尊敬の情をさへ抱くのである。こゝに都會とは云ふものゝ、これは首都のみを指すのであつて、他の都會に對しては村に對すると同樣であると云ふのは特に注意す可きことである。然しどんな町でも村を輕蔑するの情を持つてゐる。邊鄙な村に對してならば猶ほのことである。かう云ふ場合にその言葉までが輕蔑される。かうした輕蔑の情に於て村の言葉を訛りと稱するのである。都會に於てお國訛りなどと云ふのも同じ心持からである。然し東京育ちの人が持つ言葉が必ずしも東京起源のものでないとすれば、その元は何れかの地方にあるであらう。お國訛りを言葉の正しい形でないとけなしても、東京言葉も正體は知れないものと見られても仕方はないだらう。唯地方から流れ込むあらゆる言葉が都會で長く生活し得るものではないと云ふことは確かで、取捨選擇は自然の間に行はれて、その土地の生活に順應するものが比較的長く殘つてゐるのである。然しかうした現象は都鄙を通じてのことで、生活に順應するから土地の言葉として殘り得るのであるが、都會に於ては一定の意味を持つ言葉が非常に長い間固定してゐるには餘りに生活が流動的であり、餘りに刺戟が多すぎるから、田舍に比して言葉の特異性がどうしても少い。これは新しい言葉が次々に入り込むので言葉の長く固定してしまふのを妨げるからであるが、このことが既に都會の言葉の特色として田舍の言葉に對立する所以でもあらう。この都會的特色はその言葉を彈力あるものとし、活氣に滿たしめ且つ複雜なものにする。都會の言葉を多彩華麗なものと人をして信ぜしめたのは、既に首都の優越を默認する我々の信仰に根據があつたのであるが、事實都會の言葉は癖が少いので、その語感は他の田舍の方言に比して耳觸りが良かつたからである。これを都會人から見ればその自尊心を高めるだけの充分な理由となつたのである。

爐邊見聞（有賀）

だが斯様な優越感が直ちに言葉の良否正不正の標準となるものではない。訛りが悪い言葉だと云ふのは都會人の自惚から出てゐるだけで、假令都會の言葉に内容の豐富さはあつても、それが言葉に價値の高下をつけるものではない。況や系統調べからすれば都會の言葉と雖も田舍の言葉とは同じ穴の狐も同然たることは明かであるから喧嘩にはならない。都會の言葉は唯都會生活の必要から生じたものであるし、田舍の言葉もその生活に順應した丈けであるから、夫夫その役目を果たして來た點で共に有用にして價値ありと認むることが出來る。つまり訛りが言葉の不正な形だとは云はれないのである。從て都會の言葉が訛りある田舍言葉の原形であると云ふことも云へない。訛りとは地方的差別性に過ぎないのである。だから東京の言葉には東京の訛りがあると云ふことが當然云はれる。

かくの如く考へて來る場合に言葉の元の形を認定すると云ふことは可成り困難であることを思はせられる。我々は今日現行の方言を採集してゐる。然し方言が言葉の元の形を知る上に無限の價値があるとは思はれない。現行の方言が或る古語の殘存だと認むる標準はどこに置く可きであらうか。例へば信州の行かず（行きませう）、行くずらい（行くだらう）と云ふ言葉が平安朝の行かんず、行かんずらんと關係があるとする。一方は古語であるから、現行方言の原形であらうと云ふ推測は勿論勝手にしてよいであらうが、さうなれば反對の推測も爲て差支へない。卽ち行かず、行くずらはもつと古くて、一方平安朝の言葉となりながら他方或る地方にそのまゝの形を存續したと云ふやうな考へ方である。類似した言葉の關係はどうにでも空想出來るものである。この場合首都の古語と現行方言との間に關係のあることはわかるが、それが如何なる關係かは知られない。首都の言葉の成立の眞相を見るなら、首都の言葉はいつも言葉の原形だと認定し難いのである。然し翻つて田舍の方言を見るに、現行方言も非常に古い歷史を持つ筈であるから、今日の方言を見た丈けでその古代の姿を透視することは不可能である。或る土地に土着してからでも相當の歷史を持つとすれば、その初めと終りでは語感に相當の差違あることも考へざるを得ない。文獻に現はれた古語とそれに關係ありと見らるゝ現行方言と雖もそこに相當の差違ありと考へるのが先づ當然であるから、關係ありと認めらるゝ場合でもそれが直ちに比較さる可きやに就ては疑問がある。要するに現行方言はこれを言葉の起源に直ちに結びつけることは出來ない許りでなく、餘り古い時代に持ち還へることさへも危つかしいと考へられる。これは民俗の他の場合でも云はれやうが、或る人々は從來の歷史家の態度に叛逆的な餘りに、現行方言に餘りに多くの負擔を加へやうとしてゐる。然しあらゆる種類の古記錄は我々がそれから獲得する態度をさへ正しくすれば永久にその價値を減ずるものではない。勿論記錄と云ふものがその記錄された時代を全般的に代表するものだとは考へられないから、記錄に殘された僅々一二の事實に賴ることは危險である。然しこれは現行民俗採集の場合でも事實が非常に少い場合には立論の支持が不可能であることと同樣である。だから現行方言もその價値を過信してはならないと同時に古記錄に殘存する文化層の各方言を精細に觀察することは方言の研究を完成せしむる唯一の道であらうと思ふ。

方言と云ふものは注意深く觀察して見ると山に圍まれたやうな狹い盆地や左程長くもない谷間の地方に於ても非常な變化があるので驚かされる。諏訪湖の川口から天龍川を下つて三峯川と合流する六七里の間に於て大ざつぱに見ても三つ位には變化が認められる。然し本當はもつと複雜に違ひが感じられ、例へば隣村との違ひも我々には可成り明にわかる。勿論單に言葉許りでなく、人の顏や其他萬般の事に於てゞあるが、それ等のものに滲み出て來る色合にはたしかに差別がある。同村の友人の中村寅一君や吉次君に聞いてもさうであるから、私一人がさう感ずるのではない。一般の村人でもかう云ふ點は中々敏感である。然し村人や他所者の出入が激げしくなつたから、この種の敏感さはたしかに衰へては來た。これの衰退は田舍に於てあらゆる點でオリジナリテーが消失すると云ふ一般的傾向に原因してゐることは明かである。それは兎も角、狹い地域で方言に甚だしい多樣性がある事實を注意せねばならない。どうしてこんな違ひが生じたかと云ふ事は言語學のみで解決され得る事柄でもなさゝうである。風土とか氣候とか云ふものが文化の差違を惹き起す最も大なる原因であると云ふことは以前から學者の唱へた所で、世界の大別された地方の特徵を形成する一つの有力な原因としては擧げ得られるが、それのみで說明出來ないと云ふことは、風土氣候を同ふした小範圍に於ける差違を見れば明かになるだらう。このことは大きな範圍に亘る一般的問題をのみ取扱はうとする學者の無視し易い事實であるが、その原則がこの小さな問題を說明出來ないとすれば、その健在を疑はれても仕方がない。だからかう云ふ方言の差違の生ずる重大なる原因はどうしてもそこに住む人間の集團の中に在るのである。どんな集團（卽ち村）でもそれ特有の空氣を持つてゐる。その空氣は地理的條件から初まつて、村の形成の歷史やその組織や他所者との交涉の狀態などのあらゆる要素から綜合的に自然に釀成された色を以て染められてゐる。それ故差別の生ずる最も重要な原因はその生活にあるのである。夫々の異つた生活が夫々のオリヂナリテイを完成させた。だから生活を規定する條件は凡て土着以前から存在したものではなく、矢張りその生活の雰圍氣が新しい條件を創り出しても行つたのである。方言はそのオリヂナリティ發現の一現象に過ぎないのであつて、村の生活の歴史の進轉と共に絶えず變つて來たのである。

方言分化の動因に就いては我々は漠然としかこれを感ずることが出來ないが、この分化が如何にして生じたかを言葉の實際について闡明せしむることは恐らく言語學の最も重大な問題であらう。私は言語學に就て知ること少き者であるから口巾つたい事は云はれぬが、共通語族の問題もこの差別の眞因が説明せられぬ限り不可能の事のやうに思はれる。私の寡聞な眼から見るに、言語學者のこれまでの努力の焦點は多くの語族間の親近性を究明する點に据えられてゐたやうに思はれる。この問題は文化科學の他の場合と同樣な徑路を辿つてゐると思はれるが、共通の原始語族が發見せられると云ふことは、確かに我々にとつて重大な問題であつて、今日の分化發達した多くの方言が如何にしてさうなつたかを知る上に貢獻する所が甚だ大なる可き筈である。何故と云ふに起源の問題は言語學に於ても學問の他の分野に於けると同樣に大切だからである。我々が正確に語族の起源を知ることが出來るとすれば言語學は我々にとつて明白な知識になることは明かである。それだから共通な原始語族が求められてゐるのであらうが、今日の言語學發達の程度で宛も自明でもあるやうな豫想――即ち語族の起源が一元であると云ふやうな豫想――を立てるのは如何なものであらうか。今日では僅かに印歐語が比較的系統立てられてゐると云ふに過ぎないのであつて、印歐語と雖も全然明白ではなく、且つ又世界の言語の一部分を占むるに過ぎない。かゝる言語から得た豫想が凡てに通用するであらうか。或は通用するのかも知れないが、今日誰れがそれを斷言出來るであらうか。

共通語族の問題は重大であるから絶えず懸案として働きかけてゐるが、これを一つの豫想として如何なる場合にも忘れずにゐると云ふことは危險でない事はない。それはかゝる豫想は常に我々の探究の道程をして飛躍せしむる恐れがあるからである。構造でも音韻でも語彙でも單なる偶合はいくらでもある。その一部分の類似に依つて親近性が決定出來ぬことは餘りに明かであるが、類似には不思議な牽引力がひそんでゐるから、我々の性急な欲望をたやすく捉へることは有り勝ちである。然しこんな仕方でもし共通語族や親族語を解決して見た所でそれが果して眞の言語史であらうか。共通語族に溯源する方法が惡るければ、かゝる語族がよし探せたと信じてもそれから各種方言が何うして多樣に分化したかの眞相はわかるわけがないのである。換言すれば原始の共通語族を探す方法は逆に考へれば方言分化の眞相を知る方法であるから、一方が正しい場合に始めて他方も正しいのであつて、一方が正しくて、他方のみが不正だと云ふやうなことはあり得ない。原始共通語が簡單に見付かりながら、方言分化の眞相がわからぬとすれば、前者の方法に缺陷があるからである。前者に關する豫想は立ちながら、後者については見當がつかぬとすれば、どうしても前者探究の再擧が計畫せられなければならぬ。兩者が事の兩面とすれば方言は猶ほ一層の精密さを以て見返へられねばならないだらう。何者、原始共通語と云ふものは我々から遠く隔りたる架空的存在であるが、方言は我々が現在使用しつゝあるので、存在することは事實であるし、從つて又それを理解することも出來得るからである。今日共通語と云ふ暗示を我々の心から全くなくすことは不可能であるが、時にかやうな暗示から出來る丈け離れて、方言を有りのまゝに見つめると云ふことは少しでも必要の事と思はれる。斯樣な事は大きな語族間のみに於て云はれ得可き事でなく、或る語族に屬する小さな各方言に關して最初に考へられねばならぬことである。言語學の一般的な原理に參加しなければ意義がないやうに考へるのは、それこそ却て山に入りて山を見ざる者と云ふ可きであらう。手近かな言語の問題を考察する所に最も大なる意味があると私は考へる。――四・八・一五――

佐渡小木町附近の俗信

○釣竿をまたぐと魚がつれぬ
○門前をちらかすと病人が出來る

爐邊見聞（有賀）

○生栗食ふとガナが出來る
○一本花は立ててはいけない
○ダンブリ（とんぼ）を捕るとお盆が來なくなる
○ギス（魚名）を食べると頭がはげる
○ゲヂゲヂ（虫）に頭をなめられると頭がはげる
○前にかたがる家は金持になる
○後にかたがる家は貧乏になる
○半夏生の日外井戸には毒が下る
○濱なすの種はのみになる
○八せんの日木竹を切ると主がたつ
○蛇を海中に投げるとタコになる、だが足が七本しかない
○手拭をおとすと體が弱くなる
○佛にあげたものは食べるものではないセイがつきるから
○水の中へ湯を入れる時には水と湯と兄弟になれと呼べはいい
○二人一緒に火を吹いてはいけない
○二人一緒に同處で小便してはいけない
○他人の寢言にからかひまけると惡い事がある
○タキギをくべるに元からくべると元をたくと云つてきらふ
○朝の內奧の間をはく時は外から內の方にはきこむ、そうでないと福が逃げる
○佐渡のホイトは犬と人間とをかけたものそれがしようこに馬や牛の皮にイキを吹きかけると自由自在にまがる
○明日の天氣を知るには穿いてる下駄を足で前方に蹴上げ裏が出れば明日は雨、表が出れば晴、横が出れば雪
○ハチの巣ツバクラの巣がある家には火事がおこらない

（靑柳秀夫）

寄合咄

雪祭りの面

◇一昨々年の初春には、苦しい目を見た。信州下伊那の奥新野の伊豆権現の雪祭りに、早川さんと二人で、採訪旅行をしたことであつた。さうして、一週間といふもの完全に、小忌人の様な物忌をして、村の神事役の人と共に一つになつて、祭儀の辦祭をさせて貰うてゐた。其揚句が、ちよつとの行き違ひから、村の大勢の人たちに反感を催されて、私の頭に、消防組の鳶口の一撃位は、來さうなけはひを感じた。あんな殘念な事はなかつた。けれども、毎年新暦の正月十三日になると、今一度、信遠三の境山に圍まれたあの山村の祭りに、あひたくてならない氣がする。其中でも、殊に印象深く殘つてゐるのは、正祭の前日の面しらべの行事であつた。大小二十に餘るお面を棚に並べておいて、其を上手と稱する當役その他の人々が、てんでに新しく、胡粉や、丹で彩色する事であつた。村の人は、此について、合理的な何の説明もせなかつたけれど、かうする事が、年々新しく、お面を作るのとおなじ効果のあるものと言ふ信仰を印象してゐる事が考へられた。だが、もつと、古く或は、日本的といふことを超越して思ふと、死者のますくに、毎年新しい生命を與へる爲の技術のなごりが、仄かに殘つてゐる樣な氣がして、蠟燭の瞬きが、何とも言へない古代の古代を空想させた事であつた。

彩色せぬ面もある。其は三つの鬼の面である。十年ほど前の夏、私が此村を訪うて、種紙屋と間違へられた事があつた。その後、この伊豆権現が燒亡した相である。其頃天井にあげてあつたお面祭器類も、持ち出す事が出來ないで了うた。其後お祭りの爲にお面を神事役の年よりが、皆より集つて彫刻したのである。鬼などは、精巧過ぎる程に出來てゐる。此が素人の手になつたとは思へぬ程である。でも、どの面と、どの面とは誰の作と言ふ事が訣つてゐる。而も、當事者以外には、わかつても知らぬ顔でゐるらしく、又そんな事を考へるのはわるいと思ふ爲か、大した年月も經ないのに、今では問題にもなつて居ない。さうして、年役の人々は、皆それぞれのお面の形相を評して、不思議な事には、どれもこれも、皆皆のお面に生きうつしだと言うてゐる。中には、自分自身刻んだお面に對して、さう言ふ風に言うてゐる人もあるのだ。さう考へればならぬのか、祭りになつて愈、お面がはたらき出すとさう感じるのか、私には判斷はつかぬが、とにかくも、氣むつかしさうな、ひそひそ聲で神祕さうに話して聞した。私は、村々の古典生活の調査に當つて、過重な感激に囚はれる事を、避けたい態度だと思うてゐる。其私すらも、此時は變な氣がして、早川さんと顔を見あはせた。其後も度々、二人で此を一つ話にした。

此村などは、明治初年此邊一帶に行はれた奴隷解放運動に似た被官廢止の騷動の餘波を激しく受けて、舊來の歴史を隨分に一蹴した事實もあるのである。伊豆権現を携へて、玆に居を占め創めた村の古い開發者の後の伊東家を逐うた記憶を、あれは、村の爲によい事をしたと感じてゐる人々もある位の處なのであるが、其で居て、かう言ふ氣持ちも失はずに居るのである。此村の春祭りについては、村の有識中藤さんの記述を得て、讀者のお目にかけたいと考へてゐる。（折口信夫）

獸婿型説話の現實的起源

『民俗學』第一卷第一號の『寄合咄』の中に、宇野圓空氏が、ボルネオ——更に廣くは東印度地方に、女が類人猿に浚はれて子まで產んだといふ話があることを指摘し、『そこに神婚説話の一つの原型なるものがあるやうに思はれるが、果してどんなものか。』と云つてゐられる。示唆に富んだ見方であると思ふ。

説話は往々にしてかうした、民俗學者から見れば平俗な、しかし自然民族自身から見れば、生々しい事實譚から生れる機會も亦少くないと思ふ。近頃阿弗利加にも、かうした出來事が見出されてゐる。英領カルメンに居る獨逸植民會社駐在員からの報道によると、最近に同會社に常傭の土人が、象を狩るために未踏の深林の奥深くわけ入ると、類人猿の大きな群がそこに棲んでゐて、或る樹の股に特に美しいのが腰をかけてゐたので、それを射止めようとして近寄ると、それは類人猿ではなくて、紛れもない黒人族の一女性であつた。かの女は體に何一つ纒はず、文字通りの裸形であつた。早くから類人猿に淩はれたものに違ひないといふのである。

ジェー・エー・マッカロック氏(J. A. Macculloch)は、その著 The Childhood of Fiction; A Study of Folk Tales and Primitive Thought. London. 1905 の中で、神婚説話に對して、トーテムによる解釋を下したあと、一轉して、

『しかし自分たちは、這般の説話に關して、人間に内存する神話創造的想像力以外に、もつと現實的な起原の存することを看過してはならぬ。』

となし、ダイアク族や阿弗利加の多くの土族が、バブーンやオランウタンのために乙女たちの淩はれることがあることを信じてゐる事實を指摘してゐる。さうすると、宇野氏の推定は、マッカロック氏に於て有力な支持を見出すわけである。尤もマッカロック氏は、更に他の一説明の可能をも考へて、

『それからまた、低級な種族の間に、不自然な慾望が實際に生起するといふことも考慮の中に入れなくてはならぬ。』

と云つてゐる。この言葉の意味は、少し漠然としてゐるが、同氏が加へた註を見ると、分明になる。即ち蠻人の間に屢屢見られる semi-idiot な子供が、異常な動物的食慾を示す場合、それが動物の間に生活したからであるとか、動物によつて淩はれたことがあるからであるとか信ぜられる。これは蠻人——動物と人間との間の限界線が太だ明確でない蠻人にあつては、かうした推定は、全く自然でなくてはならぬ。かくてかうしたところにも、問題の説話發生の一動機があるだらうと云ふのである。

ところで、這般の動物による人間の淩はれの事實譚や異常兒のことを、少し調べて見たいと思ふのであるが、誰かいい文献を持つて居られないであらうか。イー・ビー・タイラー博士の如きも、Wild Men and Beast children といふ論考を、一千八百六十三年五月の Anthropological Review に載せてゐるさうであり、そしてその内容が、問題の説話と可なり關係を持つてゐるらしい。かうした書物を敎へていただければ、大いに有難いと思ふ。(四、九、十九、松村武雄)

◇

お願ひ

僅かな滯在であつたので詳しい確かなことを知ることが出來なかつたのであるが、千葉縣長生郡太東村に行つてゐた時に、それは田植ゑの終つた後であつたが、村のおかみさん達が各自に御馳走を持ちよつて一軒の家に集り、一日を暮してゐるのを目擊したことがあつた。

それは太東村ばかりではなしに多くの村々にこのことが行はれてゐるのではないかと思はれるが、(一)それは毎月行はれることなのか、又は年に何回か定つて行はれる日があるのか。(二)それはおかみさん達だけの集りか、又は娘さん達も一緒に集るのか。(三)若し娘さん達も一緒に集るのだとしたら、其の資格に何かの制限があるのか、又は無いのか。(四)若し娘さん達はおかみさん達と一緒には集らないとしたら、娘

さん達ばかりの會合が別にあるのか、又はないか。(五)かうした娘さん達だけの會合があるとしたら、それに列席する爲めの資格があるか、又はないか。(六)資格があるとしたら、それは如何にして與へられるか。

次に(七)その何れの會合にしろ、それは誰の家で行はれるか、定つた定宿があるのか、又順番に持ち廻るのか。(八)その仲間の間に何か申合せといふやうなものはないか、どういふことをすればどんな制裁が行はれるといふやうなことはないか。(九)この會合には何を目的として集るか、又は集つて何をするか、(十)この會合を組織する團體が祭其他の年中行事に對して何等かの關係を有つか、祭其他の年中行事の場合にこの團體に課せられた役目といふやうなものはないか。

同樣のことが男達の間にもあることが確かであるが、男達の寄合といふことに關しても亦同樣のことが知りたい。

以上の個條書には今頭に浮んだ儘を記しただけにとどまるので是等の外に未だこれに關するいろ／＼なことが考へられると思ふが、それらのすべてに就いて各地方のしきたりをお知らせを願ひたいと望んでゐる。(小泉)

五分長襦袢のこと

能登一の宮のくどきぶし「おきち清三」(民俗學一卷三號)には清三もおきちも「あさぎ縮緬ごぶ長襦袢」と云ふものを着てゐる。是は「五分ながへ扇を出して中へたち」(誹風柳樽拾遺二篇戀之部明和中)及び「じつていになると襦袢を五分ちゞめ」(柳多留十三篇、安永七)の句によつて、それがゴブナガジバン(五分長襦袢)であり、單に五分長とばかりも呼れて明和安永年代の流行であつたことが考へられる。

此五分長襦袢について、松戸左仲氏から次の話を聞いた。

東京では着物とジバンとのユキがたいらなので、ジバンの方が着物よりも引つこむ。然るに關西ではジバンのユキを着物よりも五分長くする。能登のくどきぶしの五分長襦袢の五分長は、恐らくユキの長さであらう。そしてタケの長さを云ふのではあるまい。是は前に引いた柳樽拾遺の句に考へ合せて肯かれると思ふ。

私は五分長襦袢の語を、長襦袢の語から考へてそれを長襦袢の種類と思つたのであつたが、以上によると確に是は五分長の襦袢であつたと思はれる。そして勿論長襦袢ではなく半襦袢なのであつたらう。

五分長襦袢と前後して長襦袢が現はれたらしい。此名稱は、大坂新屋敷の遊場所のことを書いた洒落本「短華蘂葉」に「帶をとき、かたびらもぬき、紅の法勝寺しぼりの長じゆばん一つになる。」と見えてゐるのが古いものであらう。同書は序に唯だ丙午秋とあるのみだが、天明六年丙午の作らしく考へられる。又東海道中膝栗毛八編下文化十三大坂の條に「かの後家……もくいろのちりめんにぬいのある長じゆばん、すそからちら／＼」ともある。初代豐國(文政沒)の錦繪「今樣娘小町」鸚鵡小町の少女の像には長襦袢と認められるものが描出されてゐる。それによると其長襦袢はタケの著しく短かいもので、其下端に蹴出しより遙かに上に位置し、脛ならば略さんりの邊にあたるかと思はれるものである。是を現在のものと比較すると甚しく延長して來たことが考へられる。

(昭和四、九、廿七、宮本勢助)

資料・報告

石見より（二）

竹本健夫

◇**野馬**（のうま）　野馬は一つ目で、人をとり喰ふといふ。昔、石見邑智郡日貫村でづくを製してゐた時分、この野馬が出て來た話が傳へられてゐる。或夜たゝらでづくを製してゐる山はひが寢てゐた所へ、何處からともなく女が來てその上に被ひ重つた。遠くの方で野馬がヒーン、ヒーンと嘶いてゐたが、間もなくたゝらに近づいて高い窓から覗き込んだ。がその女の居るを見て一散に逃げ去つた――こんな話である。この女はかなやごさんといつて、たゝらの神であるさうだ。序にこゝではふいご（吹皮）に當るものにてんびんといふ名稱が行はれてゐることを附加へておく。

◇**のろうま**（石見那賀郡濱田町濱田浦）　のろうまを海坊主とも言つてゐる。

向ふから驀地に船がこちらの船へ突つかゝつてくる。近くへ來て柄杓を貸せといふ。底を拔いた柄杓を貸さずに、完全な柄杓を貸すと、それで水を汲みこんで船を沈沒させて了ふ。こののろうま除けに艫にたもを立てる。

◇**とねぐみ**（利根組）　石見邑智郡日貫村にとねぐみといふ行事がある。それは小つぽけな大元神社の祭禮だが、その權勢は素張らしいもので、多くの神々達を皆な呼び出すと、その地方の人は云つてゐる。

この時大元舞が行はれる。綱を以てたくと稱する龍を拵へて、村中を牽き廻す。それはたく太夫が主宰して左の文句を吐鳴つて歩く。

地鎭さんの幸御魂、どこでぞ、いづく、この日のこの月この時、かぐらのみにま（み庭か）で、神遊しよう。

たく太夫は極めて正直な人を選ぶ。この人は神憑りの狀態で「こんどの祭は氣にくはぬ」等と不平を云ふのである。

◇**左義長**（石見邇摩郡宅野村）　左義長には竹の丸さの太いのを手に入れる爲に近郷近在を探す。その太い丈がいゝのである。その神木を中心にして小屋をかけその下で餅を燒いて食す。正月三日より十五日まで行ふ。歳德神を祭るといつてゐる。

◇**道祖神**　石見邑智郡出羽村三日市小字さいのかみではさいのかみはくちなはになつてゐるといふ。土地の豪農大山氏の娘と山伏が情死（或は逃亡）したるを祭るとも云ふ。又唯大山氏の娘を祭るとも云ふ。

同郡吾郷村、日貫村ではさいの神の神體は松である。緣結びの神としてゐる。

氣多通信（一）

藤井春洋

◇**海鳴り小坊主**　石川縣羽咋郡一の宮村の氣多神社は、兩部神道で、眞言宗の寺が多くあつた。謙信の能州侵略の時、この村の城に籠つてゐた僧兵が、落城と共に海へ沒したといふ。以後、氣多神社の森へ還入ると、どんな凪いだ日でも、どう〳〵と海鳴りが聞えるといふ。これを村人は僧兵の悲鳴だとして「三千小坊主の海鳴り小坊主」といつてゐる。

◇**かはうそ**（第二）　石川縣江沼郡河合村の村端、大海川に架つてゐる釣橋、濁澄橋（ニゴリズミノ）といふ。そこにかはうそが化ける話がある。ある夏、四十位の女が魚をもつて、暮れてから、この橋を通つた。碁盤縞の着物を着た小僧がついて來るので、ふりむくと、後から抱きついた。不思議に思つて「お前はどこのもんぢやッ」と聞くと、「かはい」と答へ、「どこへ行つて來たのやッ」と聞くと、「高松」と答へて、又後について來たと。途中知人に會つて、話してゐる中に、姿を見失つたといふ。

◇**かぶそ**（第二）　第三號第一〇三頁に、早川孝太郎大人の報告「がめといふもの」の中に、「うわやを返事すればそれはがめであるとも謂ふ。」といふお話がありまして、喜びました。同縣羽咋郡の私の地方の傳承によると、まう少しこの話がはつきりするのではないか、と思ひますから、お報せして、少しでも早川さんの御參考になつたら、しあはせだと思ひます。

私の地方では、殆、普通河童の性質をもつたものを、かわうそ・かわぐそ・かうそなどと言ひますが、これは、はたち前後の娘や碁盤縞を着た小童になつて化けると言ふ。此を糺す時には、だれやと聞きかけて、あらやと答へたら、此がかうそだと言ふ。人であれば、おらやー私ですーと答へるから、區別することが出來るのだと言ひます。

能美郡では、うわやは、人であればうらやー己やーと返事するのだ、といふ傳承があるのではないかと思ひます。石川縣地方では、私といふことを、おら・おれ・うらなど〻言つてゐます。

倘、近縣地方の新しい報告が集ることを、希望いたします。

正　誤

本紙一卷二號盛岡方言の内、「はときェ」は「はどまェ」の誤植です（橘）

更級通信

佐竹盛富

次の報告は、信州更級郡上山田村を中心とした民俗である。

(1)子供がみちばたで小便をまる場合、うつかり、その方向が川——或は池など——にでも面して了つてゐると、あわてゝ、となへごとをする。『川の神さん、じょ〳〵まってごめーんごめん』一種の節口調にのる。

(2)子供の頃、晩になつて、大便をしにゆくことは、たまらなくつらい。ところが、妙に、一遍かうなると、次の晩にもゆかなければならない都合になる。さうした場合、祖母など傍について行つてると、助言して呉れて、『手水場(チョウズバ)の神さん、あしたの晩にはなよんどくなし』と、幾分一種の節をづけて、手を合せてお願ひ申したものだ。今、記憶をたどつて見ても、これはききめがあつたやうである。

(3)又、祖母は、便所につばすることを、かたく戒めた。『便所の神さんは、きたない處にはおいんなさるが、ばかに綺麗ずきな方だ』といふ説明だつた。

(4)又、圍爐裏につばをはくことも戒めた。又、圍爐裏の中に足を投げこんで、火にあたつてゐる時など、『足をおつぷつてはいけない』とやかましかつた。貧乏になるからといふ。

(5)又、圍爐裏でぼやをくべてる時、そのたきものの切口から、プー〳〵泡を吹くことがあると、祖母は、『ほれ、珍しいお客様が來るぞ』といふ。これは、圍爐裏の神様がお喜びになるんださうだ。

(6)又、へつつひ等、煙(エン)で眞黒になつてゐる處に、火がついて、提灯行列の様になることがあると、天氣が變るといふ。

(7)白い馬に齒を見せると、齒がとれて了ふといふ。

(8)馬を飼つてをる家では、白色れぐほんは飼はない。この鷄糞は、馬に毒だと言つてる。

(9)鳥が啼いてる時、その啼き眞似をすると、鳥に灸をすゑられるといふ。その灸は、口角にすゑられ、白くたゞれるのである。

(10)南瓜がなつてゐる場合、それを計へる時、指ざして計へない。指をさすと、落ちてしまふといふ。これが惡用されて、この南瓜を落してしまはう、といふ場合は、一所懸命それに指をさすのである。

(11)かなちょろ(蜴蜥)に指をさすと、指が腐つてしまふといふ。

(12)屋敷内に、地梨・柳を植ゑることを忌む。田地をなくし、家を失つてしまふといふ。

(13)子供が生れて、男は三十二日、女は三十三日たつと、おぶつな(產土)さまに『お宮詣り』にゆく。生れてから宮詣りまでは、

更級通信（佐竹）

絶對に、外に抱き出さない。日の目にあはせることを忌んでをる。それは、この時代に日にあてゝ黒くなると、一生涯それがとれないから、と言つてをる。お宮から歸ると、近しい處を廻つて、顔見せする。その時、家々では、お祝ひをして吳れると言つて、男兒には臙脂を、女兒には墨を顔にぬる。

(14)晩に爪を切ると、親の死に目にあはない。

(15)晩におろしたての履物で、外出すると、狐にばやかされる。若し、之が着物だつたら、狐が背におぶさるといふ。

(16)狐が自分の後について來て、ばかさうとしてゐると氣づいた場合は、喫いたくない煙草でも、『どれ一服すはふか』と言つて、一休みするか、草鞋の紐が解けてゐなくても、ちよつと止つて、結ぶ眞似すると、退散させることが出來ると言つてをる。夜道をする時は、なるべく、油臭いものは身につけない様に注意する。油揚などは、狐の大好物なのだから。

(17)鎌――さう言つた様なものを跨ぐことを戒めていふ。『鎌いたちになる』『鎌いたち』とは、身體の何處にでも、ちよつとものが觸れると、刃で切りつけでもした樣な大怪我をする。さう痛みもしない、血も出ないが、傷口を見るとゾッとする位である。

(18)他出して、飲用に適するやうな水がなかつた場合、惡い水でも、その上に、指で『水』といふ字を三度かいて飲むと、決してあてられない。

(19)山に入る場合、その入口で、別々の石を三個裏返しにして往くと、(これが又、自分の年齢の數だけ懷に入れる、といふ方法もある。)蛇に出あはない。

(20)泥棒がはいつて、枕元まで掻き廻されても、知らないで眠つてゐる。かういふ場合、泥棒は家に入る前に、その庭あたりに脱糞して、その上に、盥なりさう言つたものを伏せて置くと、どうしても眼をさまさないといふ。これを『伏せる』といふ。

(21)山などに行つた時、大便が催して來て困る。とても我慢が出來ないが、やられない場合は、石ころを拾つて臍に當てゝ置くと、その催しが消えてしまふ。

(22)流行病がはやつた時、うつらない用心に、着物の縫ひあげやかくしに、にんにくとか、赤くなつた胡椒(當地では、唐がらしをかく呼ぶ。)を入れて置くといゝといふ。又、大戸間口には、すべれしょのせいの大きいのをかけて置くと、家に入らないといふ。

(23)夕顔を盜むと癩病(なりっぽともいふ。)になる、と言つて、之は盜める場合でも、盜まないことにしてゐる。

(24)地梨(ぼけ)の花を、家の中にさすと、火事になる。藤の花は蠶に毒だ、と言つて、挿さない。

(25)もゝ(當地は、杏を、一般に「もゝ」と呼ぶ。)の樣ななりずもくの初なりを、女が初どりすると、その樹になるのは割れてしまふ。

(26)病人の見舞は、午前に限り、午後は忌む。

(27)しひれがきれた時は、つばきを指先につけて額に三度十字をかく。又單に、疊の上の塵を三度額につけても直る。

(28)大戸間口の閾を踏むと、その家の主人の頭を、ふみつけたことになると言ひ、踏むを忌む。

(29)朝、蜘蛛が這つて來ると、緣起がいゝと言つて、おえべつさまの棚にあげるが、晩の蜘蛛は、ぬすとぐもだと言つて殺して了ふ。

(30)『お石の幟』――郡內八幡村に武水分神社といふがある。又、之をお八幡樣ともいふ。このお宮には、掌の中に摑める位の『お石』が、澤山あがつてゐる。それをお借りして來て、瘤や疣さう言つた皮膚上の異狀のものの上を撫でると、綺麗にとれると言つてゐる。それをお返しする時は、河原等で新しいのを拾つてそれを上げる。或時、のんだくれがその役を帶びて來たが、例の通り途中でぐで〱になつて了ひ『なむお八幡さん、玆でお石をおうけとりなしとくんな。』と河原で石を投げた處が、不思議にも其の石がお宮まで屆いた。これは妙だといふので『お石の幟』が立つたさうだ。

(31)この八幡のお八幡さまには、毎年十二月十日から十四日迄、『おねり』と呼ぶ祭事がある。この時、柚子商人が大勢寄つて來るが、昔は玆に限つて賭博が公然と出來たさうだ。つまり、ばくちをやりたい連中は、柚子商人になつて來ればいゝわけか！

(32)笊、さう言つたものをかぶると背が伸びない、と言つてさけてゐる。

(33)『優曇華の花が咲く』と變事がある。

(34)葬式の出棺後、佛の寢てゐたあとに、ほうろくをひつくりかへして伏せる。

(35)しやつくり(噦)をとめるには、茶椀の上に箸を×型にして、一方に口をつけて、湯(水)を飲むと直る。

(36)爪楊子は、手渡しするものでない。投げてやるものである。

37)草箒は『おくんなして。』と言つて貰ふものではない。お禮を言はず、庭先に放つてあるのを、無言でもつて來るものである。

(33)髮を、日の入りあひに、解かすものでない。親の死に目にあはれない。

(39)『雨ごひ』には、地藏尊を水中に投げこむ。昔は、さう雨に困らないでもやる。それは、秋の彼岸過ぎに、けんみ(檢見)が來る時、年貢をまけて貰ふ種(『おひけ』といふ。)になるんだつたさうだ。

(40)蜂にさゝれた時は、『あびらうんけんそあか。』と三遍唱へ、木の葉でも何でも、唱へ乍ら、三つひつくり返すと、痛みがとれるといふ。

肥前小城郡小城町の婚禮習俗

田坂誠喜

婚約が整ふとその印に夫の方から（養子の場合は妻の方から）かいかためと云うて結納を贈る。普通これは婚禮の前日か二三日前に贈る。式の當日は村の若衆が簞笥、長持を運び、道中で長持歌を歌ふ。道中でこの行列に逢へば皆が「所望」「所望」を連發する、所望と云はれたら彼等は必ず長持歌を歌ふ。今ではたゞ前述の如く所望所望と連發し、中には所望と云つた當人も歌を歌ふが、年寄の話によると、こちらで一つ歌を歌へば行列の方でもそれに應ずる歌を歌ひ、お互に歌爭をして行列の方で歌ひ勝つと、初めて其處を通されるのださうです。今でも歌ずきの爺さんなど、この行列を待ち受けてゐて歌爭ひをすることを樂しみにしてゐるものが居ますが、結局は行列の方に勝たせます。斯この歌爭は大抵村の重要な入口や舊家の前などでやります。斯うして歌爭の難關を通つて、行列は新婿の家に着きますが、其處でも數番の應當の歌を歌ひ合つて後に荷を卸します。今その歌二三を擧げると、

所望とあるならやらねばならぬ一八娘のふりそでも　ヤロヤロエーー（以下略）

こんどよこめごは田舍の育ちあとの御評判はたのみます。
蝶よ花よと育てた娘果は他人の手に渡る（以上嫁の方）
（三番目の歌を、年寄は婿の方の歌と云ひますが、嫁の方の歌ではないかと思ひます）
たんすながもちや受取りました棒も力棒もおさめます（受取歌）
そなた遠方からお出なさいでお苦勞私や居乍ら待ちうけるたんすながもちや七さを八さを中の御衣裝は限りやたからうえーー
此方お座敷や祝ひの御座よ鶴と龜との舞ひ遊び（以上婿の方の歌）

一つの歌がすむと、あとに皆で「ヤロヤローエー」と和します。花嫁の行列が花婿の家の附近に來ると、村の少年（或ひは青年）が集つて花嫁の行列を擁して火を放ちます。昔は小屋がけまでしていぢめたさうですが、今では草やわらや木をふすべます。これを「嫁御さんの火たき」と呼んでゐます。そこでこの青年や少年に酒または菓子などを與へて、その嫁御さんの火たきでとりちらした、道の木や草などのもえ殘りを、取りかたづけさして、そこを通過します。

そして夫の家の近くに中宿と云ふものを設けて、そこに立寄つて茶を飲み衣裝や顏容などを直します。

花嫁が花婿の家につき戸口に入る場合、花嫁の知らぬやうに花嫁の頭上一尺二尺位の所に鍋蓋を蔽ひます。(若しこの場合花嫁が之れを知つたらその花嫁はこの家には折合はないと云ひます)この時或ひは草木をふすべたりこしようをふすべたり尻をつめつたりもします。それから所謂結婚式にうつります。

式後三日目に里方へ歸りますが、それを「初歩き」と云ひ、親戚や近隣へは饅頭を持參します。結婚後は毎月朔日には緣付先より里の親を招いて酒食を振舞ひますが、これを「朔日振舞」(チータチブンミヤー)と云ひます、又一月一日には必ずお年玉に里の親へ餅一かさねを添へます。

岩出町(紀州)熱田神社の祭禮

高橋　博

春祭　三月中旬(舊曆)太陽曆にては四月十一日なり。此の時には別記する程の事なし。餘興として餅投を行ふ。

秋祭　八月三十日に行ふ。此の日の夜、子の刻に神官(臨時雇)四十人は神前に於て儀式終了後、二組となり、各組に神木と鐵棒とを前頭として走り、一組は神社より東方(上)(カミ)約二十町にて田中村字下井坂といふ邑の中央に在る石堂に、持つてゐる神木を立てる。一方西方(下)(シモ)の組は約四十町山崎村吉田といふ邑の石堂に神木を立てゝ式を終る。此れをお渡りと云ふ。鐵棒は惡魔退散の爲、持つて渡るといふ事である。

御渡りについての傳承　此のお渡を拜(ヲガ)む者は、全部目を伏せるといふ、若し此の目を伏せる事を知りて居て目を開いて居れば命を取らる。若しわざと目を開いてゐたれば、其目をつぶす(見えなくする事)と云ふ。

惠比須講の話

矢頭和一

今日から約三十年以前を標準とした西三河擧母町の話です。福の神のエベスサンをお祭して商賣繁昌を祈ると云ふ意味で、十月二十日は無制限に多數の子供に無條件で蜜柑(偶には其商賣上の都合で駄菓子其他の物の店も在るが、主として蜜柑です、エベスコ蜜柑と名付けられた小形の物が在つた樣です、此所では單に蜜柑と計り申して置きます)を與へる、其相手方の多い程、言ひ換へると貰ひ手の多い程其店が世間から信用されて繁昌すると云ふ考を行つて居ます。一般の人は此の蜜柑を子供に與へる事自身をエベスコと解し、蜜柑を貰ひ受ける事をエベスコを貰ふと云ひます。

其日は、擧母町を中心として、平素買物に出かける三里内外の農村から、十歳位から十二三歳迄位の男女の子供（相當に惠まれて居る家庭の者でも）が袋網を首につるし、綿フランの布で襟から上を十分につゝみ廻して寒氣を防ぎ、東の白まぬ以前に五人十人つゝの一團が彼方からも此方からも來合はして商店の軒下に集まり、其店の戸の明くのを待ち受けます、子供の兩肩に霜が眞白に降りて居る事等は珍しい事ではありませぬ。

待ち合はして居る中に、店の戸が一本開かれたが最後で多勢が一齊に成つて「エベスコおくれ」「エベスコおくれ」と呼びつつ、片手を延びるたけ延ばす、店の方では戸を明けぬ以前に神棚に燈明や神酒を捧げ、更に蜜柑を十分に用意して戸を明け、夫れと同時に重なり合つた多數の掌に片端から一個(又は二個)を載せて與へると、次から次からと新しい掌が出るが、子供は決して同一の店では二度は貰ひ受ぬ事と、店の敷居から一歩も中へ這入らぬ事は、何時からか自然に定まつた面白い風習です。從つて同伴者の一人が旣に貰ひ受けて、他の者の貰ふを待ち合して居るのを、店の者が間違へて與へようとしても、まア貰つたと云つて手を出さぬ風です。

貰つた蜜柑は首に掛けた用意の袋網へ入れて、次の店に移つて又同じ要領で貰ひ受ける、次第次第に全部の商店を貰つて廻るが、自分が持つて歸れる程度の量に止めて切り上げます。商店の方でも何時から何時迄と云ふ時間の制限は無いが、貰ひ受ける方が次第に減つて大抵正午頃には、自然閉鎖と云ふ結果に成るが、エベスコを祝ふ爲めに用意した蜜柑が、若し殘部の多い年は不吉と云つて忌み、反對に用意した丈けで不足する時は益々繁昌と云つて大悦びをして、自己の商品の中でエベスコ用とした物より上等の品物に手を附けて施す、斯ふ成ると其家人達が知らず知らず總掛りに成つて其事に當る。之れを見た人はアの店は景氣がいゝと美む程です。

十五歳位に成つた者は、子供と云つても子供の仲間から離れるものであると云ふ、舊來の自然觀念からエベスコ貰ひを廢すが、若し獨立して貰ひ歩く事の出來ぬ弟なり妹なりの有る者は其手を曳いたり、又かゝへ上げたりして其幼者の爲めに貰ひ受ける外、單獨では廻らぬ風でした。まして一人前の者が仲間に這入るなどは絕對に無く、只知り合の店先を他の所用で通り掛るのを店の者が見受けて、エベスコを持つて行つておくれやすと云つて渡す事は格別です。

此の日は大體商賣休みと云つた風ですが、午後に成つて買出しに來た客にはエベスコだからと云つて其値段を割引し、且蜜柑を與へるが、寧ろ商賣其物は附屬の樣に見られて居ました。

序に名古屋地方の商家では擧母とは反對に、其日は早朝から澤山の商品を捌き其賣得金を一室に積み上げると云ふ考へで一人でも他店より多くの客を引附けると云ふのが本來の意味で、大抵は午前中に締切るが、平素より値段を引下げる外に、其品物の量を増して賣渡す爲めに、希望する樣に買人が多くて物品の捌きが多い程、割合に賣得金が少ないと云ふ結果になる。此結果は「人は多かつたが其割に錢があからなんだ」と云ふ風評の立ち安いものです。其風評をさける工風として、相當の時刻に賣上金が外見上不足である目算の時は、銀行から貯金を引き出して其賣上金に交せる事もあると云ふが、勿論其事は主人なり支配人なりの臨機應變の商略で、現在其店に買出に來合はして居る一般の人々は元より、手代以下の使用人さへ氣附くものゝ無い樣に取扱ふと云ひます。

此エベスコと正月の賣出しとは、昔から相當に信用の在る店として豫期して行ふ大缺損で在ると云ひ、現今此の方法に依つて惠比須講を行ふ店は僅に殘つて居る計りで、大抵は同業者又は同一町内の各種の商人が聯合して、其買上金高に應じて一等二等三等等に區別した福引劵を客に交附して抽籤に依つて景品を渡すか、又割戻金をすると云ふのが一般の方法で、最初お話した舉母町地方でも大體此風に移つてゐます。

さへの神のまつり

天野義郎

一

山形縣と新潟縣との境に、鼠ケ關村がある。そこから又二里山の方に入つた所に、小名部と言ふ村がある。

二月十五日に、四ケ所の村境で、別々にこのさへのかみのまつりが行はれる。

當日は若衆（ワカゼ）のうちのわかて連中が、早朝からこのまつりの用意をする。先づ土の中に埋めてあるさへのかみの神體――それはみかげ石で十二箇位ある。細長い圓い石で丁度男子の陰部の形をしてゐる。それを土中から掘り出して洗つて、雪の上にならべる。十二ならべ終へると、その上に、ほんの形ばかりの屋根を、藁と木片でかけるのである。それが出來ると、皆で藁をもらひに行く。家々で一ぱづゝ出すことになつてゐる。それを一本の棒を中心にして積み上げるのである。

いはひ年――所謂厄年――に當る男子は、必ず參拜する。その外の男子は參詣隨意である。厄年に當る者で參拜しない時は、わかて連中が參拜することを促しに行く。參拜には必ず酒か、いくらかのお金かを奉納する。小正月であるから、餅なども奉納される。それらのもので、おまつりが終へてからわかて連中はやどで酒宴をやるわけである。

當日は女子は如何なる用があつても、そのまつりの場所に來ることはゆるされない。もし行けば、神のたゝりで女子のほとがまがると言はれてゐる。現に、そのたゝりでまがつてゐると言はれてゐる人が、二三あつたことを記憶してゐる。

あつめた藁はまつりの終りに——卽夕刻に——火をつけて燃すのである。それから又いつもの所に神體を埋めて置く。

やどは、每年順番でまはつて行くのである。

ついでに村の男の階級に就て少しのべよう。

この近村一般に三つに分れてゐる。

1 亭主

2 部屋もち

3 わかぜ

わかぜは二つに分れる。卽わかぜとわかてである。

わかてが一番年少で十歲位から十五六までゞある。それ以上二十二三までがわかぜである。部屋もちはわかぜ以上の年とりで、まだ獨立したくらしをしてゐないもの。三十位までゞある。

わかぜやわかてが、村のまつりの中心となるものである。

二

山形縣で、日本海に面した漁村にはとと言ふ所がある。鼠ケ關から北に六七里の所である。この村でも、二月十五日にこのまつりをする。

この村では、わかぜのうちで最近に結婚したものが、木造の偉大なさへのかみの神體を背負はされるのである。その木造の神體は、男子の陰部の形をしてゐる。その年のやどに鎮座してある御神體を背負つて村をわかて連中に守られてねり歩いて、隣の五十川（イラガハ）の村境に近い大きな欅の木のある所までもつて行つて、その木の根もとに置いて來るのである。

三

鼠ケ關から北二里、岩川村から一里山に入る所に、槇代と言ふ村がある。この村でも小正月の二月十五日にさへのかみのまつりがある。この村では、村境に欅の大木があつて、神木としてゐる。その神木の下に、小さな祠がある。石造である。それにさへのかみがまつゝてある。二月十五日には、村の者がおまゐりする。男女を問はず厄年に當る者は、當日限り使用する特製の杖をついて參拜する。その杖はやはり陰部を象徵するものらしい。たらと言ふやはらかな木を、うすく削つて、ふさ〳〵にそれをその木のはしにのこして置く。そこを上にして杖つくのである。

この村では、さへのかみのいはゞ神主にあたる様な家がある。その家で賽錢箱を、その神木の下にある小さな祠の前に備へて置く。そしてその賽錢は、その家のものになるのである。その家をぬしと言ふ。藤兵衞と言ふ家名の家である、姓は板垣と言ふ。今日もある。

四

岩川村から北、一里ばかりの温海(アツミ)村でも二月十五日におまつりがある。この日早朝まだ村人のねてゐる頃に、村のわかて連中が集つて、大きな聲で家々の惡口を口を揃へてどなつて歩きまはる。如何なる身分の者でも、いやしくも人情に反する樣な行爲のあつたものは、このわかてのわる口からのがれることは出來ないのである。その家の門前で

こゝ――のだがが云々……と言ひ出すのである。

この日午後四時頃村の中央に山から木を切り出し、枝を拂つて二本たてかけ、その二本の木を若衆、わかてが上下(カミシモ)に分れて俣(マタ)になつた木で押し合ふ。その二本の木の倒れた方向によつてその年の作物の出來かたを占ふのださうである。

五

鶴岡市では、二月十四日にさへのかみのまつりがあつた。今はない。市内を流れる橋のたもとに小屋を建てゝ、その中にまつゝてあつた。それは、男子の陰部を形どつたものであつたさうである。木製のものであらう。その小屋に酒を備へて、通る人にふるまつた。荒町と言ふ町の川ばたに、その小屋は建てられるのが常であつた。同じ日に、市の近村でもさへのかみのまつりがあつて、太鼓を打ちあつて、十四日から十五日の朝まで休まずに打ちとほす。それを太鼓あはせと言つた。それにまけると、まけた方で太鼓の皮をはがれることになつてゐたさうである。

その日、町内のわかて連中は家々を餅をもらつてあるいた。「せいのかみ勸進」と言つて門に立つ。するとその家から女が出て來て、その若衆の顏に墨でいたづら書きをして、その後に餅をやることになつてゐたさうである。

お正月は今日とあまり變つたことはなかつた。唯朝早く若水をくむことがあつた位である。若水はその家の長男が汲むことになつてゐた。若水を汲む桶は松と楪を水引きで結へつけてあつたものださうである。

それから元日は今日と同樣商家は商賣をやすむことになつてゐたが、たはら飴賣りだけは、今日と同樣來たものである。これは、飴で俵の形にこしらへたもので、それを神棚にそなへたものである。

萬歲や、大黑舞や、はるたうち等の門藝人がやつてくるのは、小正月であつた。正月にはそれらの者がやつてくることはなかつた。

萬歲や大黑舞は大同小異で大體同じものである。唯大黑舞は踊りを主とする。

はるたうちは一寸變つてゐる。これはこの町の一隅に住んでゐる人々――らく――がやつてくるのである。

四五人一團になつて來る。ちようべの面――それは丸い眞黑の面である。鬼の面、ひよつとこ面、おたふく面、翁面、この五種の面をかぶつて、五種の踊りを踊るのである。そのうちちようべのおどりが主となつて居る。

ちようべの踊りは、要するにその年の作物のことほぎをするのである。

種おろしから田植ゑのまね、草取り、取り入れ、と一年中の農作のまねを踊つて見せるのである。そして

今年はあまり上作で稻三本背負つたら重くて汗を流した。

などと汗をふくまねをすると、そばにゐる笛や太鼓のはやし連中が「さうだらう、あついだらう」などゝ言葉を合せるのであつた。他のをどりはよくわからぬ。この連中にはお祝儀として米二升やるのが例であつた。

童話三つ（信州上伊那）

向山武男

これは、今行はれて居ないものだ。

一、蛤の家

昔或る所に、若い獨身者が住んで居た。その家へ、何處からか、美しい嫁樣が來た。男は、毎朝、仕事に出ては、夕方戾つて來た。嫁樣が來てから、男は、毎日、おいしい御馳走を食べる事が出來た。嫁の來るまで、うまいと思つた事ない味噌汁が、嫁が來てからは、大へんうまい。その中に、婿は不思議に思ひ出した。どうして嫁は、こんなうまい汁を作るのだらうと思ひ、ある日、仕事に行くまねをして、こつそり裏の方に隱れて居た。すると、嫁は擂鉢を出して、味噌を入れて、擂り始めた。味噌がつぶれてしまふと、股を開いて、その擂鉢の中へ、チウ〳〵と小便をした。婿は大へん怒つて、すぐと、嫁を追出した。嫁はあやまつたが、許してくれないので、大きな蛤になつて、モクリ〳〵とはひ出した。味噌汁は、貝の汁を入れながら、うまかつた。

二、ほんの子とまゝッ子

ある所に、ほんの子と、まゝつ子があつた。

母は二人に、栗拾ひに行つて來いと言つて、まゝつ子には、穴の開いたビクを持たせ、ほんの子には、新しいビクを持たせてやつた。まゝつ子は、「栗々アーレ」『栗々アーレ』と拾つてはビクへ入れるけれども、穴から、皆洩つてしまつた。ほんの子は、まゝ子の後をついて行つて、まゝ子のビクから落ちる栗を拾つて、ビクの中へ入れた。やがてほんの子は、「ビク一杯になつたから歸らんかへ」と言ふと、まゝ子は、「オラア、ビクに穴があるので、ちつともたまらない。家へ歸ると、お母樣に叱られるから、もつと拾つて行く」と、一人殘つて「栗々アーレ」と拾つては、ビクへ入れて來た。

そうすると、夜になつて、眞くらになつてしまつた。もう家へも歸れんし、どうすりやいゝか、困つて居ると、向ふの方に、ちらちら燈火が見えたので、それを賴りに行くと、本當のお母樣が居て、「おめえは、どうして、こんな所へ來たんか」と尋ねた。ほんの子は、「栗を拾つても、ちつともたまらんから、家へ歸れない。歸ると父、御母樣に叱れるから、かうして居る」と、その理を話した。母は、「そりや、ビクに穴があるから洩るんだ、おめえに、これをやるから、家へ歸つて行け、欲しい物はこの槌を打てば出るから早く歸れ」と敎へてくれた。まゝ子は喜んで、「ビク／＼出ろ」と云つて槌で打つと、いゝビクが出た。今度は、「栗々デーロ」と云ふと、ビク一杯栗が出た。まゝ子は大喜びで家へ歸ると、まゝ母は、「何時まで何處にうせた」と叱つたので、その理を（又話を繰返す）話すと、まゝ母は大へん喜んで、「そりやいい事をした、その槌を、俺にヨコセ」と言つて、ひつたくつて、とつてしまつた。まゝ母は、うちには椀が一つもないから、椀を出さうと言つて、力一杯、地べたを打ち乍ら、「赤いワン／＼出ろ」『赤いワン／＼出ろ』と言ふと、地の中から、赤い大きな大きな犬がワン／＼と飛出して來て、まゝ母を、喰ひ殺してしまつたとさ。

三、まゝッ子

或る所に、まゝ母とまゝ子と住んで居た。父親は二人を置いて、秋葉樣へおまゐりに出かけた。母は、まゝ子が憎くてたまらないが、何時も父が居るので、いぢめる事も出來ないで我慢して居たが、今度は留守になつたので、うんといぢめる工夫をした。晩になると、湯を焚いて、まゝ子に入れとすゝめる。まま子はいつにもない親切を不思議に思つて、湯に入つた。非常に暑いので、水をうめて下さいと言ふと、母は水を入れてやるから、沈んでおいでと云ひ乍ら、風呂の蓋をして、その上へ、大きな石を置いた。そして、火をどん／＼焚いた。

父は、秋葉樣へ行つたが、何だか氣にかゝる事があるので、札を買つて、すぐ戻つて來た。家へ歸つて、近所へ札を配らうと思つて、買つて來た札を勘定して見ると、どうしても一枚たりない。不思議に思ひ乍ら、戸口の方を見ると、湯の上に石がのせて、どん／＼焚いて居るので、石をのけて、蓋をとつて見ると、湯が、ぐら／＼煮えくり返つて居る。中に、自分の子が、まつかになつて、沈んで居た。父は非常に驚いて、すぐ引き上げて見ると、子は無事であつた。さうして、買つて來た數より、どうしても足らぬと思つた一枚のお札が、子の背にぴつたり貼りついて居た。まゝ母は、裏の井戸へ飛込んだ。

かまきりととんぼ

檜木範行

南九州に於て、かまきりととんぼに對する民間の一つの信仰を紹介して見ませう。先づこの二者の方言と云へば

かまきり　ウンガメ、ヲンガメ、ヲンガマツショ、ナタキリ、イシヤトウ、セミトリ、ナタカケ、ワラキリムシ、ゴレサゲ蟲、（以上鹿兒島宮崎縣各地方）イツンアト（大島郡德之島）

とんぼ　ボイ、バブ、ヲクエ、ホジヤコ、イエジヤ、ナメ、アギシ、アケビ、コンブイ、ヤマケシ、ベール大島郡與論島イヘザア、ウシアメア、同　德之島

以上の中、最も廣く使用されるのは、かまきりに於てはヲンガメ　とんぼに於ては、ボイ、バブ、である。

ヲンガメを貧乏の神とする地方も割合に多いやうである。斯かることを言はない地方でも、或畏敬の念を持つてゐる様な語調がかすかに潜んでゐる。私は琉球のをんがまあと言語上からも、信仰上からも一つゞきのものであるやうに思ひますが、諸先生の確たる御高教を仰ぎたいものであります。又とんぼの一種で赤いとんぼでお盆を中心に、幾千となく、人家のかげや、山かげに終日飛んでゐて、決して外のとんぼの様に、とまると言ふことはない。そして只七夕竹が此のとんぼの唯一の宿りのやうに考へて居る。夕方などたまに低い所にやすらひをしてゐても、子供は決して之を取ることをしない。處に依つて精靈バブと呼んでる所を見ると、お盆に訪れる祖先の精靈と一般の信仰があつたのではないか知ら。バブの語に何か知ら、精靈とか神とか言ふ意味がありさうに思はれますが、もつとも子供時代からの慣習がかゝる氣持を生み出したのかも知れませんが、是又御高教をお願ひ致します。

序に、蝶の一種に　カンチュ／＼と云ふのが居る　。水邊や川近くの林の中に多くゐるもので、羽は黒く胴は普通綠に光つてゐる。是も取ることを忌む。カンチュ／＼のカンは神ではないかと思ふ。

壹岐民間傳承採訪記　その二

折口信夫

◇除夜の家々

鯨伏村の立石、伊志呂の久田家の一族は、年の夜は、年藁を枕にして、越年する爲來りがある。其先祖であつた武士が軍に出て、すんで戻つたのが、ちようど大つごもりの晩であつた。家内はまだ、年縄の用意が出來てゐなかつた。其で、疲れてゐた身で、年藁をうち〳〵睡つた。とう〳〵藁を枕に睡つて了うた。此が爲來りになつたものだと言ふ。武生水東觸平坂の口高林三郎さんの家でも、やつぱり、さうしてゐると老人自身の話であつた。壹州は昔、けまん(芥滿)國と言うた程で、鬼ヶ島であつた。人とてもなく、鬼ばかりが居た。百合若大臣、鬼攻めに來て、鬼類を伐ちとつた。『あとに土地もあれば、唐津あたりから、直ると言ふので、移つて來たのが、年の夜であつたと言ふ。其である家は、年木をかけずに、家を建てた。ある家は、門松を建てずに、爲事した。其が爲來りになつた。又、右の老人は、こんな風にも話した。昔、年の晩、不はこびで、夜―深更に及んで、まう寢ようと、年藁の束を枕に寢た爲である。

志原村の後藤正足氏の話。志原の山内一統では、年縄をかけぬ。年の夜に、祝ひの用意も出來ずに、臼の中で寢た爲に、さうする事になつたのだ、と言ふ。

◇神體飛去

明治三年八九月頃から、勝本若宮島の若宮大明神飛來の噂が立つた。

かうした事は、亡父の代にもあつた、と同年、箱崎の吉野常作の書き上げに出てゐる。

◇百　百合

鯨伏村の百合畑は、地震で揺り出された爲の地名だと言ふ。湯ノ本の上場にある地である。處が又、別の傳へがある。

昔、高山に長者が居た。飢饉で人の難澁するを見て喜んで居た。人が教へるには、「飢饉にする法は、一人の女にゆり(楕圓形の切り盤＝師のん房・いちじょう參照)の中に供物を容れたのを負して、穴の中に入れて、其女の廻りに十二の膳を供へて置く。さうして最後に、其儘埋めて了ふのだ」と言うた。長者は喜んで、其通りにした。ところが段々運がわるくなつて、子どもは殺される、貧乏になるしゝて、食ひ物もなくなつた。

ある時、彦山の山伏がかどに立つて、施しを乞うたけれど、何もやる事が出來なかつたら、山伏は法螺貝(逆法螺とは言はぬ)を吹いて歸つて行つた。長者は、腹立てゝその跡を逐うて、山伏を切り殺した。山伏の墓は、高山長者の屋敷の南に在つて、今も石二つある處が其だと言ふ。生き埋めになつた女の塚もある。其邊を生池と言ふのも、女を「いけた」からだと言ふ。

「火をいける」と言ふ風な用語例は、壹州方言も持つて居る。埋めると言ふところに「いくる」と言ふのである。

◇やぼさ神

やをさ・やうさなど發音する。石の祠に祀つてゐる。大抵、森の中などにある。段々、島人の注意を逸れて行く傾きはあるが、尚一觸の中に、二三个處もある處がある。中には、牛神の信仰など丶一つになつて居るのもある樣であるが、大體、畑の神と考へてゐる樣だ。舊十一月の午・丑・卯の日が命日である。十軒組み・二十組み位で、やぼさ講を勤め、御馳走して祭る。此日は、神主が來て中臣祓を唱へる。

いちじよが祀るのも此神である。其仲間では、天台夜保佐と稱へて、最上位の神としてゐる。其第一眷屬が稲荷である。但し、稲荷は壹州では、田の神なのである。すると、いちじよが此神を祀るのも、穀物を取る關係から出たものとも思へる。併し、やぼさの祠へいちじよが度々參る事も聞かぬ。又、師のん房の方でも、やぼさを祭る事がある。疱瘡の祈禱に頼まれた時、神棚に齋ふのは、此神だといふ人もある。

やぼさ神の更に古い對馬のものについては、私の古代研究民

俗篇第二を御參照願ふ。

◇山の神

壹州には、山らしい山もないが、山の神のある事は信じてゐる。山の神は荒いもの。木を伐つても咎める、と言ふ。女房も、山の神と言ふのは、荒れる點から言ふのだらう、と誰も／＼言ふ樣である。牛馬（おもに牛）の孕んだ時に、立願こめるのは、山の神である。うまお（牝牛）を持つと、おごぜをさしあげる。おごぜは海魚のおごぜである。

正月の四日、山入りをする。もつとも今では、もつと早くする者もある。まづ山から木を伐り出して來て、家の柱に結びつけて祀る。此山入りがすまぬと、山爲事にかゝらぬ。

◇牛神

山の神同樣荒い神樣に、「うしがみ」がある。唯似てゐるばかりでなく、通じてゐるところがある。牛の事で願ごめをするには、牛の繪をあげる。其は、紙でも、板でもよいのである。子どもの夜泣きにも、願ごめをする。鶏の繪をあげるのである。

牛神の前には、よく牛のぐるりをあげてある。此は、山の神にもすることである。牛神でとりわけ名高いのは、半城の角神で、今は角神社といふ。

唯の祠に祀つたのもあるが、今は多く合祀せられた。其中、神殿を立派に建てゝ獨立してゐるのもある。

箱崎の吉野家の書き上げの中に、慶應三年十一月、郡代泥谷三平次に出した願書に、箱崎村神山の牛神は、牛守護を司つてゐるので、神事薪の爲に下木など折らぬ爲來りである。先年伐り拂つたら、村里の牛が非常に煩うた、と言ふ風の文句がある。

◇淡　島　樣

あをしま樣は物部長者原にある。武生水の國津意賀美の末社になつて居る石の祠も共だ。平戸のあを(青?卽青島)が元である。妊娠の時に念ずると、安產する。安產させて下されば、着る物・腹帶ををさめ・ます、とお約束して置くので、產がすむと、產衣に似せて小さな着物をこしらへて土地の淡島樣にあげる。又、御神酒を竹の筒に入れて、栓をして流すと、海を流れて、あをに着くと信じてゐる。あをへは、祈願の爲にわざと參る人もある。三月三日の御命日に、二三人もあひで參る者が、隨分ある。

◇う　ん　め

うんめ又は、うぅめ・うんめんと言ふ。難產で死んだものがなる、と言ふ怪し火である。本土古來の姑獲鳥である。ところが、若いかひとの死んだのがなるのだ、と言ふ傳へも、多く信じられてゐる。

大抵の人は、怪し火を直に、うんめとよび馴れて、火の事だ、と思つてゐるので、海の上などに出るものを、多く言ふ樣であるが、をかの上にも言ふ事は、勿論である。

年よりなどは、うんめどりと、鳥の語尾をつけても言ふから、鳥だと言ふ傳へのあるのも、古くからの事であらう。寧、其が段々忘られて來たものと見る方がよからう。古くあつた姑獲鳥と一つ物に違ひない。

宙をぶら〱するかと思ふと、ぽと〱消えたりする。又、其動き方が波形になると言ふ。どうしても、鳥と考へた痕跡である。非常にせわらしい事のある人が、のろけてあるくのだ、とも言ふ。

青い色の、氣味のわるい光である。狸が、さゞえの殼に、火をとぼして、あゝ言ふ風に見せるのだ、とも言ふ。

本居のれふ方の話には、雨の晩には、船から隔けたところに、火をとぼす者がある。あたりまへの火とは違うて、後光がさゝぬ。まえん(魔厭)の火である。海で難儀して死んだ者のわざである。一つから二つになり、三つになりする。うんめんと言ふのだ、とあつた。

又、湯ノ本で、うぅめの火を追ひつめて行つたら、牛の糞だつだ、と言うた人もあつた。うんめの火は、もの言うても消える。だから、此火が出ると、もの言ふなと言ふ。湯ノ本に、うぅめの火をいつも見てゐる人がある。外の人に見えないでも、其人には、その飛び音が聞えてならぬと言ふ。夜、手水に行つたりすると、うぅいめがよつて來るので、夜は外へ出ぬ事にしてゐると言ふ。其人の話では、うぅいめの飛ぶ時は、びゅうと言ふ音がする。一度、うぅいめを追うた事がある。小鰯をとりに出て、浦内へふり向くと、十四五の提灯と思はれる火が見えた。乘り込んだ四人とも、はつと思うて、うぅめだと考へた。其で一心に漕ぎ戻すと、火が段々小くなり、細くなつて訣らぬ様になつて了うた。かと思ふと又、太くなつて家の屋根を飛び越した。しまひには、尾の長さが卅間からになつて、墓場のところで、下にさがつて行つた。

此人は、うんめにからんだ話の貯蓄者と言ふよりも、製造者と言ふ方が適當なので、どこまでが傳承で、どこからが創作だか、一往の注意をば必要である。うんめが、人姿で會うたと言ふ様な事も言うた。をらび起すと、うんめの火がほつと出た、と言ふ様な話も聞かした。此人は、舟で死んだ人がある時には、よく出るとも言うた。

◇海の不思議

此島の船頭方(カメ)(清音)は、盆と大晦日とには、船は出さぬ。たびから來た人などは、盆の十三・四の二日には出す事があつても、其ざへ、十五・六の二日には、一艘も出なくなる。さう言ふ間は、濱に在る石を、いしゃげ(石上げ)でもしてゐる位のものである。

十五日の晩は、戻りの晩と言ふ。此晩に船を出さうものなら、

其は、不思議な事がある。柄杓をくれと言ふものゝあるのも、此晩と大晦日の夜と、二晩にある事である。盆の船幽靈は、ほっこくゆうれえと言ふのだ、と言ふ人もある。確かに、烏賊を釣上げたのに、はな槌をすくうたり、かしをすくうてゐたなど言ふ話もある。

しきゆうれえ(本居では、しゅぎゆうれえ)と言ふものに、出會ふ事がある。舊師走の廿九日の夜などに、船を出すと、よくある事なのである。たゞの晩でも、雨などの夜には、これのつく事がある。單に、しきとも言ふ。

水層の波動が、一部分だけ色あひを變へて來るので、ある處だけが、白っぽく見える。此に會ふと、舟にぴつたりひっついて動く爲に、そこらが白くなる。さうかと思ふと、舟の下を通る。兩側もまっ白になる。何とも言へぬ妙な臭ひがする。舟の中も明るくなる程である。やゝ暫らくの間之を漕ぎぬける事は出來ぬ。湯の元の坂谷嘉助と言ふ人の經驗では、廿分位は續くと言ふ。年よりなどは度々出會ふので、馴れてゐるが、若い者などは、非常に恐れて爲方がない。其で、去年も困つた事だ、と本居のれふしは言うた。海の中で死んだ人のする事であらう。しきがつくと、らんぷをつけると消える、と言うた人もある。さうでもせなければ、しきがつくと、魚がとれないのである。

此は、しきれうれえと言うてよいのか、何とも知れぬが、やは

り師走廿九日の晩に、よくある事で、わけの訣らぬものが、鱶のごとある風になり、鯖の様になつたりして、表にきり廻り、艫に廻りする。

尤、此に似た物で、對州に行くと、せぼうと言ふ魚の様なものが居る。形は、海豚と違はぬ様に見える。今はゐる事を聞かぬが、十四五年・廿年前には居た。賀谷灣などにあつた事である。おろしてあるれふ船の碇を、頭に載せて、舟を沖の方へそびいて行く。此をあひてにするとわるいから、何ともせぬ事にしてあつた。

對州では又、何とも知れぬ物が來て、舷に頭を乗せて、船にのり上らうとする。一度、こんな話がある。人の乗つてゐぬ舟が、沖中あつたので、あれは、其にやられたに違ひないとて、ある剛氣な男が、「今夜は、おれあの舟の處に泊らうと行つてかゝつて居ると、果して出て、どうにもならぬので、船を戻すと、表に行けば表に來、艫に行けばどうに來る。やつとの事で還つたが、此は河獺のする事だらうと言ふ。

又、幽靈ぶねが出てまよはす。舟の近くを、あかしを焚いて、わい〱通り過ぎる舟があるから、ものを言ひかけても應へない。此舟について行くと、瀬にのりかけて船をわるのである。何百年經たへんみい墓と言ふのが、湯の元の邊にある。その中から、あかりを焚いて舟の出る事がある。其が出ると、其晩か次の晩には、しけが來る。

◇洗濯日

十二月の廿日(或は廿五日とも言ふ)は、山姥の洗濯日ゆゑ、洗濯は出來ぬと言うて、一切せぬ事になつてゐる。もつとも國中に、山姥にからんだ話は、殘つてゐない様である。

十二月の二十四日は、地藏の洗濯だと言うて同様に、着物は洗はぬ日である。

◇唐人神

印通寺にも、黒崎にも唐人神がある。唐人の死骸の流れよつたのを祀つたものである。

印通寺のは、唐人の胴から下が流れついたのだと言ふ。其で、下の病氣を守つて下さる。梅毒には男精の形、痔には圓座をあげる。

黒崎では、朝鮮人(唐人とも)のからだの流れついたのを葬つたところ、その邊を通る人に、始終かゞりついて(くつつく)わるさをした。其で祠に齋ひかへたのだと言ふ。どう言ふ風につくのかと言ふに、「魂の風」が身内に這入るとあるけなくなるのである。やはり腰から下の病ひをなほすと言ふ。

◇さやん神

鯨伏の本宮觸、渡良・武生水の間(麥谷)・箇城のなゝ湊・名島その外、段々ある。必しも病氣の爲ばかりでなく、色々の願成就を願ふ。あげる物は、木で作つた男精の形である。

本土普通の道祖神(サイノカミ)の様に、道の神と言ふ信仰のない事、北九州のものと同様である。

◇田　の　神

田の神は、たんてんじんと言ふ。「田と畑と」の條に書いた。田の神は、すべて、てんじんと言ふ様である。

◇袖とり川(ゴォ)　何とり神

處々、道のそばに袖とりごおと言ふのがある。そこで顛ぶとよくない。それで、片袖をもいで置いたものだが、今はせぬ。神様が袖を欲しがられるのである。それでも、若い者の外は、やはり恐れて居る樣である。別に、神體のある訣でもない。地藏様が偶然あつた爲に、其が石とり神だと思はれて居る場處もある。國分・住吉の境のなどが其だ。袖をあげぬとわづらふと言うて居た。昔は、自分がもいであげるのでなく、袖とり神にもがれたのだと言ふ。

此外、道の通りすがりに、柴をあげてとほる事になつて居た柴とり神(ガミ)といふ神樣がある。

此神様は、道の四つ角、三つ角に居る。怪我や、道迷ひをせぬ様に、柴をあげるのである。

此神は貧乏故、一月に一度位、枯れ柴を焚いてあげると喜ばれる。さうすると火事に遭うて、かうなつたのだ、と外の神に言はれるさうである。

石とり神・草履とり神と言ふのも、それ〳〵其品物を要求する神で、道ばたに居られる處があるのである。

草履とり神は、北邊にある事で、武生水あたりでは言はない。草履をあげるだけなら、南邊でもある。齒痛の時に、北野天神様にあげるとよいと言うて、海道ぶちに持つて出て、竹に吊つて立てゝあるのが、段々ある。

北野天神と、三人ほどから聞いたのだが、田の天神といふ語を聞かなかつた以前だから、さう言ふ風に聞きとつたのかも知れない。かう氣がついたのは、島を出て後である。

◇鰯を嫌ふ神

瀬戸の貴船社の氏子は、祭りの時に鰯は喰はぬ。齒の疼(ツ)く時にも、一年なり二年なり、鰯を斷つて、願立てする。他處(タビ)の者は、知らずに鰯をまつらげることもあるが、かう言ふ人たちには、お咎めはない。

シケーザク。信州南安曇郡一日市場の言葉で、私に話した人は次のやうに云つた。「御維新になつてから田のシケーザクが始まつた。シケーザクと云ふのは今の小作のことで、その頃は小作とば云はなかつた」と（有賀）

紅頭嶼民俗資料

淺井恵倫

昭和三年八月、臺灣紅頭嶼に赴き土人の言語を調査した、その際採集したテキスト中に散見せる民俗學、原始宗教學に興味のある事項を拾ひ集めたのが此の一篇である。尤も余は社會學民俗學を專門とするものでなく、且つ又テキストは言語學的資料を得ることを第一義とし、その民俗學社會學的事實に第二次的價値を置いたがために、その探索は或る部分に於ては詳となり或る部分に於ては粗になる結果となつたが、第一回調査に於て得たる資料をありのまゝに開陳することにした。テキストは他日公表することがあらうからこゝに出さない、多くのテキストの部分を集めたものだから口授者の名前を一々出すことは繁に堪へないからこれも略する。〔　〕は土語を示す、表音法は國際音聲學協會の方式によることにした。

約一ヶ月間土人の口述の面倒臭い通譯を根氣よくやつてくれた紅頭嶼語を解し得る紅頭嶼人以外の最初の人なる巡査後藤武雄君(パイワン人)の親切に謝意を表せずにはおれない。

一　神

天の上に別の世界、國があると考へてゐる、〔toʔ〕と名けてゐる、〔toʔ〕は〔tijatoʔ〕=上部の語根と同じと考へる、即ち「高い處」「高天原」といふ意だろうと思ふ。そこに神達が住んでゐる、神を蕃語で〔tau du toʔ〕或は〔tau no toʔ〕と云ふ、譯すれば「高天原に於る人」或は「高天原の人」である。下界の人間と同じく〔tauʔ〕=人であるに注意を要する。それで下界の人と同様に食物を食べるのである、下界の人が食物を供へてくれないと立腹せられるし食器なども贅澤なものを使用せられる。

神々は上位の神と下位の神の二階級に分れる、上位の神の數は少ないが下位の神の數は多い、下位の神々は上位の神々の使者である。上位の神の生活程度は高く銀の箸に銀の盆を有せらる(銀は紅頭嶼土人の最も貴重とする金屬である)。神には個有の名前があつて、上位の神を〔sitorijan〕又は〔si uminaʔ〕と名け、下位の神は〔si ajimus〕又は〔si vidai〕と名ける、(si は人稱冠詞)。

〔Kapituwan〕の月の滿月の日の晝に〔paros〕と名ける祭がなされる、芋と肉を海岸に運び高天原の神々に供へる式である。(〔paros〕の動詞形は〔maros〕〔miparos〕)。〔paros〕を行へば上位の神は下界の食物を增加してくれるが、もしこの式をしないと下界の水田の水芋を食ひに行け、下界の食物を天界に運べと上位の神が下位の神に命令せられる。上位の神は絕へず天界におられるが、下界に下りて來て人間に罰を與へるのが下位の神の仕事である。〔paros〕を行ひ神々をなだめてから、彼等は粟播きを始めるのである。

神々は下界の泥坊を天界から見張つてゐる、もし盜をすれば神が罰を與へる、卽ち若死する、山に行けば墜落して死ぬ、海へ漁に出ると大風が吹いて漂流する。それが恐いから我々は盜をしないと彼等は語つてゐる。粟播きとの關係に於る農作の神は可なり道德的な役目にまで進んでゐる。結局、彼等は彼等の幸（農作物の豐穰、家畜の增加）不幸（凶作、家畜の減少、急死、怪我、難破漂流）の源因を神に於て求めた、神の喜ぶ時には幸が與へられ神の怒る時には不幸が與へられると考へた、それで神が空腹にならぬやう食事を供せねばならない、神は人間同樣空腹になれば怒を覺えるのである。盜は他の人に祕密にやるのであるが天界からたへず見下してゐる神々にかけてはから駄目で、すつかり暴露すると考へてゐる。

粟の穗の尖端を「神の穗」と彼等は名けてゐる、此の部分は昔は無かつたが、パロスをするやうになつてから出來たと一土人が說明したことを附記しておく。

二　魂

人間には八個の魂〔piɣad〕が存在する、別すれば腦天に一個、兩肩に二個、手の肘に二個、足の膝頭に二個、胸に一個存

在する。魂は遊離性を有する、例へば驚怖する時病氣をする時はまづ最初に肘の魂が體から離れる、次に他の魂が離れる、病氣が治れば魂は自分の場所に歸るのである。失神狀態は魂が體から離れてゐる時である。腦天の魂はめつたに離れない、體が死んだ時に始めて離れるのである。體から離れた魂は元の體に歸復することを求める、然し死んだ時には體は地下に埋められるから歸れない、それで腦天の魂のみは遠い國に天足通の速さを以て飛んで行く、その國は〔malavaŋ a poŋso ʔ〕＝白い島と名ける、その白嶋は小紅頭嶼の向ふに見へる島の方向（東）の極めて遠方にあると彼等は云つてゐる。腦天以外の魂は大紅頭嶼小紅頭嶼の地上に浮遊してゐる、小紅頭嶼（無人）には澤山居ると彼等は云つてゐる。（一說には腦天と兩肩の魂が「白嶋」に行く）

蝶の一種に〔paɣapaɣad no anitu ʔ〕と名けるものがある、「魂の樣なもの」といふ意味である、魂の浮遊性の比喩による造語である。臺灣と比律賓諸島の中間にある Batan の言語に於ても魂は〔paxad〕である――Batan の〔x〕音は紅頭嶼語では常に有聲の〔ɣ〕音――そして〔paxapaxad〕は「蜜柑の木の枝又は石の筋目から割れ易き部分」を意味する、これは魂の遊離性を比喩したる語であらう。

森の中には魂は多く住んでゐる、それ故に彼等は森の中に於て大聲を出さない、大聲を出すと魂は新しく死人が出來たので

あらうと考へて目を覺す恐があると彼等は考へてゐる。寢てゐる時に腹が抑へらる氣持のするのは魂が來て上に乘るからだ。親戚招待の宴會の時に食物の匂がすると、白嶋に行つてゐる魂は食物を取りに歸つて來る。夢のうちに死んだ父や死んだ子供を見るのは、魂が遠き國から我等を訪ねて來たのであると考へてゐる。もしその時に魂が「お前は懐しい、わしと一所に白嶋に來て住んでくれ、わしはお前を連れて行く」と云へば、翌朝直ちに家の周圍を槍を以つて突く風をして廻つて魂を家から追拂はねばならない。武器は魂を追拂ふに役立つのである、魂に對し恐怖を抱く彼等は外出する際に男は脇刀と槍を女は小刀を常に携行する。紅頭嶼に上陸する時に集り來る土人の物々しき武裝にいさゝか膽を潰すのであるが武器を仔細に點檢すれば物の切れさうでもない中身の貧弱さには噴飯せざるを得ないのである。彼等の武器は鬪爭の武器ではない、蕃社間の戰の際は武器を地上に置いて石をもつて爭ふのである。魔物を除る劍の役目は紅頭嶼に於てその全能力を發揮してゐる。

魂が再び訪ね來るを防ぐため〔pasagitan〕＝掛ケラレタモノと稱する木の枝に、夜光貝の殼或は不用になつた網を掛けたるものを、村はづれの水田に立てる、しばしば家の附近にも立てられる。鳥居氏紅頭嶼土俗調查報告第百三頁所載の墓標はこの〔pasagitan〕であつて、葬儀と直接の關係なきものである。夜光貝の殼を用ひて魂の來るを防ぐ理由につき彼等の說明を聞くと、魂が死んだ夜光貝を見て自分も夜光貝と同じく死んだものだ、夜光貝が此處に留つてゐるからには夜光貝同樣の自分もこれ以上進んで行けないだろうと諦めて引返すといふのである。

紅頭嶼人の觀念に依れば魂〔pagad〕の存在するものは生人〔tawo ?〕であつて、〔pagad〕の飛去りしなきがら即ち死人は〔anitu ?〕である。即ち〔tawo?〕－8〔pagad〕＝〔anitu?〕

從來紅頭嶼に關して記述する人は〔anitu?〕を神或は靈魂と說明するが、これは不明瞭である、神〔tau du to〕、魂〔pagad〕、亡骸〔anitu〕の三者を明らかに分別して認識する要がある。墓地は〔kanituwan〕である(ka—an は場所を示す接頭接尾辭)。〔anitu ?〕は紅頭嶼語に於て明かに死骸を示すのであるが、インドネジヤ共通語（Gemeinindonesisch）の「死骸」は〔baŋkai〕であるから、紅頭嶼の〔anitu ?〕は語源的には「死骸」それ自身を指したものではあるまい。比律賓タガログ語の anito チャモロ語の aniti に關係あるものと考へる。タガログの anito は Blumentritt の比律賓神話辭典（Retana: Archivo del Bibliófilo Filipino II fomo Madzid 1896 所載）によれば、人間の魂のみならず、家の魂、木の魂、石の魂を意味するのである。この點に於て馬來人の sĕmangat の觀念に同じ（Wilkinson: Malay Beliefs, p 49—52）、馬來人は人間に七個の sĕmangat

がある。其他木、石にも sĕmangat があると考へてゐる、面白いことには人間の sĕmangat は pingai と名ける鳥の形をしてゐると云ふのである。タガログの anito マライの sĕmangat の觀念は寧ろ紅頭嶼の〔pagad〕の觀念に當る。元來魂を示した anito なる語が意味變遷を來し紅頭嶼語に於て亡骸を示すやうになつたと解したい。而して anito はチヤモロ語に入りて惡鬼、幽靈（Fritz: Chamorro-Wörterbuch による）に轉化せしを見れば紅頭嶼語に於る恐るべき死人に變遷したと解する可能性は更に强くなる。紅頭嶼の死人はマレイの hantu の如く人に危害を及す惡鬼に變化するや否については充分要領を得ることが出來なかつたが、彼等の亡骸は單純なる「なきがら」でなく恐る可きものであることは明だ、死人の埋葬のあつた晩は彼等は戸外に出るを好まない、その戰々兢々たる有樣は滑稽な位である、埋葬の時以外に墓地に入ることは絕對にない、近くことさへ嫌ふのである。

人魂以外の木、石等の魂の存在の觀念について詳かに知ることが出來なかつた――二三の不鮮明なる例を除いては。恐らくか〻る思想は彼等に强く働いてゐないのであらう。

三　木の超自然的能力

〔dzinuwasik〕にある木を切れば大雨が降り、〔dzimakalinan〕

にある木を切れば大風が吹く。（兩者共地名）

四　精神異常

氣狂の體の半分は自分のもので半分は死人の魂が占めてゐるのである。治すには火を頭の上で振り廻す。漁から歸つた時に取つた魚や貝の一つを海岸で燒き半分は自分で食べ半分は地上に置いて自分の體に住んでゐる魂に與へねばならぬ。

五　出産

子供が生れると夫は銀帽（歐人の絹帽に相當する彼等の禮帽）を被り椰子の實を半分に割つて作つた椀を携へ湧水（此の場所は溜水は絕對にいけない）の出る處に行き其椀に水を汲み、溢さないやうにして家に持歸り、赤坊の腦天に其の水をかける。其の意味は子供の命が湧水のやうに長かれと祈るためであると彼等は說明してゐる。この行事を〔sabujin〕と名ける。

出産後五日目に初めて産婦は夫とつれ立つて水波場に赴き、檳榔子の實を嚙んでから家に歸る。其後は自由に外出してよい。（附記、彼等には專門の助産婦〔Kaɹius〕が居る。Kaɹius—naɹius 水浴スル。産屋〔vaɹag〕を建てることがある。）

六　二　子

島で交接すると二子が出來る。その一人は死人の魂の子であるから殺す。

七　墮　胎

私生兒が出來たり妻がまだ若くて子供があるは困る場合に墮胎を行ふ。方法は深山を一人で登るのである。

八　命名と改名

出産後二ケ月目に生産祝をする、そして芋、干飛魚、豚肉、山羊肉の御馳走の半分を助産婦に贈つて勞を犒ふ。その時に子供に名前をつける。始めて子供が出來た場合に、兩親の名前が變るのであつて「某の父」(sjaman——)、「某の母」(sinan——)となる。兩親に父母があれば、祖父祖母も改名して「某の祖父、祖母」(sjapon——)となる。もし長子が死んだ時には次子の名によつてそれぞれ改名する。要するに子稱の形式である。同名の者が死んだ時には改名する。

オンガチ

松村博士の「がごぜに就いて」(本誌一ノ一八九)を讀みまして、卑見を申上げます。(私は折口先生の放送も聞きませんでしたし、森本氏の「民族と歴史」の文も讀んでゐませんので、その方に立入つてこの事は申されませんが——。)

この下野國芳賀郡逆川村地方の方言でオガンヂ又はオガンヂメと言ふのは、よれよれの着物を着、ぼう〳〵とした髮の毛の乞食の事なのですが、かうした乞食が村で這入つて來ると、子供等はオガンヂメが來た、山男が來たと言つて家の中に逃げ隱れて終ひます。で、オガンヂなる言葉は乞食のことより、山男と言ふ意味がある樣なのです。

も一つ。村で子供たちを嚇かすのに、節をつけてガンゴヂーと言ひます。子供たちがガンゴヂーをする時には、兩手で目と口を引いて、恐ろしい顏をして見せます。

右に上げた二つの方言(?)の語源は同じであることは疑ひないと思ひます。又その意味も同じく、恐ろしい顏をしたものから、山男の樣に人を取つて食つたり、人隱しの樣に子供をとり隱して終つたりして、子供には非常に恐ろしいもの〻事なのだらうと私は考へてゐます。このオガンヂなりガンゴヂーが子供を嚇す言葉である點を見て、森本氏の「がごぜ」とも同一語であることは確實とも考へられます。

こ〻で森本氏の文を讀んでゐない私は、森本氏の論旨の「がごぜ」とは元興寺の鬼から出たものと言ふことに對しては一言も言ひ得ないけれども松村博士の說明の(4)「一方古くから顏を恐ろしげにして、それによつて子供にまつはる邪靈を拂ふ風習があつた。(あかめ、あかんべと呼ばれるもの〻如き)そしてそれがいつしか單なる子供嚇しの一方法と考へられるやうになつた。」は明說だと思ひますが、尙私の地方の方言を生かして「それは子供の最も恐怖を抱いてゐる山男や山姥のことだ」とは考へられないものでせうか。(高橋勝利)

紙上問答

○たとへ一行一句でもお思ひよりの事は、直に答をしたためて頂きたい。

○一度出した問題は、永久に答へを歡んでお受けする。

○どの問題の組みにも、もあひの番號をつけておくことにする。

○問(一一) 佐渡小比叡村では女の幽靈がお寺へ來る時は臺所から這入り、流し場に汲んである手桶の水をひつくりかへしてから、本堂へ行き鐘を打つと云ひ、男の幽靈は直接本堂から這入つて鐘を打つと云ひます。他の地方にかう云ふ例はありませうか(青柳秀夫)

○問(一二) 栃木縣逆川村では植木の支柱をサギッチョーと云ふさうですが、他の地方では之を何と云ふか。御報告を得たい(橋正一)

○答(四) 當地北海道大學農學部教授明峯先生に伺つてお聞きしたところによると、(一)日本以外、支那、インド、イタリー等でも人糞尿を用ひるさうです。(二)主基田、悠基田には用ひない。(伊勢田實)

○答(八) 徳島縣名東郡國府町地方

親類—イッケ。本家—ホンケ、オモヤ。分家—シンタク、ブンケ。末子—オトゴ。私生子—テテナシゴ。獨身者—ヤモメグラシ。神官—タユウ。短身—チビ。出額—デブタヒ。禿頭—ハゲ。手の不具・テコナヒ。蝶—チョウコ。(後藤捷一)

○答(八) 沼津市在

親類—ヒツカカリ。本家—オホヤ。分家—シンタク、シンヤ、インキョ。中間の食事—オヨージャ(晝間)ヤショク(夜)。ゲンマン—ユビキリ。神官—カンヌシ。市子—イチッコ。月經—ツキヤク。短身—チンチクリン。肥滿—フトッチョ。出額—オデビ。禿頭—ヤカン。眉下り—シッペサガリ。多毛—ケムクジャラ。片目—メッキー、メッカチ、カタメッキー。手足の不具—ビッコチンバ(足)。

相模國三浦郡西浦村地方

本家—ホンケ。分家—インキョ、ニイイエ。私生兒—ドラッコ。中間の食事—コジハン。ゲンマン—ユビキリ、ゲンマンカチカチ。神官—ネギサマ。市子—イチッコ。短身—チンチクリン。肥滿—デブコウ。出額—オデコ。多毛—ケムクジャラ。片目—メッカチ。

相模國津久井郡日連村

本家—ホンケ。分家—フデュー。中間の食事—オコジュ、コジュハン。ゲンマン—ユビカキ。神官—オカンヌシ。市子—イチコ。短身—チビコ。肥滿—オデブ。出額—オデビ。眉下り—ハチマミエ。片目—カタメッキー。

親類—イチマキ(川崎市)。分家—ティヤ(横濱市)。次男坊—オシサマ(越中下新川郡生地町)中間の食事—コジュハン(常陸那珂郡湊町)(以上、後藤圭司)

○答(九) 下野芳賀郡逆川村地方の俗信に「目から下に出來た瘤を、金瘤だから金がたまるしらせだ」と言つて、瘤をとらないで置きます。目から上の瘤のことを、何とも言つてゐませんが、多分「目の上の瘤」で惡いのでせう。(高橋勝利)

○答(九) 静岡縣沼津市我入道では、瘤が出來れば金が出來る」と云ふ。あの人は瘤が出來たから金が出來るだと云ふ(後藤圭司)

○答(一〇) 徳島縣名東郡國府町附近では蟷螂の卵をオジイノキンタマと云ひ涎くりの子供にこれをなめさすと治ると云ひ、又ナメクジを食べると聲がよくなり、柳の幹の螟蟲は子供の疳藥として用ゐられて居ます。(後藤捷一)

○答(一〇) 佐渡でもやはり本統の鳥の金丸ではなくカマキリの卵です。(青柳秀夫)

學界消息

○早稻田大學演劇博物館は九月十二日より陳列替へを行ひて向ふ一ヶ月間「各地民俗藝術の寫眞」「舞踊變化物に關する錦繪」、「芝居繪版式のいろいろ」等を展觀する。

○民俗藝術の會の九月例會は十七日午後六時半より朝日新聞六號婦人室に於て開かれ、九重左近氏の講演「舞踊の各的分類」花柳壽滿夫人の實演があつた。

○アグノーエル氏（東京外語教授）は今夏滿洲支那各地へ旅行せられ、旅順・大連・ハルビンを經て天津北京に向ひ、雲崗石窟を訪はれ、南京・杭州を經て九月中旬歸京された。各地で內外の學者にも會はれ、圖書館博物館研究所等を見學されたので大いに獲る所があつたものと思はれる。

○謝扶雅氏（廣東嶺南大學文科教授、哲學科主任）は七月中夫人同伴來京、主として各圖書館寺院等に就き佛教關係の古書を調査してをられたが八月中旬離京、西歸の途に上られた。

○米國オレゴン大學の小壯史學教授 G. V. Blue は今回東洋史日本史の講座擴張の爲本邦學者との連絡を希望し兼て資料蒐集の爲七月初旬來朝東大圖書館・東洋文庫等に就き調査を遂げられた。明治聖德紀念學會は加藤玄智博士の主催にて本邦の學者を招き氏の爲に一日茶の會を開かれた。

○米國ミシガン大學地理學助教授 R. B. Hall 氏は日本に於ける班田のシステム竝に上代に於ける條里の制に就き研究中のところ、今夏暑中休暇を利用して本邦に渡來、京都に於いては主として小川博士、藤田元春氏等に就きて教を受け、東京に於いては東洋文庫の藏本につきて文獻の調査を遂げ八月下旬歸國せられた。

○元支那政府顧問獨人 T. Diedrichson 氏は支那古代音韻の研究家であるが今夏夫人同伴來京、滯京日數僅かなりしも諸處見學、又學者とも會談、研究の資を求めて離京された。

○オハイオ大學の近世史教授 P. H. Clyde 氏は清朝史研究の爲來朝された。目下滿洲旅行中であるが今秋再び渡來の筈である。六月中にはコロンビア大學支那史講師 G. H. Peake （畢格）氏も清朝史研究の爲本邦へ渡來されたが、米國に於いてこの方面の研究熱が相當盛なのは注目に値する。

○マスペロ博士。夫人と共に輕井澤に避暑中の所、朝鮮へ旅行された由。

○宮良當壯氏の多年心血を注がれた大著「八重山語彙」（原稿二千枚）は東洋文庫より出版されることゝなり既に印刷に着手されたさうである。これは民俗學に色々な益を與へるものと思はれるが、早くその世に出ることを待望する。

○折口信夫氏　國學院大學國文學教室の特別講義として九月二十六日より每週木曜日の午後四時半から鄉土研究會の講義を續講する。十月は信州に赴き洗馬に於て「江戶文學史、散文、律文」を五日間に互つて、松本市外淺間に於ては「年中行事の本義」を二日間に互つて講演する豫定である。尙國學院雜誌に同大學の萬葉夏期講座講義の筆錄を寄せ、神道講座のために「民間信仰と神社」及「原始信仰」を執筆する筈である。

○會津八一氏　東洋美術に「南都七大寺日記と七大寺巡禮記の述作年代について」を執筆。

○佐々木喜善氏　三田評論九月號に「聽耳草紙」を寄稿してゐる。

○赤松智城氏　「宗教研究」第六卷第五號に「北方民族の巫術の起源について」を寄稿。

○小泉鐵氏　東京朝日新聞「學藝餘談」に「權力による支配と權力によらざる統制」を寄稿。

○早川孝太郎氏　三河の花祭の研究が略大成したが、追て岡書院から出版される筈。

學界消息

○金田一京助氏　アイヌ語調査を了へて北海道より九月八日歸京した。

○齋藤吉彥氏　青森縣下北半島民俗調査旅行より歸つた。

○明治聖德紀念學會紀要第三十二卷は、石田幹之助氏「中央亞細亞探檢の成果概觀」、ドクトル・オール夫人「比較民族學上より見たる日本人の風習(Einige Japanische Bräuche im Lichte Vergleichender Volkskunde Dr. Lily Weiser Aall)」、加藤玄智氏「御巫淸直大人と大神宮本記歸正鈔」江見淸風氏「伊勢神宮特殊神事」等を登載する。

○「神道講座」が神道攷究會から發行せられるが宇野圓空氏の「修驗道の研究」、松村武雄氏の「日本神話」、西田直二郎氏の「社會史上より見たる神社」、折口信夫氏の「民間信仰と神社」、「原始信仰」、岩橋小彌太氏の「祭祀と藝術」、太田亮氏の「氏神の發達」、喜田貞吉氏の「交通史上より見たる神社」、小田内通敏氏の「人文地理學上より見たる神社」等が豫告に見られる。

○田中阿歌麿氏の「日本北アルプス湖沼の研究」が出版される。これは氏が信濃教育會北安曇部會の事業として二十三年間に互つた研鑽の成果である。豫約金十圓申込所長野縣北安曇郡大町小學校内信濃教育會北安曇部會。

○續群書類従完成會は伊勢神宮遷宮式記念出版として正續群書類従伊勢大神宮纂記全三册を特價拾圓にて頒つ。

會員名簿　其二

川邊壽利
高橋盛孝
竹本健夫
竹友藻風
高橋勝利
高橋友鳳子
田中達男
地原スミ子
中央大學圖書館
朝鮮總督府圖書館
筑波研究部
角田千里
津田徹
坪井忠彥
津田敬武
手島鐵行
寺本義太郎
出口米吉
外山且正
戸田貞三
外山勝夫

戸澤英一
戸川隆春
中山太郎
成富多津夫
中村留二
中村康隆
長山源雄
中川貞雄
内藤虎次郎
中島正文
中村浩太郎
内藤吉之助
永尾龍造
中山正善
中村協平
中山省三郎
中尾逸二
西岡虎之助
西成甫
新渡戸稻造
日本民俗研究會 本山豐治

西田直二郎
西角井正慶
根岸傳三郎
野上兵作
野村茂
野澤虎雄
野澤浩
野村安政
乃木惇
能田太郎
野村政造
林五助
橋本進吉
林健太郎
林友一
濱田耕作
林魁一
橋本初太郎
長谷川恭平
原徹郎
原田淸
早川孝太郎
檜垣元吉
平沼大三郎

平野亥一
日野巖
比嘉春潮
平岡武夫
日野富三郎
廣田義夫
古橋正樹
古谷文一郎
藤直幹
福島憲太郎
別所梅之助
細井一六
堀敏郎
細野七郎
堀井一平
本多理一
堀維孝
本多了惠
穗積忠
堀井五十雄
本田喜代治
穗坂勝也
堀內弘平
松村武雄

馬淵東一
松本信廣
松田又彥
松田令司
松本重彥
丸州順穗
增田武夫
松村市太郎
前橋佐藏
松下勝太郎
宮尾しげを
三淵忠彥
三浦源助
水木直箭
宮本勢助
三村與三一
宮腰伊七郎
三橋克己
三好巖一郎
深山孝德
南滿洲鐵道株式會社大連圖書館
同庶務部調查課

(以下次號)

民俗學談話會記事

第六回民俗學談話會は、九月十四日午後六時より例によつて學士會館に於て開く。當夜左記の如き要領の話があつて、九時半散會した。集まる者、今井六士郎、岩澤修三、末松緑、喜多義次、板橋源、早川昇、吉本一郎、伊藤良吉、大島昭義、孫晋泰、富塚善二、石田幹之助、松村武雄、大藤時彦、金城朝永、外山且正、坂口保治、金田一京助、小泉鐵、洞富雄、池上廣正、池上隆祐、折口信夫、北野博美、矢島嘉吉、有賀喜左衛門、青柳秀雄、岡村千秋、竹友藻風、早川孝太郎、中山省三郎、中道等、須永克己、松本信廣、柴三九男、中村康隆、田邊振太郎、田中芳全、菊池山哉、村上清文の諸氏。

支那に傳はつた西方の傳説に就いて

石田幹之助

○

支那と方西との交通は石器時代の古から存したと思はれる。春秋戰國の頃には無論色々の交渉があつた。然しこの關係が非常に發展したのは漢の武帝の時張騫の中亞遠征以後のことに屬する。かくの如くにしてローマン・オリエントの文化は海陸兩路から支那に流入して來た。勿論最初に東來したものは西方の貨物乃至物質文化であつたらうがこれに次いで精神文化の方面も漸次極東に傳はつたことゝ信ぜられる。即ちアレキサンドリアを中心として、ヘレニズム全盛時代のローマ領オリエントの思想とか傳説とかゞ支那方面迄流れて來たのである。こゝにその一例を擧げてその一斑を想像する資としよう。

○

今迄支那に自ら發生し、傳承された話と考へられてゐたものも、右のやうな文化史的背景を考へつゝ、一方 Classical writers の著述の今に殘るものを丁寧に點檢すると、あちらのものがこちらへ來てゐるのが少からず發見する。ダイアモンドに關する傳説や報恩鳥の話の如きもその一つである。こゝに右の問題の一例として擧げて見たいと云ふのは實はこの類の話の一二である。

○

第一、金剛石採取（Diamond fishery）の話。

唐の張説（六六七―七三〇）の著と稱する「梁四公記」に

梁天監中（五〇二―五二〇）有蜀杰公、謁武帝、帝與諸儒語及方域、西至西海々中有島方二百里、島上有大林、林皆寶樹、中有萬餘家、其人皆巧能造寶器、所謂拂林國也、島西北有坑盤、坳深千餘尺、以肉投之、鳥銜寶出、大者重五斤、彼云是色界天王之寶藏、

といふ記事がある。これは Cyprus 島 Constantia の僧正 Epiphanius (Ca 315―403) の著にある左の話の崩れて支那に傳はつたもの（或はその崩れた一ヴァーションが支那に傳はつたもの）と考へられる。（たゞこの際はイェルサレムの高僧の胸飾になつてゐる十二の寶石の一なるヒアキント〔風信子石〕のことゝなつてゐる違ひはあるが、これは種々な點から見てダイアモンドに就いて語られた所を此場合特にヒアキントに附會したものであることが論證されてゐる）。

大スキュティアに沙漠あり、そこに深き谷あり。周らすに壁立せる巖山を以てす。その頂より底を瞰下するに霧混沌として日及び難し。王、人に命じてこの寶玉をこゝに探らしむ。人このあたりに住み、羊を屠り、皮を剝ぎ、この深淡の中に投入す。寶玉乃ち羊の肉に附着す。附近に群るゝ鷲、肉の香を追うて谷に下り、肉に食ひつき、羊の屍を山頂に咬へて去る。かくて〔肉のみ喰ひ〕、寶玉のみ山頂に殘る。人之に就いて寶玉を探る。この石、色を異にするも皆寶玉に屬す。炭の猛火に入るゝも損せず、却て火を消すに至る。云々

(Epiphanius, *De duodecim lapidibus rationali sacerdotis infixis* [Epiphanii opera, ed. Dindorf, Leipzig 1862, Vol. I, iv, P. 190]。——Ruska, *Steinbuch d. Aristoteles*, S. 15 にも譯文があるし、拉丁原文は Everyman's Library 本のマルコ・ポーロなどにも[P. 367]にも引用してある)。

○

この話は支那に於いて時と共に幾多のヴァーションを生じたが、然しこれを皆右の「梁四公記」の話が變化したと考へることは出來ない。何となれば西方に於いても幾つかの異傳が時代を異にし、處を異にして生じてゐるから、これがその時々に、各地から支那へ入つてゐること確實と思はれるからである。かくて元の劉郁の「西使記」(一二五九年に、クブライ汗の命を奉じて常德がペルシアのフラーグ汗の許へ使した記事)に

金剛石は印度に產す。肉を以て大谷に投ぜば鳥來りて肉を喰ひ。石のみその糞中に殘ると云ひ、周密の「齊東野語」(十三世紀末)に

金剛石は西域に產し、或は回鶻に出づといふ。石は高山の頂に於て鷙の食ふ肉に附着しなり、鷙の腹中に入り、その糞中に現はる。人黃河の北沙漠の中に之を探る

と云ふ類は、西方にもカズウニ(Qazwini, 1203—1283)がこの Diamond valley を以てセイロンの Serindib 山中の「月の谷」のことゝし、Idrisi(十二世紀アラビアの地理學家)之をキルギス曠野の話なりとし、マルコ・ポーロ(十三世紀)が印度の話となし、Al. Tifasi(1253 死、アラビアの鑛物學者)が之を折衷せる如く記すなど異傳がいくつか成立してゐるのであるから、そのいづれかに相當するもの、或は今日失はれた類似の別傳に相當するものとして解するのが穩當と考へられる。(なほ西方所傳に就いては Yule-Cordlier, *Marco Polo*, II, 360—363. Lane 譯の *Arabian Nights*, Bohn 文章本 III, 125 などに例が擧げてある)。

○

第二、報恩鳥の話。干寶の「搜神記」に

噲參養母至孝、曾有玄鶴、爲弋人所射、窮而歸參、參收養療治、其瘡愈而放之、後鶴夜到門外、參執燭視之、見鶴雌雄雙至、各銜明月珠以報參焉、

といふ話がある。この話は正にエーリアヌス(アイリアーノス *Lat.* Aelianus. *Gr.* Ailianos；三世紀中のイタリア人、されどギリシア語の著近を以て著はる)の「動物譚」(*Historia Animalium*) VIII, 22 に出づるといふ次の說話の東傳せるものとしか見られぬ。卽ち

Tarent に有德の寡婦あり、Herakleïs といふ。足を傷けたる雛鶴を扶養せしが、鳥之を德とし、傷癒ゆるの後一年、この婦の家に來りて一寶石を落せり。夜、起きて之を見るに石光を發し、室の明るきこと燭を以て照すが如し。

とある。たゞ何石を落したのかを明かに云つてないが夜光の珠と云ふからには他の多くの類話の比較からダイアモンドと考へられる。

○

この話は獨り鳥に就いて語られるのみならず、他の動物に就いても談られるもので、その根元はアレキサンドリア方面にあり、この地の榮えた頃ギリシア人の好んで說話の題目とした所謂 Dankbare Tiere の話なる一類に屬するものと思はれる。(A. Marx, *Griechische Märchen von dankbaren Tieren*, 1889)。よつて支那にもこの形式で動物を異にする左の如き話が存してゐる。

隨縣溠水側有斷蛇丘、隨侯出行見大蛇被傷中斷、疑其靈異、使人以藥治之、蛇乃能走、因號其處斷蛇丘、歲餘蛇銜明珠以報之、珠徑盈寸、純白而夜有光明、如月之照、可以燭室、故謂之隨侯珠、亦曰靈珠、又曰明月珠、丘南有隨季良大夫池、(搜神記)(太平廣記、卷四百

二、寶類三引く所は適に節略を加へてある)。

○

以上はほんの一例に過ぎないが、ダイアモンドの話だけでもなほ色々外に西方の說話が支那に入つてゐる證據が澤山ある。又石綿と火鼠の話、水羊の話、侏儒と鴻との戰の話や、女人國で女が男なくして妊む話などもヘレニスティック オリエントの話の傳來したものと見るべき理由がある。これらは米國のB. Laufer氏が既にその博大なる學殖を傾けて詳細に硏究し、有益な報告を出してゐる所であつて私の硏究でも何でもない。ことに右に述べた所はすべて氏のモノグラフ The Diamod, Chicago 1915 にある所であり、之になほ氏の The Optical Lenses. T'oung-pao 1915; Ethnographische Sagen der Chinesen (Kuhn-Feschrift 1916); Notes on Turquois, Chicago 1913 等を參考して紹介を試みたのに過ぎぬ。たゞ氏の論文は多く漢文を載せず、又そのテキストの引用に於いて惜しい誤甚だ遺憾な點があるのでそれを正し、且つ氏の擧げない參照文籍や注記を少し加へたのに止まる。

編輯と大會のこと

「民俗學」も今度で第四號を發行することになりました。毎々いろ〳〵とお願ひして居ります資料も會員の方々のお骨折によつて豫期以上に集りつゝあることを深く喜び、感謝してゐます。然し御好意に對して相濟まなく思ひますことは、折角お送り下すつた資料でありながら直ぐに揭載が出ないといふ場合が度々起り得ることだらうといふことです。紙面に限りがあるといふことも一つの理由ではありますが、或る種の資料になりますと整理なしひと纒めにして揭載する方が相互に便宜であるものもあり、又は或る時期を見てする方が實際に則した硏究の助けになることもあると思はれるからです。

それ故勝手がましいお願ひですが、それ等の點は編輯の者にお任せを願ふことにしていたゞき、なほ資料を一つでも多く集めさせていたゞき、ゆく〳〵完全なる資料の堆積が出來上るやうに御助力を得たく重ねて御願ひします。

次に紙上問答の項に就いても或る種のものは雜誌の揭載を見合せ、直接質問を出された方にお取次ぎする場合もあるだらうと思ひますから、豫め御承知置きを願ひます。

なほ慾を申しますと、全然資料を得ることが出來ない地方が全國的に見ますと可成りに多いのです。どうかさういふ地方に御在住の方々のお骨折に依つて新しい地方の開拓をしていたゞくことが出來ますれば、非常な幸だと思ひます。(編輯委員)

◇

否應なしに時日はたつてゆきます。そして十月が出ました。そして私達の學會も第一回の大會を開くことになりました。

大會に就ては卷頭に御知らせをしてありますが、先づ開會と同時に會としての議事をすゝめたいと思ひます。それは會務の報告、委員の選擧、第二回大會を開くべき時日及び土地等のことが重なることですが、會員の方々からの動議も議したいと思ひます故、提案をお持ちの方は豫めお出し置きを願ひたいと思ひます。

そして議事が終りましたならば、直ぐに引續いて講演に移ることになりますが、講演は遲くも七時には始めたいと思ひます故、何卒御出席の方は定刻迄に御參集をお願ひして置きます。

なほ念の爲め申上げて置きますが、會としては食事を用意してありませんから、どうかその點お含み置きを願ひます。(大會係)

文學博士 新村出序

東京高等師範學校教授 竹友藻風著

詩の起原

（最新刊）

菊判バツクラム裝
面取天金上製
本文五〇〇頁
定價四圓八十錢
送料二十七錢

「この書物は大體三つの部分より成立する。第一部（第二章—第九章）は歌垣を中心として原始民族の宗教祭式と文學の關係を考へたもの、第二部（第十章—第十六章）は劇、敍事詩及び敍情詩の系統に屬する原始文學の研究、第三部（第十七章—第十九章）は詩の起原に關する理論的考察である。第一章と第二十章とは序論と結論のやうな關係になつてゐる。元來「文學論」の中に述べた理論の適用として筆を起したのであるが、それと共に、平生少からぬ興味の對象となつてゐる民族の文學について多少系統的な知識を構成したいと思つたその結果「文學論」の續篇であるけれども、これは又これだけで一つの獨立したものと見ることが出來る……」（著者序より）

新村博士序文の一節に「竹友氏は文學史論中最も重要な詩の起原に關して、周ねく東西の事例を博搜して論を進めて往かれます。其麗筆は讀む人をさながら詩境に導いて往くに適してゐると信ぜられます……」と。

要目

第一章 詩と散文
第二章 デイテユラムボス
第三章 歌垣
第四章 デイオニユウソス
第五章 デエメエテエル
第六章 生成の神
第七章 迦具土
第八章 踏歌
第九章 祭式と原始文學
第十章 劇の系統
第十一章 敍事詩の系統
第十二章 バラツド
第十三章 バラツトと日本文學
第十四章 敍情詩の系統
第十五章 童謠と祭式
第十六章 童謠と原始文學
第十七章 形式の分岐
第十八章 藝術衝動
第十九章 個人の釋放
第二十章 詩の領域

日夏耿之介著 明治文學襍考 定三・二〇 送二七

横瀬夜雨著 太政官時代 定四・六〇 送二七

東京市神田北甲賀町四
梓書房（アヅサ）
電話神田二七七五番
振替東京七八六四四番

大阪醫科大學教授 醫學博士 笠原道夫序 尾崎清次編

育兒上の緣喜に關する玩具圖譜

第一卷
略菊二倍型帙入
石州紙・木版手摺
臺紙木炭紙・解說附
定價拾圓
送料內地二十七錢
其他五十五錢

第一卷 小兒疾病の呪禁に關する玩具（二百部限定版）

醫學特に小兒科學が科學的に研究されて以來日本の育兒法も從來の迷誤の邪徑から離れて漸次正しい道を辿つてゐるのであるが尙今でも育兒上又は小兒の病氣に對して迷信と思はるゝ呪禁が數多く行はれてゐることは、科學的育兒法の進步發達が尙途中にある日本の現時では蓋し止むを得ないのである。

日本に於ける育兒法を史的に觀察しそれを檢討する事は甚有益なる事ではあるが其資料の蒐集又は調査に中々困難を伴ふものである

この圖譜によつて今後或は廢絕せらるべき運命をもつてゐる育兒上又は小兒の病氣に對する呪禁を傳へ、我國人の育兒上の考へ方並に兒童に對する態度を知る爲めには本圖譜は甚だ有益なる文獻の一であると信ずる（笠原博士序文の一節）

本書は圖版全部實物より直接編者の自寫せるものを編者監督の下に數度乃至數十度の木版手摺としたるため、從て形及色彩は比較的正確に近く、玩具の有する民族的特色を十分覗ふに足り、且玩具の所產地並に使用地を明かにせる爲めに類例蒐集の便宜を有する。

第二卷 結婚姙娠出產の呪禁に關する玩具 近刊

第三卷 小兒の幸福を祈りて贈る玩具 近刊

發行所
大阪
笠原小兒保健研究所

發賣所
東京市神田區北甲賀町四番地
岡書院
振替東京六七一六九一番・電話神田二七七五番

中山太郎著　民俗藝術叢書　（最新刊）

祭禮と風俗

四六判紙裝　價壹圓　送料六錢

北はアイヌの信仰より、南は沖繩の祭事に至る、各地の祭禮・土俗を零細に集めて其の據つて來たるところを糺し、變遷の過程を語り、而して此信仰行事より生じた諸種の風俗を述べて、我國の祭禮の機構が如何なるものであるかを闡明した、極めて興味深い研究である。蓋、從來何人も著手せざりし我祭禮の側面史として江湖に薦めたい一書である。

南江二郎著　民俗藝術叢書　（最新刊）

原始民俗假面考

四六判紙裝　價壹圓五拾錢　送料六錢

世界の各民族に亘つて、魔術・祭禮・葬禮・戰爭・其他狩獵・トーテム等各種の儀式に用ゐられる原始的民俗假面に就き、**假面の寫眞・舞踊圖凸版等二十數面を挿入**して、それの始源・用途を詳述し、且つそれらの儀式の意義・樣相等にも觸れた、幷つて本邦にては何人も着手せざりし新研究の發表である。

民俗藝術叢書

民謠の今と昔　柳田國男著　價壹圓　送六錢

藝術としての神樂の研究　小寺融吉著　價壹圓　送六錢

東京市神田區南神保町一四　**地平社書房**　電話九段二六〇二　振替東京六六一九一四

◇前號目次

△原稿、寄贈及交換雜誌類の御送附、入會退會の御申込、會費の御拂込等は總て左記學會宛に御願ひしたし。
△會費の御拂込には振替口座を御利用せられたし。
△會員御轉居の節は新舊御住所を御通知相成たし。
△御照會は通信料御添付ありたし。
△領收證の御請求に對しても同樣の事。

昭和四年十月七日印刷
昭和四年十月十日發行

定價金八十錢

編輯發行者　岡村千秋　東京市神田區錦町三丁目十七番地
印刷者　白井赫太郎　東京市神田區錦町三丁目十七番地
印刷所　精興社

發行所　民俗學會　東京市神田區北甲賀町四番地　振替東京七二九九〇番　電話神田二七七五番

取扱所　岡書院　東京市神田區北甲賀町四番地　振替東京六七六一九番

MINZOKUGAKU

THE JAPANESE JOURNAL OF FOLKLORE

Published by the

MINZOKU-GAKKAI

Volume I | October 1929 | Number 4

Page

Articles:

Short Notes:

Folkloristic Notices:

MINZOKU-GAKKAI

4, Kita-Kôga-chô, Kanda, Tokyo, Japan.

民俗學

第壹卷　第五號

昭和四年十一月

民俗學會發行

民俗學會會則

第一條　本會を民俗學會と名づく

第二條　本會は民俗學に關する知識の普及並に研究者の交詢を目的とす

第三條　本會の目的を達成する爲めに左の事業を行ふ

イ　毎月一回雜誌「民俗學」を發行す

ロ　毎月一回例會として民俗學談話會を開催す

　但春秋二回を大會とす

ハ　隨時講演會を開催することあるべし

第四條　本會の會員は本會の趣旨目的を賛成し會費（半年分參圓　壹年分六圓）を前納するものとす

第五條　本會會員は雜誌「民俗學」の配布を受け例會並に大會に出席することを得るものとす　講演會に就いても亦同じ

第六條　本會の會務を遂行する爲めに會員中より委員若干名を互選す

第七條　委員中より常務委員三名を互選し編輯庶務會計の事務を負擔せしむ

第八條　本會の事務所を東京市神田區北甲賀町四番地に置く

附　則

第一條　大會の決議によりて本會則を變更することを得

私達が集つて此度上記のやうな趣意で民俗學會を起すことになりました。

考へて見ますと學問が大學とか研究室とかに閉ぢこめられてゐた時代は何時まで何時までつゞくものではないといふことが云はれますが、然し大學とか研究室とかいふものを必要としなければならない學問のあることも確かに事實です。然し民俗學といふやうな民間傳承を研究の對象とする學問こそは眞に大學も研究室も之を獨占することの出來ない學問であります。然しされぱといつてそれは又一人一人の篤志家や學究が個々別々にやつてゐたのでは決してものになる學問ではありません。出來るだけ多くの、出來るだけ廣い範圍の協力に待つしかないものと思ひます。日本に於て決して民間傳承の資料の蒐集なり研究なりが閑却されてゐたとはいへません。然しそれがまだ眞にまとまるところにまとまつてゐるとはいはれないのが事實であります。かう云ふ事情の下にある民俗學の現狀をもつと開拓發展せしめたいがために、民俗學會といふものを發起することになつた次第です。そして同樣の趣旨のもとに民間傳承の研究解說及び資料の蒐集を目的として、會員を募集し、會員諸君の御助力を待つてこれらを發表する機關として「民俗學」と題する雜誌を發行することになりました。

どうかこの一般國民生活の中に深く生きてゐる事實の意義及び傳承を生かす爲めに、そして民間の學問としての學的性質を達成せしむる爲に、本會の趣旨を御諒解の上御入會御援助を賜りたく御願ひ申します。

委員

會津八一　秋葉隆　有賀喜左衛門
伊波普猷　石田幹之助　移川子之藏
宇野圓空　岡正雄　折口信夫
金田一京助　小泉鐵　今和次郎
中山太郎　西田直二郎　早川孝太郎
松村武雄　松本信廣　宮本勢助

昭和四年十一月發行

民俗學

第壹卷 第五號

目次

第三圖

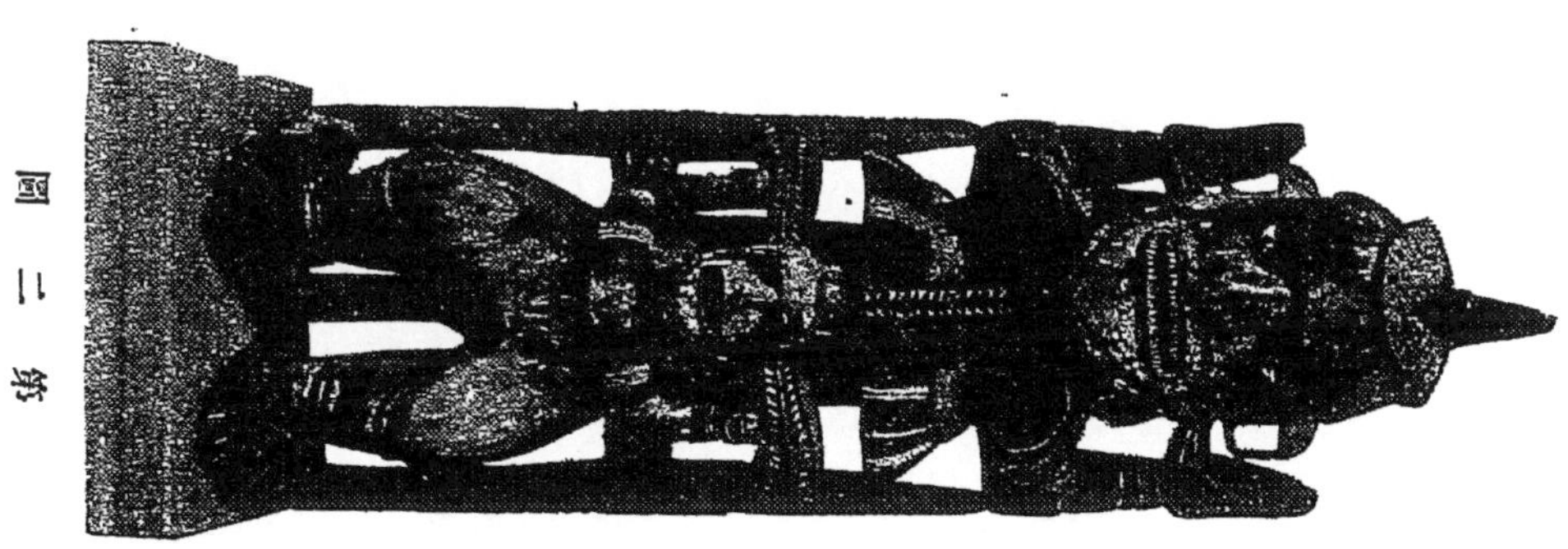

第二圖

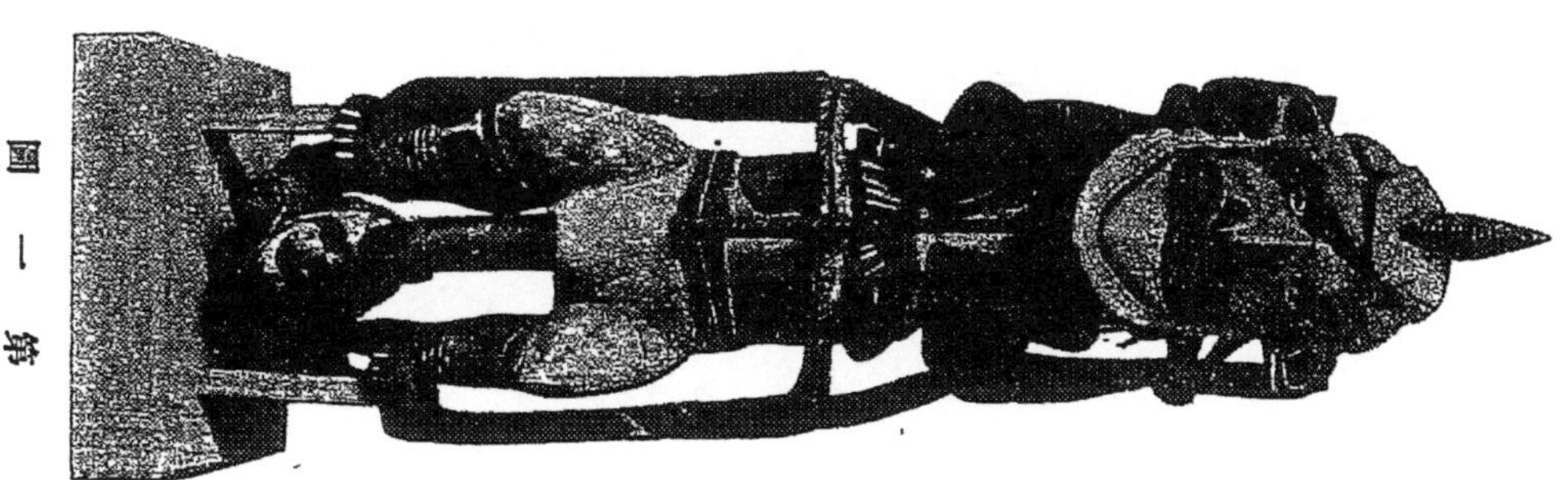

第一圖

民俗學 第壹卷 第五號 圖版第二

民俗學

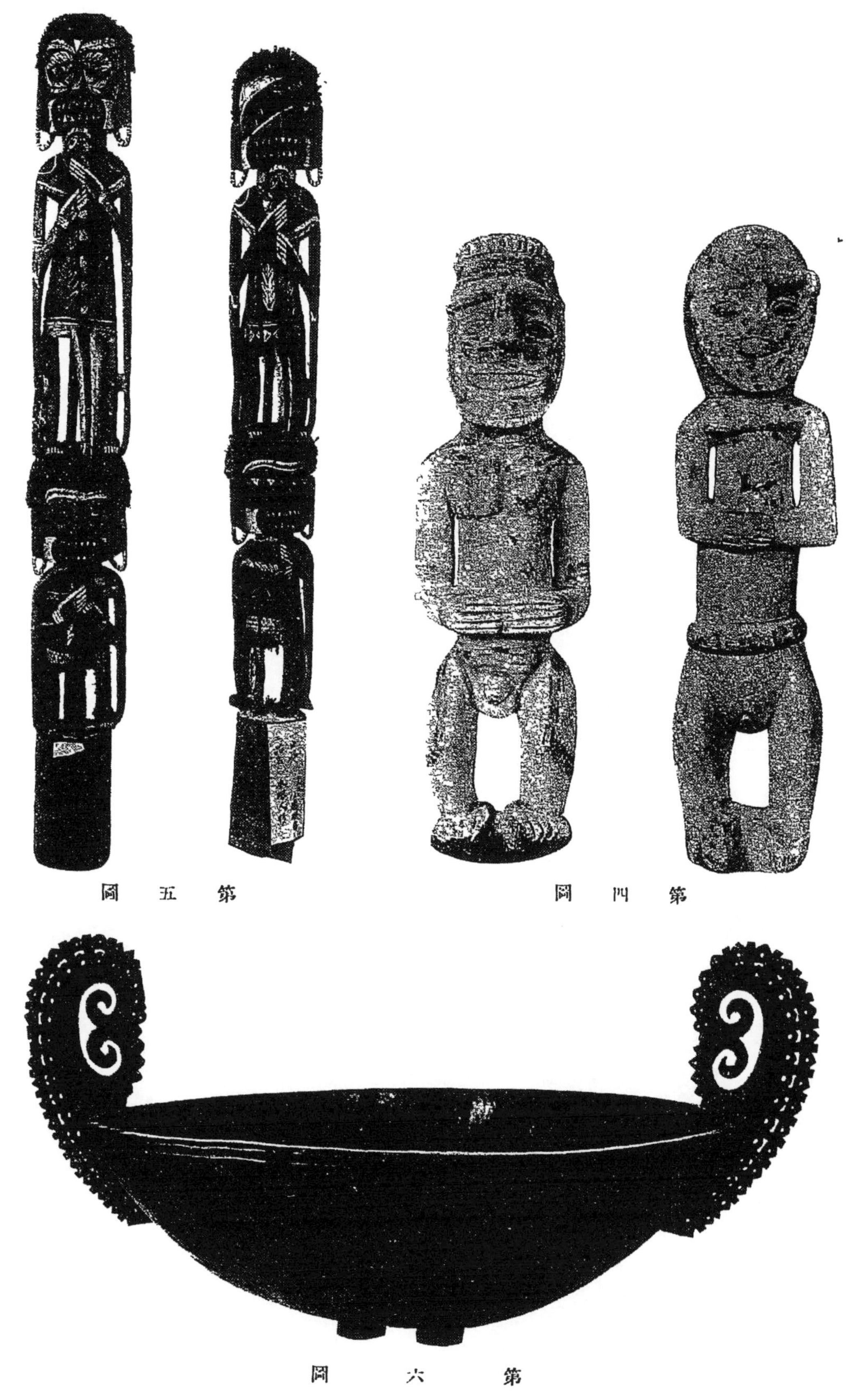

第五圖

第四圖

第六圖

古代人の思考の基礎

折口信夫

一、尊貴族と神道との關係

1

尊貴族には、おほきみと假名を振りたい。實は、おほきみとすると、少し問題になるので、尊貴族の文字を用ゐた。こゝでは、日本で一番高い位置の方及び、其御一族卽、皇族全體を、おほきみと言うてゐるのである。これからの話は、その尊貴族の生活が、神道の基礎になつてゐる、といふことになると思ふ。民間で神道と稱してゐるものも、實は尊貴族の信仰の、一般に及んだものだと考へる。

平安朝頃までは、天皇の御一族のことを王氏と言ひ、其に對して、皇族以外の家を、他氏と言うてゐた。奈良朝から王氏、他氏の對立が著しく、殊に王氏の方から自覺せられた。正しい意味における后は元、他氏の出であつて、其上に一段尊い王氏の皇后があつたことの囘顧が必要である。

尊貴族と同じ樣な生活をしてゐた、國々或は村々に於いても、其と大同小異の信仰が、行はれてゐた。又其間、かなり違つた信仰もあつたであらうが、其等は事大主義から、おのづから、尊貴族の信仰に從うて來た。中には、意識して變へた事實もある。其は、近江都・飛鳥都・藤原都の時代を通じて見られる。かの大化改新の根本精神は宗教改革であつて、地方の信仰を尊貴族の信仰に、統一しようとしたところにあつた。奈良朝を經て平安朝になつて、王族中心の時代になりかゝつて來たが、此頃になると、もう王氏を脇に見て、他氏が勢力を得て來てゐる。それで尊貴族は、竟に表面に現れないで、他氏が力を振ふやうになつた。話を、單純にする爲に、例をあげると、毎年正月十五日頃行はれる御歌會始めは、今では、神聖なといふより、尊い文學行事になつてゐるが、平安朝末頃の記錄を見ると、固定して來てはゐるが、まだ神聖な宗教的の儀式であつた。其習慣は、平安朝を遡つて、奈良朝より、更に前からあつたものと思はれる。

この神聖な宗敎上の儀式である御歌會は、元は、男女が兩側に分れて獻詠したものであらう。天皇が御製をお示しになる時は、女房が簾越しに出すことになつてゐた。この形式の一分化として、平安朝から鎌倉時代へかけて、屢〻行はれた、歌合せの場合にも、其習慣から、天皇・上皇の御歌は、女房名を用ゐて、示されてゐる。宮廷の生活をうつした、貴族の家で行はれた歌合せには、其家の主人が、女房といふ名を用ゐた。大鏡を見ても訣る。後鳥羽院は、歷代の天皇の中で、最すぐれた歌の上手であらせられたが、皆、女房と言ふ名で歌合せをなさつた。今でも、御歌會の時には、召人が召されるが、昔は、此召人と言ふものは、大抵武官出であつた。貴族の子弟のなつてゐる武官ではなくして、五位以下の、多くは地下のものであつた。卽、位の低い武官が召された。平安朝末から鎌倉へかけて、武官出の名高い歌人の出てゐるのは、卽、この習慣の熟したものである。譬へば、源三位賴政・佐藤詮憲（西行）及び後鳥羽院の時の藤原能任等の人々が其である。召人として召された武官の相手になるのは、宮中の女房である。其も時代が下ると、位の低い女房に變つて行つたが、元は位の高かつた釆女の中から出た。釆女と稱せられる、女房の範圍は廣かつたが、平安朝になつて、此中から上流の女房といふ階級が出て、釆女の地位は低いものになつて了うた。御歌會に女房と武官とが對立の位置に立ち、此が發達して、宮中の歌合せとなつた。

宮中の正式な歌合せは、此一つの原因ばかりから出來たのではないが、此形式を取り込んで、嚴肅なものになつて來たのである。

采女と地下の武士とが、何故に歌合せに出るやうになつたか。其は、采女は平安朝になると、前述のやうに、低い位のものとなつたが、其前には郡領――地方の郡の長官――の女であつた。其が召されて京に上り、任期を終へて、稀には京にゐつく者もあつたが、歸國するのが例になつてゐた。歸國した者は、宮廷の諸儀式を、自分の家に傳へ、或は其家の勢力範圍へ傳播した。此采女に對立して、やはり郡領の息子が、京に上つてゐる。これは近代まで續いてゐた、大番役のやうなものであつた。此等、郡領の一族から出たものを、總括的に舍人と言ふ。此舍人も、後には、任期を勤めあげて、京にゐつくものもあつたが、奈良朝以前には、大抵歸國して、宮廷の信仰を宣傳してゐる。

宮中には、神代以來の歷史を誇る武官の家々があつたので、舍人等が、地方から澤山上つて來ると、人數があり餘る。すると、王氏は勿論、位置の高い者にお下げになる。隨身と呼ばれるところのものである。隨身は、仕へてゐる王族・貴族の所によつて、資人又は、帳內とも言うた。要するに、本體は、宮廷の舍人として考へられる。貴族の家々にゐる女房も、同樣に宮廷から下されたものだ、といふ假定も成り立つ訣で、このやうに宮廷の生活が次第に下へ移され、貴族の家々でも、宮廷と同樣な方式があつたから、舍人・采女によつて移された宮廷の生活樣式を、直ぐに受け入れることが出來たのである。

3

平安朝末になると、武官はほんの召人として、輕く扱はれてゐるが、淸輔の「奧義抄」の卷頭に、この事を眞面目

4 に書いてゐる。平安朝も末期の記録では、輕く見られてゐるが、もとは、意味深く考へられてゐた。

初春朝賀の式が行はれる時に、天皇が祝詞を下されると、群臣が其に御答へとして、壽詞(ヨゴト)を奉る。これは、天皇の齡(ヨ)を祝福すると同時に、服從の誓ひを新しくすることである。延喜式祝詞では、祝詞・壽詞の意義が混同して用ゐられてゐる。

日本の儀式は、同じ事を幾度も繰り返す。其はたゞ繰り返すのではなく、平易化して複演するのである。宮廷の元旦朝賀の儀式に、壽詞を奏上すると、壽詞なる口頭の散文に對して、今一段くだけた歌なるものを複演奏上する。歌は、壽詞から分化したもので、壽詞の詞の部分ではなく、獨白の文章、自分の衷情を訴へ、理會を求める部分が、集つて分離して來たのが歌である。卽、壽詞奏上の後、直會の意味において歌會をする。今の神道では、それが大分くだけて、正式の祭りの後に、神社で直會(ナホラヒ)といふものをする。それが、今は殆、宴會とくつついてゐるが、昔は神まつり(正式儀式)・直會・肆宴(トヨノアカリ)と三通りの式が、三段に分れてゐた。この三通りの式を、次第にくだいて行ひ、直會では歌、肆宴では舞ひや身ぶりが、主になつてゐる。

朝賀の式が終つた後に直會をする。此直會に當るものが、御歌會であつた。宮廷では、早く其を大直日(オホナホビ)の祭りと言うてゐた。大直日・神直日(カムナホビ)は、祝詞の神である。神授と信じてゐる傳來の祝詞にも、讀んでゐる中に、誤りが出て來るかも知れない。誤りがあると、神から、禍ひが下される。禍ひを下す神を、大禍津日神(オホマガツヒノカミ)・八十禍津日神(ヤソマガツヒノカミ)といひ、神官は嫌うてゐるが、實は大切な神なのである。神道では、此神に對する理會が、變つて來てゐるが、神傳來の祝詞、其に答へる壽詞の誤りを指摘する神である。今ではどうかすると、祝詞は儀式の上で、なければならないものだから、單に讀むものだと考へられさうであるが、昔は神のことばと信じ、壽詞では自分等の思ふところを述べたのである。人間に傳つてゐるのだから、間違ひがある。神に間違うたことを言ふと罪せられる。その誤りがあつた場合に、その誤りを訂正するのが、大禍津日神である。それを對句式に表現した結果、その性格に分裂を起して八十禍津日神と言うた。其を後には、惡魔のやうに考へた。誤りの無いやうに直して貰はねばならない、其神が大直日神・神直日神であつて、神道では、別々の神のやうに考へてゐるが、これは調子をとる爲の對句から發生したものであることは、禍津日神におけると同樣である。

その後大直日・神直日二神をまつると、唱へごとに誤りがあつた場合に、其を訂正してくれた。

平安朝の宮廷では、朝賀の式が濟むと、大直日の祭りに相當することが行はれた。此を分けて大直日の祭りと、御歌會との二とする。大直日の祭りは、朝賀の式に接して行はれたが、神をまつるだけではなく、その時に奉る言葉に誤りがあつてはならないので、訂正の意味でこれを行ふのである。此大直日の祭りの時に、歌を歌ふ。古今集卷二十の卷頭に、大直日の歌がある。これが、正月にあるのはをかしいと言ふが、大直日だから正月にもあるのである。

あたらしき年のはじめにかくしこそ　ちとせをかねて　たのしきをへめ（つめとあるのは疑ひもなくへめの誤り）

此は奈良朝の歌（日本紀）の形を、少し變へて傳へてゐたのである。其で見ると、大直日の祭りが、朝賀の式に接して行はれてゐたことがわかる。實は御歌會と、大直日の祭りとは、同じものであつたのが、分裂して、別のもののやうになつて來たのである。

御歌會の時には、男女が兩方に分れる。其時の主體は、采女と舍人とであつた。此時の歌は新作ではなくして、自分の地方々々の歌を出して、神に獻じた。この歌を國風（クニブリ）と言ふ。新しく、宮廷に服從を誓ふ意味のもので、毎年初春に、服從を新しくしたのである。

處が其前から、世間では、歌合せの元の形と見るべきものが行はれてゐた。歌垣・歌論義など言ふものが其である。その方式を、次第に取り込んで、御歌會に歌を闘はせることになつて、歌合せが出來て來た。

國々には、國々を自由にする魂があつた。國々の實權を握る不思議な魂即、威靈(マナア)があり、其がつくと、其土地の實權を握る力を得る。

地方々々に傳來する歌には、其魂が這入つてゐて、其を歌ひかけられると、其人に、新な威力が生ずる。采女・舍人が國風の歌を奉ると、天皇に威靈が著いたのである。そこで歌を獻じた地方は、天皇に服從する事になるのである。

さゝなみの國の御神のうらさびて　荒れたるみやこ　見ればかなしも（萬葉卷一）

近江の國ッ御神の心が荒んで、近江宮廷が、こんなに荒れたのだらう、と說いてゐる――山田孝雄氏に別解がある――が、此は魂の考へ方からすると、人間の魂の游離する事が、うらぶるである。魂が游離すると、心が空虛になる故、淋しいといふことになる。平安朝になると、さび／＼し即、さう／＼しと使うてゐた。心が空虛で、物足らない、魂の游離した樣子である。此歌、天皇に著かねばならない、近江の國の魂が、弘文天皇から游離して、天武天皇に移つて了うた。其で、弘文天皇は、國を天武天皇に御委せにならねばならなくなつたことを、歌うたものなのである。

國々の郡領、又は其子どもが、自分の家に傳つてゐる歌を唱へると、唱へかけられた天皇に、其力が移る。天皇は國中のあらゆる魂を持つてゐるから、日本の國を領してゐられるのであつて、此事が訣らなければ、神道の根本に觸れることは出來ない。日本の國は、武力で征服したとか、聖德で治めたとか言ふが、宗教的に言ふと、國々の魂を獻つたからである。

魂を聖躬に著けるのは、本來ならば、一度でよい筈である。其をいつしか、毎年繰り返してせねばならない、と考へて來た。其役を果す爲に、郡領の息子・娘である舍人・采女は、宮廷に來てゐたのである。舍人・采女は、宮廷の現神（アキツミカミ）――天皇は、神の御言詔持（ミコトモチ）であり、又時には、神におなりになる――に仕へ、任終へて、地方に歸るに及んで、宮廷の信仰は、地方に擴つた。

此信仰の行はれた時代は、長く續いたが、武家が勢力を持つに至つて、武力で國を征服するといふ考へ方が崩し、やがて其が、ずつと遡つた時代までもさうであつた、と考へさせるに至つた。采女達は、各國に歸れば、國ッ神最高の巫女になり、舍人は郡領又は其一族として、勢力があつた。此人たちが、都の信仰を習慣的に身體に持つといふことは、自ら日本宮廷の信仰を、地方に傳播することゝなつた。古代にあつては、信仰と政治上の權力とは一つであつた。宗教の力のあるところ、必政治上の勢力も伴うてゐた。乃、此采女・舍人達が、宮廷の信仰を地方に持ち歸つたと言ふことは、日本宮廷の力が、地方に及ぶ唯一つの道であつた。

大化改新は、今まで國々を治めてゐた國造（クニノミヤツコ）から、宗教上の力を奪つて、政治上の勢力をも、自ら失はせた。改新以後は、從來國造と呼んでゐたものを、郡領と稱するやうになつた。郡領は、單なる官吏として、宮廷の代理者としての政治上の力を有するに止つて、宗教上の力はなくなつた。國造から、宗教上の力を奪はなくては、尊貴族の發展は、期し難かつた。

郡領の女は、地方の神の女であり、子である。舍人は第二の郡領であるから、其生活を變へて宮廷式にすれば、宮廷の信仰が、地方に及ぶことになる。この方法は、自然に無意識の間に行はれてゐたのであるが、後に、意識的に行はれるやうになつて、平安朝まで續いた。

宮廷で、春御歌會を行ひ、其に郡領の子女が、其國々の歌を出したのは、國々の魂を奉る意味であつて、此が後に、歌合せに變化した。さう考へると、元旦の朝賀の式のくだけたのが、御歌會である。この歌會以外いろんな場合に、采女・舍人が、天皇卽、神なる天皇に、常侍して居て、地方に歸つて後宗教的の生活をするのであるから、宮廷の風が傳つて、宗教的の統一が行はれた。それはとりも直さず政治上の統一でもあつた。日本の政教一致といふのは、世間で解してゐるのと異つて、今述べた意味に於ての政教一致であつた。

舍人が地方に歸る時には、此者が中心となつて、其仕へてゐた天皇の輩下の舍人部を拵へた。此が、……天皇の大舍人部――詳しくは、日奉……大舍人部――といふものであつた。日奉――ほんとうは、日を祀りの義である――部といふものが、代々の天皇の仰せを蒙つて諸國に散遣してゐた。それが奈良朝になつては、部曲の名のみが殘つてゐるばかりであるが、我々の計り知れない昔から、日奉部が、舍人部から出て、天皇に仕へ地方に歸つて、宮廷から傳つた神祕な力、天體の運行を計る信仰を以て、地方を治めて行つた。すると其國が、天皇の國になる。卽、地方から出て、宮廷に仕へた男女が、宮廷の宗教を持つて歸る爲に、信仰の非常に違うた地方も、宮廷の信仰と同樣になり、宮廷の勢力が及んで、宮廷の領地と考へられるやうになつた。

また宮廷に似た生活樣式を有つたものは、次第に都の近くに集つて來た。普通これを、大臣というてゐる。以前は、をみを、大身と說いてゐた。卽、大臣は國を持ち、天皇には半ば服從してゐるといふ位の國の主で、天皇の國に對して、對照の位置に立つ大忌である。宮廷の神道では、大忌・小忌（能樂に小忌衣とて用ゐる）の二通りあつて、をみは直接神にあたつて、嚴重な物忌みをする人であつた。後には、此人達の身分は、次第に低くなつたが、元は、その高い人ほど嚴重な物忌みをしたのであつた。今でも、大嘗祭に當つては、天皇が一番、お苦しみになるのである。三度も風呂をお召しになる。其時大忌が、天皇の御介錯を申し上げる。大忌は、宮廷で一番高い位置にある人で、今ならば總理大臣とも言ふべき人である。

廻立殿(クワイリフデン)の湯は絶對の神祕で訣らないが、ともかく、女が其役をする。此時に、神祕が行はれるのである。宮殿のは、平安朝まで行はれてゐて、此方は或點訣るところがある。昔は宮廷では、天皇が一番、苦しんでをられた。一年を通じて、殆絶えることなしに續く祭りを、御親祭になるお苦しみは、非常なものであつた。　天皇に次いでは、大忌――上達部(カンダチメ)がさうであつた。

上達部(カンダチメ)とは通稱であつて、官名ではない。極自由に用ゐられてゐた爲に、平安朝になつて、女の文章が通用語を記すやうになつてから、記録せられた語である。平安朝の記録に、はじめて現れたと言ふ理由で、此語が、奈良朝には行はれなかつたとするのは、早計であつて、奈良朝時代既に行はれてゐた語である。當時は、記録の必要を見なかつたから、記されなかつたまでゞある。

上達部とは、上達の團體のことである。上達は神館(カミタチ)で、物忌みをする人の籠る所。伊勢皇太神宮にもあつた。祭りに、神の召し上るものを作るところ卽、庤(カンタチ)の意味である。其處にゐる人と言ふ意味である。平安朝では、五位以上の人を殿上人といふのに對して、三位以上の公卿を意味してゐる。こゝに到つて、宗教上神館に集つて、物忌みをする人といふ意味は、忘れられて了うた。そして汎稱であつたのが、次第に狹くなつて、ある團體だけを言ふことになつた。

其で貴族達——所謂上達部の生活を見ても、大和に近いところに、國をなしてゐた人達の跡で、宮廷の生活信仰に觸れることが多かつた。從つて、宮廷の信仰・生活が貴族を風化して行つた。それが次第に、地方に擴つて行き、更に民間に傳播した。我々が民間のものと思うてゐるものにも、宮廷の信仰・生活の變化したものが多い。

二、威靈

天皇には、日本の國を治めるのに、根本的の力の泉がある。此考へが無ければ、皇室の尊嚴は訣らない。其は威靈——我々は、外來魂と言うてゐるが、其を威靈と代へて見た。まなぁの譯語である。

天皇は大和の國の君主であるから、大和の國の魂の著いた方が、天皇となつた（三種の神器には、別に、意味がある）。大和の魂は、物部氏のもので、魂を扱ふ方法を物部の石上の鎭魂術といふ。此一部分が、神道の教派の中に傳つてゐる。

此以外に天皇になる魂即、天皇靈（敏達紀、外一ヶ處）がある。

若違盟者天地諸神及天皇靈絕滅臣種矣（敏達天皇十年二月）

此を平く言ふと、稜威である。神聖な修飾語のやうに考へてゐるが、實は天皇靈で、大嘗祭に、聖躬に著くのである。

悠紀殿・主基殿と分れて建つのは、古いことで、天武紀にも見られることである。前述のやうに、此は初めは一つの御殿だつたに違ひない。其中、一番問題になるのは、御殿の中に、御衾を設けてあることで、神道家の中には、天照大神の御死骸が其中にあるのだ、と言うてゐる人もあるが、何の根據もない、不謹愼な話である。天孫が降臨の時、眞床襲衾(マドコオフスマ)を被つて來られたとあるが、大嘗宮の衾も、此形式を執る爲のものであると思ふ。今でも、伊勢大神宮に殘つてゐるかも知れないが、伊勢の太神樂に、天蓋のあるのは、此意味である。尊い神聖な魂が天皇に完全に著くまでは、日光にも、外氣にも觸れさせてはならない。外氣に觸れると、神聖味を失ふと考へてゐた。其で眞床襲衾で、御身を御包みしたのである。その籠つてゐられる間に復活せられた。伊勢にあるのは、太神樂のもつと以前、恐らく三百年も前にあつたもので、近世まで古い形のまゝ、諸國を廻つてゐる神樂の天蓋の中に、眞床襲衾といふものがあつた。

五年目毎に、太神樂が廻つて來て、天蓋で村の青年を包んで、外氣に觸れさせず、食物も喰べさせないで、願立てをして、踊りまはる。さうしてゐる間にその青年は、村の若い衆となる。これは、村の中心勢力として、神事に與る資格を得るのである。實は祭りの時に、神になる資格を持つものが、若い衆である。今の太神樂以前に、諸國を歩いた神樂は、眞床襲衾といふ白い天蓋を持つて廻つた。伊勢の御師(オシ)逹にも、そんな神樂をもつて廻つた時代があつた。其圖が現存してゐるが、非常に變つたものである。

眞床襲衾に包まれて復活せられたことは、天皇の御系統にだけ、記錄がある。其中で、物もお上りにならずに、物忌みをなされた。其習慣がなくなつて後、逆に天孫にゝぎの命が、眞床襲衾に包まつて、此國に降り、此地で復活なされたのだと考へて來た。我々は、宮廷で眞床襲衾を度々お使ひになるので、天上から持つて降られたものと思ふが、其は、逆に考へ直す方が、正しいのである。

古代には、死の明確な意識のない時代があつた。平安朝になつても、生きてゐるのか、死んでゐるのか、はつきり訣らなかつた。萬葉集にある殯宮(アラキノミヤ)又はもがりのみやに天皇・皇族を納められたことが知れる。殯宮奉安の期間を一年と見たのは、支那の喪の制度と合致して考へるやうになつてからのことで、以前は、長い間、生死が訣らなかつたのである。死なぬものならば生きかへり、死んだのならば、他の身體に魂が宿ると考へて、もと天皇靈の著いてゐた聖躬と、新しく魂が著く爲の身體と、一つ衾で覆うておいて、盛んに鎭魂術をする。今でも、風俗歌をするのは、聖上が、悠紀殿・主基殿にお出ましになつてゐられる間と拜察する。

中休みをなさつた聖躬が、復活なさらなければ、一處にお入れ申した、新しく著く身體に魂が移ると信じた。死と生と瞭らかでなかつたから、身體を二つ一處に置けたのである。生と死との考へが、兩方から次第にはつきりして來ると、信仰的には、復活すると考へたが、事實は死んだと認識するやうになる。そして生きてゐた者が、出て來ても、一度死んだ者が、復活したのと、同じ形に考へた。

出雲の國造家の信仰でも、死んだ國造は、猪の形をした石に結びつけ、水葬して、死んだものとは、少しも考へなかつた。其間に、新國造が出來たが、宮廷に於ける古い形と等しく、同じ衾から出て來るので、もとの人郎、死者と同じ人と考へられてゐた。從つて忌服つまり喪に籠るといふことはないのである。

もといふ語は、腰卷き又は、平安朝女房の用ゐた裳、と思はれてゐるが、ほんとうは、紐のない風呂敷のやうな、大きな布で、眞床襲衾と稱した處のものである。もに籠るといふことは、衾に這入ることで、この間のものいみは、非常に廣く、且嚴重に行はれたもので、ものおもひと言うてゐる。後には、誤つた聯想から、服喪の意味に考へて來た。

元々、一つの御殿を、悠紀殿・主基殿に分けたのは、生死を分けて考へるやうになつたからであらう。二殿に衾が別々に置いてあつても、其處で古い方の魂が、新しい方に移ると考へた。萬葉の人麿の歌を見ても、天武天皇が、飛鳥の眞神ケ原の御陵に移され、それから岩戸を開いて、天に昇られたとあるが、此は、信仰が變つてゐる。昇天するのではなく、其魂が授受の形式で移るので、信仰的には、復活したことになるのである。

日本民族の此國土に於ける生活は、長い歷史を持つてゐるのであつて、一部學者の言ふやうに、千年やそこらのことではなく、かなり久しいものなのである。其長い歷史の間、天皇の魂の授受せられて行く中に、次第に天皇の死を考へて來た。もとは復活なさるとのみ考へ、天皇靈——稜威が著いたと信じてゐた。

天皇が大和に移られてからは、大和を治める爲には、大和の魂を持たねばならなかつた。其大和の魂を持つてゐたのは、物部氏だと考へられてゐた。最初はにぎはやひの命であつた。神武天皇の大和入りより前に、既に下つてゐて、天孫は御一人である筈なのに、神武天皇の大和入りの時に、ひよつくり出て來て、弓矢を證據に、天から降つたことを主張してゐる。

此話を正しく解釋出來ないで、政治的の意味があるやうに解いてゐるが、實はにぎはやひの命は大和の魂で、神にまで昇つて來たのである。此命を擁立してゐたのが、ながすねひこであつた。にぎはやひの命が離れると、長髓彥は、直ぐに亡びて了うた。大和の國の君主のもつべき魂を、失うたからである。其魂を祀るのが物部氏であつた。

此處で、日本神道の組織が變つて來て、神と神主との間に、血族關係を認める樣になつた事を述べよう。

出雲の國造家では、もと、神と神主との間に、血族關係を認めなかつた。おほくにぬしの命歸順の後、天日隅宮に隱れて、あめのほひの命をして祭りの事を代り司らしめた。後、おほくにぬしの命を祭ることになつて、神を祭る神主は、神の子であると言ふやうに信仰が變化して、神と神主の家との血族關係が認められ、神主は神の子だ、といふ統一原理が出て來た。此點について、今までの研究は、非常に偏見に支配されてゐた。古代の神道を正しく見極め、新しい神道の道を進む爲には、偏見があつてはならない。

以上のことから、にぎはやひの命と、其を祭る物部氏との間に、血族關係があるものと信ぜられて來た。由來物部氏は、魂を扱ふ團體で、主に戰爭に當つて、魂を抑へる役をしてゐた。此點でも、物部氏をもつて、武器を扱ふ團體である、としてゐた從來の考へ方は、改められねばならない。卽、物部氏は、天皇靈の外に、大和國の魂、其他の國々の魂を扱ふ大きな家であつた。

天皇卽位の時には、物部氏が魂を著け奉るだけでなく、新しく服從した種族の代表者も出て來てそれを行うた。奈良朝前まで、群臣中から、大臣・大連の人々が出て、天皇の前で、其詞を奏した。後、朝賀式が重視せられるに至つて、壽詞を奏するやうになつた。

今から考へると、壽詞の奏上は、新しく服從した國の外は、御一代に一度すればよい訣だが、不安に感じたのであらう、每年其を繰り返した。新嘗を每年繰り返すのと、同じ信仰で、魂は每年、蘇生するものと考へたのである。此復活の信仰は、日本の古代には、强いものであつた。

近世神道で考へてゐる鎭魂の意味は、多少誤解からして、變化してゐるやうである。卽、游離した魂を再、身につけるたましづめの意味になつてゐるが、古くは、外來魂（威靈）を身につけるたまふりの意味であつた。（未完）

此論文は昭和四年八月三十、三十一日の兩日、國學院大學長野縣人會に於ける講演を、小池元男君の筆錄整理せられたものである。（編者）

藥水信仰の一面

秋葉隆

一

父權的家族を以て社會の單位となす朝鮮に於て、男子を生むことが甚だ重要視されることは、極めて自然であり、富貴多男を以て、人生の理想を表現するのは、强ちに婚姻儀禮の呪術的文字のみでは無い。(1) 自分は朝鮮に來て間も無く、南鮮地方を旅行した際に、慶州石窟庵の石佛に祈つて、そこの藥水を飮めば、男兒が生れるといふ話を聞いた。子無きは去るといふ敎が今でも其儘行はれて居るとは云ひ兼ねるが、少くとも妻に男子が無い場合に、夫が妾を蓄へることは輿論の認むる所であるから、子卽ち男子無き妻女が、顏色を變へて生兒祈願を行つて居る光景は、甚だ屢〻見受けられる所である。朝鮮の家族に於ける男子の重要性に就いては、今玆に述べることを差控えるが、それは單に妻個人にとつても、實に己の家族內に於ける地位を決定する重大事である。從つて祈願は少くとも彼女自身、若しくは夫妻兩人、又は屢〻家族員の多數に依つて行はれる。

寺院は通常かゝる生兒祈願の行はれる場所であるが、三國遺事新羅景德王の條に、「王一日詔表訓大德曰、朕無祐不獲其嗣、願大德請於上帝而有之、訓上告於天帝、還來奏云、帝有言、求女卽可、男卽不可、王曰、願轉女成男、訓再上天請之……於是滿月王后生太子」とあり、又、羅季天成中、正甫崔殷誠久しく胤息無く、東京衆生寺に詣で丶大慈の前に祈禱したので、妻娠む有つて男を生んだといふ話や、(2)其父後胤無く、乃ち三寶に歸心し、千部觀音に造つて、一息を得んことを祝願し、生れたのが慈藏大德であるといふ樣な話(3)も載つて居るから、僧侶に依つて生兒の祈願をなし、又自ら佛に生兒を祈るといふことは、少くとも佛教の盛んな新羅高麗以來の習俗と見ることが出來よう。殊に前述の石窟庵に絡まる信仰は、實は景德王の轉女成男の話が一要素を成して居るものと思はれる。卽ちそれは僧侶が佛德の全能を善男善女に示す方便であつたであらう。併し、斯かる形で佛の功德を感じ得る人々の間には、實は旣に他のより原始的な形での信仰が存在して居つたのではなからうか。例へば石窟庵の場合に於ける藥水の信仰の如きである。

二

水と妊娠との關係に就いては、他の機會にも觸れたことがある。所謂女人國の女子が、臺㴑之水に浴して孕むとか、黃池に入浴して懷妊するとか、神井を闚つて子を生むとかいふ話は、(4)取りも直さず、水を以て生命を與ふる者となす觀念であり、所謂生命の水の信仰である。殊に日本の若水の信仰に就いては、旣に幾多の資料が蒐められ、之が研究も發表されて居る。

そこで自分は朝鮮に於ける水の信仰がどんな姿で現はれて居るかを問題としたい。藥水といふ表現そのものは勿論支那からの傳播であらうし、又水の生命を與ふる力及び生命を破る力、換言すれば水の神聖の兩方面を象徵化せるものとしての龍、龍王、龍神の觀念も亦以來の、殊に直接には支那傳來のものであらう。從つて吾々は、三國史記赫居世の條にある「五年春正月、龍見於閼英井、右脇誕生女兒、老嫗見而異之、收養之、以井名名之、及長有德容、始祖聞之、納以爲妃」といふ記錄を以て、直ちに古く朝鮮に龍の信仰が獨立に存在したとは考へない。又之も嘗つて其梗概を發表したことのある、朝鮮巫女傳承の鉢里公主物語(5)の主人公捨姫が、自分を捨てた王父母の病氣を直す爲めに、遠く東海龍王の藥水を求めて、歸つて之を獻ずると、既に死んで居た王父母が、十九年目に蘇つたといふ話なども、之を其儘純朝鮮的なるものとして承認することは困難であらう。併し玆に考へ合せねばならぬことは、現在でも朝鮮人は、水に對して盛んに生兒の祈願をなす、極めて原始的な習俗を有つて居ることである。

三

旱天と豪雨とに苦しみ、地下水の利用の極めて困難な朝鮮に於ては、岩石の間から噴出する石清水のみが、人間の口に清冽な生命の水を與へ得る。京城にも南山・仁王山・駝駱山等の麓にそれぞれ有名な藥水があつて、就中仁王山麓の靈泉が最も名高く、料亭茶店の設まであつて、乘合自働車が往復して居る。併し有名な藥水が幾分遊覽的な場所になりつゝあるのは近頃のことで、其本來の意味は決して、神泉の側にサイダーを鬻ぐやうなものでは無く、文字通り靈泉であり、藥水であつたのである。現今と雖多くの藥水は尙此本來の機能を專らとして居る。自分の假寓は城東駝駱山の麓にあつて、所謂駱山藥水から程遠くないために、春夏秋を通じて斷へず此の藥水を汲みに往來する人々の姿を見ることが出來る。實際朝鮮人は、夏の間藥水を必行くまで飮んで身心の掃除をすると迄考へて居るらしい。尤も藥水の中には往々醫化學的にも有效な成分を含んで居るものがあるから、それは呪術的にも科學的にも生を衞るものと云ふことが出來よう。但し其本來の意味が決して科學的であつたと云ふのではなく、所謂くすりになる水であつて、其は多くの藥水に絡まる傳説を見れば直ちに合點せられることである。

例へば、慶南羅洞後山の羅洞藥水は、大正九年竹山里の朴炳善なる者、一夜夢に神靈現れ、羅洞の後山を掘れば泉湧出すべし、之を以て持病の眼疾を洗滌せば全治すべしとのお告があつたので、數日後同所を掘つて泉水を得、眼を洗つた所が全治したといふ、極めてま新しい傳説を持つて居る。(6) 又黃海道武波藥水は、昔一羽の白鶴が足を折つて之に浴し全治したので、藥水と稱する樣になつたと云ひ、同鵠領水は、昔獵師の丸に當つて脚を傷めた鵠領が傷を癒したのが起源だと傳へられて居る。(7) 尙濟州の屛門川の西五十步にあつたといふ斗泉は、「其形如斗、故名、世傳飮此泉能解飛百步、胡宗朝來壓、其氣遂亡」と其靈驗盛衰の歷史までが傳へられて居る。(8)

四

從つて斯の如き神泉に對しては、不淨の接近を許さない。江原道の楸谷里藥水は亦昔同里の金德三なる者が、夢知らせによつて發見したと云はれて居るが、犬及鷄を食うた時、若しくは婦人月經時に之を飮むも效無しと信ぜられ、同餘木洞窟水は、不淨の人が域內に入ると、直ちに湧出が止まると云はれて居る。(9) 之は例の「驚き淸水」であるが、其他いろ〱な姿で神の怒が現れる。例へば江原道藥水洞藥水は、鳥獸類を食うた者が之を飮めば、其效驗が無いばかりで無く、神の怒りに觸れて、藥水は混濁し甚しき腹痛を起して重態に陷ると考へられ(10)、慶南蔚山郡の錢邑里にある藥水は、魚類を食うて、そこに行くと、蛇が出て飮用を妨害すると云はれ、(11) 江原道江陵郡觀音里にある鳴谷藥水は、二週間前より肉食を禁ぜざれば、病氣が却つて重くなり、藥水の場所近くに大蛇が現はれて妨害すると傳へられて居る。(12) 此の蛇及び大蛇は、恐らくは泉の神又は其使はしめと考へられるが、更に龍の名に於ける聖泉の傳承に至つては枚擧に遑が無い。就中最も著名なるものは、前出の閼英井を始め、慶州の金城井、雞羅井、開城の廣明井、大井、乃至所々に龍井と稱せらるゝものが文獻にも見えるし、現在も存在する。

然るに輿地勝覽五十五卷を通じて、文字通り藥水と銘打つたものは唯一つしか見當らない。それは、雲山郡の西三十里にあつたといふ藥水で、「水冷甚可、治百病」と記されて居る。(13)尤も成川都護府の條にも、藥水山なるものがあつて、「在府西四十里、上有蓮池」とあるから、(14)この蓮池が恐らく藥水とも呼ばれて居たものと思はれる。併し吾々は之を以て、當時未だ藥水といふ表現が、今日程民衆化されて居なかつたかも知れないと考ふるだけで、神聖なる泉の信仰の存在は可なり廣かつたといふことは、動かすべからざる所であらう。

五

果して然らば、此の病を治し、生命を衞つて、人に長壽を與ふる聖泉が、また人に新しき生命を與ふる者として考へられたことは、極めて自然なことゝ云はねばならぬ。

同學の先輩村山智順氏の調査に依れば、慶北迎日郡大松面に沒山堤といふ池があるが、延日面の某娶つて十年子無きを憂へて、百筆の杳から稻穗一莖づゝを採つて餅を作り、一夜ひそかに祖母及び夫婦の三人連にて、池畔に至り、池畔に供へて祈願をこめた所が、數月にして妻が姙娠し、男子を出生したといふ實例さへ擧げてある。(15)

之は所謂藥水の例と見ることは出來ないかも知れないが、京城邊で藥水に生兒を祈願する時は、齋奉して、水邊に竈を築き、水を汲むで之を飲み、飯を炊ぎ、わかめ汁を作り、之を捧げて神に祈り、雜鬼に施し、自らも食うのを常とする。かゝる時人々は岩間を噴出する水の音を神の御聲と考へる。白飯及びわかめ汁は産婦の食物と考へられ、巫女を招いで三神に祈る時も之を供へるのを屢〻見た。

尙、全北・茁浦・沙浦等の海岸では、砂風呂に浴して生見を得るといふことであるが、同地方は、昔から潮泉とか秒井とかゞ數多く存在した處であるから、勢ひ女人國に見る水浴感生の形を取つたものと思はれる。

そこで潛に想ふに、前述の石窟庵石佛に轉女成男を祈る信仰は、僧侶が佛德を說く方便として、景德王の傳說を書いた以前に、既にそこの藥水に對する信仰が人々の心に育つて居たのではあるまいか。更につきつめれば、彼の吐含山の山腹に護國鎭護の石佛を奉安する樣な、絕勝の石窟を見出したのは、生命の水を求めて山に登た人ではなかつたらうかとさへ思はれる。果して然らば今日廣く行はれる佛に對する生兒祈願は、その背景の要因として、民間のより原始的な形の信仰を持つて居たものであらう。其の原始的な姿の一つが、茲に述べた水に對する生兒祈願、生命を與ふる者としての水の信仰であつて、閼英井の傳說も亦同樣の背景をもつて居たのではなからうか。而して他の主要なる二つとして、樹木及び岩石に對する生兒祈願の習俗があるが、後二者に就いては茲に割愛せざるを得ない。只此兩者には、屢〻ファリシズムの結合せる姿を見ることだけを附言する。且つ此の生命の水、樹木、岩石等から、謂はゞ遊離した出生の神（三神又は産神）に就いても今は述べないが、斯かる信仰と朝鮮の社會形態との相關、謂はゞ社會組織の布地の上に織出された織模樣としての信仰に至つては、別に考察すべき宗教社會學の主要問題を提供するであらう。今は單に生地を離れた織模樣だけを朧げに眺めた迄に過ぎない。（昭和四・九・二七）

註

(1)朝鮮の婚禮に、新婦が持つて行く新郎の筆袋には、必ず富貴多男の文字を刺繡する。又新婦の箪笥の錠前飾にも多男と刻した飾錢を見る。
(2)三國遺事卷三、三所觀音・衆生寺條。
(3)同卷四、慈藏定律條。
(4)拙稿女人國の神聖婚姻、宗敎研究、新六ノ二、四——五頁。
(5)同、一二——一四頁。
(6)慶南道警察部調査、慶尙道の藥水、朝鮮一七二號、一〇九頁。
(7)黃海道警察部調査、黃海道の藥水、朝鮮一六九號、一〇三頁。
(8)東國輿地勝覽三八、濟州牧山川條。
(9)江原道警察部衞生課調査、江原道の藥水、朝鮮一七〇號、九七頁。
(10)同、九七—八頁。
(11)慶南道警察部調査、前掲、一〇八頁。
(12)江原道警察部衞生課調査、前掲、九八頁。
(13)東國輿地勝覽五四、雲山郡條。
(14)同五四、成川都護府條。
(15)朝鮮總督府調査資料第二十五輯、民間信仰第一郞、朝鮮の鬼神、二四九頁。因に之は本書第一編鬼神篇第三章鬼神の種類(第)八(項)祈子(巖石神)といふ所にあるが、巖石神の例としては少しおかしい。加ふるに同項に揭ぐる十四例の中、岩石は單に五例だけで、他は佛像に祈るもの五、木に祈るもの二、石又は木に祈るもの一、及び此の池に祈るものである。

『土用の丑の日に』を讀んで

本誌第壹卷第三號に、土用の丑の日に、と題して、後藤圭司氏が潮水を浴びる新潟地方の風習の事を志してゐられましたが、これは、一地方のものでなく、全國的に行はれてゐるものではないかと思います。

私の鄕里播磨でも、やはり土用の丑の日には、海水浴をやりますし現在住んでゐます神戶市でも、この風習は盛んに行はれてゐます。大正九年の一夏を、但馬の竹野の海岸で暮したことがありましたが、その地方も、土用の丑の日には、豐岡あたりから多くの人達が海水浴に來ましたことを記憶してゐます。この地方では、どうだつたか、はつきり覺えてゐませんが、神戶市などでは、土用の丑の日には鰻を喰べることにしてゐます。鰻を喰べて海につかると、夏病みをしないと申してゐます。或は、鰻のかはりに、うの字のつく長いものを喰べればいいんだとも云つて、うどんなど喰べる人もある樣ですが、十人が十人迄は鰻をたべてゐます。

これは禊かどうか、私は知りません。博雅のお敎へを得たいものです。

ついでに思ひ出したことを一つ二つ書いておきますと、これは宗旨にもよるのでせうが、私の宗旨、眞言宗のものは、葬式を送つて家に歸りますと、門前で身體に鹽をふりかけてからでないと家にはいりません。これなど明かに禊の遺風でせう。神戶市內でも、やはり行はれてゐます。母の里は、同じく播磨ですが、宗旨が眞宗ですからでせうが、葬式から歸りましても、そのまま家に入ります。

これも眞言宗で云ふのみで、眞宗の人達は云はない樣ですが、お盆に墓地から聖靈さん(シャウロさんと云います)を迎へて、迎へ團子を供へ、海へ聖靈(ショウロ)さんを送る夜には、送り團子を供へます。この迎へ團子、送り團子をいただくと夏病みしないと申して、私の家など親戚の者みなへも分け與へてゐました。これは、神戶市でも今もしてゐます。お盆の十三日には、迎へ團子を、十五日には送り團子を、お餅屋が作つて賣つてゐます。神戶には宗旨にかかはらず、やつてゐるのかもしれません。

母の里の眞宗では、團子など作らないで、『しようれんさん(靑蓮華のことかと思います)來斉も御座れ』と云つて送るのみだそうです。(一九二九年九月二十七日、河本正義)

水占

別所梅之助

茶柱

朝のむお茶に茶柱が立つ。緣起がよいと、客商賣の人ならずともいふ。わけでも年越の福茶に茶柱が立てば、一年中の運が開けるとか。しかも斯る念は、私どもがお茶を飲みはじめたのより古からう。そしてまた日本人のみのおもひでもあるまい。私は此の茶柱のおもひで、古典なり、古へぶりなりが、少しは併けさうに感ずる。

うらなひの杯

創世紀のやゝ終りに、次のやうな物語がある。エジプトへいつて出世したヨセフの許へ、以前ヨセフを他國人に賣り渡した兄弟たちが、今は饑饉になやんで、糧食を求めにゆく。强國の宰相になつてをるヨセフは、禁制の糧食を分つのみか、穀物の袋の中に價の金をも入れてやる。その穀物も食べつくしたので、もう一度求めにゆくと、末の弟のベニヤミンの袋に、ヨセフの銀の杯を入れてかへす。そしてなぜ惡い事をすると、一度は高飛車にとがめておいて、終にヨセフが兄弟たちにゝ我が身の上を明す。物語の主人公なるヨセフの杯を、家來は「それは我が主が用ゐて飲み、又用ゐて常にトふものにあらずや」(四四の五)といつてをる。夢占でエジプト王に知られたヨセフは、この銀の杯でうらなひをして居たといふのであらう。

ヨセフがどうして吉凶を判じたのか、書いてない。また物語をかれこれいふのは、至り穿鑿であらう。然しフレーザーなどで、近代のエジプト人のしてゐる方法といふのを讀むと、十二歲以下の童に、水の入つてゐる碗を見させる。子どもは暫く水面を見つめてゐる。何か見えるかと、方術師が尋ねる。童は水に映る人影が見えると答へる。かうして死人をも、生者をも、水にうつし出し、また人知れぬ盜人の姿を見たりする。それで定めた犯人が無實の罪であつたりするので、政府はさしとめてゐるが、今も內緖でしてゐるさうな。それなら日本で巫がしたのと、大した相違もあるまい。

水　占（別所）

姿　見

人の目には分らなくても、鏡には眞がうつる。ヨーロッパの女性が、夜半に鏡を見て運命を占ふのも、その名殘であらう。昔の鏡は、おつくりに用ゐるよりも、魔除けに用ゐたものであらう。これは別に説くとして、水鏡こそ天然の鏡である。それで富山の伏姫の姿が、水には犬と映つたりする。姿見の橋もその水にうつせば、後の姿が現れるといふのであらう。高野山の姿見の井とか、妙義山の社頭の井などでは、そこに立ちよりても姿のうつらぬ人は、影がうすいといふのか、三年の内に死ぬといはれる。これも同じおもひである。

妻の影、夫の影

萬葉集卷廿に遠江の防人のよんだ歌がある。

わが妻はいたく戀ひらし、飲む水に影(かご)さへ見えて世に忘られず。

これは水にうつる我が影を見て、故郷の妻をおもひ出でたといふのであるまい。自分は大君のみことかしこみ、今筑紫へと路の長手をゆく。のどが渇く。泉について水を飲まうとする。見よ、わが掬む水にいとしい妻のかげが浮ぶではないか。我を戀うて遠い旅の空まで、斯う妻の靈は通ふ。こんなおもひを、西

の國で防人たちは抱いたのであらう。

伊勢物語第二十六段の話にしても、私はさういふ背景があるのだと思ふ。男が女の許に一夜より通はなかつた。女の親が怒つて八つ當りに、顏を洗ふ盥の上の貫簀(ぬきす)といふものをはらり投げる。貫簀がなくなつたので、盥の水に女の泣く影が見えた。それで女は、

我ばかり物おもふ人はまたあらじと思へば、水の下にもありけり

とよむ。それを男が聞いて、

みなぐちに我や見ゆらん、蛙さへ水の底にてもろ聲に泣く

とよむ。卽ち蛙とて、ひとりは鳴かず、ともに泣く。我が心もそなたの許に通ひて、ともに泣くから、わが影が盥の水にうつつたといふのである。

近代のでは、新著聞集に遠江中泉在なる鈴木某の女が、亡父の追善によんだといふ歌がある。

いとせめて手向くる水にうつれかし、心ばかりに浮ぶおもかげ。

これは後の世だけに、父の影よ、うつれかしと希望になつてをる。同じ書のさる侍の召仕の飲みたる茶碗の水に美少年の顏のうつつたといふのは、怪談のやうになつてをる。

水占

さらに萬葉集卷十七には、

妹にあはず久しくなりぬ、にぎし川清き瀬ごとに水占はへてな

といふ越中でよんだ大伴の家持の歌がある。普通の解釋では、神武天皇が嚴瓮を丹生川にお沈めなされたやうな事であらうとなつてをり、伴信友は「正卜考」に、水中に繩を張りわたして、それにかゝる物などによつて卜ふのかも知れぬといつてをる。

石川雅望は「都の手ぶり」に、兩國橋のほとりで、病人の爲に水垢離をとつてをる人のさまを書き、藥しべを川に投げうつて、「流るゝをよしとし、漂ふをあしとす」とした。水の上の藥が、漂ふのでは、病が長びくといふ意であらう。これは今もするかと思ふ。そして家持のも、大して手のかゝるうらなひで無かつたかも知れぬ。

不雲木

「宣和遺事」をよむと、宋の徽宗、欽宗の二帝が、金人に囚はれて、北滿洲につれてゆかれる。徽宗が病氣になる。見張の役人が、不雲木といふものを煎じてくれる。不雲木とは何なるか分らぬが、記事によると、砂地の下にひろがつて生ずる葉の目たたぬものらしい。それを煮たてるをりに、木が浮べば病が愈えるし、沈めば死ぬ。浮き沈みすれば病氣が長びくとある。徽宗はそれを服用してやゝよくなる。今度は見張の役人が病氣になる。徽宗が不雲木を自ら煎じると、木が湯の面に浮んで、くるくる廻る。見張の役人はそれを飲んで、汗が出てすつかり平愈したとある。

日本でも藥鍋なり、藥土瓶なりの湯が、ぐら／＼煮立つて、いはゆる草根木皮が勢ひよく湧き上るのを、よいとしたものらしい。

よりべの水

更に私どもの祖先は、「よりべの水」といふ事をとなへた。わけても奧義抄の

神さびてよりべにたまるあま水のみくさゐるまで妹を見ぬかも

だの、和泉式部集の

神かけて君はあらがふ、誰かさはよるべに溜る水といひける

は、分らぬながらよく引かれる。これも信友が「比古婆衣」にかいておいてくれたので、やゝ分るのであるが、「よりべ」とは神の「憑る瓶」にて、その中なる水に影をうつして、神の意をうか

がひ、または神水(じんすゐ)をのんで盟をたてたのであらう。器に盛りたるならぬ天然のままの水も、用ゐた事であらう。影がうつるからとて、體見(かたみ)の水ともいうたとか。それなら前の姿見の橋に緣があらう。

水占（別所）

和泉式部のは、あなたが私に無き名を負はせておいて、なほ神かけて爭ふとはと、半ば戲れての詰問であらうけれど、蜻蜓日記の著者のは、人がらだけに眞劍である。

たえぬるか、影だに見えばとふべきに、かたみの水は水草ゐにけり。

これでは、兼家が別れてかへる時に、鬢の亂を直した器（ゆするつき）の水が、そのままになつてをる。此の水もありし人の影をとめなば、その人の心も問ふべきに、水は汚れて、人は來らずといふのである。

草子洗

謠の「草子洗小町」では、大伴の黑主が、小野の小町の歌をぬすみ聞いておのが萬葉集に書き入れておく。そして御歌合せのをりに、小町のを古歌だと誣ふる。それで小町はその萬葉の冊子を洗はうといふ。「御前の人々は、黃金の半挿(はんざふ)に水を入れ、白金の盥取りそへて、小町が前におく。」洗ひ洗ふに古歌は消えずして、入筆だけは消えてしまふ。小町は歌の神の御惠みと伏しをがむ。黑主に迷惑な此の話も、水に淸むる力ありて、眞の物を現すといふので、基く所は古からう。

嬉遊笑覽の引く所によると、硯の水に、わが影はうつさぬものだといふ信仰があつた。左遷の時、おもかげを硯の水にうつすとかいふ話があつたらしい。

墨、お符

水を入れた茶碗に、筆で墨の汁を垂らす。墨は浮いて散る。その模樣でよしあしを判ずる。子どもの時にした遊びのその名も、私は忘れてしまつた。

失せ物がある。洗濯盥のまはりに、家中の者をすわらせる。盥に水が張つてあり、お符(ふだ)をそれに浮べる。お符は盜みをした人の前につくといふ。これはまだ人々の記憶に殘つてゐよう。

或は水天宮樣のお札をのませる。惡い事をしたのなら、お腹が痛くなる。御符をのむのは源氏物語の光る君、神水をいたゞくのは軍記ものの武者たちがしてゐるけれど、長くなるからこゝには說くまい。

杯の不思議

支那の小說でも、三國志の諸葛孔明は、東南の風を祈るとて、「香を爐に焚き、水を盂(はち)に注ぐ」し、水滸傳の入雲龍公孫勝も、私のもつてゐる唐本では、手に碗やうのものを持つてをり、變化の者が現れる。淵鑑類函引く所の話では、仙人の宴會に、獻杯せずとも、ひとりでお客の前にゆく杯があり、飲まうとすれば自と擧がる杯がある。

水鏡

話を遠い國々へ移さう。スカンヂナビアの人は、物を盜られると、火曜の夜、術師のもとにゆき、桶の水にうつる盜人の影を見ようとする。タヒチの島人も、術者によつて、水鏡のしめすまゝに、盜人をさだめる。ニウ・ギニアの卜者は、水面にコヽ椰子の油を垂らして、犯罪人の顏をみとめるといふ。

フランス領スーダンのモーシー人は、殿樣のお小姓になると、童貞を守らねばならぬ。不義者の有無を調べるとて、每年水鏡に姿をうつさせる。そして身を汚したと思はれた者は、その場でお仕置にあふ。殿樣のおもひ者たちも、同じやうに操を吟味せられる。これは守宮の血を女の臂にぬるといふのに近い。

未來の夫

ヨーロッパにしても、いろ〳〵な水占がある。夏至の前夜、年ごろの人たちが、我が戀をうらなふ。イギリスのドルセトシヤイアでは、娘が臥床につく前に、數々の紙片に、アルハベットをかき、文字の方を下にして水盤に入れる。翌朝おきて見ると、未來の夫の頭文字だけが上になつてをるといふ。同じくシユロップシヤイアでは、娘が知合の若者の名の頭文字を紙片にかき、パンを少しつまんで丸めて、その紙に包む。それを水を盛つたコップの中に入れる。かくして一番初めに浮き上つて紙にかいてある頭字の若者が、後の夫になるさうな。

お茶での占ひ

スコツトランドでもお茶で卜ひをする。茶柱とはいふまいが、お茶の莖が、茶碗のお茶の表面に浮び上れば、お客樣がくるといふ。それを取り上げて嚙んでみる。莖が柔かなら女客、かたければ男客だときめる。それを左の手の中にのせて、右の手の甲で三度うつ。それから左の手を輕く振る。そのはずみに、茶の莖が落ちればお客が來ず、おちなければお客が來る。

スコツトランドのハイランド地方では、術師がお茶碗を右へくる〳〵廻して、お茶をこぼして後、茶碗に殘つたお茶がらや、茶がすのならび方で、結婚の相手を占ふ。イギリスでも茶碗の底にのこるお茶がらや、コーヒイのをりで、同じ占ひをするさうな。

水を盛つた器に、蠟や、鉛の溶かしたのを垂らして、そのかたまる形によつて、未來を判ずる法も、リトワニヤや、スウイデンや、スコツトランドや、アイルランドに行はれてをるとか。か丶る例を、フレーザーは擧げてをる。

水　占（別所）

聖　杯

か丶るおもひの最も發達したのは、聖林 The Holy Grail, The Sangreal のつたへと、その文學とであらう。イエスが弟子たちと最後の晩餐（マコ傳十四章）をともにしたをりに用ゐた杯を、アリマテアのヨゼフがゴルゴタの丘べにもちゆきて、イエスの最期の血を受けた。救主の血をうけた杯をもつヨセフは、食を斷たれても餓ゑなかつた。杯の靈驗あらたかに、ロマの貴人の癩病をも醫した。

つたへは色々である。この杯はキリスト教徒の目にのみ見える。しかも心の清きものならでは、全き形を見られない。愛欲のおもひとたび湧けば、聖杯はたちまち見えずなる。

聖杯には神の御告が文字となつて現れ、また消えてゆく。ゴールにはこの聖杯を納めた城があり、有德の衞士が之を守護してゐたとか。アーサー王とその騎士たちとの物語は、我らにも親しい。

ヨーロッパ全土にひろまつた聖杯の物語は、大英百科全書ほどの物を見ても、相當にかいてある。古典となつた書物は、さう讀まれなくても、ワグネルの Persifal と、テニソンの The Holy Grail とは、誰も知つてゐよう。この物語は、ケルト民族の地にそだつたとしても、その出つて來る所は、東西に渉る古く、古き代よりのおもひであらう。

私はこゝにも古人の眞情を見る。そしてたゞ Hydromancy と笑ひたくない。

餘　談

なほ古事記には、雄略天皇が槻の木の下で宴をなさるをりに、采女が落葉の盞に浮べるを知らずに奉ると、天皇が怒つて斬らうとなさる。それを采女が歌を奉つて赦されたとある。その歌では浮ぶ葉の凝るが如きをめでたいとしてある。さらばこれは落葉の浮ぶを知らぬを心なき業といふのみならで、之を凶兆となすおもひがあつたのであるまいか。さるを凶を變じて吉となすやうな瑞祥と、采女がとりなしたといふのに、古人は興を覺えたのであらう。その頃の人には、天皇が刀を拔いたといふのを、あら〳〵しと感ぜられなかつたかも知れぬ。尤もなほ進んでいつてよくば、これは祝の歌まづあつて、今つたふる如き物語は、やゝ後に整うたのかとも思はれる。

昭和三年稿、三年補

メラネジアの彫塑藝術

（小嶺磯吉氏寄贈古代人形並びに大木椀解說）

松本信廣

以前獨領であり、現在英國委任統治地であるビスマルク群島のノイ・ポンメルン現在名ニュー・ブリテン島ラバウル在住の小嶺磯吉氏から今年初め慶應義塾大學に同群島土人製作品八個が寄贈された。その中七個はノイ・メクレンブルク（現名ニュー・アイルランド）島土人の製作せし白堊製人形並びに木彫古代人形であり、一個は、アドミラル島土人の製作せし大木椀である。一體此方面の土俗品は、大正三年同じく同群島に南洋興業會社から出張した藤川政次郎氏の手により約三百餘點蒐集、日本に將來されたことがある。不幸にしてこの品は、三越でもつて展覽同好の士に頒たれて四散し、蒐集者の望みし如く一堂に陳列、殘存されることは不可能であつた。たゞその中百四十餘點を寫眞に撮影し、「ニューギニア・パプア族作品集」なる一冊が、つゞられ、この蒐集を永く記念してをる。（大正三年丸藤屋出版部發行、編輯兼發行者、丸芳葆、藤川政次郎）。

今回小嶺氏がトラック島廳を經て慶應大學に寄附された土俗品は、運送の際船中に於て多少破損したが、最近周到なるその修理なり、同大學に今後永く保存され、研究の資料に供されることとなつた。何れも土人藝術の粋を發揮してをるもので自分は此處にその簡單な解說をなし、弘く同好の士に同品を親しく調査研究せられんことを請ふ次第である。

トラック島支廳長只野安房氏は、同品の送り狀に添へて次の如く附言されてをる。

追て同品は昭和三年九月十五日帝國練習艦隊の來島を機として當地小學校に於て教育品竝博物展覽會開催の際小嶺氏の申出に依り該會に出陳し、畏くも高松宮殿下の御臺臨に供し奉り兼て同艦隊司令官小林海軍中將以下多數乘組將士及當地一般在留内外人竝多數管下土民の觀覽に供し候處同品は當地においては絕對に求めえられざる珍品の爲一般の多大なる賞讃を博し同展覽會に一般の光彩を放ちたるものに有之候尙同品は古物にして現在に於いては同方面に於いても該品の如きものを所持するもの殆ど無之爲巨額を投じて小嶺氏の入手したるものなる由及聞居る次第爲御參考此儀申添候

昭和四年一月二十六日

送附品には僅かに展覽會の際添付した簡單な說明あるのみであり、たとへばその木彫大人形にも「ニユー・アイルランド島の古代人形、出品人小嶺磯吉」とあるばかりで委しい事は全く不明である。慶應大學より同氏に宛て問合せ狀を出したるも未だその回答に接しない。恐らく支廳長の云ふ如く「同方面に該品を所持するもの殆どこれなく」の狀態にてその製作方法使途は既に不明となつてをるのだらうと推察される。

ニユー・アイルランド島民製作の古代人形は一對の白堊製人形、二個の木彫人像柱、三個の木彫大人形からなつてをる。まづ白堊像から記述してみると（第四圖參照）、之は高さ何れも一尺一寸七分であり、女の方は手を組み、胸の下に置き、腰に帶を卷き、その下には、腰布樣の裝飾を表してある。顏は扁平で滑か、假面の如く、目と口には青色の繪具を塗り、青と褐色の斑點をあばたの樣に施してある。頭には網目をつけ、額には兜形の縮れ髮を表すらしい三角形突起を中央につけてある。男の方は顏が長く斜めで、頭髮は角刈の樣な形式で、顏面其他には青色褐色の條痕をつけ、顱のまはりに鬚をつけてをる。身には殆ど何も纏ふてゐない。此彫像は一體何であらうか。

之と同型の人形の寫眞をパーキンソンはその「南海三十年」R. Parkinson, Dreissig Jahre in der Südsee, 1907, S. 655

中に出してをり、彼は之を次の如く說明してをる。「南ノイ・メクレンブルグ・ラウル(Laur)地方に於て土人は白堊をもつて人形を製作する。否、キリスト敎布敎の結果として今は全くその習慣は消滅してしまつたから曾て製作したといふ方が正しい。この人形はクラブ(Kulab)と呼ばれてをり、之を祖靈像と見ることが出來る。土人の一人、男、女又は子供が、歿すると、近緣の者の一人が白堊岩の存する場所にゆき、彫像製作に足りるだけの片を採取し、その原始的な道具で加工し、粗末な不完全な人間の像を作る。男も女も全體の輪廓は、類似し、たゞ不釣合に表現された性的部分が男女を辨別せしむる。子供の像は、それに應じて小さく作られる。成人を表した彫像も七十センチメートルを越ゆること稀れである。この死人像は、此爲建てられし一定の小屋の中に保管され、內部は一切女人禁制である。たゞその前に女が來て、僅かの間身內の死を慟哭する。かゝる祖靈像は、一定の時期を經ると男子によつて祕密に取除かれ、うち碎かれる。」（六五四頁—六五五頁）

フインシユ博士の「南海の土俗學的經驗及び證據品」Dr. O. Finsch, Ethnologische Erfahrungen und Belegstücke aus der Südsee, Wien, 1888, S. 144 中にもニユー・アイルランド島南西海岸の土俗品中に、二個の男女一對の白堊人形高さ五三センチメートルのものを擧げ、次の如く說明してをる。

「かういふ人形を自分は、屢實見した、いづれも多少その彫刻が似かよひ、大變粗末な方法で、裸體の男女を表現してをる。顔は滑かで、多くの場合胸に手を合せ、耳は猿の様に屹立してをる。往々冑の様な縮れ髪又は肩まで達する婦人頭巾に象つた頭被ひを表してある。他の身體裝飾には、時として身體に卷く紐、腕卷き、馬蹄螺（Trochus）環が認められる。性的部分は、常に露出し、多くの場合誇張してあるが、男根はけしてエロチックに表現してない。色彩は、甚だ單純で、多く線と點からなり、主として赤色と黄色であり、近頃、また青色も使用される。この像には、大變大さに差別がある。自分の見た最大の像は一五〇センチメートルで、多くは頗る小い。……白堊像は、主として沿岸地クラス Kurass から齎される。然し同所ではなくもつと内部、プナム Punam で製作されるといふことは、この所謂「神像」をもつてしばしばミオコ Mioko に賣りに來る土人布教師の少くとも自分に告げた所である。

ボウエル Powell が、この白堊像について云へる所は全然傳聞に基いてをる。かゝる像を入れた墓地禮拜堂 Morturary chapel なるものの圖は、全く架空のものである。かういふ白堊像を見た唯一の白人は、ブラウン Brown 師である。海岸村カリル Kalil の酋長が、彼を村の附近の垣の中に導き入れた。その垣は、楕圓の、非常に清楚に手入れしてある約四分の一エーカの面積の大廣場を圍んでをる。その端の方に大きな家屋が建つてをる。その中に二つの大白堊像あり、一つは男で、他はそれより餘程小さい女である。男の方には大い圓錐形の頭被ひをつけ、頸飾りをあらはしてをる。兩方の人形も家の柱も彩色されてゐた。ブラウンは、かういふ像の用途を知ることが出來なかつた。これは、然し宣教師がとかくいふやうにけして神像ではない。いつもかういふ家屋及び廣場は、男子の祭典に使用され、女の出入はきびしくタブーされてゐる。この像は、恐らくユニーギニアに於いて屢製作されるものと同樣祖先を表せるものであらう云々。」

以上の記述によつて白堊像の何たるかはほゞ了解出來る。フインシュは、この像を「所謂、神像」と呼んでをるが、彼は、他の木彫祖靈像を呼ぶにクラプ Kulap といつてをる。クラプ、クラプ恐らく同義語で共に祖靈像を指す名と思はれる。

木製人像柱は二體あり、高さ一つは四尺五寸、一つは四尺六寸八分相互ごく類似してをる。（第五圖參照）彩色は赤と黑で、模様に木の葉を使用してをるのが目を惹く。頭の毛は植物の纖維で表し、目には綠色の子安貝を挿入し、耳は、下部が空ろになり、この土人の悦ぶ耳裝飾を示し、中央及び兩側肘の下に海蛇の彫刻が附せられてある。年代は割合に新しく、使用器具は金屬器ではなからうかと考へられる。頤の下についてをる胸飾りの模樣は、巨大な貝殼を切つて得た扁平な徑一寸乃至四寸の圓版に玳瑁の甲片を彫刻したカスカプといふ名稱で知られてゐる此民族特有の裝身具を表してをる。

三體の古代人形の方は、製作に一層念がこめられてをる。之を順次に說明してみると第一圖のものは、高さ五尺二寸、顏面に塗つた漆喰は、殆ど剝落してゐた。一體此式の人形は、三體ともごく古代のもので白蟻に食はれて木地が腐りはててゐたが、殊に此人形はひどくいたんでをり、古色蒼然としてをる。

頭には三角形の突起がついてをるが、これは恐らくこの部族のトーテムなる鳥の肉冠を表すものではあるまいか。頭髮は、三段に分れ、中央に額より頂まで例の兜狀の縮れ髮を表してある。これは此土人の間に曾つて存した髮飾りの名殘である。（パーキンソン、六四八頁參考）。彫像の頭は、切り込みを網目のごとくつけ、漆喰を粒の如く、段狀に塗り固めて、丁度佛像の頭のやうに作つてある。目には、子安貝を挿入し、綠色の瞳を表し、そのまはりの眼球を白い貝の裏でかたどつてある。耳の下部が空ろとなれるのも、鼻が長大で先端の下垂せるも、口大く頑丈な齒が露出並列せるも、顋鬚が、棕櫚狀の植物の纖維で表現されてをるのも何れも此土人の男性美の極致とする所を示したものである。頤の下にある細長い垂下物は、曾つて存したトーテム動物、蛇か蜥蜴を形式化したものかも知れぬ。胸に乳房が女の樣に膨んでをるのが注意を惹く。その下に腰簑にかたどる彫刻あり、更にその下に今一人の彫像がついてをる。その面が、能の翁の面に似てをるのも興味ある。

第二圖の彫像も同じく高さ五尺二寸、この方は、顏面の漆喰も存する所多く、特色としては入墨が、左の額から右眼にかけ斜めに附せられ、肩から腰に細長い支へがある。その男根の先が、足下に踏んまへた男の頭部についてをるのも面白い表現である。顏及び膝に臼形の模樣がついてをる。

第三圖の人形は、高さ四尺九寸五分、顏の漆喰の脫落甚しく多大の修理を要した。この像の特色は、兩側に擧げた手が、人像と變化してをることである。膝には菊花狀の模樣がついてをる。

三體とも彩色には白黑赤の三色だけしか用ひてをらぬ。背部が煤で黑くなり、その構造が立てかけて置き、背後を結びをくに都合よく作られてをるのも、是等の人形が、久しく特定の小屋に陳列保存されてゐたことを示す。

かういふ人形は一體いかなる性質のものであらうか。之と同型のものを自分は、手近の參考書に見出だすことが出來なかつた。たゞ藤川氏の「ニューギニアパプア族作品集」中には、（此書の題名惡しく、實はニューギニア以外の島民の土俗品をも含む）三十二頁に此古代人形と同類の高さ五尺の人形を擧げ、單に「鬼神的偶像」と註してをる。併しこれは鬼神でなく、同じく祖先を表す彫像であることは、疑ひない。小嶺氏寄贈の木彫古代人形を見て異樣に感ずることはその顏面の著しく長大なことである。メラネジア人は顏面長大な人種であるが、この彫像が、之を特に誇張してをるのは明かに假面製作に起源を發する特色である。パーキンソンに從ふと北西ノイ・メクレンブルグ（ニュー・アイルランド）には男子の祕密結社が存在する。その結社の團員は、死者をあがめ、之を表すマスクを作り、頭に被つて踊るのである。一年の大部分は、此マスク並びにその時使用する彫刻物を熱心に製作するために過される。その製作は絕對に祕密で、その場所には、女や子供は入ることは禁ぜられてをる。五月の終りから七月の初めまで、死者をあがめ、記念する祭が行はれ、その間噪妄と該假面を被つた舞踊が行はれる。全氏族は此場合死者に對する悲しみを表現する。彫刻物の中或物は、特に建てられた高い垣でかこまれた家屋の中に陳列され、特定の男子だけ中に入つて之を見ることを許される。女子と子供には許されぬ。かういふ彫刻物を外に移す時女が好奇心に驅られて之を見、殺される場合がある。

彫刻物の種類は樣々であり、その一つに兜に似たタタヌア tatanua といふ假面がある。之をもつて舞者は、祭屋の前で無言劇をなし、主に兩性の接近を演出する。今一つケポン Kepong といふ假面があるが、之は耳を翼の樣な突起でかたどつてをる。之は、純然たる祖先のシンボルで、祭の間死者近緣の男が之を被り、一方の手に杖を、他方の手に貝のガラ／＼を持ち、その接近を豫言しながら、家々を無言で巡廻する。このケポンに似てもつと大い念をいれた假面、マトウア matua といふものもあり、之は餘り重いので、死人の親戚は、之を被つて、佇立してをる。マトウアが非常に大く目方が重い時は、彼は、之を頭に著けてマスク小屋の前に跪いてをる。この二種の假面が式場に見えると會衆動哭し、その假面によつて表された死者の名を連呼する。女は頭の髮をひきむしり、悲哀の擧動を表現する。

かういふ彫刻の外、下部がきざんでとがつた、地にさす樣になつてをるマトウアの變種、トトク totok と呼ばれるものがある。これはガルトネル島ではクリプ Kulibu と呼ばれ、けして公開されず、そのため特に建てられし小屋の中に置かれ、高い厚い垣で圍まれ、特定の男子と若者だけが出入を許可される。以上は、パーキンソンが、その「南海三十年」中六四一頁より六四六頁までに記した所であるが、此最後に擧げたトトクが、寫眞で見ると小嶺氏寄贈の第五圖、木彫人像柱と似かよつてをる。同じく下が杭の樣になり、パーキンソンの示すトトクの一つと同樣二人の像がかさなり、かつ中央にトーテムと見ゆる蛇を握つてをる。フインシユも之に似た柱をその著の中にクラブ

Kulap といふ名であげてをる。（同書第七圖參照）ガルトネル島のクリブといふ名はこのクラブと同源らしい。自分は、此小嶺氏寄贈品の第五圖のものを、假面と同樣祖先記念の用途と供せられたものと推定する。そして同じやうに女子供の出入を禁ぜられたタブー小屋の中に置かれてゐたものと思ふ。

かやうにノイ・メクレンブルグの土人は假面を重んじ、その祖先記念の彫刻物には假面に起源を發するものが多いのである。從つて自分は、小嶺氏寄贈の大形木彫人形第一圖、第二圖、第三圖のものの顏面長大なるは、假面の影響を受けて發達せるものと信ずる。

此種の人形は、神聖な小屋の中に陳列され、特定の者のみに見るを許されてゐたものであらう。人形それ自身、背部が煤でまつくろになり、その久しく小屋に陳列しさらされてゐたことを證明してをる。フインシュはその著の中に木製クラプは、タブー小屋の內部に安置され、ロミリイ Romilly が、此種のものをカプス Kapsu 村で見たといつてをる。「その中に六か七の恐しい高さ三四尺の彩色像あり、その外に無數の小い鳥と魚の彫刻」及び怪奇な兜形假面が若干あつたといふ。此ロミリイの記述は、全てのかゝる製作物が、男子の祭典に使用せられることを最もよく證明すると彼は云つてをる。（同書一三五頁）かういふ怪奇な人形は、祖先を表現する神聖な彫像であり、恐らく祭

りの當日祖先に對する絕大の崇敬、追慕の標的となつたものと思はれる。

フインシュは、此種の彫像は、菩提樹か柳のごく柔い木で作られ、道具は、貝器か石器、竹などであり、木質の柔軟は、迅速に腐蝕を來し、永くタブー・ハウスに置くこと能はず、絕えず新しいのと交代せしむる必要があると云つてをる。また同氏は、土人の藝術家は銘々自分一人の構想に從ひ作業し、全體の聯絡を考へぬと注意してをるが、之は、同人形修補を委託されし松原岳南氏も注目された所であり、實際彫師塗師とが異なつた意圖を表現し、一方がわざと、凸凹をつくつても、他方は凸凹なく一面塗潰してしまふやうな箇所が至る所に發見される。これは未開藝術家の心理を知る上に面白い現象である。

ノイ・メクメンブルグ島住民が、假面及び人形の製作に頗る堪能なるに反し、同じくビスマルク群島のアドミラル島民は、木製容器の製造によつてその名を知られてをる。小嶺氏寄贈の大食器は、實に優秀なる作品で、同島民の藝術を永久に忍び得る記念品である。（第六圖參照）同食器に添付せる說明書には「アドミラル島マナス住民年一回の大祭に盛る食器、獨人の評價一五〇〇マルク」と記してある。直徑約四尺一寸、堅い木で製作さ

れ、全部黒く漆樣の塗料をぬつてをる。緣邊には條線を附し、十二箇所に人像らしい模樣あり、一つおきにその下に碇の樣な模樣を垂れ下らしめてをる。兩側には螺旋形の美しい把手をはめこんであり、椀の下部には四つの圓い足がついてをる。椀は、非常に年代古いが、把手は、比較的新しい。前者は石器か貝器でこつ〳〵丹念に作つたものであり、後者は、金屬器で作つたものらしく、全く裝飾用のもので、實用のものではない。

小嶺氏寄贈品の中で此木椀が、最も優秀な作品である。此島民は、ニユー・アイルランド土人同樣人肉愛好者であり、殊にモアヌス人は、先史時代のヨーロパ人同樣現に水上家屋生活を送つてをる。それにしてかゝる優秀な彫刻技術を有してをることは驚嘆に價ひする。

新石器文化の階段にある原人の木彫藝術をしのぶ標本として、メラネジアの土俗品は今後ます〳〵識者の注意を惹くだらう。かういふ品物を見るにつけ、早く日本にも中央に一大土俗博物館を建設し、太平洋民族の土俗品を蒐集することの必要を痛感する。そして附屬として土俗及び民俗學の研究所を設置し、日本を中心として太平洋、東亞諸民族の研究をなすべきである。小嶺氏の樣に各地に點在する有志の人から寄贈品を集めたなら可成り現在でも蒐集出來ると思はれる。一體日本民族の起源を知るには、單に日本内地の研究をするのみならず、弘く周圍諸民族の文化を考究する要がある。ヨーロッパの學者の言を借りて云へば、太平洋は一つの湖水であり、古來幾多の民族及び文化が相交流したのである。滅亡せんとしつゝある太平洋の未開民族の文化を今の中に記錄し、その土俗品蒐集保存の道を講ずることは、人類文化史考察の上からいつて極めて必要な仕事である。日本民族の起源に關する疑問もかういふ研究の盛んなるに從ひ、だん〳〵解決の曙光を得るのではなからうか。

○くどき節「兄妹しんじゆ」

○一卷三號二一七頁に、くどき節「兄妹しんじゆ」はオトトイ心中と唱へ、明治三十五年頃迄は紀州東西牟婁郡の諸港で、碇泊船員相手の賣女輩が盛んに唄ふた。能登一の宮邊では第三句を「兄のもんてん妹にまよつて」いふ樣だが、熊野では「兄のブンペイ（文平）が妹に惚れて」と申す。そのまゝ大阪で外骨が出した不二新聞へ出して、罰金百圓だつたが、小生が缺席裁判を受けた事がある。（南方熊楠）

○オゴウサン

○民俗學第一卷一六七頁に南方熊楠先生がゴッサンをオゴウサマの約と見る方が正しく、又手近いと書いて居られますが、それに就て氣付いた事は、廣島市附近にオゴウサンと云ふ語があります。これは所謂下層階級、特に農民階級の妻女に對する呼稱となつてゐます。（石田憲吾）

寄合咄

民俗學學習の基礎

我々がやつてゐる民俗學は、段々學的になつて來た。この民俗學といふ言葉はフォークロアの譯語であるが、又一方、民間傳承とも、土俗學とも譯されてゐる。之を學として取扱ふ人と、取扱はない人とがあるが、それに拘泥する必要は無いとおもふ。けれどもまあ學と考へておいた方が、やる者には張合があることである。民俗學が一家の學として成立つか否かは問題としても、補助學科としては重要な存在である。そして學といふことは形式からのみ論ずることでは無く、それを扱ふものゝ態度如何で、それが學ともなり、さうでないことにも成るのである。

民間傳承は、總ての人文に對する考への基礎となるものであつて、これをやられば訣らぬものは澤山ある。法律でも經濟でも、民間傳承から來てゐる。法律經濟には限らず歷史でも其他何でも、民間傳承であるのに、それを切り離して考へるので、その法律なり歷史なりが死んでしまう。うはつらの上流や政治の歷史ばかりとなつて、大勢たる下流のことは不明らなくなつてしまふ。

近頃あらゆる學が盛になつて來たのは、實は此の民間傳承の考へ方がはいつて來た故である。溯源といふことによつて新しい道が開けた。それ故民俗學となるものは、この補助學科になるのである。と同時に獨立して民俗學といふものがあるか何うかは疑問である。例へば法律でいふと法律を民俗學的に考へて、それの本態が明らかにされ、徹すると共にそれは獨自なる法律學となつてもう民俗學の領分では無くなつてしまふ。それ故民俗學は道みたやうなものである。道は目的では無い。倫理學をやつて此國民性を研究するにしても民俗學をやらなければわからない。他に於ても同じである。だから一家の學として成り立たなくてもそれはよい。民俗學は凡ての學問の地馴してである。

歷史は上から下へと降つて來る。吉田東伍といふ人の例叙日本史といふものは題は面白いが、歷史をさういふ具合に考へることは不可能である。定九郎が腹を切つて血が出たといふのを、逆にして血が出てそれから腹を切つてなどいふことは想像することが出來ない。然し民俗學では或程度迄此事が出來る。我々の斷片的な知識を繼ぎ合はせて元の姿を見る事が出來るのである。民俗學はかういふ點でも少し歷史とも變つてゐる。

民俗學は學であるともないとも云はれてゐるが、それはかまはない。それは人間の態度如何にあることである。それでその人自身の民俗學が出來てくると思うてゐれば宜しいと思ふ。

民間傳承の中には傳說、民謠、諺其他色々あるが、それらに對して、民俗學的に研究して行く態度が民俗學である。かういふ態度によつて民俗學は生きて來る。卽ち何々を調べて見やうといふ時に、その態度を律するものとして民俗學があるわけである。

材料の蒐集といふことは、民俗學に於て最も大切なことである。が、何の組織も無い蒐集はいけない。他の考古學や人類學ではさうする丈で、もう學問とされ、學者と云はれてゐて、民俗學に較べると德なわけであるが、民俗學ではさうする丈では、一種の骨董屋にすぎない。我我は一遍何うしても此の態度は止めねばならない。そして將來にかけて忘れることは出來ない事である。

我々の學問では、一々珠算の結果を見せなくてもよい。今の學問は一々證據々々と云つてゐるが、これは啓蒙期には必要なことであるが、一々こればかりで進まなくてもよい。けれども山御もあることだからその用意丈は必要である。故に材料は多く集めなければならぬ。多くあつめると共にその材料がの學者皮肉の間にしみこんでゐなければならぬ。何かの時に一つの戸を開けば、それに關係ある事が連繫して出て來なければならぬ。それには何しても我々自身が、體驗し實驗して見なければならないのである。我々が古代を研究する場合、何うしても知り盡すことの出來ぬ部分がある。その際、その斷片をつなぎ合して一つの形を得るのは我々の實感直感である。それで、物を採りいれる際には實感をもつてしなければならない。學問に對して科學的だとかさうでないとか云ふのは幼稚な考へ方である。我々の學問はもつと大きくなられねばならぬ。

次に材料を訪ね探すこと、採訪が疎かにされ勝ちであるがこれはいけぬ。實感を深くとり入れてないと、連繫的な物に逢つても、本當な感じが浮いて來ぬことになる。これでは駄目である。それには自分で歩いて採訪するのが本當であつて、一番貴いのである。それが出來ない時には本から材料をカードに記入しておくのであるが、書物には、著者の觀察の違ふものがあつたり、色々と缺點があるから、カードを取るための本は良い本でなければならぬ。かういふ點から云つては今度刊行されはじめた眞澄遊覽の觀察は勝れてゐる。何處其處の案内記といふ類のものには兎角誇張や觀察の鈍いところがあつて誤りの多いものであるが、これを生かし、誤りを匡正する丈の能力がなければいけない。それでも一度云ふとカードをとるには、第一に良書を選ぶこと、次には惡い本の中から良い材料をとること、そして誤つた材料も本當のものに直して見る丈の鋭敏な感覺を養ふこと。

この國學院に郷土會をはじめてからもう十五年間も世話をしたのに民俗學の研究論文を出した者は一人も無いといふことは、此の學問の難しいことにもよるが、一つには誰もが、採訪とカードを取ることゝをしなかつたが爲である。實際に採訪するとそれが地盤になつて學者らしく成つてくる。カードが溜つてくると、嫌でも何とかしなければならなくなり、學者らしい氣持にも成つて考へるやうになる。それであるから採訪とカードと、この二つは何うしてもやらねばならないことである。書物ばかりの知識は危險である。柳田先生はこの點では鬼に金棒である。柳田先生の本を讀んで統一する基礎は、その歩いて來た實感にあるのである。それであるから若い間には出來る丈採訪して歩くがよい。科學的だとか、學問的だとか考へるよりも之が一番大切なことである。

材料のすこしづゝの違ひが思はぬ解決をさすものであるから、何んな小さいことでも疎かにせず、採集して、欲しい。今の人は何うも昔の人のやうに、何時誰が見るかといふやうなものは書かなくなつた。が之も無理の無いことで發表の機關は何うしても必要である。丁度民俗學といふ適當な雜誌も生れた事であるから、若い鋭い頭であつめた材料をどし〳〵出して欲しいものである。それによつて、利益を目に置かぬ雜誌が榮えてゆくといふのは、同人だからといふばかりで無く本當に世の中の爲に喜ばしいことである。

若い人といふものは隅から隅迄讀む雜誌、自分のものだといふ感じの雜誌は是非一つ位もつてゐる必要がある。自分の後援してゆく雜誌がたまつて行く事によつて、一種の優越を感じ、自信を覺えることは又學的成長への培ひになるのである。(九月二十六日國學院大學郷土會にて——折口)

村の人の話

娘が重い病氣になつたので東京の或る病院に入院するために村から出て來た男、家を離れると淋びしいので、村から出てゐる知つた人が見舞に來ると非常に喜んだが、見舞の人も一通りすると餘り來なくなつてしまつた。小金もあるしするから、田舍にゐる時は何やかやと引張り出されて重寶がられもし又或る人達からは相當の尊敬をさへ拂はれるやうな男であつたから、村に居ては無聊に苦しむと云ふ經驗は一度もなかつた。それが病院に來てはいくら可愛い跡取り娘の世話だとしても、看病の單調さには耐へ難いことが時々あつた。醫者と看護婦、病人と藥、部屋の窓から見えるものは屋根と屋根、彼の心をなごませるものは一つもなかつた。彼は使ひ慣れぬ言葉で、娘のためには看護婦にまで氣兼を取らなければならなかつた。彼とて田舍にゐて普段お世辭が下手だと云ふわけではないのである。否彼位お世辭の旨い者は村には他にないといふ評判であつた。それ程お世辭の旨い彼ではあつたが、お世辭はいくら旨く云へても彼を氣詰りにさせたのである。と云ふのは彼とて東京らしい言葉を使ふのには非常に骨が折れたからである。だから村から出た人でも來ようものならどれ位彼は喜んだか知れない。誰れも來ない時は來た人やその人とした話までも一々思ひ浮べたり、又自分が一寸知つてゐる人で來ない人は誰れ誰れだとか、村からは誰れと誰れが東京へ出てゐるかといふことを細かに數へ上げて、まだ來ない人がどうして來ないのかそれとも不親切なのかと獨りぎめまでしても見てゐた。村で自分位の地位に在る人なら、話をしたことがないとしても一度位は見舞に來て當然だと考へた。然し彼を一番淋びしくさせたのは、村で出世頭と云つてもいゝ內務省で相當の所にゐるT氏が一月たつても音沙汰もないと云ふことであつた。彼はT氏が屹度出張で地方へ旅行中に相違ないとの口實を見つけて自ら慰めてゐた。そして村に居殘つてゐる自分の細君にあてて手紙を書き、それには娘の容態から、看護婦への附屆けのこと、醫師に對する不平などを一通り述べた後に、見舞に來てくれた人々を擧げ、T氏のまだ來ないのは留守だからだと云ふ自分の推察をほんとらしく附加へることを忘れなかつた。この手紙を讀んだ彼の細君はその日の中に村中に手紙にあつたことを喋べり廻つた。何屋の息子は何を見舞に持つて來たとか、誰れ誰れはまだ見舞に來ないがそんな不親切な人とは思はなかつたとか云ふことを二三日の中に村の人は大抵承知してしまつた。その噂の中からT氏の話が漏れるといふことは勿論なかつた。だからその話が村に居るT氏の老母の耳にも自然這入つたのである。T氏の老母は村の誰れもかれも見舞に行つてゐるのに、旅行もしてゐないTが見舞に行かないといふのはT自身のためによくないと思つた。そしてあゝ云ふ人の所には見舞に行かないと惡く云はれるから行く方が良いといふことを孫に書かせたのである。T氏の細君がその手紙を郊外の文化住宅の窓に倚りかかつて讀んでゐたのはそれから一二日後のことであつた。東京生れのT氏の細君は老母の手紙に書いてあることが良く呑み込めなかつた。夫の交際の範圍にこんな名の人があるとはどうしても思ひ出せなかつたから、どうして見舞に行かなければならぬか、行かぬ場合に惡口が云はれるのはどうしてかゞわからなかつたのである。T氏が歸宅したので細君はその手紙を渡した。T氏は見てからそれを投げ出したので、細君は「行きますか」と尋ねた。T氏は「いや行かぬさ、行くわけがないんだ」とぶつきらぼうに、いくらか馬鹿にした口調で返事をしたのである。その同じ時刻に病院に病兒をみとる彼の男がT氏のことを思ひ出してゐなかつたと誰れが保證するだらう。（有賀）

鳥占のお話から

民俗學會大會の新村先生の鳥占のお話を伺ひまして、思ひついたことを二三申上げて見ます。何れ御講演の筆記はこの誌上に掲載されることゝ思ひますが、あのお話の問題でありました鵐（しとゝ）は私共の郷里（三河東部）では「あをじ」

とも言ひますが、一般に「やぶすゝめ」「やぶちっち」と言ふたやうに記憶します。眼の縁の黒いぼかしたやうな、どちらかといふと一見目立たない羽色をして居ます。この鳥に對しては格別の事を――信仰的に――申さなかつたやうでありますが、斯うした小鳥で、石を投げつけてはならぬ、殺すと罰があたるなどゝ申したのは「ごしんどり」といふ鳥であります。「ごしんどり」は別に庚申鳥とも言ひまして、庚申の御使姫だなどとも申しましたが、一般に言ふせきれい（鶺鴒）に當るやうですが、これに羽色の、特に腹の部分の黄色い小形のものと、白い稍形の大きなものとありますが、その區別は餘り申さなかつたやうであります。お承知と思ひますが、此鳥の翔び方に特色があります。眞すぐに、直線的に翔びません。山形を描いて、大きく空間にうねりを作つて翔びます。朝起きた時、此鳥が屋敷に向つて翔んで來ると、其日は吉い事があるなどと申しました。さうして此鳥が、どちらかと言ふと人をおそれません。どうかすると人間の存在に無關心であるやうな態度があります。滅多に人家近くなどに居ないのが、思ひ出したやうにやつて來る、かうした事もあります。倘木には殆ど止りません、地上に下る時は先づ石の上などで尾を振つて居る。さうした態度から、思ひなしか崇高な氣高いものゝやうな實感が私共にはあります。

それから今一つ、これは河川（多く谿川）の崖とか岩の間などに巣を造りますが、川狩の、材木運搬の人夫がこれに近づいたり、驚ろかしたりする事を戒めます、勿論雛を捕るやうな事を爲ません。

「ごしんどり」の話はそれ位ですが、「にほひどり」といふのがあります。晩春又は秋の末に鳴きます。「にほひ」は、此地方で呻く、卽ち病人などの呻吟する形容詞でありますが、その聲を聞きますと、子供の頃の、半分恐怖心もありませうが、布團の中に息も絶え々々に呻いて居る人の顏が目に浮びます。朝日の出前と、暮方日が沒してから鳴くと謂ひますが、鳴くのは多く窪地であります。「にほひどり」は言葉の連想からにほ（鳰）のことかとも考へられますが、形も「ごしんどり」などに比べてもつと大きい、ばん（鷭）の一種とも申して居ります。私は未だ經驗がありませんから何とも申されません。又姿を見せぬと申して居ります。

さうして此鳥が鳴くと人が死ぬと申します。更に或屋敷を插んで、交互に鳴き交例すと、へばスーッ、フーッといふ風に、其屋敷に近々の中に必ず死人があると申します。極く子供の頃の經驗でありますが、村の或物持の內儀が久しく患つて居た時、朝早く頻りに此鳥が鳴いた。其時近所の者が何やらで集つて居て、屋敷を插んだ窪で鳴いたから、いよ〳〵今日は死ぬらしいなどと噂をして居たのを聞いた事があります。

鳥の種類は異ひますが、鳥が鳴くと人が死ぬ話は他にも聞いた事があります。烏などは何處でも申すさうですが、一昨年三河の奥の信州境で聞いた話に「はすとん」といふ鳥があります。「はすとん」は鳴聲から言うた名稱らしく思はれますが、夜間山中で鳴きます。時期は晩春から秋にかけて鳴くようですが、山籠りの杣や木挽などはこれを非常に氣に掛けます。段々話を聞いて見ますと、「はすとん」は一に「ごきとん」と言ふて居るものと同じらしく思はれます。御祈禱鳥――のことは、中里介山さんの有名な「大菩薩峠」にも、同じ峠で鳴くと書いてありましたが、果してどんな鳥を言ふて居るか判りません。柳田先生の「遠野物語」にある「おつと鳥」といふのなども、オツトーと鳴くといひますが、或は似通つて居るやうに思ひます。「はすとん」又は「ごきとん」は、ゴキツトトーシ、又ハスツトトーンと鳴くなどと土地の人は口眞似をして居りますが、面白い事は、この「はすとん」又「ご

寄合咄

きとん」は、實は一方で佛法僧と申して居るものと同じらしいのです。昨年の夏、矢張三河の奥の本郷と申す土地へ參りまして、其處の原田淸さんのお宅に泊つて居りました時、夜十一時近くなりまして、そろ／＼休まうかと思つて居りますと、何處かで佛法僧が鳴きます。居合せた土地の人達が、あれは佛法僧かと訊ねますので、自分の經驗では、さうだと思ひますと、あれなら以前からいくらも鳴く、此邊では「はすとん」といふと申します。

それに就いて山續きの鳳來寺の山中では、佛法僧が鳴くとて、夏分は其爲に名古屋あたりから臨時電車が立つて居りますが、此處では昔のまゝに「はすとん」として、ハスツトトーンと聞いて居た譯です。一方鳳來寺方面の話では、雄がブツポーと鳴くと、之に應へて雌がソーと鳴くなどゝ、ほんとの靈鳥化しようとした話さへあります。更に鳳來寺の佛法僧と、紀州の高野山の佛法僧は、唱聲が違ふと、之を比較した人の話が、鳳來寺の寺記の中にあるのを見たことがあります。（早川孝太郎）

自分と民間傳承

私は元來フォークロリストではない。然し私はそのフォークロアに非常に興味を感じてゐるのであるが、それは私自身の研究、社會形態の發達といふ問題に大事な資料を供給してくれるからなのである。

權力による支配も權力によらざる統制も、それはすべて社會形態の種々相の現はれであるには相違ないが、その權力による支配と權力によらざる統制とが必ずしも一つの方向をとらずにそれらが相反した方向をとり、この二つの求むる結果が同一である場合に於てすらもその意向に於ては相反してゐる立場をとつてゐることを見のがすことが出來ないのである。

私は日本の村落生活に現はれたしきたり慣習のいくつかを集め見て、其處にも餘りに明かに權力の支配による彈壓命令の外に村落自體が自らの統制によつて彼等自身の生活を守らんとした跡を後付けてゐるのである。かやうな意味に於て民間傳承の些々たる資料すらもが私には見のがせられないのである。

私は所謂歷史學が教へてくれたところに最早滿足は感ぜられないのである。從來の歷史學が教へてくれたものの他に私は學ばんとする何かを持つてゐるのである。この意味に於てフォークローアは大きい役目を演じてくれるのである。然しかういつたからといつて私は決して「歷史的」といふ方法論とその立場を否定せんとするものではなく、寧ろ私はその「歷史的」なる方法論的立場をとらうとするものなのである。

私は社會形態そのものの變化と社會形態が für und an sich に有つてゐる統制といふものが不可分なものであることを信じてゐるのであるが、その動きは決して單一なる振子の振動によるものではなくつて、それはいろ／＼に條件附けられてゐることを考ふる時に「歷史的」といふ言葉は「必然的」といふ内容を有つと共にそれが單なる一列の系統に配列さるべきでないといふことを意味するのである。

かくの如き意味に於て民間傳承が私達に供給してくれる資料はやがて人類の社會生活的意義を後付けるものであることを信ずるのである。

私達がフォークロアにのぞむところはある事柄の發生的意義とか文化史的位置とかいふものを知るにはとゞまらないのである。人間の生活がいかなるしきたり慣習に率ゐられて集團の生活に適應し、そしてその集團が如何に守られて來たかを明かにすることも亦フォークロアの有つ一面なのである。（小泉）

資料・報告

豐後國直入地方の民間傳承

長山源雄

私が直入郡へ來るやうになつたのは明治四十三年頃からであつた。其頃は交通機關が發達してゐないので、隨分未開な風俗や習慣が遺つて居た。それも、豐肥線が延長してくるに從つて、その姿を失つて來た。昨年末豐肥線の開通によつて、村の若者の風俗などは一變せんとして居る。民間傳承の如きも年と共に姿を消してしまひ、遂にはその痕跡すらもわからなくなつて來るであらう。リヴァースの「原始文化傳播説」のうちに、實用技術の喪失に就て述べてゐるが、習慣、儀式等もだん／＼と失はれつゝあるものがある。例令ば、果樹責の習俗が、二十年前までは行はれて居たのに今では若い者などに聞いても知つて居る者はない。かくの如く民間傳承は亡びつゝあるのである。玆に私が禿筆を呵したのもこれを採錄して、後世に傳へたいと思ふのに他ならない。

一　河童傳説

柏原村と宮砥村との間に川が流れて居る。其處へ昔柏原村の鴫田の子供が、水泳に行くと河童が出て來て相撲を取らないかといふので相撲を取ると、お尻の處へ手を出すので、子供は氣味惡く思つて、その日は中止し、翌日を約して歸り、親父にそのことを話すと、親父は茶釜の蓋を尻の上へ掩うて行けと敎へた。子供は翌日敎はつた通りにして行くと、河童が出て來て相撲を取らんかといふので取ると、河童は前日の通りお尻へ手を出したが、茶釜の蓋に手があたり、ビックリしてお前のお尻は馬鹿に堅いといつて、川の中へ逃れた。

宮砥村の縮目といふ所で川端へ馬を繫いで置くと、河童が來て、綱を體へ卷きつけて、川の中へ引込まうとした。そこへ村人が來てそれを見付け、河童を捕へて連れて歸り、厩に縛つて置くと、主人の留守の時おカッサン（女房の方言）に賴んで、頭に水をかけて貰らつてそれで力を得て綱を切つて逃れた。その禮として每夜魚を三疋つゞ持つて來て釜の蓋の上へ置いて行つた。或時釜の蓋の上に庖丁があつたのを見て驚いて、其後は持つて來なくなつた。

柏原村陽目といふ所の巖壁に、河童の詫證文が岩の面に彫付けられてあると傳へて居る。之れより千年下八町上八町人をとらない、といふ詫證文である。

玉來町の川床といふ所の田の中に半坪程の封土が殘つて、上に松が生えて居る。昔荻村の新兵衛といふ人が河童を使つて一夜の中に田に開かして居ると、殆ど完成に近づいた時に、鷄が曉を告げたので、河童はそのまゝにして逃げた。その開き殘りが封土狀になつて遺つて居るのである。

玉來町の長谷といふ處に淵があつて、其淵の中に洞がある。之れが入田村門田の淵まで續いて居ると傳へられて居る。此處にも河童の詫證文の話が傳へられて居る。

昔岡藩(竹田町)の或武士が、仲間をつれて川漁に魚住の瀧の傍に行つて漁をして居ると、仲間の姿が見えないので捜すと、淵の側面にある洞の中で河童に殺されて居るので、武士は怒つて河童の腕を斬つた。其夜河童が腕を貰らひに來て、その交換條件として、打身の藥の秘法を傳授した。その武士の家に傳はつて居る打身の藥はそれである。

二　龍宮傳說

柏原村田代八幡神社の神官は金丸某といふ人であつた。初代の某は毎年大晦日の晩に同村の龍宮淵と呼ぶ處から龍宮へ行つた。龍宮では餅を出して饗應するのが例となつて居た。或年その餅を半分食べ殘りを持ち歸つて食べようとしたら、石になつて居た。今金丸泉の家に傳はつて居る石を見るに、餅形をした砂岩で半缺けて居る。

三　巨人傳說

昔阿蘇の盆地は湖水であつた。その頃鬼が、之れを埋めようとして、土を擔つて運んで居るうちに棒が折れた。今その土が二つの小山をなして殘つて居る。上荻岳と下荻岳がそれである。それから鬼は怒つて松本村廣草の谷を埋めようとし、玉來町岩本の不動岩を背で押したが動かなかつた。岩に頭と背と兩手の跡がついて居る。(赤木吉二氏談)或說には之れに鷄啼モーチーフが付いて居る。

柏原村鳴田の鄕尾に、自然の橋の形をした岩がある。昔鬼が鳴田より、荻村惠良原の鼻へ一夜のうちに橋をかけようとしたが、鷄が啼いたので中止した。その岩が卽ち橋の一部であると傳へて居る。

四　兩岳背比傳說

昔阿蘇山と根子岳が背比べをして、根子岳の方が高くなりかけたので、阿蘇山が怒つて、バイラ竹で叩いた。根子岳の頂が凸凹になつて居るのはこのためである。

昔祖母山と傾山が背比べをした時、祖母山が怒つて、傾山を蹴つた。その爲傾山は傾いたのである。

五　淵の主の話

柏原村鳴田に網掛と呼ぶ字がある。昔ヒロト(鳴田內)といふ處の人が、網掛の下の黑太郎淵へ網打に行つて大きな魚を獲たので、網に入れたまゝ持ち歸らうとして網掛の阪まで來ると、淵から「黑太郎公、貴公はドケヘ(何處へ)行ぐんか」と呼びかけると、網の中から、「ヒロトさに(へ)背中あぶりに行く」と答へたので、その人は驚いて、網を松に引懸けて、逃げ歸つた。それで此所を網掛けと呼んで居る。

六　三輪山式神婚傳說

源平盛衰記や平家物語にある緒田谷の事で名高い、嫗嶽村の話が柏原村のこととして傳へられて居る。參考源平盛衰記によれば、花御本とあるのが一本に柏原の御許となつて居るから、この傳說が柏原村に傳へられて居たのも古いことであらう。柏原村では同村に叶野長者といふのがあつて、その娘の處へ穴森の巨蛇が通うて來たと傳へて居る。

七　長者傳說

長湯村日向塚にババンヤシキの森と稱する處がある。昔金持長者の宅址で、今尙黃金が埋まつて居ると傳へられて居る。

同村栃原のコゾノと呼ぶ處にも同時代に米持ち長者が住んで居て、互に相奢り、相往來するに千兩箱と米俵とを踏石としたが、遂に罰を被つて昔にほろんだ。

北原長者、鳩原長者と稱するものがあつたと柏原村に傳はつて居る。鳩原長者の邸跡にも埋金傳說がついて居る。朝日さし夕日輝やくその本に、黃金千兩、朱千杯、といふ俚謠が遺つて居る。

宮城村大字川床に桑迫長者、松本村岩瀨に大川長者、長湯村冬田に冬田長者と稱するものの跡が遺つて居る。

八　船が山になつた話

長湯村寶泉寺附近の田の中に、日向塚といふ船を覆へしたやうな丘陵がある。大昔泥海であつた頃、日向より來た大船が、過つて大船山に衝突して、轉覆したものである。

九　石の成長した話

嫗嶽村大字倉木、倉木山の麓に徑二丈餘りの巨石がある。昔此村の人が、或所より還り路に、小石を足に挾んだので、草鞋を脫いで打拂つたが、除ないから不思議に思つてこれを取り、袂に入れて持ち歸つたが、袂から出して見ると鷄卵程の太さになつて居るので、驚いて之れを倉木山の麓に置くと、年々太つて今の如くなつた。今之れを祭つて居る。

宮城村大字市用にフトリ天神といふのがある。昔農夫が草刈に行つて歸りかけると、荷が片荷になつて居るので、一方へ道路端にあつた石を載せて歸り、その石を後の山へ置くと、それがだん〴〵太つて今の如き太さとなつた。

一〇　人が石に化つた話

宮城村上阪田にミコト樣といふ立石と、も一つ同村四步市に立石がある。ミコト樣は下に小祠を設けて祀つて居り、四分市の立石は土地所有者が祀つて居る。昔敵に逐はれてこゝへ落ちて來た夫婦があつた。そしてこゝで死んだ。それが石になつたのである。ミコト樣が女性で(ミコト樣が女性は可笑しいが)四步市の方が男性であると傳へて居る。

○

宮城村上阪田と苅小野との間に黃牛の瀧といふのがある。昔其所に主が棲んで居て人畜を害した。時に一人の僧があつて、黃牛(あめうし)の首を斬つてこれに投じて犧牲としたので、其後は害が止んだ。

○

白丹村にアトウ樣と稱する生殖器神がある。昔同村南山城主志賀氏の女某がこの病で斃れたのを祀つたものである。今尙男女この病に惱む者は各その形相を竹木で作り、之れを奉つて平癒を祈つて居る。

○

都野村嵯峨宮樣（鄉社宮處野神社）の祭禮は十月十五日であるが、この祭の日には性の解放があつて、腰に手拭をかけた女は誰が引張つても宜ろしい習慣であつた。私は其地で三十年前に巡査をして居たといふ人から聞いた。今は此風俗は廢止せられて居る。これを都野のかたげ祭といつて居る。

○

飼猫が根子岳へ參ると、耳が裂けると傳へて居る。

○ 產女の傳說

柏原村西福寺馬場口には產女（方言ウグメ）が出て、通行の人に子を抱いて吳れと賴む。兒を抱くと藁打つ槌であつたり、石であつたりすることがある。

○ 虎御前の墓

柏原村西福寺小園に五輪塔の破壞したものがあつて、之れを虎御前の墓と呼んで居る。同村字橘木にもある。虎御前の墓に參つて祈ると、よい子供をさずけて下さる。

○ 鬼のめはじき

柏原村東福寺では、舊正月十四日の晩に、若者が青竹を焚いてパン〳〵と音をたてる。之れはその年の豐作を祈る爲めである。

○ かせとり

舊正月十四日の夜、若者が惡戲をして步く。夫れが、その後狂言をして各戶を廻はり、祝儀を貰つて居た。今では子供が、福俵を投込んだり、寶船を作つて家に入れたりして、祝儀を貰らふ。

○ 果樹責め

舊正月十四日に果樹責を行つて居たが、今はだん〳〵此風習は廢されつゝある。

○

節分の日に、その年家を建てようと思ふ人は、屋敷に繩を張る。之れは金神除をする爲である。

○舊正月十四日には粟を入れた飯を食べ、近所へ潜行して行き、粟俵を倒すといつて、男は女を、女は男を轉がす。

○八朔には小さい竹の筒に御神酒を容れて、田畑へ供へ「作頼む作頼む」といつて作の神を祭る。（挿圖參照）

○大根種を蒔く時には、竹を×形にしたものを二つ作り、その間に竹を一本横に渡したものを畑に立てる。之れは大黒樣が來て、之れに腰をかけ、虫のつかない樣に成長するやうに守つて下さるのである。（挿圖參照）

○舊十月十四日の夜より十五日の朝にかけて、お日待ちといつて、東方に向つて竹で棚を作り供物をして、太陽の出るまで、各組で一軒の家に集まつて飲み明かし、太陽が東に上るのを拜む。

豐後國直入地方の民間傳承　（長山）

○舊正月十六日と七月十六日には山の神祭、舊十二月十六日には山の神の木の勘定日だから山へ行かれぬ。舊十二月二十日には山の神の味噌焚日だから行かれぬ。味噌の香が鼻に入ると死ぬる。

○地神祭、舊三月及九月の社日に行ふ。

○風祭、舊正月四日、七月四日、此日には畑に入らぬ。

○舊八月十五日月見の夜、子供が供物を盜む。逐ひかけられて逃げる時にホラケル（轉がる）と病氣が除く。

○獵師が猪を射つた時に、最初に命中させたものは頭をとる權利がある。

○木挽（方言では山師）が、

山へ入つて御飯を炊けば、木の葉に載せて山の神に捧げる。

豐後國直入地方の民間傳承　(長山)

○

山へ行つて辨當を食べて、箸をそのまゝ捨て置くと、妖怪が出て來て自分の尻を拭ふ。さうされると箸の所有者は病氣になる。だから箸を二つに折つて捨てる。さうして置くと妖怪が出て來て、折れた二つの箸を菱形にして見て、これを持つて居た人の口はこんなに大きいといつて、怖れて尻を拭はない。

○

村の鎭守祭には御輿が神社を出て、御旅所に行かれる。村の人々は御旅所の前の芝生で蓙蓆等を敷き、重箱に詰めて持つて來た御馳走を開いて食べる。その時、皿の代はりに、イボシの葉に肴を入れて出す。これは古い習慣と思はれる。

○

今はなくなつて居るが、明治になつてまでも、大きな農家にはニハノモノといふ者を養つて、耕作させて居た。最初は麥何俵とかで買つて來たものであつたらしい。或説には年限を定めて使用して居た者に、それに嫁を貰ひ子が出來ると、その親は年期が來て歸つてもその子供はその家の主人のものになつて、ニハノモノとして一生その家で勞働しなければならなかつた。ニハノモノの結婚は同じ仲間でなければ出來なかつた。今でも何某の家はニハであるなどといつて、一般の人々は結婚を好まない。橘南谿の西遊記にこの話があつたやうに記憶して居る。

○

春と秋の彼岸になると、雨の降る夜にはヒユウ〳〵と聲をたてゝ井手(水路)に沿うて通るものがある。これの通つた後には赤子の足跡のやうなものが遺つて居る。これは河童が、春の彼岸には山から川へ下り、秋の彼岸には川から山へ登るのであるといつて居る。

○

昔阿蘇の明神様と荻の宮様とは夫婦であつたが、夫婦喧嘩をして、阿蘇の明神様が怒つて何もかも投付けた。その爲め荻の宮には種々な武器や道具が多い。その時イドラ(バラ)まで投げ付けたので、豐後にはイドラが多く、肥後にはない。

佐渡小木港附近の採集帖より

青柳秀夫

○軒下に下げる惡神除け

ナンバン。ヒイラギ。ヤツデ。ヒヨウネズミのミミ(草)。
シヤクナゲ。ハリドンベ(魚)。オコゼ(魚)。馬の沓

○庭に植ゑてにならぬ草木

リンゴ。グミ。
白ブドウ　｝上の二つを植ゑると三代つゞかぬ。
モウソウ　｝
サンシヨウ　(人間のイドを聞くを喜ぶ。)
シヨロの木　(家の屋敷より高い所に植ゑてはいけぬ。)

秋田縣北秋田郡前田村の小報告

板橋　源

(1)小正月(舊一月十五日)

この日を、一月一日の正月に對して小正月と土地で呼ぶ。大抵の農家で歳をとるのは此日であるが、同じ村でも晝に歳をとる部落もあるし、夜にとる部落もある。

宵の口から子供(男女)總出でとりぼい(鳥追ひ)が部落毎に行なはれる。晝のうちに各家から一人若しくは二人三人と出て、田面の雪を踏み堅めて周圍五六町もある圓陣を作つて置く。

舊の十五日だから滿月である。その圓陣を巡り乍らとりぼい唄を歌ふ。

のしろの、おぢやぢや(中年の婦人
鳥追つてたもれ
ひよより　夜鳥
しをより　雀
烏と雀と一番憎い鳥コだ
粟コ啄つく鳥コだ
米コ啄つく鳥コだ
頭割つて鹽付けて
鹽俵さ　ぶち込んで
上の淵さ投げるか
下の淵さ投げるか
上の淵さ投げた　投げた

朝鳥ホイ〳〵
夜鳥ホイ〳〵
此は何處の鳥追ひだ
とぢやどの鳥追ひだ
鳥もないかぐち(裏の庭)に
米コ喰ふ虫コ
粟コ喰ふ虫コ
頭割つて　鹽付けて
鹽俵さ　ぶち込んで
海山追ひ流せ　ホイ〳〵

少さい子供を先頭に二列に並ぶ。主だつた少年は長い列の前と後とに分かれて全體の督勵と音頭を努める。

行列の進行につれて唄が簡略される。

朝鳥ホイ〳〵
夜鳥ホイ〳〵
とぢやどのかぐちに

秋田縣北秋田郡前田村の小報告　（板橋）

鳥もね(無い)　かぐちだ
ヤイホイ　バッタバタ

とりぼいは一回で終つたのではない。九時頃から第二回目、翌朝の三時頃に第三回目。斯のやうに宵と夜と翌朝と三回繰返される。

夜と翌朝との鳥ぼいの間に神社に參詣する。

この晩、大抵の小供は小屋を作つてその內に居る。

矢張りこの晩であるが、十二粒の豆を爐に燻つて、その裂け方でその年の天氣(雨の多少や風の强弱)を知る。

(2)ゆさんこ(月日不詳)

小正月が終へてからである、やもめ(未婚の若い娘)同志が晝から一ヶ所に集まつて、いろんな御馳走をして喰べる。じやじや(境遇も相當な中年の婦人)達はやもめと別な集りを有つ。之をゆさんこと云ふ。夜になればやもめ達のゆさんこに男子をも招く。かなり騷ぐ事が許されてゐる。

(3)まと火

彼岸の入りの日と中の日と終りの日にと三回、各部落の子供は、他のどの部落からも見得るやうな高い丘の頂上に、各戸から廻つて集めた藁を束ねてうづ高く積重ね、此に火を付けて焚く。まとびである。

鳥追ひと同じく夜行ふ。

まとびの燃える前、子供等は盛んに法螺貝を吹く。まとびの唄はかうである。

まとび付だかナ
しなぎの笹さ付だがナ
まとび誰付けた
ひかり松ァ付けた
ひかり松ァ(の)頭
おーへんぐら　へんぐら

まとび前までに、村では田へ入れる堆肥を橇で運んでしまふことになつてゐる。

(4)盆

迎ひ火を焚く。迎ひ火にも唄がある。

爺ナ婆ナ
此の火の明りに
(だご喰ふに)來とれ　來とれ

冥土に行つた祖父母を呼び返すのであるが(彼岸だから)道が暗いし、老人のことでもあるので火を焚くのだと云はれてゐる。勿論夜である。

盆踊は最近なくなつた。然し唄は盛んに歌はれてゐる。

(囃)ドヽンノドンタラ　ドーントセ
よいとくらくらさ

よいとくらさ
よいとくらくらさ
よいとくらさ
（唄）ド、ンノドンタラ　ドーントセ
一本木（ポン）　一本木
一本木の木
一本木も用ね（に）立つ
味噌すり棒
ド、ンノドンタラ　ドーントセ
二本木　二本木
二本木の木
二本木も用ね（に）立つ
豆打ち棒
ド、ンノドンタラ　ドーントセ
三本木　三本木
三本木の木
三本木も用ね（に）立つ
モコデのデ

先端が三ツ股になつてる枝で作つた、三尺位の棒をモコデと云ふ。荷を負つてる間に疲れたりした時、このモコデを荷の下に差はさんで、一寸肩を休ませる爲のもの。

唄は未だあるが、餘り永くなることを懼れてこの邊で止める。

以上昭和三年現在で、小生の實見實聞したもの。

(5)八坂の祭（秋？）

二十年位前まではあつた。

村の境界（入口）に藁で、恐ろしい形相をした大きな人形（ヒトカタ）を作つて立てたものである。疫病を除ける爲だといふ。（庄司乘松氏談）

尚、彼岸の團子を一般にだんしいと呼ぶこと、飯が不足した時には給仕人が是非踊らねばならぬ等の習慣や風俗がある。

——昭四・九・廿」——

肥前小城郡小城町の二三の年中行事

田坂誠喜

◇おにびたき　一月七日の晩（朝やるところもあります）各家々の家戸口で鬼火たきをして餅をあぶります。この餅は自分の家まであわせて七家の鬼火にあぶり、それを食べる。（家によつてはその餅を水につけておいて、六月一日に食べるところもあります）鬼火の材料は青竹とわらで、この青竹のはじける度に家内中でおにやーほきやー（鬼は外）ふかーうちや（福は内）と叫びます。五寸位にもえ残つた青竹の端を、門口などに立てかけておき、魔を防ぐと云ひます。

◇**二日灸**　二月二日に家内中皆灸をうえます。

◇**五月六日の菖蒲はちまき**　頭痛の氣のある人は頭に、腹の病のある人は腹に、まいて病をよけます。

◇**精靈風**　七月十六日は精靈風にあうとよくないと云つて、外仕事をしません。

◇**八月の滿月**　この夜十五歲の娘は月明りで藥袋を縫ふ。（月がよければ運がよいと云ふ）

◇**天神さんの火たき**　十一月二十五日家々の天神樣で子供の居た藁小屋を未明に火を放つて燒き拂ひます。（子供らは一ケ月も前からその藁小屋を作りその夜それに集つて一夜を明します）

紀州岩出町の年中行事其他（二）

高橋　博

◇**一月一日の祝**　舊曆十二月十三日に、身を清め、家に祀る諸神を祀り、カザリ（しめなはの事、神の前に張る飾）を其神前で作る。家長或は家の男子が、同二十九日に家の大黑柱を中心として、四方及び戶口每に張る。大晦日（十二月三十日或は三十一日）の夜は澤山火をおこして置く。此れは元旦に使用す。元日には先づ家長及び男子は午前三時頃起床して、桶にて若水（ワカミズ）（普通の井戸の水であるが、殊に元日に限り此の名あり）を汲みて前年（前夜）殘し置きし火にて其の水を湯として、顏を洗ひ身を清めて氏神に詣る。其の參拜者の歸宅までに家の女の人は起きおぞうにの用意して、主人が歸宅すると、全部家內打揃ひて祝膳に附く。此の家內の祝終りて、後隣家に行きモノモ（物申すといふ意味ならん）と發言して祝を述べて歸る。

◇**年越祭**　年越は舊年中か新年中か一定しないが、此の年越の日は豆をいり、夜になりて、家長或は男子は戶口（入口）每に立ち、最初は內部より外部に向つてヲニヤソト（鬼は外）と三唱し、それから外部より內部に向つてフクワウチ（福は內）と三唱す。每戶口を終れば神前にてフクワウチと三唱す。此のヲニヤソト、フクワウチと三唱する每に豆を播く、其の殘りを家內は一同揃つて自分の年より一粒だけ多く食ふ。

◇**正月十五日の祝**（ナラナキドとも云ふ）　正月十五日の此の日の朝は、アズキを入れたカユをたきて庭內の果物のなる木每に供へて、ナタ（鉈）を持ちて木を打ちてナラナキドと三回、次にナリマセウと三回唱ふ。現今は大凡すたれたり。

同日朝、家中に在りしカザリを全部集めて一定の所にて燒き、

其の灰を取りて來り家の周圍に播くしきたりあり。(長物、へびの類の家に入らないまじなひと云ふ)

◇夏祭　舊曆六月七日にて一に祇園祭りとも云ふ。此の日は祇園社、及び氏神を祭る。村の老若男女つどひて樂しく遊ぶ。餘興として芝居等あり。

◇佛祀り　舊曆七月十三四の兩日に行ふ。十三日には佛來と云ひて村の寺に佛樣を迎へに行き、其の日と十四日とに、新物を供へよく祀りて十四日の夜、村の北方にある大溝まで送つて行きて念佛を唱へて流す。

◇ヒマチ　毎月一回にて、一日か或は十六日の何れかに行ふ。これは天照大神を祀る。此の時に村の年長者が音頭を取りて、左の如く唱ふ。

南無天照皇太神を最初七回、其次に南無八幡大菩薩を三回と、其次には、南無大日本大小神祇を七回云ひ、最後に、なうまくさんまんだ、ばざらざんだくだまからしやだそわたやうんたらたかんまん。といふ。

◇コメシゴ　春秋二期の彼岸に行ふ。此れは弘法大師を祀り、此の時も村の人々は集りて、前と同じく年長者は音頭を取りて左の如く唱ふ。

・をん、あぼきや、べいろしやなう、まかぼだら、まにはんどま、じんばらはらばりたやうん。

コメシゴとは光明眞言の略なりと。

◇インノコ　秋期米取入の全部終りたる時に、亥神を祀る。

◇庚申講　正月一日より六十一日めを初庚申と云ひ村(垣内)人は全部或家に集り、酒魚にてタルタヒコ大明神を祭り、後は村人食して話し、最後にタルタヒコ大明神を三唱して終る。

◇衣服についての言ひ慣はし

一、衣服の殿あては横縫をするれば勝負事に負となる。

二、着物は其の人のたけよりも少し長くするといふたけと丁度にすれば不吉と云ふ

石見より（竹本）

石見より(二)

竹本健夫

◇田の神(邑智郡日貫村)　さんばいさんは夏は畑に、冬は竈に居るといふ。

◇ちゆうざいもん(邑智郡吾郷村奥山)　この神はくちなはでその小さな祠は常に岩穴にある。淋病、黴毒に効驗があるといふ。鷄卵、線香、金の鳥居、千本旗を供へる。

◇かなむすめ　娘が十三歳になると親に代るものを定めて親として仕へしめる。これがかな親で娘がかなむすめである。かな親の許で祝宴が催される。娘はあけぼの(赤色の下方をぼかす)の

振袖を着してゆく。かな親は引出物として腰卷を出す。これと同じく男子にけいやく子といふのがある。之は石見美濃郡益田町の古い習俗である。

かな親と同じものかどうか、記憶がはつきりとないが、へこ親といふ名稱もある。

◇子供の誓ひ　子供同志が物をやりとりする時、貰つた物を返さないことを誓ふに「てんくつ」と云つて天に向つて唾を吐く。

◇狐の嫁入　日が照つてゐるのに雨が降ることがある。その時は狐が嫁入りするのだといふ。指を組んでその隙から遠くの山際を望むと嫁入が見えると云つてよく私もやつたものだ。

◇領布と思はれるもの　紐を二本つけた手拭大の布を肩にかける。この布は縞か或は眞黒のものに限る。結婚した女は絶えずこれを着けてゐる。

これは石見美濃郡益田町の、五十年ももつと古い習俗だと、私の祖母の話。

◇手毬唄　「裏の畑のちしやの木に雀が二三羽止まつて」といふ手毬唄の終りの方に「もちとこけんのはなうつな、草かりでちにあふたらば、赤い手拭で顔かくせ」の文句がある。この唄を敎へて呉れた人は「草かり丁稚にあふたらば」と唄ふ。私は「草刈で血にあふたらば」と思ふので、何か譯がありさうだから書いておきます。

氣多通信（二）

藤井春洋

◇傾城ケ谷　石川縣羽咋郡一の宮村北方の松山の、隣村との境に、傾城ケ谷といふ小沼がある。殆、川の跡位の沼である。遊女町の跡だといふ。上下二つの芦一ぱいの水溜である。二つは溝でつながつてゐる。下谷の一隅に、直徑三尺餘りの穴がある。この穴に池の主がゐる。蛇だといふ。昔は多くの遊女屋があつて、ある時、一人の遊女がこの谷川へ入水したといふ。以後、一日二回この川に毒が流れるといつて、時を定めて、下流の水を用ゐてゐる。又、盛夏の旱魃には、村人はこの谷へ水もらひに行く。酒をもつて行つて、祭りをして、上谷と下谷との通ずる溝を、新に掘り割つて、もつて來た酒を穴へ注ぎ、兩側の松山へ登つて、多勢で、「水を賜へ〳〵」と叫んで、後を見ずに下山する。或老人語る「私が水番をしてゐる時、旱魃のことがあつて、こつそり、鎌の鋭いやつに繩をつけて、その穴へ投げ入れ、『雨を降らさんとかち切るぞ』、といつて引き廻したことがあつた。歸る道で大雨に降られて、家につくまでにすぶ濡れになつてしまつた」と。

◇花の宮　石川縣江沼郡河合谷に、大海川に架つてゐる濁澄橋を過ぎて、四五町の處に、大きな石が一つ森に包まれてゐる。村人は、昔、こゝに七堂伽藍があつたと傳へてゐる。今、これを再建するならば、小さくとも、七堂伽藍でなくては、神が荒れるのだと言ふ。ある時、力士がこの石を動かしたら、忽ち死んだと。又、節句の餅を積んだ車が、こゝを通ると、急に曳けぬほど重みが付く、といふ。この石の前を死體が通ると、一週間暴風雨になるといつて、村人は火葬場へ行くにも、わざ〳〵小路へそれて行くのである。この神は、歸り花を嫌つて、行きの花を好まれると言つて、村人は家を出て、こゝを通る時には、必ず草花を供へるが、歸りには見向きもせずに通ると言ふ。花の無い時は、草でも供へると言ふ。こゝを村人は「花の宮」と言つて尊んでゐる。若い男女は、この石へお詣りして、花を供へると、良緣にありつくと、信じてゐる。

◇小又の泉家　石川縣鳳至郡穴水町近くに小又といふ處がある。城山の戰の時、此小又の泉家の主が炭燒であつたが、謙信に追はれた城山の城主を、炭燒姿にしてかくした。謙信に疑はれた時に、足で蹴つて見せて、その疑ひをはらしたといふ。その爲に此人の子孫に、代々足のかたわが出たといふ。その時に、助けた褒美として、何でも望め、といはれた時に、城山十五箇村の祭りの一番杯を願つたので、以後、この人が來なくはて祭が始まらなかつたといふ。

「八せんの神」と「土用の神」に就て

——越中上新川郡太田村城村地方の話——

田村榮太郎

未開人民に、簡單になんにでも、一寸不可解なことがあると、はやすぐに神がゐるとか、罰があたると云ふ樣な考へは、よく持たれるものであるが、今以上の地方でも土用にも、八せんにも神がゐると言ひ傳へてゐる。勿論神と言つても、そこらの神明社や、八幡宮の神とは別物のやうに考へてゐる樣でもあり、又何時供物すると言つたことを聞いたこともないが、たゞ神がゐるといふのである。

されば、その神がどこにゐるかといへば、土用の神が土中にゐるといひ、八せんの神が木の高にゐると傳へてゐる。で土用の神が土中といつても、そこを想像するに、井（イケ）の中にゐると薄ぼんやり乍ら考へてゐるのではあるまいか、無論神體をも知らぬ神であるから、何處にゐるのだと判つきり突き進んで考へたものもあるまいが。何んでもこんな樣な話がある。

「土用と八せんと組合ふと空が惡い」

成程偶然か知らぬ共、さうかと思へば、私等の故郷では、その時節空の惡いことが多い。それは何時も〳〵と云ふ譯にも行くまいが。でその惡いと云ふことは、その二人の神が仲が惡いからであると云ふのである。老人によると、何んでも昔、土用の神が井にゐた。處がその時、八せんの神が木の高に居て、井の中をのぞくと一人の神がゐる。これぞと思つて、井の中へ飛び入つた、處がそれは自分の姿であつたので、何んでも喧嘩して土用の神が勝つたとか、八せんの神が勝つたとか云ふのである。夫れ以來どうも八せんと土用と組合ふと空が惡いのださうである。

又或る老人が、八せんとは木性であり、土用は土性である。一方が木性なるが故に、大體乾燥性を持ち、一方が土性なるが爲に、濕氣性を持つのであるとも語つた。

それはそれとして、土民には八せんの神は木に關係したものであり、土用の神が井に關係したものであると信じてゐる。例へば

「八せんには木を切られぬ」

どうした爲めか、今に木を八せんに切ると、それを用材にした場合、蟲が喰ふと云ふのである。それは松等の樣な何時切つても、比較的喰ひ易いものは別としても、櫟にしろ、杉にしろ、其他あすならう（方言アテ）等の樣なものにしろ、大半はこの時に切つたものは白味（方言シラタ）に穴あけられるのである。一種不思議な現象である。それは木ばかりではない。竹も同じである。であるから決してこの時には切らない。だが尤も竹にしても、亦木にしても、それを或る場所に使つた時、そこが終止布帛等でふき清められる所であるとすれば、暫く別問題である。たゞ掃かれる程度位否箒もあたらぬ處であるとすると、春から夏にかけて無數の小穴があくのである。

「土用に穴を掘られぬ」、又「井（方言イケ）へ入られぬ」

地方のものは、假りに穴に屬するものであれば、何間四方のものでも、又一間四方程の小さいものでも、七八尺も掘るものとすれば、大抵遠慮する。どんな關係か知らぬが、地盛等の爲めに一方を掘ると言つた時は、遣らぬ樣である。それは次の樣なことから來てゐるのではあるまいかと思はれる。

「土用に井へ入られぬ」と云ふのに關係ある樣に思ふ。卽ちもとをたゞせば、それにはこんな話がある。土用に穴へ、殊に井に入ると、甚だ平常より息が苦しいとか云ふ。であるから、よく、田舍に居て、土用井の中へ間違つて何かを落して、それを取りに入ると、死んだ等と云ふ話を聞く。人の名を忘れたが何んでも死んだ人が幾人もあつた樣に記憶しとる。であるから井掘人夫は土用の間は休む。無論物を落しても、高に居てとる工夫をするか、若し取りに入らんならんにしても、土用明け迄待つのが普通である。

姙娠・出產・育兒に關する俗信

——岩手縣紫波郡飯岡村——

橘　正一

(イ)神佛の申し子は不具か若死をまぬがれない。

(ロ)きれいな子を授けてくれと願がけすれば、一本も毛のない子がうまれる。

(ハ)男のふんどしをはねても女ははらむ。

(ニ)會陰に灸たてれば、子をもたない。

(ホ)はらおっき(孕婦)が銚子の様に口の斷面がなったものから直接に水をのめば、ヨグチ(兎唇)の子を産む。(方言ではなす)鐵瓶の樣に口が圓い物からなれば、さしつかへない。

(ヘ)はらおっきが鴨やあひるを食へば、手足にカモリ(みづかき)のはった子を產む。

(ト)みもちの時、つゝつくまって(蹲んで)臼をひけば、腰のたたない子を產む。

(チ)みもちの時、石臼(いすな)をひけば、えなが頸にからまる。

(リ)胎兒の鼻に山の神さん腰かければ、鼻の低い子を産む。

(ヌ)山の神もシャモジガミもホーキガミも集まらないうちは子がうまれない。

(ル)おまんまが無くなったら、鍋にでもおはちにでもサッド(すぐに)水入れろ。からにしておけば、産があらい(難產する)

(ヲ)ごかご(椀を入れておく籠)や、笊に鍋のふたをすれば、産があらい。

(ワ)はらおっきが機をおれば、腹の兒が縱になったり橫になったりして惡い。

(カ)はらおっきが豆腐をくへば、腹の兒の頭にシロコリがたかる。コリとはどういふわけかと問うた所が、たとへば漬物をつけた時に白く泡がたって、固まったのがコリであると。

(ヨ)七日やんでも男の子。

(タ)病んで代るにいいのはクセヤマエばかり。この邊には男のクセヤマエ(つはり)といふことがある。たとへばタガエ・ゴンタがそれであった。かかーは達者でピンピンしてゐるのに亭主はオーミで段々やせて行く、こわェがる(疲勞を感じ易い)妻が分娩したら、すぐよくなったさうだ。

(レ)姙娠した母の乳をのんで、子が病氣になることをオトミといふ。

(ソ)はらおっきに難產の話するな。

(ツ)あとざんの下りない時はひっこ(山まゆのまゆ)をのませればよい。

(ネ)ほぞのをは鋏でツグ(切る)。

妊娠・出産・育兒に關する俗信　（橘）

(ナ)ほぞのをを短くつげば早死する。

(ラ)ほぞのをを黒燒にして子供にのませれば、むしにちょされない
（手でいぢる事をチョスといふ）

(ム)ほぞのをを洗ってみれば、何處の誰といふ事が書かさってゐる。

(ウ)ふたご栗やまっかだェこ（二股大根）を食へば、雙生兒を産む。半分づつくへばよい。

(ヰ)ふたごを産んだ時には、亭主がヤマオシキ（はっすんに似てゐる。お膳の一種、四角、普通のお膳の大きさ。昔はこれでばかりたべた）を兩手に、一つづつ持って、屋根の上にあがって、オシキを叩き合せながら、大きな聲で「おらかか―ふたご産しなしたでァ」と叫ぶ。さうしなければ、又ふたごを産むといふ。私のうちの女中のアイカマド（同じ本家から分れ出た分家）でふたごを産んだ時も、やったさうだ。

(ノ)大戸をくぐる時に、ふたごを産んだ女が先にくぐり、その後から別の女がつづいてくぐる樣な場合には、後なる女は、ひそかに、先づ胸の前に兩手をかさね、次ッにヤと言って左右に開く。さうしなければ、ふたごがうつるといふ。

(オ)三人の姉妹（又は兄弟の妻）が同時にみもちになった時には、臼に甘酒を作って、椀なり柄杓なりで同時に汲んでのむ。さうすればマケカチがない。

(ク)てなしご（私生子）が生れるとテテナシマツリをやる。先づ四尺位の藁人形を三つ作る。父と母と子に擬する。頭部に紙をはって、目鼻をかき、胴には赤い着物をきせ、胴串をさす。村の若い男二三十人、これをかつぎながら、笛、太鼓ではやし「何祭りまつるよ、てなしまつり、まつるよ」と歌ひながら、夕方から曉まで村中を廻る。踊はない。これをしないと村が貧乏するといふ。この時、私生子の母は、尻をまくって、尻をたたきながら自宅の周圍を三度まはる。情夫には別に制裁なし。今から四十年ばかり前、オカネといふ女（今まだ生きてゐる）が私生子をなした時には、彼女の情夫はてなしまつりの行列に加って歩いたさうだ。このオカネを最後として、この土俗はこの村にすたれてしまった。

(ヤ)墮胎することを、飯岡村では、ムスといふ。流産はアラス。私生兒は大抵ムシてしまうのであるけれども、オカネはむことりであったから、この運命を免れたのである。

(マ)オボコ（乳兒）持って五十日（廿日?）目にスルス（摺臼）ひいて死んだ人があったさうだ。しかしつく臼ならば、チァサダンデかへってよいといふ。「血がサダムとはどういふ意味か」と問うたら、「からだがかたまること。お産すれば血が浮きて居る

から……」と答へた。

(ケ)飯岡村の近くのシモカヅマのアナグチ橋の側にサルといふ九十ばかりになる婆樣が居る。この婆樣の母なる人が河童をなしたさうだ。生れるとすぐ死んだと。

(フ)みもち女は葬式をおくるものではない。おくれば、死人は「重たい、重たい」といって極樂に行けないし、送った人は難產する。葬った後はお墓參りしてもよい。

(コ)地藏さんの像をかいたテンガエ・バタを切つて身につけておけば產が輕い。

(エ)亭主のしめた褌を腹帶にすれば產が輕い。

(テ)性交する度每に胎兒は大きくなる。

(ア)晝間うまれた子はツラツケナイ(面の皮が厚い)

(サ)十八子は親あつかはない(養はない)　親が十八歲の時生れた子は親か子のどちらかが死ぬ意。

(キ)出產のあるときは、亭主は樹を切るのを忌む。

(ユ)出生後一週間は、サント(子を生んだ女)は四方に藁を積んで、晝夜、この中に坐ってゐる。これを「まくら　に　ゐる」といふ。夜はこの藁によりかかって、坐ったまま眠るのである。一週間目にマクラサゲといって、この藁を取って、あふむけに寢る。ただし枕は藁製で平生よりも高くする。每朝一束づつ藁をへらす。

(メ)七日目まで、ショーヅカノババが來て、サントが死ぬか死ぬかと待ってゐる。七日の腰湯を使へば始めてあきらめて歸る。だから時をくり上げて三日に湯をつかふ。これをミッカユといふ。

(ミ)フクロ(胞)は廐の肥のあはひに埋める。

(シ)子供が生れて一週間ばかりは俵に入れる。かうすればタラモチ(金持の意)になるといふ。

(ヱ)あかん坊を腰巻に包めば、大きくなってからひびが切れる。

(ヒ)初子なれば、生れて二十日ばかりたった時にマゴダキといふお祝ひをする。親類たちはオボギ(うぶぎ)を持って集って來る。みんなから名を貰ふ。第一に產婆さん、それから次々とつける。必ず手に抱いて、そして名をつける、その中からよい名をえらんで名とする。

(モ)女の子ばかり生れたときはアンコとつければよいといふ。盛岡市にハタケヤマ・アンコといふ女の人がある。昔、ヘーカクの娘もアンコと云った。上飯岡にもアンコといふ人があった。

(セ)あかん坊の着物を夜、外におけば夜泣する。

(ス)夜泣するときは、夜子供の枕元に砥石をたてておけばよい。

壹岐民間傳承採訪記　その三

折口信夫

◇士分

此島の士分の者には、表者と役方との區別があつた。表者は爲事もなし、從うて內證もよくなかつた。だから、ねがひ(願)をして役方に廻つた人も、段々ある。武生水平坂の日高貞次郎翁なども、其一人である。役方になると、平戶に居る事もあり、大阪詰めになる事もある。大阪では勿論、藏屋敷にゐるのである。

平戶の城代は、武生水のお館山にゐたが、其と、島の士分の者との間には、一切交渉はなかつた。

平戶には、物產局と言ふものがあつた。それの支局とも言ふべきものが、壹州にもあつた。役方の者で、物產局に關係あるものは、なか／＼爲事があつた。鯣・鱶の鰭・鮑・いりこを大事な物として、占め買をした。物產局以外に密賣をする者が見つかると、渡良島(渡良三島の事)に流した。

占め買とは專賣事業の事なのである。しめげえではないが、大豆を買ひこんだ。此等の物の代物は、金でなくて品物でした。町人百姓等の註文を引きうけて、布類はじめ何でも、大阪藏屋敷から買うて下したものであつた。

鯨は、物產局には、關係がなかつた。

島に居る士分の者は、大抵表高八十石であつた。其は平戶藩のきまりでは、百石になれば、平戶に住ませることになつて居たからである。

◇町方制度、町人

町方の人、卽町人には、わりはない(班田の項參照)。鄕ノ浦も、勝本もさうであつた。けれども口すぎは、何をしても出來た。在方へ、卵の買ひ出しに出かけて賣つても、利得ははかつて行けたのである。但、新田を開いて、わり以外にその地を持つてゐて、僅かな上納ですましたのもある。田河村の川北から出た十何軒の增田氏(鄕ノ浦下町在住)の如きが、其である。

一體、鄕ノ浦の町は、つき出し町七十五軒だけは、わりを持つてゐた事はある。それと、坂一つ隔てた本居七十五軒と、半々に分けて、百石の地を割つてゐた。併し、此とても、此町の持ち分では、元々なかつたので、本居の祇園樣の社領を、さうした風に分けどつてゐたのだと言ふことである。

町人には、町年寄格・總領格・浦年寄格・水手人と言ふ風に、わかれてゐた。町年寄格には、七十兩收めれば、なられるのであつた。唯かこ人は又、浦人とも言ふ。此は、金は收めても、町年寄格にはなれなかつた。併し、平戶の大守の江戶參覲に、船役を勸めるのは、この浦人であつた。

ところが、百姓は浦人と同格で、いつまでも、身分のあがる事がなかつた。百姓の上には、脇間と言ふものがあつた。此は、百姓から見ると、わりは半分に及ばぬ一斗一升蒔き位しか受けなかつたが、役もせぬし、出す物も何もなかつた。刀も、一腰とか兩刀とかさして、足長草履をはく事を許されてゐたものである。

◇職　人

志原は、昔から職人の多い處で、今でも副業が盛んに行はれてゐる。其爲に、島中では、一番ゆつたりと暮してゐる。大原觸の大工・西觸の竹細工・大原・西觸の左官・釘山の石工など名高い。殊に鍛冶屋は志原に限つてゐるものである。西觸に十竈、平人觸に三竈ある。

◇八　幡　蜑

小崎には、男蜑ばかりであるが、八幡には、女蜑を原則としてゐる樣で、女の方が數多く爲事に出る。女はからだが冷えぬと見えて、男が三度位あがる中に、一度しかあがらないですむ。女も十二・三になると、早いのは海に入りかける。遲くとも十七・八までの間には、かつぎ(島では、かづきと言はぬ)をする樣になる。かつぎはじめの頃は、てんぐさや、小鮑をとつてゐる。併し大體が、鮑ばかりとるのは男で、女蜑は、てん草・雲丹・がせ・かぢめなどもとる。

男とても、かつぎばかりする訣ではなく、おうせ(猫ざめ)をつきにも行く。盆の十六日だけは、鮑は休みで、おうせをとりに出かけるのである。此は「蛇捕へ」の樣な道具があつて、其で挾みとる。

八幡では、女も海に入るから、畠と言うては一切ない。少し寒くなると、さゞ網、冬になるとさし網をするので、海には入らぬが、やつぱりなか／＼爲事はある。女の方も、冬の間は日傭とりとして、鰯の搾め滓とりを働く。舊の九月・十月から、四月まではかつぎをせない事になつてゐる。かつぎの所得は、上蜑は、二十貫から十八貫までとる事もある。一貫平均三圓として、五六十圓にはなる。

小崎は、志賀島から來たのだといふが、八幡蜑は元、伊勢から出た蜑だと言ふ。其で、あをびのしの獻上の爲に每年、大神宮樣へ持つて上つたものである。だから、伊勢に着くと、長島さん(田河村村長の家)などよりも上座にすわつたものだ、と威ばつてゐる。

あをびのしは、鮑の眞中の身だけを薄く剝いて、其をいくらも合せて長く作るのである。だから、一枚には隨分澤山の鮑が使はれてある訣である。

明治の末年になつて、お伊勢樣での待遇が變つた。處が、そんな事には參宮する者には、氣がつかなかつた。ある年行つた者が、をかしく感じたので調べて貰うたら、太神宮樣へさしあげずに、上の神主が私をしてゐて、明治四十三年あたりから、納つてゐなかつた相であつた。其から少し、御疎遠にはなつてゐるが、併し今も、二つ位はのしをさし上げてゐる。

小崎の漁區域は壹州全體であるが、こちらは、漁業法施行後、島の東北部の箱崎から南半部の石田の地先を、かせぎ場にしてゐる。

今の處、十八尋（二十尋までは入られる）這入る事の出來る者が一番上で、此は三人しか居ない。但、十五尋以上入る場合には、繩をつけて入れる。通常は、十尋乃至十二尋である。

這入つてから、あがつて一休みするまでをひとしおと言ふ。からだを暖める爲に、焚き火にあたつたりする間を、ひと區ぎりとするので、一しおの間にも、勿論幾かつぎもするのである。

大抵一日に、多くて五つ汐、少ければ三汐位の時もある。

鮑を入れる袋は、褌のちやうど正面にあたる處に、繩を越やして垂し、取つては容れ、とつては容れして置くのである。褌と言ふでふ、此は、繩を腰に纒ひつけて、手拭ほどの晒し木綿を、前と後とにひつかけて置くのである。其腰にあたる處へ、鮑金をさす。此は、鐵で出來た鏟形の長いもので、一尺二寸位から、長いのも短いのもある。又、根つけの樣にめひらあをびをさして置く。此は、二度目に入つた時の目じるしに置く爲である。其から目金をかける。

褌の赤いのはあまりなく、寧ろ手拭の方に、赤いのを常に使ふ。大れふの時も、赤手拭を、赤短冊にかてゝ、蜑どもにやる。此は、千圓祝ひ・二千圓祝ひと言うて、網方でするのである。蜑としては、其日々々とつた物を、自分の物にするのだから、もとと言ふ樣なものは、ない訣である。

爲事をする時、鮑金で掘り起すのであるが、貝の澤山續いてゐる時は、殿りの奴からとる。先頭の奴からとりかけると、貝を叩いて置く。さうせぬと、今度沈んで來た時には、逃げて了うてゐるのである。

蜑どもが水面に出て來ると「はゝは」とをらぶ癖がついてゐる。五十になつてもやつてゐる者もあるが、四十內外で、爲事がへするのが普通である。此は此頃になると、耳が遠くなり、耳鼻に病氣の出る者が多いからである。

若手宿（其項參照）の風は、此邊では、今もあつて、此處で夫婦が出來るので、仲人を立てる事はない。

みいりがよいだけ、なか〱おごつて暮してゐる。ごむの水枕をあてがうて寢て居るはいからなども居る相だ。

蜑と話してゐて氣のつく特徵は、てと言ふ接續の接續助辭のきはめて多い事である。きとくとの轉換が多い事も、近村の人々の注意に上つてゐる程である。あそびをよそではうえじと言ふのに、こゝではうえ、おいざと（おやすみの意である。お寢敏の義）と言ふ壹州一般の夜の挨拶を、ざとうなあと言ふよし、同じ觸の寄八幡の社司の話である。

東西隔たりすぎて、類似を言ふのも憚られる程だが、陸前鹽竈の夜祭りの「ざつとな」も、此とおなじ語原で、睡魔驅逐の「ねむた」行事の根元を示すものではないかと言ふ氣がする。

◇島へ來て階級を解放せられた人々

此島には、以前ゐたといふ氣の毒な人々は、住みついては居らなかつた。刑場に當てられた百間馬場で、斬罪のある時に限つて、平戸から渡つて來たものである。喜兵衞・房太郎の斬られたのが、最後であつたが、其時も、二人まで、ゐただと謂はれる人々が渡つて來た。其頃又、牛の皮剝ぎに二かまどまで來た。其中、平戸の猿川の七之助と言ふ者が住みついて、ゆがはの山場所を借りて住んだ。最初は鄕の浦のくだり町の銀行のある後の山手に居た。子は助七と言ふ。今は其代で、井上姓を名のつて居る。今から四十年前、小學校教員養成所が、今の國幣住吉神社の處に出來た頃、この島の教育の先輩菊地經德・後藤正足などの諸氏のまだ若かつた頃で、助七に却て鞄の繕ひ方などを敎へて、手入れをさせた相である。三味線・太鼓の張りかへから、雪駄・靴直しまで、一切をひき受けて、今では、豐かに暮して居り、傍、酒や駄菓子を商うて居る。大正十年には、七之助はまだ存命で居た。今では、同等の扱ひをして居て、私が靴直しを頼んだ日などは、皇太子様(今上陛下)御歸朝の當日とて、よんべから町内の衆のより合ひに蹤りで呑んで、まだ歸つて來ない、と言ふ事であつた。其應對に出た女房は、壹州のあまの娘だとも、平戸の同族の女だとも言ふ事であつた。元は、やかましい家では、大黑柱から内へは入れず、鄕の浦の町の風呂へは、入れなかつたものである。

近年蘆邊の上場の大石に、今一軒來て居る。此島では、此人々は鷄を喰べぬものとしてゐる。

◇流　人

るにんとも、流されひ(ひ＝淸音)とも言ふ。壹岐へ來るのは多く上方で、殊に大阪者が多かつた。だが稀には、長崎から來るのもあつた。天領の者ばかりだと言ふ事である。

此國へ流された者は、わるい奴も居たが、大方よか人であつた。重に破戒僧で、唯の町人も、盜賊などは、來なかつた樣である。島に着いた流されひとは、町方では預らず、村で預つた。百姓は、わりを頂いて居たからである。廿四人來れば、廿四ヶ村にちようどわり宛てられるが、ばら〳〵に來るもの故、役所から、あきの村へわり宛てることにした。さうして又、村から觸へわり宛てるのである。觸のさす頭が世話をして、世過ぎの道をつけてやる。本人の望みによつて、それ〴〵の職にいる道具も與へることになつて居た。落ちついた後は、どこそこで何がしたい、と願ひ出れば許される。百姓(?)・大工・商人、めい〳〵その望む所へやる。町方に住むことも許した。但、髪は前は剃させず、髷も前に曲げる事を許されない。皆後へ曲げたものだ。一口にいふと、後家さんの樣な頭をして居たと言ふ。

島人の商法のきまりは、非常にやかましかつたが、流人は勝手に何商賣しても構はなかつた。流人と島人とは、普通のつきあひをして居た。壹岐の文明は、流人によつて、進められたものと言ふことも出來る。諸職・學問、流人が島人の導きになつたことが多い。此は、島の有識が、皆口を揃へて言ふ所である。

武生水村預りのくわいあんと言ふ房主は、夫婦者でつた。女房の方は、罪のあつた訣ではない。なか〳〵の學者で、島の老人連には、此僧から、四書・五經を習うた者も殘つて居る。くわいあんの師匠は、こうようと言うて、流人である。くわいあんは流された人でなく、夫婦して師匠を尋ねて來たのだともいふ。こうようもなか〳〵の學者であつたが、後に島がへりをした。田河村の赤木氏などは、一齋と言ふ流人の門弟であつた。又、松本天龍といふのも居た。此は、比丘尼の妻を連れて來た。

島に來ても、尙惡い事をすると、渡良島(三島ある)にやつた。其でも改めぬと、他の二つの島に島がへをした。此を島ぐり(ぐち?)と言ふ。其上は更に、あをぉの高島、をじかのやぼろくにやつたと記憶して居る、と言ふ人もある。渡良島で改まつたと見られて、壹州に戻されたものもある。

壹州の人間でも、喧嘩・賭博・姦通などで、島流しになる者がある。皆渡良三島へやられるのである。その外大抵は、郡代の手の足程のとつたりのとりばなし位で免された。表沙汰にせぬものは、房主が出て、斷り書きをさせたものである。御維新後に、一時たゝきが行はれたが、すぐにやんだ。

渡良島で、島やぶりをする者があつても、番所があるから、すぐ見つけられる。

天朝になつてから、流人でわりを貰うた者もあつたが、舊藩時代には一切なかつた事である。

カシャンボ(河童)のこと

○四號二六六頁、廿年計り前、只今七十五六になる老人(現存)より聞たは、カシャンボ(河童)は夏は川に住み、冬は森に在て人を魅す。自分が生れた日高郡南部町近きヲシネといふ地の林下で見たのは、傳說に違はず、靑い碁盤縞を著た七八歲の可愛い男で、その衣服の縞が遠方迄も極めて鮮かにみえたと。能登と紀伊と離れた地の咄が符合するから、昔しは、廣く傳はつた者とみえる。（南方熊楠）

紙上問答

○たとへ一言一句でもお思ひよりの事は、直に答をしたためて頂きたい。

○一度出した問題は、永久に答へを歡んでお受けする。

○どの問題の組みにも、もあひの番號をつけておくことにする。

○問(一三) 甲州や駿河の奥山で、谷あひの針葉樹林帶に數々見うける掛小屋を、がは師の小屋と言ひますが、今は使つてゐない樣です。信州でもさう言ふと聞きました。どういふ人達の何時どんな爲事をする所でせうか。御しらせ下さい。(靑池竹次)

○問(一四) 昔々を語るのに、盛岡では「昔あッたとさー、何何ァあッたづォ」で始まり、このヅォを連發し、最後に「どッとはらェ」と云ふ。他國では、この始りと終りとを何と云ふか、御報告に預りたい。東京では最後を「それでイチがさかえたとさー」で結ぶさうだか、この詞の分布を知りたい。(橘正一)

○答(五) 私の郷里(越後の長岡市)では、鬼灯を屋敷に植ゑると、病人の絶へがないといひます。他にもう一つこれと同じ話がありましたが、何んの木であつたか憶えてゐません。子供の時よく母から聞いた話です。(桑原岩雄)

○答(六) そんな風習は殘つてゐませんが、私の村(鹿兒島縣日置郡永吉村)では「物を頭にいただく」ことをカンメルといつてゐます。天井をカンメルなど。(桐原義文)

○答(九) 瘤に限らずすべての贅物は福のものであるといふのが、この考の根本にある民族の思想ではないかと思ひます。京都や大坂では書物の中に折り込まれた餘分の紙を福紙と申しまして決して切り捨てるものではないと數へられたことがあります。若い者の頭に一筋二筋生えるものを福白髮と申しまして、これも拔くには及ばないと考へられてゐます。これらは皆餘計なものですが、その餘計なものであるところが福を意味するやうになつたのであると思はれます。

瘤と同じやうに餘計なもので福のものと考へられてゐるのは痣或は黑子です。漢の高祖は左の股に七十二の痣があつたと傳へられて居ます。後漢書黃昌傳に黃昌の左足の心に黑子のあつたことが出て居り、注に『足心有二黑子一者二千石』と記されてゐます。五雜俎には上唇の黑子のあるものは孖生を多く生むといふことが出てゐます。頰の上の黑子には福黑子と稱へられるものがあると聞いて居ります。

瘤と昆布に言葉の上の關係があり、昆布は福のものといふことより轉じたのではないかとも思ひましたが、本來は贅物が福のものであるといふ考より出たものであらうと思ひます。間違つた點があれば御叱正を願ひます。

なほ本居宣長の「玉かつま」三の卷に「福來病」といふものの事が出て居ります。

『日本紀略ニ云々、天德三年云云、今年人民頸腫ル、世ニ號ニ福來病一と見えたり。頸のふくらかなるより斯く云ひなせしなるべし。長元二年九月十日ごろにも、又此病世におこりき。』宣長の説明は感服しませんが、面白い事實であると思ひます。これは近頃のお多福風といふ風邪と同じものではなかつたではなかつたでせうか。お多福又お福と申します。福來はフクと讀んだものではないでせうか。『瘤は福のもの』といふ「宇治拾遺集」の言葉はこれらの事實にも關係があるやうに思はれます。(竹友生)

○答(一一) 高崎市に於ても檀家に死人ある時は寺に告げありといひ、死者が男ならば本堂より上り鐘を叩き、女ならば勝手口より上がるそれらしき音を感ずといへり、右は禪宗淨土宗の二ヶ寺とも同じと聞く。(本多夏彥)

學會消息

○十月五日　日比谷新音樂堂に於て秩父三峯神社の獅子舞及同寶登山神社專屬神樂の公演があり、十月初旬福岡縣京都郡伊良原村高木神社奏樂社中の上京があつて下谷神社湯島天神王子權現長崎神社其他三四ヶ所に於て岩戶神樂を奉納した。

○東洋文庫の第十二回東洋學講座　は加藤繁氏の「支那經濟史概論」であつて、十月十日(木)より每週木曜日午後六時より八時まで凡八回に亘つて行はれる。

○十月十六日　東洋史談話會例會を帝大山上集會所にて開會、白鳥庫吉博士の「夷洲と亶洲について」といふ講演があり、夷洲は臺灣であり、亶洲は種子島であることを說かれた。

○方言研究會　十月十三日其第三回を東京學士會館に於いて開いた。集まる者二十餘名、上田藤岡柳田橋本外山石黑の諸氏を初め、折よく上京中の京大の新村教授も出席された。講演は帝大文學部學生望月誼三氏の今夏八丈島に依りて調査した八丈島方言並びに語法。柳田國男氏の鶺鴒の名稱に關する諸國の方言の比較研究。而して最後に新村出氏は三十年前、駿遠の地に方言採集旅行を試みたる經驗談より言語學雜誌を發刊しつゝありし當時の追懷談を試み方言研究の盛んならんことを力說された。(方言研究會は心當りの向へは開催每に通知してあるが、尙出席希望者は東京帝大、文學部國語研究室內へ住所氏名を通知し置かるれば便宜であると)

○早稻田大學演劇博物館　は開館一週年記念のため十月十三日より二十日まで歌舞伎劇場圖大展覽會を開催し、諸名家秘藏の肉筆屛風繪版畫其他三百餘點を年代順に陳列展觀せしめた。尙同館では十月一日より圖書閱覽を開始した。

○十月十四日　日獨協會に於てケルン博物館々長ザルモニイ氏の「古シベリヤ藝術について」と云ふ講演があつた。

○音聲學協會例會　十月十二日山上御殿に於て開かれた。

○言語學談話會　が十月十八日東京帝國大學にて開催され、金田一京助氏の「樺太アイヌの言葉について」と云ふ講演があつた。

○民俗藝術の會　會員は十月十九日午後一時池袋驛東上線ホームに參集、北豐島郡赤塚村德丸北野神社の獅子舞見學に赴いた。同會の十月の例會は二二日午後六時より朝日新聞社に於て開催され、中道等氏の「貴人流寓土俗譚の一形式」と題する講演があつた。

○國學院大學鄉土研究會　秋期の大會は十一月初旬に開催される豫定であるが、催物は多分翁に關する講演と實演若しくは琉球に關する講演會の何れかになるさうである。尙同會々員は十一月中に見學旅行を試みる筈である。

○アンリ・マスペロ氏　は東京帝國大學文學部科外講演で十月十五・十八・二九の三日間に亘つて「左傳の資料について」と云ふ講演を試みた。

○會津八一氏　早稻田大學史學科學生を引率して十月二十日奈良に赴き、十一月上旬正倉院拜觀の後歸京する。

○伊波普猷氏　岩倉市郎氏の「喜界ヶ島方言集」に琉球語を挿入して同島方言と琉球語とを對照せしめ既に其大半を了つた。尙同氏は之に序文を寄せるとのことである。

○小泉鐵氏　「宗教研究」十一月號に「アミ族の發祥傳說と祭祀の一例」を、「東亞」十一月號に「蕃社組織の二重形態」に就ての草稿を寄す。

○金田一京助氏　早稻田大學文學部の「文學思想硏究」の爲に「原始文學斷片」を執筆。帝大新聞に小林秀夫氏譯バイイ氏「生活表現の言語學」の批評を寄稿。

○折口信夫氏　古代研究民俗學篇の第二册が近く大岡山書店より出版される。之には既刊の二册を併せた索引及同氏の長文の後記が附く。

○今和次郎氏　東洋美術特輯號正倉院の研究に「校倉の分布について」を寄稿する筈。

○長野縣北安曇教育部會　は北安曇郡の郷土調査を企畫して、柳田國男氏の指導のもとに郡内の各小學校より一名づつの調査委員をあげて、既に「郷土調査要目」の編纂も終つて、調査を開始し、本年は主として年中行事と傳說の調査に當り、本部を大町尋常高等小學校に置いて調査の結果は何等かの方法で一部分づゝ發表するさうである。

海外學界消息

○この四五月頃のことだらう、有名なユベール、モースの「宗教史雜纂」(Hubert et Mauss, Mélanges d'histoire des religions, Paris, Alcan, 1909) の二版が出來て、六月末入手するを得た。内容については周知のことでもあらうし、赤松秀景氏が宗教研究に書いたこともあるので省略する。價は三五フランになつてゐる。

○亡くなつたエルツの論文が今度纏められて、「宗教社會學及び民俗學雜稿」(Robert Hertz, Mélanges de Sociologie religieuse et Folklore, XVI—252 p., Paris, Alcan, 1929, 35 fr.) として出た。雜纂二版より少し前のことらしい。モースが前書を書き、アリス・エルツ夫人の序文がのせられてゐる。卅三歳の限りもない將來を持つてゐたエルツ、彼の天才は戰爭に依つて愁はしい忘却の淵に立たせられたが、このやうにして、夫人やモースの手で、輝き出でた彼の業蹟を机上に飾り得たことはせめてもの慰めであらう。

そこには五つの論文が收錄せられてゐる。先づ一九〇七年社會學年報第十卷に現はれた「死の集合表象に關する研究への寄與」(Contribution à une étude sur la représentation collective de la mort, Année sociologique, t. X, 1907) と、一九〇九年哲學評論第三十四卷に載れる「右手の優位性、宗教的偏極性に關する研究」(La prééminence de la main droite. Etude sur la polarité religieuse, Revue philosophique, XXXIV, 1909) との二つの、不純性特にその宗教的方面に關する理論的研究が前半を占めて居り、次の二つは神話學及び民俗學の畑で、一九一三年宗教史論叢六十七卷に書いた岩と山と泉との傳說と信仰とを扱つた「サン・ベス、アルプスをめぐる崇拜について」(Saint Besse. Etude d'un Culte alpestre, Revue d'histoire des religions, CXVII, 1913) と、及び一九一五年戰死する一月程前位に戰場から夫人の許に送られ、そして一九一七年の民間傳說誌に揭げられた「戰線で蒐集せるコントとデイクション」(Contes et Dictions recueillis sur le front, parmi les poilus de la Mayenne et d'ailleurs, Revue des traditions populaires, 1917, nos 1—2 et 3—4) (特に鳥の說話に注意を向けられてゐる) とであり、も一つの最後の一文は、社會學年報のためにものせられたK. K. Grass, Die russischen Sekten, Leipzig, 1907—1909 の批評紹介で、年報十一卷には縮めて揭げられたが、ここにはその全體が收められてゐる。

夫人によると、エルツは生前出版の意向を有つたが、それは「原始社會に於ける罪と贖罪」との研究への努力のため遂に果す暇は得られなかつたらしい。そして一九一五年マルシエヴイルの攻擊で、この燃ゆるごとき學求の精神は、飽くことなき社會的抗爭の貴き犧牲として、四月十七日天の座に迎へられたのであつた。さうして彼を愛し、生物學と自然科學とに興味を有し、兒童教育に努力を捧げた彼の妻アリス、悼ましい彼の死を想ひながらその論集のために序を書いたアリスについて、哀悼をこめたモースの傳記的附記をそこに見出さなければならなかつたことを私達はも一度悔やまねばならなかつたのだ。エルツと同じく、彼女もまつたく私達のものなのでした、とモースは書いた、これらの論作は、かうして、二人の生と二人の死とによつてなされたのである、と。

○ Baldwin Spencer and F. J. Gillen—The Arunta. A Study of a Stone Age People, 2 vols, 8vo., Macmillan, 1927, 36s.

オーストラリア民族誌の最大の權威であるスペンサー卿が、歿くなつたギレンとの共著として、再び最近の調査の上に基づく、アルンタの良き觀察を纏めて呉れた。それはストレーローの著書の刺戟によるものであつて、私たちはそこに幾多の新しい材料と興味深い叙述とを見出得るであらう。特にチユリンガやクルナ(靈《スピリット》)の分裂に關する信仰とか、アルチエラやチユリンガの信仰及びトーテム集團の始源說話たるアチルパ傳說等の詳細な記述や、語彙集(スペンサーの「オーストラリア北部地帶の土民諸部族」にもそれは見出されはするが)やは、私達オーストラリアトーテミズムの學求の徒に新らたなる注意と喜びとをもたらすものであらう。

ここには唯だその項目を紹介するに止める。

アルンタ族の社會組織と及びローカル組織。トーテム及びそのトポグラフイー。チユリンガとその貸與返還。インテイチウマ式。入社式特にエングウラ式。アルチエラ及びアルチエラ祖先に關する諸傳承。アチルパ傳承。巫術師、並に呪術の諸形態。靈の信仰。埋葬と弔喪との式。復讐。クルダイツチヤとイルラプリンヂヤの習俗。妻求、結婚、拔齒、穿孔(鼻の)、乳房の發達、血、毛髮、出產、食物制限、食肉等の風習。氣象神話。キヤンプの構造、他のキヤンプへの訪問の仕方。衣服と裝飾その他の器具。武器及び石器等の諸用具。裝飾術。語彙及び身振言語、等。

○Baldwin Spencer—Wanderings in Wila Australia, 2 vols, 8vo, Macmillan, 1928, 42 s.

ギレンの歿後、スペンサーは北部地帶諸部族を著はして彼に捧げた。さうして獨り尙ほ研究の步を進めて、前記のアルンタを世に出したのである。いまスペンサーは長い間の探求の旅を想ひ乍ら、此の書を著はしたことであらう。三つの章りを分つて彼はその調査の全豹を示してゐる。第一部は Latapinta Land の國土と土民とについてで、ウラブンナ族や殊にアルンタ族を中心とし、第二部は Across Australia 卽ち「オーストラリアを橫切りて」で、アルンタ以北カーペンタリア灣沿岸に至るまでの諸地方と諸部族、殊にワラムンガ族の記述が主であり、第三部は Australia Great Lone Land と題せられ、主に Melville, Bathurst 二島の住民と、カカデユ族とについて述べてゐるのである。このやうにして、それはその結構でも明らかなやうに、ギレンとの第三の共著として出した「オーストラリア橫斷」(Across Australia, Macmillan, 1912)を基礎とし、之にその後の調査及びそれにもれた部分(第三部)を追補して編んだもののやうである。(第三部の諸地方については諸誌や北部地帶諸部族等に見出されやう)。「オーストラリア橫斷」は四月目には第二版を出した本であるが、にもかゝはらず、何故かスペンサー卿はこの本について、「アルンタ」は勿論本書に於ても言及することをさけ、以前の業蹟としては唯だ上記の「北部地帶諸部族」(一九一四)、及び二つの著名な二氏の共著たる「中央オーストラリア土民諸部族」(一八九九)、「中央オーストラリア北部諸部族」(一九〇四)に言ひ及ぶのみで、この本には一言もふれては居ないのである。何故かを私は知らない。

○Bronislaw Malinowski—The Sextual Life of Savages in North-Western Melanesia. An Ethnographic Account of Courtship, Murriage, and

Family Life among the Natives of the Trobriand Islands, British New Guinea, XXIV—505 pp, London, Routledge, 1929, 42 s.

マリノウスキーがまた本を書いたと聞いただけでも彼の天才を信ずる我々の翹望を禁じ得ないではないか。而も「北西部メラネシアに於ける未開人の性的生活」との題を開くとき、「原始心理に於ける父」(一九二七)や、「未開人社會に於ける性と抑制」(同年)やを知るものには、此の著が如何に値高いものかを想ひ得るであらう。ハヴロック・エリスが「此の書の時を經ると共にその價値の高まるべき一つの古典たるでせうことは確かだと言へます」と序に書いたことは當然でさへあるだらう。ニューギニア東端の北東に位する、セリグマンの所謂パプオ・メラネシアンに屬する、トロブリアンド島民らの土俗に關する彼の記念すべき業蹟の一つ。本年度初頭に於ける民族學界の最大の收獲の一つ。そして世界が性についての根本的考見を待望してゐるいま、ひとびとにとつても、この如きすぐれた民族誌的著作を迎へ得たことは、最もよき報せのひとつでなければならぬ。

ここにその章目を掲げ得ることを、そして私は喜ぶ。

ハヴロック・エリスの序文。著者の序言。一、部族生活に於ける兩性の關係。二、土民社會に於ける婦人の地位。三、結婚前の交り。四、結婚への道。五、結婚。六、離婚及び死による結婚の解離。七、出産と姙娠とに關する土民の信仰と慣習。八、姙娠と分娩。九、性的放縱(licence)の慣習的諸形態。一〇、戀をすること(lovemaking)と性愛生活の心理。一一、戀と美との呪術。一二、愛の夢と空想。一三、道德と習俗。一四、近親婚(incest)についての未開人神話。

Davy の La foi jurée や Mauss の社會學年報新輯第一卷の Essai sur le don などに、私達は求愛や結婚等の新しい形態の意識を見出し得るであらう。贈物や結納や dot やについても新しい見方を知り得るであらう。日本の民俗學界にも、かうした方面に關する、新しい勇敢な併し乍ら健全な意識と意企とを持つた諸勞作が、より鮮しく現はれて欲しいものだと思ふ。

〇最近の民族學界にはかうした興味がまた動き初めたらしい。その點について私達はフロイドに御禮を言ふべきだらう。最近にもサモア土人について、American Museum of Natural History の民族學の部の assistant curator である Margaret Mead が、コロンビア大學の人類學教授 Franz Boas の序言を附して、下の如き書を出した。Coming of age in Samoa, A Psychological Study of Primitive Youth for Western Civilization, New York, William, Morrow 1928.

(以上六項、中村康隆)

◇

二三日前東洋文庫に新村先生と泉井君とで石田氏を訪れた時、そこの應接室で話してゐる中私は脇の机の上に "TheMothers" といふ本が載つてゐるのを見出して、その目次を讀んでゐたら、偶然前號の「寄合咄」の中で松村氏が書かれてゐるやうな事柄を取扱つてゐる節のあるのを知つた。私は途中から用事があつて直ぐ歸つたので一寸ばら〳〵と拾ひよみをしたにすぎないので、その內容をお知らせするだけの讀方をして來ないが、松村氏の多少の御參考にならうと想つて左に本と章とを報告する。

The Mothers. A Study of the Origins of Sentiments and Institutions. By Robert Briffault of Vol. III, Chapt. XXV, Holy Matrimony; Marriage of women to beasts. p. p. 185—191.

(小泉)

第一回民俗學會大會

民俗學會の秋期大會は十月十二日午後六時から東京學士會館大集會室に於て開催した。當日は折柄の雨天なりしにも拘らず、來會者は會員竝びに聽講者を合せて四百名に近く、遠く地方から上京された會員もあつて、此種の會合としては先づ盛會と云ふべきであらう。定刻先づ石田幹之助氏の開會の辭に次いで、小泉鐵氏は、學會の現況等會務を報告し、發起人に於て代行してゐた委員の確認を請ひ、尚次回の大會開催地を會員に諜つたが、これは委員一任と云ふことになつた。これにて大會を閉ぢ、續いて講演會に移つた。松村武雄氏の「自然民族の歡待に就て」、折口信夫氏の「古代に於ける言語傳承の推移」新村出氏の「鳥占に就て」と云ふ講演があつて、日出度く大會を閉ぢた。時に十時を過ぐる二十分。(追つて講演は一月號の本誌上に掲載される筈である。)

會員名簿(其三)

宮內悅藏　二宅宗悅　道田忠雄　村田市左衛門　村田鈴城　寶井庄四郎　森田道雄　本山彥一　森本六爾　山田勝次　矢野宗幹　谷中國樹　山本茗次郎　矢ヶ崎榮次郎　山形秋溪　山田甍明　安間清　矢頭和一　山田角人　山口麻太郎　安田喜代門　山本靖民　矢野悠也　矢島嘉六　矢崎市太郎　八幡一郎　湯淺啓溫

吉野作造　横山重　米田良夫　吉本一郎　吉田三郎　吉川卯吉　米澤圖書館　吉井太郎　與田左門　鷲尾三郎　渡邊永太郎　村上清文　室岡善太郎　中村寅一　鷲谷龍潭　稻垣正幸　野村重臣　高田進　田村榮太郎　伊那小學校　伊那富小學校　中箕輪小學校　上伊那郡教育會　石走倉太　阪口保　南部利淳　瀧澤壽三

田中芳雄　小牧實繁　早川雋　波多郁太郎　平田誠二　橋本好一　中島鄉夫　岡本佐氏雄　向山武男　河西善次郎　風山末男　早川昇　木村忠二郎　宮崎秀春　本居亮一　藤谷信海　青柳秀夫　中道等　澁澤敬三　泉井久之助　藤島正一　中川善之助　一條重美　黛基　綱川健之助　桑原岩雄　木村紘三　山浦政　西田敏一

久保田正邦　渡邊泰三　橋正一　新治吉太郎　國學院大學鄉土會々員　神保至純　武知昌行　秋元正義　牛島軍平　尾原亨　白石宗夫　多田義男　藤井貞文　北野博美　小池賢三郎　牛尾三千夫　市川清　北澤怡佐雄　渡邊萬一　木村俊夫　岩野義三　伊藤祐代　小宮一郎　藤野岩友　天野義郎　廣永達夫　藤井達夫　江田清治

福井保　相原義文　山中覺　鈴木脩一　小谷恒　今泉忠義　村田正志　江守優　本鄉清　竹內長雄　岡村綱一郎　大塚隆之　藤井春洋　尾崎恒雄　下野信恭　中村浩　石井清彥　近藤よし　木村八十一　倭村小學校　松本芳夫　小幡彌太郎　鹿野忠雄　濱田隆一　杉浦平六　下川璋　阪本一郎　小川五郎　中平悅磨

大藤時彥　小山孟夫　田中敬忠　伊達市太郎　北西鶴太郎　伊東亮　杉浦瓢　甲野勇　高瀨源一　金城朝永　宮坂光次　中村吉治　笠川正誠　稻葉與八　田村岩雄　橋本裕吉　矢島麟太郎　永田東一郎　宮本璋　佐々木喜善　中谷治宇二郎　森口多里　村上きくえ　板澤武雄　井上吉次郎　藪重孝　河崎勝正

(以下次號)

◆民俗藝術叢書◆

柳田國男著

民謠の今と昔

定價壹圓・送料六錢

素朴な我等の祖先が殘してくれた唯一の文學である我が民謠に對し、何人の追從も許さぬ深い理會と豐富な資料とを有たれる先生が、それの變遷を論じて古代人の生活心理を語られたものである。我が祖國の生むだ古文學に就いて考へて見ようとする人々、搖籃の昔を懷しむ人々の爲に敢て一本を薦む。

小寺融吉著

藝術としての神樂の研究

定價壹圓・送料六錢

著者は我國に於ける舞踊學者の權威である。神事として發生し今日にまで保存せられて來た「神樂」を、著者得意の舞踊學の見地より觀察して我が民俗藝術發達の跡を論じ、この特殊な藝術より何を知るべきかを教へたのが本書である。我が古藝術研究の最良參考書たることを敢て斷言する次第である。

中山太郎著

祭禮と風俗

定價壹圓・送料六錢

北はアイヌの信仰より南は沖繩の祭事に至る、各地の祭禮・土俗を零細に集めて其の據つて來たるところを糺し、變遷の過程を語り、而して此信仰行事より生じた諸種の風俗を述べて、我國の祭禮の機構が如何なるものであるかを闡明した極めて興味深い研究。蓋、從來何人も著手せざりし我祭禮の側面史。

南江二郎著

原始民俗假面考

定價壹圓半・送料六錢

世界の各民族に亙つて魔術・祭禮・葬禮・戰爭、其他狩獵・トーテム等各種の儀式に用ゐられる原始的民俗假面に就き、假面の寫眞・舞踊圖凸版等二十數面を挿入して、それらの始源・用途を詳述し、且つそれらの儀式の意義・樣相等にも觸れた、嘗つて本邦にては何人も著手せざりし新研究の發表である。

以下續刊

東京市神田區南神保町一四

地平社書房

電話九段二六〇二
振替東京六六一九四

竹清 三村清三郎編

江戸地名字（あざな）集覧

親しかりし嘗ての「あざな」も春秋と共に忘れられ行くのみならず、今や災後の區劃整理によつて、哀しくも殘燼と共に其の姿さへ吾人の視野より永遠に失はれやうとして居る。之れを遺憾とし、隱れたる博識竹清三村先生に乞うて本書を上梓した。

まことに江戸文化に關心を有つものゝ伴侶たるは固り、然らざるものに取つても興趣深き編著である。敢へて江湖の机上に薦む。

最新刊 菊半截判 クロース裝 二五〇頁 コロタイプ二 價一圓八十錢 送料・十六錢

共古翁紀念文集 **趣味と嗜好** 山中家編（目次進呈） 價三、〇〇 送、二七

大阪醫大教授 醫學博士 笠原道夫序 尾崎清次編

育兒上の緣喜に關する玩具圖譜

第一卷 小兒疾病の呪禁に關する玩具

日本に於ける育兒法を史的に觀察しそれを檢討する事は甚有益なる事ではあるが其資料の蒐集又は調査に中々困難を伴ふものである。

この圖譜によつて今後或は廢絕せらるべき運命をもつてゐる育兒上又は小兒の病氣に對する呪禁を傳へ、我國人の育兒上の考へ方並に兒童に對する態度を知る爲めに本圖譜は甚だ有益なる文獻の一であると信ずる

（笠原博士序文の一節）

目次

蟲除け 夜啼除き 瘡除け 疱瘡除け 百日咳除け 馬脾風除け 疫病除け 寢小便除け 涎止除け 頭痛除け 怪我除け 魔除け 入浴を好むやう

（各解説を附す）

百五十部限定 菊二倍判型帙入 石州紙木版手刷 四十八圖 定價十圓 送料内地二十七錢 其他五十五錢

第二卷 結婚姙娠出產の呪禁に關する玩具 近刊

第三卷 小兒の幸福を祈つて贈る玩具 近刊

發兌 大阪笠原小兒保健研究所 — 發賣所 東京 岡書院

東京市神田區北甲賀町四 岡書院 電話神田二七七五番 振替東京六七六一九番

三宅博士古稀祝賀記念論文集

考古學、史學の泰斗にして又教育界の巨星とし仰望せられる三宅先生の古稀の齡壽を記念すべく諸家によつて成されたる論文集である。

（最新刊）

四六倍判、總紙數九百頁
コロタイプ六、肖像一
クロース函取天金裝
定價八圓八十錢
送料 內地四十五錢
其他七十五錢

序
三宅博士古稀小照
小傳
年譜
著作年表
清代滿洲流人考　有高巖
奈良時代の寺院組織に就いて　石田茂作
判金の形式に就いて　入田整三
土地への考察の一轉向　小田內通敏
伊藤東涯に於ける仁齋學の發展　加藤仁平
漢詩と民謠　日下部重太郎
ヴイニングの「無名のコロンブス」　桑原隲藏
鎌倉時代裁判の職制及び手續　小酒井儀三

國語に於けるFH兩音の過渡期　新村出
第十六七世紀に於ける歐洲人の對支貿易に就て　下田禮佐
生野の義擧　下村三四吉
匈奴の休屠王の領域と其の祭天の金人とに就いて　白鳥庫吉
新發見の細線鋸齒文鏡に就いて　高橋健自
彌陁の來迎圖と其の社會的價値　津田敬武
大名の研究　中村孝也
六諭衍義の研究に就いて　中山久四郎
九州の二銅鐸　中山平次郎
伯耆大山寺の研究　沼田賴輔
殷墟發見の大石磬　濱田耕作
山東省臨淄出土の瓦製戰車　原田淑人

德川幕府財政難の諸原因　藤井幸永
巴形銅器考　森本六爾
周公の居攝を論じて尙書禮記其の他の解釋に及ぶ　諸橋轍次
犂入考　柳田國男
維新前後に於ける人權の發達　綿貫哲雄
銅鏃の形式に就いて　後藤守一
信州に於ける鐵道開通前の鹽の移入路に就いて　田中啓爾
Shrine Treasuries in Ancient Greece and the Financial Organization of Buddhist Templesin Japan　峯岸米造
世界大戰の責任を負ふ可きは果して獨逸國なるか　齋藤斐章

東京文理科大學々長
考古學會々長文學博士　三宅米吉著

考古學研究

（新刊）

四六倍判クロース裝
二三〇頁圖版二十六枚
定價七圓
送料三十六錢

東京神田區北甲賀町四

岡書院

電話神田二七七五番
振替東京六七六一一九番

故 共古山中笑翁紀念文集（最新刊）

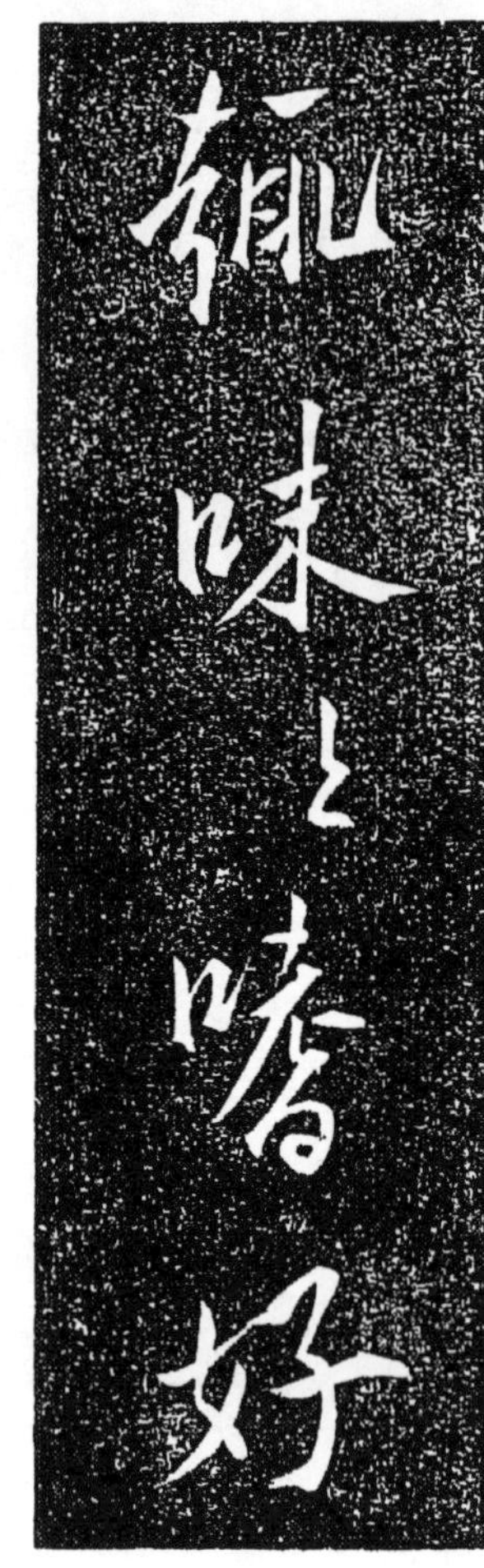

菊判三百頁
特織紬天金裝
コロタイプ四葉
定價參圓
送料二十七錢

日本土俗學界の耆宿、山中先生逝いて一歳の日子は既に流れぬ、則ち翁を懷しみ、靈を慰すべく、茲に斯界の權威十四氏相寄り、其物する所を蒐めて上梓せり。

目次

江戸地名字（あざな）集覽

竹清 三村清三郎編（最新刊）

價一、八〇
送一八

東京神田區北甲賀町四

岡書院

電話神田二七七五番
振替東京六七六一九番

◇前號目次

民俗學談話會

十一月九日(第二土曜)例月通り東京學士會館に於て第七回例會を開き、午後六時半より左の講演があります。

假面の話　　早川孝太郎氏

△原稿、寄贈及交換雜誌類の御送附、入會退會の御申込、會費の御拂込等は總て左記學會宛に御願ひしたし。
△會費の御拂込には振替口座を御利用せられたし。
△會員御轉居の節は新舊御住所を御通知相成たし。
△御照會は通信料御添付ありたし。
△領收證の御請求に對しても同樣の事。

昭和四年十一月一日印刷
昭和四年十一月十日發行

定價金八十錢

編輯兼發行者　東京市神田區錦町三丁目十七番地　岡村千秋
印刷者　東京市神田區錦町三丁目十七番地　白井赫太郎
印刷所　東京市神田區北甲賀町四番地　精興社

發行所　東京市神田區北甲賀町四番地　民俗學會　振替東京七二九九〇番　電話神田二七七五番

取扱所　東京市神田區北甲賀町四番地　岡書院　振替東京六七六一九番

MINZOKUGAKU

THE JAPANESE JOURNAL OF FOLKLORE

Published by the

MINZOKU-GAKKAI

Volume I November 1929 Number 5

Page

Articles:

Short Notes:

Folkloristic Notices:

MINZOKU-GAKKAI

4, Kita-Kôga-chô, Kanda, Tokyo, Japan.

第壹卷　第六號

昭和四年十二月

民俗學會發行

民俗學會會則

第一條　本會を民俗學會と名づく

第二條　本會は民俗學に關する知識の普及並に研究者の交詢を目的とす

第三條　本會の目的を達成する爲めに左の事業を行ふ

イ　毎月一回雜誌「民俗學」を發行す

ロ　毎月一回例會として民俗學談話會を開催す

　但春秋二回を大會とす

ハ　隨時講演會を開催することあるべし

第四條　本會の會員は本會の趣旨目的を贊成し會費（半年分參圓　壹年分六圓）を前納するものとす

第五條　本會會員は雜誌「民俗學」の配布を受け例會並に大會に出席することを得るものとす　講演會に就いても亦同じ

第六條　本會の會務を遂行する爲めに會員中より委員若干名を互選す

第七條　委員中より常務委員三名を互選し編輯庶務會計の事務を負擔せしむ

第八條　本會の事務所を東京市神田區北甲賀町四番地に置く

附　則

第一條　大會の決議によりて本會則を變更することを得

私達が集つて此度上記のやうな趣意で民俗學會を起すことになりました。

考へて見ますと學問が大學とか研究室とかに閉ぢこめられてゐた時代は何時まで何時までつゞくものではないといふことが云はれますが、然し大學とか研究室とかいふものを必要としなければならない學問のあることも確かに事實です。然し民俗學といふやうな民間傳承を研究の對象とする學問こそは眞に大學も研究室も之を獨占することの出來ない學問であります。然しされぱといつてそれは又一人一人の篤志家や學究が個々別々にやつてゐたのでは決してものになる學問ではありません。出來るだけ多くの、出來るだけ廣い範圍の協力に待つしかないものと思ひます。日本に於て決して民間傳承の資料の蒐集なり研究なりが閑却されてゐたとはいへません。然しそれがまだ眞にまとまるところにまとまつてゐるとはいはれないのが事實であります。かう云ふ事情の下にある民俗學の現狀をもつと開拓發展せしめたいがために、民俗學會といふものを發起することになつた次第です。そして同樣の趣旨のもとに民間傳承の研究解說及び資料の蒐集を目的として、會員を募集し、會員諸君の御助力を待つてこれらを發表する機關として「民俗學」と題する雜誌を發行することになりました。どうかこの一般國民生活の中に深く生きてゐる事實の意義及び傳承を生かす爲めに、そして民間の學問としての學的性質を達成せしむる爲に、本會の趣旨を御諒解の上御入會御援助を賜りたく御願ひ申します。

委員

會津八一　秋葉隆　有賀喜左衛門
伊波普猷　石田幹之助　移川子之藏
宇野圓空　岡正雄　折口信夫
金田一京助　小泉鐵　今和次郎
中山太郎　西田直二郎　早川孝太郎
松村武雄　松本信廣　宮本勢助

昭和四年十二月發行

民俗學

第壹卷　第六號

目次

古代人の思考の基礎

折口信夫

三、惟神の道

主上の行爲を神ながらといふ。神として・神のゆゑ・神のせいと言ふ意味で、神のまゝと言ふことではない。ながらはのからで、神のせいで、さういふ事をするといふのである。神惟の文字のはじめて見えたのは、孝德天皇の條で、又惟神・隨神とも書いてゐる。主上が神として何々をする、と言ふ時には惟神、神の意志通りに行ふ、と言ふ時には隨神、と書いたやうである。

萬葉集などにある惟神の用語例が、最古のものだと考へてゐる人もあるが、さうは思はない。萬葉集に見える例も、浮動してゐるので、記・紀・萬葉等の用語例を、日本最古のものとする考へ方はよくないと思ふ。もつと前に、もつと古い意味があつたのが、幾度か變化して後、記・紀・萬葉等に記錄せられたのである。惟神にあつても、萬葉集に出てゐるから、それが本義だと考へる人もあるが、それは日本の國語の發達の時代を、あまりに短く新しく見過ぎてゐる。惟神の意味を解くにしても、記・紀・萬葉等で訣らぬところは、新しい學問の力を借りて、民俗を比較研究した上に、古い用語例を集め、此と照合して、調べて行かなければならない。古い神道家の神道說はまだよいが、新しいのは哲學化し、合理化せられてゐる。其代表とも見るべきは筧克彥博士の神道である。其は氏一人の神道であり、常識であるに過ぎないので、殘念ながら、いまだ神道とは申すことが出來ないのである。神ながらの道は、主上としての道であつて、我々の道ではない。類聚三代格に、出雲國造——政治上の權力と關係のないところは、國造と稱することを默認してゐた。後には、公に認められた——筑前宗像國造が、釆女と稱して國の女を召して、自由にしてゐたのを不都合だとして禁止されたことが見えてゐる。當時にあつては、國造が釆女を自由にするのは、當然のことであつた。宮廷にあつても、現神として、天皇は釆女に會はれたのである。其生活を前記國造等が模倣してゐたのである。宮廷の神道が盛んになつて、出雲國造等の言はゞ小さな神ながらの道と言ふべきものが、禁ぜられたのである。國造等の行つた小さな神ながらの道も、神主たちにはあつても、民間にはなかつたのである。

主上が神祭りの時に、神として行爲せられるのが、惟神の道であつた。處が主上は、殆んど一年中祭りをしてゐられるので、神と人との區別がつかなくなつた。神道家は、現神（アキツミカミ）を言語の上の譬喩だと思ふてゐるが、古代人は、主上を肉體をもつた神、即現神と信じてゐたのだ。

惟神の道とは、今述べて來たやうに、主上の神としての道、即主上の宮廷に於ける生活其自體が惟神の道だつた。今では、神道を道德化してゐるが、何事でも、道德的にのみ物を見ると言ふことはいけないことである。道德以上の情熱がなくては、神社は、記念碑以外の何物でもなくなつて了ふ。今日考へられてゐる神道は、もつと道德以外に出て、生活其物に這入つて來なければならない。宮廷の生活だと言うても、道德的のことばかりでなく、善惡いろ〳〵な生活があつたのである。

神道の長い歷史の上から見ると、既に澆季の世のものである萬葉集に、人麻呂は、大宮人・勞働者の區別なしに、その行爲してゐることを「神ながらならし」と歌うてゐる。主上の御行動はすべて惟神と感じ、毫も道德的には見てゐないといふことは、我々も、惟神について、も一度考へ直して見ねばならぬ事實である。日本の神道は、新しく研究する餘地の十分あるもので、國學の先輩によつて、研究し盡されたものではない。又、哲學的・倫理學的に見ることが、今直に、正しい見方だとする事は出來ないのである。

四、古代詞章に於ける傳承の變化

語原解剖から、物の本質を定めることは、危險の伴ふものである。そして或一方面から、明りがさして來たやうに思はれる。今までは、祝詞・古事記等の文章は、其自身完全なものであつて、解釋出來ないのは、我々の方が未熟なのだ。鈴木重胤・本居宣長に訣らなかつた所は、古く解釋する鍵が、既に失はれてゐて、如何とも出來ない。時代の故だと考へてゐた。併し此は、速斷から來る誤りに陷つてゐる。祝詞・古事記等を比較すれば訣ることであるが、文中既に、矛盾が澤山ある。譬へば、天御蔭(アメノミカゲ)と言ふ語は、祝詞だけでも、四種の用例がある。大和の如き訣りきつたやうな語も、記・紀・萬葉・祝詞と辿ると、四五種以上、意義の變化がある。其を比較すると意義の變化につれて、用ゐられた時代の異つてゐることが訣る。祝詞の如きは、神代乃至は、飛鳥・藤原時代以來、傳つてゐる古いものだ、と考へられてゐるが、此は奈良朝の末から、平安朝の初め百年頃までに出來たものである。延喜式祝詞は、全部新作とは言へないまでも、平安朝に這入るまでに、幾度か改作せられてゐる。古い種をもつてゐながら文章は新しいのである。新古入り混つてゐるのに、何を標準として解釋したらよいか。神代の用法も、飛鳥・藤原・近江の宮、下つては、奈良朝・平安朝の用法も混つてゐる。其も純粹に、時代々々の語を用ゐてゐるのならばよいが、まじなひのやうに、傳承してゐる中に、意味が訣らなくなる。すると訣らせる爲に、時代の解釋の加つた改作をする。語についての考へが、變化して了ふのである。此種の改作は一再ならず、度々行はれたものと思はれる。自然の間に起る語意の變化の外に、忘れられて、訣らなくなつてから加へられた、其時代の合理觀があるのである。故に、文章や單語に誤りがある。若し其がないならば、禍津日神・直日神が出て來る訣がない。允恭天皇の世、河内國味白檮岡（アマカシノヲカ）の言八十禍津日前（コトノヤソマガツヒノサキ）で、探湯（クカダチ）をしたことがある。家々の系圖（ツギブミ）――古くはつぎ、記錄になつたのがつぎぶみ、後にはよつぎと言ふ。天皇では、ひつぎ又はあまつひつぎといふ――の正邪を判斷する爲に、其を口に唱へさせ乍ら、手を湯につけさせた。卽當時にあつても、傳承による言葉に、誤りあることを知つてゐたのである。天孫降臨の章は、大切なところであるが、尙、古事記・日本紀・日本紀一書皆同じ言葉の傳へが、區々である。日本紀は、漢文で書いたものであるが、其天孫が、日向へ下られた道筋の大切なところは、日本語でうつしてゐる位である。語部の傳ふべき、一番大切な言葉が、固定した爲に訣らなくなり、神聖な言葉なので改作もせなかつたが、傳へを異にするやうになつた。或家の傳として、三種又は、四種の傳へがあるが、皆訛つてゐる。此樣に變つて行くのであるから、單語の變るのは、當然のことであつた。

今日殘つてゐる祝詞の最古いのは、延喜よりもつと早く、書き留められたものであらうが、新しい息のかゝつてゐないものはない。平安朝の末になつて、不思議にもたゞ一つ、古い祝詞が、偶然と言うてよい事情によつて殘つた。宇治の惡左府藤原賴長の書いた「台記」の中に、近衞天皇の大嘗祭の時に、中臣氏が唱へた壽詞――中臣天神壽詞――が記してある。天神壽詞といふものが、此他にも古い家に傳つてゐたであらうが、神祕を守つた爲に亡びて了うた。氏の長者としての勢力によつて、大中臣――藤原氏が分れてから、中臣は大中臣と稱した――に傳つてゐた神祕な壽詞をも、書き留めることが出來たのである。

賴長によつて亡びずに濟んだ、この中臣天神壽詞も、古い形その儘ではなく、代々、少しづつ變化させてゐることゝ思ふ。此壽詞も、最神祕なところは、書き漏してゐて、傳へてゐない。

延喜式祝詞は、公の席上で述べることの出來るものだけで、神の内陣で小聲で唱へる神祕な語即、宮廷の采女等によつて神祕が守られてゐたものは亡んで了うた。亡びないまでも、固定して訣らなくなり、或は改作せられて、半分訣つたものともなつた。訣り過ぎると、神聖味が薄くなると思うた。

古事記・日本紀ともに其文章は、同時代のものを記してゐるとは言へないばかりでなく、此事を頭に入れて置かなくては、國語の研究は行きづまる。此點を突き破ると、國語・國文及び、日本神道の研究も、變つて來ると思ふ。此までの研究は、餘りに常識的な、一時代前の研究を、基礎としてゐたのである。

五、信仰推移

日本の神道竝びに、日本の國民道徳が、大昔なりに、一つも變つてゐないやうに、豫め考へてゐるが、實は段々變化してゐる。其は、これまでの考へ方からすれば、不愉快な事であらうが、變ればこそ良くなつて來てゐるのである。我々の祖先は、いづれ今程、いゝ生活をしてゐなかつたと思ふ。

まう一つの考へは、昔は理想的の國であつたが、今はおとつよ、佛教の所謂、澆季の世であるとすることである。其は、空想にすぎない。昔の道徳・信仰が、今までの間に、次第に變化してゐることは訣る。それだからと言うて、今の道徳・信仰が、直に宜しくないとは言へない。動搖してゐるのが統一され、整理せられるだけの時代を經て、後に價値の多寡を言ふことが出來る。其原理を導き出すのには、今の方法では駄目で、今一度、昔に還つて、省みなければならない。

日本の神典を見て一番困ることは、神と神でないものとの區別が、明瞭でないことである。古事記その他の書物に現れた、靈的な人々の記錄は、同じ時代のことであると考へては、何時までたつても、ほんとうのことは訣らない。古事記にしても、書きとめられた時より五百年以上も前のことがあると見て、はじめて訣つて來る。古事記の中には、神になり切らない靈的なものと、神になつたものとがある。日本の信仰には、どうしても、一種不思議な靈的な作用を具へた、魂の信仰があつた。其が最初の信仰であつて、其魂が、人間の身に著くと、物を發生・生産する力をもつと考へた。其魂を産靈（ムスビ）と言ふ。（記・紀）産靈は神ではない。神道學者に尋ねても、産靈神と、神とを一處にする人はまづあるまい。此神は無形で、靈魂よりは、一歩進んだ神で、次第に、ほんとうの神となつて來るものである。

日本の神典を見ると、神とたまとを書き分けてゐるが、此にが理由がある。不思議な靈的な魂の外に、人間に力を與へてゐた魂で、其人の死後も個人のもつてゐた魂だ、と考へられるものがある。此魂の一部分は、聖なる資格ある人に著くものである。その他の部分は、其人だけのものである。國・邑の魂の數は、定つてゐる。此には、證據がある。其魂が、出たり這入つたりしてゐる。一人の人が死ぬと、其魂は、外のむくろに著いて、生きて來ると考へた。其處から魂が、個人持ちのものだ、と言ふ考へが、導き出されて來た。其で考へて來たのが、魂の集る處といふことである。此が、神典で一番大切な、神（カム）づまるである。結局、玉留産靈神（タマツメムスビノカミ）の語原は、神づまると同じであると思ふ。つまるは、私の考へでは、集中するといふことだと思ふ。日本神道の純化して來た時代には、高天原が神づまる場所として、斥されてゐるが、もとは、日本の國土の外、遠く海の彼方の國が考へられてゐた。其處に集つた魂が、時を定めてやつて來て、人に著くと、人が一人殖えると考へた。此海の彼方の國が、常世國(トコヨノクニ)で淨土・ぱらだいす或は、神の國と考へられてゐる。次第に純化せられて來て、宮廷の神道では、高天原と考へたことは前に述べた。昔は海境(ウナサカ)――水平線――で海はどかつと落込んでゐて、其處を越すと、常世國があると思うてゐた。海境は、行けば行くほど遠のくので、とても行ききれない。たゞ不思議なものゝみが行くと見てゐた。又この海境で、天と海と一つになつてゐるので、空と海とは同じであると思うてゐた。水と天との境が訣らなくなつて、海の彼方と言ふ考へを、空に移して來た。此は宮廷の考へであるが、ずつと後の奈良朝の頃まで、海の彼方又は、海の底と考へてゐた。其が次第に、高天原と一つになり、純化せられて其處に、總括的な地位にある神がゐると信じた。常世國には、國・邑の魂が集中してゐるから、國・邑の關係が、密接である。自然、血族的に考へて、親の魂・祖先の魂の集つてゐるところと考へて來て、人間との氣持ちに、親しさが出て來る。同時に、尊敬の心が生じて來る。此が魂から、神の考への出て來る基となつてゐる。

六、數種の例

記・紀に、おほくにぬしの命が海岸に立つて、葦原の中つ國の經營法を考へてゐる時に、海原を照して寄つて來る神がある。名前を尋ねると、俺はお前の和魂(ニギミタマ)・荒魂(アラミタマ)だ、と答へたと言ふ話がある。

神道學者は、此事をいろ〳〵議論してゐるが、結局、理くつに合せた説明ばかりをしてゐる。其は、外から來る、帝王となるべき人、或は、其土地を治める人が、持たねばならない、威力のある魂が數種類あつて、和魂・荒魂もそれである。此魂が、前述のおほくにぬしの命に著いて、此世を治める資格を得た。後に其魂を、大和の三輪山に祀つた、と說明してゐる。一方此說は、神の話になつてゐる。おほくにぬしの命が、出雲の御大（ミオ）の岬に立つて居られた時、歸來（ヨリ）た神に、朱儒のやうなすくなひこなの神（カミ）がある。そこで、二人協力して、天孫降臨以前の葦原の中つ國を作つたといふ。書物によると、すくなひこなの神は、粟にはね飛ばされて、常世國に歸つた。おほくにぬしの命が其を悲しんでゐると、海原を照して來る光りがあつたとも云ふ。卽、三種の傳へがある訣である。此は傳へが區々になつたゞけで、常世から出て來る威靈が、おほくにぬしに著き、葦原の國を經營する力を與へたのである。其を魂と感じた時に、和魂・荒魂の話となり、神と感じた時は、すくなひこなの話となつた。

常世國から來るのは、大抵小さな神である。譬へば、信州南安曇郡の穗高の社は、物ぐさ太郎の社だといふ。（お伽草紙）つるまの郡あたらしの鄕に流された公家に出來た子が、京に上つて、一度にえらくなるのは、魂が著いたからである。其肝要なところが、此話には脫けてゐる。物ぐさ太郎の話は、穗高の話ばかりでなく、山城の愛宕（オタギ）の本地と關係が深い。その樣な神の話を有つて步いた神人が、諸國にゐて、越後から川づたひに、信州に這入つて、根を下したのである。

小さな神が、人間の助けを得て立派な神になる話は、日本の昔物語・神話に澤山ある。すくなひこなの話も、此である。物ぐさ太郎は、人間が育てゝゐる間に、立派なものになつたのである。ともかく、常世國から渡つて來る、小さな不思議な神は、もとは靈魂の信仰であつた。荒魂・和魂が、時代を經てから、すくなひこなの神に考へられて來た。魂から、神になつて來たのである。かう見なくては、日本の神典の、神と魂との關係は訣らない。この一例によつても、信仰の推移のあつたことは訣ると思ふ。宮廷の信仰が最進んでゐたので、其が地方の信仰を、次第に整理して行つたのである。

今述べた例は純化せられて行つた話であるが、時代を經ると共に、不純になつて行つた例もある。河童は、妖怪の一種のやうに考へられてゐるが、もとは、田に水を與へる、水の神であつた。其が後に、水を祈るのに、物をかけるやうになり、かけ物が重く見られて來ると、水欲しさに、命までかけてしまふやうになつた。其が何時か神が命を要求する、といふやうに考へられて、妖怪のやうな河童が、農村に考へられた。逆推すると、河童は、純粹の水の神であつた。卽これは、墮落した神の例である。淫祠・邪神とせられてゐるもの丶中に、もと純粹であつたものも、多く含まれてゐる。

更に考へると、出雲大社にあつても、記・紀ではおほくにぬしの神と敎へてゐるのに、中世の事實では、立派にすさのをを祭つることになつてゐる。此は神が代つてゐるのである。又、信州の諏訪明神は、たけみなかたの神を祭つてあることは訣つてゐるのに、中世では、甲賀三郎に變つてゐる。伊吹山の洞穴に妻覔ぎに行つて、蛇體となつた三郎は、法華經の功德で、人界に戾つた。死後諏訪明神となつたといふ。諏訪明神が、蛇體と考へられたのは、新しい信仰ではなく、平安朝末からである。淨土宗の說經を集めた安居院（アグヰ）神道集に、諏訪明神の本地として、右の甲賀三郎の話が出てゐる。此不思議な話の出來た理由は、他の機會に讓るが、何故、かうした信仰が平安朝の末から鎌倉時代にかけて、盛んになつたのであらうか。現に法華宗には、諏訪靈王といふものがあるが、甲賀三郎のことである。此は、神が零落した例である。

神の資格の昇つて來た例も多い。神の資格が昇るにつれて、神社が、國中に一ぱいになつて來た。其は、國家組織の完成に伴うてゐる。古代では、神は、杜や山に祀られた。此に對しては、反對論もあるが、三輪の神も社がなく、人によつては、諏訪明神も社がなかつたと言ふ。諏訪・三輪の社の有無は問題外としても、社が無かつたと言ふことは、或神は社が無かつたのだ、と言ふ記憶から出た話である、とだけは言へる。

古くから、天つ社・國つ社とされてゐる社の外に、社の數が、次第に殖えて來た。奈良朝から平安朝にかけて、續日本紀以後の國史を見ると、天皇が、神に位をお與へになつてゐる。これについて、佛教では、王は十善、神は九善と言うてゐる。王の方が一善だけ、上である。だから、王が、神に位を與へるのは、何でもないことだ、と後世說明してゐるが、それを待つまでもなく、天皇は天つ神として、此地に出現なさつた故に、此土地で最尊い神である。だから天皇が、神に贈位せられ、天つ社・國つ社をお認めになるのである。

大昔から現在のやうに神社の數が多かつた、と考へるのは誤りである。古代に遡つて行けば、建て物のある神社はなかつたと思ふ。家の中に神を祭つたのが、神社になつたのであらう。殿に祭られる神は、偉いと考へられる樣になると、神が殿に祭られたがりなさると思うて、次第に、殿に祭る樣になつて來た。つまり國民が、自分等の周圍の靈的な力を感ずる能力を增し、その上に、宮廷の神道の考へ方が地方に張つて來たからであると思ふ。

信仰は、神代のまゝではなく、次第に進んで來た。明治以來、昭和の今日に至るまでの間に、神社の組織が、幾度か變つてゐる。單に爲政者ばかりの爲でなく、自然の要求から、神の位置を高めてゐることは、事實である。何事でも、昔からのまゝと言ふことはない。

少し話が、複雜になつて來たが、やしろは家代と言ふことに違ひない。しろは、材料といふことであるから、家そのものではなく、家に當るもの、家と見做すべきものといふことである。

ちはやぶる神の社しなかりせば　春日の野邊に　粟蒔かましを　（萬葉集卷三）

春日野に社がなかつたならば、粟を播かうものを。卽、ほんとうの奥さんが無かつたら、私があなたの奥さんにならうものを、と皮肉に言うたといふ風に釋かれてゐるが、此だけの解釋に、滿足してはゐられない。神の社といふのは、今見る社ではなく、昔は所有地を示すのには、繩張りをして野を標めた。其處には、他人が這入ることも、作物を作ることも出來なかつた。神のやしろといふのも、神殿が出來てゐるのではなく、空地になつてゐながら、祭りの時に、神の降るところとして、標の繩を張つて、定めてあるところをいふ。その繩張りの中には、柱が立てゝある。日本紀を見ると、いざなぎ・いざなみの二神が、天御柱をみたてゝ、八尋殿を造られた、とある。これまでの考へでは、柱を擇つて立て、そして、御殿を造つたとしてゐるが、みたてると言ふことは、柱にみなして立てる、と言ふ意である。假りに、見立てるのである。此は、大嘗宮にも、伊勢皇大神宮の御遷宮の時にも、建築に關係のない齋柱（忌柱とも書く。大神宮の正殿の心の柱）と言ふものを立てゝ、建て物が出來たと假定してゐるのでも、この意味だといふことが想像出來る。卽、柱を立てると、建て物が出來たと想像し得たのである。齋柱の立つてゐる所がやしろで、其處へ殿を建てると、やしろではなく、みやとなる。神聖な方の住んでゐられる所は、みやである。此一番適切に殘つてゐるのは、諏訪である。諏訪明神で、七年目每に行はれる御柱祭りは、元の意味は訣らなくなつてゐる。其は、大陸地方の習慣であると言ふ人もあるが、誤りである。宮を造營するに先だつてやしろを標め、神のゐる所を作る爲に、柱を立てるのである。もつと簡單なのは、標め繩を張るだけである。こゝに立てる柱は一本でもよいのに、諏訪では、四本立てゝゐる。これは、古い形を遺して、適確なやしろの信仰を傳へてゐるのである。もつと遡ると一本で、齋柱と同じであつたらう。諏訪の御柱も、宮には關係がない。此處にもほんとうは、宮を建てる前にやしろだけの時代があつたのかも知れない。不思議なもので、柱さへ立てば、家が建つたと同じに見立てたので、いざなぎ・いざなみ二神の章の、天御柱をみたてたと言ふのも、此意味である。神典の書き留められた時分になつては、神聖な語として、傳へられたが、其本意は、既に忘れられて、立派な御殿を見立てたと考へてゐる。

八尋殿をお建てになつて、天御柱を廻つて、夫婦の契り(メヲト)をなさつたと言ふ。此は不思議なことで、新しく結婚して夫婦になると、家を建てる。此を妻屋(ツマヤ)(又嬬)と言ふ。萬葉にもある。妻屋を建てなければ、正式に結婚したことにはならない。結婚ずる爲に家を建てるのは、いざなぎ・いざなみ二神の故事によつて、柱を廻るのに倣うたのである。特に新夫妻の別居を造る、と言ふ意味ではない。此が逆に、新屋を建てると、新しい夫婦を造つて住はせなくては、家を建てた、確實な證據にはならない、と言ふ考へを導いて來る。夫婦になる爲に家を建て、家を建てる爲には、夫婦を造らなければならない、と言ふ變な論理である。日本では、逆推理・比論法を平氣でやつてゐたのである。をかしいながら、理くつが立つてゐる。

いざなぎ・いざなみ二神が、神々をお産みになつた後、大八島をお產みになつたと言ふことは、信仰だからいゝのだ、とだけでは濟まされないので、說明するのに、一寸困る話じある。肉體を持つた神が、何故に土地を產むのか。其が神聖なのだ、と言うたゞけでは通らない。日本紀に、淡路島を胞(エ)として、大八島を產まれた、と明らかに書いてある。長兄・長女を兄(エ)と言うた。其で、此處も淡路島を最初に產んだ、と解釋してゐる。其樣な無理な解釋でよいならば、文字はいらない。土地を產む時には、淡路島を胎盤(エ)としてお產みになると考へてゐた。つまり、お腹が別なのである。昔の人としては、よく考へてゐたのである。（此の章未完）

狐と雨

南方熊楠

四十年程前、東京の藝妓が「雨のふる夜に狐が三疋通つた、あれが本當の雨こんこんこんかいな」と唄つた。と往事を追懷最中に十一月號が屆いた。一寸あけてみると、三四八頁、竹本氏の石見通信に、日當り雨の節、指を組で其隙から、遠く山際を覗けば、狐の嫁入がみえるといふと記されある。紀州田邊でも、日當り雨の際、指を組で其前で、口を尖らし犬の字を三度かくまねして、三度息を吹き、組だ指の間より雨を覗けば狐の嫁入行列がみえるといふ。但し指を無法に組ではみえず。定つた組み方が有る。曾て荊妻から傳授したが、ロハでは敎えられぬ。又日當り雨の最中に、拙宅より遠からぬ法輪寺てふ禪刹の椽下を、吹火筒で覗いてもみえるといふ。明治年間此寺え豐川稻荷を勸請したに伴て起つた俗信だろうから、本と豐川本祠邊で行はれた傳說が移つたのかと想ふ。參遠地方にそんな傳說ありや、敎示を乞ふ。和歌山市では予が若かつた時迄專ぱら、日當り雨の節、半ば地に埋まつた瓦石を起し、其裏に唾を吐かけ凝視すれば、唾に狐婚の行列が映ると云た。今年八月の「土の色」二頁には、「日が照て居て、ショボ〳〵と雨がふり出した時に狐の嫁入があるといふ、婦人の毛髮を拔て覗く樣にすると其嫁入の行列がみえるといふ」と、遠州濱名郡和田村の俚傳を載せある。維新前の文獻としては、差當り享保十七年長谷川千四作戲曲「壇浦兜軍記」四に、惡七兵衞が「ヤアたつた今迄くわん〳〵した空で有たが、エ、聞えた狐の嫁入のそばへ雨、晴して行ふと辻堂に」とある外知ぬ。

太平廣記四四七に、唐初已來、百姓多く狐神に事へ、房中祭祀して以て恩を乞ふ、食飲人と之を同ふす、事ふる者一主に非ず、當時諺あり曰く、狐魅無んば村を成ずとあり。四五四には、狐が女に化け、髑髏を盃、牛溺を酒とみせて若い男を誑らした記事あり。之を匡房卿の狐媚記抔と合稽するに、本邦の狐譚の多くは支那より移つたらしいが、日當り雨に狐が嫁入するてふ俗信も、支那から來たのであるまいか。誰かの證明を竢つ。歐洲では、ノルマン人言く、日が照り乍ら雨ふる時、惡魔其妻を打つと。東北スコットランドでは、驟雨中日が當れば精魅（フエヤリース）がパンをやく。又人がパン果子をやくに決して算ふ可らず、算へたパン果子は每も精魅に食はれ、其果子永く保たずと信じた由。日當り雨なき時は自分で燒ず、人の物斗り覘ふといふ譯で有う。米國の黑人間には、日當り雨ふる時、惡魔その老嫗を舐る、因て方術もて魔の老嫗を招くも效なしと信ずる者あるらしい。(Thomas Wright, 'Essays on......Literature, Popular Superstitions, and History of England in the Middle Ages', 1846, vol. i, p. 130; W. Gregor 'Folk-Lore of North-East of Scotland', 1881, p. 65; M. A. Owen, 'Old Rabbit, the Voodoo, and other Sorcerers', 1893, p. 180.)

次に日當り雨でないが、時雨に逢た狐の話を一つ述る。貞享元年板、西鶴の二代男三の一「朱雀の狐福」の條に、秋末に文使ひに走る九兵衞てふ男「知恩院の門前より時雨れて、漸く大和橋に渡りつき、人置きの五郎四郎が許にて、差替もなき一本〔傘〕借りて、急ぐ序で乍ら壬生による事有て、野道をゆくに、七十斗りなる婆の雨に濡て、物悲しき顏色して、我先に立て行るゝを、母の事思ひ出して、傘を貸して送れば、此老女嬉しさの餘りに、問ず語りもきく程耳より也、」遊廓の事や女郞の身の上を語るに、神に通じ玄を鉤す。「一人一人産だ樣に云事、物每恐ろしく成てゆきけるに、朱雀の寺近く成て、我すむ里もみえければ、語るに暇なしと懷より一の書を取出す、上書は噂町の日記也、この二十年以來の諸分け、之に洩る事なし、構へて疑ひ玉ふな、我いふ事僞りなき證しには、今行玉ふ先の揚屋に女郎集まりて、今日の雨中に、よもや男はわせまじ、いざ寄合ひ出しの振舞とて、鯛は杉燒、葱も食ふて、匂ひは後で、壁土をなめてやめよと、物に馴たる女の知せて、箱に箸も亂れて、目の所の穿鑿、おかしさも只今也「鯛の目の廻りの肉を食はんと爭ふ也」其中に物をも食はず、さゆに粉藥を好み、亂れ髮なる太夫は、誰が子とも知れず、止つてお腹を惱みと云時、遙かなる草叢より斑なる小狐の、彼人をみて迯去ず、悦こびなす、姥目の色變り、それと伴て、向ふの穴に入て跡なし、扨は豫て聞つる島原狐なるべし、よき事聞き過て、宿屋の入口より、集錢出しのひともじの殘りはないか、てゝなしの子のお腹が痛みますかと、大聲揚て申せば、何れも膽潰して、誰が傳へたぞと吟味すれども知れず、太夫達沙汰なしの佗言、何せうと儘也、兎角は寒空にも成ば、手前拵らへの夜著蒲團申し受て、其後もかの手帳に合せ、人の噂を見透しに申して、欲き物を取て、此所のお匙の塵をとりやめて、白川の流れの末に、萬代を祝ひの水、お龜酒屋となる事、日頃上戶の樂しみ」と結びおる。狐が老女と現じ時雨に惱むを憐れみ傘をさしかけやつた返禮に遊女共の祕事を洩さず書付た物をくれたので、彼等を脅かし取財して、富み出し、幇間をやめ、情婦お龜（踊りの師匠）を妻とし、酒屋を營業したのだ。

熊楠謂く、太平廣記二九一に何比干なる人、白頭の老嫗八十斗りなるが、雨を避んと望むをみるに、雨甚しきに衣も履も濡れず、異しみ延て入り座せしむ、雨止で嫗辭し去るを出送つて門に至ると、比干に長九寸の簡凡そ百九十枚を授け、君の子孫印綬を佩る者當に此算に隨ふべしと言ひ終つて忽ち見えず、比干の後ち累世の名族たりと出づ。この支那話を上の本邦の話に作り替えたとみえる。（完）

（十一月十八日午前四時）

禊祓について

本誌第一卷第五號に河本正義氏から、拙文「土用の丑の日」について、高教を戴いて感謝いたします。同氏の思出として葬式についての御話を承つて、私の郷里沼津市我入道の風習二三を報告申したいと存じます。

死人には湯灌といふのをします。仕方は疊をはねて床板の上に盥を置きます。盥に湯を入れ死人を入れて全身を洗つてやります（この湯は家の中では沸しません、屋外へ竹で三叉をつくり、之れに鍋をつるして沸します、然も多量に要るので、沸し切れませんから補充として大釜で沸しますが、それも屋外でします））。洗ひ終へますと最後に頭から湯をかけてやりますが、それは左の手に柄杓を持つて、柄杓を外側へ傾けるのです、隨分ギゴチないことですが、そんなことから平常急須でも何でも此の樣な扱方をすることを極端に嫌がります。

それが濟むと洗つた湯は床下へこぼし、盥を伏せてそれに死人を腰掛けさせ拭つてやるのです。この湯灌をしてやつた人達は鹽で手を洗います。

葬式が終へて寺から歸つた人達、一般の會葬者で自宅へ歸つた者は入る前に鹽を三度身體へ振掛けて貰つてからでないと入りません。葬式を出した家へ歸つた者は、門口に水を入れて備へてある盥の中へ兩足を入れて、手を使はずに兩足でこすり洗つてから、家に入ります、平常は非常に忌みます。

やがて四十九日が來ると、濱あがり（忌中あがりとも申します）をいたします。これは海の汀近き所へ席を敷いて、近所の人や緣者に來て貰つて馳走するのですが、その馳走が終へると、緣者だけは海へ入つて潮水を浴びます。里人はこれを「身體を淸める」といふて居ります、近くに川がありますが川では一向やりません。

盆の迎へ團子、送り團子はつくりますが、病氣についての習はしは云ひません、夏病についてこんなことはやります。每月一日、十五日、二十八日に赤の御飯《アカゴハン》（ウルチ米に小豆を入れその汁で色をつけたもの）を焚いて神棚へ上げますが、六月一日にはそれに味噌汁の實にキウリとヒジキを入れて菜にして喰べれば、夏腹を病まないと云ひます。これは六月一日に限つたことで他の日に赤の御飯と味噌汁とを共に喰べれば、死ぬ時に糞を漏らして耻をさらすといつて決して喰べません。

葬式の出る時、棺を擔ぐ人に酒を呑ませます、これを「デタテ」と申して居ります。（後藤圭司）

鬼界雜記

伊波普猷

きゝや

鬼界島といへば直ぐ俊寛を聯想するが、俊寛が流された沖小島が硫黃島であつて、今の喜界島でないことは、夙に歴史家のとなへるところである。書紀時代に多禰・掖玖が南島の總稱であつたやうに、源平時代には鬼界が南島特に薩摩に近い方の島島の總稱であつたらしい。とにかく鬼界が薩摩に近い一小島の名稱から南島の總稱になつたことはいふまでもない。喜界島の人は自分の島をチチャと稱へてゐるが、オモロにはこの島が「ききやの浮島ききやの茂へ島云々」と歌はれて、島名がききやと見えて居り、慶長以前に首里王府からこの島の祝女に交付された辭令にもさう見えて居るから、古くは、キキャといつたに違ひない。して見ると、日本紀略の貴賀や支那の文獻に見えてゐる吉佳が、原音に近い寫し方で、東鑑の貴海・貴賀井などは、之を捩つたものであることが知れる。序でにいふが、大島では、チチャをキャー（無氣音）といつてゐる。

しよりのおみこと

大島諸島が琉球王國の藩圖内に這入つたのは、寛文三年（西暦一二六六年）であるが、鬼界島は其後二囘ほど反亂を起して、征伐されてゐる。今度いつて調べて見ると、この島には二回の征伐の話が僅に遺つてゐるだけで、當時の戰況などは殆ど傳へられてゐない。慶長十四年の島津氏の琉球入で、大島諸島は薩摩の直轄となり、十七年たつて、寛永元年に、島津氏は其の役人及び神職等の冠簪衣服階品を琉球から受けるのを嚴禁したが、三百年の間に十分琉球化された彼等は、なほ琉球を慕うて已まなかつた。八十三年もたつて、寛文三年の十月廿日に、島津氏は統治上の都合で、大島諸島の家譜及び舊記類を悉く取上げて、燒棄てゝ了つた。それから二十五年たつて、享保十七年の十月十二日に、役人の金笄朝衣廣帶などを着ける一切の琉球風を嚴禁したが、流石の島津氏も神事には餘り觸れなかつたと見えて、祝女等は不相變琉球の神職と同樣の裝束をなし、寛永以前に交付された「しよりのおみこと」（首里之詔の義で辭令のこと）を後生大事に秘藏して、とう〳〵之を神聖視するに至つた。喜界島の早町村の阿傳の勇といふ舊のろくもいの家でもこれを一枚秘藏してゐる。

鬼界雜記（伊波）

しよりの御み事
ききやのひかまきりの
あてんのろは
一人ゑくかたるに（もとののろのおとゝ）
たまわり申候
しよりよりゑくかたるか
方へまいる
隆慶三年正月五日

鬼界の東間切の阿傳祝女の職は元の祝女の妹ヱクガダルに下さる、首里王府よりヱクガダルが方へ參る、といふ意である。由來、祝女は世襲であるから、のろくもい地といふものを授けられてゐた筈だが、この家にはそれに就いて何等の傳承も遺つてゐない。が、其の隣の岩倉といふ舊家の地所中に、ノロバテー（祝女畑の義）といふ畑があつて、僅にその痕跡を留めてゐる。

のろのしゆがり

祝女の裝束は沖繩のと大同小異で、この家にもやはり玉加玻羅（曲玉）と釵と大扇子とが保存されてゐる。一時代前までは、

首里王府から交付された「繪がき御羽」と稱する神羽も遺つてゐたとのことである。それから沖繩ではとうの昔なくなつた鷲の羽を束ねて作つた「だばね」或は「ざばね」といふ一つ物も遺つてゐたが、これはオモロの中に見えてゐる「かざなをり」で、之を古く沖繩の祝女が祭式の時頭に翳したことは、かつて「かざなをり考」で述べたことがある。この「だばね」は喜界村の灣祝女の家でも見た。又大島でも方々に遺つてゐる。其の他、圖のやうな鯨の軟骨で作つた長さ一尺厚さ一分五厘位の笄が一對遺つてゐる。根の所には瓢簞をくりぬいて金泊で緣取り、中央には葡萄をくりぬいて金箔で緣取り、莖の所は、たゞ金箔で繪いてある。裏の方もやはり同樣である。そしてさきの所には房をつけるやうにしてある。この笄は灣祝女の家にもあるから、祝女の髮かざりの一であつたに違ひない。これは沖繩ではとうの昔廢れたと見えて、文獻にも見えてゐないが、古典劇の婦人の髮かざりに之に似たのがあるから、古くは南島の祝女は一般に之を用ゐたと見なければなるまい。多分沖繩の方では、寬永頃に廢れたのを、大島諸島ではそれを知らずにゐて、その後も久しく古風を保存してゐたのであらう。

せつをんめ

沖繩では節の替り目の祭禮のことを折目（をりめ）といつてゐるが、この島では節折目（しちをんみ）又はしちぐんみといひ、單にヲシミ又はグンミともいつてゐる。その中で舊曆八月の節折目が最も面白いといはれてゐる。初の丁（ひのと）の日に、七歲迄の男女の子のゐる家では、御飯（その年に生れた子供の爲には特に赤飯）を炊いて、アラハー（新井川（あらかは）卽ち其の日まだ誰も汲まない井戶）につれていき、握り飯を頭上に置いて、薄の葉で初水をかけながら、男の子には與人（よひと）になれといひ、女の子には善い人の妻になれといふ。この儀式をシチャミといつてゐる。それが濟んで家に歸ると、子供等を銘々の所有する木の下に連れていき、戴いたお飯の一部を木の根に据ゑ、その上に水を注ぐ。この島では子供が生れるとすぐ、その屋敷內にある木一本をその子の所有に定めることになつてゐるが、この材料をトーテミズムの硏究者が見たら、植物トーテムの痕跡として、早速カードに取るに違ひない。そこでは能くどこそこの子は今年はシチャミだとか、どこそこの子はシチャミが濟んだなどと話合つてゐるから、これが重要視された儀式であることはいふまでもない。この日の午後はどの家でもシキキュンミ（初穗の義で、沖繩ではシキョマ、德之島ではシキョメ）で御飯をこさへて、老人たちにさゝげる。それから五日たつて、祖先の靈を祭るが、これにはシバサシといつてゐる。しかしシバサシには祖靈を祭る所と祭らない所とがある。又シバサシのない早町邊では、十月の壬戌（みづのえいぬ）の日に、ホーソ祭りをやるが、これにはオヤンコー（親の孝？）ともいつてゐる。喜界の方言では、kの音は悉くhに變じてゐるから、ホーソ祭りは大島のコーソ祭りと同じものであらう。

はづき

入墨のことを琉球語ではハヅキといつてゐるが、之に始めて針術といふ漢字をあてたのは、袋中上人である。この島でもハヅキはやはりハドゥチといつてゐる。Dr. Simon の Beiträge zur Kenntnis der Riukiu=Inseln にも見えてゐる通り、南島のハヅキの形式は、根本的に一致はしてゐるが、沖繩大島宮古八重山といつたやうに、著しく各の特徵を發揮してゐる。でも、同しグループ內では、年取るにつれて、線を太くしたり、新に星形を增したりすることはあつても、その形式は殆んど一定してゐるので、喜界島のも大島のと大同小異だらうと考へてゐたら、私の豫想は全く裏切られた。到着した日から自分で寫生をしたり、人に寫生して貰つたりして、蒐集を始めたら、其の十人十色なるに驚いた。學校の先生方にきくと、技術者によつて違ふかも知れないとのことだつたが、部落により家筋によつても違ふやうな氣がしたので、各校の先生方に御依頼して、ゆつくり蒐集して貰ふことにした。一度は他の島々のやうに統一されてゐたものが、かうまち／＼になつたといふよりも、最初からかうまち／＼で、統一されなかつたと見るのが事實に近いやうな氣がする。とにかく同島で入墨をしてゐるのは六十歳以上の婆さん達であるから、南島の入墨の比較研究に必要なこれら入墨はこゝ數年のうちに影を隱して了ふに違ひない。かういふ珍らしい材料が、今迄學者の目に觸れなかつたのは不思議なことである。

島の方言

方言は入墨のやうに、急にはなくならないかも知れないが、今の中に採集するに越したことはない。宮良君の『採訪南島語彙稿』には、喜界島の單語が千以上も收めてあつて、私なども恩惠に預つてゐるが、同君が序でにオモロや八重山の歌や宮古島のアヤゴ中の語彙などと比較の出來る語彙も採集してくれたら、と思ふことが屢々ある。幸ひに、私は二年ほど前から喜界島の出身で言語學に趣味をもつてゐる岩倉市郎君と近づきになつて、同島の方言を研究してゐるが、敎へられる所が多い。同君が中學時代から集めて解釋を附した同島の方言集は、かなり價値のあるものであるが、それに同君は東條氏の『方言採集手帖』によつて、更に多くの語彙を加へたので、もういゝ加減の本になつてゐる。そして昨今、オモロや混効驗集の語彙と比較の出來る語彙をも採集して、加へつゝあるから、學者を益することが多からうと思ふ。かうして私は、之を採集する必要がなくなつたので、たゞ右の草稿を携へていつて、疑問の點だけを古老に質したのであつた。試みに、私の疑義を解いてくれた單語一二を紹介しよう。

はーネィ、顎の關節。はーネィはンディユイ、老耄する。

沖繩語にも、カネィハンディユン（老耄する）といふ句はあり、別にショーカネィ（耄碌の反對の義）といふ熟語もあるが、カネィといふ語の意味がよくわからなかつた。ところが喜界島の方言のお蔭で、このカネィが顎の關節（沖繩語カクジ）の義であるとがわつた。このカネィは盤や扇子のかなめのカネと同語根のものであらう。今一つ、

ビ、用意、準備。ビナラン、間に合はない。

沖繩語にも、ビナサンといふ語があり、又ビナサ・ハガナサ（ビナサ・ワツサともいふ）といふ其の疊語法があつて、何れも間に合はないの意味に用ゐられてゐるが、このビの義がわからなかつた。喜界の方言の光で、このビに役立つことと或は間に合ふことの義のあることもわかつた。そこで私は、岩倉君の語彙に、（琉、：　）のやうに、一々沖繩語を記入して、多少の說明を加

へたら、學者の參考になるだらうと思つて、早速書入れてやつた。沖繩語はかつて、南島語の標準語であり、その方言に大なる影響を及ぼしたものであるから、それらの方言の辭書を編纂するに當つて、沖繩語を無視して、之と對照することなしには、十分闡明することが出來ず、從つて、價値も少いと思つたからだ。岩倉君も亦私の書入れを見て、かなり訂正したことを附記して置く。

喜界の音韻は、永いこと市倉君からも聞いてゐたし、又親しく島の人たちからも聞いたので、はつきりわかつた積りである。そこには、大島・德之島・宮古・八重山にあるやうな ı（i と u の中間音）と ë（e と o の中間音）とがなく、沖繩語同樣に a i u e o の五母音があるのみで、しかも e が i に變じ、o が u に變ずるのも、沖繩語と別に違つたことはない。從つてネが ni（歐羅巴流の ni で、岩倉君の本にはネィと書いてある）になり、ニは ɲi（國語のニ）になつてゐる。この區別は沖繩では六十歳以上の老人にのみあつて、今時の人は國語のニを失つて、兩方共歐羅巴流の ni で發音してゐるが、この島ではどんな子供でも、判然之を區別して發音してゐる。そこでは、ザ行の子音は z と發音しないで dz と發してゐるが、それが轉じて d となる場合が多い。喜界村では荒木で水をミヅと發音するだけで、他は悉く midu と發音し、早町村では小野津でミヅと發音するだけで、他は悉く midu と發音してゐる。ヂャ行の子音は j と發音しないで、dz（ヂャ行）と發音してゐる。そしてヂャ行の子音が ch になる場合が多い。これ迄私はハ行の古音 F は、國頭・宮古・八重山でのみ使はれてゐると思つてゐたのに、早町村の伊實久（さねく）といふ片田舍でもその盛んに使はれてゐることを知つて驚いた。そしてその附近の人たちが P と F との中間音を使つてゐるのを聞いて、面白いと思つた。その他、音韻轉化のことについても述べたいが、それは岩倉君の本で見ていたゞくことにして、たゞ一

二の奇音を紹介しよう。そこでは、ヤ行の子音y（萬國音標文字では·j）が鼻音化することがある。私は岩倉君に相談して、之をJか·j̃の花文字のJであらはすことにした。例へば、麥をmuji といふ所もあれば、muj̃i といふ所もある。ワ行（英語流）の子音wが鼻音化する場合もある。これはw̃であらはすことにした。例へば、科を tuja といふ所もあれば、tuw̃a といふ所もある。音聲學者は子音の鼻音化するのは、破裂音の場合しかないと思つてゐるが、かうした摩擦音の場合にもあり得ることを知らなければならぬ。そこには、梵語や支那語や朝鮮語にあるやうに、p(パ行)、k(カ行)、t(タ行)ch(チャ行)に、所謂出氣と無氣との二種があつて、使ひわけてゐる。これは大島徳之島にもある。沖繩本島でも、那覇と沖繩島の北部地方にあるが、那覇から僅一里しか離れてゐない首里にはこれがない。首里人はこの無氣音を聞きわけることも出來なければ、從つて發音することも出來ない。序でに、出氣音無氣音について一言して置く。かつて或朝鮮人の發音を聞いたことがあるが、その出氣音は私たちのとは大部違つたものであつた。彼は私の所謂出氣音を有つてゐるばかりでなく、今一つの力強い出氣音をも有つてゐた。そこで私はこの種の音には出氣音と無氣音とそのどちらでもないものとの三通りがあつて、南島人が有つてゐる出氣音は、日本人一般が有つてゐる第三種の音であることを知つた。このことに就いて音聲學協會の會報にも一寸書いたことがある。

喜界島附近はふだんでも浪の荒い所なので、餘り世に紹介されてゐないが、言語學や民俗學の學徒に多くの資料を供給する所だと私は思つてゐる。岩倉君はもう一二年もしたら、郷里に歸つてその方言辭書の編纂に從事し、なほ餘力があつたら、民間傳承なども蒐集して見たいといつてゐる。

オゴウサンに就いて

十一月號三三一頁石田氏報告の「オゴウサン」と云ふ言葉の解釋が廣島地方では下層階級、特に農民階級の妻女のことゝありますが、當山口地方では中產階級の商家の女主人や料亭宿屋等では女中が女將を呼ぶに用ひて居ります。尙「ゴッサン」を「オゴウサン」の約語と見る南方先生のお說ですが、當地方では「オゴウサン」と「ゴウサマ」「ゴウサン」は明確に差別づけられ「ゴウサマ」は「娘さん」又は「お孃さん」の意味に用ひて居ります。（小川五郎）

眞澄遊覽記信濃の部の刊行に際して

有賀喜左衞門

眞澄遊覽記が今日高く評價されるのは、たしかにそれに含まれたる民俗學的資料の豐富さにあるであらう。しかしその眞價が果して「資料」の累積如何にのみ存するであらうか。眞澄遊覽記を「資料」の集積と見るのは、見る人の心々であるが、今日學者がその學問の資料として見るやうな記述が特に眞澄の紀行に何故多かつたと云ふ事は考へられても良いと思ふ。眞澄にして見れば今日自分の紀行がそんな意味で珍重されやうとは全く意外のことであるに違ひない。だから若し眞澄に現實の生命があつて今日に居るとすれば、恐らくその見當外れに膽をつぶしたかも知れない。眞澄は唯見たことを丹念な彼の筆で記しておいたといふに過ぎないであらう。唯その筆に彼の氣質がそのまゝ現はれてゐたのである。今日の學者がその學問の爲めの資料として見るやうな記述は彼にとつては、彼の氣質から自然に生れて來たものなのである。柳田先生が「雪國の春」で「我々の珍重すべきは主としては彼の境遇であり又氣質である。五十年近くも故郷を振棄てゝ、あの多感の歌心を雪の孤獨に埋沒しなければならぬやうな運命は、さう多くの旅人の持つて生れることの出來ぬものであつた」と云つてゐるのはたしかに深い洞察であつた。

眞澄遊覽記を讀んで思ふことは、眞澄の旅に死なゝければならなかつた心持には深い寂しさのあつたといふことである。しかしこの寂しさは彼の氣質から來たといふよりも境遇に依るものであつたやうに思はれる。氣質から云へば彼程の朗かなこだわりなき心情を持つてゐたものも稀れであらう。西行や芭蕉にした所でその點では眞澄に及ばぬものがあるやうに思はれる。といふのは彼等に於てはその出家の氣持に一種反動的なものがあつたが、眞澄に於ては家を出なければならぬ餘儀なき事情があつたらしい丈けで、その爲めに黑衣の生活に入らうとする程に自分の心を强制することはなかつたからである。人はその弱さを自ら見つめた時多かれ少かれ反動的な心持を抱かずには居られぬものである。そしてその心持がいつの間にか我々の行爲を强制しつゝある。このこだわりが如何に我々を桎梏することであらうか。俳聖として神の如く仰がるゝ芭蕉にして猶ほさうであつた。彼が「奥の細道」の旅を金澤に辿りついた或る夜春亭で催された歡迎の宴は芭蕉の爲めに山海の珍味を連らね善美を盡したものであつた。宴果てゝ後芭蕉は次のやうな意味のことを云つてゐる。「今晩のもてなしは申分のないものであるが殘念なことには風雅なさびがない。自分のやうな浮世に望みを持たぬ漂泊の旅人には斯樣な珍味は不必要であるから、若し自分と交を結ばうと思ふならかうした心配は無用に願ひたい。お腹がすいたらこちらからお願ひする。くれ〲も自分の心持をお忘れなく、唯風雅のさびを重んじて貰ひたい」と。その次の會合が一草庵で催された時人々は前の誡めに耻ぢおそれて、澁い煎茶の外何も出さなかつた。夜更けて芭蕉は冷飯を食べたいと云つて、有り合せの飯を茶漬にして皆と食べてから「風雅はかうなくてはならぬ」と居並ぶ人々に敎へたと云ふことである。（相馬御風「一茶と良寛と芭蕉」又は室生犀星「芭蕉襍記」などにある）この挿話は芭蕉の幽寂な心境の示現として多くの場合說明されてゐるが、私はさうは思はぬ。心からの饗應はそれが豪奢であつても粗野であつても同じことである。この場合有難いものは自分を迎へる人々の暖い心であつたらうに、どうしてその形にこだはらねばならなかつたであらう。風流は冷飯や田植唄にのみ見出されるものであらうか。若しさうであるとすれば、彼の「奥の細道」の旅も風雅のさびを求めん旅なのであつたらう。しかし粟飯や茅屋にのみ風雅のさびを見出さねばならぬとすれば風雅も亦氣苦勞なものである。私から見れば芭蕉のこんな心づかひは不自然な反動から生じたとしか思はれない。彼が出家したのは彼が抑へんとして抑へ切れなかつた煩惱に對する秘かな苦惱の爲めであつた。出家がかうした弱さを救ふものと考へさせた佛敎の影響も深い事乍ら、かうした考へ方が益々のつぴきならぬ苦惱を十重廿重にしたことも事實であつた。芭蕉が道者の嚴肅さを一時たりともくづさなかつた半面には彼をかく强制させる心意がひそんでゐたのであつた。だから俳諧の道に於てもかうした心づかひが彼を絕えず拘束してゐたことは想像出來る。その拘束は彼がこの道で高名となると共に强められて行つたことが窺はれる。彼が風雅について金澤の俳人に敎へる態度に道學先生の面影あるのを見れば、彼の本然の姿にそぐはぬぎごちなさが感じられる。こゝに芭蕉の虛僞があり、それが彼の弱さであつた。それに氣づかぬ彼でもなかつたであらう。「旅に病で夢は枯野をかけ廻る」といふ心境は到り得ぬ惱みの表白ではないであらうか。しかし彼が矢張り我々と同じ惱みを持つてゐたといふことは、彼が我々の身近かにあるといふ感じを强める許りで、彼をけなす理由にはならない。

芭蕉に較べて見れば眞澄の心持には無理といふものが少い。眞澄のこだはりなき心情は彼を水のやうに自由にしてゐる。信州を通つた壯年の眞澄に於てさへかうした朗かな寂しさの境地に到る可き芽生えのないことはなかつた。しかしこの時代の眞澄にはどこかに苦惱の翳がさしてゐたやうに思はれる。眞澄の家を出た動機は明白でない。これは彼が故鄕のことをはつきり語つたことはないからであるが、それは彼が故鄕の思ひ出を他の人の前で語るを欲せなかつたと云ふ事情に依るのである。彼が旅に出たのは全國の式內神社を遊歷せんがためであるといふことを「津輕の奧」に述べてゐるし（中道等氏「菅江眞澄が事ども」民族二ノ二）又屢々歸鄕せんとしてはなむけの歌を知友から贈られたりしてゐるが、彼は遂に一歩でも足を南に向けたことはなかつた。彼は望鄕の念に打ちのめされる程の氣持を持ち乍ら、どうして歸らなかつたかといふ事についてはいろ〳〵の臆測が行はれてゐる。例へば彼が一生頭巾を脫ぐのを欲しなかつたといふのは、何かの事件で頭に傷を受けたからで、それが家出の原因ともなり、從つて又頭巾をとつて人にそれを見られるといふことが、人の惡感をそゝる許りでなく、自分の思ひ出を新にするから嫌つたに違ひないとか、或は繼母についての厭な記憶が彼を苦しめたのだらうとか云はれてゐる。繼母があつたと云ふ想像は彼が天明三年七月洗馬で母の三回忌をしてゐるのに、それ以後の紀行に故鄕の父母と記してゐるからさう考へられるので、彼の頭に傷を負はせたのも繼母ではないかなどゝ云ふ臆測さへある。つまりかういふ事が彼の家出の動機ともなり又故鄕に歸らぬ理由ともなつたらしいといふのである。私にはこれ程迄に考へる事も出來ぬが、何か眞澄の心を苦しめる事件がなかつたとは斷言出來ない。近頃發見されて信州松本の胡桃澤勘內氏の有となつてゐる眞澄の「鄙の一曲」と云ふ諸國田植唄集にはその本の最初の所有者であつた眞澄の友貞房（姓忘れたり）の子貞信が父の語る所として次のやうなことを書き誌してゐる。卽ち「菅江眞澄は父貞房主の學の友たり三河の國の人なりとも生國を慥に語らぬ由」と。このことは眞澄が平常如何に故鄕のことや自分の青年の時代を人に語るを避けてゐたかといふことを物語つてゐる。しかし人は旅に出たり寂しい境涯に入つたりした場合程に人を戀ふることはなく、そんな場合殊更に故鄕を語り自分を語りたがるのが世の常であるのに眞澄に於ては必ずしもさうでなかつた。所が彼位人なつこさの情を持つものもなく、又望鄕の念ひ强いものもなかつたことは彼の紀行を讀むものゝ等しく認むる所である丈けに、こゝに彼の言ひやうのない惱みがひそんでゐたことは明かである。

彼が家を出たのは天明三年彼の三十歲の時であるとも云ひ、その前年であるとも云はれてゐる。（柳田先生「來目路の橋」校訂本の序、しかし「雪國の春」では天明元年二十八歲の時とあり、又南部叢書はその中間を採つてゐる）生國三河から直ちに信州に入り、天明三年四月は伊那路を北に辿り乍ら擬原の里に來て、

遠近の山分衣たゞひとり立つはわびしき樫原の里

と詠んでゐる。彼の旅行く姿懷ふ可きものがある。又飯島では雨に遭ひ、

家に在らば袖はぬらさじ降る雨も椎の葉に盛る飯島の里

と、望鄕の念の切なさを歌つてゐる。洗馬に來て、七月十三日は盆、盆には世になき母と弟のみたまを弔ひ、殊に母の三年忌の法事を營んで、追慕の情新なるものがあつた。

この夕在りと思へばはゝき木やそのはらからの俤に立つ

その翌日青松山長興寺の施餓鬼會に出掛けて存者福樂壽無窮と亡者離苦生安養との二句の心を歌に詠んだが、後の句に就ては次のやうなものであつた。

亡き人は苦しき海を漕ぎ出て安き湊に舟とむるらし

恐らくこれは母弟を思ふ彼の眞實の願ひであつたらうが、これらの歌の陰には彼の望鄕の惱みがその影を投げてゐるやうに思はれる。誰れしも人は自分の痛みにふれることを好まないが、眞澄がそれを語らなかつたといふには、それが彼の心を鋭く刺すが故であつたらう。彼もこの點でその弱さを暴露してゐる。しかし彼に於ては弱さをそのまゝ見つめて、强ひてそれをかくさうとはしてゐない。天明五年九月六日陸奥二戸の郡小澤といふ寒村に來て、「こゝに此の夜をといふに、宿のあるじの女、よねてふものを一粒も持ねば、宿することかなうまじとて、許すべうもあらねば、一夜斗は物食はでもあらんかし、道遠く足疲れたればとひたに云へば、さらば宿りねとて、やをら粟の飯に鹽漬の桃の實そへて呉れたり。をのれらは粟のみ食ひぬ。今年も又畑つもの實のり良からず、わびしき世の中とうち歎きて、これもて枕にとて、米量る枡とり出てふさしむ。いぬれば風激しく吹に、ふる鄕の夢もなごりなうやぶれて、

露なみだますほの薄枕にて假寢の床の風ぞ身に泌む」（けふの狹布）

と詠んでゐるが、これは感じ易い眞澄の心が年每打ち續いた凶作に滅入り切つた村人の心を反映して悲痛な望鄕の念ひに泣く彼の有りのまゝの姿である。讀む者がそれをいたはらずには居られぬやうな悲痛な念ひ。これが彼を旅に送つた動機であるといふこと丈けは眞實である。彼が旅に出たのは芭蕉のやうに風雅を求めやうとしたのでも何でもない。恐らく出る時に又歸ることを期待することさへ出來なかつたであらう。歸られるものなら何をこんなに悲しまう。歸りたくはあつたが歸へられなかつたのである。彼が鄕里に歸ると云つて知友よりはなむけせられたと云ふことは、歸りたくてたまらなかつたから、故鄕へと足を向けたので、唯重い心が中途でその足を止めたのである。東北の淋しい村々を歩いて行く彼の姿は、我々を耐へがたくさせる。

この漂泊の歌人は西行や芭蕉のやうに行く先々の土地の生活から沒交渉になると云ふことは出來なかつた。西行や芭蕉にとつて土民の生活は山や川と同じやうにその感懷を吐露する寄托となつた許りである。だから感懷そのものも彼等が都に於て創り上げたるものをもつと鋭くしたといふに止まるだけで、それは土民にとつては星よりも猶ほ沒交渉な存在に過ぎなかつた。例へば「奥の細道」に「……長途のくるしみ身心つかれ且は風景に魂うばゝれ懷舊に腸を斷てはか〳〵しう思ひめぐらさず、

　風流の初やおくの田植うた」

とある。風流は田植唄を聽く芭蕉自身の關心事であつて、田植する人々のそれではなかつた。心持がこんなに離れてゐては兩者をつなぐ感情の湧いて來る筈がないのである。

　しかし眞澄にとつてはかう云ふ旅は耐へ難いものであつたらしい。その生來の人なつこさが境遇の寂しさに依つて深められたらしく、冒險なまでの物好きと共に旅に於ける人情が絶えず彼の關心となつたのであつた。そして彼の朗かな善良さや氣輕で寛容な心持が彼と語るものをして氣安くさせたのである。眞澄が到る處で非常な尊敬を以て迎へられたと云ふのは、芭蕉が俳諧の宗匠として迎へられたその心持と變りはなく、矢張り才氣あるその歌の故であつたに違ひないけれど、一度でも彼に會つた程の人はその相手を包むやうな深い情感や博學な彼の話好きに心惹かれて、旅の人には氣重い村人ではあつたが、彼に對してだけはすぐに氣を許すことの出來たといふのは不思議な程であつた。例へば寛政四年冬下北半島田名部の里の冬籠の條に「霜月十二日、恒方の云過し夕はじめてとふらひおはしたるとき、かくよみ侍りしかど、ひめおきつるなど聞へて、

　夜とともにいざかたらなんまれ人の雪の扉を叩くうれしさ

ありける返し、

　けふこゝに雪のとぼそをたゝかずばいかでかしらんふかき情を」（牧の冬枯）

とある。恒方は眞澄に會つたその夜既に深い親しみを感じてゐたのであるが、旅人に對する村人の傳統的な氣持が眞澄に對する親しみの表白を壓へてしまつて、謙遜な應對でしか表はせなかつた。だから恒方はその不滿のために家に歸つてからも昂奮して眠むられぬ程であつた有様が眼に見えるやうである。

　かうした彼の氣質が彼をして通りすがりの旅人とさせることの出來なかつたのは當然であらう。だから彼は見知らぬ山川を訪ねる時でも、それに因緣づけられた土民の生活を思はぬことはなかつた。そしてその土地に足を止むれば必ずその生活をその心身に感じ得る程の敏感さを持つてゐた。しかしこの敏感さは土民の生活にひたることの出來た彼の態度の故に益々鋭敏になつたと云ふことを忘れてはならない。土民の生活に對する深

い同感は長い旅の間にかうした心ばへから段々養はれて行つたものである。同じ田植を見るも眞澄と芭蕉の差違はこの點で明かである。例へば天明三年五月十五日の條に「空晴れたれば近き邊の田歌唄ふをさきかんとやのあるじと共に出ありけば、初嫁初婿も田植の祝とて常にはそのことにゆめたづさはらぬも、おりまじりて植ふる習ひなれば、おなじさまにおり立ちて植うなるを、刀禰といひて田うちならしたひらぐる男も、あまたの早乙女も、この婿と嫁を心にかけて、くはやといへばこひぢの水を手ごとにすくひかけすくひかけ、逃げ行けば追めぐり、田の畦、畔みちをふみしだき追ひ行けば、畦どなりの小田よりもあまたむれ來て、その婿とらへよ嫁やるなとうちかけうちかけられて、笠も衣もひぢりこにぬれて、さゝやかのやに逃げ入り、笠の下にてよゝと泣きて、今よりはなゝ田うへじとまが〳〵しふ云ふ。婿がねは木の朶をたぐり、廪の上に登り、いのちしなん許してよ、はや祝これにてをへなんといふを、泣き居る嫁の仰ぎ見たるを、此女に代りて、

五月雨の晴れ間はあれど干す間なみつらき戀路にぬるゝたもとを

これなん里のならはしとて一世のうちに一度かくなんからきめを見けるためしにこそ」（伊那の中路）とあり、その描寫の生動してゐる點は眞澄の文章に於てはこゝのみに止まらぬから敢て驚くには足らぬが、「泣き居る嫁の仰ぎ見たるを」など云ふ鋭さはその心になり切らなくては到底書ける所ではない。五月雨のと云ふ歌も自然に彼の心よりもれ出た歎聲に外ならない。芭蕉が「風流の初めや奥の田植唄」などと云ふ心持とは何といふ大きな相違であらう。芭蕉は又「奥の細道」で市振の同じ宿に遊女と泊り合せて、「一家に遊女もねたり萩と月」などゝ感懐をもらしてゐるが、芭蕉の遊女に對する同情も甚だ意識的で、彼は自分の法衣をどこまでも忘れることが出來ないでゐる。眞澄に於ては同情などする前に既に同感にひたつてゐる。だから彼には殊更な詠歎など出來ないのである。

私は既に芭蕉と眞澄とを比較してゐるが、同じ場所の記述に於てもう一度並べて見たい。芭蕉の平泉に來たのは五月であらうから眞澄が櫻の季節に通り過ぎたのとはいくらかその時期を異にしてゐる。「三代の榮耀一睡の中にして大門の跡は一里こなたに有、秀衡か跡は田野に成て金鷄山のみ形を殘す。先高館にのぼれば北上川南部より流るゝ大河也。衣川は和泉が城をめぐりて高館の下にて大河に落入、康衡か舊跡は衣か關を隔て南部口をさして堅め夷をふせぐとみえたり。偖も義臣すぐつて此城にこもり、功名一時の叢となる。國破れて山河あり城春にして草青みたりと笠打敷て時のうつるまで泪を落し侍りぬ。

夏草や兵ともか夢の跡

兼て耳驚したる二堂開帳す經堂は三將の像をのこし光堂は三代の棺を納め三尊の佛を安置す。七寶散うせて珠の扉風にやぶれ金の柱霜雪に朽て既頽廢空虚の叢と成へきを四面新に圍て甍を覆て風雨を凌暫時千歳の記念とはなれり

五月雨の降のこしてや光堂」

眞澄は天明八年卯月八日中尊寺の初午祭を見んとして平泉に來てゐる。「……かくて中尊寺にいたれば、あるとある堂の戸みなおしひらきて、白山姫の神社の拜殿はかねてかゝる料に間廣げに作りなしたるに、白き幌をたれ白き帽額引わたしたり。おひとつうまといひて白き神馬、獅子愛しとてぼうたん手ごとにもちたる童子、なにくれとねりわたりはつれば、白山ノ神の御前に幌うちまうけたる舞臺にのぼりて、そうぞきたつ田樂開口祝詞をはれば、をとめの舞うばの舞なんどいと古風めかしきさま也。やをら衆徒集りて、さるがうはじまりぬ。法師の頭に宿髮てふものして髮髻墨衣の袖をぬぎかけ、あるはまくりでにつゝみうち、笛吹囃しぬ。この田樂、をとめ舞うば舞などにことかはりて今めかしけれど、舞へる裝束は國の守より寄附給ふものとてめでたく奇麗をつくしたり。今朝より風たちしが、いよゝ吹つのりて、あまた立ならび茂りあひたる大杉のうれもゆら〳〵吹れ、枝葉の落散れば、人みなふりあふぎ天のみ見つゝ、頭にものおほひ、もの見る天(ソラ)もなく、法師の附髮も吹やられ、かなづる扇も風しぶかれて、こゝろのまに〳〵さしもやられず、いざ歸らなむと立騷ぐ上に、大なる杉の枯枝の落て、頭うち、ぬかより血の流たりなどなか〳〵の騷ぎ也。經堂、光堂の方へ逃ちる人もあり、また老嫗杉とていと〳〵大なる空樹あり。此木としふりて香馥はなはだしければ、國ノ守めして「みちのく」と銘給ひしといふ。その木も今は吹折れ、今はたふれなんなど人みなをしみ語らふ。……人々を別れて此平泉の相知りたる民家に泊る」(配志和の若葉)

かうして擧げて見れば兩者の心意は歴然として明瞭である。芭蕉が「奧の細道」の劈頭にかいてゐる「月日は百代の過客にして行かふ年も又旅人也云々」の思はせぶりな詠歎は彼の行く所何處にでも附き纏ふとは何たる因緣であらうか。「夏草や」の句も空疎な詠歎に過ぎないではないか。又「五月雨の降りのこしてや光堂」の句は一見清新な才氣を感ずるものゝ、靜かに思へば「降りのこす」や光堂の光には多分の誇張感を持たせて我々に示威してゐるのを感ぜずにはおられない。これに比すれば眞澄の文章にはどこにも山もなければ、人に感動を强要する所もない。平然として自分の興の移るまゝに文章をつらねてゐる。それに書かれてゐる群衆を彼が傍觀してゐるのでなく、彼もその群衆の中の一人としてその渦にまかれ、田樂のおかしさに興じ、大風の騷ぎに逃げ惑つたりしてゐる。「人々を別れて」なども眞

澄でなくては書けるものではない。行ずりの旅人が普通にはどうしてこんな同感の籠つた言葉を使ふことが出來やう。

眞澄の氣質の他の特色は物好きなことにある。彼は常に子供のやうに何事にも深い興味を持つてゐた。これは彼の心が如何に初心で、その感覺が清新であるかを物語るものである。その氣輕な性格のおかげで、野良に立つ田夫を捉へて語り、その年の耕作のことやそこに見ゆる古塚の話などに打ち興じ、或は行ずりの旅人と路傍に休み合せて珍らしい話に時をさへ忘れることは常のことであつた。名山大河を跋渉する許りでなく、好んで深山幽谷に分け入り、寒村僻地の人情風俗を探つて歩いたのも、生來の物好きからでなくて何であらう。彼は訓詁の學にも深く、一つには又考古本草にも知見を有し、歌道も萬葉を讀破してゐるから、彼の時代としてその教養の廣さは既に凡を拔き、その博學は唯東北の田舍者を驚かせる許りでもなかつたらしい。これが旅に於て得られたものとすれば彼の才能の非凡さは恐らく異數のものとしても良ささうである。彼に物好きといふ美德がなかつたら恐らく彼の博學もなかつたであらうし、その多量の土俗觀察も彼の紀行に載せられはしなかつたらうと思ふ。唯彼の物好きをして單なる物好きに終らしめなかつたのは彼の深い心ばへであり、その故にその觀察を生活の核心に透徹させずにはおかなかつたのである。私が彼に心惹かれる點は寛容と叡智に充ちた彼のこの心ばへであつて、眞澄遊覽記の高い價値も、民俗學的資料の豐富さにあるよりも、眞澄のこの深き心ばへを第一としなければならぬと思ふのである。所謂民俗學的資料も彼の氣質の自然の所産に過ぎない。若し「資料」の豐富さが評價第一の標準となるものなら、眞澄遊覽記七十余卷の「資料」も貪婪なる今日の學者の一回の食糧に當らぬかも知れない。眞澄五十年の勞苦も一片のカツレツに及ばぬことになるであらう。又この考へ方から行けば既刊信州紀行三卷は刊行の意義をさへ失はねばなるまい。しかし思ふに信州紀行に盛られたる「小量の資料」と雖も眞澄が數年の勞苦には價してゐる。その一片でも彼が身を以て感じた土民生活の一表現であつた。實際に感ずることが眞の理解に我々を導くものであることを思へば、眞澄が殘したものは我々の星であることに疑ひないであらう。

この秋出た眞澄遊覽記信濃の部は「來目路の橋」「伊那の中路」「我心」の三卷である。これは原本と大差ない姿で版になつてゐるから、畫と字共に肉筆の俤が窺はれるので有難い。その上に親切な解說付の校訂本が柳田先生に依つて書かれてゐて、肉筆に慣れない人にとつても充分に親めるのでこの點出版として申分がない。これ丈けのものを出して呉れた柳田先生や信濃の部委員及び三元社には何と云つて感謝して良いかわからぬ位である。扨て眞澄の眞價を最も早く見出して、その出版が年來の切望であつた柳田先生にはこの美しく出來上つた本を見てその感慨如何許りかと察せられる。又信濃の部委員の一人である胡桃澤勘内氏が刊行會の經濟的基礎の確立に非常な骨折をしたといふことは天下の眞澄黨に特に吹聽したい所である。胡桃澤氏はその實行的基礎を作つた許りでなく地名や人名に於てその不明な點を種々明かにしており、就中可兒永通が今の熊谷氏の祖先であることを明かにしたことは最も大きい功績であつたらう。それは何故かと云へば、「來目路の橋」出版後一月にして熊谷氏の庫から從來その名のみ知られて見ることの出來なかつた眞澄紀行「庵の春秋」が發見されたからである。同時に發見されたものに「筆のまゝ」『科濃路旅寢の記」及び「伊那の中路」別本があるが、「筆のまゝ」には諏訪への紀行があつて、これが所謂「諏訪の海」ではないかとも思はれてゐる。これで「手酬草」が出れば信州に於ける眞澄紀行は完きを得るわけであると云ふ次第である。だから信濃の部は既刊三卷以上に別に二卷を增刊する計畫であると云ふが、眞澄遊覽記全卷刊行の翹望はそれが可能であると云ふ豫想と共に急激に高まつて來たことは我々にとつて何と云ふ幸運なことであらう。これが瀨踏みをなしたことは何と云つても信濃の部刊行の絕大の功績である。今日に於ては柳田先生に依つて津輕紀行及松前紀行が既に計畫されつゝあり、又南部紀行の一なる「奥の手振」は近い中に刊行の運びになることであるからそれが發表の曉には大方の諸君の大いに聲援せられんことを心から希望する。

眞澄に就ては私は研究も淺いが猶ほ附言したい事が多い。今は無制限に紙數を加へることも出來ぬから書くを得ぬが、例へば彼の歌についても云ひたいし、文章についても猶ほ數言を欲してゐる。成心を持つて批評する者の今日如何に多いことよ。彼の歌が果して取るに足らぬか。萬葉張りの外形にのみ泥むことを以て得意とする者は自分のマンネリズムに氣がつかないであらう。かたくなゝ心こそ自己の眼鏡に濃く墨を塗る曲者に外ならぬことを思ふ可きである。言葉の綾やかゝりの技巧をのみねらつてゐる眞澄の時代の歌から彼を救ふものは彼の眞率さと實感の强さである。彼の歌が時代的影響を多分に受け乍ら猶ほ一脉の生氣を持つのは正に彼の氣質の故である。これが散文に於ては彼の眞骨頭は遺憾なく發輝され、その巧みさから云ふも心境から云ふも、歷史の前後に比類なき境地を開拓してゐる。どうして彼を文學史に認めぬものか私は唯不可解に苦しむのみである。彼の價値は今後に於て見出されることを私はこゝに斷言して置く。次の機會を得て私はその所以を說明して見たいとも思つて居る。（四・一一・一六）

庚申鳥とゴキトウ鳥

南方熊楠

一巻五號三三五頁、早川君が說れた庚申鳥と同異は知ねど、熊野にも西牟婁郡二川村兵生の深山抔に、庚申の鳥とか、庚申の使ひとかいふ者ある由聞及ぶ。それは山ドリに似て全身火の如く赤いと聞た。土地の人に詳細を尋ねんと心懸居たが、今年十月中旬小畔四郎氏と彼地へ同行、二宿した間だ全たく打忘れて、何の知り得る所ろなく歸つたは殘念だ。果して山ドリの樣で著るしく赤くば、內田君の日本鳥類圖說上の一九〇—一九一頁に出たアカヤマドリやコシジロヤマドリの事かと想ふ。

自分藏書中にあり乍ら、最早五十年も閱せざる繪本「狂歌常の山」は、天明頃浪速で盛名有た玉雲齋貞右の作だ。其內に、鶺鴒の岩に留りし繪をみて「神の代にこれは妹背の道しるべ、尾を動かして猿田ひこ〱」と有たのを覺え居る。天孫降臨の際、猿田彥が嚮導し奉りしてふ故事に基いて、鶺鴒が尾を搖かして飛去るに言掛た事と察するが、又鶺鴒を庚申の鳥、庚申の使ひ抔稱へたからでも有うか。猿田彥大神は庚申を司どるてふ俗說昔し大に行はれたは、井澤長秀の廣益俗說辯四抔が証する。

昨年十月中旬紀州日高郡川上村妹尾官林之菌類を畫錄しに行き、今年一月四日迄官行斫伐事務所に宿つた。十一月中旬より日が當らなくなり、十二月中旬から氷雪に道を塞がれ、零下五度の寒さで困り切た。然し老ては當に益す固なるべし、窮しては當に益す壯なるべく、と勇を鼓して二百種豫定の處ろを三百廿種迄圖記して、一月五日快晴に乘じ、橇車で九十六町を四十五分間に滑り下り、日高川に高く懸つた針金橋を渡り、更に鏡の如く凍つた山道を夜中上下して川又官林に一泊し、翌朝自働車で鹽屋浦に出た。爰に四十四年前予渡米の告別に往き宿つた醫家の娘、其翌曉予出立の一時前に生れたのが、豪族の妻となり、六人迄子女を擧げある。之を訪ふて二日半遊んで田邊へ歸つた。妹尾官林で拵えた菌譜は、六月一日御召艦長門で進講の節天覽に供し奉つた。彼の妻女は、其妹と二人予に知せずに當地方へ來り、進講無事にすみ、御召艦出發する迄、海濱に立て遠望し居たと後に聞た。槐記六に「昔し聖護院の道晃親王の獅子吼院へ御話に、淀の眞齋が作り庭は、世にもいやなる物と存ぜしが、今度峯入り致して、始めて覺悟致せし事の侍りき、大抵の奥山にはなき事也、今一とう峯を分て、深山の深山へ入たる時、谷の樹木の體、人の手を入て作りたる作り樹と少しも違はず、わざと丸くも方にも作りたる様也、是を以て彼をみれば、昔の人の深山の深山を爰に寫す心にて、致したる者にやと仰せらる、すれば龍安寺金閣寺にも左の事侍るにやと仰せらる、中略、拙先年阿克君の御供にて、木曾路を經て、寢覺の床を見侍りし、巖石の疊みたる體全たく石庭に異ならず、すれば是も却つて幽谷の幽谷をみて、作りたる物にやと申し上しかば、去ば去ば先年泰隨が、寢覺の床は今の作り石庭の自然なる物也、是にては叱られもせずと申したりしが、成程にも左也と仰せらる」とは眞實で、妹尾に人が趣向して掘たと思はるゝ岩が、よぐよく試掘すると金輪際地底から突出でた者多く、林下に蘚苔の外、下た草少しも生せず丸で作り木作り庭に異ならざるも多かつた。扨「路遠く雲井はるけき山中に、又ともきかぬ鳥の聲哉」といふ歌あるが、妹尾に七十餘日居た内一度も鳥の聲を林中で聞かず。山もこう蔭斗りでは鳥の食物が乏しいからと察した。然し氣候が暖かくなれば多少の鳥は鳴くと聞た。曾て東牟婁郡靜川奥、極めて幽邃な山中にゴキトウと鳴く鳥ありと傳へたが、妹尾にも之有り。事務所主任大江喜一郎氏は數しば其聲を聞て、是は佛法僧に外ならずと判じ居た。早川氏の說と相期せずして合ふ者だ。（十一月十七夜）

追記

右の如く認めた後ち、往年東牟婁郡靜川奥、篠の瀨の深林に住だ須川寛得氏來り話せしは、其邊で春より夏へかけ、毎度ゴキトウ鳥の鳴くを聞た。夜の十時より十二時頃迄鳴く。十時頃頻りに鳴く。ゴキトウが鳴くからと云て、山小屋の者共が就寢した。扨ニエといふ鳥が二時頃に鳴き出すを、一番鳥として人が起出る。ニエの形を見し事なし。ツグミ程の大さで、暗色、頗ぶる眼立たぬ物といふ。ゴキトウ鳥は佛法僧と同一の由だが、篠の瀨では必ずオン、ゴキトウと聞えた。高野大門の右の方へ夜中出掛て佛法僧をきくにオン、ブッポウと聞え、決してオン、ゴキトウと聞えなんだ。地勢に隨つて異樣に響くらしいと。

（十一月二十日）

「やしりを嫌ふ」と「ほりた兒」

○「やしりを嫌ふ」　農學上同一作物を連作し得ざる嫌地病の事なり、これを農學上『嫌地を嫌ふ』と云ふ。それを『やしりを嫌ふ』と云ふ。その事よりして嫁入りして、姑其他と合はず其家から戻つて來る嫁の事を『あの嫁はやしりを嫌ふ』と云ふ。

○「ほりた兒」　私生兒を『ほりた兒』と云ふ。そこで、ある家の嫁が、その家の米を他所に持ち出して賣つて金にして、自分のものにする事を『あの嫁はほりたあしていけんげな』と云ふ。

（吉本一郎）　――廣島縣高田郡船佐地方――

寄合咄

村の人の話

「えらい變つたもんぢやれーかれ。この村あ、軒なみに勘定して行ったつて、よそい出てゐれうち(家)あれーでれ。まあ、人がたんとになつたですらが、百姓の方も手がかゝらなくなつたでれ。何しろこの節ぢや五月になつだつてろくに草刈もやられに。昔あ大騷ぎだつたぢあれーかれ。山の口があきあ、餅をついたりして、日の暮れぬ中に寢てされ、一時か二時頃におへー起きて行つたもんだ。そりあてめ一人ならそんれに早くいかれつたつていゝされ。村中大勢だもんで、一番草のいゝとこー早く取らにあいけれし、それに朝の方が元氣だでれ。日が上つて來ると額がほてつてあつつくていけれにれ、草刈あ骨が折れるでれ。百姓仕事ぢあ一番やり切れなんだ。そりよー五日も六日もつゞけたでれ。草刈がおへりあふんとに一息ついたもんだ。今ぢや、草刈がれーで昔の百姓にくらべりあらくなもんされ。こゝらの田んぼでこやしをするもなあ一人もれーだに。何しろきかい(製糸場)のさなぎの水がへーるやうになつてから、水にこやしがありすぎるくれーだでらくなもんされ。いしべー(石灰)だつて昔の半分きりいられに。田んぼつくるつたつて苗代と稻刈ゝきりみたよーなもんだで、人手なんか半分でいーに。それだで夏のえーだ(間)は女手でも足りるで、よそい出たりするだれ。蠶つたつてこゝらぢや畑もあんまりれーで少しだし、女や子供だけでも出來るで、男の出られるうちぢやみんな出してしまふだれ。秋けーつて來りあ田んぼは刈れるしするで商買ひにでも行つた方がわりがいゝずら。夏は蠶飼つて冬天屋(寒心天屋)や海苔屋へ行く人もあるれ。何しろうちにゐたつて損だに、よそい出たもんの方がとくされ。村のことだつてやらにあならず、そーかつて金がたまるわけもれーでれ。まあこゝらの田んぼはとてもいゝで、こーやつておくだが、こないだH村い不幸に行つてきいたが、あつちぢや田んぼなんかよりあ桑あ作つた方がいゝつちゆーだがれ。それでたいげー畑にするだに。米かれ、そりあよその米を買ふだに。何しろT町に越後から來る米の半分ぐれえはH村に入るつちゆーでれ、なかなかえらいもんぢやれーかれ。それでも桑の方がわりに合ふだに。七俵取りの田んぼとすりあ、一俵十圓として七十圓ずられ。ところが、桑にすりあ、四十貫ぐれーはとれるで、今年のよーに四圓もしりあ、百六十圓にやなるでれ。こゝらかれ。そりあそーしてもいゝが、こんな良い田んぼーそんなことーしちや惜しいにれ。この田だつて十俵取りだが、この節ぢあふんとは十二三俵から取れれー年あれーでれ。肥料なしでそれだけとれるだに。年貢は十俵取りの半分で五俵だけやりあいゝで、正味七八俵は自分の手にのこるつちゆーわけだ。とてもいいされ。そりあそーと、S寺の坊様あやめられて東京いいつた話を知つてるかれ。いんえ、女のことでやめられたでもれーよーだに。本山いやる金がとゞこーつたつちゆう話だに。本山の方から住職をやめさせたつちゆー話だが、本山いやる税金の滯納つちゆーわけずられ。そいだがあの坊様もしてー事あしほーけしたで、なんにも云ふ事あれーずらい。ひたあ(人は)いろいろ云ふが、あゝゆうのもとくされ。人になんかゆわれるのがいやで、ゆわれねよーに、ゆわれねよーにつて、くよくよくらしたつてつまられーつちゆうもんだ。村にゐりあみんなそーだでやかましいに」信州上伊那郡方言(有賀)

あみだ屋敷

村々殊に交通不便な土地に、今も行はれて居る屋敷名には、どういふ由緒から言うたものか、判つて居ないものが多かつたようだ。弘く各地に亘つてこの屋敷名を調査したら、案外村々の以前の社會組織などが判つて來るのでないかと思ふ。ほんの一小部分の、自分が多く歩いた天龍川奥地の山村などにも、この例は未だ澤山に殘つて居る。村の中に定つて一軒位ある「にうや」といふ屋敷、「ねぎや」と共に、只古い屋敷とだけは判つて居るが、それ以上のことは判つて居ない。それから「しもや」といふ屋敷名なども、自分などの結論では、一概に位置から言うたものでなかつたやうだ。「わで」即ち上手屋敷に對しては、「したで」の名が別にあるのである。それから極くありふれた處では「おもて」「おうや」古い屋敷を「くれ屋敷」といふに對して「あら屋敷」などは問題とする迄もないが、村の祭りと離るべからざる關係にあつた「いちやしき」それから今一ッ「あみだやしき」と言ふのが、どこの村にも必ず一軒はあつた。

二

人類學雜誌の紀念號で、柳田先生が注意せられたやうに、現在の葬制にしても、各所に例をさがし索(モト)めたら、案外前代の、それこそ想像も爲なかつた樣式の片割れが、そのまゝに殘つて居るかも知れぬ。天龍谿の山村を歩いて、殊に注意を惹くのは、山村を通じて、葬式が所謂神葬式に據つて居るものが非常に多い。三河の富山村などは、地内の百五十六十戸が、寺院に關係を有つて居たのは二軒か或は三軒であつた。折口さんなども知つて居られる、豊根村三澤の若い神主さんが、死人のある度に出かけて、高天原に神鎭まりますをやつて居たやうである。

斯うした村々で、遙かに以前から、神主さんが葬式に立會つて居たかどうかは勿論問題であるが、遙かに以前は問ふ迄もなく、遂ひ最近——といふと語弊があるが、明治二十年前後迄、葬式の世話、殊に死人の所置から葬る迄は、前言うた「あみだ屋敷」の者が當つて居たのである。「あみだ屋敷」は一に「おんぼう屋敷」とも言うて、屋敷には「あみださま」と稱する石又は祠やうのものが必ず祀つてあつた。現今では、その「あみださま」を立派な社造りに改めた家などもあるが、村に死人があると第一に先づ此屋敷に知らせる。「おんぼう」は一般に火葬場の人夫、又は墓地の穴掘りの名になつて居たが、此處の「おんぼう」即ち「あみだ屋敷」の者は、それよりもつと廣範圍の所置に當つて居たのである。さうしてこの「おんぼう」に「背負ひおんぼう」と「燒きおんぼう」の二系統があると考へられて居る。

三

「背負ひおんぼう」「燒きおんぼう」の名はあつたが、事實火葬は行はれて居なかつたから、これは單に名稱だけに過ぎなかつた。さうしてこの二ッの派を表徵する道具がそれ〱屋敷に保存されてある。「背負ひおんぼう」は、死骸を墓地に背負つて行く意味から言うたもので、此派の表徵は、一般に「にんぼう」と呼ばれて居る、山稼ぎの者が持つてゐる股木の棒であつた。「にんぼう」は山稼ぎ殊に山地で荷を負ふ場合、休憩する爲めの重寶な道具で、この地方の村々を歩いて居ると、荷を負ふ者は悉く持つて居る。上端の股の部分にせいた(背負道具)の下部を當てゝ、そこに全部の重心を保たせるのである。この棒をなんで「にんぼう」などゝ言うたか、さうして小池直太郎さんが小谷口碑集の中で注意せられた飛騨から越後地方で「ぼつか」と言ふ一派の稼ぎ人夫が持つ撞木形の「にづん棒」とも關

(1)

(2)

寄合咄

係がありさうだが、この名は問題だと思ふ。「背負ひおんぼう」はそれでよいが、一方「燒おんぼう」の方は、火葬する爲に必要な道具として、同じやうな形をした鐵製のものを必ず持つて居る。(圖版參照)

折口さんのお話では、此地方で正月松飾りと一緒に立てる「わかき」の一に「にう木」と言ふものは、山人の持つ杖に關係があると言はれたが、この「にう木」の「にう」と一方前言うた「にうや」の「にう」更にこの「にん棒」との關係はどうであらうか。

四

どうも斯うした場所では全部を言ひ盡せないが、この「あみだ屋敷」の事實から、葬式の樣式なども一通り言ふ必要があつたようだ。この地方の山村にある千人塚又は百人塚などいふ場所は他の地方の同名の塚のやうに、傳説も何も未だなくて、何だかおそろしい所、只の者が行つて見る場所では無いとする。さうした氣持があつて、木は茂るに委せ、草は生へる儘にしてある場所が、山の中腹などにある。自分も未だ實地檢證をした譯ではないが、村の人に訊ねても、殆ど行つて見たといふ者もない。あんな所へ——以ての外の事だといふやうな顏をする。天龍川からは遙かに山を越えて、西方に當る田口町の御堂山觀音の千人塚なども、言傳へに據ると、その昔は、堂も何も無い山頂の岩石面で、只一ツ巨きな石があつただけだ。村に死人のあつた時は、死骸を其處に持つて行つて、その石の上に置いて逃げて來た。それで邊りには白骨が累累として、目も當てられぬものであつた。或時諸國行脚の僧が來て、この有樣を見て憐れみ悲しんで一體の地藏尊を刻んで石の上に安置し、自分はそのほとりに庵を結んで、衆生濟度に當つたのか、觀音堂の出來た由來と言うて居る。

(昭和四、一一、二〇記、早川孝太郎)

お願ひ

第四號の本冊でお願ひしたのに對して御報告を下すつた方々に厚く御禮を申します。なほ紙上に掲載された資料・報告に對して私信を以て種々お尋ねをしたのに對して夫れ〲御返事をいたゞいた方にも感謝します。其等の中或るものは本誌上に掲載するやうにしてありますが、中には掲載せずに終るものもあるかも知れません。それは私信の往復で綴つた報告として發表出來にくいものがあるからです。然し何れ私の今やつてゐる仕事をまとめる時に、それらの資料報告を使はせていただくことと思ひます。

臺灣のアミ族では共同勞作する仲間のことをパリュウといつてゐますが、其のパリュウが畑の仕事を共同にし、順々に甲から乙丙丁の畑と耕作收穫の仕事をお互に助合つてしてゐます。かうした仲間とか組とかいふものが日本の村落にはないでせうか。若し何處かにさうしたしきたりが行はれてゐる處、若しくは行はれてゐたらしいと思はれる處があつたならば御報告に接したいと思ひます。そして若しそれらの團體が存在したとするならば、それは野良仕事以外にも何か他の生活若しくは仕事に於ても共同してゐたかどうかといふことをも併せて知りたいのです。

資料を集めるには自分で出かけなければならないのはいはずも知れたことなのですが、どうも此頃身邊の事情が資料の採集に出かけることをゆるさないので、いろ〲と勝手なことを御願ひすることになります。然しこの年末から年始にかけて何處かの村に入つて見たいと思つてゐます。村の共同生活といふことが私には非常に興味なのです。

それで共同生活といふことを少しでも偲ぶことの出來る資料がありましたら、何なりと御報告に接したく重ねて御願ひします。(小泉鐵)

資料・報告

米澤在窪田村の齋物

別所梅之助

芋

羽前南置賜郡の窪田村といふのは、米澤から赤湯への街道筋に當り、松川と鬼面川とに狹まれてをる地とて、田が多うございます。そこの大字中田では、お芋を作りませぬ。作つても石芋になるからださうです。さる時、お婆さんがお芋を洗つてゐました。そこへ坊樣が通りかゝつて、それは何だと尋ねました。くれと言はれまい爲か、どうか、お婆さんは石だと答へました。坊樣はさうかと言ひました。それは弘法樣でした。それ以來、中田でお芋を作つても、石芋になります。

雉子

右の窪田村窪田家中の人は、雉子をたべませぬ。たべればお腹が痛くなります。他村でたべれば何でもないが、時がたつたにしても、その人が窪田にかへれば、やはりお腹が痛くなるといひます。窪田にはお保呂羽樣といふ堂があります。雉子はお保呂羽樣のお使はしめださうです。鷹に縁があるかと聞いても分りませんでした。

茄子、胡瓜

茄子と胡瓜とは、窪田の名物になつてゐます。それで米澤その他から、茄子苗、胡瓜苗を買ひにゆきます。窪田家中には、天王樣がお保呂羽樣と同じ境內に祀つてあります。茄子でも、胡瓜でも、初生は天王樣に供へます。同村でも中田など天王樣にやゝ遠い所では、初生を川に流します。

それから窪田では、胡瓜を輪切にしませぬ。輪切にすれば、天王樣の御紋(木瓜でせう)と同じ模樣があらはれるからです。

それほどの所だのに、家中で椎野と名のる家は、二軒とも胡瓜を植えませぬ。たべる事は貰つてたべます。その椎野家では、玉蜀黍も作りませぬ。但し貰つてはたべます。これは鄕土研究四卷一號にある家筋と作物禁忌との同じ例でありませう。

柿の木

窪田村の家中では、家ごとに柿の木のない所はない程だのに、矢野目といふ大字では、どうしてか柿をうゑませぬ。

南蠻

窪田邊では南蠻(唐辛子)は、貰つて植ゑる物でないといひます。それで茄子苗など買ひにきた人に、少しの南蠻苗をやれば、買人は一錢なり、二錢なり、いさゝかの錢を南蠻の代として、別においてゆきます。

(私の今住んでをる武藏荏原郡世田ケ谷下北澤のお百姓は、蕗は貰つて植ゑるものでないといひます。私が買つたトサミズキに蕗がついて來たので、これは貰つたのでないから、植ゑてもよいとの事でした。)

窪田は米澤の家老、色部家の領地でした。色部家の人はもうそこに居ないさうですが、土地の人は今も殿樣といつてゐます。家中とは色部家に仕へた人々のをつた所の名です。以上、同村の金內綾といふ娘から、をりをりに聞きました。

泥落し・寢部屋・組

伊藤靖

◇泥落し

山口縣都濃郡戸田村にては田植の後に村のおかみさん達が各自御馳走を持寄り遊ぶのを「泥落し」と云ふ。此の地方の田植は、字々にて一組(或は二組)となり、各家の田植の日取りを都合よく組合はせて各々手助けする。此の手助に出るものは多く女連で、稀に男が手助けしても之は極く特種な關係のある家か又は手間交換とは別である、即ち傭はれた者である。斯うして字全體を植へ終ると日を定めて、村のお宮の社殿に各自御馳走を持寄り、三味線等も持參して飲酒、歌舞して一日を面白く遊び暮らすのである。之は各字すること故、矢張り字々にて鉢合せをせぬ樣に日取りをする。時には二字位一度にすることもある。(本殿と社務所と云ふ風に別れて、――勿論、兩組とも往來して飲食する樣にはなるが。)此の集會には男も少しは行くけれども、村の田植で主に働らいた女連、即ち女房連、若い嫁さん、娘さん連中が主であつて、男の方は、女から招ばれて行く樣である。小供等も連れて行かれるので、皆、田植の頃から此の日を待兼ねてをる。若し都合惡く此の日、集れない家は米を五合か一升代りに出す。此の團體は田植の後丈けのものであり、勿論、村の祭禮等には何等關係ない。但し、此の「泥落し」の日、飲食に移る前に、勿論、太夫さん(神主)によつて祝詞があげられる。男連中には此の際特別の催しはない。

◇寢部屋

これは小學校高等科卒業程度即十五六歳頃から結婚する迄の所謂村の「若い衆」連中の毎晩寢宿りする部屋のことで、多くは人數の少ない老人達の喧しく言はない樣な家を擇んで其處の離へ坐敷を借るか又は簡單なものを相寄つて作つたりした。大概、各字一軒で事足りた樣である。そして月に一度、米等少し許り宛持寄つて家主に禮としたこともある樣である。又、農繁期だけは餘り利用されない。

晩飯がすむと次第に集まつて村の娘の品定め等を興味の中心として村政(?)のこと等に關する意見も出る。此處に泊つてる間に村の若い衆は色々の村生活に關する一通りの教育を與へられる。例へば、畠物(はたけもの)の作り方とか、魚の獲り方とか、或は村の主立つた人々(村長等)に對する評價とか、女を訪問する仕方、夜這の方法、祭禮の日の色々の仕來り等々である。殊に村の年中行事に關しては此の寢部屋の連中が最も有力な發言力を有し、春祭りの籤(くじ)引き、夏祭の山車(やま)、盆踊等の計畫や寄附金の募集は皆この連中の手を經て行はれる。併し、此の團結は決して勞力の交換には關係ないものである。

◇組

これは主として田植の場合と、葬送の際との二種であつて、葬送の際の組も單にくみと呼ばれてゐるが、普通十軒位で一組を作つてをり、普通(ひころ)(特別なことのない日)は殆ど何等特別の交際をして居ないが、組内に不幸の在つた場合は、各家、少なくとも一人宛手傳に出る。最も多い場合は、死人のあつた際であるが、此の時は、近緣の家へ不幸を知らせに行き、又一方、組員の適當な家を開放して、受付や、燒香の場所等を造る。墓穴も掘れば、坊さんも呼びにゆく、豆腐・米・醬油等の品々も殆ど不幸の在つた家人には相談せずに買入れて葬式の準備を運んで行く。此の際出す手傳人の人數等は家々の事情により何等定まりは無いが、小供一人なんて云ふ家が稀にあつたりするが、之は餘り良く言はない。火事の時も矢張り集まつて跡片付等をし、又、見舞品を持寄る。此の際は、誰かゞ此の見舞品を帳に書留めて置く。之は、其等の家が不幸火災に遭つた際見舞品を送る參考とするものだそうである。組は多く近隣が寄集つて作つてゐるが、仲には後に屋敷を變へた爲、遠く離れてをる家もあり又、村より退散した爲、自然組から外れた者、又、近く新に來つて組に加入する者もある。組に加入するには、組員全部の承諾が無ければ駄目であり、少なくとも組の近隣へ移住して來て交際二三年に及んだ後でないと入れないらしい。組に加入する際は、一回、其の家で、組員全部を招待して披露(?)せねばならぬ樣である。又、年に一回位、組内の據金により、其の年の當番の家で、組の總會(?)が有り飲食・歌舞・歡談する。勿論、當番の家は普通、相當の自腹を切るものらしい。

以上は山口縣都濃郡戸田村にての例であるが、同縣吉敷郡大内村地方で見るものは、右の例より大分(だいぶん)、組が日常生活にも深く關係してる樣である。卽ち此の地方では、出產・入營等に際しても、此の組が最も活動し、又、旅行から歸つた際等、多くは其の無事を祝ひ、歸つたものは、兎に角、何等かの所謂、土產物を贈るのを常とする。そして此の贈答品は家々の資產其他の狀態によつて略々暗默の中に定まる所があるものらしい。

下北半島雜記（一）

早川昇

尻屋村年中行事

昭和三年八月四日採訪。尻屋村麿嘴隆道氏談に據る。三國翁の談なども參照。

正月元旦

男の正月と云ふ。男子は紋付、袴を著し、銚子一本に神酒を滿し、賽錢と共に携へて、八幡宮に參詣する。本社の別當は、常には、氏子總代が勤めるが、祭りの時には、目名から受け持ち神主を招く。以前は、大平(おほひら)の方から招いたと云ふ。神社に着くと、禮拜をし、件の酒を、社の茶椀にうつす。此酒はまた元の一升罎にうつされて、氏子總代の家に齎される。是は、當夜、同家で開かれる祝宴に若者を饗する料である。神社參拜の後、一同寺參りをする。

此日から、三日、四日に亘つて、三餘會の若者がする門祓へといふのが執り行はれる。此三餘會と云ふのは、所謂「尻屋若者連中」の後身だと見てよからうと思ふ。もと、尻屋青年會とも言うたが、明治廿五年以前までは、まだ舊稱で呼ばれて居たらしい。これらの若者が打ち揃うて、氏子總代の家から、熊野

權現——獅子——を被ぎ出し、戸毎に門祓へをする。厄祓ひの爲、特に賴むと、一同家中に上つて來て、祈禱をして、後、祝言の藝當をする。源平屋島の藝・國振りの追分・昔からありふれた踊・よされ節など。

尚この村では、正月に門松を用ゐない。八幡社では、神前一枝を見る。

正月十五日

女の正月と云ふ。女が、衣裳を更へて神佛に詣る。神酒・賽錢を携へることは、男の正月と同樣である。この日女達は、爲事を休む。

正月十六日

女達は、幾つかの組に分れて、村內の家々をめぐり、幾らかの志(米・金錢・餅)を貰うて歩く。その際唄を唄ふ、いぶりすりの唄と言うてゐる。集めた志で、宴をする事、秋振舞と同樣ださうである。

二月一日—二日

女の廿三歲の祝ひ日である。相當の料理をして、友人・親類に振舞ふ。

二月十五日

釋迦の涅槃日とて、婆連が寺參りをする。

二月二十日

眞田彦（サナダ）の祭りとて、三餘會の所謂「小宴會」が開かれる。（三國（ミクニ）翁の談に依つて補うた）

三月三日。

雛祭り。振舞ひがある。

三月十日

三餘會の所謂小宴會がある。あはしま様を祭るといふが、三國翁は、金毘羅の祭りだと言うてゐる。いづれ、是正したい。

三月十八日

小宴會がある。小さな社の祭りだといふが、鷹嘴氏には、不明であつた。他村から、神主を迎へる。

四月十四日

婆連の寺參り日。

四月十五日

鷹嘴氏は、小宴會だと言ひ、三國翁は、中宴會だと說いてゐて、どちらがほんとうなのかわからぬ。祭神は、あはしま様だと、三國翁の傳へである。

六月十五日

八幡社の大祭。全村爲事を休んで、三餘會の活躍の特に著しい日である。三餘會の若者の手で、獅子頭での神樂を上げる。所謂大宴會は、この日である。

七月十四日

赤飯・煮〆物を、墓に供養する。

七月十五日

御施餓鬼で、爺婆連は、寺で酒を飲む。三國翁の話の盆の大宴會は、これを斥すのであらう。

七月廿日

所謂廿日盆で、婆連だけ、寺に參る。

七月廿九日

この村にとつて、非常に「惡い日」だと言うてゐる。その爲、特に八幡社の祭典があり、爲事を休んで參詣する。漁場へ出向つてゐる若者は、其場所で爲事を休んで、代表者に參拜せしめる。今日では、此風も大分廢れて、表（オモテ）だけ休んで、裏で働いてゐる場合が多いと云ふ。

八月十七日

三餘會の中會——中宴會とも言ふ——が開かれる。その由を詳にせぬ。

十月十日

金毘羅の祭り。小宴會をする。（三國翁に依る）

十月十五日

緣日と稱へて、婆連は料理をこしらへて、寺で供養をする。

十二月十八日。

鷹嘴氏も、三國翁も、別段此日に就いては述べられなかつたが、古賀進氏の稿（婦人公論第七年第十一號所載）によると、此日、若者達によつて、能舞の奉納が、鎮守で行はれるといふ。

十二月廿七日

煤掃。その祝ひとして、午後からは、酒が出る。

十二月廿八日

餅のつき始めをする。正月の喰べ物の爲度に取りかゝる。

以上で大體の年中行事に關する記述は、終つた筈であるが、最後に、秋振舞の行事に就いて特記して置きたいと思ふ。

秋振舞に就ては「青森縣下北郡東通村大字尻屋狀況一班」といふ書付から、左に引用する。

『秋振舞とは、甲組は何日間、乙組は何日間、と云ふ如く、數日間、無禮講の娯樂を繼續するの舊慣をいふ。是三期營營として、勞働せる慰勞の爲なれども、青年男女無意識の無禮講的娯樂の、風敎上に及ぼす害あれば、三餘會は、主として矯正の任に當り、小學校長監督の下に、處女連を一團として、學校內に集會を催し、一は料理の方法を知らしめ、一は娯樂として、最無邪氣に遊ばしむる爲、他方敬老の主旨を以て、高齢者を招待して、試食せしむる等の設備に改め、其費用は、三餘會及び部落の寄附と、處女の負擔とを以て、支辨する事とせり』と。

このやうに、秋振舞の慣習は、だん〴〵、その原型を失ひつつある。村の知識階級も亦、それを喜ぶ風が生じてゐる。

此秋振舞は、刈り上げ後に、然るべき日を定めて、行ふ例であるらしい。女ばかりの振舞を本義とする。右の引用文中に見えた「青年男女云々」は娘宿（ノラシャド）の事實と混同したのでなければ、どうも妙である。鷹嘴氏・三國翁等の談を綜合してみると、古くは女達ばかりであつたといふ。振舞はれる側（ガハ）に、男子があらはれたにしても、記憶に殘る程には著しくなかつたのである。秋振舞をする女達は、大體、三組四組位にわかれる。極若い者、廿歲から廿五位迄の者、それ以上の年齢の者、等。此外あねどぐみと云うて、亭主持ちの一團もあつたらしい。彼らの集會は村の有識者の言ふやうに、なるほどつゝましくはなつてゐようが、併し一寸隣村へでも行かうものなら、尻屋では、女達が相撲を取るさうなゝどと云ふ噂がないわけではないのである。何處かにまだ、改風せられない前の姿が、隱然として行はれてゐる事を思はせる。古い習慣では、女子が十五歲になれば、秋振舞の際、一同に挨拶したものである。是で一人前のめらしが出來上る。後は娘宿（ノラシャド）で、若者の性本能を迎へるやうにもなる。

目名では、秋振舞の時、祝儀を持つて行けば、誰でも馳走になれる。尻屋に於ける「青年男女云々」は、やはりかうした客人が殖え過ぎた事にも、一因があるのかも知れぬ。

秋振舞に來る客人が、時代の古くなる程、有限性を持つらしい事は、私の單なる妄想に過ぎなかららか。（昭四・十廿一）

能登灘五鄉地方採訪（一）

——主として鹿島郡南北大呑村——

中村 浩

◇六拾六部の墓

北大呑村佐々波へ七尾から舊道つたいに行くと、丁度此の坂を下ると村の家並に入ると云ふ處に、形ばかりの塚がある。今は田の爲にけづり取られて、小さく少しもり上つた土砂の上に、自然石と松の苗が植はつてゐるにすぎないが、先年までは可なり大きな松があつたのを、田の作りに惡るいと云ふので、村の或る人が切り拂つたのである。ところが其後其家に死人があつたり、たえず病人があつたりするので、又祟りを恐れて松苗を植えたものと聞いた。

此の塚について村人の話す處は次の樣である。

幾年か昔であるが、此の村が鰤の不漁の爲に遂に破産にならうとしてゐた。勿論此の村では漁によつて村の富を回復する外には、村の財産をふやすことの出來ない土地であつたのに、遂に網を下さうにも、其の資金がなくつて下せない樣な有樣であつた。丁度其時此の村へ來合せた六部があつて、村の有樣を見て、網を下す資金になるだけの金を持つてゐたので、それを村人に貸與へ、もし今年漁があつたら金を返してくれる樣にといふ約束をしたのである。村の人は大に喜んで、早速網を下した處が、其年は大漁で村一同再生したのである。網時がすんでから、前の六部が來て、金を返してくれる樣にと云つたのであるが、其時村人は言を左右にして金を返さなかつたらしい。その中にどうして死んだのかは村人の間にも傳はつてゐないが、ともかく六部は金を受けとらずに死んで仕舞つた。で、其の六部の屍を只今の六部塚に埋めてまつつてやつた。然るに金を返さなかつたもので、其後も祟つたものか、又々佐々波の網には漁がなくなつたと云ふ。其の爲に十數年以前までは網を下す時には、特に其の六部塚で祭りをしたことも折々はあつたといふ。塚も昔は大きく、大きな松が生へてゐた。又、今は道端の草叢に埋れてゐるが、村人の話では、昔六部の塚にあつたものらしいといふ石がある。

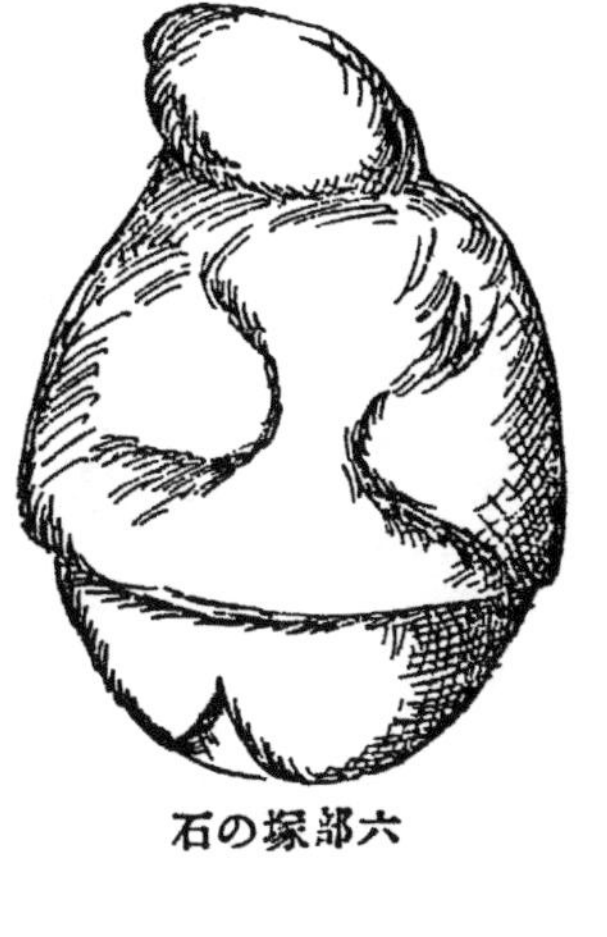

六部塚の石

◇不　動

不動の神樣

同村の上佐々波と下佐々波との境をなす處に小川がある。川が海へ注ぐ處に小さな瀧があつて、これを不動と云ふ。此處に黑い大きな岩があつて旅人は皆其道に附近の石をのせては通つた處である。今は新道がついて、其道を通る樣になつたから、人通もなくなつて石をのせることもなくなつた。其處の石を小供たちが遊んでゐてうつかり家にもち歸りでもすると、腹を病む。それで其石をもとに返すと直ぐに癒ると云ふ。もと岩の上にあつた祠が今は新道のかたわらの小高い處にある。本尊は前圖の樣なものである。

◇諏訪の神樣

下佐々波の速水と云ふ家の南側で、隣村阿蘇村へ行く道に添ふてゐる垣根をいためて其儘にしておくと、家に凶事がたえぬと云ふ。之れは其の垣根の附近一帶に諏訪の神がすんでゐて、其の祟があるのだと云ふ。速水家の何代か前の祖先が或夜更けてから、小便をしに前に出たら、其時丁度白馬にのつた諏訪の神が阿蘇の方から下りて來て、垣根の處で、此の村を燒いて肴にして飮まうと云ふのを聞いたので、早速火の用心と云ふた。神はそれを聞いて此の村はもう火の聲がかゝつたから、次の村へ行かうと云つて消えた。其夜近村百目村が燒けたと云ふ。其後は神が其家にゐると思はれ、村の左義長なども直ぐ其下の濱で行はれ、祭の時は白の幟を一本たてた。

近々三四十年の間、其家に病人がたえぬので、山井平九郎神主に伺つたら、諏訪の神のゐるモチの樹を伐りとつたので、神樣の居處がなくなつたから、祟るのだと云はれたので、改めて松を幾本か植えて每年お祭りをするさうだ。

◇狢・狐

狢や狐は大抵の場合は魚又は肉類をもつてる人につき、狢は角力をとつて、狐はだまして、それをとる。弱い奴で人に投殺されるのが澤山あると云ふ。

◇狢の變化

近村に次郎兵衞といふものがあつた。主人次郎兵衞は女房と娘とを殘して死んだ。ところが其翌晚から次郎兵衞が白衣をつけて家に來り、佛壇の前に坐り、成佛が出來るとか出來ぬとか云つて每夜續いた。そこで家人が夫の生前仲のよかつた炭燒きの某に、そのことを相談すると、其は死人の幽靈が本當ならば、燒場からばけてくるに違ひない、燒場から此處の家へ來るには自分の仕事場の前を必ず通る譯だから、一度注意しておかうと云つてくれたが、別に何の方法も敎へずに歸つた。

ところが其晚某は本當に白衣の男が前を通つて次郎兵衞の方に入つたのを見とゞけたので、翌日は其家の佛壇の前から玄關まで木灰を撒かした。之れは足跡によつて人間の幽靈か、それとも獸の化けたのかを見分くる爲めである。其夜が明けて見ると、足跡は狢の足跡であつたといふが、其晩から後は來なくなつたさうだ。

此の地方では一般に狢などが死人に化けるのには、其の死んだ人の着物又は湯がんの水等を舐めると、直ぐに化けられると云ふ。

◇弘法樣の井戸

重左衛門方の井戸は、昔、弘法樣が杖を突きたてたら涌きだした水で、其の味は甘酒よりもうまく、又此の井戸の爲に佐々波には昔から蚊がゐなかつたが、近年は井戸を穢したので、蚊が出て來たといふ。（能登島でも弘法大師のおやすみになつた處には蚊がゐないと云はれてゐる）

◇早苗時分の團子

早苗時分には團子をこしらへて人に喰べさせるが、其の團子はなるべく大きくする。苗は團子が大きければ大きい程、大きくなると云ふ。のびて五月の月に入つて仕事が終ると「まとにした」と云ふ。

◇八十八狐

白狐で親子の狐であつたが、先年親の方は死んでゐたさうだ。此の狐は桑原の家へ來て、其家の漁を守る狐であつて、來れば赤飯等をもてなしてやる。若しも粗末にすると家人が病氣になると云ふ。しかも此の狐が泣いてくるときは、明朝の網はきつと漁があると云はれる。近年永いこと來なかつたが、昨冬二回來た。共の翌朝は本當に鰯の大漁があつたと云ふ。

◇菅澤のものと桑原のもの

山手にある菅澤の村のものは皆佐々波の桑原の子分で、盆にはきつと素麵をもつて禮に來、正月にはきつと木炭一俵をもつて挨拶に來る。其後始めて村の人々は正月をしたと云ふ。此時桑原では來たものに酒をのませて、ありあはせの魚をもたせて歸したと云ふ。

◇黃金傳說

谷ヶ島の金ヶ鼻と云ふ處に總左三と家があつた。此家の婆が金ヶ鼻の穴の中に黃金があるからとりに來いと云ふ夢を二夜見たので、其の翌日夫と二人でとりに行くと、穴の中は蛇ばかりであつた。それで驚いて歸つたが、其夜、一人でくればよいのに、二人で來たから金はやらなかつた、今夜は馬につけて來から取りに出ろ、といふ。そこで婆は又夫と共に起きて出ると、本當に馬に積んで來てゐたが、往き過ぎようとするので、馬の尻尾を摑むと尾だけが拔けて馬は行つてしまつた。後、其の黃金は七尾郊外の山王の靈驗によつて酒田の本間家の手に入り、本間が今日の繁盛をきたした源をなしたと云ふ。（詳くは山王の神主大森氏の保存する記錄の中にある）

◇櫨ヶ淵

能登灘五鄕地方採訪（中村）

櫨ヶ淵と云ふ淵には大蛇が棲んでゐて、石などを投げ込むと、忽ち形相を現して祟るので、誰一人寄りつかぬが、船の櫨をつけることは一向差支なくよいので、此處へ新しい櫨をつけて置くが、此の淵は甚だ深くつて越中國の北條津までつゞき、折々櫨が北條津まで行つてゐることがあると云ふ。

◇佛　谷

佛谷には天狗が住んでゐた。そして村人が何か物を借りたいと思ふ時には、其の前の日に其處へ行つて頼んで置くと、必ず品物が次の日にはもつて來てあつた。人々は之を借りて來て、用が無くなつたら、必ず返すのを例としてゐたのを、背澤の山口と云ふ者がお膳を借りぱなしにした爲めに、それからは貸してくれなくなつたと云ふ。

下野國逆川雜信

高橋勝利

一　デソメ

デソメと云ふのは赤子が生れて七日目、卽ち七夜のこと。朝赤飯をたいて見舞をもらつた家に配る。

この日赤子はトリアゲバーサマ（産婆）に抱かれて、氏神參りをする。その次に糞場(クソバ)に行きオンコクエと云ふことをする。

梅の木の枝を二尺位に切り、白紙をまき水引で結んで持つ所を作つた箸で、糞場の糞をはさむ眞似をして赤子の口のそばに當てゝ、オンコクエ、オンコクエ、オンコクエと云ふ。この箸は歸りに家の屋根の入口の軒にさして置く。

それから漆の木の許へ行き漆の木に酒をかけて、漆の木と仲間入りをする。漆にかせない樣にと云ふ。すんでから、近所の子供等に錢や菓子をやつて、子供の仲間入りをする。

私の子供の時分の二十年前迄は取手ッ原の狐の穴だと云ふ所へ赤飯を上げた。狐にだまされない樣にと云ふのだ。かうしてデソメの行事が濟む。

二　糞場の神

子供にオンコクエと云ふことの理由は譯らない。糞に何か特殊な信仰があるのかどうか？　那須郡では正月に糞場にシメ繩をはり、幣束を上げると云ふ事を縣廳の社會課の萩原新君に聞えた。糞場に神が祭られてゐるらしい。釜場(カマ)の上にはオガマ樣が祭られ、井戸の神は井戸神樣と云ふ樣に糞場の神樣の名は何と云ふのかと問えたが、それは知らないとの事であつた。

三　スマブクロ

著物を著流しで帶をしめないでゐる人をスマブクロの樣だと云ふ。スマブクロと云ふのは箕直し乞食の事だと云ふ。箕直(ミナオ)し乞食は山傳ひに村に廻つて來て、箕を作つたり修繕したりする山窩の事である。

昔はスマプクロは帶をしめる事と下駄をはく事が出來なかつたのださうで、それだから今でも帶をしめない者をスマプクロの樣だと云ふのだと云ふ。德川さまの時代にでもスマプクロに帶をしめる事を許可しなかつた樣な掟があつたものかどうか。

四　豐年さま

秋になつて稻の穗が出そめた頃、豐年の年と見えると、豐年さまと云ふがまわつて來る。

朝起きて見ると、俵に稻穗がしばりつかつたものが區長の家の庭に置いてある。これが豐年さまである。豐年さまが來るとその年は豐年だと信じられる。それで、この豐年さまが來た區では、その日は神事をして仕事を休んでお祝ひする。そしてその晩に誰にも見られない樣にして、何處か他區へ置いて來る。これを見られてもいけないし、持つて行つた區が知れてもいけない。だから豐年さまが來ても何處から來たのか知れない。

同郡大內村地方ではこれをお初穗さまと云ふさうである。

五　小便地獄

三人連れションベンをすると、小便地獄へ落ちると云ふ。これをのがれる方法は、著物の裾をくわいて、片足でけん〱巡りをして、「三人小便地獄へやんな。三人小便地獄にやんな。」と云へばよい。

下野國逆川雜信　（高橋）

六　ナゾカケ翁さま

今四十代位の人がよく子供の頃の事をなつかしがつて語る中に、ナゾカケ翁さまの話が出る。今から三十年位前までは村へナゾカケ翁さまと云ふ愛嬌のある翁さまが廻つて來て、區長さまの家など泊りつけの家へ泊るので、夜になると村中の人が皆集つて、ナゾカケ翁さまに、勝手なナゾをかけるが、どんな事でも翁さまはするすると解いて終つて皆を笑はせる。それから又いろ〱な變つた話や、栗山の話の樣な馬鹿話などを聞かせて吳れて、實に面白い翁さまだつたらしい。

そんな面白い翁さまも、もうとうに死んで終つたらうが、一面新聞や雜誌が行き渡つて翁さまの領分を取つて終つたのかも知れない。この樣な翁さま等が全國的に同じ話を置いて行つたのであらう。

外の地方にはこの樣な翁さまの歩いた話が無いかどうか。この翁さまの事は是非明らかにしたい念願である。（四・十・十六夜）

豐後國直入地方の民間傳承（二）

長　山　源　雄

◇掠奪婚と賣買婚

此地方には未だに掠奪婚と賣買婚が行はれて居る。今より十

豐後國直人地方の民間傳承　（二山）

七八年前にこの掠奪婚に立會つた柏原村字中吉野村上四三郎といふ人から聞た話を紹介しよう。

柏原村中吉野の木村峰三（今は居ない）といふ者が、約一里ばかり隔つた同村叶野のおさわといふ女を盗み出す爲めに（掠奪婚のことを此郡方では「嫁盗み」といつて居る）、隣家の村上四三郎を語らつて、二人で夜間におさわの家まで行き、峰三はおさわを連れ出して自家の方へ遁れた。四三郎の方は一人で其の家の壁無しの處に隠れて居て、最早追ひ駈けられても、つかまらないほどの距離に行つたと思ふ頃を計つて、「お前の家のおさわさんは中吉野の木村峰三が盗んだ」と叫んで逃げた。家では之れを捕へようとして追ひ駈けたが、遂に距離が隔つて居るので捕へることが出來なかつた。この場合捕へられれば、結婚は成立しないが、捕へられなかつたら、之れを承認することが、此地方の社會的制約である。此習慣は今では相思の男女の間に於て親の承認しない場合にも行はれて居り、また結婚式の費用の出來ない場合にも行はれて居る。嫁を貰つて結婚式を擧げない場合に、「盗んで居る」といふ言葉が用ゐられて居る。

×

賣買婚は露骨に行はれて居る。貰う方から嫁入仕度や宴會の費用までも支出するのであるが、その娘や家の地位によつて等級が設けられて居る「其所の娘なら何百圓ガナ（價値を表はす方言）ある」などといふのをよく耳にする。四五年前、柏原村の今村といふ處の、私の知つて居るKといふ男が、賣買婚によつて嫁を貰つたが、何かの原因で離縁になつた。その時嫁入の仕度料及び宴會費の拂戻しの訴訟を提起したことがあつた。

◇「神話學論考」を讀んで

松村博士の神話學論考を讀んで氣付いたことだが、前回の報告の中に、山野で辨富を食べる時、竹或は木の枝でもつて急造の箸を作り、之れで食事を濟した時、箸を二つに折つて棄てるといふことを書いたが、其の折れた箸を二つ合はして◇の形にしたものを口の形であるといふのは、（或は人によつては眼の形であるといふ。）松村博士が神話學論考のウズメの命の私陰露出の條に、伊波氏の琉球古今記から引用した話の金城の食人鬼が私陰を見て、その口は何する口かと聞いた話しと、その間に何かの關係がありはしないかと思はれる。この箸を折つて◇形にしたものは、或はヨニーをシムボライズしたものではないか、と思つて、村の人々に質して見るが、知つて居るものがない。

◇作の神様

畑の畝を作る時に、どうかすると、畝の廣い處が出來る。するとこゝは「作の神様」がお通りになる所であるといつて居る。

◇御神樂をあげたといふこと

田畑の稻や麥等が半坪程倒れて、人の寝た跡のやうになつて居る所があると「御神樂をあげた」とか「お祭をした」とかいふ。之れはこゝで男女が性的行爲をしことをいふのである。Frazer の Golden Bough のうちの Spirit of Corn の條にある Sexual intercourse と同様に作物の成熟との關係の思想から出たものではあるまいかと思ふ。

◇死靈の祟と人身御供

次の話は過日直入史談會の席で大野郡の羽田野長藏翁から聞いた話である。

大野九郎泰基と大友の將古莊重吉とが神角寺山で戰ひ、泰基は戰に敗れて自刄した。その後泰基の靈が農作物に祟つて豐後一圓に兇作が續いた。そこで大友氏は緒方の二ノ宮に相殿に祀り、多くの神官僧侶を集めて、その靈を弔つたが、それでも止まなかつた。それで二十年毎に二ノ宮の附近にある瀧壺に附近の村の乙女を犠牲として捧げて居たが、佐藤といふ家の娘の番に當つた時に、瀧壺の側にある石に「之れより二十年云々」と彫付けてあつた文字が、之れより二千年となつて居たので、遂に犠牲にならずに濟んだ。佐藤家では毎年正月にその瀧壺にお鏡餅を供へて居るといふことである。之れより何年といふ文字の彫付けてあることは、當地の河童詫證文の傳説にもある處である。

◇明神樣の杖

荻村字宮園に大きな白椿がある。昔、阿蘇の明神樣がついて來た杖を刺したのが、後繁茂したのだと傳へて居る。この椿は葬式を嫌うので、この前はなるべく通らないやうにして居る。若し通らねばならない時には、この樹に注連繩を張ることになつて居る。

◇お日待ちの棚

前回に報告した、十月十四日の夜より十五日の旭日を拜する

お日待ちに用ゐる神棚は圖の如きもので、この棚の上に大根・豆腐・御鏡餅などを供へる。棚の高さは約一米突位のもので、之れを庭前の東方に造るのである。

壹岐民間傳承採訪記 その四

折口信夫

◇師のん房(ボ)(地神盲僧)

今でも春秋二季に、しのんぼと言ふ盲僧が來る。廻る先々は、株の樣になつてうけ持ちがきまつてゐる。但、今では大分自由になつて、どの家所屬といふでもない盲僧もある。

此廻る事を「荒神ばらひ」といふ。荒神ばらひには琵琶を伴ふ處からして、「座頭の琵琶」とも言うてゐる。廻り先が多いので、日は勿論きまつて居ない。やつて來ると、御幣を切つて竹にさし、其をゆりの緣にさしこんで立て、いのまの端近く坐つて、荒神樣に向うて琵琶を彈じる。又、琵琶をゆりの上に乘せて彈くのもあると言ふが、事實かどうか知れない。此事を「經ひく」と言ふ。春は麥、秋は大豆などをおはつにあげる。大抵、八合位のものである。金持ちの家などで、金を出すと、「くづれ」を語つて聞かせる。

此は株を持つてゐる分で、無所屬の方は、病氣重に、精神病の祈禱に來る。

盲僧は皆、叡山から官を受けてゐる樣である。地神(ヂシン)盲僧の九州方の取締りとも言ふべき博多の持明院が取次ぐ。中には、筑前

筑紫八幡の成就院で取次いで貰うた福順の樣な者もある。株持ちでないが、諸吉の福順は、くづれ語りの上衆(ズ)として、もてはやされてゐる。この人の受けた認可證と証札とを寫して置く。

> ○ 天台宗座主印　第七二一號
> 地神盲僧加持祈禱之鑑章
> 長崎縣壹岐郡田河村大字諸吉千百九番地　士族
> 地神盲僧　法橋　吉永福順
> 慶應三年五月廿五日生
> ○

> 法橋　吉永福順
> 法橋應當法衣着用許可候事
> 明治四十年一月十八日
> 天台座主
> 大僧正　山岡觀澄

> 補法橋試補　吉永福順
> 明治四十年一月十八日
> 天台座主
> 大僧正　山岡觀澄

> 法橋試補　吉永福順
> 補法橋
> 明治四十年一月十八日
> 天台座主
> 大僧正　山岡觀澄

法橋試補にも、法橋にも同じ日になつてゐる。此日、官金が本山にをさまつた訣なのであらう。

株を持つた師のん房は、御一新前は十七かまどあつたが、今は十四かまどにへつてゐる。

八百一（香椎）
みちの一（蘆邊）―しんきょお
ひで一（諸吉）
竹末　じょおでん（中ノ郷）
加藤　りょおくゎん（湯岳今坂[コンサカ]）
くがひょおじ（川北）
たいじゅん坊（川北）……福順
かど一（川北）
西　のぶ一（筒城）
長島　きょおざん坊（石田）
山口　しょおげん（石田）（圓覺坊?）
りょおさん（久喜）（かは一坊）
竹田　きくじゅん（久喜）
柴山　しんりょお（初山）
山内　良信（半城）
竹田　みょおしゅん（立石）
ため一（立石）

此外、本株のないもの。武生水のきょおせいなど三人。

師のん坊の家では、目のあいた子は、よそへやつて、弟子に嗣がせる様になつてゐる。八百一坊なども其である。又、後を立てずに置くのもある。初山村長柴山氏の父は師のん坊であるが、あとは、其儘になるらしい。盲僧の子で、巡査をしてゐる竹末氏もある。

しょうげんの言ふとほりなら、地神盲は僧

荒神の眞言　荒神の御姿拜み　御幣きり　地神經　錫杖經
般若心經　祝詞　四方だて（十二本の柱の由來）　島求め　えんぎさん　やしきがて　琵琶の本地　涅槃經　荒神の川下[す]り
けんとくとり（豐年祈禱）。

と言ふ順序である。

此話を聞した石田村のしょおげんは、二言目には、けんとくと言ふ語をくり返した。此盲僧は、くづれや、病氣祈禱に絡んだ事は、話するさへ口の穢れだ、と言はぬばかりの顏をした。併し口についてゐる此語が、彼の爲事の性質を見せてゐる樣に思はれてならなかつた。祝詞と言ふのは、かしこみ〳〵と言ふ文句のついてゐるものである。えんぎさんと言ふのは、延喜（?）のみこと言ふめくらの方の事を語るので、逆髮になられたのが、此方だと言ふ風に話して聞かした。島求めは、島を探してあるいて壹岐島におちつく事を語る物。荒神の川おりは、荒神樣の由來である。

荒神の眞言は、「してはならぬ」と言ふ言ひ習はしを曲調少く語るので、誰にでも訣[ワカ]る心得の文句になつてゐる。語るのを聞いてゐると、何だか太秦の牛祭りの祭文の俤がある樣な氣がした。

荒神祓ひの外に、初午の日には、「稲荷念じ(イナリネンジ)」と言ふ事をする。共には、琵琶でこんくわいいい(吼噦)を弾くのである。又別に、在家の女でも、三味線で其を彈いて謡ふ。福順の謡うたのを聞くと、京大阪の地唄(上方唄)に残つて居る松の葉以來の葛の葉の芝居唄であつた。

壹岐民間傳承探訪記 (折口)

いたわ(は)しやなる(ナシ)母上は、さがの姿を(花のよそほひ)ひきかへし(て)、しょぉれる花(しをるゝ露)の牀のうち。智慧の鏡もかき曇り(ろ)、ほふしにまみえ給ひつゝ、母を招けば後見かやし(かへりて)、さらばと言はん(ぬ)ばかりにて、泣くより外の事ぞなし(き)。野越え山越え、里うち越え(過ぎ)て、來るは誰故。誰故來るは(ナシ)。そさま故。ナシ(誰故々々、來るは誰故。そさま故。)…………(君戀し云々以下百字)。ナシ…………君は歸るか、うらみ(め)しや。のぉやり。(いなうやれ)我が住む森に歸らむと、(らむ。)勇み勇んで(みて)歸らむと、(らむ。)我が思ふ心のうちは白菊の、葉(岩)がくれ下(蔦)がくれ、篠の細道かき分け行けば、蟲の聲々おもしろや。見そむるや、(よりそむろ、やれ。)ふりそむるや、やれふりそむる(ふりそむろ〱)朝(?早稲?)だ(田?)(けさだ)にも、朝だにも、心は(ところは)あとに(も)なかりける。西は田の畦、あふないさ。谷峰しどろあそ(?)越え〱、(に越え行けば)あの山越えて、この山越えて、この山も(ナシ)こがれこがれるうき思ひ。

「絲のしらべ」の歌と比べると、大體此位の、諳記過ひか、根本(ネホン)の相違かと思はれる程の差があるに過ぎない。

地神盲僧が、檢校や勾當の方の端唄を謡ふのに面と向ひながら、考へが落ちて行かないではゐられなかつた。其は盲僧の、琵琶を措いて、琴・三味線をとりあげた時代である。勿論、吼噦の芝居唄の創作せられたのは、元祿を去る事が遠くない。書き卸しに踊つた役者の名さへ、訣つてゐる程である。どう考へて見ても、古くからあつた文句その儘を、舞臺に應用したものとは見えない。其程、端唄化して、小唄の範圍を著しく離れたものではある。が、吼噦を間に立てゝ見ると、盲僧が經ひくに止らないで、物語・説經の類のくづれを彈き、更に座頭唄を謡ふ様になつた道が、暗示せられてゐるのだらうと思ふ。又此國の中に其道筋が悉く保存せられてゐる様で懐しかつた。但、九州一圓を調べて見れば、或はもつと有力な手がゝりが摑まれようかとも考へる。

稲荷念じは、師のん房でなくて、女にもするのがある。此は、三味線をひくと言ふ事である。別に巫女の類ではない。

此外に、師のん房の爲事には、鼠退治・雀退治などがある。農作の祓ひである事は、勿論である。

盲僧のなかまで、經竝びに本地を語る物の外の敍事脈の物語は、すべてくづれと言うてゐる。しょぉげんは知らん〳〵と言ひながら、くづれの二三の例として、牛若丸(鞍馬上り・鞍馬くだり)・小栗判官文の段・山崎三太(?)駒の段をあげ、福順は、源氏物では義經、平家物では敦盛・熊谷其外、俊德丸・小栗判官・石童丸・百合若大臣・葛の葉・安珍などを數へた。葛の葉以上は五說經のすべてが語られてゐる事を見せてゐる。葛の葉の子別れの段だけが、こんくわいに使はれてゐるだ、と彼自身も知つてゐた。百合若は、語ると變が起るとて、なか〳〵語らぬとも言うた。菊池經武氏は、長門合戰をも勘定せられた。尙多くのくづれが語られてゐるに違ひない。福順などは、くづれの上雜だといふ評判であるが、やはり表向きは輕蔑してゐた。併し、段々賴むと、照手姫車引きの段を語つてくれた。此人には、大分筑前琵琶の調子などが、まじつてゐる樣に思はれた。

照手御前は、今萬屋茶屋に身を賣られ、小栗判官兼房公は、相州横山兄弟より毒酒に盛り殺され、餓鬼のとりになりにける。…………

やつぱり說經に違ひないが、非常に形がくづれてゐる樣に思はれた。

どぉろ神と言ふのは、道祖神らしく思はれるが、後藤正足氏は埴安神だと言うた。此神を師のん房が祭るのだと言ふ。祠もない神である。經ひきの時に祭ると言ふ。四土用に幣を畑に立てて、土用(?)經と言ふのを誦んで祭る相である。

盲僧の使ふ器具は、珠數・錫杖・鈴・琵琶などである。第一圖の樣な風をして、荒神祓ひをするのであるが、緣側にすわらしたのは、光線の爲である。人によつては、一斗桝に穀物を入れて、向側に幣二本を立て、前にゆりをすゑ、洗ひ米や御神酒を供へてするのもある。(圖略す)

師のん房の地位は、此國では決して低いものとは見られてゐない。現に其子が、村長にさへなつてゐても、父はまだ、師のん房の名だけは捨てゝゐぬ。寧、尊敬せられてゐる樣である。生活もわりに裕かな樣である。檀下とも言ふべきものも、嚴重にきまつてゐて、犯さぬ事になつてゐるのであるが、今は大分亂れてはゐるらしい。

八百一房などは、八百一軒の檀那があるからだなど言ふ。而も其門名(カドナ)を「三分一」と言ふのは、壹州中の家の三分一が、其檀徒だからの名だと言ふ。

半城の山内良信は、三度まで會ひに出かけて、いつも留守であふ事は出來なかつたが、目はあいてゐる相である。今では必しも、盲目でなくても構はぬ事になつてゐるらしい。

株を持つた盲僧の間に、株のない師のん房がわり込んで行つて、病氣祈禱などして貯めた金で、盲目の跡つぎの目あきなどから、株を買ひとつて、房名を名のる事も、近年多かつたらしい。さうでないものは、弟子を養子にして娘にめあはせ、不具でない男の子は、外へ出す事になつてゐる。八百一房などでは、其例で、家つきの女房さんと、其兄弟が應對に出た事であつた。盲僧の祀るのは、主に不動樣と、傳敎大師とである樣である。

◇いちじよお

一體にいちじよおと言うてゐるが、いちと言ふのが、正しい形なのであらう。今の人は、じよおに女の感じを受けてゐる樣である。おもしろいのは、湯立て・口寄せを兼ねてゐるらしい點である。武生水のK氏と言ふ非職陸軍中尉の家が、此であり、又勝本にもあつた。此は、柳田の松本翁の話であつた。處が、箱崎の芳野家にある神田愚童隨筆といふ書に、命婦は女官の長で、大宮司・權大宮司の妻か娘。御惣都というて、壹州に屋敷二所あると言うてゐるのと合うてゐる樣であるが、大宮司・權大宮司の妻子ばかりをいちとしたのは、疑問である。お惣都といふ名が、他の多くのいちの存在を示してゐるのであらう。今もゐるいちじよお長島すみの話では、やはり二かまどあつたと言ふ事を言ふ。一軒は、蘆邊のうわば（上場、高部）大石の山田と言ふ士分の家、此は今絶えて、どこへ行つたか知れぬ。其と自分の家とだと言うた。ところがやはり、同人の話に、壹州には元、いちじよおが四十八かまどあつたとも言ふのである。思ふに、四十八と言ふ數は、多數を示す氣分の上の名義に過ぎないので、近年は二軒になり、其さへ一軒殘ることになつたが、昔は非常に澤山あつたと言ふことである、と言ふ風に異譯して聞くべきのであらう。松本前宮司・長島姬の話の二かまどゝ言ふことは、愚童隨筆のとは關係のないものと見てよからう。

右のすみ女の家は、田河村諸吉の南觸にあつて、養子恒太郎の隱居所に、夫と二人で居る。夫よりは年ましである。見かけは五十五六だが、實はもう六十は越してゐるのであらう。其程身だしなみをしてゐる。だから元は、心のおちつかぬ人で、法人めいた事は大の嫌ひであつた相である。其母がやかましく敎へたのを、そゞろに聞いてゐたのが、老い年になつてから、やり出したのだと言ふ。

今日重に、いちじよおのするのは、風うちである。よく「二風・三風うつて貰うたが、ようなかつた」など言ふ。惡風ばらひの事である。弘法念じと言ふ頭を剃つた行者が居て、大抵の事は、加持をする。其を風ばらひと言ふ。其でもいかぬと、いちじよおの家まで、遠方からでも連れて來る。もんとせ（物の所爲か、精か）で氣あひがわるかつたり、處々に血のしこりが出來たりする風なのを、惡風ばらひにかけるのである。いちじよおの一祈りを一風うつ又は、一風と言ふのである。

いちじよおの祀るのは、てんだいやう（＝ぼ）さで、稻荷樣はその一の眷屬で、やうさ樣の下である。

八尺もある黑塗りの木弓に麻の弦をかけて、其に南天をひいたもの(其葉の油を塗るのである)を、伏せたゆりに麻繩で仰向けに二分隱くびつて、其を前に置く。釣り竿の様に反つた一尺五寸程の竹を二本持つて叩く。

さうして、弓を叩いて神よせからはじめて、次に御籤あげをして其がすむと、百合若說經をよい程唱へる。さうやつておつとめをする中に、生き靈・死靈・げりょぉ・げまつりが、皆よつて來る。しまひに、祭りをさめをして、お神樣を送り、生き靈・死靈・げりょぉ・げまつりを送ると言ふ順序である。

元は百合若說經以外にも、說經があつたらしいが、すみ女は何も知らない。

壹州には、百合若說經を書いた書物が尠くとも二本ある。一本は、いちじょぉの話では、箱崎前諸津のある家にあると言うたが、諸吉南觸の松永熊雄氏の家の八十老翁は、八幡の馬場氏が持つてゐると言うた。今一本は、後藤正足氏の家にある本である。此方は借覽したが、いちじょぉから聞きとつたすぢとは、幾分違ふ樣である。

此說經は、宇佐・由須原兩八幡の本地物である。まんのう長者と、朝日の長者との寶比べの段からはじまつて、寶多くて子のないまんのう長者は、貧窮で子十人も持つた朝日の長者に、「百の倉より子が寶」と負けて了ふ。其から申し子の段になる。其次が、くらまんだん(鞍馬の段か。)、忍びの段となつて、王樣のお姬樣を盜んだ咎で、百合若は島流しになる。其後が鬼攻めの段で、あくどこぉ(惡路王)と言ふ鬼の目に、百合若の姿が見ぇないで、退治られると言ふ話。最後が末の段である。綠丸その他の件は、此段に出て來るのである。とゞのつまりは、百合若の妻なる王の姬は、豐後の宇佐八幡、百合若は由須原八幡になるのである。外の段はやる事もやらぬ事もあるらしいが、寶比べの段は大事故、いちじょぉのおつとめには、必唱へる事になつてゐる。說經の間は、例の竹で、弓を叩いてゐるのである。

長島すみの後は、其娘さんがつぐはずで、既に百合若說經その外を傳へて置いた相である。

いちじょぉの方は、女の子に傳統を繼がせる樣になつてゐる。いちじょぉは死靈・生き靈などを呼ぶが、口寄せはせぬ樣である。之をするのは、見とほしと言ふもので、警察でやかましく調べる相であるが、まだ殘つてゐる相である。但、いちじょぉはお咎めはないと言ふ。近年まで二人見とほしが居たのは事實で、一人は石田に居た骨なし、も一人は何處かの女で、しろこであつた。石田の骨なしが、負はれて遠方まで出かける姿を、よく見かけたものだ相である。

此は口よせの外に、先々の豫言めいた事を言ふと言ふ。

いちじょぉは、鬼塚をまつるものだ、とある盲僧が言つた。

紅頭嶼民俗資料（二）

淺井惠倫

一〇 言語の魔術的効果

既に述べた、同名の者の死沒が改名の源因となる事實は、「名前」は「人」を指示する符牒では無く、寧ろ「人」の一部或は「人」そのものであるといふ思想を示してゐるのであらう、又、子供の名前によつて親を呼ぶ紅頭嶼の習慣は、Frazer 流に解釋すれば、自己の一部である名前を他人に知せば、名前(即ち自己)に危害を加へられる恐があるから、呪に對し不感受である子供の名前をとるのであらう（Frazer: The Golden Bough. Part II Taboo, 1922, P. 333—334)。彼等にとつては、言語は思想傳達の道具であるのみならず、屢その示す内容それ自身であることを知らねばならぬ。

當然此處に忌言葉が發生する。〔marakat〕＝死 なる語は餘り喜んで用ひない、肉親間に於て禁忌されてゐる、卽ち、「父が死んだ」とか「子が死んだ」とか絶對に云つてはならない。而してその〔marakat〕の代用として、〔masiruŋ du kaɹawan〕＝日光カラ消滅スル、〔abu ɹuna nu ikapau du kaɹawan〕＝日ノ光リガ見エナクナツタ 〔nikaɹuwan〕＝離別シタ 〔nimaŋulug〕＝消ヘ失セタ 〔vaiwa ninalolog〕＝新シク倒レタ 〔nimaligan〕＝クツガヘル 〔nimatsjitaɹuk〕＝分戸シタ 等と云ふ。

墓場〔kanituwan〕の代りに、〔kapijan〕＝良キ處 〔katakurusan〕＝脇刀ノ地 と云ひ、死人〔anitu〕の代りに〔takurus〕＝脇刀 〔tarokok〕＝鳥ノ名 〔pok-pok〕＝？ と云ふのである。

特殊の禁止の言葉もある、例へば、出漁に際し、〔maɟaita sumugu〕＝松明ヲ點ス といふことは禁ぜられてある、そう云ふと死人の魂が一所に舟に乗ると彼等は信じてゐる。代りの言葉として〔maɟaita〕＝出掛ケヤウ 或は〔maɡuvat〕＝濱出ス といふのである、

彼等に對して言語は恐しい力を有してゐる、その言語の magical power は祈、呪文、歌に於て共の力を發輝する。埋葬の歸路、墓地の近くにある泉で體を禊して唱へる呪文

pija ka su tsjiɹeŋ, 話は上手に
pija ka su koman; 食事は旨しく、
lila ku matopos, 舌は滑かに
miririjak koman. 話にも食事にも。

飛魚漁の開始に於る魚を呼び寄せる呪文

maji kam(u) du djijak, お前達はこちらに來い
ta ikakei namen injo agagapen, 私達はお前達を取りた

い

maji kam (u) amoŋ du iɹawud.　お前達沖にゐる魚は來い

初演の飛魚に對する呪文

jakui mu ɹaɹalagin mu ɹala nu vinujai,　私は豚の血をお前に塗る

ana makalavuŋ kamu;　大勢のお前達、

ta ikakəi namən inju agagapən,　私達はお前達が欲しい

makalavuŋ kamu amaji.　大勢のお前達よ來れ

は typical なものである。それらの言葉自身は、死人の魂が舌に對し危害を與へるを防ぎ、飛魚を呼び寄せ、大漁を得る魔力を有すると信じてゐる。

祈の初めに於て神々の名或は死人の名を仰々しく呼はない。それ故に紅頭嶼の一々の祈は神に對するものか死人の魂に對するものかは明瞭でないが、とにかく神にも死人の魂にも祈ることは明かである。豚を料理した後に、臓腑と血と水芋を笊に入れて、死人の魂に與へて家畜の増加を願ふ、その祈は

pakarugun mu u vinjai namən

ta ipipan ta namən inju.

汝吾等の家畜を殖せ

吾等は汝にこれを與ふ。

この祈は土人の説明を信ずれば死人の魂に對するものと考へらる。又、祈の一種なる歌〔anuwud〕の女の歌ふものに「……おない年の友達に孫が近いうちに出來るのに、私はまだ名を改へてゐない、あなた、siuanmaniɹai よ、私に月經の止るやうにして下さい、子供を授けて下さい……」とあるが、〔sinanmanɹiai〕は、土人の説明に從へば、「子を授ける女神」である。男の歌ふものの一節に、「……銀が外國から漂着するやうに tawagan する……」〔tawagan〕の原意は（呼ばれたるもの、呼ぶ）であつて、prayer に當る概念である。彼等にとつては、「祈る」は「呼ぶ」ことである。神なり死人の魂なりを「呼ぶ」ことを祈の要素としてゐる。前述の如く、彼等は「呼ぶ」對照を祈の文章に入れない（但し前例の女の歌の例外があるが）、粟搗歌〔mivatsji?〕の一節「……新しい臼でサア搗きませう、笊に三杯ふやして下さい……」ふやすことを神にお願ひするのであると口授者は説明した。我等は神か死人の魂かと一々彼等に問はねばならない。而してあの場合に於て、彼等自身が神の觀念と死人の觀念を混同することがあるから——祈に於て神の名或は死人

の名を擧げずに祈ることは、神或は死人の魂を明確に意識せずに、云ひ換へれば兩者に共通な mana のみを意識して、祈るのだと解釋してもよいかも知れない——Codrington がメラネジヤ土人の一部に於る spirit と ghost の區別の困難を述べてゐるが、同様なことが紅頭嶼研究に對しても云ひ得るのである。

二　供物・犧牲

〔ma.ios〕には、芋、山羊豚の肉を海岸に置き神にさゝげ粟の豐作を祈ることはすでに述べた。住家を新築した時には盛大な祝をする、その際に甘蔗の汁を壺に入れて神にさゝげる。

家畜の血は彼等の祭事と多大の關係がある。新造舟の進水式に於て豚を殺しその血を取り舟に塗りつける。飛魚漁の開始の際に魚を呼び寄せる儀式をする、その時に豚或は鷄の血を舟及び舟の置いてある近くの石に塗りつける。飛魚の初漁から歸つて、取つた飛魚に豚の血を塗る（石や取つた魚に血を塗りつけることに關する彼等の説明は、かくしないと大漁が得られないといふのである。）家畜の血は、死人の魂と關係があると、私は考へる。前節に述べたやうに、豚を料理した時に臟腑と血を死人の魂に與へる習慣があるから、血は死人の魂に與へるものである。進水式に於て、槍、刀を以て舟の周圍をまわり死人の魂を追拂ふ儀式をする、又、初漁の時に飛魚を舟の兩端にある魚入に入れたまゝにして、蓋に石の重しをし松明のオニガヤで覆ひ隱して、死人の魂に魚が見られないやうにする（見られた魚を食ふと腹痛すると云つてゐる）。かく、兩者に於て死人の魂は好ましからざるものである。こゝに家畜の血を與へ死人の魂をなだめ、消極的に追拂はんとするものではなからうか。魚漁に關しては海或は魚の魂に關係があるかも知れないが、それを結論するには彼等に於る海の魂、魚の魂の存在を確認せねばならぬが、私の得た材料ではその存在は明瞭でない。

初漁（飛魚の）に出かける前に、豚、鷄を殺して舟にさゝげ、自分達も一所に食べる事に於て、供物を供へる者も共に食ふ事實が見られる。

（「舟にさゝげる」は口述者の文章によるのであるが、これは神か死人の魂にさゝげるのであらう。私は、神にさゝげるものと解したい。何故なれば、神と深い關係のある粟の收穫は〔pip-ilapila?〕の月であるが、一月前の〔papatau〕の月に少し取つて食べないと、舟が轉覆したり、蛇にかまれたり、斧で怪我したり、腹が痛くなつたりする——かゝる凶事は神のなす業なることは前號に述べた——と彼等は云つてゐる。粟の穗の尖端を神の穗と云つてゐる。これも神と共に食ふ一の態ではあるまいか。神に供へたものは共に食ふのであらう、而して神の mana を得んとするのではあるまいか。）

一二 葬

a 共同墓地にして個人墓地はない。各蕃社毎に一個づゝある。埋葬の時以外には絶對に出入しない。

b 葬儀に從事するものは近親者の男のみ。

c 死後一定の期間經てから本葬をすることはないやうだ。當日或は翌日晝間に埋葬する。

d 死體を〔ajub〕と稱する女用の着物で包み麻繩でしばる。

e 麻衣で包んだ死體を屋内に置いたまゝ、屋外に出て叫聲を出す〔mapatawag〕。

f 死體を背負つて埋葬地に運ぶ（だから生きた人間を背負ふことは決してない）。

g 土葬、土は淺くかけておく。（鳥居氏紅頭嶼土俗調査報告第百二頁に埋葬の狀の圖があるが、圖のやうに座葬でなくて、横臥した形で埋める）

h 埋葬に使用した斧の柄と箒は捨てる。

i 埋葬を終つて墓地の附近の泉で體と鎧を洗ひ、淸めの呪文を唱へる（呪文は言語の魔力的効果の章に出した）。

j 死人の家に歸り家のまわりを槍を以て突く風をしてまわる、〔mamurumuruwau〕と稱す。死人の魂を追出すのであると說明してゐる。

k それから、水田に行き水芋を三個とつて來て、炊いて、一個は死人の魂に供へ、一個は屋外に捨て、一個は死人の家族（テキストには家族とも近親者とも出てゐないが、後藤君が口述者の說明を聞いて、家族と敎へてくれたからこゝに家族としておく）が分けて食べる、死人の魂に與へる時に「召上れ、田に芋があるのに死んで可愛相だ」といふ意味の言葉を云ふ。死人に供へた芋と自分達の食べた芋の皮は豚にやらずに遠方に捨てる。芋を炊くに用ひた壺も芋をのせた木盆も捨てる。

l 夕方、墓地の附近に行き〔mamurumuruwan〕を行ふ。竹をたゝいて音を出す。

m 夕方、死人の魂が自分の所有品を取りに來るから、畠に行き家を明けておく。畠から歸つて來て、家の内に入つてはならないと死人の魂に云ふと、死人の魂は去つて行く。

n 仕事を休んで（幾日間かは調査洩）最後の葬の食物を食べ、死人の衣類を洗濯して親類間に分ける、死人の持物も分ける。かくして忌が明ける〔misawalan〕。

o 葬送及び翌日の〔mamurumuruwan〕に出る男達は藤製の帽子〔sakop〕と藤製の鎧〔kalokal〕をつける。

一三 病氣

病氣を惹起すものは神であるか或は死人の魂であるかといふ

問題を考へると、死人の魂の見た飛魚を食ふと腹痛が起るといふことがあるが、どうも神を源因とする考が強いやうである。神が源因であるばかりでなく、事物が源因となることがある―間接的に云へば人である。蜥蜴、箒草、鬼茅の莖、死んだ石（赤色の石也）を鬼茅の葉にくゝりつけて立てておくと、悪い事をした者は（例へば、他人の作物を盗んだ男）病氣になる。又、かういふことも云つてゐる、日本人が〔pijaskulit〕（胸飾）や赤トンボ玉を紅頭嶼にもつて來たためにイモルッドの村に病氣が生ずるやうになつたと。

medicine-man の存在を知ることが出來なかつた。治療法は煤を豚油で錬り體に塗附ける、〔raji〕（學名 Paederia chineuris Hance 和名ヘクソカヅラ）及び〔pagari〕（蔓草の一種、學名不詳）を首から腹まで卷きつけるのである。

一四 饗宴

舟を新造した時、家を新築した時に、親戚を招待して饗宴を催す。これを〔mamaraŋ su kanen〕（食物を作る）と稱してゐる。島の單調な生活に於る重大なる行事である。遠い親戚關係のものまで集まるのであつて（男女共に）、參集する男は磨ぎたてた銀帽〔vulagat〕を、携帶する、卽ち禮装が必要なのである。招待する者は豚、山羊、水芋を用意しておくことは勿論であるが、招待せられた者も水芋、里芋、干飛魚、バナナを持參する。村の入口で招待者は銀帽を被つてお客を迎へる。用意の食品、持參したお祝品を集めて、進水式の時は舟のまわりに、家の落成式の時には家のまわりに積重ねて飾る。夕食の御馳走があつて（粟も炊く、非常な御馳走である）、夜は祭歌が繰返し繰返し歌はれる、歌手は男であつて、歌ふ時には〔paraka〕と稱する藤製の輪に眞鍮の圓板のついた飾りを肩からハスにかける。歌の間は女は家から外に出るのである。翌朝、飾りつけた芋、バナナ、干魚を參集者に均等に分配する。朝食後、豚、山羊を殺して肉を分配する。

一五 曆

彼等は優れたる天文學者であり曆學家である。毎夜の月にはそれぞれの名を與へてゐる。二九日乃至三〇日で成立つ一ケ月に對しそれぞれの名稱を與へてゐる。列記すれば、

1. kaliman（五月）　2. kaneman（六月）
3. kapituwan（七月）　4 kawuwan（八月）
5. kasijaman（九月）　6. kapuwan（十月）別名
panoneb（閉戸月）　7. pikaukaud（漕月）
8. papatau（漁月）　9. pipilapila（？）
10. pijavugan（良月）　11. titika（絶月）

別名 pgakau（靜波月）

12. pitanatana（土器造月）

三年に一回閏年を設け、名無月を一ケ月入れて十三ケ月として、月の觀測による太陽曆の季節と順應せしめたる太陽太陰曆の進步したる形式を彼等は使用するのである。

彼等の年中行事はこの曆によつて實行せられる、例へば、kaliman の月には、前年度に取つた飛魚（干物にして保存しておく）を食べおへねばならぬ、道路の修繕をする。kaneman の月には、舟を造り始める、サツマイマを植え始めてもよい。といふ具合である。

月の第六日〔mawaswas〕は吉日であると考へてゐる。

この項に關する詳細なる報告は「靜安學社通報第二期」に載せておいた。

越後長岡の「鬼遊び」（？）

今から十四・五年前、私達の子供の頃、よくやつた遊びですが、今頃まだ、こんな遊びが殘つてゐるかどうか、分りません。名稱も、「鬼遊び」と、云はなかつたことは、確ですが、何んと云つたか、憶えてゐません。主に女の子の遊びで、男も交り、夏の夕方などに、やつた樣に思ひます。

先づ幾人かの子供が、A・B二組に分れて、街（勿論横丁や、裏通の狹い所）の兩側に向合つて、家の土橋や門などに、陣取り、その中ヂヤンケンで、まけたものが一人、鬼になつて、道の眞中に立ちます。兩方から、節をつけた次の言葉を言ひ合ひます。

A「隣のおばさんお茶のみおいで」

B「鬼がこわくていかれません」

A「鬼にかくれてちよつとおいで」

B「どの子がいつち(一番)いゝ」

A「誰さんがいつちいゝ」

B「いく足くれた」

A「三足くれた」（勿論足數は自由、或は、これは鬼が云つたかも知れませんがよく憶えません。）

さうすると、Bの呼ばれた子が、Aの陣へ移るのですが、その子が與へられた步數を行くまでは、鬼は動けません。與へられた步數がつきると、鬼はこれを追ひかけて、Aの陣へ行かぬ中に、捕へなければなりません。巧くつかまれば、鬼の役を代り、つかまらなければ、何時までも鬼で、同じことを繰返します。勿論A、Bは交代でいひかけます。(桑原岩雄)

萩のわらべ唄

三好浩太郎

（左の數篇の民謠は山口縣萩町地方にて認められるものである。）

風船歌

ひーやー、ふーやー、みーやよ、
いつが來ても難かし、七屋の彌次郎兵衞、
これで、お九の十よ。

拳遊び

いちぶいち、にぶいち、
とりとりたまごの、まいどろり、
しらさきをとめの、せんやう
まんやう、すつぺらぽん
あまめがのんだら、のみこんだ、
のみこんだ、すつぺらぽん。

（是は、子供等が各々握拳を出して圓形に並べて居て、其の中の或る一人が、指先で各々の握拳を數へながら、唱ふものである。）

うきし歌

（「いきし」とも呼ぶ遊びである。）

お一つ、をとして、おさら、
お二つ、をとして、おさら、
お三つをとして、おさら、
をてちやん、をとして、おさら、
をてばさみ、をとして、おさら、
をちりんこ、をとして、おさら、
をひだり、をとして、おさら、
やちやない、をとして、おさら、
おてつぽうし、をとして、おさら、
てばたき、をとして、おさら、
おうまさのせいがり、
おひぢいかけてをとして、おさら、
てばたき、をとして、おさら
ふりそで、をとして、おさら
小さい川をほれ
大きい川をほれ
廣島、福岡、三田尻、横濱、出雲、
武藏、長崎、八代、神戸、東京、
大阪。

（是は、一々異なつた動作があるものであるけれども、寫眞に撮影しなくてはよく判らない。）

手毬歌

山のちよん／＼ぎすなぜなくの
親もおらんか、子もおらん
たつた一人の坊さんが
山から轉げて今日七日
七日と思へば四十九日
四十九日がすんだらば
お尻からげて參りませうよ
れんげで味噌すりや
おまめで御座る
人がちよいと見りや
ちよいと隱しませうよ。

おねんじよさあま
どなたのをばんよ
落すとはじよ
しつかりついて
わたしませう。

一ようと廻れ、わたしや醫者呼ばぬ
病氣ならこそ醫者呼びまする
二ようと廻れ、わたしや庭掃かぬ
丁稚ならこそ庭掃きまする
三ようと廻れ、わたしや三味彈かぬ
藝者ならこそ三味彈きまする
四ようと廻れ、わたしや皺寄らぬ

老人(としより)ならこそ皺寄りまする
五ようと廻れ、わたしや碁打たぬ
旦那ならこそ　碁打ちまする
六ようと廻れ、わたしやろをさゝぬ
船頭ならこそろをさしまする(漕ぐ)
七ようと廻れ、わたしや質をかぬ
貧乏ならこそ質をきまする
八ようと廻れ、わたしや鉢めがぬ
棚から落ちたら鉢めぎまする(壊す)
九ようと廻れ、わたしやくじくらぬ(叱る)
巡査ならこそくぢくりまする
十ようと廻れ、わたしや字を書かぬ
先生ならこそ字を書きまする
ちよと一貫かしました。

草履隠し

草履隠し、九年母、九年母の親が、
棚から落ちて、佛の飯を摘うで食ふて、
指先り　切れた。

(是は、履物を足指の前に各々が出して、一人が右の歌を唱ひながら履物を數へて行つて、歌の終つた時に當つた人が鬼になる。)

子供のうた

今井武志

(信州の北の方の戸隠山の麓に柵(しがらみ)村といふ部落がある。今井氏はその土地に生れて小學校の先生をしてゐるのであるが、その一小部落に行はれてゐる子守唄だといふて同氏から敎へられたものを報告する。小林謹一)

子守唄

ののさんいくつ、十三七つ。
しばらのかげで、赤いぼこうんで。
おたかにおぶせて、油買ひやつたれば。
油屋の庭で、すべつてころんで。
赤いぼこよごして、あら屋であらつて。
ほしやでほして、たたみやたたんで。
てめえのてばこへ、つめこめ〳〵。

×

ののさんいくつ、十三七つ。
しばらのかげで、赤いぼこうんで。
おたかにおぶせて、油買ひやつたれば。
油屋の庭で、すべつてころんで。
そこ出たもななんだ、んばんこしよう。
なんばんこしようだら、とつて食(ケ)へ。
とつて食(ケ)へばかれえ、からけりや水のめ。
水のめばつべてえ、つべたかあたれ。
あたればあつい、あつけりやあとへしやれ。
あとへしやれば蚤やくふ、のみやけばつぶせ。
つぶしたくも爪ねえ、爪なりや借りてこう。
借りたくも借され、借さなかのすんでこう。
のすんでくりやおつてろ、おつてくればにげろ。
にげればころぶ、ころべばつかまろ。
つかまればすうにおきてとんでこう。

お手玉唄

こけこけばなさいたかドン、
天神弓矢の松原ホイ。
貧乏おしめはしまなしぞ。
花見に櫻はえんにがに、えんにがに。
とんしてまたして、
よつはりつゞいて、
せつせのせ、せつせのせ。

草履さがしの唄

草履近所近所、おちやんもちやんも。
足の裏勝負、手につて見たれば。
しじよろくまじよろくじよう。

子供のうた（今井）

足がいたくてこまります。
草履見つけて下しやんせ。

子とり唄

みやいち〳〵どの子がよかろ、
との子がよかろ、何と何よくれる。
赤えまんまとゝかつてさぶ〳〵くれる。
はきもななんだ、かにおとせきだ。
あすぶとかどこだ、大門のさきだ。
もちあすびやなんだ、
しようしよがら〳〵おきやがれきぼこ。
われまめくつて、まめでるよう。

×

なかのなかの地藏さん、
なぜせいが小さいの。青葉に生れて、
それからせいが小さいの。
誰がうしろ。

かごめかごめ、かごんなかのとりは。
いついつである、
夜明けの晩に、かご出て遊べ〳〵。
誰がうしろ。

×

むぎよつくつしく、おたむぎよつく。
おてばのはーしで、いたがかけーろ。

かんのしじよろはよいなとこ。
うつくりかへして、あの山かへして
なとりがなーく、なんとてなく
妻こい〳〵と、うみこえなく
あの山どてから、東を見れば。
見ればれ〳〵。
ちよいつととび出す。
おさいさんにほれたわれ〳〵。
ほれるまもなく七月八月。
八月れ〳〵、
そこでおさいさんは涙をこぼし、
こぼし涙を茶碗にくんで、
それでげんじらうさん、
ゑをかきましたわれ〳〵。
じやのめのからかさ十二かいて、
しようや鐵砲でおやりなさい。

まりつき、

一番はじめは　一の宮
二には　日光中禪寺
三には　櫻の宗五郎
四には　信濃の善光寺
五つは　出雲の大社
六つは　村々氏神さん
七つは　成田の不動さん

八つは　八幡の八幡さん
九つ　高野のかいびやう院
十は　東京博覽會
十一　越後のおたもとさん
十二は　浪子の墓詣り
十三　櫻の吉野山
十四は　四國の金比羅さん
十五は　後醍醐天皇さん
十六　露西亜の大戰爭
十七　名古屋の名主城
十八　京都の金閣寺
十九は　富山の藥屋さん
二十は　二ノ宮金次郎

佛樣が足を洗ふ

沼津市我入道では盆の十三日の晩夜中に「待設け」と稱して餡（廿餡と鹽餡と家により一樣ならず）を入れた餅をつき佛壇に供へ、盥に水を入れて門口へ置きてより、墓地へ行き、迎火と稱して墓石の前でタイマツを焚き、歸宅しておつとめをする。すると翌朝盥の水が汚れて居る。之れは佛樣が足を洗ふからだと言ひ傳へて居る。（後藤圭司）

紙上問答

○たとへ一言一句でもお思ひよりの事は、直に答をしたためて頂きたい。
○一度出した問題は、永久に答へを歡んでお受けする。
○どの問題の組みにも、もあひの番號をつけておくことにする。

問(一五)　葬禮の際に啼き女(若しくは男でも)の存在する(或は過去に於てでも)地方に就て、その名稱、服裝、報酬その他の風習をお知らせ下さい。(石田憲吾)

問(一六)　群馬縣利根郡須川地方に舊正月十四日の夜の月が或る一定の山に沈む工合を毎年記憶し置きて、年の豐凶をトする風行はれたり。他地方にもこれに類せるものあらば、御報告を得たし。(本多夏彥)

答(七)　廣島市附近では宮參りは男兒は三十一日女兒は三十二日目にします。子供に宮參り迄は陽を見せないのですが、女は業が深いから一日おそく陽に會はすのだと云ひます。(以上祖母の話)尙岡山市では男兒は三十一日、女兒は三十三日目に宮參りをします。(石田憲吾)

答(八)　島根縣邑智郡市山村地方では、分家―デイヘ(出家)　月經―オキャクサン(お客さんか)　中間の食事―ハシマ(中食と夕食の間)　神官―タイフー(太夫)　短身―チッピー　出額―デボチー　禿頭―ハゲッチョウ、又は、ハゲッチョロ　鼻高―シシマー、又は、シシバナ　手足の不具―ショウガ(手ノ指ノナイノヲ云フ)　私生子―ホレタゴ(惚レタ子)(牛尾三千夫)

答(八)　八王子附近では、蝶―テフテフ、テフテフバッコ　親類―エンカ　本家―ホンケ、ホンタク　分家―ニヒヤ(新家)　シンタク(新宅)　私生子―カクシッコ　中間食事―午前の分コビル(小丼飯の略)、午後の分コヂウハン(小晝飯)　夜間の分ヤショク　神官―カンノシ　市子―イチッコ　短身―チビ、チクダマ、チリチクリン　肥滿―デブ(男)、フトッチョ(女)　出額―デヒタヒ、オデコ　多毛―ケムクジャラ　片目―ガンチ、メッカチ　手の不具―テンボ、テクネイ　足の不具―ビッコ、チンバ。(村田鈴城)

答(一〇)　八王子市外元八王子地方では蟷螂の卵を「鳥の雫」と云ひ、涎くりの子供の口邊をこすれば、之が癒るとの俗信あり。(村田鈴城)

答(一〇)　熊本縣一般にこの俗信はあるやうで私の今知つてゐる範圍では、八代地方ではオガメの卵をねぶると涎を垂れる病氣がよくなると言ふが、卵には別に名づけてゐない樣子である。鹿本郡ではウシノアメガタと言ひ、牛の飴形の意で同じくこの病氣にきくと言はれてゐる。ついでに、ねぶると言ふことゝ飴、牛の涎と人の涎、こゝにこの信仰の契點があるのではなからうか。天草郡ではオガンダロのインノツゴと呼んで、カラスのキンタマと言ふ名稱は聞かぬ。(天草郡、濱田隆一)

答(一一)　八王子附近では、人が死ぬと其の魂が菩提寺へ往く、其の時勝手口へ來るのは女で、直接本堂へ來るのは男であるといふ。魂は必ず勝手なり本堂なりの戶に當る音をするとか、或は下駄音をすると云ふ。(村田鈴城)

答(一一)　相州横須賀の人の談話に、寺に死人のしらせは足音であつた。二度すれば二人の死んだ通知があつた。それで死人が女ならば石段(寺の)に雪駄の音がするし、男ならば下駄の音がした相だ。然しこれは談者丈に判つて、共に寢て居た他の二人には聞えなかつたといふて居た。(後藤圭司)

答(一四)　私の鄕里(廣島市の中央)では「昔あつたげな」で始まりこのげなを連發して最後に「それで申し昔　猿の尻はぎんがりくヽ」で結びます。(打海生)

學會消息

○東亞考古學會講演會　は十一月十六日東大山上會議所に於て開かれ、原田淑人氏の「開會の辭」、羽田亨氏の「元朝の海靑牌に就きて」の講演があり、旅順牧羊城發掘品を展覽した。

○早稻田大學演劇博物館　の「劇に關する稀書復製展覽會」は十一月二、三日の二日にわたつて催され、江戶時代初期淨瑠璃の版本が多數陳列された。

○早稻田大學史學會秋季大會　は十一月五日午後三時より開催され、出石誠彥氏の「武帝の大宛遠征が漢に及ぼせる影響の一二」と題する講演があつた。

○國學院大學鄉土會夜話會　は十月二十六日開かれたが、北野博美氏の「民俗の心理的考察」、穗積忠氏の「道祖神について」の講演があつた。

又同會の秋の大會は南島研究の會として、十一月十六日午後一時より同大學第一講堂に於て開かれ、伊波普猷氏の「琉球戲曲の發生」（おもろ人より組踊の衆に至る）と折口信夫氏の「をとめの島」と題する講演があつた。

○國學院大學國文學會　の例會は十月二十六日午後一時より同大學第二講堂に於て開催され、今泉忠義氏の「堤中納言物語の新研究」西角井正慶氏の「東歌の研究」及穗積忠氏の「小町踊の研究」等の研究發表があつた。

○國學院大學學友會　主催の學術講演會は十一月四日午後六時より報知講堂に於て開催され、服部宇之吉氏の「開會の辭」、和田英松氏の「日本文化と國民性」、松永材氏の「歷史認識と國民性」折口信夫氏の「日本文學の本質」の講演があつた

○國學院大學史學會　は近く機關雜誌「國史學」を發行する。

○東京帝國大學史學會　は十一月二日午後六時より同大學法經二號館に於て開かれ、濱田耕作氏の「日本文明の黎明」大類伸氏の「マキヴエリの君主論」の講演があつた。

○日本歷史地理研究會　は十月例會を十月二十二日東大山上會議所に於て開き、同會創立三十週年回顧談話會にあてられた。

○柳田國男氏　十一月十六日の法政大學社會學會講習會に於て「農民文化と言語現象」と題する講演をなした。

○松本信廣氏　十一月初旬正倉院見學の爲、マスペロ氏と同行して、奈良に赴いた。

○松村武雄氏　十月二十六、二十七日、一橋高等小學校に於て催された日本童話講習會にて、「神話傳說及びメルヘンと童話教育」と題する講義をなした。

○伊波普猷氏　新潮社より出版になる日本文學辭典の中、琉球語、琉球文學、琉球劇の部を擔當する。

○小泉鐵氏　「東亞」十二月號に「ガガァと生活」を寄稿した。

○アグノエル氏　同氏擔當の日佛會館の講義は十一月五日、二十六日の各午後五時より開講され、其題目は「臺灣語の研究」（臺灣旅行中に蒐めたる言葉の研究）

○折口信夫氏　信州洗馬に於て十一月十、十一の兩日「江戶文學史・律文」と題する講演を試みた。

○金田一京助氏　「旅と傳說」十二月號へ「日高國義經神社の由來」を寄稿し、續群書類從完成會の「溫古隨筆」十一月號の爲「蝦夷考」を執筆した。

○今和次郎氏　中央公論社より「大東京案內」を上梓する。

民俗學談話會記事

第七回民俗學談話會は、十一月九日午後六時半より例によつて東京學士會館に於て開いた。會する者、西角井正慶、孫晋泰、大藤時彦、金城朝永、北野博美、高取靜枝、永原壽子、犬養朋子、福田久子、直原妙子、武田政子、上田美紀、村上喜久家、北田慰子、吉本一郎、阪本一郎、中村浩太郎、平野岑一、田中市郎衛門、木下利次、小泉鐵、伊藤良吉、宮本勢助、岡村千秋、加藤章一、村上淸文、袖山富吉、坂口保治の諸氏。

當夜の講演は十數年來、三河の山村を歷訪して花祭を研究し、近く其結果を發表するといふ早川孝太郎氏が、近年學界注視の的となつてゐる三河國北設樂郡の花祭の面について、氏自身の筆になる寫生畫を示して、興味深く話を進められた。現在花祭を行つてゐる村は二十三ヶ所あつて、それが各々面を有してゐる。その中心をなすものは鬼の面であるが、此の烈しい表情をした面に對して抱いてゐる村人の心持といふものは、我々の想像以外であつて、只單に恐ろしいとばかり見える面にも、柔しい女の表情などを考へてゐる。そしてその表情とか、その大きさといふものにも何等統一は無い。が此無統一が至當な姿であつて、村の違ふと共に信仰も違ふ村村、村人の各自の空想の忠實なあらはれである。それで概念を持して面に對し、その表情から何等か秩序立つたものを求めやうとする如き一般の態度は實は困難な事である。花祭の主要面はヤマミ・サカキの兩面であるが、此鬼の面の名は普通、サカキは、榊を持つて出てくる、ヤマミは、山見といふことをする故によると考へられてゐる。此兩面の中ヤマミの方は大きさが大體一致してゐるが、サカキには大小樣々あり、又鬼でないやうな面もある。恐らくはヤマミの方が、鬼の面として統一されてゐた時代が長かつたかと思はれる。これらの面が古び傷み使用出來なくなつたときの處置はといふと、隱居といふやうな格で扱ひ、その內何時ともなく位の低い伴面の中に入れてしまふ。面製作の傳統といふものは判然訣らぬが、或は木地師等から來たかとも想像される。新面が出來たときに、木地師に塗を頼むといふやうな事はあるやうである。次に面は凡て素人の手に成つたといつてよい。不思議なことではあるが、一村に一人や二人は、さういふ方面に興味を持つ者があつて、製作に從ふといふ風である。面を冠つての所作が烈しいので面は傷み易く、その爲に本當に古い面といふものは無いやうである。平素の面の取扱ひといふものは、案外呑氣に考へてゐたかと思はれる。新しい面のよし惡を定めるにも、冠つて、舞戸に出た時の感じ如何によると考へてゐる。使用する以外の時は割合に無關心であつたらしい。右に摘要せる如き事其他巨細に亘つて、暫新な觀察と解釋を述べられ、花祭に限らず、正しく面を見、考へる上には、我々の概念を先立てずに、村人の氣持といふものから入つて考へるべきものであることを強く感銘せしめた頗る暗示深い話であつた。

奈良縣郡山の兒戲

金柑(きんかん)さん　何處(どこ)へ行く
雪隱(せんち)へ行く
はぁまんな
はぁまつた
それみてみよ
親の云ふこと
きんかんさん
（そして又始めへ戻つて何回も歌ふ。）

蛙どん〳〵
これを食はれば
病にかゝる
（牛に草の葉、主に穗のある草を蛙の目先へ持つて行つて、蛙を飛びつかせ乍ら、絕えず、此歌を繰返すのである。）（小島千夫也）

月刊雜誌

史苑

一ケ年金五圓
一部金五十錢

史學の研究が大學研究室の專有であつたのは**史苑**出現以前の狀勢であつた**史苑**によつて大學史學科の中心たる史學研究法・史料・史籍解題等が公開せられてより學徒はその身邊に於いて隨時**自由研究**を行ひ得るに至つた・◎◎學閥を笑殺し學派に拘泥しない**史苑**はわが史學界の最高標識である！

史苑既刊分の內容一班を見よ！

△白鳥庫吉―神代の國號考△市村瓚次郎―論語源流考△辻善之助―黑衣の宰相金地院崇傳△津田左右吉―歷史の矛盾性、子代名代の部について△櫻井秀―平安季世の文化と人生△芝葛盛―元中東宮考、長慶天皇の皇胤について△竹岡勝也―常世國思想の發達△小林秀雄―ランケに關する研究△飯島忠夫―支那曆法の起源に關する傳說△池內宏―公孫氏の帶方郡設置と曹魏の樂浪帶方二郡△三浦周行―黎明期の近世史に於ける堺の地位△井野邊茂雄―和宮の御降嫁に關する研究△ベルンハイム―史學研究法△辻善之助校―異國日記△市村瓚次郎校―各稿項簿

乞ふ郵券五十錢送り實物について本誌の內容を見られんことを！

東京市外池袋
立教大學史學會編輯發行
振替東京七四七九八番

◆民俗藝術叢書◆

柳田國男著
民謠の今と昔
定價壹圓・送料六錢

素朴な我等の祖先が殘してくれた唯一の文學である我が民謠に對し、何人の追從も許さぬ深い理會と豐富な資料とを有たれる先生が、それの變遷を論じて古代人の生活心理を語られたものである。我が祖國の生むだ古文學に就いて考へて見ようとする人々、搖籃の昔を懷しむ人々の爲に敢て一本を薦む。

小寺融吉著
藝術としての神樂の研究
定價壹圓・送料六錢

著者は我國に於ける舞踊學者の權威である。神事として發生し今日にまで保存せられて來た「神樂」を、著者得意の舞踊學の見地より觀察して我が民俗藝術發達の跡を論じ、この特殊な藝術より何を知るべきかを教へたのが本書である。我が古藝術研究の最良參考書たることを敢て斷言する次第である。

中山太郎著
祭禮と風俗
定價壹圓・送料六錢

北はアイヌの信仰より南は沖繩の祭事に至る、各地の祭禮・土俗を委細に集めて其の據つて來たるところを糺し、變遷の過程を語り、而して此信仰行事より生じた諸種の風俗を述べて、我國の祭禮の機構が如何なるものであるかを闡明した極めて興味深い研究。蓋、從來何人も著手せざりし我祭禮の側面史。

南江二郎著
原始民俗假面考
定價壹圓半・送料六錢

世界の各民族に亘つて魔術・祭禮・葬禮・戰爭、其他狩獵・トーテム等各種の儀式に用ゐられる原始的民俗假面に就き、假面の寫眞・舞踊圖凸版等二十數面を挿入して、それらの始源・用途を詳述し、且つそれらの儀式の意義・様相等にも觸れた、嘗つて本邦にては何人も著手せざりし新研究の發表である。

以下續刊

東京市神田區南神保町一四
地平社書房
電話九段二六〇二
振替東京六六一九四

故 共古 山中笑翁 記念文集

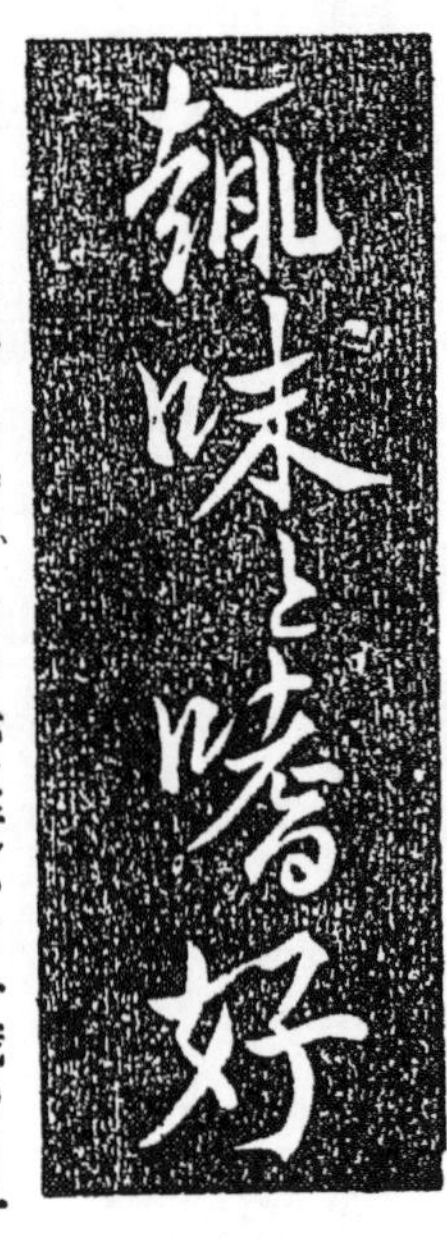

（最新刊）

日本土俗學界の耆宿、山中先生逝いて一歳の日子は既に流れぬ、卽ち翁を懷しみ、靈を慰すべく、茲に斯界の權威十四氏相寄り、共物する所を蒐めて上梓せり。

目次

序に代へて　山中璽
紋章雜俎　沼田頼輔
オギリコツコ考　柳田國男
愛泉雜感　貫井銀次郎
伊勢比事記餘錄　三村淸三郎
鯵村訪問　三田村鳶魚
蕎麥の昔話　淺田澱橋
信州川路村訪問（七世團十郎の遺蹟）　河竹繁俊
善光寺に就て　三輪善之助
鴬の研究　尾佐竹猛
手澤本に就て　德富猪一郎
「おあし」の東洋言語學的考察　中島利一郎
私の幼時と當時の其世相　鳥居龍藏
我が山中先生　結城禮一郎
教を受けた山中先生　萩原又仙子

菊判三百二十頁　コロタイプ四葉　特織紬天金雅裝
定價三圓　送料 内地二十七錢 其他五十五錢

竹清 三村清三郎編

江戸地名字集覽（あざな）

親しかりし嘗ての「あざな」も春秋と共に忘れられ行くのみならず、今や災後の區劃整理によつて、哀しくも殘燼と共に其の姿さへ吾人の視野より永遠に失はれやうとして居る。之れを遺憾とし、隱れたる博識竹清三村先生に乞うて本書を上梓した。

まことに江戸文化に關心を有つものゝ伴侶たるは固り、然らざるものに取つても興趣深き編著である。敢へて江湖の机上に薦む。

最新刊

菊判裁判 二五〇頁　クロース装 コロタイプ二
定價一圓八十錢 送料十六錢

笠原小兒保健研究所發行

育兒上の緣喜に關する玩具圖譜

第一卷 小兒病の呪禁に關する玩具

目次

虫除け　夜啼除き　疳除け　疱瘡除け　百日咳除け　馬知風除け
疫病除け　夜小便除け　泣止除け　頭痛除け　怪我除け　魔除け
入浴を好むやつ（各解說を附す）

百五十部限定　菊二倍判型帙入 石州紙木版手刷四十八圖
定價十圓　送料 内地二十七錢 其他五十五錢

第二卷 結婚姙娠出産の呪禁に關する玩具　近刊

第三卷 小兒の幸福を祈つて贈る玩具　近刊

東京市神田區北甲賀町四　岡書院　電話神田二七七五番　振替東京六七六一九番

東京帝國大學人類學教室主任 理學博士 松村瞭閱
文學士 小山榮三著（最新刊）

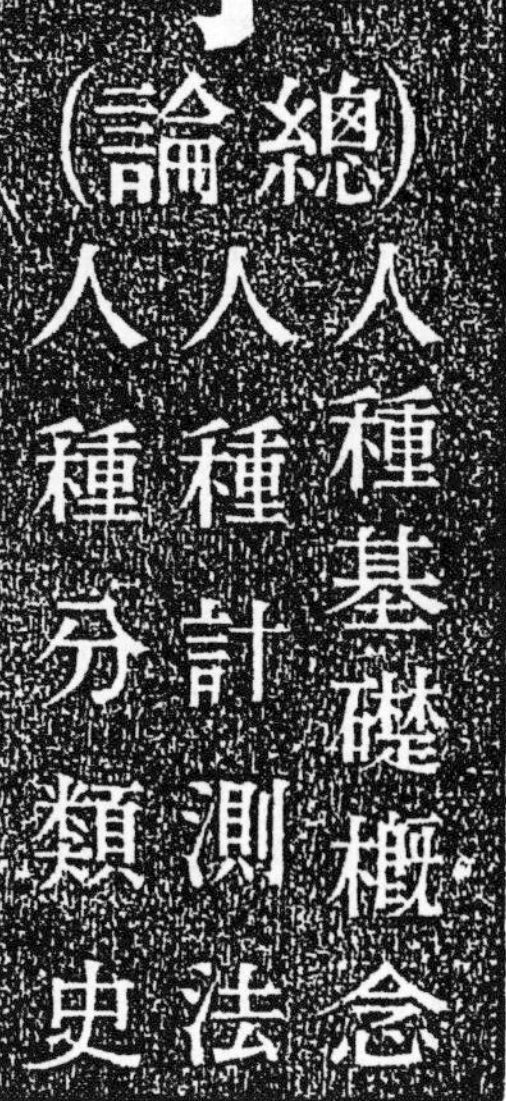

菊判約五百頁 クロース函取装 挿畫挿圖表約二百個 折込大圖表二葉 コロタイプ二葉

定價四圓五拾錢 送料內地二十七錢 其他五十五錢

今や我が讀書界の興味の中心たらんとしつゝあるものは人種學である。然るに其の知識を最も安心して確實に理解することは專門家ならざる限り殆ど企て及ばなかつたのである。然るに著者は數年唯一向にその研究に沈潛し、成心を去つて忠實にそれが敍述を試みられ、此處に總括的にして一般の理解に易く、然かも科學的にして公平なる人種學の全貌を展開せしめられたるは誠に有識讀書界の渇をいやすものといふべく、校閲者松村博士が「本書は近き將來に續刊さるべき人種學各論と共に世界の諸人種に關するあらゆる知識を吾人に供給する空前の人種寶典であるといつても敢て過言であるまいと思ふ……」と序せられたるは眞に此の書の價値を裏書きするものである。敢て江湖に捧ぐる所以である。

要目

松村博士序文
凡例
第一篇 人種理論 人種の生物學的基礎概念
第一章 人類學と人種學
第二章 人種の一般概念
第三章 人種徵表の本質と其の成因
第四章 副變異
第五章 自質變異
第六章 遺傳法則と人種徵表
第七章 陶汰
第八章 支配變異
第九章 徵表遺傳關係の分析法式
第十章 メンデルの雜種分離
第二篇 人種徵表の分析と構成
第一章 人種徵表の規準と計測法
第一節 徵表の選擇と種類
第二乃至第九節は身體名部の計測法
第十節 皮膚隆線理紋
第十一節 體構
第十二節 生物化學的人種徵表
第十三節 人種心性
第十四節 人種統計法
第二章 人種徵表の多樣性
第一節 徵表の彷徨
第二節 遺傳的體質徵表と體質的人種徵表
第三節 遺傳形質一般表
第四節 人種混血
第三篇 人種分類の史的概觀

東京神田區北甲賀町四 岡書院 振替東京六七六一九番 電話神田二七七五番

(最新刊)

東京帝國大學助教授文學士　宇野圓空著

菊判六一四頁
定價五圓五拾錢
送料內地三十六錢 其他六十五錢

信仰の本質を、其の發生的舞臺の社會狀態に於て見る事は今日の宗教學の一任務である。其社會狀態とは卽ち民族的集團生活の舞臺である。一切の宗教的觀念と儀式とは取りもなほさず人類の民族生活の表徵であつたのである。宗教民族學は卽ち此處に學としての成立の基礎を有するのである

本書は、文明宗教の體驗を有し然かも身親しく原始人の間に入り彼等の信仰をも直接に調査研究を積まれたる斯學界の權威宇野助教授が公平なる科學者の立場を嚴守して成せるもの、斯學界の隨一書として敢へて江湖に捧ぐる所以である。

要目

東京神田區北甲賀町四
岡書院
電話神田二七七五番
振替東京六七六一九番

◇前號目次

民俗學談話會

十二月十三日(第二金曜)御茶の水文化アパートメント談話室に於て第八回例會を開き、午後六時半より左の講演があります。

民家土俗考　今和次郎氏

△原稿、寄贈及交換雜誌類の御送附、入會退會の御申込、會費の御拂込等は總て左記學會宛に御願ひしたし。

△會費の御拂込には振替口座を御利用せられたし。

△會員御轉居の節は新舊御住所を御通知相成たし。

△御照會は通信料御添付ありたし。

△領收證の御請求に對しても同樣の事。

昭和四年十二月一日印刷
昭和四年十二月十日發行

定價金八十錢

編輯兼發行者　岡村千秋　東京市神田區錦町三丁目十七番地

印刷者　白井赫太郎　東京市神田區錦町三丁目十七番地

印刷所　精興社　東京市神田區錦町三丁目十七番地

發行所　民俗學會　東京市神田區北甲賀町四番地　振替東京七二九九〇番　電話神田二七七五番

取扱所　岡書院　東京市神田區北甲賀町四番地　振替東京六七六一九番

MINZOKUGAKU

THE JAPANESE JOURNAL OF FOLKLORE

Published by the

MINZOKU-GAKKAI

Volume I December 1929 Number 6

Articles: Page

Short Notes:

Folkloristic Notices:

MINZOKU-GAKKAI
4, Kita-Kôga-chô, Kanda, Tokyo, Japan.